U0680443

陈继勇文集

CHENJIYONG WENJI

《陈继勇文集》编纂委员会 编

武汉大学出版社

图书在版编目(CIP)数据

陈继勇文集/《陈继勇文集》编纂委员会编. —武汉:武汉大学出版社,2024.12
ISBN 978-7-307-22646-3

Ⅰ.陈…　Ⅱ.陈…　Ⅲ.经济学—文集　Ⅳ.F0-53

中国版本图书馆 CIP 数据核字(2021)第 205988 号

责任编辑:唐　伟　　　责任校对:汪欣怡　　　版式设计:马　佳

出版发行:武汉大学出版社　　(430072　武昌　珞珈山)
　　　　　(电子邮箱:cbs22@whu.edu.cn 网址:www.wdp.com.cn)
印刷:湖北金港彩印有限公司
开本:880×1230　1/16　印张:31.75　字数:1029 千字　插页:14
版次:2024 年 12 月第 1 版　　2024 年 12 月第 1 次印刷
ISBN 978-7-307-22646-3　　定价:158.00 元

版权所有,不得翻印;凡购我社的图书,如有质量问题,请与当地图书销售部门联系调换。

陈继勇教授（左）与导师周新民教授合影

陈继勇教授（右）与导师郭吴新教授合影

陈继勇教授（三排左四）大学毕业合影

陈继勇教授（后排右二）硕士毕业合影

1984年8月至1985年10月，赴美国匹兹堡大学经济系进修

1984年陈继勇教授在加拿大留影

1985年在美国学习期间于图书馆留影

1994年在美国霍普金斯大学作高级访问学者时留影

1994年陈继勇教授与夫人在美国访学租住房间留影

1987年与学生合影（二排右一）

1989年6月武汉大学经济学院世界经济系89届
毕业留念（二排左一）

1999年6月湖北大学硕士生毕业留念（前排右十一）

2001年4月湖北大学申请增列博士学位授予单位评估专家合影（前排左二）

陈继勇教授（前排左二）参加博士毕业论文答辩

陈继勇教授为毕业生做报告

陈继勇教授（右一）授予毕业生学位证书

武汉大学EMBA2007级武汉（一）班开学典礼(前排右六)

1997年10月陈继勇教授（中）参加中国世界经济学会第六届年会。左一，弟子，谭红平（加拿大大学教授，系主任）；右一，弟子，肖德（湖北大学副校长）

1999年中国世界经济学会会长扩大会议合影（左三）

2002年5月陈继勇教授（右）参加在我国香港地区举办的"中美经济关系第四届国际学术研讨会"

2004年3月中国世界经济学会发展经济委员会工作会议留念（一排右四）

2004年9月全国美国经济学会会长扩大会议留念（一排左六）

2006年11月中国世界经济学会第九次代表大会暨世界经济重大问题理论研讨会留念（一排左十四）

2009年中国美国经济学会合影（一排左六）

"后危机时期的全球经济格局与中美经贸关系"
2010年中国美国经济学会学术研讨会 2010.8.2 长春·吉林大学

2010年8月中国美国经济学会学术研讨会留念（一排左七）

"理论经济学""图书馆情报与档案管理"一级学科国家
重点学科授奖仪式(左二)。2017年，两学科均入选世界一
流建设学科

陈继勇教授参加中国-立陶宛经贸合作论坛

2018年陈继勇教授工作照

2018年陈继勇教授（左三）参加中国美国经济学会学术年会留影

陈继勇教授（左三）参加中国世界经济学年会

陈继勇教授（左一）与诺贝尔经济学奖获得者格兰杰合影

陈继勇教授（右二）、时任武汉大学校长刘经南与泰国
公主诗琳通留影

陈继勇教授（右）与杜克大学社会学高柏教授合影

陈继勇教授（右）与铭传大学保险系主任宋明哲教授合影

陈继勇教授（右）与美国教授合影

陈继勇教授（左）与美国教授合影

陈继勇教授（左）与中国社科院学部委
员朱玲研究员合影

陈继勇教授（右）与余振教授合影

陈继勇教授（中）和弟子张海明（中央宣传部）与美国教授合影留念

陈继勇教授（右）与中国社科院美国研究所郑伟民研究员合影

参加中美经济关系第三届国际学术研讨会（左一）

陈继勇教授（左）与张宇燕教授合影

参加中日双边东亚经济形势及前景研讨会（前排右一）

1996年10月第六届全国地方大学测试中心主任研讨会留念（一排右三）

1997年9月湖北省委第六次高校党建工作会议留念（二排左九）

1998年1月湖北省高校师资培训中心成立十周年庆祝会留念（一排左九）

陈继勇教授（左）与时任武汉大学校长侯杰昌合影

2002年陈继勇教授参加党的十六次全国代表大会

陈继勇教授（右）与原湖北省委副书记邓国政合影

陈继勇教授（左）与原华中理工大学校长杨淑子合影

陈继勇教授（左）与原湖北省委副书记杨永良合影

陈继勇教授（右）与时任东风汽车公司总经理、党委书记苗圩合影

2002年，陈继勇教授作为十六大代表投票

陈继勇教授（左）与时任全国人大教科文卫委员会副主任委员蒋祝平合影

中共中央党校第十九期中青班二支部毕业合影（前排右四）

2003年在中共中央党校学习，党校学员参观中国
革命根据地（右三）

2003年在中共中央党校学习留影

中共中央党校第十九期中青班
二支部合影（二排左四）

湖北省第八次党代会宣传科技文卫代表团
2002年6月11日武昌

2002年6月湖北省第八次党代会宣传科技文卫代表团（一排左三）

2003年中青班党校学员在日本考察（右一）

武汉市政府参事国庆中秋茶话会留念（前排左四）

2011年武汉市政府参事迎春座谈会合影（前排右二）

全国社会科学院院长联席会暨应用对策研究创新论坛　2004.10·北京

陈继勇教授（二排右十四）参加全国社会科学院院长联席会暨应用对策研究创新论坛

2010年7月教育部经济类学科教指委经济学统计学组暑期会议代表合影（前排右二）

陈继勇教授与奥中经济论坛工作人员留影

陈继勇教授（右）与九州通医药集团副董事长刘兆年合影

陈继勇教授（右）与弟子廖湘岳（湖南科技大学副校长）参观毛主席故居

陈继勇教授（右）接受"鲁豫（原凤凰卫视著名主持人）有约"采访

陈继勇教授（右）与原武汉市市长李宪生合影

陈继勇教授荣获湖北省五一劳动奖章

陈继勇教授（右）与原全国人大财经委副主任委员贾志杰合影

陈继勇教授（中）与弟子姚博明（浙江爱丽芬控股集团董事长，右）在奥地利合影留念

教育部重点研究基地评估会议上陈继勇教授（后排左三）正在发言

陈继勇教授（左二）与大唐电力集团国际部副主任马继宪（弟子）、教育部评价中心主任李建平、国家开发银行研究员刘卫平（弟子）合影

陈继勇教授在作报告

陈继勇教授在企业做报告

1994年陈继勇教授（右二）在美国访学

1994年8月至1995年7月，作为富布赖特高级访问学者，赴美国约翰斯·霍普金斯大学保尔·尼茨高级国际问题研究院访问研究一年

1995年陈继勇教授（中）与美国学者合影

1998年陈继勇教授访问芝加哥大学

2000年陈继勇教授（左三）在法国访问

2012年访问韩国

陈继勇教授（前排左二）参加马中建交30周年学术研讨会

陈继勇教授考察新疆

陈继勇教授在美国访学期间留影

陈继勇教授与夫人考察新疆留影

陈继勇教授对外交流联合办学

陈继勇教授在美国访学

陈继勇教授对外交流联合办学

陈继勇教授（右三）在美国南佛罗里达大学访问

陈继勇教授（前排左四）访问英国曼彻斯特大学商学院并签订合作办学协议

陈继勇教授在欧洲访问

国际交流美国留影（前排右四）

陈继勇教授在欧洲访问

陈继勇教授在新疆考察

陈继勇教授在英国中央兰开夏大学访问

陈继勇教授参加中俄经贸研讨会留影

陈继勇教授在我国香港地区访问

陈继勇教授结婚30周年留影

1982年陈继勇教授与家人合影

1989年陈继勇教授与家人合影

2013年陈继勇教授与家人合影（清华大学）

2014年陈继勇教授与家人合影（上海）

2018年陈继勇教授与家人合影（三亚）

2019年陈继勇教授与孙儿合影（日本）

繼承實踐三個代表為準則
勇創繁榮一流社科作先鋒

繼勇先生 大雅正謬

楊祖武撰句屬書 陳孝敬筆 文八

做人做事做學問
生誠真實真功夫

繼勇賢弟書冊囑題
夏振坤

夏振坤老院长题词

陳繼勇教授是我国世界经济研究领域的主要代表之一，他对世界经济的研究，促进了中国世界经济学科的发展。

武汉大学 庄宗明
二〇一二·十一·十三

凡　例

　　一、《陈继勇文集》是从武汉大学经济与管理学院陈继勇教授生前发表的 200 余篇科研学术论文中精选出来的优秀论文合集，并经陈继勇家人、与陈继勇合作作者同意且提供刊出稿件原文，经《陈继勇文集》编纂委员会讨论修改后交由武汉大学出版社出版。

　　二、文集以马克思列宁主义、毛泽东思想、邓小平理论、"三个代表"重要思想、科学发展观和习近平新时代中国特色社会主义思想为指导，贯彻科教兴国战略，培育和践行社会主义核心价值观，遵循学术性、思想性和专业性的原则，挑选出陈继勇教授近 40 年学术生涯中最具代表性的学术研究成果，形成这部《陈继勇文集》，以求更好地展现和传承陈继勇教授的学术思想。

　　三、文集本着忠于原文和与时俱进的原则，经编纂委员会的讨论和一致同意，对其中部分学术文章的标题、文字、图表、公式、注释、参考文献进行了部分修改、删除、补充和订正工作，文章大部分文字尽量保持发表时的原貌。

　　四、文集由编纂委员会审定，在编纂过程中得到了武汉大学经济与管理学院领导、武汉大学世界经济系、武汉大学美国加拿大经济研究所、武汉大学经济舆情研究基地、中国世界经济学会、中国美国经济学会、陈继勇教授家人及其学界好友、陈继勇教授的研究生及武汉大学出版社的大力支持和帮助，谨此一并致谢。

陈继勇教授简介

陈继勇（1953—2020年），男，汉族，湖北应城人，中共党员，经济学博士。武汉大学珞珈杰出学者（2013—2020年），二级教授（2007—2020年），武汉大学人文社会科学研究院驻院研究员（2020年），博士生导师（1993—2020年），国家社科基金学科评审组专家，国家社科基金重大攻关项目首席专家（2011—2015年和2016—2020年）。陈继勇教授自1986年以来，先后四次被评为武汉大学先进工作者、武汉大学教书育人优秀教师、武汉大学优秀教师、武汉大学优秀党务工作者，1991年被湖北省青年联合会授予"七五"建功立业优秀青年称号，1993年获国务院政府特殊津贴，1997年被湖北省委、省政府授予有突出贡献的中青年专家称号，同年入选教育部首批哲学社会科学跨世纪优秀人才培养计划。作为国家级重点学科——武汉大学世界经济学科点学科带头人及湖北省跨世纪学科带头人，2003年获湖北省新世纪高层次人才工程第一层次人选，2007年获湖北省教育系统"三育人"先进个人称号，2008年获湖北省五一劳动奖章，2009年获武汉市劳动模范称号。

陈继勇教授出生在一个贫寒的农民家庭，从小丧父，母亲双目失明，但其从小勤奋好学，敢于承担家里的重担。陈继勇教授于1973年毕业于孝感师范学校中文专业，1973—1975年，在应城陈河高中任教。1975—1981年在武汉大学经济系学习，获硕士学位并留校任教。1984年8月—1985年10月赴美国匹兹堡大学经济系进修。1985年晋升为讲师，1986—1990年任武汉大学世界经济系副主任，1989年1月晋升为副教授，1990—1996年任武汉大学经济学院副院长，1991年获经济学博士学位并破格晋升教授。1993年任博士生导师。1994年8月至1995年7月，作为富布赖特高级访问学者，赴美国约翰斯·霍普金斯大学保尔·尼茨高级国际问题研究院访问研究一年。此后，曾先后担任湖北大学副校长、党委常委、校学位委员会主席并兼任经济学院院长（1996.4—2001.6），湖北省社会科学院院长、党组成员（2001.6—2005.4），武汉大学经济与管理学院院长（2005.5—2013.6），武汉大学美国加拿大经济研究所所长（1999—2020），武汉大学世界经济研究所所长（2013—2020），2002年4月当选为中共湖北省第八次党代会代表，2002年6月当选为中共十六大代表，2003年2月被湖北省委组织部选送到中央党校"中青班"学习一年。同时陈继勇教授还先后担任中国美国经济学会会长（1998—2020）、中国世界经济学会副会长（2003—2016）、中国亚太学会副会长（2012—2020）、中国高校经济学年会副理事长（2006—2020）、中国外国经济史学会副会长（1998—2004）、国务院发展研究中心特约研究员、教育部经济学教学指导委员会委员、国际贸易组组长、湖北省高级专家协会副会长、湖北省社会科学联合会副主席、湖北省经济学团体联合会执行主席、副主席、湖北省学位委员会委员、湖北省决策支持顾问（2013—2020）、湖北省和武汉市咨询与决策委员会委员、武汉市人民政府参事、湖北省美国经济学会会长（2009—2015）、湖北省世界经济学会会长（2015—2020）、湖北省房地产经济研究会会长、顾问，湖北省企业与WTO研究会常务副会长、武汉市城市经济学会副会长、武汉企业联合会、武汉企业家协会副会长、武汉市宏观经济学会顾问、武汉市邓小平理论研究会顾问等。

陈继勇教授从事教学、科研工作40多年来，取得了丰硕成果。先后承担的主要课程有：国际贸易理论、国际贸易实务、发展中国家经济、日本经济、世界经济理论专题、马列经典著作选读、美国对外直接投资研究等。已指导毕业博士研究生87名，硕士研究生100余名，并合作培养博士后科研人员近10名。此外，陈继勇教授认为"学者的使命主要是为社会服务"，因此学者应当把自己所学知识真正造福于社会。早在1993年，陈继勇教授就围绕中国的改革开放与世界经济发展等主题，用所学知识为社会和人民服务，尤其在关贸总协定和世界贸易组织等前沿学术问题上，为湖北省、武汉市的多个党政机关与企事业单位提供决策咨询，受到省内外各界的普遍好评。由于其社会贡献突出，他的传记先后被收入《共和国的脊梁》《全国先进模范事迹汇编》《新中国留学归国学人大辞典》《中国社会科学家大辞典》（英文版）、《国际有成就名人传记辞典》（英国剑桥大学国际知名人物传记中心出版）、《中国著名商学院院长访谈录》及《中国100所高等学校中青年教授概览》等。

陈继勇教授的研究方向为世界经济、国际投资、国际金融与贸易等。围绕上述研究领域，四十多年来，他先后独著、主编、参编著作40多部，在《经济研究》《管理世界》《世界经济》等核心期刊上发表论文200余篇。主持国家社会科学基金重大攻关项目、国家自然科学基金、教育部人文社会科学重点研究基地重大项目、跨世纪优秀人才基金重大项目、国家教委"八五""九五""十五"社科基金重点项目、省社科基金重点课题20余项。具体包括：《"一带一路"相关国家贸易竞争与互补关系研究》《后金融危机时代中国参与全球经济再平衡的战略与路径研究》《美国"双赤字"与世界经济失衡》《经济全球化背景下中国互利共赢对外经济开放战略研究》《知识溢出对我国外商直接投资地区非均衡增长的影响途径与数量测度》《美国新经济及其经济周期研究》《知识经济与美国新经济》《美国跨国公司海外直接投资发展与中国引进外资的对策》《外商对华直接投资：经济影响、主要经验及对策》《世界贸易组织的建立、发展趋势与我国的对策》《跨国公司海外直接投资与我国三资企业管理研究》《武汉入市行动纲要》等。

陈继勇教授的研究成果曾先后30多次获国家级、省部级优秀科研成果奖。如2001年、2003年、2007年、2009年、2011年和2013年先后六次获湖北省第二届、第三届、第五届、第六届、第七届和第八届社会科学优秀成果一等奖；2009年获教育部第五届高等学校科学研究优秀成果奖二等奖；2006年和2013年获教育部第四届和第六届高校人文社会科学研究优秀成果三等奖；2013年获湖北省高等学校教学成果奖一等奖；2009年获湖北省首届发展研究奖一等奖；2009年获商务部"集聚优势、转型升级、提升产业国际竞争力"征文一等奖；2010年获全国商务发展研究奖论文二等奖；2008年获商务部"扩大对外开放与提升产业国际竞争力"征文三等奖；2003年获国务院发展研究中心优秀成果三等奖；2013年获湖北省决策支持工作优秀成果三等奖；2008年、2011年和2013年先后三次获武汉市社会科学优秀成果一等奖；2000年获武汉市第七次社科研究优秀专著二等奖；1994年获安子介国际贸易研究优秀论文奖（未分等级），此外，陈继勇教授指导的博士生先后3人次获得湖北省优秀博士学位论文（2003年、2006年和2011年）。

总之，陈继勇教授撰写了大量具有重要参考价值的研究成果，培养了一大批国际经贸专业的专门人才，为我国经济发展尤其是对外开放事业作出了重要贡献。

序　言

　　陈继勇教授是我国世界经济领域著名的经济学家，曾长期担任中国美国经济学会会长（1998—2020年），是国内著名的美国经济问题研究专家，也是国内世界经济学科和湖北省社会科学界的领军人物之一。自1981年参加工作以来，陈继勇教授数十年如一日奋战在理论经济学的研究前沿，长期从事世界经济、国际投资、国际金融与贸易领域的研究，先后独著、主编、参编著作40多部，在《经济研究》《管理世界》《世界经济》《求是》等顶尖学术期刊上发表论文200余篇。主持国家社会科学基金重大攻关项目、国家自然科学基金等国家、教育部和省委的重点课题20余项。这些研究成果为中国在改革开放40余年来发展中美经贸关系、参与世界贸易组织决策作出了巨大贡献。并获得了国内的世界经济领域专家、学者的广泛赞誉。陈继勇教授曾先后六次荣获湖北省第二届、第三届、第五届、第六届、第七届和第八届社会科学优秀成果一等奖，并荣获教育部高等学校社科优秀成果奖二等奖和三等奖（2次）、湖北省首届发展研究奖一等奖等30多项国家级、省部级优秀科研成果奖。

　　自1999年担任武汉大学国家重点学科——世界经济学科带头人以来，陈继勇教授一直十分重视并积极指导世界经济国家重点学科建设。首先，进一步凝练了武汉大学世界经济国家重点学科的优势。在夯实武汉大学传统的美国经济研究优势的基础上，陈继勇教授与周茂荣教授、张彬教授等一起，在欧盟经济、亚太经济、区域经济合作等领域，推动形成了更多新的优势。其次，重视学科科研与教学研究，鼓励中青年教师参与国内外科研合作与交流。最后，致力于加强师资队伍建设，不断提高师资队伍的国际化水平。陈继勇教授具有深邃的学术眼光和深厚的学术功底，治学严谨，学风正派，有深广的学术胸怀以及强烈的奉献精神和团队意识，尊重前辈，扶掖后学。作为武汉大学理论经济学一级国家重点学科的学科带头人和世界经济二级国家重点学科的指导者，培养了一大批优秀的中青年经济学者，为学科建设和发展作出了重大贡献。在他的带领下，武汉大学的世界经济学科始终走在全国高校的前列。

　　在与疾病斗争的五年中，陈继勇教授始终坚持学术研究，为教育部第二类特色专业——国际经济与贸易专业、教育部区域国别备案研究基地——武汉大学美国加拿大经济研究所、全国一级民间学术团体——中国美国经济学会的工作呕心沥血，直到生命最后一刻。他是武大精神的传承者和实践者。他的离去是我国世界经济学界、武汉大学、理论经济学国家重点学科、经济与管理学院、世界经济系的重大损失。

　　斯人已逝，思想长存。虽然陈继勇教授已经辞世，但他的研究成果和学术思想依然有着重要价值，对于后人学习和应对世界经济和中国经济中的问题依然具有重要价值。出于这一考虑，我们成立《陈继勇文集》编纂委员会，共同挑选了陈继勇教授近40年学术生涯中最具代表性的研究成果，形成了这部《陈继勇文集》，以求更好地传承和表现陈继勇教授的学术思想。

　　为了完成《陈继勇文集》的编纂工作，组织成立了《陈继勇文集》编纂委员会，参与人员是陈继勇教授的家人、生前好友和学生。主要包括熊桂芳（陈继勇教授的夫人）、陈君、肖德、李燕萍、唐伟、肖卫国、余振、王清平、姜志权、刘卫平、肖光恩、刘威、胡艺、雷欣、王钊、周明、杨格、刘燚爽、单航等。编纂委员会共召开了十次陈继勇文集编写会议，并对文集名称、文集内容、入选成果和文集设计等进行了充分讨论和最终确认。

　　本文集的内容主要包括：序、陈继勇教授简介、精选论文、书序书评、纪念性文章及其他重要成果的列表。其中，入选论文的选择遵循学术性、思想性和专业性的原则，具体包括：陈继勇教授的独著论文、获奖论文，以及在《经济研究》《管理世界》《世界经济》《世界经济与政治》《求是》和《红旗文稿》等国内重要学术期刊上发表的论文。这些论文主要集中在世界经济、国际投资、国际金融与贸易三个领域，一定程度上可以代表陈继勇教授对经济学、国际关系等领域一系列重大问题的独到见解，并可以体现其学术思想的精髓。同时，书序和书评分为两类，一类是其他人评论陈继勇教授的作品，另一类是陈继勇教授评论他人的作品。通过这些书序和书评，一方面体现出国内经济学同仁对陈继勇教授研究成果的高度肯定，另一方面也体现出学者们之间相互学习、共同进步的深厚友谊。

陈继勇教授学识渊博，治学严谨，为人谦和，诲人不倦。他广博的知识和高尚的人格相辉映，是严师典范，人师楷模。在陈继勇教授数十年的教学生涯中，共培养出 87 位博士和百余位硕士研究生。他们在走上工作岗位后，在各自的领域施展自身才能，践行着陈继勇教授的谆谆教诲。对每一个学生而言，能够跟随陈继勇教授学习是一份幸运，也是人生中一笔无比宝贵的财富。陈继勇教授做学问特别认真，对学生的要求也非常严格。同时，陈继勇教授不仅在学术上给予学生悉心指导，在日常生活中也给予学生无私帮助，并教会学生很多为人处世的道理。在生命的最后几天，病重的陈继勇教授依然关心着在读学生的学业和就业，并在弥留之际，给学生安排好继任导师。恩师的逝世，让学生们失去了一位好导师，也失去了人生道路上的一盏指路明灯，但是他的音容笑貌，他的谆谆教导，会在学生心中永存。

我们希望通过编纂和出版这部《陈继勇文集》来纪念陈继勇教授，整理他的学术研究成果，传承他的学术思想，使之继续服务于中华大地。陈继勇教授的学术思想将永留人间！

《陈继勇文集》编纂委员会

2021 年 6 月于珞珈山

目　　录

＊　＊　＊　论　文　编　＊　＊　＊

一、世界经济

浅论世界油价暴跌对国际经济的影响 ………………………………………………… 陈继勇（3）

南朝鲜海外建筑业发展的回顾与展望 ………………………………………………… 陈继勇（8）

论 20 世纪 80 年代南朝鲜外债的发展变化及其对我国的启示 ……………………… 陈继勇（14）

论日元的国际化及其对国际经济的影响 ……………………………………………… 陈继勇（20）

南朝鲜对外承包业的发展及其特点 …………………………………………………… 陈继勇（27）

重返关贸总协定对国内市场的影响 ………………………………… 陈继勇　张海明（29）

论日本的产业空洞化及其影响 …………………………………… 陈继勇　谭红平（35）

美国知识经济的发展与启示 ……………………………………… 陈继勇　全　毅（42）

论知识经济对美国经济的影响 …………………………………… 陈继勇　彭斯达（49）

"入世"后中美经贸关系的走势 …………………………………… 陈继勇　彭斯达（58）

克林顿与布什政府的财政政策比较 ……………………………… 陈继勇　王　钊（65）

知识经济对美国经济周期的影响 ………………………………… 陈继勇　彭斯达（71）

新经济条件下美国经济周期的演变趋势 ………………………… 陈继勇　彭斯达（76）

美国公司治理结构改革的最新发展及其启示 …………………… 陈继勇　肖光恩（86）

美国知识经济的发展对亚太经济格局的影响 …………………… 陈继勇　徐　涛（95）

高科技发展与世界经济重构 ……………………………………… 陈继勇　肖光恩（104）

美中贸易的"外资引致逆差"问题研究 ………………………… 陈继勇　刘　威（106）

技术创新：美国经济增长的有力支撑 …………………………… 陈继勇　胡　艺（113）

知识经济时代与世界经济失衡问题的再认识 …………………… 陈继勇　胡　艺（116）

全球经济失衡的可持续性问题研究
　　——基于美中贸易失衡的角度 ……………………………… 陈继勇　吴　宏（124）

全球经济失衡与中国流动性过剩 ………………………………………………………… 陈继勇（128）

知识经济时代世界服务贸易发展的新趋势及中国的对策 ……… 陈继勇　余道先（130）

经济增长动力耦合与全球经济再平衡 …………………………… 陈继勇　周　琪（138）

FDI 垄断优势、知识溢出与发展中国家经济增长 ……………… 陈继勇　隋晓锋（145）

日本泡沫经济溯源与启示 ………………………………………… 陈继勇　周　琪（153）

支点战略与湖北区域经济的跨越发展 ………………………………………………… 陈继勇（157）

中国参与全球经济再平衡的战略与路径 ………………… 陈继勇　胡　艺　刘　威（159）

1

美国经济政策转向对全球经济的影响 ·················· 陈继勇　刘卫平 （161）

中美贸易战的背景、原因、本质及中国对策 ······················ 陈继勇 （166）

二、国际投资

论80年代以来美日间相互直接投资增长速度的不平衡及其原因 ·········· 陈继勇 （177）

论80年代以来中国台湾地区海外直接投资的发展与我们对引进台资的思考 ···· 陈继勇 （183）

论日本海外直接投资的区位战略及其对日本经济的影响 ··············· 陈继勇 （191）

中国台湾地区海外直接投资地区流向的巨大变化与我们引进台资的思考 ····· 陈继勇 （197）

论20世纪80年代以来我国台湾地区对外直接投资的新特点和新趋势 ······· 陈继勇 （202）

论第二次世界大战后美国海外直接投资对美国经济发展的影响 ··········· 陈继勇 （209）

论日本海外直接投资迅速发展的主要特点及其趋势 ················· 陈继勇 （216）

论20世纪80年代以来美国对华直接投资的特点、问题及其对策 ·········· 陈继勇 （222）

论NAFTA投资条款与美加墨相互直接投资 ···················· 陈继勇 （230）

德国对华直接投资 ························ 陈继勇　刘跃斌 （237）

经济全球化与美国对外直接投资的变化 ··············· 陈继勇　王清平 （243）

20世纪90年代以来美国对外直接投资对美国商品贸易的影响 ··· 陈继勇　王清平 （250）

外商直接投资对中国商品进出口影响的实证分析 ··········· 陈继勇　秦　臻 （256）

外商在华直接投资与中国对外贸易相互关系的实证分析 ········ 陈继勇　雷　欣 （264）

外商直接投资的知识溢出与中国区域经济增长 ··········· 陈继勇　盛杨怿 （274）

外商直接投资区位选择行为及影响因素研究 ············· 陈继勇　黄　蔚 （285）

外国直接投资与我国产业结构调整的实证研究
　　——基于资本供给和知识溢出的视角 ············· 陈继勇　盛杨怿 （293）

知识溢出、自主创新能力与外商直接投资 ······· 陈继勇　雷　欣　黄开琢 （300）

货币外部性、技术外部性与FDI区域分布非均衡 ·········· 陈继勇　梁　柱 （318）

经济总量、经济结构及其空间协调
　　——外资研发嵌入提升视角 ············· 陈继勇　杨旭丹　吉生保 （328）

三、国际金融与贸易

中美贸易的现状及其前景 ························ 陈继勇 （341）

抓住香港回归机遇促进湖北经济发展 ················ 陈继勇　肖　德 （349）

世界贸易组织的创立与中国 ··················· 陈继勇　谭红平 （353）

论世贸组织争端解决机制及其特点 ················· 陈继勇　肖　德 （362）

解读美国金融危机——基于实体经济的视角 ········ 陈继勇　盛杨怿　周　琪 （366）

贸易开放与经济增长的内生性研究新进展 ············· 陈继勇　梁　柱 （374）

欧洲债务危机与中国的对策 ······················ 陈继勇 （382）

流动性、资产价格波动的隐含信息和货币政策选择
　　——基于中国股票市场与房地产市场的实证分析 ···· 陈继勇　袁　威　肖卫国 （384）

加快构建中国特色"绿色金融"体系 ··············· 陈继勇　刘卫平 （397）

企业异质性、出口国内附加值与企业工资水平
　　——来自中国的经验证据 ············· 陈继勇　王保双　蒋艳萍 （399）

＊ ＊ ＊　评 论 编　＊ ＊ ＊

一、学 术 评 论

《跨国公司海外直接投资研究——兼论加入 WTO 新形势下我国利用外商直接投资的战略调整》

　………………………………………………………………………… 陈继勇（411）

《二十世纪九十年代全球企业并购研究》序言 …………………………… 陈继勇（413）

IT 社会企业经营国际化战略的有益探索

　——评《信息传播全球化与中国企业经营国际化战略》 ………… 陈继勇（415）

世界经济研究的新成果

　——评柳剑平著《当代国际经济关系政治化问题研究》 ………… 陈继勇（416）

加强合作、积极参与、协调发展

　——简评张彬教授等著《APEC 经济技术合作研究》 …………… 陈继勇（418）

评《贸易自由化与投资自由化互动关系研究》 …………………………… 陈继勇（421）

民营经济的"全景缩微图"

　——《民营经济手册》述评 ………………………………………… 陈继勇（423）

《美国对外经济制裁问题研究》评介 ……………………………………… 陈继勇（425）

《创造性资产与中国企业国际化》书评 …………………………………… 陈继勇（426）

评《美国经济周期研究——历史、趋势及中美经济周期的协动性》 …… 陈继勇（428）

立足中国　问题导向

　——评《中国金融与投资发展报告》（2002—2010 年） ………… 陈继勇（429）

马克·卡森：国际商务经济理论研究的集成者 …………………………… 陈继勇（431）

家族企业研究的新突破

　——评《复杂性的家族企业演化理论》 …………………………… 陈继勇（433）

加强合作、协调发展与互利共赢

　——简评《东亚区域贸易安排：福利效应与中国的参与战略》 … 陈继勇（435）

对美中贸易失衡的结构及其是否可持续的再认识

　——评《经济全球化背景下的美中贸易失衡研究》 ……………… 陈继勇（437）

互利共赢：中美需要有更积极的合作 …………………………………… 陈继勇（439）

"一带一路"视域下中俄万里茶道的历史与现实

　——评刘再起教授专著《湖北与中俄万里茶道》 ………………… 陈继勇（440）

论世界贸易组织在国际经贸关系发展中的作用 ………………………… 陈继勇（444）

根植荆楚大地构筑学术圣殿 ……………………………………………… 陈继勇（446）

二、学 术 评 介

读陈继勇新著《美国对外直接投资研究》 ……………………………… 傅殷才（449）

一部研究美国对外直接投资的力作

　——评陈继勇教授《美国对外直接投资研究》一书 …………………… 谢　康（452）

《美国对外直接投资研究》评介 ……………………………… 学　晓　李　平（455）
探讨美国对外直接投资的一部力作
　　——评陈继勇新著《美国对外直接投资研究》 …………………… 沈祖良（457）
《国际直接投资的新发展与外商对华直接投资研究》简评 …………… 郭吴新（459）
评《国际直接投资的新发展与外商对华直接投资研究》 ……………… 夏振坤（461）
评《国际直接投资的新发展与外商对华直接投资研究》 ……………… 张中华（463）
《国际直接投资的新发展与外商对华直接投资研究》评介 …………… 刘海云（465）
世界贸易组织的建立　发展趋势与我国的对策 ……………………… 郭吴新（467）
《世界贸易组织的建立、发展趋势与我国的对策》评介 ……………… 柳剑平（469）
《世界贸易组织的建立、发展趋势与我国的对策》简评 ……………… 薛荣久（470）
学习世界贸易组织规则，发展中国外向型经济
　　——《世界贸易组织的建立、发展趋势与我国的对策》介评 ……… 夏振坤（471）
加入世界贸易组织　融入世界经济发展大潮
　　——《世界贸易组织的建立、发展趋势与我国的对策》介评 ……… 谷克鉴（474）

＊　＊　＊　附　录　＊　＊　＊

追　忆　恩　师

老师　我想您
　　——缅怀恩师陈继勇先生 ………………………………………… 肖卫国（479）
纪念我的导师陈继勇先生 …………………………………………… 刘卫平（481）
忆恩师 ………………………………………………………………… 朱小梅（483）
恩师引领我重构了学术人生 ………………………………………… 肖光恩（484）
怀念恩师陈继勇先生 ………………………………………………… 谭红平（486）
怀念敬爱的导师陈继勇先生 ………………………………………… 闫　炘（488）
不尽的思念
　　——怀念恩师陈继勇教授 ………………………………………… 马继宪（489）
怀念我的导师——陈继勇先生 ……………………………………… 胡　渊（492）
寄托对恩师的哀思 …………………………………………………… 计　飞（493）
追忆恩师陈继勇教授 ………………………………………………… 杨旭丹（494）
永远的恩师
　　——追忆陈公继勇先生 …………………………………………… 李知睿（495）
两年缘分，一生向导 ………………………………………………… 单　航（496）
我心目中的好老师——陈继勇教授 ………………………………… 张萌萌（497）
怀念陈老师 …………………………………………………………… 王　玉（498）

论 文 编

一、世界经济

浅论世界油价暴跌对国际经济的影响[*]

陈继勇

自去年 12 月以来，世界石油市场风云变幻，油价直线下泻，连续剧跌。到 4 月 1 日，油价每桶跌至 10 美元以下，与年初的油价相比，跌幅高达 60% 以上，从 4 月中旬开始，油价在剧烈波动中回升，目前仍在 13~17 美元之间徘徊。油价的暴跌已成为举世瞩目的经济事件，这股跌风已席卷世界各个角落，致使世界石油市场一片混乱。对此，有的国家喜形于色，有的国家忧心忡忡。造成这次油价暴跌的根本原因是什么？油价暴跌对世界各国经济的发展、对国际金融、国际贸易、国际债务会产生什么影响？油价在今后一段时期里的走势如何？我们在这次油价暴跌面前应采取什么对策？本文想就以上问题谈谈自己的粗浅看法。

一

这次油价的暴跌，究其根本原因在于世界石油生产与消费的矛盾尖锐化。更具体地说，在于国际石油市场长期存在的供给过剩。这种供求矛盾的尖锐化是下列一系列因素相互作用的结果。

第一，20 世纪 70 年代两次油价暴涨刺激了供给，压缩了需求。

1978 年和 1979 年两次石油提价，涨幅先后为 4 倍和 2.4 倍，使得石油的生产变得极为有利可图，因而大大地刺激了世界各地的石油勘探与开发，特别是促进了一些非石输组织国家的石油开采。1980—1984 年，英国和挪威的石油产量分别增加了 55.5% 和 41.5%。随着产量的增长，石油出口也相应增加，1973 年，英国还是一个石油净进口国家，而 1984 年英国石油净出口数量已达每天 120 万桶。

另一方面，油价的暴涨使那些石油进口国的生产成本陡增，国际收支出现困难，商品竞争力大大削弱。所有这些促使世界各国特别是发达的资本主义国家在努力实行产业结构、能源结构调整的同时，大力发展替代能源，积极开发节能技术，因而使得对石油的需求明显减少。1984 年和 1985 年同 1976 年相比，世界石油消费分别下降了 10.8% 和 11%。

第二，欧佩克与非欧佩克之间争夺世界石油市场份额的矛盾尖锐化。

1981 年世界平均油价高达 35.49 美元一桶，大大高于石油的生产成本，世界石油市场开始出现供给过剩，油价由涨转跌。为了减少不断增大的石油降价的压力，欧佩克采取三种对策：（1）限产。1982 年 3 月和 1984 年 10 月，欧佩克先后将上限产量定为 1750 万桶和 1600 万桶/日，比 1974 年的历史最高产量 3181 万桶/日分别减产 45% 和 50.3%。（2）减价。1983 年和 1984 年，欧佩克决定将每桶 34 美元的标准价格先后降为 29 美元和 28 美元。（3）寻求非欧佩克国家的支持与合作。欧佩克在内部实行限产保价的同时，积极呼吁非欧佩克国家降低石油产量，确保油价稳定。但是，由于英国、挪威等非欧佩克国家不但不予以合作，反而趁机向石油市场大肆扩张，它们不断地增加石油产量和出口，致使欧佩克力图以削减产量来保持市场供需平衡的努力彻底失败，以致欧佩克在世界石油市场上的地位不断下降。1980—1984 年，欧佩克的石油产量占世界石油总产量的比重由 43.8% 降至 32.1%，石油出口占世界石油总出口量的比重由 74.8% 降至 64.6%。对于非欧佩克国家的不合作态度，欧佩克十分恼火，他们决心通过发动一场石油

---

* 本文被人大报刊复印中心《世界经济导刊》《经济学文摘》全文转载。

价格战，压非欧佩克产油国退让，以谋求联合实行限产保价。

第三，欧佩克内部矛盾的激化和欧佩克战略的转变。

去年年底以前，欧佩克的战略一直是限产保价。由于一再限产，欧佩克在经济上蒙受了重大损失，不仅石油收入锐减，而且石油市场份额也丢掉了不少，从而使欧佩克内部矛盾日益加剧。该组织内部很多穷成员国负债累累，已承受不住继续限产的压力，不得不阳奉阴违，打破限产规定，实行超产并折价抛售。基于上述情况，欧佩克于去年底在日内瓦举行会议，决定摒弃其坚持多年的限产保价战略，而转向维护市场公平份额的新战略。自此以后，产油国之间展开了激烈的油价战，最低时油价跌破 12 美元。面对这一严峻局势，欧佩克于今年 3 月召开紧急会议，商讨局势，制定对策。在会上，虽然原则上欧佩克同意减产17%，以便力促不断下跌的油价回升，但是在如何分配各国的生产配额这一关键问题上，各国之间矛盾重重，分歧严重，互不相让，结果使会议不欢而散。会议破裂以后，油价跌风再起，直至 4 月初跌破 10 美元大关，造成了一次国际石油 市场上罕见的"逆石油冲击"。

二

石油是世界工业的"血液"，油价的暴跌，将对世界各国经济产生复杂和深远的影响，这种影响因国别不同而异。

第一，对主要资本主义国家的影响。

总的来说，油价的暴跌对发达资本主义国家的经济发展是利大于弊。首先，油价下跌可使西方国家减少进口开支，增加设备投资，提高企业开工率，缓和失业，有利于西方经济的增长。据美国沃顿经济计量公司预测，如果油价今年保持在每桶 19 美元的平均水平上，美国国民生产总值将多增长近一个百分点。欧洲经济共同体最近的一份研究报告表明：油价下跌将使共同体成员国经济增长率在 1986 年和 1987 年再上升 0.8%左右，就业人数将增长 0.5%左右。在日本，人们普遍认为，油价的暴跌将降低以石油作原料的生产部门的生产成本，提高商品竞争能力，对日本的经济增长大有裨益。其次，它有利于进一步压低通货膨胀率。一般来说，油价下跌，生产成本和生活支出减少，可能减轻物价总水平的涨势，缓和通货膨胀的压力。据美刊报道，今年上半年油价下跌可使美国通货膨胀率下降 1.3%，欧洲共同体各国通货膨胀率下降 1%。再次，它有利于西方国家财政状况的改善。这主要通过三个途径实现的：①油价下跌促进了西方经济增长，增加了国家税收等财政收入；②节省了一大笔进口石油的费用；③通货膨胀率的降低减少了预算支出。据大通计量经济研究所估计，通货膨胀率降低一个百分点，美国的预算赤字便可减少 50 亿美元。

然而，油价暴跌也给西方国家经济带来了一些不利影响。首先，它使英美等国的石油工业受到巨大冲击，不少石油企业收入锐减，利润下降，投资减少，一些小石油公司纷纷倒闭，大批石油工人被解雇。英国和挪威在这次跌价中损失惨重，受害尤烈。如果每桶油价下跌 1 美元，英国石油收入将减少 5 亿美元；据估计，今年挪威将减少石油收入 200 亿克朗。其次，它不利于世界产业结构高级化的继续进行，导致了能源开发计划的重新调整。油价的暴跌，则会引起整个能源价格的下跌，这在一定程度上可能使传统的高耗能部门重新得到发展，从而阻止和放慢产业结构高级化的调整步伐。同时，油价暴跌挫伤了发达资本主义国家对能源开发的投资热情，使能源开发投资逐步下降。1981 年美国的石油开发投资高达 550 亿美元，但由于近几年石油价格的下跌，美国的投资急剧下降，1985 年只有 300 亿美元，这次油价暴跌将迫使西方国家对能源开发计划作一次较大幅度的调整。

第二，对发展中国家的影响。

总的来讲，油价的暴跌对发展中国家的经济发展是弊大于利。据估计，今年油价下跌使欧佩克成员国出口收入减少近 700 亿美元，相当于其国民生产总值的 4%。其中，仅海湾六国的石油收入损失就达 250 亿美元。石油收入的锐减，迫使海湾六国政府削减了一半的发展项目，大大压缩了经济建设规模，大量解雇外籍工人。这使一些发展中国家的经济发展面临困境。对像巴西、南朝鲜这样的石油进口国来说，油价暴跌使它们节省了进口费用，腾出资金去发展本国经济，因而对它们是有利的。

第三，对苏东社会主义国家的影响。

苏联是非欧佩克产油国之一，而且石油出口量巨大。根据奥地利经济研究所估计，与 1985 年相比，1986 年每桶 15 美元的石油平均价格将使苏联来自西方的贸易收入减少 70 多亿美元。东欧等需进口石油的社会主义国家，则因此减少其外汇支出。尤其值得指出的是，经互会成员国的石油基本上仰赖苏联供应，而苏联与东欧之间的石油作价不同于世界石油市场，而是按前 5 年世界油价的平均数确定。这样，在油价暴跌时，东欧各国不能用现在的低价购买苏联的石油，而要支付比市场价更多的卢布。

三

石油是国际商品市场上的大宗商品之一，石油美元是国际金融市场上的一支"游龙"，油价的暴跌对国际贸易和国际金融也将产生深远的影响。

第一，对国际贸易的影响。

首先，油价的暴跌从总体上讲有利于国际贸易的扩大和增长。据世界贸易机关关税及贸易总协定预测，油价暴跌将在一定程度上促进国际贸易的增长。其主要因素是：①石油进口国由于油价下跌改善了国际收支，可以节省大量的资金用于其他商品的进口，扩大了国际市场上的商品需求。②油价下跌将使世界通货膨胀率下降，这使得西方国家降低利率有了较大的活动余地。利率的下降将导致企业投资和补充存货的增长，这也扩大了国际市场上的商品需求和供给。③通货膨胀率的下降，使人们的实际收入提高，消费开支也随之增长。所以，油价下跌，促进了投资和消费，使世界经济的增长加快，从而带动了国际贸易的增长。据估计，今年国际贸易的增长速度将超过去年，达 3.5%~4%。

其次，油价下跌将打乱国际商品市场上现存的价格体系，它使世界商品价格体系进入了一个调整时期。这具体表现在：①油价下跌引起了以石油为主要原料的产品的价格的下降，如化纤、化肥、一般石油化工产品等；②引起了对生产石油的勘探、开采设备的需求下降，这些商品的价格也随之下跌；③油价下跌势必波及整个能源价格，使煤炭价格趋于疲软；④油价下跌将引起一系列的连锁反应，导致了一些初级产品价格的疲软。

再次，油价暴跌，使一部分产油国的贸易条件急剧恶化。据非洲经济委员会和非洲开发银行的预测，由于油价下跌和大部分进口商品价格的上涨，今年非洲产油国的购买力显著下降。这些国家的贸易条件恶化 23%。

第二，对国际金融的影响。

首先，对各国国际收支的影响。石油价格的暴跌，有利于改善石油进口国的国际收支。据外刊报道，如果石油价格每桶平均为 17 美元，那么今年工业国将可节省 600 亿美元。另据日本经济学家测算，在石油贸易量不变的情况下，石油价格如果下跌 10 美元，巴西和南朝鲜则分别减少 30 亿美元和 20 亿美元的贸易支出。但是油价的下跌使石油出口国的国际收支出现困难，据估计，即使油价恢复到每桶 20 美元，沙特今年的收入也会减少 70 亿美元，墨西哥 42 亿美元，委内瑞拉和尼日利亚均为 35 亿美元，阿尔及利亚 23 亿美元，印度尼西亚 12 亿美元。

其次，对国际资本市场的影响。70 年代由于油价急剧上升，石油出口国的外汇收入迅速增加，从而积累了巨额的剩余资金，形成了大量的"石油美元"。到 1980 年底，欧佩克成员国的剩余资金高达 3431 亿美元，巨额的资金储备使他们能够向西方国家和发展中国家输出资本，回流的石油美元也成为国际金融市场的重要资金来源。随着油价暴跌，欧佩克成员国的外汇收入锐减，他们不得不从西方商业银行大笔提取存款，使石油美元回流发生逆转，从而影响了国际金融市场上的资金供应，并可能由此触发一场国际金融危机。

再次，对国际债务的影响。面对油价的暴跌，进口石油的债务国可以通过两个途径来减轻债务负担：一是石油进口费用的节省，二是利率水平的降低。一般估计，若短期内美元利率每降低 1 个百分点，巴西将减少 7 亿美元的利息负担。对出口石油的债务国来讲，油价的暴跌很可能重燃债务危机。虽然利率的降低能够减轻一点它们的利息负担，但这与它们的巨额债务比起来，如同杯水车薪，无济于事。截至1985年，墨西哥外债高达970亿美元，今年的利息支出就将近100亿美元。据估计，油价每下降1美元，墨西哥还本付息能力就下降5.5亿美元，如果油价跌破20美元一桶，墨西哥将无法还债，只好停止付息。对债权国来说，油价暴跌使那些贷款给产油国和石油公司的银行捉襟见肘，处境拮据，时刻面临破产倒闭的威胁。油价暴跌必然会把某些贷款给国内外石油业的银行拖入一场吃倒账的灾难中去，引起一些银行、公司的破产，从而造成债务问题的进一步恶化。

四

在最近几年乃至90年代，油价的走势怎样？是继续下跌，还是逐步回升？回升到什么水平为宜？我认为，油价将随着国际石油市场供求关系趋于平衡而逐步回升。

从中期看：80年代下半期的油价水平将低于80年代上半期，油价将在波动起伏中回升到每桶20~25美元。其依据是：（1）石油需求不会大幅度增加。这是因为，80年代后半期西方发达国家的经济增长不会太快，基本上为年平均3%的速度，在此期间过去西方国家已采取的一些节能措施将继续发挥作用，因而对能源和石油的需求不会有太大的增长，同时，西方一些主要的石油消费国将继续协调政策，利用"战略"库存来影响世界石油市场的供求形势，阻止油价的陡然上涨。另外，发展中国家由于受购买力的限制，对石油的需求也不可能大量增长。（2）石油的供给不会急剧减少。这次油价暴跌在一定程度上影响了石油的勘探和开发，引起了一些生产成本高的油田的关闭，加上油价下降对石油消费的刺激以及能源替代放慢，石油供过于求的局面将得到一定改善，但由于欧佩克目前还存在着大量的剩余生产能力，所以到1990年以前，石油供过于求的局面不会根本好转。（3）欧佩克对石油垄断价格的地位日益削弱，已不可能再操纵市场，因而今后国际油价将更多地受市场供求力量和价值规律的支配。目前，世界石油生产能力高出需求25%，根据世界银行的估计，石油价格下跌25%只能使石油需求在两年中增加5%，在五年中增加10%。

从长期看，整个20世纪90年代，油价将会稳定回升到30~35美元。这是因为在90年代有可能根本改变目前这种供过于求的局面。其根据是：（1）对石油的需求将显著增加。90年代新技术革命的发展将在一些领域出现重大突破，它将促进世界经济增长率上升，从而增加对能源的需求，同时80年代后半期大量廉价石油充斥市场，将影响替代能源的发展，阻止节能技术和新能源的开发。另外发展中国家由于实现经济现代化的需要，对石油的需求也将大幅度增长。（2）对石油的供给难以大幅度增加。根据目前已探明的储油量和开采情况，到90年代中期，目前的很多石油出口国将减少出口或退出输出国行列，石油出口将集中在沙特、科威特、阿联酋、伊朗、伊拉克、墨西哥和利比亚7国，欧佩克将重新获得在世界石油生产和销售中的控制地位。因而油价在本世纪末将可能恢复到70年代末的较高水平。

依据对国际油价的中期、长期预测，我们应怎样适应这一变化着的国际商品市场而采取一些相应的对策呢？

第一，逐步调整我国的出口商品结构。

（1）我们要把所有涉外活动都转到开展全面经济外交的轨道，加强世界市场的调查研究，广泛搜集世界各地技术开发、商品行情和市场动向的信息，为扩大我国的出口商品市场，为使我国出口贸易方向多元化尽心尽力。（2）根据世界市场的需要，建立出口专厂和生产基地，逐步形成完善的出口生产体系，并实行一套特殊的政策，以广泛调动出口商品基地和出口专厂提高产品质量，提高竞争力，扩大出口创汇的积极性。（3）大力发展纺织、机电、轻工、农副产品的出口，实行以进为出的方针，积极引进外资和先进技术，加强对这些出口产品的更新换代工作。（4）石油出口数量不能削减，市场份额要维护，但我们要逐步提高我国的精炼油能力，提高我国石油出口中的成品油比例和成品油质量。

第二，下决心调整我国的进口商品结构。（1）压缩和严格控制耐用消费品的进口（小汽车、家用电器等），把我国家庭电气化建立在国产的基础上。（2）在油价下跌和石油勘探设备价格疲软的情况下，我们应不失时机地进口一部分廉价石油作为库存，进口一些石油勘探设备加速我国的石油勘探步伐，提高我国石油的储采比，加强我国石油工业的后劲。(3) 严格控制外汇使用，要坚持把进口重点放在引进软件、先进技术和关键设备上，使之有利于国内技术进步和提高创汇能力。

第三，密切注视美元汇率的变化趋势，进一步调整人民币与美元的汇价，加强出口竞争能力，在出口收汇中，争取以硬通货计价，在进口结汇中，争取以软通货结算，以避免在汇价波动中遭受不必要的外汇损失。

第四，扩大旅游和劳务出口，增加外汇收入。

本文原载于《武汉大学学报（社会科学版）》1986 年第 6 期

南朝鲜海外建筑业发展的回顾与展望

陈继勇

20 世纪 60 年代以来，南朝鲜在推行出口主导型经济发展战略的过程中，十分重视建筑业出口，通过大搞海外承包工程，赚取了数量可观的外汇，这对南朝鲜改善国际收支，增加就业，确保石油能源和原材料的进口，促进经济高速增长起了不可忽视的重要作用。

从 1973 年开始，南朝鲜的海外建筑承包工程合同额急剧扩大，当年达 1.74 亿美元，到 1981 年合同额高达 136.81 亿美元，创历史最高纪录，但自 1982 年以后，南朝鲜海外建筑承包工程合同额不断减少，到 1986 年降至 22.39 亿美元。

一

南朝鲜 60 年代中期以来建筑工程出口的迅速发展是由一系列因素促成的。

（一）南朝鲜与美国的特殊关系

朝鲜战争以后，南朝鲜的经济重建和美国继续驻军对南朝鲜建筑工业的发展起了相当大的推动作用。据统计，南朝鲜通过为驻南朝鲜联合国军提供的建筑服务项目施工，在 "一五" 计划期间获得外汇 1891 万美元，"二五" 计划期间获得外汇 15108 万美元，"三五" 计划期间获得外汇 9879 万美元。[1] 由于美国将大量的军事工程项目交给南朝鲜建筑公司承建，这不仅使南朝鲜企业赚得了相当可观的利润，而且使南朝鲜的建筑公司在承包国际工程活动、投标、签订合同手续等方面积累了丰富的经验。从 60 年代中期开始，美国大规模卷入越南战争，大批美军开赴越南战场作战，需要建设大量的军事工程，由于美国与南朝鲜的特殊关系，这些工程在相当数量上都交由南朝鲜承建。这为南朝鲜建筑公司大举进入越南工程承包市场提供了有利时机，从而大大促进了南朝鲜海外建筑承包工程的发展，1972 年与 1965 年相比，南朝鲜海外建筑工程承包合同额增长了 14.4 倍。

（二）中东经济的繁荣

自 1973 年石油大幅度提价以后，中东产油国的外汇收入激增。石油收入的大幅度增加，为产油国的经济发展提供了极有利的条件。大多数产油国希望能在本国石油资源枯竭之前，利用手中的大量石油收入，迅速地完成国家工业化的任务，改造畸形的单一结构，实现工业、农业和国防的现代化。为此，中东产油国纷纷修订经济发展计划，把计划投资增加了一到两倍，甚至更多。如沙特阿拉伯第一个五年计划（1970—1975 年）的追加投资比原计划高出一倍；第二个五年计划（1975—1980 年）投资拨款达 1420 亿美元，比上一个计划高 8 倍。据估计，1975—1980 年，仅阿拉伯产油国的经济发展总支出就达 2200 亿美元，相当于前 5 年投资额的 12 倍。[2] 这些计划的重点是兴建基础设施，以改变其社会、经济基础设施长期落后的状况，这些基础设施主要是港口、码头、机场、道路、学校、医院和住房等，它们都属于劳动密

---

① （南朝鲜）《东亚年鉴》1980 年版，第 235 页。
② （苏联）《外国商情公报》，1977 年第 9 期。

集型的工程项目，需要大批熟练工人和非熟练工人。然而这些国家普遍存在着技术低下、劳动力资源严重不足等问题，为迅速开发和利用本国石油天然气等主要资源和进行大规模的经济建设，中东各国采取了自己出钱，别人出力，工程设计请外国专家，工程项目完成靠承包，大工程主要由外国公司承包，工人和技术人员靠引进的经济发展战略，从而使中东地区成为世界上最大的工程承包市场。这为南朝鲜建筑公司进入中东市场提供了良好的时机，1973 年以来，南朝鲜以其廉价的承建费用迅速挤进中东市场。1973 年，南朝鲜在中东的建筑工程承包合同额为 2410 万美元，到 1981 年猛增至 126.74 亿美元，9 年间增长了 525 倍。[①]

（三）南朝鲜经济发展的迫切需求

60 年代初，南朝鲜的经济发展遇到重重困难，据南朝鲜报刊披露，1961 年南朝鲜失业人口占总就业人口的 40%，完全失业人口总数为 240 万人，工业部门所需要的原材料有 80% 靠从国外进口，金属工业和机械工业原料的自给率只有 5%～6%，每年从国外进口粮食 500 万石。由于进口产品和外资引进的剧增，南朝鲜出现了严重的贸易逆差和国际收支不平衡。为了发展经济，南朝鲜当局开始推行出口主导型经济发展战略，试图将劳务出口、大搞海外建筑工程承包作为赚取外汇、弥补外贸逆差、平衡国际收支、减轻过剩劳动力的压力的途径，来摆脱当时所面临的经济困境，从而达到促进经济高涨的目的。

（四）南朝鲜政府的大力扶持

为了扶持、鼓励和促进南朝鲜企业在海外开展建筑工程承包活动，南朝鲜政府采取了如下政策与措施：

（1）颁布法律和制定规章制度，加强对海外工程承包工作的指导。1975 年 12 月，南朝鲜政府颁布了《海外建设促进法》（The Overseas Construction Promotion Act），规定在财政与金融方面给予海外建筑公司许多优惠。随后，政府又制定和颁布了一系列指导海外建筑工程承包工作的规章制度，如，劳资关系条例、劳资合同、劳务管理等，尤其是在劳资合同中，详细规定了最低工资、合同期限、工作时间、工作条件、福利待遇、伤亡补偿、劳资争议、工作责任等。

（2）建立一系列专门机构，加强对海外工程承包工作的领导。1976 年 1 月，南朝鲜政府建立"中东经济合作委员会"（The Middle East Economic Cooperation Commission），以此作为领导海外建筑工程承包工作的最高决策机构，并统一协调与海外建筑承包工程有关的各部的工作。同年，南朝鲜在建设部下新设立一个局，专门处理海外建筑工作事宜。此外，南朝鲜建立了由政府资助的研究所，加强对中东经济的研究。1977 年 5 月，在政府的倡导下，南朝鲜成立了"海外建设协会"（The Overseas Construction Association of Korea），负责促进其海外建筑工程承包活动的开展。

（3）实施一系列相互配套的鼓励和促进海外建筑公司活动的政策措施。在税收政策方面，南朝鲜对海外建筑公司的税收鼓励比商品出口的税收鼓励要大得多。1981 年以前，南朝鲜对来自海外建筑承包工程的收入，减少 50% 的公司所得税；1981 年又规定，海外建筑公司可从应纳税的外汇收入（限制在海外建筑收入的 50% 以内）中扣除 2%，以此用来补偿过去的亏损和增加企业资本，该规定原计划 1986 年终止，但由于目前海外建筑公司的困难，该规定现已延期到 1991 年。其他的税收优惠还包括加速海外建筑公司的固定资本折旧，减少在国外就业工人的个人所得税等。

在金融政策方面，1982 年 5 月以前，南朝鲜对海外建筑公司最重要的金融支持是南朝鲜银行团向海外建筑公司实行集体担保制。由于海外建筑公司承接的合同额急剧增大，使得公司难以筹措足够的资金以取得银行对债券的担保。为此，南朝鲜 1976 年组织了 7 个银行机构集中力量对那些合同额超过了 500 万美元的项目进行必要的担保。1982 年 5 月后，为了加强银行管理的独立性，集体担保制改为单个银行担保制。其他的金融支持还包括放松外汇管理，提供优惠利率贷款和保险等。

---

① 《世界银行经济评论》（英文版）1988 年第 5 期，第 227 页表 1。

二

南朝鲜海外建筑承包工程活动的不断扩展对南朝鲜经济的高速增长起了积极的促进作用。

(一) 弥补了贸易逆差，改善了国际收支

据统计，1979—1986 年，南朝鲜海外建筑公司所赚外汇达 115.86 亿美元，南朝鲜海外建筑工人所挣得的外汇为 115.33 亿美元，两者合计达 230.66 亿美元（见表 1）。大量外汇的获得对弥补南朝鲜的贸易逆差，改善其国际收支起了重要作用。1979—1985 年，南朝鲜海外建筑公司的外汇收益达 111.3 亿美元，相当于同期南朝鲜商品贸易逆差的 52.2%，同期，南朝鲜海外工人所挣外汇 104.56 亿美元。相当于同期商品贸易逆差的 49%。据南朝鲜建设部推算，海外建筑业收入对改善国际收支的作用率（即海外承建收入占外贸收入的比率）1975 年为 7.8%，1977 年为 40.5%，1979 年为 42.3%。①

表 1　　　　　　　　　　**1979—1986 年南朝鲜海外建筑业的外汇收益**　　　　　（单位：亿美元）

项目 \ 年份	1979	1980	1981	1982	1983	1984	1985	1986
①海外建筑公司所赚外汇	13.99	14.51	18.64	22.56	17.40	16.46	7.71	4.59
②海外工人所挣外汇	11.58	12.92	16.73	19.39	16.63	14.90	12.41	10.77
③商品贸易逆差	52.83	47.87	48.78	23.97	17.47	13.87	8.52	31.30*
④　①/③	26.5%	30.3%	38.2%	94.1%	99.6%	118.7%	90.5%	—
⑤　②/③	22.1%	27.0%	34.3%	80.9%	95.2%	107.4%	145.7%	—

注：* 指贸易逆差。

资料来源：（南朝鲜）财政部：《财政和货币统计》各期；劳工部：《内部资料》；经济计划局：《基本经济统计》1986 年。

(二) 带动了出口，扩大了进口，促进了南朝鲜经济的增长

南朝鲜海外建筑承包工程活动的蓬勃开展，带动了其各种建筑器材的出口，扩大了出口市场。1979—1983 年，南朝鲜对中东的出口由 14.86 亿美元增至 27.39 亿美元，增长了 84.3%。② 同时，大量外汇的获得，增强了南朝鲜的进口能力，扩大了其对资本货物和原材料的进口，从而推动了南朝鲜经济的迅速发展。据推算，南朝鲜承建海外工程对经济增长的作用率（即海外承建额增长对国民生产总值增长的比率）1975 年为 2.1%，1977 年为 7%，1979 年为 8.1%。③

(三) 有利于扩大就业，促进社会安定

南朝鲜自 1965 年开始在海外承包建筑工程以来，到 70 年代末先后参加承建工程人员共 40 多万人次。1979 年至 1986 年，南朝鲜在海外建筑承包工程中就业的人数每年平均超过 10 万人，1982 年高达 17.2 万人，占当年南朝鲜建筑业就业人数的 20%。④

---

① （南朝鲜）《新东亚》杂志，1980 年，第 11 月号。
② 国际货币基金组织：《贸易方向统计》1986 年年鉴第 249 页。
③ 杨永骐、沈圣英编著：《南朝鲜》，世界知识出版社 1985 年版，第 189 页。
④ 《世界银行经济评论》（英文版），1988 年第 5 期第 230 页。

此外，南朝鲜在中东地区建筑工程承包活动的广泛展开，对于确保中东石油对南朝鲜的供应，也起了直接和间接的促进作用。

三

南朝鲜海外建筑承包工程合同额自 1983 年以后急剧下降，1986 年与 1981 年相比，下降了 83.7%。出现这种情况的主要原因在于：

（一）中东建筑承包工程市场的萎缩

80 年代以来，在世界石油价格下降的冲击和两伊战争的影响下，中东各国石油生产、出口大幅度下降，石油收入锐减，经济发展面临重重困难，为此，中东各国对有关劳务承包和进口采取如下三大措施：（1）纷纷削减发展预算和建筑投资，压缩发展项目；（2）大力扶持本地区承包公司，鼓励本地公司与外国公司实行联合经营；（3）积极培养本国人才，为将来技术人员、管理人员、劳工的"民族化"打下基础。由于采取上述措施，海湾各国的工程承包进口大幅度下降，1983—1985 年间，一般维持在 400 亿~500 亿美元，比 1981 年下降了 40% 以上。①

（二）南朝鲜建筑公司在中东市场的竞争力下降

1975—1984 年 10 年间，南朝鲜在中东获得的工程承包合同额高达 405 亿美元，占中东整个工程市场份额的 10.67%（见表 2）。

表 2　　　　　　　　　　1975—1984 年南朝鲜对中东建筑出口的比较利益　　　　　　　　（单位：亿美元）

	总额	民用工程	建筑	工厂	电信	服务
中东市场的订货额	3794.64	963.18	1133.18	1226.20	337.73	134.37
①所占比重（%）	100	25.4	29.9	32.3	8.9	3.5
南朝鲜公司取得的订货	404.76	166.85	175.35	56.03	5.70	0.83
②所占比重（%）	100	41.2	43.3	13.3	1.4	0.2
③比较利益指数（$\frac{②}{①}\times100$）	100	162	145	43	16	6

资料来源：南朝鲜海外建设协会，1985 年。

可见，在南朝鲜的中东工程承包合同中，85% 是劳动密集型的住宅建筑和基础设施项目，如港口、码头、机场、道路、学校、医院、住房等。这些项目对复杂的高级技术要求甚少。其余的 15% 是工厂建筑、电信设施以及设计、工程、建筑管理方面的专门劳务，这些项目要求有特殊的技巧和先进的技术。尽管工厂建筑占中东工程承包市场份额近 1/3，但南朝鲜获得的工厂建筑合同额只占其工程承包合同额的 13.3%。这说明南朝鲜在劳动密集型的工程承包方面具有较强的竞争力和优势。这种竞争优势主要来源于南朝鲜承包的劳动密集型工程项目中，雇用的管理人员、工程师和劳动力主要是南朝鲜人，他们工资低、训练有素，生产效率高、团结一致，相互配合，在劳动成本管理方面厉行节约。

但是，80 年代初以来，南朝鲜在中东的劳动密集型工程承包市场和低劳动成本优势均遇到了严峻的

---

① 参见《世界经济与政治内参》1986 年第 7 期第 12~13 页。

挑战，竞争力大为削弱。一方面，中东国家的基础设施和住宅建筑项目已接近完成，劳动密集型的工程承包市场急剧萎缩。另一方面，南亚和东南亚的低工资劳动力大量涌入中东，他们与发达国家建筑公司的高技术和先进管理相结合，与南朝鲜的建筑公司展开激烈的竞争。为了争取工程承包项目，南朝鲜不得不低价投标，但这导致了公司经营的严重亏损，迫使有些公司撤出中东市场。为了应付这种不利局面，1986年底和1987年初，南朝鲜政府采取一些新措施，对建筑出口业进行结构性调整，逐步减少劳动密集型工程劳务的出口，增加技术密集型工程劳务的出口，以使建筑出口业高级化和合理化。

（三）技术力量严重不足

南朝鲜在海外劳动密集型承包工程中的优势逐步丧失的情况下，力图扩大海外技术密集型承包项目，但这必须具备雄厚的技术力量。为此，南朝鲜早在1973年就通过了《工程商业促进法》（*The Engineering Business Promotion Act*），向本国的工程和设计公司提供税收刺激，并通过推行优惠承包商制度（the Prime Contractor System）对本国的工程和设计市场实行保护，防止外国公司的竞争。1983年，由南朝鲜政府资助，建立了南朝鲜建设技术研究所。尽管如此，南朝鲜的建筑公司的技术力量仍严重缺乏，技术水平不高，它们不能对那些技术要求高的国际工程承包项目投标，并难以独立承担那些技术复杂的工程项目。据《工程新闻记录》（*Engineering News Record*）所作的统计，1985年，在全世界200个最大的国际设计公司中，南朝鲜只有4家。它们接受的订单仅有4700万美元，占总设计订货额的1.3%。[①] 由于技术力量不足，南朝鲜建筑公司很难进入国际建筑市场中的"软件"领域（可行性研究、设计工程等），这不仅使得南朝鲜公司减少了争取国际承包合同的机会，而且限制了南朝鲜建筑材料和设备的出口。

（四）金融支持不够

随着国际工程承包业务的发展以及国际竞争的加强，很多发展中国家工程建设劳务的进口者要求工程承包商自己筹措项目所需要的资金。80年代以来，日本之所以在亚洲和其他地区争取到了相当多的工程承包项目，其中重要原因之一就是在金融上得到了日本政府强有力的支持，日本政府把它的发展援助和贷款集中在亚洲国家使用，并与承包工程紧密结合起来，意大利和法国与日本一样，也积极支持承包商自筹资金承包工程项目。而南朝鲜则不然，建设公司既缺乏来自政府援助计划的支持，又缺乏在国际金融市场进行低成本融资的能力，尽管南朝鲜的进出口银行向建筑公司提供长期卖方信贷，但数量不多，不足以解决承包工程中的资金筹措问题，这使得南朝鲜公司与其他发达国家公司进行竞争时，处于极为不利的地位。

由于存在上述四个方面的问题，在目前乃至将来一段时间内，南朝鲜的海外建筑承包业务不可能有较大的发展。这不仅是因为目前国际劳动密集型工程承包市场逐渐萎缩，来自发展中国家建筑公司的激烈竞争以及南朝鲜在劳动密集型工程承包中的比较优势的逐步丧失，而且由于在高技术密集型工程承包市场上，南朝鲜由于本身所存在的资金、技术等方面的弱点，难以与发达国家建筑公司匹敌。所以，南朝鲜建筑公司在将来一段时间内的比较优势则可能在于中等技术水平、中等工资水平的工程承包项目上。近几年来，南朝鲜在巩固和扩大发展中国家这类工程承包市场的同时，在发达国家积极开辟这类工程承包市场，但收效甚微。1985年和1986年，南朝鲜在美国仅争取了4900万美元的建筑承包合同，占外国公司在美国承包工程合同额的0.4%（1985年）。[②] 日本由于推行保护国内建筑市场的政策，南朝鲜还未在日本获得工程承包项目。

为了使南朝鲜的建筑公司和劳动力更顺利地进入发达国家市场，南朝鲜目前正积极参加乌拉圭回合的多边贸易谈判，希望通过谈判来降低发达国家和新兴工业化国家中劳务贸易的壁垒，以减少南朝鲜公司和劳动力进入发达国家工程劳务市场的障碍。在目前的谈判中，南朝鲜对国际生产要素流动，尤其是劳动力

---

① 《工程新闻记录》1886年8月7日。
② 《世界银行经济评论》（英文版）1988年第5期第236页。

的流动十分关注，希望发达国家在此问题上作出较大让步，因为南朝鲜在发达国家建筑劳务出口竞争力的强弱在很大程度上依赖于南朝鲜公司能够将多少南朝鲜的劳动力带入发达国家的劳务市场。与此相反，发达国家在谈判中，对国际资本、技术的流动很感兴趣，但对劳务流动则态度保守。可以预料，在这种形势下，南朝鲜的海外建筑承包工程业务在将来一段时间里将步履艰难，发展缓慢。

本文原载于《世界经济与政治》1989 年第 4 期

论 20 世纪 80 年代南朝鲜外债的
发展变化及其对我国的启示

陈继勇

20 世纪 80 年代以来,发展中国家的外债总额不断膨胀,债台越筑越高,债务结构日趋恶化,偿债能力大为削弱,并几次爆发国际性债务危机,如牛负重的债务既严重阻碍了债务国经济的发展,又影响了债权方资金的流动性和安全性,而且直接危及国际金融体系的稳定,因而引起了人们的普遍不安和国际上的深切关注。在我国实行改革开放,积极引进外资,不断扩大对外经济交流的今天,认真研究 80 年代南朝鲜外债的发展变化及其特点,总结和借鉴其举债的经验教训,对于更好地利用外资发展经济具有重要意义。

———

南朝鲜自 1959 年以来,随着外国援助额的急剧减少和发展国民经济的资金缺口日益增大,开始从国外大量举债。"一五"期间举借国外贷款 3.1 亿美元,"二五"期间增加到 22.4 亿美元,"三五"期间增至 53 亿美元,"四五"期间猛增至 134 亿美元。① 到 1979 年,南朝鲜的外债日积月累,已高达 202.87 亿美元。进入 80 年代以来,南朝鲜的外债经历了一个由低到高和由高到低的发展过程,这个过程分为两个阶段。

1. 第一阶段,外债急剧增长阶段(1980—1985 年)

根据南朝鲜官方统计资料,1980 年,南朝鲜的总外债为 217.7 亿美元,到 1985 年底,迅速增至 467.29 亿美元。② 详情如表 1 所示。

表 1   **1980—1985 年南朝鲜的外债(亿美元)**

年份	外债总额	中长期债务	短期债务
1980	271.70	177.94	54.56
1981	324.33	222.06	93.76
1982	370.83	246.56	102.27
1983	403.78	282.63	124.27

---

① 杨永馏、沈圣英编著《南朝鲜》,世界知识出版社 1985 年版,第 183 页。

② 该数字中不包括由南朝鲜公司的海外子公司所进行的国外借款(总额为 59.6 亿美元)和对南朝鲜的外国直接投资(21.2 亿美元)以及军事借款。

年份	外债总额	中长期债务	短期债务
1984	430.53	316.28	121.15
1985	467.29	359.97	114.25

资料来源：南朝鲜财政部、南朝鲜银行。

由表 1 可知，1980—1985 年间南朝鲜的总外债年均增长率高达 14.9%，这大大高于南朝鲜的国内生产总值增长率（7.9%）和出口贸易增长率（13.0%）。① 1978 年，南朝鲜人均外债负担约 400 美元，1985 年则超过 1100 美元，成为发展中国家中仅次于巴西、墨西哥、阿根廷的第四大债务国，80 年代前半期南朝鲜外债如此迅速增长，其主要原因有：

（1）国内资本积累不足和缺少自然资源禀赋。60 年代以来，南朝鲜政府制定和实施了以出口为主导的工业化战略，这种战略的显著特点是：充分利用本地丰富的廉价劳动力优势，从发达国家引进技术、进口生产设备和零部件进行面向国际市场的生产，因此，进口是出口的基础，但是，南朝鲜国内资本积累不足，支持经济高速增长的投资与国内储蓄之间存在着较大缺口，如 1962—1984 年，南朝鲜年均经济增长率 8.3%，总投资率为 29.2%，而国内储蓄率 60 年代为 10% 左右，70 年代逐步提高到 20% 以上，1980—1982 年稳定在 20.5~20.9%。② 这种缺口必须依靠从外国借款来筹补。为了推行出口主导型工业化战略，设立出口加工区和出口工业区，为出口产业的升级换代提供金融支持和税收优惠，培植出口产业后劲，促进出口贸易发展，南朝鲜政府采取了强力推行依靠外资发展经济的政策。

同时，南朝鲜的自然资源比较贫乏，尤其是石油资源严重短缺，能源需要的 78.1% 靠国外供应。③ 随着 70 年代末石油大幅提价，1981—1985 年间南朝鲜用于石油进口的支出高达 226.19 亿美元，同期贸易收支逆差额为 134.24 亿美元，经常项目收支逆差额为 164.82 亿美元。④ 外贸赤字性债务的大幅度增加，加剧了对外债务负担。

（2）外债结构的失衡与国际经济环境的恶化。80 年代前半期南朝鲜外债结构失衡的具体表现是"四高一多"。第一，短期债务所占比重高，1972 年，南朝鲜的短期债务在总债务中的比重为 18%，在 1980—1985 年间平均为 24.5%，1980 年曾高达 34.5%。⑤ 第二，私人来源债务所占比例高。1980—1982 年，私人来源债务占总外债的比重为 65.7%，到 1985 年进一步提高到 73.9%。⑥ 第三，浮动利率债务所占比重高。1980—1985 年，浮动利率债务所占比重由 66% 升至 68.8%。第四，在举债的币种中，美元所占比重高。1934 年，美元贷款在中长期贷款中所占比重高达 80.1%。⑦ 第五，到期债务日益增多，且平均偿还期和宽限期越来越短。1976 年以前，由于到期债务少，主要是支付利息，1976 年以后，60 年代后半期和 70 年代初期所借贷款纷纷到期，需同时偿还本金和利息。1970 年，南朝鲜外债的平均偿还期为 19 年，平均宽限期为 6 年，到 1985 年，分别缩短为 12 年和 5 年。⑧

在这种外债结构下，80 年代初期国际贷款利率的扶摇直上（美国优惠利率在 1981 曾高达 18.87%），美元汇率的不断上浮，使得南朝鲜的外债规模不断扩大，偿债负担日益加重，债务指标有恶化的趋势（见表 2）。

---

① 世界银行：《1987 年世界发展报告》第 221 页。
② 国际货币基金组织：《世界经济展望》1988 年 4 月号。
③ 《亚洲年鉴》1988 年（英文版）第 8 页。
④ 国际货币基金组织，《国际金融统计》1989 年第 2 期。
⑤ 根据南朝鲜财政部、南朝鲜银行提供的资料计算。
⑥ 世界银行：《世界发展报告》1985 年、1986 年、1987 年。
⑦ 世界银行：《南朝鲜的外债管理》1988 年 1 月（英文版）第 11 页。
⑧ 世界银行：《1987 年世界发展报告》第 241 页。

表2   南朝鲜的外债负担率（%）

项目 年份	A	B	C
1980	49.3	131.8	12.3
1981	50.4	122.1	12.8
1982	54.4	133.1	13.6
1983	53.8	134.5	13.6
1984	52.5	128.3	13.9
1985	57.7	145.2	15.2

注：A指外债占国民生产总值的比重；B指外债占商品劳务出口的比重；C指还本付息额占商品劳务出口的比重。
资料来源：《世界债务表》（1986—1987）。

2. 第二阶段，外债急剧减少阶段（1986年至今）

自1986年以来，南朝鲜的外债发生了根本的变化。根据南朝鲜政府1986年2月公布的第一份官方的《外债白皮书》所作的预测，到90年代中期，南朝鲜的外债将降至200亿美元以下，到90年代后半期，南朝鲜的经常项目收支顺差将每年达到50亿~100亿美元，从而使南朝鲜的净外债消灭，并由一个债务国转变成一个债权国。1987年12月，南朝鲜经济企划院次官在他所作的报告中又预测，南朝鲜的国际贸易收支黑字将维持在每年50亿美元的水平上，因此，外债规模将从1987年的355亿美元减至1993年的170亿美元，海外资产则从1937年的134亿美元增至1993年的260亿美元，到那时，南朝鲜将从一个净债务国转为净债权国，从而进入世界十大贸易国和债权国的行列。

实际上，南朝鲜外债重负的改善比南朝鲜政府1986年、1987年所作的预测要快得多。1986年以来，南朝鲜政府在出口迅猛扩张的情况下，采取措施偿还外债。1986年还23亿美元，1987年还20亿美元，1988年还35亿美元，1989年估计将偿还38亿美元。今年初，南朝鲜政府宣布，1988年底其外债已降为320亿美元，而在国外的资产则增至250亿美元，因此，纯外债仅剩70亿美元，并预计到今年底实现由债务国向债权国的历史性转变。南朝鲜外债重负的迅速改善，绝不是偶然的。

（1）南朝鲜的出口工业化战略已取得显著成就。在结束了80年代前半期低速和不稳定增长的局面后，南朝鲜经济重新恢复了强劲的增长势头，经济的高速增长尤其是出口贸易的迅猛扩张使南朝鲜的国际收支出现根本好转，贸易收支和经常项目收支出现大量盈余，这为清偿外债提供了物质基础。具体情况见表3。

表3   1986—1989年南朝鲜主要经济指标

年份 项目	1986	1987	1988	1989①
实际经济增长率	12.5%	12.2%	12.1%	8%
人均GNP	2210美元	2818美元	3700美元	4570美元
出口贸易	347.15亿美元	472.81亿美元	607亿美元	700亿美元
贸易收支	42.06亿美元	76.59亿美元	89亿美元	50亿美元
经常项目收支	46.17亿美元	98.54亿美元	140亿美元	/
外汇储备	77.55亿美元	91.8亿美元	/	/

注：①为预测数。
资料来源：《日本通商白皮书》《国际金融统计》等。

（2）80 年代后半期国际经济形势发生了一些有利于南朝鲜经济发展的重大变化，其具体表现是：国际利率的调低，降低了举债的成本，日元的持续大幅升值，使南朝鲜对日本的贸易逆差不断减少；国际油价的暴跌和在低水平上徘徊，一方面大大减少了南朝鲜进口石油的外汇支出，另一方面降低了出口产品的生产成本，加强了其在国际市场上的竞争力，促进了南朝鲜贸易顺差的扩大。

（3）内部储蓄率提高。长期以来，南朝鲜一直是投资率超过国内储蓄率。但自 1986 年开始，内部储蓄率超过投资率。据统计，1986 年和 1987 年，南朝鲜的投资率分别为 29.8% 和 29.3%，而储蓄率则分别为 32.8% 和 35.2%。① 正如南朝鲜报刊所指出的，南朝鲜 "最近出现的国际收支黑字将导致收入的增加和债券、股市的活跃……不久的将来，将出现金融储蓄超过资金需求的现象"，这预示着 "信贷售货时代的到来"。②

二

80 年代南朝鲜外债的发展变化使人深思，他们通过举借外债发展经济的成功经验值得我们借鉴。

1. 外债的规模要适度

目前国际上衡量外债适度规模的标准，一般有两个：一是外债余额不超过当年出口收汇总额，二是偿债率不超过 20%。根据世界银行对 45 个发展中国家债务情况的分析，债务余额超过出口总额的 36 个国家中，有 25 个出现了债务问题，以致不得不重整债务，偿债率超过 20% 的 17 个国家中，15 个发生了债务危机。如发展中国家中的头号债务国巴西 80 年代以来两次爆发偿债危机就是例证。根据世界银行的统计资料，南朝鲜的偿债率在 1980—1984 年间仍未超过 14%（见表 2），1985 年也只达到 15.2%，因此，1985 年在汉城举行的世界银行和国际货币基金组织年会上，南朝鲜并未被列入所指定的 15 个问题最大的债务国名单之内。1986 年以后南朝鲜外债急剧减少，偿债率不断降低，这说明南朝鲜一直将外债的规模控制在适度水平上。我国自 1979 年举借外债以来，外债增长速度大大快于出口贸易增长速度，截至 1988 年底，外债已达 400 亿美元，根据预测，第一个还债高峰将于 1993 年左右来临，到时偿债率高达 20% 以上。依据我国目前出口贸易发展受阻，压缩进口弹性小，外汇储备低，对国际金融、贸易、资本市场的应变能力较弱等特点，我们认为，我国的外债适度规模应控制在不超过偿债率的 15% 为宜，以防止我国的外债失控和发生偿债危机。

2. 外债的使用要得当

众所周知，利用外债和利用国内积累发展经济有着重大区别，利用本国积累发展经济，经济越发展，经济实力越强，而利用外债发展经济，就必须要考虑偿还能力问题。南朝鲜大量举债又未发生债务危机的根本经验在于他们把借债与发展外向型经济紧密结合起来，不断地培植出口产业的后劲，增强出口创汇能力和偿债能力。60 年代初，南朝鲜开始实施外向型经济发展战略时，人均国民生产总值不足 100 美元，到 1988 年却高达 3700 美元。在 1962—1987 年的 25 年中，南朝鲜的国民经济以年均 8.7% 的高速增长，1988 年又比上年增长 12.1%，在这些年的高增长数字中，有近四个百分点是使用外资所带来的。从南朝鲜举借外债的用途来看，主要投向下列三个方面：一是为出口生产服务的基础设施，二是为生产出口产品所需要的进口物资，三是用于扶持和鼓励出口生产企业的财政、金融等优惠政策措施，其结果是，外债的得当使用使南朝鲜举债发展经济走上了良性循环的轨道，极大地推动了对外贸易尤其是出口贸易的迅速发展（见表 4），使南朝鲜的贸易收支、经常项目收支自 1986 年以来出现根本好转，清偿能力显著提高。而在我国目前所举借的外债中，主要投向是用于 "基础设施型""资源开发型" 以及 "进口高档消费品型" 项目，用于 "出口创汇型" 项目很少，这种投向在一定时期内对加强我国的基础设施建设，进一步改善我们的贸易、投资、旅游环境起了积极作用，但不利于降低我国的通货膨胀率和培养我国的偿债能力。我

---

① 国际货币基金组织：《世界经济展望》1988 年 4 月号。
② 《韩国经济新闻》1987 年 12 月 15 日。

们认为，在我国的外债使用中，应注意如下三点：

表4 南朝鲜对外贸易额增长率（%）

项目 年份	总额	出口	进口
1950—1960 年年均	18.2	11.6	19.1
1960—1970 年年均	22.3	38.1	19.2
1970—1980 年年均	30.3	35.6	27.4
1980—1986 年年均	8.9	12.1	6.0
1987 年	33.1	36.2	29.9
1988 年	27.4	28.4	26.3

资料来源：国际货币基金组织历年《国际金融统计》。

（1）根据国外贷款期限的不同，实施"出口创汇型"和"基础设施型"项目并举的方针，将那些中长期贷款用于社会效益较高，而本身经济效益较低或工程建设期较长的基础设施项目，而把国际商业银行的出口信贷、外国银团的中短期贷款用于那些生产周期短，经济效益高、创汇能力强、见效快的"出口创汇型"项目，从而使经济发展与偿债能力同步进行。

（2）设立对外贷款专门项目，将一部分中短期外债资金用于发展进口替代和"资源开发型"项目，为国家节约外汇并促进我国产业的结构调整和升级换代。

（3）加强对外债使用的计划和控制。坚决杜绝靠举债来维持不适当的高消费现象（进口高档消费品，如小汽车、家用电器等），以保证外汇资金用在经济发展的刀刃上，提高外债使用的经济效益。充分吸取拉美地区一些国家由于举债过多，促使经济过热，导致通货膨胀率大幅上升；为了遏制三位数的通货膨胀，又不得不实行经济紧缩计划而引发经济衰退的沉痛教训。采取一些得力措施将我国举债发展经济引上良性循环的轨道。

3. 外债的结构要合理

根据国际上公认的低成本的理想的外资流入结构，其特征是：（1）重新支付的时间要广泛分散，避免还款期过于集中。（2）资本流入的币种构成要多样化，防止汇率风险。（3）债务人和债权人之间的风险要分担，避免单方面的风险过大。（3）债务人和债权人之间的风险要分担，避免单方面的风险过大。（4）经济中不履约的风险要分散。（5）债务还本付息与支付能力之间要有关联作用。（6）促进供给稳定的资金来源要多样化。[①]

南朝鲜80年代前半期外债结构的严重失衡是造成其债务负担一度加重的主要原因之一。这是一个深刻的教训。我国近10年举借的外债，其结构用国际标准来衡量，存在以下三个主要问题：

（1）短期债务比重过大，且贷款偿还期相当集中。1985年，我国外债余额中短期债务占40.5%，大大高于国际上25%的适度标准。据测算，到1993年，我国将进入第一个还债高峰，届时偿债率将达到25%以上。

（2）商业贷款比重过高，利率结构不够合理。1979—1985年我国实际使用的外债中，商业贷款占62.3%，虽然商业贷款举借方便，使用灵活，较少限期，但还款期短，利率高，借债成本大，且商业货款多采取浮动利率，在国际金融市场利率波动的情况下大大增加了举债的风险。[②]

（3）筹资市场过于单一，借债币种与创汇币种严重背离。据统计，1985年我国从日本的实际借款占

---

① 世界银行，《南朝鲜的外债管理》1988 年 1 月，（英文版）第 7 页。
② 陈继勇：《中国如何避免发生债务危机》载《深圳商报》1989 年 5 月 5 日。

当年对外借款总额的 51%，而自美国、英国、法国、联邦德国的借款很少，分别占当年我国对外借款总额的 0.97%、1.1%、1.86%、5.3%，这种借款的国别结构容易造成对某一国资金的过分依赖，不利于我国全方位开辟金融市场，争取更优惠贷款。与这种过于单一的筹资市场相联系，我国举借外债的币种与创汇币种严重脱离，前者主要以日元计价，后者主要以美元计价，在近几年国际金融市场日元汇价大幅上升的情况下，适种背离使我国遭受了重大的汇率风险和损失。据统计，1980—1987 年年底，我国整个外债的 58% 是以日元计算的，由于日元比价升值，我国外债由折合 240 亿美元上升为 330 亿美元。①

为了健全外债结构，减少举债风险和降低筹资成本，我们应不断完善国内投资的软硬环境，提高涉外经济管理人员的素质，加强对国际金融市场的调研，并努力逐步做到：（1）筹资方式多种多样；（2）筹资市场尽量分散；（3）防止债务短期化，使长、中、短期债务保持合理的比例；（4）举债币种与创汇币种力求保持一致，以增强抗御外币汇率变动风险的能力。

4. 外债的管理机制要健全，体制、政策、措施之间要相互配套

近 10 年来，由于我国外债管理的机制不健全，缺乏统一的政策指导和相应的措施保证，因而形成多头对外、分散借款的局面，加之借款人、用款人、还款人之间责权利不明确，曾一度出现借款失控，造成了一定的盲目性。要想较好地解决我国目前外债中存在的主要问题，我们认为，建立对外开放的对外经济管理体制，健全外债的管理机构，制定和颁布一系列相互配套的外债管理政策和措施已刻不容缓。首先，应健全外债的管理机制，建立一个隶属于国务院的处理国家外债的权威性决策机构——外债管理委员会，以直接领导外债管理的执行机构——国家外汇管理局，并按照"统一政策、统一计划、联合对外"的方针和"归口管理、分工负责、加强协调"的原则，控制外资借贷量，调整外债的投向结构。使外债管理体制由分散型向集中型转化，以克服目前外债管理中的"多头借款、分散管理"的状况。其次，制定外债管理法规、政策和措施，明确外债管理机构、外债用途、偿还办法以及借款人（部门）、用款人所承担的责任、权利和义务，依法管理，违者必究。再次，由国家外汇管理局牵头，在全国建立外债信息网络系统，采用最先进的监测手段和符合国际公认口径的统计办法，准确、可靠、及时、全面地收集、归总各地区、各部门的外汇和外债信息，为主管机构进行宏观经济决策，指导对外经济活动提供依据。

本文原载于《世界经济与政治》1989 年第 9 期

---

① （联邦德国）：《经济周刊》1988 年 7 月 29 日，第 31 期。

论日元的国际化及其对国际经济的影响

陈继勇

日元国际化是指日元被当作一种国际货币来使用，在国际贸易、国际金融、国际投资、国际储备中发挥价值标准、支付手段和价值储存等功能。日元国际化起步于 70 年代中期，80 年代初尤其是 1984 年以来，日元国际化的步伐大大加快，目前正处于迅速发展之中。在今后一段时期，日元将在国际经济中发挥愈来愈重要的作用。

一

日元的国际化与以美元为中心的国际货币体系的解体密切相连。20 世纪 50—60 年代，日元作为一种货币，在国际货币体系中默默无闻。70 年代初尤其是 1973 年资本主义世界经济危机以来，随着美国经济实力的相对下降、美元危机的频繁爆发、国际收支状况的日益恶化以及美国经济陷入滞胀，从而导致了以美元为中心的国际货币体系的崩溃，浮动汇率制取代固定汇率制，随后美元汇率的大幅下跌和国际信誉的不断下降，使那些以美元作外汇储存的国家损失惨重，为了自身的利益，它们竞相将美元储备转换成日元、联邦德国马克和瑞士法郎等"硬货币"，这样，日元便在国际货币舞台上崭露头角。但是，一直到 70 年代末，日元国际化的步履艰难。日本政府鉴于美元由盛而衰的历史教训，对日元国际化存有较大疑虑，并采取不支持态度。

80 年代初，日本经济受 70 年代末的石油提价和资本主义世界经济危机的夹击，国际收支状况急剧恶化，加之美国政府奉行两高（高财政赤字、高利率）政策，导致美元汇价持续坚挺，日元与美元的汇率不断下浮。在这种情况下，日本政府一反常态，毅然采取了支持日元国际化的政策。1980 年 12 月 1 日，日本政府修订了《外汇管理法》，1984 年 5 月 30 日，美日签订了《关于金融自由化和日元国际化现状与前景》的协议。自此以后，日本政府实施了一系列促进日元国际化的政策与措施，使日元国际化的步伐大大加快。

目前日元国际化的主要表现形式有：

（1）日元在国际贸易中作为计价、支付和结算手段所占比重越来越大。据统计，在日本的出口贸易中，用日元计价、支付和结算的比例由 70 年代初的 2% 迅速提高到 1978 年的 18% 和 1986 年的 36%；在进口贸易中，也由 1976 年的 0.9% 上升到 1986 年的 10.3%。[1]虽然日元与美元（美国出口贸易的 90% 以美元计价）相比，所占比重要低得多，但是日元的发展势头很猛。

（2）日元在国际金融活动中所起的作用日益重要。1981—1986 年，在国际银行业资金流动中，以日元计价的资产额由 118 亿美元增至 662 亿美元，以日元计价的负债额由 75 亿美元增至 518 亿美元。[2]在日本批准的外汇银行中，以日元计价的短期对外资产额由 70 亿美元增至 636 亿美元，以日元计价的负债额由 136 亿美元增至 787 亿美元。1981 年，日元占日本批准的外汇银行中所拥有的短期对外资产和负债的比重分别为 11.5% 和 13.5%，到 1986 年，该比重分别提高到 32.7% 和 24.4%。[3]在世界外汇交易中，日元所占比重也迅速扩大。1977 年，日元在纽约外汇市场交易额中所占比重为 5%，名列第六位，到 1983 年，这一比重增至 22%，仅位于联邦德国马克之后，列第二位，近几年来，这一比重仍在不断上升。

（3）日元在国际投资中作为主要投资货币之一，其作用不断增强。据统计，在欧洲债券市场上，日元债券的发行额由 1983 年的 2 亿美元增至 1987 年的 231 亿美元，日元债券所占比重由 0.4% 急剧上升至 16.4%。1986—1987 年间，欧洲日元债券的发行额仅次于美元债券居世界第二位。④ 在日本债券市场上，1983—1987 年，外国人在日本发行的日元债券共 231 亿美元，其中 1985 年的发行额为 64 亿美元，与 1983 年相比，增长了 68.4%。⑤ 据摩根保证信托公司《世界金融市场》提供的资料，1983—1987 年，国际债券的发行额由 763 亿美元增至 1773 亿美元，其中，日元债券发行额由 40 亿美元增至 262 亿美元，日元债券的发行额占国际债券发行额的比重也由 5.2% 上升至 14.8%。从 1986 年开始，日元债券的发行额和占国际债券发行额中的比重均次于美国而居世界第二位。⑥

（4）日元在国际储备中作为主要储备货币之一所占比重日益提高。根据国际货币基金组织的年度报告，在各国官方外汇储备中，日元所占比重急剧上升，由 1978 年的 3.3% 上升到 1986 年的 6.9%，而美元则由 76% 降至 66.6%，日元位于美元、联邦德国马克之后，居第三位。⑦ 1985 年西方五国财长会议以来，日元在国际储备中的比重进一步上升至目前的 9% 左右，而美元的比重则下降至 60%。

（5）日元在国际货币基金组织的特别提款权（SDR）中所占比重不断提高，地位日益重要。1974 年，在由美元、英镑、日元、联邦德国马克等 16 种货币加权定值的一个特别提款权中，日元所占比重为 7.5%，1981 年，特别提款权改由美元、英镑、联邦德国马克、日元和法郎 5 种货币加权定值后，一个特别提款权中日元所占比重上升到 13%，位于美元（42%）和联邦德国马克（19%）之后，而英镑、法郎各占 12%，从 1985 年 12 月 31 日起，日元所占比重进一步提高到 15%。

二

80 年代以来，日元国际化的迅速推进是由一系列因素促成的。

1. 资本主义经济政治发展不平衡规律的作用，导致了日元的国际化

50 年代中期以来，在资本主义经济政治发展不平衡规律的作用下，日本经济呈跳跃式发展，日本国内生产总值年均增长率 1953—1980 年高达 8.1%，1980—1986 年为 3.7%，而上述两个时期美国分别为 3.1% 和 3.1%，联邦德国分别为 4.7% 和 1.5%，法国分别为 4.6% 和 1.3%，英国分别为 2.5% 和 2.3%，⑧ 日本的增长率名列前茅。经济的高速增长，使日本在世界经济中的地位显著提高，与美国的经济实力差距迅速缩小。1950 年，日本的国民生产总值 110 亿美元，只相当于美国的 1/26，到 1986 年高达 19557 亿美元，接近于美国的 1/2。⑨ 1960 年美国的国民生产总值占世界总产值的 34%，日本则占 3%，到 1986 年，美国所占比重迅速降至 25%，日本则升至 12%。据估计，最近两年日本所占比重进一步提高到 14%，美国则降至 23%。⑩

早在 70 年代初，资本主义世界中美、日、西欧三足鼎立局面的基本形式，客观上要求打破美元一统天下的独霸局面，确立以美元、日元、欧洲货币单位为代表的三个货币中心，以便与三个经济中心相适应。尤其是 80 年代以来，日本凭借它物美价廉的商品优势，频频对美国、西欧发动贸易攻势，大量日本商品充斥美欧市场，从而导致三者之间的贸易收支严重失衡。1981—1987 年，日本对美国和西欧的贸易顺差分别高达 43.75 万亿日元和 20.62 万亿日元。⑪ 贸易收支的不平衡，导致三者之间的贸易战迭起，经济摩擦日益激化。美国和西欧强烈要求日本开放国内市场，拆除关税壁垒，实行日元的国际化，以减少贸易顺差。尤其是美国，常在一些公开场合，振振有词地声称，美日双边贸易收支的失衡，其重要原因之一就是美元/日元的币值比例失调，由于日本政府的限制，日元不能足够的国际化，因此，日元是估值偏低的货币，如对日元实行国际化，使之在国际经济活动中更广泛的使用，那么日元就会升值，坚挺的日元有助于改正美元/日元的币值比例失调，从而减少美国对日本的贸易逆差。对此，日本政府则反唇相讥，日本政府声称，日美贸易收支的不平衡主要是由于双边贸易结构的失衡所致。为了缓和贸易摩擦，两国政府首脑经过多次磋商，终于在 1984 年 5 月 30 日达成了"美元—日元协议"，成立了"日元—美元特别委员会"，协议的签订和相应机构的设立，促进了日元国际化的迅速发展。

2. 日本对外经济关系的迅猛发展，客观上要求日元国际化

（1）国际收支日益改善，外汇储备急剧增加。1946—1987 年间，日本外贸总额由 4.1 亿美元猛增至

3528 亿美元，其中出口贸易由 1 亿美元增至 2246 亿美元，出口贸易的快速增长使日本的国际收支状况日益改善，贸易收支和经常收支出现大量盈余。1981—1987 年，日本的贸易顺差总额和经常收支盈余分别高达 3611 亿美元和 2894.5 亿美元。1985 年以前，日本的外汇储备一般稳定在 230 亿~290 亿美元的水平上，自 1985 年以来，日本的外汇储备急剧增加，到 1988 年 7 月外汇储备高达 889.1 亿美元，成为世界上最大的外汇储备国。[12]

（2）国际金融业务蓬勃展开，对外投资迅速增加。80 年代以来，日本已成为名副其实的金融大国。1987 年，在世界 500 家大银行中，日本银行占 107 家，总资产 49019 亿美元，占世界 500 家大银行资产总额的 32.9%。[13]目前，日本最大的 10 家银行已在国外投资 3000 亿美元，[14]1981 年日本对外长期资本投资额 228.1 亿美元，1987 年增至 1328.3 亿美元，1981—1987 年，日本对外长期资本投资达 4862 亿美元。[15]1985 年末，日本超过英国，成为世界上最大的债权国，海外净资产 1298 亿美元，1986 年和 1987 年分别提高到 1804 亿美元和 2400 亿美元。[16]

（3）日元汇率不断上扬，国际信誉日益提高。1950—1970 年，在以美元为中心的布雷顿森林货币体制下，日元与美元的汇率是固定的，其比值是 360 日元兑换 1 美元，随着布雷顿森林体系的解体、浮动汇率制的推行、日本经济实力的增强以及国际收支的变动，日元和美元的比价自 1971 年以来不断波动，尤其是 1985 年西方五国财长会议以后，日元迅速升值，到 1988 年 1 月止，日元与美元的汇价急剧上升至 125∶1。日元大幅升值并成为世界上最坚挺的货币之一，为日元国际化打下了坚实的基础。

可见，日本要不断扩大国际贸易、国际投资，要长期维持资本主义世界第二经济大国的地位，就必须要稳定日元汇价，不断提高日元的国际地位，充分发挥日元在国际经济中作为国际货币的重要作用，实行日元国际化。

3. 日本政府实施的金融自由化和国际化的政策措施，促进了日元的国际化

70 年代末期以前，日本政府对日元的国际化持怀疑和不支持态度，它们担心日元国际化后易遭受投机浪潮的冲击，削弱国内金融政策的效力，影响国内经济的稳定发展，因而一直阻止日元国际化的发展。为此，日本政府和中央银行对日本金融市场实行种种限制，如利率限制、对资本输出入的限制，对金融市场交易活动的限制和对外国金融机构的额外限制等等。由于这些限制措施，使得日元的国际作用未能得到充分发挥。

80 年代以来，日本政府鉴于国际国内经济形势的变化，毅然采取了促进金融自由化和日元国际化的政策措施，其主要内容有：

（1）修订《外汇管理法》，其主要内容是：准许日本银行、企业及居民自由买卖外汇；日本金融机构可自由参与国际银团贷款，无须经政府批准，放宽外国投资者拥有日本企业股权的规定；准许外国人在日本购置土地及建筑物；简化进出口贸易程序等。《外汇管理法》的修订和实施，使得日元可以广泛地使用于国际贸易、国际信贷和国际证券交易等方面，从而为日元国际化的迅速扩展拉开了序幕。

（2）逐步实行日元存款利率的自由化。1984 年 5 月和 1985 年 7 月，日本大藏省先后制订了促进存款利率自由化的措施、步骤和《行动纲领》，到 1988 年 4 月底，日本政府在利率自由化方面的措施有：第一，全面撤销大额可转让存单（NCD）和货币市场存单（MMC）以外的 112 亿日元以上的定期存款的利率管制，允许各银行自行决定 10 亿日元以上 1 年期限以内的定期存款利率，以后这一规定逐步放宽，到 1988 年 4 月实现了 5000 万日元定期存款利率的自由化。第二，不断降低货币市场存单的最低购入单位，并延长存款期限。最低购入单位由 1983 年创立货币市场存单时规定的 5000 万日元降至 1987 年 9 月的 1000 万日元。[17]存款期限由 1985 年规定的 1~6 个月延长至 1986 年的 6~12 个月，1987 年 4 月进一步延长至 12~24 个月。第三，实行大额可转让存单的小额化和短期化。存款面额由 1979 年规定的 5 亿日元降低到 1988 年 4 月的 5000 万日元，[18]目前已降至 3000 万日元。存款期限由创立时规定 3~6 个月缩短到 1988 年 4 月的 2 周至 2 年。存款利率的自由化，对日元的国际化起了重要促进作用。首先，存款利率由于竞争的原因提高后，将缩小与美元利率的差距，日元的吸引力将大大增加，这样，世界各国中央银行将会提高日元储备的比例，各国商业银行为了获利，也会将持有的美元债权换成日元债权。其次，日元存款利率的

自由化将使日本的金融机构在国际金融市场上的活动更加活跃，这将扩大日本剩余资金向外转移的规模，从而使欧洲日元债券市场的规模进一步扩大。

（3）逐步放宽发行欧洲日元债券的条件和范围。从 1984 年 4 月起，日本先后放宽了居民，非居民、外国公司、外国银行以及外国政府机构发行的欧洲日元债券的限制条件，并于 1985 年 4 月免除了对欧洲日元债券征收 20% 的利息预扣税。

（4）放宽欧洲日元的存贷款条件，不断吸收欧洲日元存款，尽量扩大欧洲日元的中长期信贷业务。为了促进欧洲日元存贷款业务的发展，1984 年日美协议以来，日本政府对欧洲日元市场上的存贷款条件作出规定：第一，欧洲日元存款，对于非居民，存款取款自由，对于居民，银行间交易原则上自由，非银行间交易原则上禁止，第二，6 个月期限以内的欧洲日元可转让存款发行自由，但禁止向居民抛售；第三，非居民对非居民的欧洲日元贷款完全自由；第四，非居民对居民的不指定用途的欧洲日元短期贷款自由，中长期贷款需接受有关部门指导。1985 年 4 月，日本进一步放宽非居民中长期欧洲日元贷款的限制，并规定日本公司在海外开设日元存款账户的最高限额由原定的 3000 万日元放宽为 1 亿日元，这一条件的放宽使境外日元数量迅速增加。

（5）设立东京离岸金融市场（Tokyo Offshore Banking Facility）。1986 年底，日本东京国际金融离岸市场正式开业，最初市场规模为 515 亿美元。[19]东京离岸市场的创立，其根本目的正如日本东京银行行长柏木雄介所指出的，是为了促进日元的国际化。随着东京离岸市场的创建，将大大促进日元的流出和增强日元的国际信誉，提高日元在国际交易中的比重，加速日元国际化。

（6）不断完善和开放国内金融市场，为日元国际化创造良好条件。1985 年 10 月，日本在东京证券交易所内开设政府债券期货市场，允许本国和外国公司进行政府债券买卖。1985 年 6 月和 1987 年 11 月日本先后设立以日元计价的银行承兑汇票市场和商业票据市场。通过创建银行承兑汇票市场和商业票据市场，增加了用日元计价的贸易，拓宽了日元贸易融资渠道，促进了日元的国际化。

三

日元国际化的迅速发展，对于日本经济、国际经济均产生了广泛而深刻的影响。

1. 对日本经济的影响。日元国际化对日本经济的影响是有利与不利并存，但总体上是利大于弊

（1）有利影响。

首先，日元国际化有助于日本经济的稳定增长。日元作为国际贸易的结算手段、支付手段、国际储备货币和投资货币，对日本来说，既可减少日本经济对美元的依赖，又可"抵御汇率风险于国门之外"，从而使日本拥有类似美国的"有形无形的影响力"，便于日本在国际商业、国际金融、国际投资舞台上自由活动，以加强其经济活动的主动性、"对外要价力量"及"经济安全保障"。

其次，日元国际化促进了日本金融业的发展。由于日元国际化的迅速推进，日本国内日元市场不断扩大，外国金融机构纷纷涌入，各种银行分支机构相继设立，这不仅使日本从提供银行服务或其他金融服务中取得利益，而且有助于日本增加金融部门的就业人员，降低失业率。

再次，在日元国际化的过程中，日元升值和利率自由化，提高了外国借款者到日本借取日元贷款和发行日元债券的吸引力，促进了日本的对外投资。在直接投资方面，1950—1987 年日本在国外的直接投资总额为 1393.34 亿美元，其中 1986 年和 1987 年分别为 223.2 亿美元和 333.64 亿美元。[20]在证券投资和贷款方面，1981 年日本对外贷款和证券投资分别为 50.83 亿美元和 87.77 亿美元，到 1987 年，分别增长到 161.9 亿美元和 877.57 亿美元，与 1981 年相比，分别增长了 2.2 倍和 9 倍。[21]1988 年，日本在美国的投资估计为 600 亿美元，其中 500 亿美元是获得票据。[22]

最后，东京离岸金融市场的开设和欧洲日元市场的开放，有利于增强日本的金融实力和国际金融地位。1982 年，在世界最大的 10 家银行中，只有 2 家是日本银行，到 1987 年，在世界最大的 10 家银行中，

日本竟占了 7 家，其中一至六位的大银行均为日本银行。它们的资产都超过 2000 亿美元。[23] 从而把美国银行、法国农业信贷银行和巴克莱银行等几家素负盛名的大国际银行抛到了后面。

（2）不利影响。

首先，在日元国际化的进程中，日元大幅升值使得一部分出口主导型企业受到国际市场激烈竞争的威胁，这对日本出口贸易的进一步扩大不利。根据日本经济企划厅进行的一次调查，在 386 家主要的公司中出口占整个营业额中的份额由 1985 年的第二季度的 26.3% 下降到 1987 年第四季度的 21.5%。由于日元汇价上升，日本最大的汽车公司之一——丰田汽车公司不得不把其出口到美国的汽车的价格水平平均提高 20%，结果导致该公司的出口份额由 1980 年的 55.2% 下降到 50.2%，该公司的纯利润在 1987 年 6 月底结束的业务年度比 1986 年业务年度下降了 24.6%。[24] 尤其是 1987 年 10 月 19 日世界性的股市暴跌以来，美元汇价日益疲软，日元汇价持续上升，为此，日本政府和企业界忧心忡忡。

其次，日元迅速国际化，境外日元急剧增加，对日元币值的稳定也会产生不利影响。目前，欧洲货币市场有相当 600 多亿美元的境外日元，加上各国官方外汇储备中的日元，日本的境外日元已超过 1000 亿美元。这是一条巨大的资金游龙，如果日元的国际地位提得过高，日元很可能重蹈美元的覆辙。一方面，过多的日元流向国外，一遇风吹草动，难免发生抛售日元现象，甚至酿成日元危机；另一方面，若日元汇价波动频繁，则可能影响国内价格稳定。

再次，日元国际化客观上要求利率自由化，而利率的自由化，既对日本国内利率结构产生冲击，也会大大削弱日本政府在国内实施金融政策的效力。尤其是东京离岸市场的设立和业务量不断扩大，外国银行蜂拥而至，东京不久便可成为世界上最大的金融中心之一，这将导致日本的金融市场更为开放和复杂，从而在一定程度上增添了管理外国银行的困难。

2. 对国际经济的影响

日元国际化对国际经济的影响也同样具有两重性。

（1）有利影响。

首先，日元的国际化有利于国际货币体系的稳定和推动"复数货币体制"的早日形成。战后至 70 年代初，国际货币体系一直采取以美元为中心的"双挂钩"（黄金与美元挂钩、美元与其他货币挂钩）的固定汇率制。1973 年 3 月，以美元为中心的布雷顿货币体系瓦解之后，国际货币体系的改革几经周折而毫无结果。1979 年创立的欧洲货币单位以将近 10 年的实践显示出它具有稳定国际货币体系的作用。同样，日元的国际化亦将有助于国际货币秩序的稳定。因为日元的国际化要求日元汇价保持基本稳定，这有助于消除国际金融领域的"混乱"状况。随着日元国际化的迅速推进，今后的国际货币体系将会采取"复数货币体制"，日元、欧洲货币单位在国际货币体制中势必发挥"枢纽货币"的作用，提供"国际流动尺寸"，"润滑世界经济"，使国际货币关系向多中心方向发展，以适应目前世界经济发展的多极化、集团化、区域化的需要。

其次，有利于在亚太地区形成"日元经济圈"。60 年代以来，亚太地区是世界上经济增长最快的地区。随着经济的快速增长，它们对资金的需求会日益扩大，日本则处于提供这种资金的最佳位置，尤其是东京离岸金融市场的设立，使亚太地区国家中央银行的外汇储备和外国企业闲置资金都有可能被吸引到该市场。由于便利的地理条件和日本雄厚的经济实力，亚太地区的政府和企业也将向该市告贷，这将导致亚太地区国家在东京离岸市场上的投资和举债进一步增加。在这种情况下，东京离岸市场将如同一个不停工作的心脏，日元、美元、欧洲货币单位将像血液一样由这个心脏不断地泵出，最终导致"日元经济圈"的形成。

最后，日元的国际化将促进国际贸易、国际金融、国际投资的进一步扩大，有利于国际储备的多元化。80 年代以来，随着日本金融自由化和日元国际化，日本的短期资金市场及债券市场都有了很大发展。目前，日元已经以它较高的国际信誉和较稳定的币值受到国际贸易和国际投资机构的青睐，它将被越来越广泛地用于国际经济活动中，这不仅会大大促进亚太地区之间的国际分工、相互投资和国际贸易，而且有利于整个国际贸易和国际投资的扩大。据估计，日元在各国官方外汇储备中的份额在未来 10 年中将从目前的占 8% 左右增加到占 15%～20%。这在相当大程度上增强了国际储备分散化和多元化的趋势，有利于国际利率和汇率的一体化和均衡化。

（2）不利影响。

日元国际化将会引起美元、欧洲货币单位和日元三个货币中心之间的新的角逐，使目前美国、西欧、日本之间的贸易摩擦向金融领域转化和深化，从而增大了发达国家之间货币政策协调的难度。同时日元国际化将使亚太地区的一些国家在国际金融方面加深对日本的依赖性。

四

到 20 世纪末，日元国际化的发展前景如何？我的看法是，日元的国际化将继续发展，日元在国际经济中所起的作用将日益增强，但不可能取代美元作为世界上第一国际货币。主要依据是：

今后一段时期日本经济的较快发展，将为日元的国际化提供极其重要的物质基础。据统计，1983—1987 年，日本年均经济增长率为 4%，分别高于美国（3.8%）和联邦德国（2.3%），同期日本的失业率为 2.7%，大大低于美国（7.5%）和联邦德国（8%）。[25]1988 年 5 月 27 日，日本政府通过了《与世界共存的日本——经济发展五年计划》，该计划规定，在 1988—1992 年间，日本实际年均经济增长率将达到 3.75%，消费物价年均上涨 1.5%，批发物价则维持在现有水平，完全失业率到 1992 年度控制在 2.5% 上。[26]根据新五年计划，日本经常收支盈余占国民生产总值的比重 1992 年为 2%。正如美国联合经济委员会的报告所指出的，这意味着在 1992 年 1 美元兑换 125 日元的汇率下，日本经常收支盈余高达 700 亿美元，如果汇率疲软，盈余可能更高。[27]日本经济的较快增长，经济实力的进一步增强，将使日元的国际信誉进一步提高，这有利于日元的进一步国际化。

美国、日本、西欧货币当局的态度各异。美国在 70 年代初并不积极支持日元国际化，它们担心日元国际地位的日益提高会损害美元地位。80 年代以来，随着美国贸易逆差不断扩大，美国货币当局转变态度，积极支持、鼓励日元国际化。美国的目的在于，通过日元国际化，要求日本政府作为西方一个大国，共同承担责任，让日元与美元一道，成为国际经济活动中广泛使用的国际货币，以分担汇兑风险，减轻对美元的压力，同时，通过日元的国际化，扭转高值美元、低值日元的趋势，增强美国出口产品的竞争力，减少对日本的贸易逆差。但是美国也不希望日元国际化的步伐太快，以免威胁和削弱美元的国际地位。

联邦德国等西欧各大国对日元的国际化亦表示积极支持。联邦德国联邦银行行长卡尔·奥托·珀尔鉴于美元跌落形成贸易和财政上的断层，于 1988 年 3 月倡议创立一个"在日元领导下的亚洲货币体系"，[28]以促进日元的国际化。

日本当局 80 年代以来虽对日元的国际化持积极态度，但它们不希望日元马上国际化，也不希望日元马上取代美元的地位。前日本大藏大臣宫泽喜一对卡尔·奥托·珀尔所提建议明确表示："建立一个日元集团时机尚未成熟，再说，这个地区也没有人愿意用日元取代美元。"[29]它们担心，如果成立一个只是由国际二流货币组成的日元集团，日本会失去对币值的控制和削弱国内金融政策的效力。

亚太地区的大多数国家对日元的国际化持欢迎态度。80 年代以来，东盟国家、亚洲开发银行和中国均发现，它们举债的币种与还债的币种严重不对称，遭受重大的汇率风险和损失。据统计，1980—1987 年年底，中国整个外债的 58% 是以日元计算的，由于日元比价升值，外债从折合 240 亿美元上升到 330 亿美元，[30]1987 年，中国、亚洲"四小龙"、东盟国家的外贸 20.6% 是与日本进行的，但这种外贸主要以美元结算，而接受贷款却越来越多地用日元办理，由此产生的畸形使它们遭受了汇价变动所造成的损失，从而使得它们有可能把自己的货币与日元挂钩，以避免损失，这客观上支持了日元的国际化。

国际货币体系的改革难以有重大突破。国际货币体系的改革经过十几年的风风雨雨，到目前为止，进展不大。从今后一段时期看，国际金本位制根本不可能恢复，国际金汇兑本位制亦难以重建，特别提款权体系也不容易变为事实。唯一可能的是随着世界经济发展出现的一体化、多极化、集团化和区域化趋势，国际货币体系的改革前途是逐步形成以美洲为中心的美元区，以统一的欧洲大市场为中心的欧洲货币体系区，以苏联、东欧为中心的卢布区和以亚洲为中心的日元区的多极化局面。

◎ **注释**

①② 《国际货币评论》1988 年第 19 卷 2 号，第 25 页。

③同①，第 29 页。

④⑤⑥〔日〕《经济白皮书》特集 1988 年 8 月 15 日号，第 202 页。

⑦同④，第 203 页。

⑦《世界发展报告》1982 年、1988 年。

⑦《国际金融统计》各年、《世界发展报告》1988 年。

⑩同①，第 30 页。

⑪《日本统计月报》1988 年 9 月号，第 76、80 页。

⑫同⑪，第 163~164 页。

⑬〔英〕《银行家》杂志 1988 年 7 月号。

⑭〔希腊〕《经济信使周刊》1988 年 9 月号，第 84 页。

⑮同⑪，第 100 页。

⑯同①，第 33 页。

⑰⑱同④，第 334 页。

⑲《国际货币评论》1988 年第 19 卷 1 号，第 82 页。

⑳〔日〕《经济》杂志 1988 年 9 月号，第 58 页。

㉑根据《日本统计月报》1988 年 9 月号第 100 页的资料计算。

㉒〔法〕1988 年 2 月 12 日《发展论坛报》。

㉓〔英〕《银行家》杂志 1988 年 7 月号，第 63 页。

㉔〔联邦德国〕1988 年 1 月 7 日《世界报》。

㉕同④，第 254 页。

㉖新华社东京 1988 年 5 月 27 日电。

③《国际货币评论》1988 年第 19 卷 3 号，第 40 页。

㉘㉙㉚〔联邦德国〕《经济周刊》1988 年 7 月 29 日，第 31 期。

本文原载于《世界经济》1989 年第 3 期

南朝鲜对外承包业的发展及其特点

陈继勇

自 60 年代中期以来，南朝鲜充分利用国际上的有利时机，大力开展对外工程承包和劳务合作，赚取了数量可观的外汇，对扩大商品出口、弥补贸易逆差、改善国际收支、减轻国内就业压力、促进社会安定、推动经济发展起了重要作用。

南朝鲜对外承包业的发展经历了起步——发展——衰退三个阶段。

1965 年，南朝鲜现代建设公司首开纪录，进入泰国承包市场。之后，南朝鲜看准时机，大举进入南越市场，对外承包业开始兴旺起来。1965—1973 年 9 年间，南朝鲜与 26 个国家和地区签订了承包合同，总金额达 4.23 亿美元。

1974—1983 年，是南朝鲜对外承包业的鼎盛时期。南朝鲜抓住中东建设热的有利时机，大力开拓中东市场，对外承包业迅速发展，并在 1981 年达到顶峰。1974—1981 年，南朝鲜对外承包工程合同额增加了 79.4 倍，大大高于同期国民生产总值和对外贸易的增长速度。

1984 年以后，两伊战火不息，中东市场萎缩。加之南朝鲜技术力量日显不足，又遇到印巴等国廉价劳动力的挑战，南朝鲜的对外承包业进入衰退阶段。

目前，南朝鲜对外承包业已初步摆脱了不景气状态，进入一个新的发展阶段。

25 年来，南朝鲜的对外承包和劳务输出在不断发展的过程中，呈现如下五个比较突出的特点。

第一，对外承包工程和劳务输出市场发生显著变化。

在 1965—1973 年间，南朝鲜对外承包工程主要集中在东南亚地区，其合同金额占这一时期工程合同总额的 71%。

1973 年以后，随着中东国家展开大规模的经济建设，南朝鲜把对外承包工程的重点转向中东市场，并以中东为中心，把劳务输出扩大到关岛等太平洋地区和加蓬等非洲地区。1973 年 12 月，南朝鲜的三焕公司在沙特阿拉伯承建了合同额为 2410 万美元的高速公路工程，1974 年，7 个南朝鲜公司在中东承包了8880 万美元的建设工程项目，1975 年又获得 7.512 亿美元的承包合同。自此，中东成为南朝鲜对外工程承包的最大市场。1974 年至 1986 年，南朝鲜在这一地区的工程承包合同额为 729.53 亿美元，占同期对外工程承包总额的 90.3%，其中 1978 年高达 98%，使其一度成为中东产油国市场上最大的承包商。

80 年代中期以来，南朝鲜在保住中东市场的同时，积极开拓美国、日本及西欧国家的工程承包市场，并取得一定成效。

第二，对外承包工程由劳动密集型的土木工程项目向资本、技术密集型建筑工程项目发展。

60 年代中期至 80 年代前期，南朝鲜所承包的工程中，劳动密集型的土木工程（如建筑公路、水坝、码头、住宅等）占主要地位，而资本、技术密集型的大型工厂、电讯设施建筑工程项目比重较低。1975—1984 年间，南朝鲜在中东获得的工程承包合同额中，劳动密集型项目占 84.5%，资本、技术密集型项目只占 15.5%。南朝鲜人工资较低，吃苦耐劳，训练有素，生产效率高。团结配合，正适合于环境艰苦、大兴土木而又缺少劳动力的中东地区的需要。这为南朝鲜获取大量的海外工程，输出大批劳动力提供了有利条件。

随着技术水平的不断提高，施工经验的逐渐丰富，物质条件的进一步改善，加之 80 年代以后其低劳动力成本的优势遇到了南亚、东南亚国家的挑战和竞争，南朝鲜对外承包工程逐步转向资本、技术密集型

27

的工程项目，如兴建大型炼油厂，铺设输油管道，承建大型引水工程等。

第三，对外承包工程项目的规模由小到大。

60 年代，南朝鲜在东南亚国家承包的单项工程的合同额一般在几十万美元至 600 万美元之间。70 年代后，超过 1000 万美元的项目日益增多，并逐渐占绝对优势地位。从 70 年代末开始，1 亿美元以上的项目不断增加。据统计，1965 年至 1980 年 7 月末，合同额在 1 亿美元以上的占整个合同额的 50.3%；5000 万~1 亿美元的占 16.8%；3000 万~5000 万美元的占 9.3%；1000 万~3000 万美元的占 13.5%；1000 万美元以下的占 9.5%。

第四，南朝鲜对外承包业在整个国际承包业中占有相当重要的地位。

自 70 年代中期以来，南朝鲜在世界对外承包业中的地位不断上升，1981 年、1982 年和 1983 年，南朝鲜对外承包工程合同额分别占当年世界工程承包合同总额的 11%、11.2% 和 11.1%，连续三年仅次于美国而居世界第二位。尽管 1983 年以后，其在世界对外工程承包合同总额中所占比重不断下降，但仍位于世界七大工程承包者之列，尤其在中东地区，南朝鲜凭借自己廉价劳动力的优势，击败美国、日本等先进工业国而名列前茅。

第五，南朝鲜对外承包工程中的劳动力雇佣发生显著变化，从以本国劳动力为主逐步过渡到以外国劳动力为主。

60 年代中期以后，随着南朝鲜对外承包业的发展，南朝鲜当局出于利用闲置劳动力、减少失业人口、改善国际收支、学习外国技术等目的，向海外输出劳动力，其中主要是向本国承包的海外工程提供大批劳务。在 1965 年到 1980 年上半年这 15 年间，先后参加承包工程的劳动者共达 40 多万人次。1979—1986 年，南朝鲜在海外工程中就业的人数每年平均超过 10 万人，其中 1982 年高达 17.2 万人，占当年南朝鲜建筑业就业人数的 20.7%。80 年代中期以后，南朝鲜经济迅速发展，就业机会增加，劳动者工资提高，劳动力输出逐渐减少，承包工程不得不大量雇用当地廉价的劳动力。1983 年，雇用的当地工人的数量已占海外建设队伍总人数的 26.9%，到 1988 年，此比例上升到 55.8%。随着南朝鲜生活水平的提高，预计今后对外承包企业雇用外国工人的比例将继续增加。

本文原载于《国际经济合作》1991 年第 2 期

重返关贸总协定对国内市场的影响*

陈继勇　张海明

关贸总协定的宗旨是在市场经济条件下，约束政府行为，确认公平竞争，减少各国政府对贸易的限制，特别是通过降低关税和减少非关税壁垒，推行国际贸易的自由化。我国重返关贸总协定后，既要按照关贸总协定的有关规定享受权利，又要承担相应的义务。因而势必对国内市场产生深远的影响。

一、中国市场现状与关贸总协定之间的差距

这种差距表现在三个方面：

1. 价格体系方面的差距

改革开放以来，我国对价格体制进行了较大幅度的改革，市场价格体系有了显著变化，但是与关贸总协定自由贸易原则和市场经济的要求尚有一定差距，主要表现在：

（1）政府干预价格的程度还相当高。这主要体现在国家管理的价格所占比重仍较大。根据国家物价局公布的材料，到 1990 年，在农副产品收购价格中，国家定价的比重仍维持在 25%，同时，还有 23.4% 的商品仍实行国家指导价；而在社会商品零售价格中，国家定价的比重保持在近 30%、国家指导价的商品所占比重为 17.2%，在生产资料出厂价格中，国家定价的比重高达 44.6%，国家指导价的比重也占 19.0%。所有这些表明，目前我国政府对价格的干预程度还较深，这与总协定的要求当然有一定的距离。

（2）价格的严重扭曲使价值规律在国内外经济中的调节作用不能正常发挥。20 世纪 80 年代中期以来，我国普遍存在着的价格双轨制严重扭曲了价格，违背了价值规律，助长了不正之风，不利于公平竞争。

（3）国内价格在一定的范围内存在着财政补贴。这种补贴主要包括两部分：一部分是与国内市场零售物价稳定相关的重要商品；另一部分是对外贸商品的国内外价差补贴。1991 年，基本取消了对出口商品的国内价格补贴后，现在的补贴主要用于中央外汇计划内进口的粮食等八种商品。

（4）一半左右的进出口商品国内价格与国际市场价格严重背离。目前，在进出口商品中，与国际市场价格保持密切联系的商品约占一半，也就是说，有一半左右的进出口商品已经实行了代理作价，其余一半左右的商品仍然实行国内外分别作价的原则。其中，进口已有 90% 以上的商品实行了代理作价，而出口仅有 10% 左右的商品推行了代理作价。由此可见，代理作价在进口和出口领域中的发展程度是不尽相同的。代理作价的改革任务还是相当繁重的，特别是在出口商品中推行代理制已经成为摆在我们面前的迫切任务。

（5）部分商品价格严重扭曲，我国工农业产品的价格剪刀差仍在扩大。国家对农产品和基础原料的作价偏低，而制成品（特别是增值高的加工产品）定价过高，两者均偏离价值规律，前者具有出口倾向，在国际市场上有利可图；后者具有内销倾向，在国际市场上缺乏竞争力。如一辆桑塔纳小轿车，出口价仅为 8500 美元，而在国内售价高达 18 万~20 万元。外贸公司出口制成品的外销价格往往要低于内销价格很多才能获得一定的竞争力。这种情况容易引起进口国的反倾销、反补贴诉讼。

---

* 本文获 1993 年第二届"安子介国际贸易研究奖"优秀论文奖（未分等级）。

2. 市场发育程度方面存在的差距

目前，我国的市场发育程度与发达国家相比，与关贸总协定的要求相比，尚处于较低水平。

（1）商品化程度低，市场体系不完善。我国到目前为止，除工业制成品的商品化程度较高以外，农产品商品化程度较低，劳务商品化的程度更低。生产资料市场的发育严重滞后，资金市场不健全，股票市场处在试点阶段，技术市场、房地产市场、产权市场等处于初始时期。

（2）条块分制。地区封锁，"诸侯"割据，导致国内市场不统一。尤其是在对外贸易方面，由于缺乏协调和统一对外，外贸企业对内抬价竞购货源，对外削价竞销，使得国内统一市场难以形成。

（3）市场中间组织不发达，市场信息不灵敏。尽管近几年来我国市场建设发展很快，但我国的交易市场发展还很不平衡，交易手段相当落后，市场信息没有及时准确反映出来，影响市场的正常运行。

（4）市场基础设施严重不足，吞吐能力差。如商品的分类、整理、包装、储藏、保鲜、保管、装卸等流转设施，就远远落后于市场发展的需要。

（5）市场交易行为不规范，市场法规不健全。国际上涉及规范市场交易行为的法规多达 1000 多条，而我国目前只有 165 条，且执法不严。市场交易还没有真正走上法制化的轨道。

3. 在市场准入方面的差距

改革开放以来，我国的外贸体制已发生了重大变化，尤其是出口贸易体制的改革已取得显著成效，并基本上与关贸总协定的规则相吻合，但是我国在进口贸易体制方面的改革较为滞后，改革任务远未完成。如果把关贸总协定的规则作为衡量和对比的尺度，我国在市场准入方面还存在不少的差距。

（1）国别优惠贸易政策背离关贸总协定最惠国待遇原则。长期以来，我国在进口贸易方面采取了不同国家不同政策的做法。这种给予特定国家的特殊优惠政策与关贸总协定的最惠国待遇原则相违背，因为对它们的优惠，构成了对其他国家的歧视。

（2）对进口产品的某些特殊规定不符合关贸总协定的国民待遇原则。如按照现行规定，广东、福建两省使用自用外汇进口的若干种产品，如果运出省外，需办部级"准运证"；免税商店进口西洋参，限定 25 克小包装；分配给三资企业使用小轿车控购指标、国产车和进口车搭配，前者一定要多于后者，等等。这类限制性规定使得进口产品在运输、分配、销售、使用方面所享受的待遇劣于相同国产品所享受的待遇，构成了对进口产品的歧视。

（3）高关税和非关税壁垒林立，严重影响了外国商品的准入。在我国的进口贸易体制中，关税不起主要的调节作用，起主要作用的是非关税壁垒，如进口计划、进口审批、进口许可证、外汇管制，再加上高额的进口关税。目前，在我国的进口总额中，受指令性和指导性计划管理的部分占 40%；受许可证限制部分占 30%；机电产品进口审批覆盖率高达 50%；一切进口用汇概经外汇管理局审批；还有一批工业产品的进口需接受严格的进口审查。凡此种种，使外国产品的准入困难重重。这是与关贸总协定中关税被视为主要保护手段原则相背离的。

（4）区域倾斜政策严重影响了外贸制度法规在全国范围的统一实施。我国特区、沿海开放城市和内地在关税政策上是有明显差别的。由于区域倾斜政策，我国的关税政策很难在特区，沿海开放区和内地统一实施。地区倾斜政策在国内造成不平等的竞争环境，威胁到中央政府在全国范围内履行关贸总协定义务的能力，同时也可能出现同类产品不同供应国在我国市场的差别待遇。

（5）多数大、中型生产和流通企业被排除在国际商业竞争之外。迄今为止，授予外贸经营权的国营大中型企业仅仅是少数。关贸总协定规定，当一个企业被授予独占或特权时，应遵循非歧视原则并应给予其他企业充分竞争的机会。我国在相当程度上维持的垄断型，这一分割型的外贸经营模式，有悖于关贸总协定的原则。

二、重返关贸总协定后对中国市场的影响

我国重返关贸总协定已经指日可待。随着中国返关后对一系列权利的享受和义务的承担，中国的关税

和非关税壁垒将不断降低和减少，国内市场与国际市场将逐步对接，价格与国际市场价格将逐步靠拢，因而对国内市场将产生巨大影响。

1. 对市场格局的影响

关贸总协定的基本原则是各方成员相互减免关税，禁止或取消阻碍商品流通的关税和非关税壁垒，达到自由贸易的目的。1949 年以来，我国一直对国内市场实行高度保护政策。如进口关税，我国在发展中国家中名列前茅，消费品的关税则名列第一，阿根廷、匈牙利为 25% 和 14%，印度、孟加拉国为 128.5% 和 116.1%，我国高达 130.7%。我国的高关税政策虽然保护了国内市场，避免了国内市场受到外国商品冲击，但同时也使国内商品始终停在低质高价的层次上，无法迅速提高产业结构。加之封闭的市场体系使价格结构严重扭曲，价格无法真正反映商品的价值，进而影响了消费层次提高。这种高关税政策不符合关贸总协定的原则，在我国与关税总协定的谈判中，我国政府已承诺削减关税的义务，计划分期在 3~5 年内削减关税 50% 并配以其他措施，例如取消对所有产品出口补贴，取消三分之二的进口许可证，增加外贸政策透明度，依法管理外贸，实行单一的汇率制等。这些措施的实行将有利于国内市场与国际市场接轨。使中国市场逐步成为世界市场的一个组成部分。这样，企业所处的市场环境将迅速扩大，企业不仅要面对国内市场，而且要面对国际市场，国际国内经济景气的变动，国际国内市场供求关系的变动，都会对企业经营决策产生影响。同时，重返关贸总协定使企业出口产品取得无条件的最惠国待遇，从而保障了企业进入国际市场的平等机会和条件，扩大了企业活动的舞台。改革开放十多年来，我国的商品经济有了很大发展、产品数量，质量有很大的增长和提高，在一定程度上改变了我国市场上商品短缺的情况，不少商品甚至处于饱和状态，这就要求企业开辟国际市场。

2. 对竞争格局的影响

重返关贸总协定，意味着中国企业将与国外企业在一个舞台上较量。关贸总协定的核心是无条件最惠国待遇，取得这一待遇，既可为我国商品进入国际市场提供与其他缔约方平等的机会与条件进行公平竞争，同时也将国内市场向其他国家开放。随着进口商品关税率的逐步降低，一些国产商品将在较小的价差下甚至在无价差的情况下与外国商品展开激烈的竞争，谁家物美价廉，谁的市场份额就大。这就意味着我国的企业将经受更激烈的市场竞争的考验和挑战。尤其是那些在低水平上重复建设，不具备规模效益的企业，以及盲目上马的企业，都会因产品质次价高而受到国外先进产品的猛烈冲击。加之西方发达国家的第三产业发达竞争力很强，美国、西欧和日本的商业通过流通革命完成了商业结构优化和功能优化。而我国的商业组织化程度低下，仍带有较明显的手工业产业痕迹。商业企业长期熟悉于做国内生意，疏于做国外生意，尤其是国有企业仍未彻底摆脱传统体制的束缚，缺乏国际市场营销渠道与手段，起点不一，规则相同，中国企业如何迅速建立对国际竞争的反应机制，变压力为动力，这就需要国内企业加紧实行跨行业，跨地区以至跨国界的组合，建立大型企业集团，提高产品档次，提高服务质量，以增强国货的竞争力。

3. 对流通格局的影响

随着中国在关贸总协定中缔约国地位的恢复，经济体制改革步伐加快，大中型国有企业经营机制转换，一个崭新的、以社会主义市场经济为基础的、外向型的、现代化的流通产业将逐步构建。我国的流通产业在改革的基础上将再次发生深刻转变，尤其将在企业层次上带来巨大的震荡。资源重新配置带来的企业融合，兼并将不可避免，内外贸一体化，产供销一条龙的大型企业组织发展已是大势所趋。作为商业主体的国营大中型企业要抓住这次机遇，寻求更大的立足之地。在中国商业的重组与变动之中，一部分企业将获得发展动力，一部分企业将被淘汰出局。尤其是那些原来受传统计划体制保护过重，缺乏市场竞争意识的企业；只搞国内商品批发、营销渠道狭窄，转型较慢的企业；缺乏规模经济效益的企业将面临严峻的考验。

4. 对消费格局的影响

随着我国关税水平的不断降低，进口商品势必增加，这刺激了国内市场总量的扩大，进口商品的扩大，带来了消费变化节奏加快，将使企业被市场淘汰的概率上升。高质量、新概念、国际型。现代化的国外商品进入市场，必将刺激产生新的消费主体、新的消费方式、新的消费行为。在新的消费需求加速交替的过程中，商品的生命周期缩短，消费热点转移迅速，市场分割变化频繁。在这种变化如此快的市场中、企业如果在辨认消费需求中快半拍，便会赢得市场主动权；如果慢半拍，便会坐失良机，陷于被动。

5. 对价格体系的影响

中国重返关贸总协定后，国内市场价格机制必须要与国际市场价格机制接轨。如果国内市场价格体制不能形成，关税杠杆就缺乏着力点，转向以关税及汇率为主的贸易保护手段就无法依靠价格机制来调节。总的来说，我国产品价格水平与国际市场比较，机械电子等加工工业产品价格偏高，如汽车，家用电器等；而初级产品价格又明显偏低，如原油、煤炭的价格都大大低于国际市场水平。重返关贸总协定后，如果我国加工工业产品继续维持价高利大的格局，就更容易被国外商品打败，如果初级产品继续维持低价格局，则会造成大量流向国外市场，国内市场资源产品供应短缺的局面会进一步加剧。因此，价格作为配置资源的一种重要杠杆，如果不能真正反映资源的紧缺程度，那么我国企业就无法从市场价格信号中获取准确的信号，企业就无法根据市场导向进行生产。因此，必须进一步改革我国的价格体系。

6. 对竞争手段和方式的影响

重返关贸总协定，中国政府必然要履行关贸总协定的削减关税，逐步减少进口许可证，简化行政审批手续，逐步取消非关税壁垒的承诺。这样，中国的企业、产品将面临国际竞争的激烈挑战。在这种激烈的国际竞争中，各国的竞争手段和方式不断变化。目前的发展趋势是：其一，强调以质取胜，以新取胜。在关税不断削减，非关税壁垒受到管束的形势下，产品的质量、性能的竞争越来越成为竞争的主要方式，这就要求我们向国际市场提供的商品必须具有高质量、小批量、多品种、新款式、包装规格多样化、商品个性化，满足不同层次的消费者的需要；其二，强调时空观念和服务观念。每笔交易，都力求在时间上缩短，在空间上缩小，在手续上简化，在信誉上可靠，在服务上优质，千方百计地抓住顾客；其三，强调信息的重要作用。目前，掌握国际市场信息已成为竞争的重要条件之一，谁掌握了最新的市场信息，谁就能获取生产和销售的主动权。在国外商品激烈竞争的面前，我国的产品、企业面临着适者生存优者胜，不适者淘汰劣者败的严峻考验。

三、对策与建议

为了促进国内市场与国际市场的接轨，缓解重返关贸总协定后所面临的严峻挑战，我们必须抓住有利机遇，进一步深化经济体制改革，建立和完善我国统一的市场体系。完善的市场体系一般包括五个方面的内容：（1）建立具有自主经营、自负盈亏机制的作为市场主体的现代企业制度；（2）建立种类完备、布局合理、多层次、多功能的市场组织群体；（3）建立具有公平竞争、高效通畅的市场流通网络；（4）建立和健全市场法规；（5）建立灵活有效，完整可靠的市场调控系统。通过建立和完善市场体系，以处理好政府与市场、市场与企业的关系，使市场在资源配置中发挥基础性作用。为此，我们的对策与建议是：

1. 大力培育和发展各类市场

现代市场经济要求一切生产要素都必须进入市场，发达的市场体系包括资金市场、生产资料市场、消费品市场、劳动力市场、技术市场、信息市场、产权市场、房地产市场和外汇市场等。没有生产要素市场的形成，发展和完善劳动力、资本、商品、技术等生产要素就不可能根据供求、竞争和价格的波动进行自由流动和合理配置、市场体系就难以建立，市场机制就难以充分发挥作用。目前，加快生产要素市场的形成和发展，完善市场体系主要应从四个方面着手。

（1）减少指令性计划，进一步放开生产资料和消费资料价格。政府应将指令性计划控制的大部分生产资料、消费品和农产品改为市场调节。即使是少数重要的生产资料也应变为由国家订货形式来调节的市场流通物资，以促进生产资料市场的发育。自1992年9月1日始，国家已放开了571种生产资料的国家定价，同时取消了部分钢材、有色金属等商品的国家最高限价，这将使生产资料的国家定价比重大幅度下降，大大推进生产资料市场的发展和完善，促进企业面向市场、转换企业经营机制。与此同时，政府进一步放开社会零售商品的价格和农产品价格，以培育消费品和农产品市场。

（2）通过扩大股票和债券的发行量及流通量，使资金市场发生根本性变化。资金市场在市场经济中占有极其重要的地位，目前，债券市场风险少，应当加快改革的步伐，增加改革的力度，完善金融市场；股票市场的培育应同企业的股份制改造挂钩，并注意质量与效益，搞好规范化工作，使企业能直接面向市场融资。通过资金市场的培育，把资金流向与结构调整内在地联结在一起，以促进金融市场的深入发展，并通过信用关系促进其他各类要素市场的发展。

（3）通过劳动就业制度的改革，促进劳动市场的发展，使劳动者能够自主择业，使劳动力的流动能体现市场的需求。

（4）逐步放开利率、汇率，改革金融体制和汇率制度，使它们的变动能尽可能反映生产要素的供求状况，引导生产要素合理配置。

通过价格体系的改革，建立统一、开放、竞争有序的市场体系，形成国家调控市场，市场决定价格的价格形成机制。

2. 建立和健全我国的市场法规

重返关贸总协定以后，我国的国内市场要逐步与国际市场对接，这迫切要求我们建立和完善符合国际惯例的市场法规。目前，中国经济又立马"关"前。进"关"的深刻意义在于给我们提供了一次将国内市场与国际市场对接起来的历史性机遇。同时，关贸总协定本身就是一整套国际贸易的多边规则，它要求缔约方不仅在相互之间的经济交往中遵守，而且缔约方国内的市场规则也必须向这一国际市场规则靠拢。因此，中国如果不能加快建立和完善符合国际惯例的市场规则，那要么是不被获准全面进入国际市场，要么是国内市场无法与国际市场真正接轨无法充分获得参加国际分工和国际合作的好处；最终，市场化过程偏离国际化轨道，不可能建立真正意义上的现代市场经济。从目前中国的实际情况看，我们必须尽快制定和完善四个方面的市场法规。

（1）规范市场主体及其活动的法规。主要是规范一切实施营利行为的个人和组织，明确取得实施营利行为的资格，明晰市场主体，这类法规包括企业产权明晰规则；企业责任、权力、利益、义务、风险相统一规则；企业预算约束硬化规则；企业自主经营、自我积累和自我发展规则等。这类法规目前包括个体经济法、私营经济法、股份有限公司法、有限责任公司法、独资企业法、中外合资经营企业法、中外合作经营企业法、合伙企业法、国有企业法等。

（2）规范政府在发育和调控市场行为方面的法规。政府作为发育和调控市场行为的主体，它的行为必须适应我国摒弃高度集中的计划经济，发展市场经济的必然要求。政府行为直接关系我国市场经济发育和成长进程，必须规范。其内容包括间接调控规则，政企职责分开规则，市场干预法制化规则，政府工作人员保持廉洁的规则等。为此，目前应制定计划法、预算法、政府投资法、国有资产管理法、国家赔偿法、中央银行法、各种税收实体法、税收征管法和一些重要的职能经济法等。

（3）保障市场经济秩序的法规。既要规定营利行为的范围，也要规定营利行为合法与违法的界限，避免营利组织非法牟利，保障市场经济有序运行。这类法规比较多，主要包括：经济合同法、票据法、保险法、银行法、社会保障法、制止不正当竞争法、商业法、海商法、价格法、会计法、审计法、统计法、反贪污贿赂法、商标法、专利法、产品质量法、房地产法等。

（4）涉外经济法规。如外贸法、外国投资法、外资银行管理法、涉外经济合作法、外汇管理法、进出口管理法、反倾销法，同时确立国际商法和国际管理等，这些都是进一步改善我国的投资和外贸环境，加速我国市场与国际市场顺利对接所必需的法规。

3. 组建现代化的企业集团

企业是市场的主体，面对重返关贸总协定这次难得的机遇和即将来临的严峻挑战，我国的企业应化国际竞争的压力为动力。组建适应国际市场和国内市场的中国企业集团，全方位地采取各种措施，加速企业经营机制的转换，加速企业的技术进步，逐步推行跨国经营战略，增强企业在国内国际市场上的竞争能力。

（1）转换企业经营机制，把企业推向国际市场。转换企业的经营机制目的，就是要把企业推向市场，使其成为独立自主、自负与的商品生产者和经营者。重返关贸总协定后，我国的企业所面临的不再是一个单一的、比较封闭的国内市场而是面临一个开放的、与世界各国融为一体的无所不包的国际市场。因此，必须通过深化改革，转变政府职能，实行政企分开，强化企业的权力和自主机制、约束和监督机制、责任和风险机制、竞争和反应机制、市场开拓和商品开发机制、鼓励和动力机制，以适应国际市场的要求。

（2）面向国际市场经营，掌握驾驭国际市场的主动权。重返关贸总协定，对我国的企业正面冲击较大。注重国内外市场信息，围绕市场需求安排生产，是今后我国企业赖以生存的先决条件。因此，企业要确立"工贸并举、内外交流、全面开拓"的新战略。加强对海内外市场的研究和海内外销售渠道的建立，为企业开拓目标市场提供可靠依据和有效手段，注意国内外市场的经营组合；以质取胜，以新取胜，以快取胜，掌握驾驭市场的主动权。

（3）增强知识产权意识，注意人才培养和人才素质的提高。我国的企业在走向市场的过程中，应有效地利用目前乌拉圭回合谈判中有关知识产权的条款，确保自身的竞争力。同时，要加强各类人才的培养，提高企业干部、职工队伍的素质，我国的企业要在国际国内市场的竞争中获胜，必须有一流的具有开拓精神的企业家，管理者和一流的外贸人才，企业经营者要懂外语外贸、法律、金融、技术、公关、关贸总协定和国际惯例。因此，在我国即将恢复关贸总协定缔约国位之际，企业要注意加强培养与关贸总协定有关的人才。只有这样，在我国重返关贸总协定以后，才能既充分享受关贸总协定的权利，也可以运用关贸总协定有关条款来保护自己，以促进我国经济的发展。

恢复关贸总协定缔约国席位已指日可待。时代给予我国的企业以成功的机遇和严峻的挑战。中国的具有远见卓识的企业家们一定能够在党的十四大精神指引下，紧密结合各自的具体实际，充分利用国际国内各种有利条件，扬长避短，趋利避害，抓住机遇，迎接挑战，使中国的企业在激烈的国际国内竞争中崛起、壮大、成长、使中国的经济在奋力拼搏中腾飞。

本文原载于 1993 年 2 月 8 日至 15 日《市场时报》（三期连载）

论日本的产业空洞化及其影响

陈继勇　谭红平

一、日本产业空洞化的发展及其类型

"产业空洞化"（Hollowing-Out）是指由于跨国公司海外直接投资的迅速发展，导致母国国内制造业部门的生产与就业大幅减少、竞争力下降、结构性失业增加等较严重经济问题的一种经济现象。产业空洞化是在 20 世纪 60 年代的美国首次突出表现出来的。当时，美国的汽车和电动机械等重要的制造业部门由于欧洲经济共同体的形成而纷纷将其生产据点转向西欧，以图在新形成的西欧共同体市场中占据一定的销售份额。由于这些产业的大举对外投资，美国国内制造业部门出现了严重的投资不足，竞争力急剧下降，就业也迅速减少。此后，随着美国第三产业的快速发展和美国经济结构的日益软化，制造业在国民经济与就业中的比重日趋下降，并由此引发美国的对外贸易收支状况恶化、结构性失业严重、地区经济发展失衡等问题。在日本，由于 80 年代后半期以来日元急剧升值、国际经济竞争与摩擦不断激化、竞争优势减弱以及国内经济低速增长等原因，企业纷纷将其国内生产据点向海外转移，导致了其国内的制造业急剧萎缩，从而也引发了"产业空洞化"问题。

日本产业空洞化是在 80 年代后半期日元大幅升值后伴随着日本海外直接投资的迅猛发展渐露端倪的，进入 90 年代后则进一步突出化。战后，日本对外直接投资虽然早在 50 年代初就已开始，但直到 60 年代末才逐渐活跃。进入 70 年代以后，特别是自 80 年代中期开始，日本的海外直接投资几次出现高涨。1986—1989 年日本的对外直接投资流量一直保持 40% 以上的增长率，其中 1986 年高达 82.6%。[①]1980 年至 1991 年间，日本的对外直接投资存量从 365 亿美元增加到 3522 亿美元，成为仅次于美国的对外直接投资大国。泡沫经济崩溃后，日本的对外直接投资流量急剧下降，从 1989 年最高峰的 675 亿美元一下子减少到 1992 年的 342 亿美元。此后，随着日本经济缓慢复苏、日元急剧升值和日本与美、欧间经济摩擦日益激化，日本的对外直接投资又重新活跃起来。1993 年度和 1994 年度，日本对外直接投资流量分别上升至 360 亿和近 400 亿美元。[②]据日本大藏省报道，1995 年度日本国内企业申报的对外直接投资额达 49568 万亿日元（约合 466 亿美元），比上年增长了 15.8%。

80 年代后期以来，伴随着日本对外直接投资的较快发展，越来越多的日本企业出于开拓市场、获取情报、避免贸易摩擦、利用资源和经营多元化等各种动机将其生产据点转移到了海外，致使日本企业的海外生产与销售比率迅速提高。根据日本通产省的调查，日本制造业的海外生产比率（此处为海外生产额与国内生产额之比）在 1985 年仅为 3%，到 1994 年和 1995 年则分别提高至 8.2% 和 9%，其中电气设备和运输机械的海外生产比率早在 1993 年就已分别高达 12.6% 和 17.3%。[③]同时，海外的日本企业特别是在亚洲的日本企业也利用日元升值和当地低劳动成本优势，纷纷向日本国内返销产品。如以 1985 年的返销指数为 100，则日本从亚洲进口的耐用消费品在 1992 年度增长到 610，1993 年度为 712。[④]从制造业中单个产业和产品来看，海外生产和国内空洞化情况在不同产业和产品间还存在着较大差异，呈现出不同的特征，具体来说有以下四种类型：

（1）海外生产和进口都迅速增加而出口和国内生产则不断减少、空洞化现象较为严重的产业和产品。它们是音像设备、精密机械、纤维和罐头等产品和产业，其中电视机和磁带录像机等尤为显著。根据日本电子机械工业协会的报告，1994 年日本企业的海外彩电生产台数占总生产台数的比重达到了 78%，成为家电制品中空洞化最突出的产品。彩电的海外生产主要是由于 1985 年以来日元升值而急剧扩大的。1986—1991 年间，日本海外彩电生产台数年均增长 10% 左右，1993 年以来竟年递增 20%。现在，除了面向国内市场的宽幅、高清晰度等高档产品仍在日本国内生产外，从 14—16 英寸的小型彩电到 21 英寸以上的中大型彩电都已基本上转移至海外生产。结果，日本国内电视机的总生产台数大幅度减少，而从集中在马来西亚、泰国等地的日资彩电工厂返销回的彩电日益增加。1994 年，日本历史上第一次出现了净进口 140 万台彩电的最高纪录。⑤

音像设备企业的海外生产转移也很显著，该领域的空洞化正在逐步形成。1985 年，日本海外工厂生产的磁带录像机仅 200 万台，到 1994 年却突破 2000 万台，首次超过其在国内的产量。从整个趋势来看，日本磁带录像机的国内空洞化今后还将进一步发展，其海外生产比率大致会达到目前彩电的海外生产水平。电话机除国内市场需要的便携式移动电话机外，其余机种都已基本上转移至国外。例如，附密码电话机和无线电话机的海外生产比率在 1994 年分别为 70.9% 和 79.3%，预计到 1996 年会上升到 90.5% 和 88.5%。

精密机械也随着海外生产的转移所产生的出口减少、进口增加而逐渐出现空洞化。在照相机行业，海外生产比率从价值额来看已超过了 40%，其中小型相机的海外生产比重已超过 50%。日本从海外进口的相机大幅增加，进口占国内市场的比率迅速提高。1988 年到 1994 年间，相机进口占日本内需的比率从 8% 上升到 43%。由于海外生产和进口的巨大发展，1990 年以来，日本国内相机工厂数及其就业人数各自减少了三分之一。

纤维业的海外转移和进口增加早在 70 年代就已开始。1987 年，日本在纤维业中的贸易首次转为赤字。在服装方面，随着小型商店开发进口业务（即向海外进行的委托加工）的发展，进口的服装占国内市场的比重不断提高，1994 年已达到了一半以上。食品产业的海外转移和开发进口也迅速发展，其中罐装食品尤为典型。日本的蔬菜和水果罐头中约 80% 是从国外进口的。

（2）面向海外市场的生产转移至海外、面向国内市场的生产保留在国内的产品。80 年代后期以来，由于日元不断升值和贸易摩擦日益加剧，日本汽车厂商相继将国内一些生产据点向美、欧及东亚地区转移，以降低生产成本，并绕过东道国的贸易壁垒，开拓海外市场。日本整车的海外生产从 1985 年的 150 万辆增加到 1994 年的 486 万辆，其海外生产比率已达 32%，而同期日本的整车出口却由 673 万辆减少至 446 万辆。日本的汽车进口并不多，1994 年约 30 万辆，仅占日本国内市场需求的 5%。空调在亚洲其他国家只生产制冷式，而在日本国内则生产冷暖两用式；冰箱在亚洲其他国家只生产中小型产品，而在国内则生产大型产品。

（3）国内外需求迅速增长、产品和生产工艺的国际分工体制正处在发展之中的行业，如电脑、半导体等。在电脑业，拥有液晶显示、二次电池等关键技术的笔记本式电脑主要以国内生产为中心，但面向美国市场的出口部分正慢慢地由海外生产所取代。电脑部件中液晶显示的生产基本上由日本独占，但从 1995 年夏起，韩国也开始了批量生产。半导体的进出口则根据产品的不同而有所交叉。日本从美国进口超小型计算处理装置，从韩国、东南亚国家进口低级 IC，向美国、亚洲地区出口 DRAM 等。日本的海外生产在东南亚只进行一些下游工序，如组装、检查等，但在美国却进行全套工序的生产。

（4）出口和进口都非常有限、主要以内需为中心的产业，如钢铁、石化等原材料工业。根据国内外经济景气的变化，这类产品的出口出现波动。在钢铁方面，以韩国钢板为主的进口有增长的趋势，国内市场上面临着降价的压力。钢铁业的海外生产主要以镀铬等下游工序为重点。

从以上分类中可看出，日本劳动密集型加工和组装工业中的技术与产品都是已进入成熟期的产品，其海外生产比率和国内空洞化的程度都比较高（第一类）；相反，仍有技术改进余地的大型产品和以内需为主导的原材料产业，其空洞化程度还很低（第三、四类）；因贸易壁垒和消费者偏好的差异等导致海外生产的产品，其空洞化程度介于前面二者之间（第二类）。

二、日本产业空洞化的成因

日本的产业空洞化既是国内经济发展的必然结果，又是对国际经济环境变化所作出的综合反应。导致日本产业空洞化形成的主要因素有以下几点：

（1）日元大幅升值。自布雷顿森林体系崩溃后实行浮动汇率制以来，随着日本经济实力的不断增强，日元从总体上看一直处于升值状态。特别是自 1985 年 9 月法、德、日、英、美五国财长和中央银行总裁达成"广场饭店协定"，以实现美元以外的主要外汇井然有序地、比较充分地升值以后，日元对美元的汇率猛升。1985 年 8 月至 1987 年 11 月，日元兑美元的比价由 231 日元兑 1 美元升值到 135 日元兑 1 美元，升幅近 40%。自 1994 年底开始，日元汇价又不断攀升，屡创新高。1995 年 3 月 7 日，美元兑日元突破 100 日元大关后，又于 4 月 19 日创下 1 美元兑 79.75 日元这一历史最高纪录。由于这次日元升值是在泡沫经济崩溃后日本经历了战后最长的经济萧条（长达 42 个月之久）的形势下产生的，日元升值与日本经济现实情况偏离过大，因而这次日元升值应称为"超日元升值"。日元升值使得日本企业的人工费和在国内采购的原材料、能源等费用若以美元计算则大幅增加，从而使产品成本上升，国际价格竞争力减弱。1993 年当日元升值到 1 美元兑 101 日元时，夏普公司对其国内外的企业人工费（含工资、奖金、补贴和福利）进行调查的结果是，若以日本国内企业人工费为 100，则国外企业人工费在美国为 66，在英国为 32，在韩国、马来西亚、泰国和中国等东亚国家分别仅为 24、10、6 和 3.5。1994 年底开始的超日元升值同泡沫经济余波合在一起，严重地削弱了日本的国际竞争力。据世界银行 1994 年《世界竞争力报告》显示，日本痛失连续 8 年雄居世界竞争力首席的宝座而屈居第三位，1995 年又降至第四位。众多日本企业在面临着日元升值所导致的国内成本上升、国际竞争力削弱、盈利下降甚至出现亏损的形势下，被迫将其部分甚至全套制造业生产工序向海外转移，以降低生产成本，开拓和占领国际市场，致使日本各类企业的海外生产额占其总生产额的比重也不断提高（见图 1）。从图 1 中可以看出，在 1989 年，日本 22.5% 的小型企业和 4.9% 的大型企业的海外生产额占总生产额的比重超过了 30%。到了 1994 年，日本 66.7% 的小型企业和 17.6% 的大型企业的海外生产额占总生产额的比重超过了 30%。

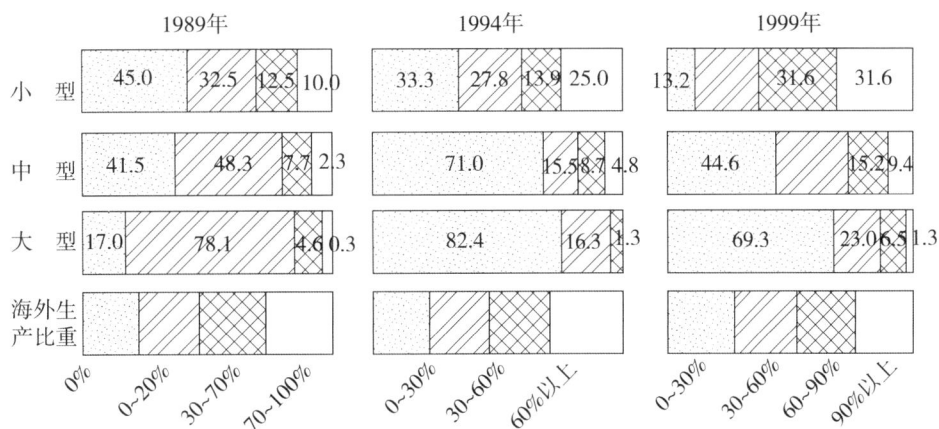

图 1　日本小、中、大型企业的海外生产额占总生产额的比重（单位:%）

资料来源：［日］中小企业厅《海外事业活动实地调查》1994 年 12 月。

（2）国际贸易摩擦不断激化。日本与美、欧等主要发达国家间的贸易摩擦由来已久，80 年代以来有日益加剧的趋势，其导火线在于日本与这些国家的贸易顺差不断扩大。据统计，日本对美国的贸易顺差由 1980 年的 122 亿美元上升到 1994 年的 657 亿美元。日本对欧洲共同体国家的贸易顺差尽管在 80 年代后半期有所减少，但进入 1990 年又重新回升，1991 年比上年增长 48%，达 277 亿美元。美、欧认为，日本与其存在着严重的贸易不平衡，其症结在于日本市场开放不够，因而向日本提出了扩大市场准入、改革经济结构、扩大内需、日元升值、推进产业合作、减少对美国和欧洲汽车出口等具体要求。美国还进一步以所谓的"公平贸易"为旗帜，以贸易制裁相威胁，逼迫日本接受"以数额指标作为衡量两国贸易的标准"，向美国开放汽车及其零部件、保险、医疗设备以及电信等产业市场。为了避免日本与美、欧等国家和地区间的贸易摩擦进一步恶化，保住在这些国家已占有的市场份额，日本国内企业一方面将其生产据点移向亚洲发展中国家或地区，以降低生产成本，提高国际竞争力，另一方面，日本企业利用日元升值的优势，通过购买和兼并等手段对北美、欧洲大举进行直接投资，就地生产和销售，以绕过东道国的贸易壁垒。例如，为了免受美日汽车贸易争端的不利影响，日本汽车厂商积极开展对外直接投资，建立了以美国为中心的海外小汽车和小型高级车生产基地。1994 年，日本海外生产的汽车达 486 万辆，首次超过日本当年的汽车出口数（446 万辆）。

（3）区域经济一体化的加速发展。80 年代中期以来，国际经济一体化和区域经济集团化趋势明显加强。在西欧，欧共体于 1985 年 6 月提出了《完善内部大市场白皮书》，1986 年 2 月又颁布《单一欧洲法令》，并按期于 1992 年底基本建成"欧洲内部大市场"，在共同体范围内实现了商品、劳务、资本、人员的无国界自由流动。1994 年 1 月 1 日，西欧 17 国组成的"欧洲经济区"正式启动。1995 年 1 月 1 日，奥地利、瑞典和芬兰等三国正式加入欧洲联盟，使欧洲联盟扩大到 15 个成员国。在美洲，美国和加拿大经过一年半的谈判，终于在 1987 年 10 月成功地达成了《美加自由贸易协定》，该协定于 1989 年元旦正式生效。接着，美、加、墨三国又于 1992 年 8 月 12 日达成《北美自由贸易协定》并于 1994 年元旦正式实施，其中心内容是经过 15 年的过渡期，最终建成包括三国在内的"北美自由贸易区"。1994 年 12 月 9 日至 11 日，美洲 34 国首脑在美国迈阿密举行首次美洲国家首脑会议，签署了《原则宣言》和《行动计划》，争取在 2005 年前完成关于建立美洲自由贸易区的谈判。1996 年 6 月初，美国、加拿大及大部分拉美国家的财长就建立美洲自由贸易区共同展开了广泛的讨论，并在一些具体的原则上达成了共识。在亚洲、非洲等其他地区，区域一体化也蓬勃兴起。区域集团化的发展无疑对仍基本上置身于集团之外的日本来说构成了严峻的挑战，因为区域集团在建成后虽然没有提高对非成员国的关税与壁垒，但成员国与非成员国间存在的差别待遇实际上就是对非成员国的歧视。为此，日本采取了两种对应措施。第一，以对外直接投资的形式打入区域集团内部，取得与当地企业同等的待遇，就地生产与销售，占领当地市场。80 年代末，在欧洲统一大市场正式建成之前，日本企业为绕过未来"欧洲堡垒"，获取更好的市场准入而掀起了对欧洲投资的高潮。《北美自由贸易协定》签订后，日本企业又纷纷在三个协定国尤其是在墨西哥建立桥头堡，以抢占北美这一世界上最大的销售市场。1990 年和 1991 年，日本对北美、欧洲两个地区的直接投资额合计分别占日本当年对外直接投资总流量的 73.9% 和 67.8%。⑥第二，利用日元升值机会，加大对东亚国家和地区的投资力度，根据各国的比较优势将日本一些制造业有序地向亚洲"四小"、东盟和中国内地转移，力图在东亚地区营造日本占主导地位的实际意义上的东亚经济圈。1992 年以来，日本海外投资的重心已迅速向亚洲倾斜，例如 1994 年日本海外制造业投资项目中有 75.8% 的项目位于亚洲，其中仅中国就占 45.8%。⑦可见，区域集团化的加强在一定程度上促进了日本国内制造业空洞化的发展。

（4）国际分工的发展与变化。随着全球和企业内国际分工更高地向混合型和水平型发展，以及企业创新和技术开发的日益国际化以及全球贸易摩擦的不断加剧，海外生产与母国制造业生产的互补性逐渐削弱，取而代之的是竞争、替代和互补并存的多元化格局。过去，日本的海外直接投资多为进行资源利用型的垂直型国际化生产，日本企业通过将比较成本高的原材料和劳动密集型生产工序和环节转移至国外，以降低母国国内产品的总成本，提高母国制造业产品的国际竞争力。同时，日本将低附加值产品生产移至海外后，有力地促进了国内制造业的产品升级和产值增长。但现在，混合型、水平型国际分工的发展使企业的对外直接投资战略由寻求资源型向寻求效率和战略资产型转变，日本国内制造业日益难以分享海外生产比较优势传递的好处，国际竞争力因而受到削弱。与此同时，随着国际贸易摩擦的加剧和贸易壁垒因素在日本对外直接投资决策中的地位上升，日本海外企业日益面临着"当地含量标准"的压力，即东道国政府强烈要求日本海外子公司提高其在该国的原材料和零部件的采购率。这就不仅削弱了日本海外生产对日本国内零配件和机器设备出口的带动效应，而且随着海外生产的当地含量不断提高和返销比例的不断扩大，日本海外企业反过来会抢占越来越多的日本国内市场，加剧国内制造业的空洞化。

（5）日本产业结构的调整。进入 80 年代中期以后，在面临国内人口老龄化、财政赤字不断扩大和国际贸易摩擦日益加剧、日元不断升值、新兴国家和地区经济实力迅速增强等严峻形势下，日本政府先后于 1986 年和 1987 年发表了《前川报告》和《新前川报告》，提出要进行以建立国际协调型经济结构为目标的新的产业结构调整。其具体措施为：①调整经济结构，使日本经济由"外需主导型"转向"内需主导型"；②鼓励扩大对外直接投资，在海外就地生产与销售；③加强科技研究与开发，发展高技术产业；④继续淘汰、转移、改造劳动和资本密集型产业，大力扶植和发展智能密集型产业。在这些措施中，积极发展对外直接投资成为日本实现产业结构调整的首要课题之一。这是因为，一方面，以对外直接投资替代出口可以在某种程度上缓和日本与美、欧等国家间的贸易摩擦；另一方面，通过对外直接投资将一些在国内已经或即将处于成熟期的产业或生产工序转移至海外，有利于日本集中发展知识与技术密集型的、具有高附加值的产业或产品，以保持和加强日本在高技术产业的国际竞争力。为此，日本政府采取了改革金融体制、放松外汇管制、对海外投资给予税收优惠并建立完备的海外投资保证制度等一系列措施来鼓励和扶持日本企业的海外生产。

三、产业空洞化对日本经济的影响

日本的产业空洞化是日本顺应本国国内与国际经济环境的变化所采取的大举对外直接投资造成的，它反过来又对日本经济产生着深刻的影响，这种影响表现在以下两个方面：

（1）产业空洞化对日本经济发展的消极影响。第一，产业空洞化在一定程度上削弱了日本国内制造业的竞争力。随着日元长期升值型和避免贸易摩擦型投资在日本对外直接投资中的比重不断提高，日本的对外直接投资不再是严格遵循小岛清教授曾经提出的日本边际产业转移模式，一些比较优势产业也开始向海外转移。日本的海外直接投资通过技术和企业经营管理经验的转移，促进了东道国民族企业的蓬勃发展，它们反过来又挤占日本传统的出口市场甚至是打进日本的国内市场，并与日本国内企业进行着激烈的竞争，例如，日本汽车业的国际竞争力在 80 年代和 90 年代初曾一度领先于美国，但是由于日本汽车业自 80 年代中期以来的大举对外投资（尤其是对美国的投资），日本在汽车业中的领导地位又被美国夺回。与此同时，由于对外直接投资的发展，保留在日本国内的企业难以继续获得大量而充分的资金投入，这就会影响国内企业的资本形成与技术创新，抑制国内企业的发展潜力，削弱国内企业的竞争力。第二，产业空洞化对日本就业产生了较大压力。大量日本企业将生产据点向海外转移后，原所在企业的工人就会失业，这就是说，日本国内的一部分就业机会伴随着日本国内生产据点的外移也转移到了海外。日本海外企业还利用其价格优势反过来抢占日本的国内市场，使国内相关企业的生产、销售陷入困境，以至抑制了国内企业就业扩大的潜力。1992 年度，日本因对外投资导致的产业空洞化使国内生产额减少了 4.1 万亿日元，就业减少了 13.5 万人。[8]据预测，如果日本的对外直接投资以年均 15% 的速度增长，那么到 2000 年日本就将有 97 万人因此而失去工作。[9]尽管从长期看，日本面临着人口结构老龄化、可劳动人口减少这一突出问题，但从短期看，日本就业形势仍十分严峻。据日本政府公布，1996 年 4 月份，日本失业率已升至 3.4%，与 1996 年 1 月份的失业率持平，达到自 1953 年以来日本官方失业率的最高点。[10]第三，产业空洞化加剧了日本的地区发展失衡。日本企业将其生产据点向海外的大量转移使企业原所在地区的就业机会减少，地方政府税收流失，基础设施难以更新。若这些地区不能迅速培植出新的增长点以吸引新的投资，那么它们无疑会走向全面的萧条。目前，日本遭受空洞化影响最严重的地区主要是山形、岐阜和佐贺等县市。例如，由于本县企业纷纷向海外投资，佐贺县内已建成的工业开发区中仍有许多土地还未能出售。位于伊万里市的县内最大的第七岛工业开发区就有一半的土地仍没有买主，自 1990 年以来，没有一家新企业进入该开发区。[11]

（2）产业空洞化对日本经济的积极影响。如前所述，日本的产业空洞化是日本经济为顺应国内、国际经济环境的变化而形成的，它为日本经济的发展也提供了许多机遇。第一，产业空洞化进一步促进了日本的产业结构调整。从80年代开始，世界经济又处于一次新的转型期，各主要发达国家的产业结构日益呈现出"软化"趋势。产业结构的软化具有双重含义：其一是指一国整个产业结构的软化，即第三产业发展迅速，第一、二产业在国民经济中所占的比重相对下降；其二是指各产业内部的软化。通过对外直接投资将一些已经或即将失去比较优势的产品或工序向海外转移后，日本就有可能投入更多的人力、物力和财力，重点开发以微电子、新材料和生物技术等为主体的技术先导产业，推动日本经济向"后工业社会"即信息社会的转变。第二，产业空洞化有利于缓和日本与主要贸易伙伴间的经济贸易摩擦。80年代以来，由于日本在与美、欧间的贸易中持续保有巨额盈余，因此日本与美、欧等主要发达国家间的经济贸易摩擦不断激化，摩擦领域逐渐由单项工业产品贸易和政策制度扩展到农业、金融、服务和高科技等国民经济的各个领域。通过扩大对外直接投资，日本得以将本国原先对美国和西欧国家的部分出口转移到海外，从而在一定程度上减缓了日本出口的进一步扩大。同时，随着日本制造业海外生产比率的不断提高和日元的不断升值，日本海外企业返销国内的产品日益增多，日本的进口因而扩大。此外，日本国内制造业的空洞化也有利于美、欧等国扩大对日本的制成品出口，增加外国企业在日本市场上所占的份额。例如1992年，外国在日本半导体市场所占的份额只有16.7%，1994年增加至22.4%，到1996年有可能接近30%。1995年，日本的进口额比上一年增长了20%以上，进口产品也从原来的以原材料和燃料为主转变为以工业制成品为主。[12] 可见，产业空洞化有利于日本减少其对外贸易顺差，实现日本经济向"内需主导型"和"国际协调型"转变。第三，产业空洞化有利于加强日本与东亚其他国家或地区间的经济合作。80年代中期以来，日本对东亚各国的加速投资促进了"四小龙"、东盟和中国等国家和地区的产业结构调整，一个以日本为资本和技术供应中心的东亚国际分工体系已初步形成。在该体系中，日本不仅提供着促进东亚经济发展所必需的资本和技术，而且随着日本制造业的进一步空洞化和日本"内需发展战略"的实施，日本将发挥"市场吸收器"的作用，这有利于加强日本与东亚国家间的贸易与投资关系。

总之，日本的产业空洞化对日本经济的发展既有利也有弊。日本国内许多人对日本已经出现的空洞化现象大惊失色，他们呼吁政府采取措施限制日本企业的进一步向海外转移。其实，我们认为这种观点过于片面，虽然产业空洞化在一定程度上削弱了日本国内制造业的竞争力，给日本就业增加了压力，但它也同样促进了日本经济结构的进一步高级化（即软化），有利于缓和日本与国际社会的经济摩擦。而且从横向上比较来看，日本制造业的空洞化水平（即海外生产比率）并不高，1995年仅为9%，到2000年也不过为14.4%。[13] 而美国和联邦德国的制造业空洞化水平早在80年代中期就分别达到了17%和19%。因此，日本对付产业空洞化的策略应该是，在继续向海外转移日本成熟产业的同时，加速以信息产业为主导的新经济增长点的形成，以促成日本经济完成向后工业社会的转化。

◎ **注释**

①日本通产省：《通商白皮书》，1987年版。

②裴长洪：《90年代日本跨国公司海外投资趋势》，《国际经济合作》1996年第2期。

③⑤⑪［日］长银综合研究所：《制成品的空洞化程度》，《经济学家》周刊1995年11月14日刊。

④［日］《世界经济》1994年1月号。

⑥转引自（联合国）《跨国公司》第3卷第1期，1994年2月。

⑦［日］《东亚经济统计月报》1995年第5期，第20页。

⑧［日］《朝日新闻》，1995年2月22日。

⑨赵春明：《日本产业空心化探析》，《亚太经济》1995年第3期。

⑩《金融时报》，1996 年 6 月 7 日。

⑫《选择》，1996 年 2 月号。

⑬ ［日］日本经济研究中心：《2000 年的国际经济与日本》，时事出版社 1992 年版，第 159 页。

本文原载于《武汉大学学报（哲学社会科学版）》1997 年第 1 期

美国知识经济的发展与启示[*]

陈继勇　全　毅

一、美国知识经济的发展

随着美国"新经济"这个字眼出现频率的加快，国际经济界对这一流行的时髦概念给予前所未有的极大关注和跟踪研究。

所谓"新经济"是以全球市场和信息技术革命为基础的经济。美国《商业周刊》1997年第17号刊文指出："谈'新经济'时，我们的意思是指这几年已经出现的两种趋势。第一种趋势是经济的全球化，第二种趋势是信息技术革命。"用于证明这两种趋势给美国经济带来的新变化的依据是：经济全球化使美国进出口占国内生产总值的比重由1984年的不到15%，增长到1997年的30%以上。实际国内生产总值增长率由1990年的1.2%到1999年上升为4.0%；与此同时失业率由1992年的7.5%，下降到1999年的4.2%；而通货膨胀率则由1990年的5.4%，下降到1999年的1.5%。美国的财政赤字也大幅度的下降且没有大规模增税，由1992年的2904亿美元逐年下降到1997年的219亿美元，1998年和1999年分别实现了629亿和1244亿美元的财政盈余。事实表明，美国新经济超出了传统经济学所认为合适的2%~2.5%的经济增长限度，同时又未引发相应的通货膨胀，使较快的增长，低通胀，低失业和财政赤字缩小同步并进，宏观格局上冲破了历来不同领域的经济进展互相排斥，顾此失彼，有碍经济总体平衡的窘境。传统理论中的菲利普斯曲线和商业周期阶段循环等学说在现代美国经济生活中也一定程度上"失灵"了（因为这些经济现象并不可能消失）。

美国"新经济"的出现有多方面的原因。如冷战结束的和平红利，美国削减军费开支，并将军事技术民用化，推动经济发展；美国政府对经济的宏观调控采取了务实的政策和灵活措施；但知识经济的到来则是基本原因。

知识经济是一种有别于农业经济、工业经济的新经济模式，按照经济合作与发展组织《以知识为基础的经济》中的说法，知识经济是指以现代科学技术为核心的、建立在知识和信息的生产、存储、使用和消费之上的经济。其基本特征是：（1）科学与技术的研究与开发日益成为知识经济的基础。（2）信息和通信技术在知识的发展过程中处于中心地位。（3）人力的素质和技能成为知识经济实现的先决条件。（4）服务业在知识经济中扮演了主要角色。"新经济"的出现表明美国正率先进入知识经济时代。

首先，高科技尤其是信息技术成为美国经济增长的最强驱动力。据美国商务部和电子协会1998年的统计，近几年信息技术成为美国雇佣职工最多的行业（约1500万人），其职工工资比全国私营企业平均工资高出73%，而传统制造业（汽车、飞机、造船、铁路、航天等）加在一起的就业人数不过150万；其在国内销售和出口方面已成为美国最大的工业部门，其产值占美国国内生产总值的8%，而与信息技术直接和间接有关部门在国内生产总值中的比例则高达80%；电脑和电讯业的增长速度是美国经济增长速度的两倍，大大超过传统上被认为是美国经济主体的汽车制造、建筑和化学工业；1995—1997年信息技术产业对美国经济的贡献率达27%，而传统的两大支柱产业——建筑业只占14%，汽车工业仅占4%。

---

[*] 本文被人大报刊复印中心《世界经济学》2001年第1期全文转载。

信息技术的发展，深刻地影响了美国的产业构成。由于信息技术的渗透力强，它既广泛用于很多新兴的高技术产业，又普遍用于传统产业的改造，大幅度地提高了劳动生产和经营管理效率，大大提高了国际竞争力。20世纪90年代以来美国劳动生产率年均增长2.2%。其中制造业为2.8%，较80年代高出1倍多。目前其制造业的生产率超过日、欧的20%。公司利润由1990年的约4000亿美元上升到1997年的近7000亿美元。当知识经济逐渐在社会经济中占主导地位，知识资本成为生产财富的最重要的手段，社会财富便再次出现转移。从1986—1996年美国上市公司的业绩排名来看，投资回报率最高的17家公司几乎全是生物医药、计算机软件、芯片制造等知识企业。1986—1997年的12年内，英特尔公司的股价上升了2950%。微软公司1997年市值大体相当于通用、福特、克莱斯勒三大汽车公司市值的总和，1999年已跃居全球股市第一。世界财富正向高技术产业及其从业人员中的精英转移。

其次，美国高技术及其产业在世界上独领风骚。在西方转向知识经济的潮流中，美国也是独占鳌头：美国在世界领先的高技术中几乎占绝对优势；目前，在世界领先的50项高技术中，美国占44项，日本仅占1项，其余为欧盟所拥有。在标志着知识经济的七大领域中，美国在信息技术、航空航天、生物技术、新材料技术等四大领域占绝对优势。特别是信息技术更让其他国家望尘莫及，美国个人计算机产品占世界市场的70%，软件占75%，而日本只占4.3%，美国已有63%的家庭拥有计算机，日本仅有14%的家庭拥有，私人网络的使用率日本只及美国的1/10。

高科技的领先使美国在其产业化和从工业经济向知识经济转型中也独领风骚。有资料表明，在经合组织的主要成员国中，以知识为基础的产业已占国内生产总值的50%；而美国则声称其知识与技术的作用已占生产率增长总要素的80%。从1986年到1995年的10年中，经合组织成员国输出的以高科技为基础的知识类商品，占商品总出口额从10%上升为35%，其中美国已达42%。[2]

最后，美国"新经济"不仅对世界经济，而且对国际政治格局都将产生深远的影响。（1）推动了世界经济结构调整的第三次浪潮，并深化国际分工体系。在美国新经济的推动下，全球正在掀起向知识经济迈进的浪潮。克林顿总统认为美国新经济象征着世界经济发展的方向，并将对世界经济产生深刻的影响。其最显著的影响将是导致国际分工的变化，使世界形成以生产知识为主的"头脑国家"和以依靠先进国家知识进行物资生产为主的"躯干国家"；（2）冷战后的全球经济竞争中，在速度和总量较量的同时，知识研究及其技术开发、劳动力素质和制度、文化更成为经济竞争的决定性因素。美国正是由于在这些方面所取得的优势奠定了它在世界格局中的领先地位；（3）知识既是一种财富，又是一种力量。执高科技革命之牛耳的美国在主导经济全球化进程的同时，拥有更多的手段和更强的力量对他国事务进行渗透和控制，影响其政策、制度和发展模式的选择。因此，率先向知识经济迈进又大大加强了美国在国际政治中的霸权地位。

二、美国知识经济发展的原因

美国在世界高技术领域的竞争中能脱颖而出、独领风骚。不仅是美国科技和企业界勇于直面国际竞争的挑战，进行制度创新、管理创新和科技创新的结果，也是美国政府直接推动和美国先进的社会文化与教育制度的结晶。

（1）激烈的国际经济竞争是美国高技术产业发展的基本动力。市场竞争永远是技术发展的动力源，这从美国高技术发展历程可以看出。从20世纪70年代开始到80年代，美国在世界经济格局中的竞争优势一度受到其他发达国家（日本和欧盟）的严重威胁，在国际市场竞争中，美国高技术产品处于劣势的也越来越多。例如美国的钢铁工业受到日本、西欧，以及一些第三世界国家的有力竞争，逐渐失去了其保持了七八十年之久的优势地位；1979年，日本取代美国成为世界头号汽车生产国；70年代末，美国很大一部分半导体集成电路芯片的世界市场份额被日本夺走。由于美国政府对消费类电子工业缺乏认识，从一开始就错过了发展消费类电子工业的机会而几乎全部被排挤出消费电子产品的世界市场。针对日本咄咄逼人的挑战，美国政府在80年代初组织专家组成国际竞争力委员会，进行了两年的研究，认为新的产业交替已经出现：传统产业发展缓慢，高新技术产业特别是一些生产计算机和计算机软件的小企业发展迅猛。于是政府采纳专家的意见，果断放弃已失去优势的传统产业和传统技术，大力培植和发展具有广阔前景的高新技术和信息技术产业，并实施鼓励大学和工业界结合建立科技工业园，对高技术风险投资予以税收减免等优惠政策。因此，正当日本大力发展钢铁、汽车、传真机、复印机、高清晰度电视机等产品之时，美国却在同期大大加强了计算机的研究、开发和生产，以及半导体等新兴高技术工业的开发。这样，日本在90年代产业结构升级受阻，美国则成功地实现向高技术产业的升级，重新夺回了竞争优势。

（2）经济与科技的密切结合是美国高科技发展的重要支撑力量。依靠科技进行生产并积极支持研究与开发的工业界是美国科技与教育兴旺、发达的有力支撑体系。以加州为例，洛杉矶加州大学负责研究工作的马尔·博特说："在科学与经济之间的联系在任何地方也没有加利福尼亚表现得如此明显。"加州的经济界不仅慷慨捐助大学教育、资助前沿科学研究与技术开发，而且还设立风险投资公司专门投资于这些科技专家创办的高技术公司，硅谷所有成功的高技术公司几乎无一例外地依靠风险投资。值得一提的是美国许多私人基金都慷慨资助前沿性基础科学研究和教育事业，促进经济与科教的良性发展。

美国企业始终是科技创新的主体，它们的研究与开发投入经费年年增长，1955年为25亿美元，1965年64亿美元，1975年160亿美元，1985年570亿美元，1994年1010亿美元。1995年美国研究与开发经费1730亿美元，占国民生产总值的2.66%，其中工业研究部门占72%，政府研究部门占10%，非营利性学术机构占18%；1997年美国政府与企业的研究与开发经费达2000亿美元，超过德、日、英、法、意五国之和，其中在信息技术方面的投入占全球信息业总投入的41.5%。③

为适应高技术的发展，推动经济与科技的密切结合，美国政府对传统的以军事科技和基础研究为主的科研体制进行了改革。1993年克林顿总统发表题为《技术为美国经济增长服务——加强经济实力的指导方针》的声明，宣布联邦政府在国防军工与民用科技投入费用比例由过去的6∶4改为5∶5,④将更多的军事与国家基础研究转向民用技术。

（3）企业制度的创新为美国知识经济发展奠定了微观基础。有效率的经济组织是经济发展的源泉，美国企业不断的组织创新、科技创新和管理创新是美国竞争力提高的基础。20世纪末，美国企业有两大发明：一是发明了经理，使得企业从家庭企业转向两权分离的专家管理革命；二是发明了工业实验室，即企业自己建立研究所。所以美国企业有很强的技术发明与转化能力，美国企业创办的工业实验室全球闻名，如贝尔实验室等。近代以来改变人类生活的重大技术发明，除了第一代电子计算机是宾夕法尼亚大学的两位工程师发明的以外，其余几乎全部出自企业，而且除了发电机是德国西门子公司，聚乙烯是英国帝国化学公司发明之外，其他均是美国公司的杰作。

第二次世界大战后，知识经济兴起，美国企业经营管理正在进行另一次革命——从经理革命到知识革命的转变。由于信息技术的广泛采用，美国企业内部管理正在经历着一场削减管理层次、提高效率的革命，即实现由原来金字塔型的垂直管理体系向少层次的平行管理体系转变。企业将职能部门减少到只剩下财务和人事两个部门，企业管理由职能管理转向产品管理。在硅谷，管理模式、管理思想已经透露出知识经济时代的雏形；有些一流的公司超前到"没有管理"——著名的英特尔公司，总裁下面是100名平行的研究人员，没有固定组合，老板从不规定任务、专利、论文，指导思想只有一个：只要你做你感兴趣的，就会做得最好。这种分散决策体制是创造硅谷奇迹的基本经验。而欧洲和日本，甚至美国东部那种流行于大工业时代的金字塔型的僵化体制都不可能创造这种奇迹。

科技创新是企业生命的源泉，美国企业不仅重视研究与开发的投入，而且极为重视前沿性技术的开发。美国企业将2/3的研究与开发经费花在发明新产品上面，而将1/3的钱用于生产过程的改善。日本企业的做法刚好相反，2/3的经费用于改善产品生产过程，1/3的钱用于新产品的发明；至于德国则非常平均各占50%。⑤战后40年中，美国企业对被称为知识经济的七大产业——微电子、生物工程、新材料、电信传播、航空航天、机器人、计算机软件等方面投注了巨大的研究与开发费用。特别是电子信息技术领域，目前已占美国企业设备投资的45%以上。事实证明，美国企业所推行的战略是正确的。在决定未来竞争力的产业上的研究与开发投入已结出丰硕的果实。在世界排名前列的大企业中，美国企业共有42家，遥遥领先于日本（仅 14 家）。

（4）政府的积极推动。美国政府虽然一贯主张减少政府干预，发挥市场的作用。但历届美国政府都极为重视美国的科技领先地位。美国政府对科技的干预主要体现在以下三个方面：一是制定科技发展政策，协调、推动国家创新体系，提高科技创新及其产业化的整体效率。美国政府设有总统科技顾问委员会和科技政策办公室负责制定国家科技规划与政策。克林顿总统入主白宫后便下令成立国家科学技术委员会并自任主席。政府通过制订重大科研项目计划，协调国内大学、研究机构及企业进行关键性工业技术的研究与开发，以形成整合力取得突破，促进国家科技水平的提高并带动国民经济发展。如 20 世纪 60 年代耗资 2000 亿美元的阿波罗计划，90 年代的信息高速公路计划等。80 年代以来美国政府还制定了促进科技成果产业化的七大科技发展计划。通过这些与商业技术开发有关的科技计划，使美国高科技产业化取得重大进展，在一些重要部门重新夺回了主导权，如美国半导体芯片产销从 1993 年起市场占有率上升为 41.9%，而日本则下降为 41.4%，汽车工业于 1993 年在产销方面再次超过日本。二是制定保护和促进科技发展的法律，为高技术产业发展创造良好的制度环境。（1）加强知识产权保护，使知识通过法律渠道进入经济。通过有效保护知识创造者和发明者的利益，提高他们创新活动的积极性，同时促进知识的广泛传播，促进经济的发展。美国政府不仅严格在国内保护知识产权，还不遗余力地向全世界推行其知识产权观念和相关法律。通过双边科技协定、贸易协定及关贸总协定的乌拉圭回合协议等来保护美国产业界。（2）通过"技术创新法"，"专利与商标法修正案"，允许由联邦政府援助的高校和科研机构的研究和开发计划的承担者取得其专利权，改变过去由政府所有的法律；同时鼓励产业界、国家实验室与大学间的共同研究，新法律极大地调动高校和科研机构转让科研成果的积极性。通过"联邦技术转移法案"等法律加快尖端技术、军用技术向民用领域特别是中小企业转移。美国还在全国设立多个技术转移中心并通过因特网加快科技成果转让，实现其产业化进程。（3）"经济复兴税法"（1981 年）将对高技术产业研究开发投资税由 49%减至 25%。1986 年通过该法修正案减至 20%，极大地促进了风险投资。政府通过减税及其他优惠政策鼓励风险投资进入高技术产业，推动知识经济的发展。三是政府通过大力加强教育和培训，为高技术产业和知识经济发展输送大量专业人才。针对美国高科技人才不足，1981 年通过《教学和理工科教育紧急振兴法》，1982 年颁布《计算机设备赠送法》，把教育重点放在高技术的应用和研究上来，促进高技术产业的发展。1994 年的《美国教育法案》更是提出了雄心勃勃的八大目标，要求每个美国人从幼儿园开始的终身学习安排，并为此而进行了财政拨款。进入 90 年代以来，美国加大了教育投资，使教育投资基本保持在国民生产总值的 7%左右。同时政府还鼓励企业、社区和其他机构加强人员培训，推动终身教育。政府通过上述政策与措施，为科技创新及知识经济发展创造了良好的环境并奠定了坚实的基础。

（5）开放多元的社会文化。近年来，西方一些对高技术产业发展的研究表明：决定一个企业高技术发展状况的最主要因素，不是物质资本的数量和质量，而是与人力资本潜力发挥相关的经济组织结构和文化传统等社会因素。张泽清先生在《美国，你为何强大?》一书中将推动美国社会经济发展的动力归结为美国人的纳税精神、法制精神、诚实精神、自由精神、竞争精神、民主精神、人权精神、冒险精神、享受精神、自我完善、爱国精神和环美精神等 12 种精神。⑥

创新意识是一种先进文化长期积淀而形成的社会文化形态。美国文化崇尚个性和标新立异的创新精神，忌讳因循守旧，孕育一种创造性思维，并注重前沿科技的研究。每年美国科学家获得的诺贝尔奖都多于其他任何国家，许多亚裔科学家因立足美国获此殊荣。美国西部的牛仔精神、求变求新的创新传统和创业精神是硅谷崛起的内在动力。1997 年美国诺贝尔奖得主洛杉矶加州大学物理学家保罗·博耶说："加利福尼亚有鼓励人的创造精神的某种东西。"美国学者萨克森尼安认为是一种文化传统。他认为美国东部 128 公路地带的新英格兰传统造成这里等级森严、僵化和保守，使东部高技术产业逐渐落伍。东部的科研机构及企业流行传统的金字塔型的自给自足的组织结构，在实验和学习中缺乏全面的讨论。而硅谷则不理睬繁文缛节，工作以民主的方式组织管理。自由开放的文化氛围造成了一批勇于进取和敢于冒险的偏执狂。在硅谷，"人们常怀着一种难以抑制的使命感"。这种近乎偏执的进取和冒险精神造就了硅谷许多世界一流的高技术企业。而美国风险投资业发达的背后更是这种冒险精神在起作用，因为风险投资者的行为更像标准的赌徒的行为，要么大得，要么全失。这正是那些厌恶风险，永远效忠雇主和心甘情愿地在严格等级制度下工作的人们难以企及的。

民族文化影响鼓励创新的方式。围绕一种技术创新而进行分离创业活动，是硅谷个人主义文明的决定性内容。这种文化使个人潜能发挥得淋漓尽致。在集体主义的日本，大部分技术创新活动是在现有企业内部形成的。而信息技术，尤其是软件开发是一项人为性很强的工作，主要依靠个人素质和独创性，由于日本重视集体才智，个人才能往往湮没其中。因此，在这一领域无法与美国竞争。硅谷自由开放的文化氛围和创业环境，吸引了世界各地大批雄心勃勃的科技精英来此实现梦想。硅谷的科学家与工程师中有 2/3 是外国人！

（6）先进的教育制度。美国人标新立异的创新意识和自由开放的民主精神渗透了美国的教育体系。美国教育注重培养个性和创造力。50 年前，加州的教育制度率先进行了改革，更加注重鼓励学生创造性思维。在教学方式上采取开放的互动式教学，使学生在自由的讨论中开拓思维、积累知识，培养学生的创新意识和创新能力。曾在美国东部哈佛大学与普林斯顿大学执教过，后又任教于西部洛杉矶加州大学的化学家戴维·艾森伯格指出："东部大学的一切都是金字塔型结构，由位于最高层的某个人控制，而在洛杉矶加州大学，研究生有可能提出很好的主意。"他感叹道："加州教育体系的开放程度是最高的。教育体系从三个方面（社区学院、州立各大学和分散在各地的加州大学）为背景各不相同的学生提供学习和研究的机会"。学科之间的界限在加州的阳光下似乎也比较容易消失，诺贝尔奖得主斯坦福大学的伯顿·里克特教授说："这里有一种可以无拘无束地与其他学科的人交谈，可轻松地进入新的研究领域的气氛"。⑦这一点在多学科将起决定性作用的未来时代是一个巨大的优势。

由于加州学生更富有冒险和创新精神，加州的科技人员创造了全美第一的发明与专利，1997 年加州科学家囊括了诺贝尔物理学奖、化学奖和医学奖。而"日本的儿童们从 4 岁就进入了一种僵化的求学模式，并且再也走不出来，"因而缺乏冒险与首创精神。一位在美国获得诺贝尔奖的日本学者说："如果我在日本工作就很难取得首创性成果。因为日本的学术带头人总是先看别人在干什么，然后按所谓最佳原则（最小风险、最低费用、最快出成果）三步舞（找谁、跟谁、超谁）行事。日本人宁可花许多钱买别国的最先进技术，千方百计不择手段弄情报，认为比冒险首创更值得。"这是日本难以超越美国的重要原因。

三、美国知识经济发展对我国的启示

美国经济正在由工业社会向知识经济社会转变，而我国经济尚未完成工业化，虽然无法与美国经济相提并论，但美国发展知识经济的经验对我国实施科教兴国战略仍具有重要启示和借鉴意义。

（1）经济大国必须在高科技竞争中占有一席之地。

邓小平同志说："中国要在高科技领域占有一席之地。"科技水平是一国知识经济与军事实力的基础，尤其是大国之间的竞争，经济科技实力是立国之基。1986 年美国政府的一份报告指出："高技术的优势地位，保证了美国在世界政治与经济的领导地位。失去这种地位，就有可能给美国的经济、政治和国家安全造成无法估量的影响。"因此，中国在实施追赶战略，充分发挥比较优势，大力发展家电、钢铁、汽车、石化、机械等传统产业的同时，必须加强在超导、核聚变、芯片、新材料及生物工程等领域的基础研究，力争在信息技术、生物技术、新材料、新能源、航空航天、海洋开发等高技术产业领域争得一席之地，否则，当传统工业的比较优势转向比中国更落后的国家时，中国经济发展潜力将会枯竭，失去持续发展的动力。更有甚者，中国将难以成为世界政治、经济大国，实现中华民族的崛起。

（2）实现科技与经济的结合应是经济体制改革的首要目标。

朱丽兰部长指出：我国企业在参与研究、开发和应用新成果上，科研机构在全面进入市场上，中介机构在全面促进科技产业化上的动力和能力都明显不足。这些问题归根结底是计划经济体制和运行机制造成的。因此，着力解决束缚科技与经济结构的体制和机制问题，创造有利于科技与经济结合，促进科技产业化的政策和环境，是经济体制改革的首要任务。目前，我国正在进行科研机构企业化转制及鼓励企业设立自己的技术开发中心，改变职称评聘体系，促进科研机构面向市场。企业成为科技投入与开发的主体，在市场经济制度下本来是不成问题的，激烈的市场竞争会迫使企业进行技术创新和管理创新，但这有一个前提就是企业的所有者与经营者必须利益一致。因此，国有企业和科研机构仅有压力还不够，还必须有动力。经济体制改革的方向应是一方面让国有企业和科研机构走向市场，建立公平竞争、优胜劣汰的市场环境；另一方面应解决产权约束问题，尽快制定允许和鼓励技术入股、经营入股，尤其是高技术产业构架下的技术、经营入股的政策，并通过法律形式将这些激励措施予以肯定，"给天才之火加上利益之油"。

（3）制度建设重于科技。

在历史的各个经济发展阶段，包括今天的知识经济时代，起决定作用的不是认识的聪明程度的差异，而是政治经济制度的不同。所以发展科技的关键不在于政府如何重视科技本身，而是通过什么样的政治经济制度来实现科技的发展。能够发挥人力资本潜力的激励机制和制度安排，才是推动高技术发展的主要动力。谈到激励机制，人们通常只会想到职称、奖励和待遇问题。其实，这是最表层的问题，也最好解决，而最有效的激励机制是知识产权制度。我国知识产权保护不力，使一些研究人员不愿承受长期研究的风险，担心自己的技术在投入使用之前就被人偷走。如果知识的价值不能在市场上实现，知识分子得不到应有的社会地位和尊重，科技培养的人才就会流失。创造力的自由发挥是以人的各种基本自由得到充分尊重和保障为前提的。我国官本位文化及金字塔型的组织结构，使企业和科研机构失去了创新的活力。因此，若要实现持久的繁荣昌盛，必须找到一种能发挥亿万人聪明才智的制度结构，以打破对人的自由和创造性的限制，彻底淘汰"外部压制、内部消耗"人的创造力的旧制度，旧观念。

（4）教育改革与文化创新刻不容缓。

我国创新意识不强和创新能力不足不仅是科学技术的落后，而且是一种文化的不先进，进而说明社会教育观念的陈旧与落后。我国受农业社会长期的因循守旧、重本抑末的观念以及科举制和官本位文化的影响。几十年吃大锅饭，一言堂湮没了中国人的冒险精神、独立思考和创新意识；而标准化考试主导的教育制度则窒息了人们的创新能力和自由思想的空间。培育创新意识和创新能力是文化建设和教育改革的重要任务，这需要全新的教育观念、教学方式和教学内容。素质教育的提出为这种全新的教育观念的形成勾勒出了大概的轮廓，并为摒弃应试教育的弊端寻找到了途径。但如何实现从知识教育向素质教育，从应试教育向创造教育的转变，从灌输式教育向互动式教育转变，并不只是教育系统的事。杨振宁教授指出：要想"知道21世纪教育是什么样子，首先要看21世纪文化是什么样"。因此，我国进行教育改革时，必须建立面向21世纪的先进的社会文化（我国多年来在学习外国经验时，常常只学外表，外表的包装尽管不断翻新，传统的弊端却始终难以摒弃，其深层原因就是中国传统文化与价值理念的负面影响。世界文明发展史表明，在落后的社会文化土壤上是难以建立先进的社会制度的，更开不出现代科技文明之花。如果我们不能创造一种先进的社会文化，改变重知识、轻能力、压抑个性的落后教育制度，那么中国在21世纪的国际竞争中就难以取得有利的国际地位）。

（5）政府在发展高技术产业中的作用。

谈到政府的作用，人们会自然想到制定规划、批项目和批资金。美日发展高技术的经验表明，政府计划难以成功。其原因是政府面对瞬息万变的创新技术无法把握技术标准和技术路径，政府计划不具备信息优势和应变能力。硅谷不是政府计划出来的，它是由斯坦福大学的师生们创造的，而且只是一种非常分散的决策过程才有可能出现硅谷这样的奇迹。当然我国也不宜盲目模仿硅谷模式。

美国政府的经验，通过制定鼓励科技创新及科技成果转化的政策与知识产权保护。鼓励风险资本的创立，支持研究型大学和科研机构创办高科技工业园，指导关键技术的引进，制定复杂的技术标准，保持有活力的竞争市场结构；协调和促进国家创新体系之间和国际间的人才交流与合作；就关键性的重大科技项目进行攻关，取得突破；加大科技投入力度并加强管理/加强人力资本开发、增强教育和培训投入，为科技创新及科技产业化创造良好的生存环境。

（6）加速企业制度创新，增强企业活力。

美国企业的活力在于不断地组织创新和管理创新，这一点对我国企业制度创新有重要的借鉴价值。我国国有企业不仅机制不活，而且战线过长，布局分散，结构不合理；许多企业因经营不善和资本金不足而面临破产，必须进行改革和重组。民营企业则因受历史和传统文化的局限，企业组织和管理以家族和裙带关系为主，难以发展壮大。高科技企业也充满了知识与资本、技术与市场的冲突。因此，处于转型经济中的中国企业能不能突破历史的局限、通过兼并、改组和联合，建立合理的企业规模和组织结构？民营企业能否实现从家族向两权分离的专家管理过渡，国有企业经营者能否实现从行政官员向企业家的转变，高技术企业能否实现从资本统治向知识革命转变这一历史性跨越？将事关中国企业未来的命运！

◎ 注释

① 《知识经济推动美国进入黄金时代》，载参考消息，1996-07-01.
②③⑤ 张祥主编：《知识经济与国际经济贸易》，北京，中国对外经济贸易出版社，1999.
④ 何玉长等编著：《知识就是力量》，广州，广东旅游出版社，1999.
⑥ 参见张泽清著：《美国，你为何强大?》，北京，中国城市出版社，1999.
⑦ 《加利福尼亚为一流科学家提供了走向成功的氛围》，载［美］《洛杉矶时报》，1997-11-10.

本文原载于《经济评论》2000 年第 6 期

论知识经济对美国经济的影响

陈继勇　彭斯达

一、知识经济与美国新经济

20 世纪 90 年代是美国知识经济迅猛发展的时期，以知识为基础的经济在 GDP 中的比重迅速提高，目前已超过 50%。同时，90 年代也是美国新经济出现的时期。美国经济的运行几乎达到经济学家们梦寐以求的理想境界。知识经济的迅猛发展和美国新经济的出现几乎是同步的，这表明两者之间有着深刻的内在联系。

（一）知识经济的内涵和特征

按照经合组织的界定，知识经济是指建立在知识的生产、分配和消费之上的一种新型经济。其内涵为：（1）在资源配置上以人力资本和知识资产为第一要素，对自然资源进行科学、合理、集约、高效的配置，并运用知识和智力开发丰富的自然资源来创造新财富。（2）以知识高度密集的高新技术产业为首要的产业支柱。（3）消费以高新技术产品和信息化的新知识为主要内容。知识经济的主要特征表现在：（1）投入无形化。（2）决策知识化。（3）发展可持续化。（4）经营全球化。可见，知识经济的本质就是知识与经济的高度融合、相互渗透、相互促进，是知识经济化和经济知识化的高度统一。

（二）美国新经济及其特点

到目前为止，对于什么是"美国新经济"，国内外理论界并无一个公认的完整界定。美国《商业周刊》主编斯蒂芬·谢波德认为，美国新经济是指已广泛存在数年的两种趋势：经济全球化和信息技术革命。另有部分政治家和学者认为：美国新经济就是知识经济。笔者认为：美国新经济是指 90 年代以来在美国出现的、以知识经济迅猛发展为基础，以科技创新为动力，经济增长突破传统模式，可以保持持续稳定增长的一种新型经济。

美国新经济的主要特点表现为"一稳三低"。即在经济持续稳定增长的同时，通货膨胀率、失业率和财政赤字水平不断下降，并保持在较低水平上（见表 1）。此次美国经济的增长始于 1991 年 4 月，截至 2000 年 8 月已持续增长 113 个月，这是自 1854 年以来美国经济史上 32 个周期中最长的一个增长期。

表 1　　　　　　　　　　　　　　20 世纪 90 年代以来美国主要经济指标

	1990 年	1991 年	1992 年	1993 年	1994 年	1995 年	1996 年	1997 年	1998 年	1999 年	2000 年 1—9 月
GDP 增长率（%）	1.2	-0.9	2.7	2.3	3.5	2.0	2.8	3.8	3.9	4.0	4.4
CPI 增长率（%）	5.4	4.2	3.0	3.0	2.6	2.8	3.0	2.3	1.6	1.5	3.7
失业率（%）	5.6	6.8	7.5	6.9	6.1	5.6	5.4	4.9	4.5	4.2	4.02

续表

	1990 年	1991 年	1992 年	1993 年	1994 年	1995 年	1996 年	1997 年	1998 年	1999 年	2000 年 1—9 月
联邦财政收支状况（十亿美元）	-221.2	-269.4	-290.4	-255.0	-203.1	-163.9	-107.5	-21.9	62.9	124.4	2370*

注：＊为 2000 年财政年度。

资料来源：［美］《总统经济报告》2000 年，第 309、354、378、397 页；2000 年数据根据美国商务部经济分析局和劳工部统计局 2000 年 11 月 1 日公布的数据计算得出。

（三）美国新经济形成的原因

（1）投入无形化是美国新经济产生的首要前提。知识经济在美国的兴起和迅速发展促进了投入要素的转变，由以自然资源为主的有形要素逐步转向以知识、智力和技能为主的无形要素。投入无形化一方面消除了有形要素必然导致的"边际效益递减"和"规模报酬递减"对经济持续增长的阻碍作用；另一方面缓和了经济生产对稀缺自然资源的过度依赖，以及由此导致的资源枯竭、环境污染和生态破坏等对经济持续发展的抑制作用。

（2）高新技术产业的迅猛发展是推动美国新经济的基本动力。第一，高新技术产业迅速发展为支柱产业，为美国经济的发展提供新的增长点，并带动相关产业的发展。第二，高新技术产业的蓬勃兴旺推动了美国股市持续快速的攀升。第三，高新技术的迅速发展和广泛应用促进了传统产业的改造，推动整个美国经济的增长。1993 年以来，高新技术产业对美国 GDP 增长的贡献率高达 72%（王皓、邢道勇，1998）。

（3）知识经济的发展大大提高了美国政府宏观管理的知识化和理性化。面对较高的通货膨胀率和连创历史纪录的巨额财政赤字，以及各种投资基金的迅速膨胀破坏货币供应量与经济增长间的关系时，美国政府及时转换了宏观管理手段和方式，以确保经济平稳运行。在货币政策方面：①调整利率水平和货币供应量，使货币政策保持中性，并以控制利率作为调节宏观经济的主要手段。②控制与促进并重，实施"抑短放长、松紧搭配"的货币政策。③变事后调节为预防调节，坚持在扩张期采取紧缩性货币政策。在财政政策方面，一方面有针对性地增加对富人（年收入达 18 万美元）和大公司（年应税收入达 1000 万美元）的税收，减免对穷人以及对为创建新企业进行风险投资的个人和从事研究与开发企业的税收；另一方面，大幅度削减军事、行政和非生产性支出，扩大科研、新技术开发和教育支出。

（4）高新技术的发展、竞争条件的变化引发美国市场经济体系全面的制度创新。在微观方面，企业以知识化、高新技术化为导向，以网络化、信息化为基础进行企业制度创新；建立高效的研究与开发机制，大力开发知识技术含量高的新产品；改善传统生产模式，大力开发柔性生产技术；建立企业内部网络；重新改组企业，剥离与企业核心竞争力关系不大的生产环节，在具有战略优势的领域组建更为合理有效的公司，增强企业竞争力；营造以发展为导向的商业生态系统，凭借信息网络将企业与有关的供应商、客户、金融机构、行业协会、政府部门有机地联系在一起，形成一个相互配合、互通信息、共同发展的高效协作性经济体。在宏观管理方面，确立新的发展模式，按照加强监管、引导、扶持并减少直接干预的原则推动宏观经济制度全方位的创新。

（5）经济全球化是美国新经济持续发展的外部动力。90 年代以来经济全球化的迅猛发展，特别是美国高新技术和产品的遥遥领先极大地促进了经济国际化的步伐。1990—1999 年美国出口和对外贸易总额分别以年均 8.8% 和 10% 的速度递增，对外贸易总值占 GDP 比重由 1990 年的 20.1% 上升至 1999 年的 24.3%。同期，美国的对外直接投资和外国对美国的直接投资分别以年均 11.3% 和 10.8% 的速度递增，流入美国的外国资产更是以年均 19.8% 的速度增长。[①] 目前美国经济增长的 26% 依赖国外市场，比 90 年代初的 13% 提高了一倍。经济全球化的发展极大地拓展了美国的外部市场，国外廉价的原料和商品对美国

[①] 根据［美］《总统经济报告》2000 年，第 306、307、427 页有关数据计算得出。

抑制通货膨胀、保持物价稳定贡献巨大，巨额国外资金流入为经济注入新的活力，对推动股市上涨，刺激消费和投资的增加，进而促进经济繁荣起了十分重要的作用。

表 2 美国、德国、日本投资率 * 比较

年份	美国		德国		日本	
	投资率	GDP 增长率	投资率	GDP 增长率	投资率	GDP 增长率
1990	13.3	1.2	n. a.	n. a.	26.1	4.8
1991	12.4	−0.9	23.6	3.6	25.8	4.3
1992	13.3	2.7	23.5	2.2	23.7	1.1
1993	16.5	2.3	21.4	−2.3	29.7	−0.2
1994	17.7	3.5	22.7	2.5	28.7	0.6
1995	17.7	2.0	22.4	1.9	28.7	0.3
1996	17.8	2.8	21.5	1.4	29.8	4.0
1997	18	3.8	23	2.2	29	0.8
1998	18	3.9	21	2.3	28.8	−2.8
1999	18.9	4.0	n. a.	1.5	n. a.	0.3

注：* 投资率＝投资量/GDP。

资料来源：《OECD 经济统计》2000 年；［美］《总统经济报告》2000 年；《国际经济信息》2000 年 5 月；《世界经济年鉴》1995 年。

二、知识经济对美国微观经济的影响

（一）对企业营销观念的影响

美国传统的企业营销指导思想以成本为中心、以自身利益最大化为导向，企业的技术进步单一地表现为效率的提高和规模的扩大。但囿于工业经济生产方式以有形要素为主要投入，企业生产的效率越高，对自然资源的耗费也越大。

知识经济体现了人类对环境和生产两者关系科学的、全面的认识。高新技术发明及新产品开发以知识密集为第一要素，对现有资源进行科学、合理、综合、高效利用，同时大力开发尚未利用又极为丰富的自然资源。如超大规模集成电路技术的开发和应用极大地节省了对稀有金属材料的耗费；知识密集型的计算机软件代替了大量的硬件；芯片取材于石头；受控热核聚变产生的巨大能量来自于海水。凡此种种充分展示了知识经济时代企业营销的全新思路。

（二）对企业经营管理方式的影响

知识经济的快速发展为美国经济运行奠定了知识化和信息化的坚实基础，推动企业经营管理的深刻变革。

（1）知识化推动企业改组。在内部机构调整方面，美国企业（特别是大型企业）纷纷加强或设立研究与开发部门，加大对研究与开发的投资力度。1994 年，美国对研究与开发的投资为 1730 亿美元，1997 年则达到 1960 亿美元，超过了日、德、法、英、意五国该项投资的总和。其中产业界自身出资所占比重

不断加大，从 1992 年的 58% 上升至 1997 年的 68%。同时美国企业还精简机构，裁减人员，以增强竞争力。在企业并购方面，90 年代以来，美国企业面对新的竞争条件，开始了新一轮的兼并热潮。这次合并的显著特点是增强企业在具有战略优势领域的竞争力。

（2）信息化提高了美国企业的投资效率。90 年代以来美国对信息产业的投资持续高于其他产业。据美国劳工部统计，自 1998 年第一季度以来，美国信息科技投资每季度持续增幅达 20% 以上，2000 年第一季度实际投资额比上年同期增长 24%。到 1996 年，投入信息产业的资本总量占全美资本总量的 40% 以上，信息业产值和就业人数在 GDP 总值和全部就业人数中的比重分别达到 70% 和 75%（李赶顺，1999）。截至 1999 年年底，全球共有 2.59 亿人上网，其中美国的上网人数达 1.1 亿，占全球上网人数的 43%（国家统计局国际统计信息中心，2000）。信息化的高度发展极大地促进了美国企业投资效率的提高（见表 2）。

从表 2 可看出，1993 至 1998 年美国投资率远低于德国和日本，GDP 增长率却高于德、日两国。不仅如此，美国企业的库存量占销售的比重从 80 年代的 17% 下降到目前的 8%，库存时间也从 1990 年的 2 个月缩短至现在的 1.2 个月（李琼，1998）。这充分表明，信息化使企业能充分、便捷、廉价地获取市场信息，准确地分析市场机会和把握潜在的市场容量，提高了投资的准确性和适度性。

（3）信息网络的高度发达促进了美国企业经营管理方式的创新。第一，企业内部信息网络的建成和应用，推动管理方式由垂直矩阵型演变为水平网络型，管理效率大大提高。近年来，以 Internet 为代表的现代信息网络在美国企业管理中的高效运行，使中间管理层至少减少 1/3。第二，企业外部公共网络的开通极大地密切了企业与市场的联系，为企业开创新的经营方式——组建商业生态系统提供了强大的信息技术支持。商业生态系统的形成在企业与市场之间建起方便、快捷的双向信息交流和反馈联系，使生产经营具有较强的主动性和适应性。

（4）高新技术的快速发展和广泛应用推动了美国企业生产制造方式的根本变革。计算机辅助设计和制造系统的开发与应用实现了生产制造方式的柔性化，使企业的生产真正由以往的少品种、大批量、长周期的生产模式转化为多品种、小批量的即时生产。加之电子采购、电子订单、电子支付等电子网络营销手段的运用，企业的采购、生产和供货变得更为精确，既有效地满足了顾客的多样化需求，又有效地降低了库存。例如，竞争力一度衰落的美国汽车业率先运用高新技术全面改造汽车的生产和营销技术，运用计算机辅助设计技术使汽车的设计周期从以前的 3 至 4 年缩短为 1 至 1.5 年；运用计算机辅助制造技术进行柔性化生产，可在一条生产线上同时生产几十种不同类型的汽车；运用计算机库存管理技术使各种零部件在需要前一小时到达，库存率大为降低。

（三）加快美国企业国际化步伐

（1）国际化内容更为丰富。80 年代以前，美国经济国际化的内容主要包括商品资本、货币资本和生产资本的输出入。80 年代以来，除了该三项资本双向流动的范围更广和规模更大以外，研究与开发资本的国际化迅速发展成为美国企业国际化的一项重要内容。创新是一项高投入、高风险事业，一方面，企业难以单独承担巨额资本的投入，另一方面各国在创新上各具比较优势，这就必然会促进企业 R&D 资本的国际化，实现 R&D 资源的优化配置。80 年代以来，美国企业通过建立国际战略联盟、在海外分公司设立研发机构以及接受外国企业 R&D 投资等方式大力推进了 R&D 资本的国际化。从 1982 年到 1993 年，美国跨国公司在新材料、信息、生物等关键技术领域对外缔结的新技术研究开发联盟达 4500 多个。从 1987 年到 1993 年，外国跨国公司对美国 R&D 投资以每年 12% 的速度增长，是美国公司在国内 R&D 投资增幅的 4 倍。同时，美国跨国公司对外 R&D 投资也在以每年 8.6% 的速度增长（薛澜、王建民，1999）。研究与开发资本的国际化有利于美国企业充分利用各国智力资源的比较优势，提高研究与开发投资的效率，并在最短的时间内将新产品推向国际市场。

（2）跨国公司的数量和实力迅速扩张。据美国《财富》杂志统计，进入世界最大 500 家跨国公司的美国公司数量逐年增加，从 1994 年的 151 家增加到 1998 年的 185 家，增长了 22.5%，占世界 500 强的比重由 1994 年的 30.2% 提高到 1998 年的 37%。1998 年美国上榜企业的营业额达 42248.5 亿美元，比上年增长 5.6%，占 500 家大企业总营业额的 36.9%，比 1995 年提高了 8.6 个百分点；利润额达 2551.7 亿美元，比上年增长了 3.7%，占 500 家大企业总利润额的 58%，比 1995 年提高了 9.1%。在世界 500 强中利润超过 60 亿美元的 7 家企业中，美国企业占 6 家（国家统计局国际统计信息中心，1999、2000）。1999 年，美国上榜企业数虽减少了 6 家，但上榜企业的营业额和利润额分别达到 46806 亿美元和 3082 亿美元，分别比 1998 年增长了 11% 和 20.8%；在世界 500 强中利润超过 60 亿美元的 14 家企业中，美国企业占 13 家。

（3）对外贸易依存度快速提高。据瑞士洛桑国际管理学院出版的《世界竞争力年鉴》排名，1994 年以来美国的国际竞争力已连续 6 年排名世界第一。美国企业国际竞争力的提高导致对外部市场的大力拓展。在出口方面，从 1990 年到 1999 年，美国出口总额从 5376 亿美元增至 9601 亿美元，增幅达 78.6%。[1] 值得注意的是，在美国出口快速增长的同时，高新技术产品出口的增长速度更快。1990 年至 1996 年，美国高新技术产品的出口以年均 11% 的速度增长；1986 年至 1996 年高技术产品出口额在出口总额中所占比例由 12% 上升至 42%。目前，美国高新技术产业市场的 40% 在国外。在进口方面，美国企业对外国工业原材料和资本货物的进口需求增长极快，从 1985 年的 1419 亿美元迅速增长到 1998 年的 4218 亿美元，增幅高达 197.3%，远高于同期美国进口总值 167.5% 的增长幅度。[2] 美国企业进出口的高速增长加深了对外部市场的依赖性，对外贸易依存度由 1986 年的 17.1% 上升至 1999 年的 24.3%。

三、知识经济对美国经济结构的影响

（一）促进了美国经济结构的高级化

（1）高新技术产业迅速崛起为美国经济的支柱产业。在当今美国经济中，高新技术产业已成为中坚，信息业更是迅速发展为最大的产业部门。1990—1996 年美国信息业的销售额增长 57%，达到 8600 亿美元。当前信息产业不仅在美国 GDP 中所占份额最大，还成为美国吸收劳动力的主力军。据统计，1994—1996 年信息业产值占美国 GDP 比重以及雇用职工占劳动力的比重均高达 60% 以上（佟福全，1998），信息业已超过汽车、建筑和钢铁三大产业成为美国经济中的头号支柱产业。

（2）促进了传统产业改造升级。美国钢铁业、汽车业、半导体业在高新技术蓬勃发展的冲击和渗透下已成为技术革命的中心。通过高新技术改造，这些传统产业实现了管理创新、技术创新和产品创新，重新焕发勃勃生机。1986 年美国精钢产量曾降至 7400 万吨，1998 年又回升到 9800 万吨。对美国汽车业来说，1994 年是个转折点，产量和收入都重新超过了日本。据日本的经济调查机构发表的《1998 年世界半导体市场动向》排名（按销售额），美国英特尔公司以 226.7 亿美元的销售额高居榜首，远远超过日本 NEC 公司的 82.7 亿美元。

（二）促进了美国经济结构的软化

（1）美国经济结构的服务化程度加深。据美《商业周刊》报道，90 年代以来美国劳动生产率以年均 2.2% 的速度增长，2 倍于 80 年代的水平。1990—1996 年美国制造业劳动生产率年均增幅 3%，耐用品部门生产率年均增幅高达 4%（篠原综一，1998），超过美历史最高水平。劳动生产率的提高，特别是制造

---

① 根据美国数据资源公司世界贸易模型数据库和［美］《现代商业概览》2000 年 1 月中的有关数据计算得出。
② 根据［美］《总统经济报告》2000 年，表 B-1 和表 B-102 中的有关数据计算得出。

业生产率的大幅提高导致美国经济结构的服务化趋势日益加深（见表 3 和表 4）。

表 3　　　　　　　　　　　**1950—1999 年美国就业人数的产业构成（%）**

	1950	1960	1970	1980	1990	1999
第一产业	12.8	8.2	4.4	3.4	2.7	2.5
第二产业	33.3	34.5	33.1	29.3	25.1	19
第三产业	53.9	57.3	62.5	67.3	72.2	78.5

资料来源：根据《美国历史统计》《美国统计摘要》1995 年资料计算；1999 年数据根据［美］《总统经济报告》2000 年，第 347、358、359 页资料计算得出。

表 4　　　　　　　　　　　**1953—1996 年美国 GDP 的产业构成（%）**

	1953	1970	1980	1987	1994	1996
第一产业	5.9	3.0	2.8	2.1	1.7	1.7
第二产业	48.4	38.0	36.0	31.4	22.5	22.9
第三产业	45.7	59.0	61.2	66.5	75.9	76.1

资料来源：《国际统计年鉴》1995 年；经济学信息团体（E.I.U）国别报告 1997 年第 4 季度；1996 年数据根据［美］《总统经济报告》1998 年，第 296 页资料计算得出。

从表 3 和表 4 可看出，第二次世界大战后美国经济结构总体上呈服务化趋势，80 年代中期以来，知识经济的发展进一步加快了这一趋势。从表 4 还可看出，到 1987 年美国服务业产值占 GDP 比重已高达 66.5%，进一步扩大的空间已相当有限。但美国知识经济的迅猛发展进一步加速了美国经济结构的软化，促使美国服务业产值在 GDP 中的比重劲升 9.6 个百分点，达到 1996 年的 76.1%，超过了以往任何时期的上涨幅度，足见知识经济的发展对美国经济结构服务化的巨大推动作用。

美国经济结构服务化趋势在高新技术产业内部表现得更为显著。从表 5 可以看出：1988—1996 年间，美国 28 个 R&D 密集的高技术产业就业人数增加了 38.4 万人，增幅为 4.6%，其中高技术服务业就业人数净增 105.61 万人，增幅达 45.6%，几乎是整个高技术产业就业人数增速的 10 倍，高技术制造业的就业人数却减少 10.4%。这使得服务业就业人数在高技术产业中的份额从 1988 年的 28% 增至 1996 年的 39%，高技术制造业就业人数所占份额则从原来的 70% 降至 60%。这说明技术创新的加速发展不仅促进了美国经济结构的软化，且推动了高新技术产业，特别是高技术制造业生产率以更大的幅度提高，促进高新技术产业以更快的速度软化。

表 5　　　　　　　　　　　**高技术产业就业人数对比变动**

产业	1988		1996		增减人数（千人）	增减幅度（%）
	就业人数（千人）	比重（%）	就业人数（千人）	比重（%）		
高技术制造业	5 758.2	70	5 159.1	60	−599.1	−10.4
高技术服务业	2 317.6	28	3 373.7	39	1 056.1	45.6
其他	175.8	2	102.8	1	−73.0	−41.5
合计	8 251.6	100	8 635.6	100	384.0	4.6

资料来源：［美］《月度劳动评论》1997 年 6 月，第 16 页。

（2）促进了美国就业结构的知识化。高新技术产业的发展、传统产业的高新技术改造，以及各企业加大研究与开发力度，导致美国就业结构的知识化。这主要表现在：第一，高新技术产业就业人数增长加快。1988—1996 年，仅在美国计算机数据处理、咨询及公共关系等四个 R&D 密集的高技术服务业部门新增就业机会 105.61 万个，增幅达 45.6%（余燕春，1999），大大高于同期服务业就业人数的增长幅度。第二，企业中从事 R&D 和管理的知识型雇员增多。近几年美国新增加的就业人数中，有 90% 是知识型雇员（李赶顺，1999）。第三，高学历群体的就业率明显高于低学历群体。

（3）促进美国产品结构知识化。知识经济的发展极大地降低了美国经济对自然资源和物质资本的依赖程度，知识、信息和人力资本成为一切经济活动的决定性因素和社会需求的主要内容，由此推动产业结构知识化。第一，知识、信息密集型产品日益增多，从芯片到软件，从转基因产品到生物制药，知识型产品层出不穷。第二，传统产品中的知识和高新技术含量不断提高。如美国汽车工业将越来越多的电子传感、电子控制、电子地图、卫星定位等高新技术和产品用于汽车生产，促进了汽车的电子化，使汽车的知识和高新技术含量不断提高，并逐步向知识密集型的高智能产品过渡。

四、知识经济对美国宏观经济管理的影响

（一）宏观经济管理制度的创新

（1）推行社会经济发展的"第三条道路"。知识经济的发展更新丰富了美国经济管理者对经济运行机制和规律的认识，理性地摒弃了囿于党派的或倚重政府干预，抑或倚重自由放任的经济路线，创造性地选择了超越党派"左右对立"、兼顾"发展与正义"、均衡"权利与义务"的第三条道路。通过转变政府职能、减少政府直接干预和参与、增强其宏观调控能力和服务功能来促进经济平稳、持续增长；通过鼓励企业家精神、提倡自由经济来增强企业的创新积极性和竞争力，以适应并促进知识经济的发展；通过扬弃"从摇篮到坟墓"的社会福利政策和提倡自立来创造一个积极的、富有弹性的劳动力市场，从而降低工资成本，减少失业，促进了知识经济的发展和"新经济"的持续。

（2）调整政府与企业的关系。90 年代以来，美国政府对经济干预的再度加强具有以下三个特点：第一，适度性。主要是加强政府对产业政策的指导作用，而非具体干预企业的自由经营。第二，选择性。主要强调对高新技术产业政策的指导作用，并加大实施力度，以促进高科技投资，支持能在未来提供更多高薪就业机会和出口的高新技术产业或战略产业；并致力于把研究与开发拨款从国防转为民用，从基础研究转向应用研究，从而提升美国的产业结构，增强竞争力。第三，间接性。通过完善法规体系、制定新的政策措施强化市场机制；通过制定国家信息技术设施计划，建设面向 21 世纪、支撑和促进工商业的基础设施，营造有利于私营企业创新和竞争的商业环境。

（3）制定并完善旨在促进技术创新和高新技术产业发展的市场法规体系。在法规方面，1985 年 12 月通过的《格拉姆-鲁德曼平衡预算法案》，以法律名义强制减少军费和政府的其他开支，力图减少联邦财政赤字。1987 年初里根政府签署了《美国 1987 年贸易、就业和生产率法案》，其中的一项重要内容就是国会授权全国科学基金会为科技发展提供拨款。1990 年 10 月政府与国会达成《实现美国联邦财政预算平衡法案》，为后来的克林顿政府大幅度压缩财政赤字，实现预算平衡打下坚实基础。为鼓励创新，美国政府放松了《反托拉斯法》的实施力度，颁布了《国家合作科研法》（1984 年），允许各公司合作开发新技术。为了支持信息、通信、电子行业的企业实施长期的研究计划，政府还不断延长"科研抵税法"的实施期限。在政策措施方面，1993 年 2 月克林顿发表了题为《促进美国经济增长的技术——增强经济实力的新方针》的总统报告，提出了政府的高技术战略和政策。为了提高美国劳动者素质，开发并储备人力资本，美国政府相继制订了"2000 年目标计划""终身学习计划""由学校向工作过渡计划"、半工半读的"国民服务计划"、帮助美国青年上大学的"贷款改革计划"，以及对失业工人的"再培训计划"等，并为这些计划拨款以确保其实现。

（4）改革银行制度。电子化、信息化和网络化在银行业务中的广泛运用，首先极大地促进了银行业

务的全球化，使美国银行业面对更为激烈的国际竞争；其次，增强了银行的内部控制能力和对分支机构网络的管理能力，为银行业向全能化、跨区域化发展以降低成本、提高运营效率奠定技术基础；再次，提高联邦政府金融监管能力和效率；最后，发展高新技术产业是一项高投入、高风险、高收益的事业，客观上需要金融机构向创新者提供巨额的，包括存贷款、投资、债券发行、资产管理、咨询、电子服务、抵押、保险等内容的一条龙服务，这也推动了银行业向大规模、全能性方向发展。1994 年美国国会颁布了《州际银行及分支机构效率法案》，规定从 1997 年起，美国银行可通过持股公司收购、兼并和设置分行三个途径设立跨州分行；1995 年 5 月，美国联邦众议院银行委员会正式废除了 30 年代颁布的银行业不能经营证券业的禁令；1999 年 11 月《金融服务现代化法》又获国会两院通过，并经总统签署生效。以此为标志，单一银行制和分业制从此寿终正寝。

（5）革新对外贸易制度。面对知识经济和经济全球化的新形势和新的竞争条件，美国政府开始了一系列的对外贸易制度创新。第一，制定新的外贸法规和政策。继里根政府颁布《1988 年综合贸易法》后，1993 年 9 月克林顿政府又推出了美国历史上第一个"国家出口战略"，将长期奉行的自由贸易政策转变为公平贸易和战略贸易政策，以重振美国对外贸易。第二，成立"贸易促进协调委员会"，加强对外贸活动的指导、促进和协调；设立地区性"出口援助中心"，为中小企业的出口提供融资服务；建立终端遍及全国的"全国贸易数据库"，为出口厂商及时掌握信息、调整生产与经营决策提供免费咨询服务。第三，放松出口管制、开拓"新兴市场"。第四，积极推动多元化贸易谈判，打开国外市场。在双边基础上，美国特别关注市场准入，通过签订带有市场准入条款的双边贸易条约和协定迫使对方开放市场。在克林顿执政的头 4 年中，美国就与其他国家和地区签订了 100 多个贸易协定（张建清，1998）。在多边基础上，美国充分利用关贸总协定与世贸组织的多边谈判机制，积极推行有关农产品贸易、服务贸易、知识产权保护和投资措施等方面的国际规则，并相继促成了《全球基础电信协议》和《信息技术协议》的签订，为美国最具竞争力的服务业和信息产业的对外扩张奠定了基础。据统计，美国从乌拉圭回合协议中，每年可获得 1000 亿~2000 亿美元的额外收益。[①] 在区域经济合作上，从北美自由贸易区的创建到美洲自由贸易区的倡议，从亚太经合组织的创立到跨大西洋自由贸易区构想，美国一改以往奉行的孤立主义政策，积极倡导并参加区域性贸易组织，以适应并构筑知识经济和全球化的发展战略，充分利用区域贸易机制巩固和扩大国外市场。以北美自由贸易区为例，自 1992 年 8 月 12 日达成《北美自由贸易协定》后，美国对加拿大和墨西哥的出口增长极为迅速，从 1993 年至 1998 年，美国对上述两国的出口年均增长率分别达到 11.8% 和 15.8%（国际货币基金组织，1999），大大高于同期美国年均 8.5% 的出口增长速度。

（二）宏观经济管理方式的转变

（1）变直接调控为间接调控。首先，实现了主要政策工具由财政政策向货币政策转移，货币政策主要由控制货币供应量向调控利率转移，并保持利率中性。这意味着，政府对利率的调节只是向市场传达宏观经济运行状况和政府调控经济的意图，由市场根据具体情况做出相应的经营调整。其次，加大各种指导性、扶持性政策和计划，特别是鼓励发展知识经济的政策、计划的制定和实施力度。

（2）由滞后调节向超前调节过渡。信息技术和网络技术的高度发达极大增强了信息的完全性、及时性和准确性，有效保障了宏观决策的预见性，使政府能在经济运行出现"过热"或"疲软"征兆时，超前采取温和的调节措施，保持经济平稳运行。在格林斯潘主持美联储工作的 12 年间，凭借高效的信息网络，美联储调研人员可同步跟踪调查 20 多种专项系列资料，随时监控包括库存量、工资和利润水平等 1.4 万多种数据资料，是其前任的 3 倍，这大大增强了美联储作为美国宏观货币政策掌舵人对宏观经济运行的调控能力。在 1993 年第 4 季度，美国 GDP 增长率曾一度增至 5.3%，显示"过热"迹象，格林斯潘就力排众议，从 1994 年 2 月开始至 1995 年 2 月 7 次提高联邦基金利率，使联邦基金利率从 3% 升至 6%。事实证明，这一果断而准确的举措成功地实现了美国经济的软着陆，有效地保证了美国经济在 90 年代适

---

① ［美］《总统经济报告》1996 年，第 235 页。

度而持续的增长。

◎ 参考文献

［1］国际货币基金组织（1999）《贸易统计年鉴指南》。

［2］国家统计局国际统计信息中心（1999、2000）《国际经济信息》1999 年第 16 期，2000 年第 4 期，2000 年第 5 期。

［3］李赶顺（1999）：《发达国家产业结构的知识化及其经济影响》，《世界经济》第 8 期。

［4］李琮（1998）：《西方经济信息化中的结构性变化》，《世界经济与政治》第 5 期。

［5］佟福全（1998）：《评美国"新经济"》，《国际经济评论》第 5~6 期。

［6］佟福全（1998）：《美国经济结构跨世纪的全面大调整》，《世界经济与政治》第 8 期。

［7］王皓、邢道勇（1998）：《浅谈美国"新经济"及其借鉴意义》，《世界经济与政治》第 8 期。

［8］［日］原综一（1998）：《新经济论的是非考证》，《世界经济与政治》第 12 期。

［9］薛澜、王建民（1999）：《知识经济与 R&D 全球化：中国面对的机遇和挑战》，《国际经济评论》，第 3~4 期。

［10］余燕春（1999）：《美国高技术产业结构变化趋势及其原因》，《世界经济与政治》第 3 期。

［11］张建清（1998）：《克林顿政府对外贸易政策调整剖析》，《世界经济》第 10 期。

本文原载于《世界经济》2001 年第 3 期

"入世"后中美经贸关系的走势[*]

陈继勇　彭斯达

1999 年 11 月 15 日, 中美两国政府就中国加入世界贸易组织达成了双边协定, 消除了横亘在我国"入世"征途上的最大障碍, 这预示着我国长达 13 年艰辛的"复关-入世"谈判历程即将结束。2000 年 10 月 10 日, 克林顿总统正式签署了《给予中国永久性正常贸易关系地位》的法案, 为中美就中国"入世"达成的一系列双边协议的有效实施奠定了基础。随着中国加入 WTO 和中美间各项承诺的兑现, 中美经贸关系必然会进入一个新的发展阶段。如何正确把握"入世"后中美经贸关系的走势, 充分利用 WTO 的制度框架拓展和深化中美经贸合作, 合理有效地解决经贸争端, 促进中美经贸关系健康、稳定的发展, 这是我国在新的对外经贸关系平台上将要面对的新的重大机遇与挑战。

一、中美经贸关系的现状

中美经贸关系的正常化始于中美建交的 1979 年, 回顾 20 多年的发展历程虽然摩擦和争端不断, 但发展速度仍然是很快的。据中国海关统计, 1999 年中美双边贸易额达 614.3 亿美元, 比 1979 年的 24.5 亿美元增长了 25 倍, 年均增长率达 17.5%。其中, 中国对美国的出口额为 419.5 亿美元, 进口额为 194.8 亿美元。2000 年中美双边贸易额达 744.67 亿美元, 比上年同期增长 21.2%。其中, 中国对美国的出口额为 521.04 亿美元, 进口额为 223.63 亿美元, 分别比上年同期增长了 24.2% 和 14.8%。另据美国商务部统计, 1999 年美中双边贸易额达 926 亿美元, 比 1979 年的 23.7 亿美元增长了 39.1 倍, 年均增长率高达 21.9%。其中美国对中国的出口额为 120 亿美元, 进口额为 806 亿美元。

在贸易商品结构上, 中美两国仍呈现出很强的互补性。据美国国际贸易委员会统计, 中国对美国出口价值排名前 10 位的商品大多是玩具、鞋类及服装等劳动密集型产品; 美国对华出口的产品则多数是大型发电设备、航空航天器和电子机械与设备等资本技术密集型产品。

在投资流向上, 中美之间基本呈单向性。美国是我国最主要的外资来源国之一, 据中国外经贸部统计, 截至 2000 年 6 月, 美国在华投资项目为 29940 个, 协议金额为 557.7 亿美元, 实际使用金额为 272.8 亿美元。而从 1979 年到 1999 年我国对美投资总额不足 5 亿美元。

从目前总体状况看, 美国是我国的第二大贸易伙伴、第一大贸易顺差来源国、第一大出口市场、第三大进口来源国和第二大外商直接投资引进国。另据美国商务部统计, 1999 年中国是美国的第四大贸易伙伴、第二大贸易逆差来源国、第十二大出口市场和第四大进口来源国。这表明两国之间的经贸关系在各自的对外经贸关系中占据着十分重要的地位。

二、中美经贸关系面临的问题

中美两国都是具有广泛世界影响的大国, 都有着捍卫各自所确认的意识形态标准和社会制度模式的坚强意志。但由于两国的经济发展水平悬殊, 历史、文化和社会制度各异, 且各自追求的政治经济利益亦不

* 本文被人大报刊复印中心《外贸经济、国际贸易》2001 年第 5 期全文转载。

尽相同，这就注定了中美经贸关系的发展不可能是一帆风顺的，必然会面临一系列的问题和干扰。从政治方面看，当前美国在经济、政治、军事、科技等方面的发展水平和综合国力以及相应的国际影响力都大大高于我国，而且美国又有着极为强烈的谋求持久性世界霸权的野心和在世界范围狂热地推行美国式社会制度和意识形态的情结。随着中国经济的持续高速发展、综合国力的迅速提高，美国已感到了来自日益强盛的中国的巨大挑战，他已认定中国将是其谋求世界霸权和推行美国式社会制度及意识形态的最大障碍和威胁。在此背景下，中美经贸关系的发展不仅不可能一帆风顺，而且摩擦和争端有时还将会十分剧烈，甚至可能出现倒退。在中美经贸关系发展的20多年里，特别是在1989年后，两国政治上的分歧经常成为双方经贸摩擦的导火索。人权问题、台湾问题、强制性劳动产品问题等都曾与最惠国待遇的年度审议和单边出口管制的启动相挂钩，严重地阻碍过中美经贸关系的正常发展。可以说，经济问题政治化和政治问题经济化已成为中美经贸关系所面临的主要问题之一。

从经济因素看，贸易收支不平衡、反倾销、市场准入和单边经济制裁则是困扰中美经贸关系的主要问题。

1. 贸易收支不平衡问题

在中美双边贸易中，贸易收支不平衡问题始终存在。据中国海关统计，1993年以前是中方的贸易逆差，从1993年起，才是美方的贸易逆差。另据美国商务部统计，美方从1983年起就开始转为逆差，一直延续到1999年（见表1）。

表1   中美双边贸易统计   （单位：亿美元）

年份	中方统计数据			美方统计数据		
	中对美出口	中从美进口	贸易差额	美对中出口	美从中进口	贸易差额
1980	9.8	38.8	−28.5	37.5	11.6	25.9
1981	15.1	43.8	−28.7	36.0	20.6	15.4
1982	16.2	37.2	−21.0	29.1	25.0	4.1
1983	17.0	23.2	−6.2	21.6	24.8	−3.2
1984	24.3	40.4	−16.1	29.9	32.8	−2.9
1985	23.5	50.9	−27.4	38.0	42.2	−4.2
1986	26.3	47.2	−20.9	31.3	52.4	−21.1
1987	30.4	48.3	−17.9	34.9	69.1	−34.2
1988	33.8	66.3	−32.5	50.1	85.1	−35.0
1989	40.1	78.6	−38.5	57.6	119.1	−61.5
1990	51.8	65.9	−14.1	48.1	152.2	−104.1
1991	61.6	80.1	−18.5	62.8	189.7	−126.9
1992	85.9	89	−3.1	74.2	257.3	−183.1
1993	169.6	106.9	62.7	87.7	315.3	−227.6
1994	214.6	139.7	74.9	92.9	387.8	−294.9
1995	247.1	161.2	85.9	117.5	455.6	−338.1
1996	266.8	161.5	105.3	119.7	514.9	−395.2
1997	326.9	163.0	163.9	128.0	626.0	−498.0

续表

年份	中方统计数据			美方统计数据		
	中对美出口	中从美进口	贸易差额	美对中出口	美从中进口	贸易差额
1998	379.8	169.6	210.2	143.0	712.0	-569.0
1999	419.5	194.8	224.7	120.0	806.0	-686.0

注："-"号为逆差。

资料来源：中方统计 1980—1983 年数据来自《中国对外经济贸易年鉴》，1984 年版；1984—1998 年数据来自《中国统计年鉴》，1985—1999 年各卷；1999 年数据来自《国际贸易》2000 年第 2 期，第 62 页。美方统计来自美国商务部统计资料。

事实上，20 世纪 90 年代以前，中美贸易收支不平衡从未影响到中美经贸关系的正常发展。1992 年以后，随着苏联的解体、东欧的剧变、冷战的结束、经济全球化的快速发展和国际经济结构的大调整，美国国家经济安全地位得以提升。与此同时，美国贸易逆差的急剧增加和中美双边贸易额的大幅增长，中美贸易收支不平衡问题才逐渐凸显出来，并成为中美贸易摩擦的起因之一。

引起贸易收支不平衡的原因是多方面的，其中既包括世界产业结构的大调整促使美国传统产业大量外移，中国在劳动密集型产品上的竞争力不断增强和美国新经济的持续发展空前扩张了国内的消费需求等基本因素，也存在着因美方统计口径和方法上的偏差、美国原产地规则的有失公允和美国对华实施高科技产品出口管制等众多人为因素。

同时，我们必须看到美中贸易逆差与美日贸易逆差是有本质区别的。美日贸易属于产业内贸易，是资本技术密集型产品和高附加值产品在两国间的相互交流，因此美日贸易逆差反映的是美日竞争力的强弱和利润的得失。而中美贸易则主要属于产业间的互补贸易，是低附加值的劳动密集型产品与高附加值的资本技术密集型产品的交换，因此中美贸易逆差反映的是不平等的交换，是实际资源流向美国。美国之所以还要大打贸易收支不平衡这张牌，无非是想迫使我国进一步开放市场以攫取更大的利益。

2. 反倾销问题

随着中美双边贸易规模的不断扩大，美国对中国输美产品实施反倾销也日益频繁。自 1980 年美国首次对中国输美产品发起反倾销开始，到 1999 年年底，美对华反倾销案件已达 73 起，各类反倾销调查更高达 100 多起。仅 1999 年就达 48 起，是美诉华倾销案件最多的一年。美国从中国的进口只占其进口总额的 8%，而美对华反倾销案件却占其总数的 20%。[1] 其原因在于：第一，中国对外贸易具有发展中国家和大国的双重特征：大宗出口产品种类少、渠道窄、数量大，容易对他国市场造成一定的冲击。第二，美国将中国当作"非市场经济国家"，采用"替代国价格"法处理对中国的反倾销案件，这种歧视性的做法加剧了对我国的反倾销诉讼。第三，中国非世贸组织成员，无法利用其相应的非歧视原则和争端解决机制来公平、合理地解决争议并有效地保护自己。美国对华日益增多、范围不断扩大地提起反倾销案件已构成了扩大两国经贸关系的现实障碍。

3. 市场准入问题

改革开放 20 多年来，我国发展对外经贸关系基本上走的是一条通过引进国外的资源（资金、技术、管理经验、原材料、能源和中间产品等）来发展、壮大和提升民族经济的道路，这可从我国对外贸易的商品结构和资金流动方向清楚地看出。我国的出口商品 85% 以上是工业制成品，进口商品的绝大部分是生产性投入品。而且，目前我国还是世界上第二大外商直接投资流入国。之所以选择这条"引进—发展"道路，既是学习部分国家（如日本）赶超世界先进水平的发展经验和汲取部分发展中国家经济结构单一、过分依赖国外市场发展模式的教训，更是由我国经济发展的历史和现实所决定的。历史上，中华人民共和国的经济发展曾有过遭受西方资本主义国家经济封锁、贸易禁运的惨痛经历。现实上，我国是一个人口众

---

[1] 杨积健：《中美经贸合作现状及发展前景》，载《国际经济合作》2000 年第 8 期，第 41 页。

多的社会主义大国，不可能过度长久地依赖于国外的互补贸易（特别是目前 这种以低附加值的劳动密集型产品换取外国的高附加值资本技术密集型产品的互补贸易）来求得生存和发展。作为一个经济发展水平不高、工业化处于中期和现代服务业尚处于幼稚阶段的发展中国家，为了建立一个完善的、高级化的国民经济体系，我国目前仍在一定程度上限制着外国高级工业消费品、奢侈品、农产品和服务的输入，而这些又正是美国具有绝对竞争优势的领域。虽然我国在"入世"谈判中就市场准入问题已作出了巨大的让步，市场开放的程度和速度已达到了我国所能承受的最大限度，但仍不能完全满足美国的过分要求，这是由经济发展水平不同、经济实力悬殊所决定的。"市场准入问题"已成为我国对外开放的战略意图与美国谋求更高水平的竞争利益的焦点，可以说，美国寻找的贸易不平衡问题、知识产权保护问题等一系列借口，以及对中国加入 WTO 设置障碍和不愿在 WTO 中给予中国发展中国家地位等，实质上都是以市场准入问题为核心的，其目的就是迫使中国向美国极具竞争力的产业和商品开放市场。

4. 技术贸易问题

美国是当今科技实力最强大的国家，也是实施技术出口管制最严格的国家，还是经常动用技术出口管制作为制裁别国工具的国家。中国一直是美国技术出口管制的重要对象之一，在中美经贸关系的发展进程中，对华技术出口管制是经常干扰中美经贸关系正常发展的敏感问题。自中美建交以来，虽然美国对我国的技术出口管制总体上已有了较大幅度的放松，对华技术出口也有了一定程度的提高，但发展道路并不平坦。1991 年和 1993 年的两次所谓"中国向巴基斯坦出售导弹"事件、1998 年的李文和"核间谍案"等，美国一次次制造各种借口，对中国实施单方面的技术出口管制。特别是 1999 年 5 月，美国众议院又抛出了一份"考克斯报告"，无中生有地诬蔑中国窃取美国技术机密，迫使美国政府再度加强了对我国高技术出口的限制，致使 1994 年以来逐步扩大的中美技术贸易再次出现重大倒退。

从中美技术交流与合作的进程来看，美国从未真正把我国看作一个平等、友好和可以信任的伙伴。高技术本是美国最重要的比较优势之一，但这一优势并未在中美贸易中体现出来。中国在技术贸易上始终有着巨大的进口需求，1997 年我国技术贸易逆差达 104 亿美元。据 1998 年《中国科技发展研究报告》统计，中国引进技术的 37.35% 来自欧洲，21.29% 来自日本，17.61% 来自加拿大，而美国仅占 11.4%。这种状况显然与美国作为世界第一科技大国的地位极不相称。根据中国海关统计，在 1997 年中美双边贸易中，美国逆差达 163.92 亿美元，而对华技术出口仅有 18.16 亿美元。① 造成这种状况的根本原因在于，美国政府死抱"冷战思维"不放，又臆造出新的所谓"中国威胁论"，在对华技术出口方面制造了过多的政治障碍。

三、"入世"后中美经贸关系的走势

目前，中美之间的经贸关系是世界上日益开放的潜力最大的市场与最大的开放市场之间的经贸关系，是增长强势和竞争强势国家之间的经贸关系，是具有高度互补性的不同经济发展水平国家之间的经贸关系。这些特点表明，扩大和深化两国间的经贸往来具有坚实的基础和良好的前景。中美双方通过互利合作，彼此都能从对方的优势中获得更大的增长红利和效率收益，都能通过市场、资金和技术的互补更好地实现国内经济持续、稳定、快速的发展。但中美之间的经贸关系又是最大的发展中国家与最大的发达国家之间的经贸关系，也是在政治体制、社会制度和历史文化上缺乏认同感的国家之间的经贸关系，这意味着中美经贸关系的发展必然会面临一系列的矛盾和摩擦，并充满着争端与冲突。中国加入 WTO 后，随着中美双边协定的生效和各项承诺逐步兑现，中美经贸关系将得到全方位的拓展和深化，业已存在的良好基础亦将得到进一步巩固。经贸领域的扩大和合作的深化有助于加强两国间的理解和信任，加之受到 WTO 各项原则的共同约束和争端解决机制的调解，这些都将有利于减少两国冲突和争端的对抗性，促进中美经贸关系协调稳定的发展。据此，笔者将从货物贸易、服务贸易和直接投资三个方面探讨"入世"后中美经

---

① 余万里：《美国对华技术出口：管制及其限制》，载《国际经济评论》，2000 年第 7～8 月号，第 52 页。

贸关系的走势。

(一) 货物贸易方面

货物贸易一直是中美经贸往来中最主要的、涉及金额最大的领域,而且具有很强的互补互利特点。由于在双边基础上存在着相对较高的保护和限制壁垒,这一特点并未得以充分展现。中国的"入世"必然会导致中美双边贸易政策和措施在 WTO 的框架下作出重大调整,从而有利于逐步形成不断扩大双边贸易的稳定市场环境。预计中美双边货物贸易将可能出现以下几种变化:

(1) 双边货物贸易额将大幅增长。从我国对美国的出口看,随着中美两国之间永久性正常贸易关系的建立,我国传统的具有较强竞争力的产品,如机电产品、纺织品服装、轻工产品、工艺品、食品、家具、家用电器、钢铁以及部分农产品等对美国的出口将会进一步稳定地增长。据估计,"入世"后我国每年的出口额将因此增加 80 亿~100 亿美元。特别是那些长期受到美国单边歧视性限制措施限制的产品对美国的出口会因限制措施的大量消除而出现较大幅度的增长。如据美国国际贸易委员会的研究报告,中国加入 WTO 并得到永久性正常贸易关系地位会使中国纺织品在美国的市场份额增加 18%,从而占领 30% 的美国市场。

从美国对我国的商品出口看,根据我国在双边加入 WTO 的谈判中所作出的承诺,我国"入世"后关税将进一步降低,非关税措施将大大减少,并受到明确的控制。这意味着美国具有强大竞争优势的资本技术密集型产品和农产品将会在我国获得更多的市场准入机会。在农产品方面,我国同意降低关税、提高配额和非关税措施关税化。到 2004 年 1 月 1 日,农产品简单平均关税将从目前的 22% 降至 17.5%,对美国优惠产品税率亦将从目前的 31% 降至 14% 以下。美国作为世界上农业劳动生产率最高的国家之一,其玉米、小麦、大豆等农产品具有很强的国际竞争力,中国农产品关税的降低、配额的扩大无疑极有利于美国这些农产品对中国的出口。

在高技术产品方面,中国的市场潜力同样将给美国提供大量的出口机会。以信息市场为例,1998 年我国为美国的软件产品提供了 17.5 亿美元的市场,且中国的软件市场还在以年均 30% 的速度增长。1997 年中国国际互联网的用户为 350 万,到 1999 年年底,这一数字就翻了 10 倍,估计到 2002 年,这一数字将达 6100 万。[①] 那时,中国将是仅次于美国的世界第二大互联网使用国。而且,中国政府承诺"入世"后将按《信息技术协议》的要求,到 2005 年把软件产品的关税降至零。这无疑将极大地促进美国最具竞争力的信息技术产品进入中国市场。另外,中国加入 WTO 还有利于美国的高级工业品,如汽车及医药、化工等一系列具有强大竞争力的产品扩大对我国的出口。

(2) 双边贸易商品结构仍将保持高度的互补性。中美双边贸易的商品结构呈互补性,这是由双方的经济发展水平不同、经济结构各异和科技实力悬殊决定的,不可能在短期内改变,更不可能因中国的"入世"而逆转。中国"入世"后,中美双边的贸易商品结构仍会在相当长的一段时间维持这种以劳动、资源密集型与资本、技术密集型和低附加值与高附加值为特征的互补性贸易。虽然这种互补性贸易的扩大会在一定程度上恶化我国对美国的贸易条件,但这是我国在经济和科技实力落后的条件下要通过扩大开放实现未来民族经济的腾飞所必然要付出的代价。同时,加入 WTO 还将进一步密切和深化我国与其他国家的经贸关系,使我国从国外获得高新技术的可能性更大、机会更多;而且,竞争压力的加剧也会迫使我国企业更加努力地创新,加快改造传统产业和提升经济结构的步伐。随着我国经济结构的优化、经济和科技实力的全面增强,可以预计,中美之间的商品贸易结构必定会由现在的产业间互补向产业内互补发展,最终走向全方位的合作与竞争的贸易关系。

(3) 中美贸易逆差可能大幅下降,实现双边贸易的均衡发展。1993 年以来,中国对美国贸易顺差不断扩大,这种双边贸易收支的不平衡性绝非是两国竞争力的真实反映,而是双方互相实施贸易保护和限制扭曲了双边贸易的结果。从中美达成的关于中国加入 WTO 的双边协定看,中国在贸易领域所作出的让步

---

① 程大为:《美国国内经济关系对中国"入世"的影响》,载《国际贸易问题》2000 年第 6 期,第 3 页。

要大大多于和高于美国所作出的承诺，这必然会导致中国"入世"后美国对中国出口的增幅高于中国对美国出口的增幅。据美国国际贸易委员会的研究报告估计，中国加入 WTO 可使美国对中国的出口增加9%，而中国对美国的出口则只扩大 5.2%。① 虽然中美贸易逐步走向平衡不利于中国国际收支的综合平衡和我国国际储备的稳定，但却能真实地反映两国国际竞争力的差异，减少中美间的贸易摩擦和争端，有利于中美之间拓展更广泛的贸易合作领域。

（二）服务贸易方面

目前，在中美双边贸易关系中，服务贸易所占的比重大大低于商品贸易所占的比重，其年均增长率为8%，也大大低于商品贸易年均 17.5%的增长率。在这一领域中，美国对中国处于绝对的优势和完全的顺差地位，1996 年美国对华服务贸易顺差达 10 亿美元，仅美国影片每年就在中国市场获得 5 亿元人民币的收入。中国"入世"后，由于中国承诺开放的新市场主要集中在服务领域，中美双边的服务贸易必定会获得更大的发展，并成为中美经贸关系中的新支点。具体表现为：

（1）服务贸易额将会大幅上涨。由于美国对技术出口的限制和我国对众多服务业的严格管制，中美双边服务贸易额一直较低，增长速度也不高。中国"入世"后，各种限制措施必将放松和逐步消除，加之，随着中美经贸关系的日益密切和商品贸易的快速增长，也必然会带动与商品贸易相关的服务贸易的增长，从而共同推动中美双边服务贸易额的迅速增长。

（2）中美服务贸易的领域将大大拓宽。目前，中美服务贸易主要局限在旅游、劳务输出、技术许可等几个有限的领域。"入世"后，中国承诺将开放通信、保险、银行、证券、分销、专业服务、房地产、交通运输和影视等 30 多个行业，基本上涉及了服务业的所有部门，这无疑将会极大地拓宽中美服务贸易的合作领域。

（3）美国对中国服务贸易的顺差将可能急剧扩大。美国是一个服务业高度发达的国家，据世界银行《世界发展报告 1999/2000》提供的数据，1998 年美国的服务业产值在其 GDP 中的比重高达 71%，而中国的服务业发展水平则大大滞后，1998 年我国的服务业产值只占 GDP 的 33%。而且，美国服务业的科技水平、管理水平和经营规模都远远高于我国，相比而言，美国服务业的竞争力占压倒性优势。同时，从中美达成的关于中国加入世贸组织的双边协定看，主要是我国承诺"入世"后将大量取消或放松服务业中的管制措施。这将使美国的服务业全面扩大对中国的服务出口，使业已存在的顺差额进一步扩大。

（三）直接投资方面

在 20 世纪 80 年代以来的中美经贸合作中，由于两国政府的大力支持和美国企业对中国的市场发展前景十分看好，美国对中国的私人直接投资一直发展得较为顺利，投资额从 1983 年的 0.83 亿美元猛增到1999 年的 26.1 亿美元，年均增幅高达 42.9%。截至 1999 年，我国实际利用美国直接投资达 258.166 亿美元。增速快、规模大、技术含量高的美国直接投资对我国经济持续、快速的增长和经济结构的改善起到了十分重要的作用。"入世"后，随着我国所作出的一系列承诺在 4~5 年内逐步兑现，我国的投资环境必然会发生一系列的变化，外国直接投资也将会作出相应的调整。估计美国对我国的直接投资将会出现以下几个方面的变化：

（1）美国对华直接投资会有较大幅度的增加。第一，中国"入世"后，中国积极、合理、有效利用外资的战略方针不会改变，在逐步实行国民待遇的过程中，仍将在部分领域有选择地实施优惠待遇，以加大吸引外资的力度。第二，我国政府已修改了外资管理法规，部分删除或放宽包括外资企业自主平衡外汇收支、外资参股比例的限制、产品内外销比例等在内的多项限制外资的规定和措施。第三，我国将开放许多新的投资领域，如电信业、银行业、保险业、专业服务和贸易分销业，允许外资进入这些曾严厉禁止的行业。这一系列更为开放的举措将大大改善我国的投资环境，使我国吸引外资的优势更为明显，这无疑将

① 程大为：《美国国内经济关系对中国"入世"的影响》，载《国际贸易问题》2000 年第6 期，第3 页。

更有利于美资的进入。

（2）美国对华直接投资的战略和产业领域将会有较大的调整。由于中国有着潜在的巨大市场、丰富的自然资源和廉价的素质较高的劳动力，同时许多商品市场又受到政府的高度保护。因此，已进入的美资多是市场寻求型和效率寻求型直接投资，且主要分布在关税和非关税壁垒较高的行业中，如汽车、化工和电子业等，其目的就是要绕过关税和非关税壁垒，进入中国市场。"入世"后，随着这些产业的关税和非关税壁垒的大幅降低和新开放的产业增加，美商在我国直接投资的经营战略和产业领域必然会作出相应的调整。第一，部分美商直接投资的经营战略有可能由生产型投资向贸易型投资转变。贸易壁垒的大幅下降必然会使商品的交易成本随之大幅下降，同时，我国又将在3年内放开对批发零售业的外资管制，给予外资完全的分销权。这就有可能会使部分美国直接投资从生产型转向贸易型投资，进而由直接投资形式转变为产品出口形式。第二，美国对高技术和服务业领域的投资将会迅速上升。中国加入WTO，我国将逐步向外资开放电信业、银行业、保险业、专业服务业领域，并加大视听、旅游、汽车、化工和电子等行业的开放程度。这些基本上是美国极具竞争力的行业，美国企业必然会抢滩中国开放的高技术制造业和服务业，进而引起美国直接投资在我国不同产业领域中的调整。这将使中国的对外开放由加工业向高技术制造业、由第二产业向第三产业全面推进。

（3）美国直接投资在我国的地区结构不会有大的变化，但可能会增加对我国西部的直接投资。从目前我国经济发展的地区结构看，东南部地区不论是在经济发展水平、技术水平、管理水平、人力资源和基础设施水平方面，还是在经济规模和发展速度上都大大高于中西部地区。虽然中国刚刚启动的西部大开发无疑给外资提供了更为广阔的投资市场，但从现状看，我国西部人口少、收入低、市场狭小、劳动力廉价，但文化、技术水平低，且交通通信设施落后，成本优势不明显，大多数市场寻求型和效益寻求型的美国企业暂时不太可能进军西部。因此，"入世"后进入我国的美资在地区结构上短期内不会有大的变化，仍将主要集中在我国的东南部地区。但西部地区资源丰富，资源寻求型的美国直接投资可能流入增多，特别是随着西部开发计划的实施和工程项目的启动，美国工程建设类和资源开发类的跨国公司将可能会有较多的介入。

通过以上分析，我们认为，中国加入WTO为中美经贸合作奠定了新的更坚实的基础，并注入了新的更大的活力，必将推动中美经贸关系的快速发展。当然，中国的"入世"并非意味着中美经贸关系中的一切问题和冲突都消除了。应该看到，中国的"入世"只是为中美双边经贸政策的制定和管理措施的实施提供了一个多边的标准和制度性的约束，为两国贸易制度的协调和争端的解决提供了法律保障，也为双边经贸往来提供了更大的空间。但中国"入世"并没有真正解决影响两国经贸关系正常发展的根本问题，即两国在政治体制、社会制度、文化观念和国际关系中的巨大差异，正是这些差异时常干扰和破坏中美经贸关系的正常发展。同时，中国"入世"后，美国仍在15年内对中国产品适用"非市场经济国家"的反倾销标准；在12年内可对中国特定产品实施选择性保障措施。由于这两种保护措施具有非对等性、歧视性和随意性，极易成为"入世"后中美两国贸易争端的导火线。可以预计，中国加入WTO后中美经贸关系仍然不会是一帆风顺的。但我们更应该看到，中美经贸关系健康稳定的发展符合两国人民的根本利益，合作则互利，对抗则双损，这已是两国各阶层人士的共识。只要两国本着平等互利、求同存异，并切实按照WTO的原则精神处理两国经贸中的争端和冲突，中美经贸关系就一定会在WTO的框架内得到充分、稳定的发展。

本文原载于《世界经济与政治》2001年第3期

克林顿与布什政府的财政政策比较

陈继勇　王　钊

一、经济背景迥然不同

克林顿执政之前的 1992 年，美国失业人数超过 900 万，失业率高达 7.5%。尽管美国当年实际 GDP 年增长率回升到 2.7%，但克林顿新政府仍面临着不少棘手的经济问题，如虚弱的银行系统，日趋严重的两极分化，经济总体运行乏力，不断攀高的联邦政府财政赤字和庞大的公共债务。1992 年美国联邦政府财政赤字高达 2900 亿美元，占当年 GDP 的 4.7%，而公共债务占 GDP 的比率上升到了 50%。美国政府亟待解决年年攀高的联邦财政赤字问题，并缓解由此带来的通货膨胀压力。这就决定了克林顿政府任期内的首要目标只能是控制并削减居高不下的联邦财政赤字，因此克林顿政府的财政政策主要是围绕着这一中心任务展开的。

布什执政前夕的美国经济与克林顿执政前夕的美国经济具有很大的差别。2000 年持续增长近 10 年的美国经济已开始出现衰退的迹象。2000 年美国失业率为 4.0%，为近 10 年来最低，这预示着经济增长已经接近顶峰。虽然 2000 年实际 GDP 年增长率仍然达到 4.1%，但 2000 年下半年经济增长速度已明显开始放慢，其中 2000 年第 3 季度和第 4 季度的经过季节调整的 GDP 年增长率分别仅为 1.3% 和 1.9%。①据美国全国经济研究所统计，美国经济于 2001 年 3 月达到峰值，从而结束了自 1991 年 3 月以来长达 10 年的历史上最长的经济扩张期，开始进入衰退。由于第二次世界大战结束以来，经济扩张已经成为美国经济发展的常态，而美国此前经历的 9 次经济衰退大多持续时间不长，最短的仅仅不过 6 个月（1980 年 1 月—1980 年 7 月），最长的一次也不过 16 个月（1973 年 11 月—1975 年 3 月），人们大多对美国经济早日摆脱衰退抱乐观态度。

然而，"9·11" 恐怖袭击事件使美国严峻的经济形势雪上加霜，美国经济受到了全方位的损害。纽约证券交易所在袭击发生后宣布关门 4 天，在 9 月 17 日重新开市后，一日之内道琼斯指数暴跌 684 点，跌幅达 7.13%，降到 3 年以来最低点。纽约市审计长艾伦·赫维西指出，"9·11" 恐怖袭击估计将在今后两年给纽约市带来 900 亿至 1050 亿美元的巨额损失。美联储 10 月 24 日发表的经济调查报告显示，美国 9 月份和 10 月初的经济活动都处于疲软状态。除了圣路易斯、明尼阿波利斯和里士满 3 个地区外，其他美国所有地区的零售额都出现下降。美国会议委员会 10 月 30 日发布的调查报告也显示，美国消费者信心指数从 9 月份的 97.6 下降到 10 月份的 85.5，降至 7 年多来最低点。美国劳工部 11 月 2 日公布的统计显示，美国 10 月份的失业率为 5.4%，创下近 5 年来新高，比 9 月份的 4.9% 上升了半个百分点，其增幅也为过去 21 年多来最高纪录。10 月份美国的就业岗位共减少了 41.5 万个。由于机场和航空业相继关闭，10 月份航空业裁减了 4.2 万个工作岗位。旅游业也遭受重创，10 月份裁员达 1.1 万。而炭疽病菌的攻击使得美国大部分商务邮件停止发送，运输业损失惨重。因担心安全问题，企业的保险费用负担普遍加重。美国联邦储备委员会公布的统计显示，美国 10 月份的工业生产比 9 月份下降了 1.1%，为 1990 年 11 月以来的最大降幅。10 月份制造业裁减了 14.2 万个就业岗位。

据美国全国经济研究所统计，在衡量经济周期的 4 个主要经济指标中，最主要的指标就业率在 2001 年 3 月到达峰值，转入下降，而实际制造业和贸易销售额、工业生产两个指标分别早在 2000 年 8 月和 9

65

月就已上升到顶峰，继而掉头下滑。最后一个关键指标，在2001年3月后仍持续上升的实际个人收入减转移支付也在2001年9月上升到顶峰，转而下行。②

和克林顿政府忙于应付联邦财政赤字截然相反，布什政府需要考虑的恰恰是如何合理使用为数众多的联邦财政盈余，如何更好地使用联邦财政盈余，以带领美国经济早日走出衰退。这是布什政府面临的重大课题，同时也成了布什政府制定所有政策特别是财政政策的出发点。

二、财政政策各有侧重

（1）克林顿政府与布什政府的财政政策的政策目标完全相反。克林顿政府财政政策的核心目标是如何解决攀高不下的巨额联邦财政赤字，与此相反，布什政府财政政策的重点恰恰是如何消化巨额的联邦财政盈余。

（2）克林顿政府与布什政府的财政政策的类型及特点截然不同

由于克林顿政府和布什政府制定的财政政策目标完全相反，这也就决定了他们必将各自采取不同类型的财政政策。为了完成削减联邦财政赤字这一目标，克林顿政府采用的是紧缩性财政政策，即一方面增加税收，另一方面削减政府支出。而布什政府则采用扩张性财政政策来消耗联邦财政赤字，减税和增加政府支出并行。

然而，克林顿政府的紧缩性财政政策与布什政府的扩张性财政政策和传统意义上的紧缩性财政政策与扩张性财政政策又有所不同，各自都具有自身的特点。与传统的紧缩性财政政策相比，克林顿政府的紧缩性财政政策不是单纯的一味地削减政府支出，而是一种"结构性"的政策，即对政府支出做到既有减又有增，既强调削减财政赤字，又重视提供短期经济刺激和增加长期公共投资。从克林顿竞选总统时制定的名为"把民众放在首位"的经济计划中，可以清晰地看出这一特点："我们的战略就是要把民众放在首位，在未来10年中每年投资500亿美元用于使美国人重返工作岗位——这是第二次世界大战以来最大的经济增长计划。我们的战略认识到，使美国经济重现繁荣的唯一途径，只能是刺激公共投资和私人投资。为了拯救我们的未来，我们必须尽力缩小预算赤字和投资缺口……我们将通过削减开支，弥补税收漏洞，要求富裕的阶层支付更加公正的税收等方法，来为投资和削减债务节省出近3000亿美元的资金。我们计划在4年任期内把赤字降到目前的一半，并保证赤字在其后继续逐年下降。"克林顿就任美国总统之后，很快在1993年2月推出了第一个5年预算方案。在其中可以进一步明确看出克林顿政府财政政策的"结构性"特点："我的计划有3项关键因素：经济刺激，以在现在创造工作机会并为未来的长期经济增长奠定基础；长期公共投资，用来提高民众和公司的生产率；严格、公正、平衡的预算削减计划，以停止政府消耗私人投资，从而产生工作岗位和增加收入。"

从克林顿政府的经济计划和预算方案中可以知道，克林顿政府把提供经济刺激和增加长期公共投资放在和削减联邦财政赤字同等重要的位置上，主张美国既需要对付联邦财政赤字，又需要削减"公共投资赤字"。这正是克林顿政府的紧缩性财政政策有别于其他历届政府的紧缩性财政政策的地方。从这个意义上说，克林顿政府的财政政策实际上也就是经济增长政策。不难看出，削减联邦财政赤字只是克林顿政府的财政政策的直接目标，推动"长期经济增长"才是克林顿政府的财政政策的终极目标。

布什政府的扩张性财政政策也不同于传统意义上的扩张性财政政策，考虑到布什政府面临的经济背景，其财政政策必然具有浓厚的"反危机"色彩。因而布什政府的财政政策不仅包括传统的减税政策和扩大政府支出等方面，还包括许多直接的经济刺激政策，为经济紧急输血。如布什政府在"9·11"事件后很快敦促国会通过的价值400亿美元的反恐怖和经济重建计划和150亿美元的航空业重建计划，以及布什在2002年3月9日签署的价值1230亿美元的经济刺激法案。这正是布什政府财政政策的最大特点。从中我们可以看出，布什政府的财政政策的直接目标虽然是消化巨额的联邦财政盈余，实现联邦财政平衡，但其终极目标却显而易见，即推动美国经济早日复苏，重新实现经济增长。

由此可见，虽然克林顿政府和布什政府的财政政策的直接目标看似不同，但其终极目标却惊人的一致，即推动未来经济增长。这其实也是美国历届政府的共同目标。从这个意义上说，克林顿政府与布什政府的财政政策可谓是殊途同归。

（3）克林顿政府与布什政府的财政政策的具体政策措施各异

在税收政策方面，克林顿政府推行增税政策，而布什政府反其道而行之，推行减税政策。克林顿政府于1992年2月提交国会的第一个5年预算方案，在当年8月被国会通过，并形成法案，即《1993年混合预算调节法案》（OBRA93）。该法案把增税政策法律化，具体包括：（1）新增加了36%和39.6%两档个人收入税税率。（2）撤销了医疗保障税的收入封顶。（3）提高了运输燃料税，每加仑增加了4.3美分。（4）提高了社会保障收益的应纳税份额。（5）永久拓展了个人豁免的逐步淘汰和对分类削减的限制。（6）新增加了35%这一档公司税率。据克林顿政府预计，这一法案能在5年内增加3280亿美元的税收收益。

值得指出的是，在成功连任之后，克林顿在1997年8月签署了新的预算法案《1997年平衡预算法案》（BBA97），其中对税收政策作出了一定调整。该法案仍然贯彻了克林顿一贯的经济思路，把削减预算赤字作为中心内容，但是在确保5年内即2002年实现联邦财政预算平衡，继续削减政府开支的前提下，也向共和党作出了一定的税收政策让步，实行小规模减税。该法案顺应了共和党降低资本收益税税率的要求，计划在5年内减税800亿美元左右。但从克林顿政府整个8年执政时期来看，增税仍是克林顿政府税收政策的主流。

而布什政府及其代表的共和党人历来主张用减税政策来消耗联邦财政盈余。布什在竞选期间即提出一项庞大的减税方案来吸引选民，并在当选后，马上兑现其竞选诺言，向国会提交了一项在10年内减税1.6万亿美元的减税计划。在几个月的激烈争论后，参众两院于5月26日就减税金额达成一致，并由布什于2001年6月7日最终签署由其形成的《2001年经济增长和减税调节法案》。布什在法案签署仪式上说道："在哥伦比亚特区华盛顿，全面的减税并不经常发生。事实上，它此前仅仅出现过两次：20世纪60年代肯尼迪总统和80年代里根总统都曾大规模减税。现在，我们第三次减税，此时正是时机。"

布什的减税法案共分8章，该法案计划在10年内减税1.35亿美元，是美国历史上自1981年以来减税规模最大的法案，并且是1986年税收改革法案之后对税收体系变动最大的法案。法案的主要内容如下：（1）税收退款。税收退款支票将于2001年7月后期至秋天寄给纳税人。每位单身的人可得到300美元退税，每个家庭的户主可得到500美元退税，每对已婚夫妇可得到600美元退税。（2）税率削减。对于单身的人的第一个6000美元的应税收入，家庭的户主第一个10000美元的应税收入，已婚夫妇第一个12000美元的应税收入，适用的税率从15%降至10%，从2001年1月1日起生效。另外几档税率也均有不同程度的降低，39.6%的最高税率降至35%，36%降至33%，31%降至28%，28%降至25%。降税分三次完成，2001年7月1日降第一个百分点，2004年降第二个百分点，最后一次降税于2006年完成。（3）父母免税。每个孩子的免税额从以前的500美元提高到2001年的600美元，并将逐渐提高到2010年的1000美元。这一变化将使更多的父母受益，免除收入税责任。收养的孩子的免税额将增加至10000美元，同时将于2002年提高收养收入限制。提高受抚养者的可以免税的费用额，并从2003年开始增加其最大免税额。（4）遗产税。遗产税将于2010年最终取消。在之前的过渡时期，遗产税豁免额将逐渐上升到350万美元，最高遗产税税率将降至45%。赠与税将保留，但其最高税率也将降低。（5）婚姻减免税。已婚夫妇的免税标准扣除额将于2005年开始逐渐增加，以使得更多的已婚夫妇可以适用15%档的税率，而非按更高档的税率缴税。（6）高收入者减税。从2006年开始到2010年结束，逐渐取消影响高收入个人的自动减少分项开列的扣除额的现有税法限制，并逐渐放开高收入个人的税收豁免。

据预计，将有上亿纳税人从法案的减税条款中受益，受益对象具体包括：4300万已婚夫妇，他们缴纳的税收平均将降低1730美元；3800万有子女的家庭，他们平均将得到1463美元的税收减让，用于支付教育、儿童护理和其他费用；1100万抚养孩子的单身母亲，她们平均将得到780美元的税收减让，以满足她们家庭迫切的需要；1300万老年人缴纳的税收平均将降低924美元；390万贫困个人和家庭，他们将不再缴纳个人收入税。

在政府支出政策方面，克林顿政府实行削减政府支出的政策，而布什政府则与之背道而驰，实行增加政府支出的政策。在克林顿政府的第一个5年预算方案中，计划减少3290亿美元的非利息支出和460亿美元的债务服务费用，其中包括削减医疗保障提供者的费用偿还额，削减国防开支和一系列非防御机动开支。在克林顿成功连任美国总统后，克林顿政府在新的预算法案BBA97中，计划在5年内再削减近2000亿美元的支出，主要包括医疗开支和机动开支。应当指出的是，克林顿政府在1993年提交国会审议的第一个5年预算法案中，还包括增加约1440亿美元的"投资支出"和约150亿美元的"刺激支出"，但"刺激支出"被国会否决，"投资支出"金额也被国会削减了绝大部分。

与克林顿政府削减政府开支的政策相反，布什政府一上任就大张旗鼓地增加政府支出，主要表现在大规模扩大国防开支和发展导弹防御计划。布什在他的预算计划《新开端的蓝图》中，提出要"重振国防"，并把它作为新政府的主要政策行动之一。这和他的前任克林顿削减军费开支的政策完全相反，克林顿提出的口号恰恰是转变"以国防为基础的经济成为和平时期的经济"。据统计，在克林顿执政前的1992年，国防开支占美国GDP的4.9%，这一比率在克林顿任期内逐年下降，到2000年降至只占GDP的3.0%。和他的前任相比，很显然布什意图通过增加国防开支来拉动经济早日走出低谷。布什进一步将其"重振国防"的计划细分为"恢复部队士气""构建21世纪的军事结构""发展下一代武器系统""保障核安全"及"部署导弹防御"等几个方面。其主要拨款建议包括：增加14亿美元用于提高部队的薪金和津贴；增加4亿美元用于改善部队居住条件或用于降低军事人员及其家庭的住房开销；增加退休军事人员的健康补助金；在2002年到2006年，增加200亿美元国防科研发展资金；分配20%的科研发展资金特别用于推动美国武装力量装备和技术更新换代。

"9·11"恐怖袭击事件发生后，布什于2002年1月10日签署了《国防拨款法案》，进一步加大了增加国防开支的力度。该法案向国防部提供3172亿美元的资金，用于国家安全计划。另外，该法案还提供200亿美元的紧急补充资金，用于处理"9·11"事件的余波，其中包括给国防部的35亿美元，以继续反恐怖战争。与2001财政年度相比，该法案新增加了将近300亿美元的国防拨款以及35亿美元的紧急补充资金。

2002年2月初，布什政府制定出了"9·11"事件后的第一个年度财政预算方案：2003年总统预算。布什总统在写给国会的"总统的预算信息"中对预算作了如下说明："2003年预算要求国防开支作20年来最大的增长，以支付战争费用，同时用于把我们冷战时期的军队完全转变成新的21世纪的战斗力量。"这份预算方案的核心内容就是要致力于"保障祖国安全"。

2003年预算计划拨款377亿美元用来保障国家安全，而2002年这一数字为195亿美元，增幅达93.3%，这表明布什政府把保障国家安全放在了预算的最优先地位。布什还具体提出了4大优先预算项目：（1）"支持第一反应者"。"第一反应者"即战斗在对付恐怖袭击第一线的防御力量，包括地方警察、消防队员和急诊医生。2003年预算方案计划花费35亿美元用于增强"第一反应者"的反应能力，比过去增加了10倍。（2）"抵御生物恐怖主义袭击"。2003年预算方案计划拨款59亿美元用于抵御生物恐怖主义袭击，相比2002年增加了45亿美元，增幅达319%。（3）"保卫美国疆域"。2003年预算方案计划拨款约110亿美元用于保卫美国领土、领空和领海的安全，其中3.8亿美元用于外来移民和入籍服务，构建一个进出境签证系统。比起2002年预算，2003年预算用于保卫疆域的拨款增加了22亿美元。（4）"运用21世纪科技来保卫祖国"。2003年预算方案计划花费500亿美元用于美国联邦政府的信息技术投资，以增加政府效率，从而使得成十上百亿美元的联邦支出能运行得更加良好。③

三、政策效果均很明显

克林顿政府的紧缩性财政政策成功地减少并最终消除了美国联邦政府财政赤字。在克林顿政府当政时期，美国联邦财政状况发生了根本性的转变，联邦财政赤字逐年减少。到了1996年，即克林顿的第一个任期快结束时，美国联邦财政赤字占GDP的比率已经从1992年的4.7%下降到1996年的1.4%，超额实现了克林顿"在 4 年任期内把赤字降到目前一半"的目标。克林顿也因成功削减了巨额赤字而获得连任。此后联邦财政赤字继续下降，并在 1998 年实现了近 20 年来第一次联邦财政盈余，提前完成了 BBA97 中规定的"在 5 年内即 2002 年实现联邦财政预算平衡"的目标。在克林顿政府第二任期的后三年，即 1998 年、1999 年和 2000 年，美国联邦政府连续 3 年实现联邦财政盈余，并且盈余数额不断上升。2000 年的联邦财政盈余占当年 GDP 的 2.4%，是自 1948 年以来最大的盈余，2000 年公共债务占 GDP 的比率也下降到了 35% 以下。这样，克林顿政府在两个任期内都顺利实现了既定的财政政策目标。克林顿政府的财政政策能收到超过预计的良好效果，一方面得益于税收收入的飞速增加，另一方面得益于政府支出特别是军费支出的急剧下降。另外还有一个极其重要的原因，那就是美国经济在克林顿政府执政期间处于新一轮上升期，增长势头强劲，这为克林顿政府财政政策目标的实现营造了一个良好的客观环境。

另外，克林顿政府财政政策的另一方面，增加短期经济刺激和长期公共投资，也收到了比较好的效果。这些政策为美国经济增长打下了坚实的投资基础，带动了私人投资增长，促进了美国的投资繁荣，使得资本存量增加，从而有力地推动了生产率的增长。

克林顿的财政政策可谓"双管齐下"，一边削减联邦财政赤字，另一边增加短期经济刺激和长期公共投资，政策效果斐然。在经济扩张期适时地采取了紧缩的财政政策，既可保证经济稳步增长，又可防范经济过热于未然，这正是克林顿政策的成功之处。

与克林顿政府的紧缩性财政政策相比，布什政府的扩张性财政政策在"反危机"方面的效果也相当明显。应当指出的是，不能因为克林顿采用紧缩性财政政策成效卓著就认为改用扩张性财政政策不行，实际上两种政策各有千秋，孰优孰劣难有定论，具体采用哪种政策应视当时的经济形势而定。布什政府推行扩张性财政政策是与当时的经济形势相吻合的，美国一向推崇预算平衡，必须对政府手中的巨额联邦财政盈余做出合理分配，而且在经济衰退时期更需要用扩张性政策来刺激低迷的经济。

布什政府认为，政府不该对联邦财政盈余负责，而美国工人才是创造盈余的发动机。良好的经济形势和更多的就业机会——而非增加税收——是改善美国工薪家庭生活质量和为将来创造联邦财政盈余的关键因素。总统的减税计划是在正确的时刻提出的正确主张。工人们已在 2001 年 8 月后期开始收到支票，享受减税的好处，在这样一个关键的时刻，已经有 400 亿美元返还到消费者手中。若非"9·11"恐怖袭击，美国经济很可能已经开始复苏。事实证明，并非减税导致衰退，早在 2001 年 3 月美国经济即已陷入衰退之中，而此时减税法案还未通过，工人们更是近半年后才收到退税支票。是战争和经济衰退耗尽了美国的联邦财政盈余，从 2000 年 4 月至今的联邦财政盈余，因经济衰退消耗了 66%，为保障国家安全和反恐怖主义用去了 19%，而减税只占 15%。

美国 2001 年第四季度的经过季节调整的 GDP 年增长率为 1.4%，重新恢复了增长，扭转了此前第三季度下降 1.3% 的局面。④美国 2002 年 2 月份的经过季节调整的失业率为 5.5%，而自 2001 年 9 月份以来，此前各月的失业率分别为 4.9%、5.4%、5.6%、5.8% 和 5.6%，可以看出失业率已经止住了攀升的势头开始逐渐回落。2 月份，反映美国制造业活动的指数在经历了连续 18 个月的下降后首次回升，比 1 月份上升了 4.8，达到 54.7%。2002 年 1 月份的经过季节调整的消费者物价指数为 0.2%，而此前 3 个月都是负增长，物价已经开始反弹。⑤这都预示着美国经济已开始走出低谷，慢慢走向复苏。从这个意义上讲，布什的扩张性财政政策已经收到了初步的成效，走出了成功的第一步。

◎ 注释

①④Bureau of Ecomicnomic Analysis，U. S. Department of Commerce.

②U. S. National Bureau of Economic Research. Inc.

③President George W. Bush："Securing the homeland, Strengthening the Nation".

⑤Bureau of Labor Statistics. U. S. Department of Labor.

◎ **参考文献**

[1] 甄炳禧：《美国新政府经济政策走向》，《国际商报》2001 年 1 月 9 日。

[2] 甄炳禧：《布什政府经济政策及其对美国经济的影响》，《国际问题研究》2001 年第 3 期。

[3] 甄炳禧：《确定的与不确定的也谈 9·11 对美国经济的影响》，《世界知识》2001 年第 21 期。

[4] 肖炼：《新人新调——布什政府经济政策分析》，《国际贸易》2001 年第 5 期。

[5] 肖炼：《"9·11"对美国经济及世界经济的影响》，《世界知识》2001 年第 20 期。

[6] 吴绮敏：《布什新政府经济政策初探》，《人民日报》2001 年 1 月 17 日。

[7] 李正信：《布什三把火能否烧热美国经济》，《经济日报》2001 年 1 月 10 日。

[8] 宋运肇：《美国新政府的经济政策评析》，《国际金融研究》2001 年第 2 期。

[9] 郑理：《美国经济仍然充满变数》，《人民日报·华南新闻》2001 年 1 月 8 日。

[10] 张化：《美国经济学家克鲁格曼：新政府减税政策不妥》，《国际金融报》2000 年 12 月 19 日。

本文原载于《江汉论坛》2002 年第 5 期。

知识经济对美国经济周期的影响[*]

陈继勇　　彭斯达

经济周期是指总的经济波动中扩张和收缩的交替性和不断重复性。社会经济运行呈现波动性是经济发展的自然规律。

20世纪80年代中期以来,在美国迅速崛起的知识经济深刻地影响着美国的经济周期,经济运行呈现一种新的发展态势:经济增长相对平稳,增长期延长,衰退期缩短,库存调整灵活,并出现了与生产率增长并存的增长型衰退。

一、增强了美国经济增长机制的稳定性

工业经济时代的物质技术基础表现为投入的有形化、生产的规模化和产品的标准化。这就形成了以工业技术发明提高劳动生产率、以规模化生产扩大对物质资源的利用、以标准化产品实现经济总量扩张为特征的经济增长机制。但这种"资源驱动型"的总量扩张增长方式是不可能持续的。

首先,经济增长受制于自然资源的有限性。自然资源的有限性不仅在于本身是稀缺的,也在于物质经济的增长和生产率的提高加剧了对资源的掠夺性开采和过度使用,由此导致的环境污染和生态破坏更加速了自然资源的枯竭。

其次,经济增长受制于规模化的内在局限性。生产函数理论认为,各种生产要素是相互依赖的,必须按规律成比例地增加,任何要素的单一增加都会最终导致收益递减。工业经济受积累规律和效率机制的驱使,生产的规模化扩张过程内在地表现为:资本投入的增长速度不断周期性地超过劳动投入的增长速度。这种资本代替劳动构成的"资本深化"一方面引起资本收益的周期下降,另一方面引起市场的相对萎缩,致使投资周期性减少甚至停滞,导致经济危机周期性爆发。同时,在现实的生产中,即使各种要素按比例增加,当经济规模膨胀到一定限度时,也会因各种内外部经济因素的制约,出现规模报酬递减。同样会导致投资停滞,生产减缩,进而引起经济衰退。

知识经济是以知识为基础的经济,随着美国知识经济的发展,知识日益成为最主要的生产要素在很大程度上改变了美国经济的增长机制。

第一,知识要素化大大降低了美国经济对自然资源的依赖性。密集性的知识投入越来越多地代替了物质投入,有效地缓解了自然资源不足对美国经济增长的制约作用。据统计,美国每亿美元产值的钢材消耗量1970年为1.23吨,1985年以后下降为0.28吨;1989年以来,尽管美国经济规模比1960年增长了2.5倍,但钢材的消耗量只增加了40%,铜、铝、镍、锌等金属的消耗也出现同样的情况(李京文,1990)。第二,知识要素化实现了边际收益递增。知识在劳动者体内和生产过程中的聚集,使劳动者和生产成为知识型人力资本和创新型生产开发,两者结合构成了效益倍增的知识化生产。因此,知识要素化不仅可为劳动者带来更高的报酬,而且可为产品生产带来更高的附加值,从而实现了边际收益递增。知识要素的边际收益递增,为市场行为主体加大知识创新和高技术产品开发提供了强大的内在动力,形成了自主增强的创新机制,并由此推动了企业技术进步、产业结构升级和国民经济增长。

---

[*] 本文被《21世纪初的美国经济》全文转载,中国经济出版社2003年3月出版。

由于知识经济的发展减少了自然资源对经济发展的限制，自主增强的创新机制又为经济的增长提供了持续的动力，因此，美国的经济增长机制具有全新的内容：以知识、智力为第一要素，以科技创新为动力，以效益不断提高、高新技术产业不断涌现、创新产品层出不穷为增长模式，以经济、社会和环境的协调发展为导向。这使美国经济的运行具有一种内在的稳定机制，可以保持相对稳定的持续增长。

二、保障了美国社会生产的高效运行

生产发展的速度和规模最终受制于市场扩张的潜力和容量。因此，生产平稳、持续发展既依赖于充分、及时、准确的市场信息这样一种特殊形态的知识要素，又依赖于生产规模的合理化、管理方式的科学化和产品结构、产业结构的高级化，以充分适应市场需求的动态发展。

在工业经济时代，信息不灵、规模化生产和投入有形化使得社会生产的诸多环节存在根本缺陷，正是这些缺陷不断破坏着生产与市场在规模上、结构上的动态统一性，使经济危机的爆发不可避免。

第一，由于信息技术落后，获取信息的速度和完整准确性都极为有限，企业难以把握市场需求的动态变化进行理性的生产。在获取利润的内在动力和竞争的外在压力的驱使下，片面地追求规模效益使企业始终存在着巨大的投资冲动，由此产生的盲目固定资产更新投资构成了经济危机周期爆发的物质基础。

第二，规模化生产必然导致管理方式的垂直化和经营方式的被动化。多层次的垂直化管理和以产定销的被动经营使企业难以适应并主动满足市场需求的多样性，只能通过不断扩大市场份额来维持规模生产。但一定时期的市场容量是有限的，"多数谬误"必然导致社会生产的严重过剩。

第三，工业经济以有形资本的投入和扩张为基础，而有形资本具有沉淀性，难以在不同的产品生产部门之间转移，致使产品结构、产业结构调整困难、升级缓慢。随着经济的扩张，结果只能是用途相同、功能近似的产品大量涌现。同时，因各国均遵循相同的产业扩张和经济增长模式，国内外市场上的竞争势必日趋激烈，最终必然因生产过剩、市场萎缩而导致经济危机的爆发。战后，随着西欧、日本经济的复兴，美、日、欧等发达工业化国家的产业结构趋同，国内外市场上的竞争空前加剧是致使美国成为战后经济危机最为频繁的国家的重要原因之一。

知识经济的发展为美国经济的运行奠定了知识化和信息化的基础，这从根本上保障了社会生产的高效运行。

首先，信息化提高了美国企业的投资效能。从表1可看出，20世纪90年代美国的投资率低于德国和日本，美国的GDP增长率则高于德国和日本，这表明美国企业的投资效能明显优于德国和日本。其原因在于：信息化使厂商能更为充分、便捷、廉价地获取市场信息，准确地分析市场机会和把握潜在的市场容量，大大提高了投资的准确性和适度性。同时，信息网络的高度发达又极大地提高了企业内部管理的效率，密切了企业与外部市场的联系，缩小了生产与市场在时空上的差距，这既确保了经济相对稳定的增长，又有效地避免了投资、生产的盲目扩张。

表1　　　　　　　　　　　　美国、德国、日本投资效率比较（%）

年份	美国		德国		日本	
	投资率	GDP 增长率	投资率	GDP 增长率	投资率	GDP 增长率
1990	13.3	1.2			26.1	4.8
1991	12.4	-0.9	23.6	3.6	25.8	4.3
1992	13.3	2.7	23.5	2.2	23.7	1.1
1993	16.5	2.3	21.4	-2.3	29.7	-0.2
1994	17.7	3.5	22.7	2.5	28.7	0.6

年份	美国		德国		日本	
	投资率	GDP 增长率	投资率	GDP 增长率	投资率	GDP 增长率
1995	17.7	2.0	22.4	1.9	28.7	0.3
1996	17.8	2.8	21.5	1.4	29.8	4.0
1997	18	3.8	23	2.2	29	0.8
1998	18	3.9	21	2.3	28.8	-2.8
1999	18.9	4.0	—	1.5	26.1	0.3
2000	21.8	4.1	22.5	3	27.4	-0.3
2001	18	1.2	—	0.6	—	-0.6

说明：投资率=投资量/GDP。

资料来源：《OECD 经济统计》2000 年；[美]《总统经济报告》2001 年；《国际经济信息》2000 年 5 月。

其次，"精益生产"增强了美国企业对市场需求的动态适应性。建立在柔性化生产和网络化经营基础上的"精益生产"方式使企业的生产由单一品种、大批量、长周期的生产模式转化为多品种、小批量生产。这就大大提高了企业对市场环境变化的瞬间应变能力和适应市场、开拓市场的能力，使生产和供货变得更为精确。这既有效地降低了库存，又较好地满足了顾客的多样化需求，从而在实现生产扩大、效益提高的条件下，避免了由于生产过剩、库存增加导致的经济危机（见表2）。

表2　　　　　　　　　　20 世纪 50 年代以来美国制造业及商业库存占销售的比率（%）

年代	0	1	2	3	4	5	6	7	9
50 年代			1.5	1.58	1.60	1.47	1.55	1.59	1.54
60 年代	1.56	1.56	1.54	1.53	1.51	1.51	1.57	1.60	1.61
70 年代	1.65	1.62	1.55	1.53	1.61	1.59	1.56	1.53	1.52
80 年代	1.56	1.53	1.67	1.56	1.53	1.56	1.55	1.50	1.52
90 年代	1.52	1.53	1.48	1.44	1.41	1.43	1.40	1.38	1.35

资料来源：[美]《总统经济报告》1995 年，表 B-56；2001 年，表 B-57。

最后，知识化增强了产业结构调整的灵活性。知识成为最主要的投入要素，使企业有形资产投入的比重大大降低。知识资产比重的大幅提高一方面降低了企业总资产的沉淀性，另一方面知识的快速渗透和更新又增强了资产转移的灵活性，减小了结构调整的阻力，加速了产品结构、产业结构的换代和升级，一定程度上克服了有形资产的呆滞性，避免了经济危机的产生。

三、推动了美国市场需求的全球化和动态化

市场不仅是一种高效配置资源的方式，还制约和决定着社会生产的规模和扩张速度。市场在规模上与生产保持一致，并相互促进、协调发展是保证经济持续稳定发展的必要条件。

在美国工业经济发展过程中，市场拓展的速度总是滞后于生产扩张的速度（见表3）。随着美国工业经济的发展，市场规模的扩大越来越滞后于生产规模的扩大。其原因：第一，工业经济时代的市场具有国

内性。工业经济的发展战略强调国民经济的完整配套，加之各国普遍采取各种措施保护本国市场，致使各国产业结构趋同，国外市场拓展困难，产品主要局限于国内市场。第二，工业经济时代的市场具有呆滞性。由于工业经济产业结构的调整和升级迟缓，产品生命周期较长，致使社会需求及派生需求的动态扩张缓慢。同时，资本的分配和积累规律，以及资本替代劳动又制约了社会消费的同步增长，更使市场扩张缓慢具呆滞性。第三，工业经济时代的市场构成具有多环节性。工业经济时代的市场是由中间商构成的多环节交易体系，这不仅提高了商品的价格，相对缩减了消费市场；还因中间商区位分布的有限性以至于商品市场空间的拓展不足，致使潜在市场不能得到充分拓展，更加剧了市场容量的不足。正是由于市场拓展速度滞后于生产扩张速度，导致生产过剩日益严重，经济危机不断发生。

表3　　　　　　　　　　　　　20世纪60年代以来美国产出−支出的变化情况　　　　　　　　　　（单位：亿美元）

年代	市场增量						生产增量与市场增量的差额
	GDP增长量	私人消费增长量①	私人投资增长量	净出口增长量	政府支出增长量②	总量	
60年代	4556	2054	762	−36	944	3724	832
70年代	15219	7334	3307	−252	2705	13157	2062
80年代	26545	14055	3633	−655	4741	21774	4771
90年代	35046	18175	7777	−1855	7955	32052	2994

说明：①为扣除了消费者信贷的实际私人消费增长量。②为扣除了财政赤字的实际政府支出增长量。
资料来源：根据［美］《总统经济报告》2000年，第306、307、396、397页中的有关数据计算得出。

随着美国知识经济的发展，一方面美国的经济增长渐趋平稳，年度GDP增长率的波动幅度显著降低；另一方面市场容量迅速扩大，与生产的协调性显著增强，大大缓解了美国生产与市场的矛盾。从表3可看出，90年代以来，美国市场容量的扩张速度加快，生产增量与市场增量的差额由80年代的4771亿美元降低至90年代的2994亿美元。致使美国市场容量快速扩张的原因是：（1）知识经济的市场具有全球性、易变性和多样性。由于科学知识、产业技术十分广阔，任何国家都不可能在所有的知识和高新技术领域全面领先，但高新技术发明享有知识产权的保护，且替代品极少，通过各国的互补交叉，任何一项高新技术产品都拥有一个远大于国内市场的全球市场。美国知识经济的发展加快了美国市场全球化的步伐，这一点在美国知识经济迅速发展的90年代表现得非常明显。90年代美国的出口增长异常迅速，出口依存度骤然提高了4个百分点，从80年代6.6%的平均水平升至90年代的10.6%，大大高于前30年增长幅度的总和。另据统计，90年代美国高新技术产品的40%出口到国外，知识产品出口在出口总额中所占比重由1986年的12%上升到1996年的42%（李长久，1999）。（2）网络贸易及电子商务的兴起有效地拓展了潜在的市场空间。借助遍及全球的信息网络，产品信息能全方位同步地迅速传递给全球最广泛的目标受众，实现了全球市场的高度一体化和潜在市场的全球化。以网络为中介、以EDI为手段，网络贸易及电子商务的拓展，逐步消除了中间环节过多的负面影响，实现了商业文件自动处理和交换。这大大提高了交易效率，节省了流通费用，降低了商品价格，相对扩大了市场需求。（3）知识经济增加了就业机会，提高了收入水平，扩大了有效需求市场。知识经济的发展促进了高新技术产业的发展。高新技术产业不仅具有较强的就业倍增效应（如微软公司每增加一个就业者就可以创造6.7个新工作，波音公司每增加一个就业者只能创造3.8个新工作），而且其收入水平远高于其他产业。1996年美国高新技术产业工人的年均工资达4.96万美元，比私营企业部门2.86万美元的年均工资高出73%。

从以上分析我们不难看出，美国知识经济的发展已明显促进了资源转换与创新竞争的统一、经济增长与结构升级的同步，使经济能在宏微观环境不断改善、生产与市场同步扩张的基础上保持适度稳定的增长，经济周期的波动幅度被显著熨平，产生经济危机的可能性大大降低。

◎ **参考文献**

［1］李长久（1999）:《知识经济是世界经济发展的大趋势》,《世界经济》第 8 期。
［2］李京文（1999）:《知识经济概论》, 中国社会科学出版社。

本文原载于《世界经济》2002 年第 11 期

新经济条件下美国经济周期的演变趋势[*]

陈继勇　　彭斯达

从 1854 年到 1991 年，美国经济的运行已经历了 31 个经济周期。①在这长达 138 年的工业化市场经济发展中，由于经济运行条件的变化，这 31 个前后相继的周期波动又可以第二次世界大战为标界分为战前、战后两个差异明显的阶段。由于第二次世界大战后美国政府开始实施广泛、持久的国家干预，在相当程度上改变了经济运行的宏观条件，使美国经济的运行周期呈现出一系列新的特点，如衰退期缩短，衰退程度减轻，无明显的萧条阶段，"滞胀"并发等。但由于美国经济运行的微观机制并未变化，周期波动的成因、性质及其影响并未产生实质性的变化。事实上，20 世纪 70 年代中期"滞胀"现象的出现就表明，在微观经济运行机制尚未变更的条件下，政府人为地干预经济运行并不能真正长久地熨平经济周期、阻抑衰退，只能导致周期波动以扭曲的方式呈现。

20 世纪 90 年代以来，以信息技术革命为基础的知识经济的迅猛发展，推动了美国微观经济运行机制、中观经济产业结构和宏观经济管理方式的深刻变革。"一稳三低"现象的出现和经济增长的超常持续，表明美国新经济的运行突破了传统的菲利普斯运行模式。2000 年下半年以后，美国经济虽然增速急骤减缓，并于 2000 年 12 月陷入衰退，又因各种内外因素的频繁扰动和冲击，经济增速一直难以恢复，但美国新经济同样不能摆脱周期律。20 世纪 90 年代以来，美国经济运行中呈现出的一系列新特点同样也表明，在要素投入知识化、信息处理网络化、竞争方式创新化、生产制造柔性化和经营运作全球化等新经济条件下，美国经济的运行周期正逐渐显现出新的演变趋势。

一、经济运行的稳定性增强，经济的适度增长期延长

在第二次世界大战结束以来的美国经济运行中已出现了三个较长的经济周期，它们分别是 1961 年 2 月到 1970 年 11 月、1982 年 11 月到 1991 年 3 月、1991 年 3 月到 2000 年 12 月。②在这三个较长的周期中，美国经济运行分别实现了 106 个月、96 个月和 117 个月的增长。从三个长增长期出现的时间看，60 年代和 80 年代的两个长增长期均出现于美国工业经济发展的鼎盛阶段，90 年代这次历史上最长的增长期则出现于美国工业经济向知识经济转型、新经济迅猛发展的阶段。从三个长增长期内经济增长的状况看，GDP 的年度增长率都呈现出不稳定的波动状态，但 90 年代的波动幅度明显小于 60 年代和 80 年代的波动幅度（见图 1）。

经济运行呈现出波动性是经济发展的客观规律，正像马克思所认为的那样："正如天体一经投入它的轨道就会无限期地围绕着轨道旋转一样，社会经济一经投入这个膨胀和收缩的交替运动，也会由于机制的必然性不断重复这一运动。"③但经济增长的持续性以及波动幅度的高低则是由经济体系的物质技术基础和增长机制所内在决定的。

1. 工业经济时代的物质技术基础及其经济增长方式的内在不稳定性

工业经济时代的物质技术基础表现为投入的有形化、生产的规模化和产品的标准化，这就形成了以工

---

* 本文被人大报刊复印中心《世界经济导刊》2004 年第 1 期全文转载，2007 年获湖北省第五届哲学社会科学优秀成果奖一等奖。

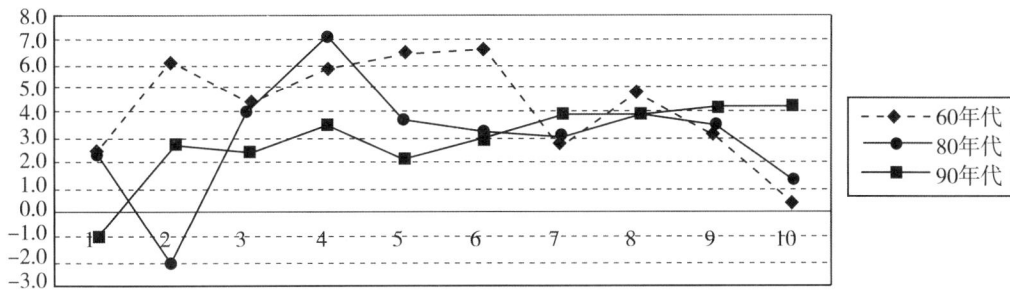

图1　第二次世界大战后美国三个长增长期 GDP 增长率波动幅度比较

业技术发明提高劳动生产率、以规模化生产扩大物质资源利用、以标准化产品产量提高实现经济的总量扩张为特征的经济增长机制。这种"资源驱动型"的总量扩张增长方式本身就具有内在的不稳定性。

　　首先，经济增长受制于自然资源的有限性。自然资源的有限性不仅在于其本身是稀缺的，也在于规模化的增长加剧了对资源的掠夺性开采和过度使用，由此导致的环境污染和生态破坏更加速了自然资源的枯竭。经济的发展越来越受制于自然资源的有限性，从而导致经济增长缺乏可持续性。

　　其次，经济增长受制于规模化的内在局限性。生产函数理论认为，各种生产要素是相互依赖的，必须按规律成比例地增加，任何一种要素的单一增加都会最终导致收益递减。受积累规律和效率机制的驱使，工业经济生产的规模化扩张过程内在地表现为：物质资本投入的增长速度不断周期性地超过劳动投入的增长速度。"资本深化"一方面引起资本收益的下降，另一方面引起市场的相对萎缩，导致投资减少。而且，在现实的生产中，即使各种要素按比例增加，当经济规模膨胀到一定限度时，也会因各种内外在不经济因素的制约，出现规模报酬递减，同样引起投资下降。投资的频繁涨跌导致了经常性的增长波动。

　　最后，经济增长受制于市场信息的可获得性。工业经济是建立在社会化大生产基础上的市场经济，国民经济的稳定增长必须以社会生产与市场需求的相互协调为前提。由于社会生产与市场需求在时空上是分离的，要使两者在规模上和增速上保持协调，客观上需要充分、及时的信息作保障。在工业经济时代，由于信息技术相对落后，企业获取信息的充分性是极为有限的，而且速度缓慢。同时，大规模生产方式客观上促使了企业管理结构的垂直化。多层次的管理体系一方面降低了企业内部各部门间的协同性，另一方面弱化了企业对外部市场信息的反应能力。信息可获得性不高使企业生产规模对市场需求变化反应的灵活性低下，这就必然会加剧生产的盲目性和供求背离的程度，进而导致增长波动的剧烈性。

　　2. 新经济条件下美国经济增长的稳定性增强

　　以信息技术革命为基础的知识经济的发展为美国经济增长提供了新的基础，投入知识化、生产柔性化和产品创新化正在改变着美国经济的运行机制。

　　第一，投入要素知识化降低了美国经济增长对自然资源的依赖性。知识经济的兴起和迅猛发展使社会生产中的知识投入越来越多地替代了物质投入，日益密集的知识要素有效地缓解了自然资源不足对美国经济增长的制约作用。正是得益于知识密集型高新技术产业的发展，20 世纪 90 年代以来，美国在自然资源消耗没有大量增加的情况下实现了经济的持续增长。据统计，美国每亿美元产值的钢材消耗量 1970 年为 1.23 吨，1985 年以后下降为 0.28 吨；1989 年以来，尽管美国经济规模比 1960 年增长了 2.5 倍，但钢材的消耗量只增加了 40%，铜、铝、镍、锌等金属的消耗也出现同样的情况。④知识作为一种投入要素，由于其自身具有不可穷尽性，并且在现实的使用中可以极低的成本无限复制，投入要素知识化有助于克服资源不足对美国经济增长的制约作用。

　　第二，知识要素的边际收益递增为美国经济增长提供了强大的内在动力。知识要素对物质要素的替代和增效作用，使知识成为了"唯一不遵守收益递减规律的生产工具"。知识在劳动者体内和生产过程中的聚集，使劳动者成为知识型人力资本，生产成为创新型生产开发，两者结合构成了效益倍增的知识化生产。因此，知识要素化不仅可为劳动者带来高额报酬，为产品生产带来高附加值，还因节约了资源、改善了环境而带来更大的社会效益。知识密集度越高，这种综合效益越大，从而实现了边际收益递增。知识要素的边际收益递增，为市场行为主体加大知识创新和高技术产品开发提供了强大的内在动力，形成了自主增强的创新机制，使美国经济得以在企业技术进步、产业结构升级和产品更新换代的基础上实现良性的增长。

第三，网络化管理和柔性化生产增强了美国经济增长的稳定性。信息技术革命在生产领域引起的两个最为显著的变革，是管理的网络化和生产的柔性化。从管理的网络化方面看，企业内部管理网络的建立，有效地减少了管理层次并强化了各部门间的联系，使企业内部的信息传递更为便捷，协同性更高；企业外部管理网络的建立，密切了企业与顾客、供应商、政府以及各合作伙伴的关系，形成了信息高度互动的整合型商务。因此，网络化管理大大增强了企业适应市场、理性生产的能力。从生产的柔性化方面看，柔性化生产使企业的生产由少品种、大批量、长周期的规模生产转变为多品种、小批量、短周期的即时生产。这既有效地降低了库存压力，又较好地满足了市场的多样化需求，从而在生产发展、效益提高的基础上，避免了规模化生产易于出现的生产过剩、库存积压对经济增长稳定性的影响。因此，建立在网络化管理和柔性化生产基础上的"精益生产"大大提高了企业对市场环境变化的快速应变能力和适应市场、开拓市场能力，使投资、生产、供货变得更为精确，降低了供给与需求背离的可能性及程度，从而增强了美国经济增长的稳定性。

综上所述，投入要素的知识化减少了自然资源稀缺对经济发展的制约，知识要素的边际收益递增为经济增长提供了强大的动力，网络化管理和柔性化生产增强了经济增长的稳定性。因此，在新的经济条件下，美国经济的增长机制具有了新的内容：它以知识、智力为第一要素，以科技创新为动力，以效益不断提高、高新技术产业不断涌现、创新产品层出不穷为增长模式，以经济、社会和环境的协调发展为导向。从而美国经济运行具有了一种内在的稳定机制，可以保持相对适度、稳定的增长。

二、经济衰退的幅度减小，爆发经济危机的可能性下降

第二次世界大战后，美国是主要资本主义国家中经济周期波动最为频繁的国家。根据美国国民经济研究局（National Bureau of Economic Research，NBER）的统计分析，从 1945 年到 2001 年，美国经济的运行共经历了 10 次周期性波动（见表 1）。

表 1　　　　　　　　第二次世界大战后美历次周期波动中 GDP 年度增长率的变动情况

年份	1945—1949 年	1949—1954 年	1954—1958 年	1958—1961 年	1961—1970 年	1970—1975 年	1975—1980 年	1980—1982 年	1982—1991 年	1991—2001 年
最高点	4.3	8.7	7.1	7.2	6.6	5.8	5.6	2.5	7.3	4.4
最低点	−0.6	−0.7	−1	2.3	0.2	−0.6	−0.2	−2	−0.5	0.3
停滞及衰退长度（季）	4	4	5	4	4	5	4	5	4	3

资料来源：美国商务部网站："GDP and Other Major NIPA Series，1929-2002.1，""Survey of Current Business，" Aug. 2002. Table 2A，p. 127.

比较而言，由于战后美国政府实施了广泛持久的宏观干预，美国战后历次周期性衰退的幅度均低于战前，但在 1945 年到 1991 年的 9 个经济周期中，除 1958 年至 1961 年为中间性周期和 1961 年至 1970 年受越战的影响没出现经济衰退外，其余 7 次均出现不同程度的年度经济衰退。而第 10 个经济周期虽经历了长达 117 个月的增长，却没有出现年度经济衰退，且 GDP 增长率下降的幅度和累计持续的时间也低于前 9 次。其原因在于，不同的经济发展阶段，美国经济运行的条件不同。

1. 传统经济运行条件下，美国经济难以避免大幅波动

前 9 个周期产生于美国工业经济逐渐走向顶峰的发展阶段，传统的生产方式、管理模式、信息水平和

国际环境制约了美国经济的稳定运行。

第一，微观生产的盲目性较大加剧了供给与需求背离的程度。工业经济的运行模式一般表现为有形投入、规模生产和价格竞争。在利润和竞争的共同驱使下，企业始终存在着扩张规模的内在冲动，加之信息水平相对低下、管理结构庞杂，企业难以准确预测市场需求状况并适时做出规模调整。不可避免的盲目性使企业只有在供给过剩严重、库存压力骤升时，才会被迫减少或停止投资。因此，企业生产的盲目性加大了投资的减缩程度，而负的投资乘数效应又会放大这一影响，使经济衰退更甚。

第二，宏观管理的片面性恶化了经济运行的条件。战后，美国政府管理宏观经济的理念、政策和措施具有较大的片面性，即基本遵循凯恩斯主义的有效需求不足原理，长期运用膨胀性的财政和货币政策，主要采取"相机抉择"措施来拉动并维持经济的增长。由于导致经济周期波动的原因极为复杂多变，内部扰动、外部冲击和心理预期等因素往往以不确定的方式和程度影响经济的平稳运行。因此，单调片面的宏观管理模式只能导致短期稳定、长期恶化的结果。

同时，宏观经济管理措施及时、适度的运用和调整，取决于能否及时、全面、准确地掌握、分析和判断错综浩繁的经济信息，而这又取决于是否拥有高度发达的信息技术。战后，随着整体科技水平的提高，信息技术虽然也获得了一定的发展，但仍属于传统水平。相对落后的传统信息技术难以对经济运行信息做出及时、准确的早期预警，"相机抉择"的宏观调控机制往往只能延迟到经济运行过热或过冷时才开始启动，而政策效果的显现又具有时滞性。因此，战后美国不断强化的宏观管理仍不能真正有效地控制衰退，并减小经济危机爆发的可能性。

第三，发达国家产业结构的趋同减缩了美国经济的调整空间。一般而言，在经济发展水平不同或产业部门结构存在差异的国家间，因竞争性不强，彼此间贸易政策的封闭性就不高；而且，较强的互补性也使得相互间传导机制的阻碍性较小。因此，当一国经济衰退时，通过国际传导机制调整库存积压的空间就较大，其调整的速度亦较快。这有助于缩短衰退的时间，减轻衰退的幅度。反之，若发展水平相近，产业结构趋同，则会因贸易政策的封闭性和传导机制的障碍性较高，而不利于经济的调整和恢复。

第二次世界大战后，随着西欧和日本经济的快速恢复和发展，其与美国在经济发展水平和竞争力上的差距迅速缩小。同时，它们在发展经济的过程中又大量地从美国引进生产技术，致使其与美国在产业结构上也明显趋同。20世纪70年代以后，美国在钢铁、半导体、汽车、家用电器等越来越多的工业品生产领域遭遇到西欧和日本愈来愈激烈的竞争，彼此间的贸易摩擦日益增多、加剧就表明了这一点。发展水平和经济结构的趋同，一方面导致美、日、欧经济周期的同步化，另一方面又致使同步衰退时，彼此间贸易政策的封闭性和传递渠道的障碍性提高，从而大大减缩了美国处理库存、调整经济的空间。这不仅加剧了美国经济的衰退，也使经济危机难以避免。

2. 知识经济的发展为美国降低经济危机的可能性奠定了新的基础

信息技术革命和高新技术产业的崛起，推动着美国经济由工业经济迅速向知识经济转型，从而为美国经济的运行提供了新的条件。

第一，经营管理的网络化和生产制造的柔性化大大提高了美国企业的投资效能与把握市场需求变化的能力。网络化经营密切了企业与市场的联系，使生产和库存变得更为精确；柔性化生产增强了企业生产对市场需求变化的快速反应能力。这就较为有效地防止了生产的盲目扩张和库存的大量积压，从而在相当程度上避免了经济的过热和大幅持续的衰退。

第二，宏观经济政策的多样性和调整措施的超前性大大优化了宏微观经济环境，增强了宏观管理的效能。知识经济的发展显著增强了美国政府管理经济的理性，并促使经济管理政策由单一性向多样化转变。例如：在财政政策上，采取减少财政赤字与扩大教育、研究及开发支出相结合，以便既改善财政状况，又促进高新技术产业的发展；在货币政策上，采取"抑短"与"放长"相结合，以实现既抑制投机和经济过热，又奠定持续增长的基础；在产业政策上，采取加强指导与放松管制相结合，以达到既指明产业结构调整方向，又强化自由经营的活力；在市场政策上，采取反垄断与保护知识产权相结合，既改善竞争环境，又生成创新激励机制，等等。这些多样化且相互协调配合的政策措施，大大优化了宏微观环境，为美国经济持续、稳定、健康的发展奠定了基础。

同时，信息技术革命又为宏观经济管理提供了强大的信息技术支持。更为全面及时的信息传输和综合高效的信息处理，一方面使宏观管理的决策过程变得更为便捷，另一方面使宏观管理的调节模式由滞后、强力和一步到位演变为超前，温和和逐步到位。20 世纪 90 年代，美联储所运用的货币政策就明显地具有这些新的特点。凭借高效的信息网络和信息处理技术，美联储可同步跟踪 20 多种专项系列资料，随时监控 1.4 万多个经济数据，是以往的 3 倍。在经济出现不稳定的征兆时，美联储就启动超前、温和、渐进的调控机制，以防微杜渐。1994 年 2 月至 1995 年 2 月连续 7 次提高利率；1999 年 6 月份至 2000 年 5 月连续 6 次提高利率；2001 年又连续 11 次降低利率。利息调整幅度多为 25 个基点，最高也不超过 50 个基点。这种建立在高度信息化基础上的超前、温和和渐进的宏观调控模式有效地避免了美国经济的大起大落。

第三，经济全球化和创新不平衡拓展了美国经济调整的空间。20 世纪 90 年代以来，随着乌拉圭回合的结束、WTO 的建立以及国际直接投资和跨国公司的迅猛发展，经济全球化的进程大大加快。同期，知识经济的发展、产业结构的升级和劳动生产率的提高，又迅速增强了美国的国际竞争力（据瑞士国际管理学院的统计分析，从 1995 年起美国的国际竞争力连续 6 年排名世界第一）。全球化的发展和国际竞争力的提高不仅为美国经济的发展提供了强大的外部市场支撑，还为其在经济增速减缓时快速输出过剩，拓展了更为广阔的调整空间。

另外，当今世界各国的科学技术，在发展水平、比较优势和创新能力等方面客观上存在着一定差距，加之知识产权的国际保护，这就使各国在高新技术上的互补性日益增强。由于美国拥有当今世界最高的科技发展水平、最强的风险资本实力、最多的人力资本资源，以及最具创新活力的市场机制和民族素质，美国的创新能力和产业结构稳居世界最高水平。巨大的创新优势和高新技术产业结构优势，使 90 年代主要由高新技术产业迅猛发展推动的美国经济拥有一个十分巨大的外部市场空间，从而在相当程度上缓和了美国经济增速下降的程度。根据美国国际贸易委员会的统计，20 世纪 90 年代以来，高技术产品和高技术制造业产品在美国出口产品结构中所占比重不断提高。到 2002 年，仅计算机与电子产品、化学品、运输设备和机械设备这四大类高技术最为密集的产品出口就占全部货物出口总额的 56.1%。[5]

总之，信息技术革命、知识经济快速发展和经济全球化等新的条件降低了微观企业经营的盲目性，提高了宏观经济管理的效能，拓宽了经济增长和调整的空间。这一方面有利于美国经济持续、稳定、健康的发展，另一方面又抑制了经济衰退的幅度和持续的时间。2000 年下半年以后，美国经济增速虽然急剧减缓，并于 2001 年出现三个季度的负增长，但与历次周期性衰退相比，此次衰退持续的时间最短，而且没有出现年度性的负增长，2002 年实际 GDP 增长率就恢复到 2.4%。"增长型衰退"的出现表明，美国经济出现深幅衰退并演变成经济危机的可能性下降。

三、引起经济周期波动的主要原因将由固定资本的更新演变为主导技术[6]的更替

1. 固定资本更新是导致美国工业经济周期波动的基础性原因

自因第一次产业革命而进入工业经济时代起，大规模的固定资本更新成为了导致美国经济周期波动的基础性原因。这是由工业经济的物质基础、技术特点和竞争机制所决定的。

从物质基础方面看，工业经济的投入是以有形要素为基础的。有形要素具有专用性，难以向其他的生产领域渗透和转移。因此，企业只能通过不断加大有形要素投入和扩张生产规模，来实现利润量的增加。

从技术特点方面看，工业经济的技术进步非常缓慢并主要表现为高效生产工具的研究与开发（即用不同的工具生产相同的产品——阿瑟·刘易斯，1978）。从蒸气驱动到电力驱动，从人工操纵到数字控制，无不体现出科技进步以效率为核心的本质特征。科技进步以效率为核心且发展缓慢，使产业结构和产品结构的升级迟缓，导致企业主要依赖于标准化产品生产规模的扩大来实现利润量的增长。

从竞争机制方面看，传统工业品的生产成本主要由原材料的消耗量、一般劳动的使用量和有形资产的

折旧构成。这表明，企业有形要素耗费所产生的成本，是其产品生产总成本乃至价格确定的核心。在具体的核算中，总成本又分为变动成本和固定成本两部分。在技术进步相对缓慢的工业经济中，企业单位产品的变动成本在短期内几乎是不变的，而单位产品中分摊的固定成本则随产量的提高不断下降。为了满足消费者对"物美价廉"的偏好，在竞争的压力下，企业在短期内必定会以降低固定成本为导向，通过不断扩大生产规模来降低产品价格，实现市场占有率和利润的最大化。

由此可见，在工业经济中，有形投入、效率核心和价格竞争使生产规模化成为内在的必然，并构成了经济增长的基础。而生产规模的扩大与固定资本的更新之间存在着密切的相关性，又都受到市场需求扩张速度的制约。固定资本更新是生产规模扩大的物质技术基础，固定资本的更新意味着资本生产能力和生产效率的提高，必然会推动生产规模的扩大。资本生产能力和效率的提高在推动生产规模扩大的同时，又会因"资本深化"而制约市场需求的同步扩大。当生产规模与市场规模严重背离以致库存大量积压、利润下降时，企业就会停止固定资本更新并减缩生产规模，从而导致企业的投资和生产下降，经济衰退。

事实上，在企业生产规模扩张的后期，虽然产出仍维持在较高水平，但由于需求增长已出现疲软，盈利前景不佳，企业固定资本更新就开始减速并趋于停滞。根据美国国民经济研究局（NBER）的研究结论，美国固定资本更新（表现为企业设备和非居民建筑投资）的波动时间序列平均超前于生产规模波动时间序列大约一年的时间。[⑦]在此期间，由于固定资本得不到补充，而原有固定资本折旧仍在继续，甚至加速，固定资本存量的价值是不断递减的。而且，先前在复苏与高涨阶段更新的固定资本的存量价值，还将随着生产规模扩张的停滞和萎缩而折旧殆尽。[⑧]

在经济处于低谷时期，一方面，生产停滞和部分企业破产使库存压力减少，另一方面市场需求和物价水平逐步止跌回稳，盈利预期改善。这又诱使企业开始并扩大固定资本更新，并推动经济新一轮的复苏和高涨。

在工业经济阶段，有形投入、效率核心和价格竞争使大规模生产成为必然，而大规模生产又必须以大规模固定资本更新为前提；但大规模固定资本更新在"资本深化"的制约下又必将走向反面，导致固定资本更新本身和规模化扩张的中断。因此，固定资本更新不仅构成了工业经济增长的物质技术基础，其自身的波动也成为了引起工业经济周期波动的内在原因。

2. 科技进步使主导技术的更替日益加速，成为导致新经济条件下经济周期波动的基础性因素

信息技术革命实现了投入要素的转换和竞争方式的变革，从而改变了工业经济周期的物质技术基础。首先，信息技术革命提高了研究与开发效率。一方面，投入的无形化和竞争的创新化为企业加速研究与开发提供了内在动力和外在压力；另一方面，科技创新具有研发成本高、生命周期短和渗透力强的市场特性，因而，依托于现有创新进行"级联创新"、通过创新的规模效应和泛化效应形成创新的集约化，就成为了创新者加速创新并降低创新成本的必然选择。而且，信息技术革命本身也为科技创新、新技术应用和新产品开发提供了强大的信息技术支持。正是信息技术革命引起的这一系列新因素的整合，推动了科技创新和新产品开发的加速、拓展和产业化周期的不断缩短，从而大大提高了研究与开发效率。随着研究与开发效率提高、科技进步加快，从理论上说，将有可能导致主导技术兴起和更替时间缩短。

其次，信息技术革命推动了经济增长模式的嬗变。科技进步加速和产业化周期缩短，一方面使生产扩张规模受到了时间的自然限制，另一方面为经济增长提供了不断增多、快速更替的新增长点，从而使经济增长由规模扩张型演变为以主导技术更替为特征的结构升级型（即以产品快速更新和新兴产业不断生成为内容的经济增长）。

这种以产品快速更新换代和创新产品生产部门层出不穷为特征的经济增长模式，在美国新经济的运行中表现得非常明显。在 20 世纪 90 年代，计算机技术的发展一直是美国经济增长的原动力。计算机是典型的知识技术密集型产品，随着新知识和高技术投入密度的不断加大，计算机的发展日益呈现出快速更新换代的特点。在市场容量远没有饱和的情况下，老产品不断地为性能更强、功能更多、速度更快的新产品所淘汰，并相应形成了一个不断动态扩张的需求市场。同时，在计算机技术的研究与开发不断深入的过程

中，又因高密度知识投入所具有的促进相关科技创新的级联效应，相继引发和推动了软件技术和产品、网络技术和产品，以及计算机外围设备等一系列高新技术产品生产部门的新生和发展，从而构成了支撑美国新经济持续增长的结构性因素。

应该说，科技进步历来都是推动经济增长的基础性因素。同时，主导技术本身也要经历兴起、成长、成熟和淘汰的周期循环，从而成为引起经济周期波动的重要力量。当然，固定资本更新对经济周期的主导作用弱化，并不意味着生产的规模化从此消失，更不意味着投资的盛衰不再是构成经济周期波动的内在因素。只是表明，随着投资中研究与开发所占比重的不断提高，技术生命周期的主导作用将日益显性化，而规模化则将退化为使高新技术产品快速形成生产能力并占领市场的手段。

四、经济运行的主周期——朱格拉周期将可能逐步与康德拉季耶夫周期融合

1. 朱格拉周期及其演变趋势

传统上，朱格拉周期是指标准的工业生产波动周期，长度一般为 9 年左右，是投资机会波动的结果（阿瑟·刘易斯，1987），亦即前文所提及的固定资本更新周期。因此，从性质上看，朱格拉周期表现为经济规模扩张速度的变化；从原因上看，朱格拉周期的产生在于固定资本更新投资的内在不稳定性；从长度上看，朱格拉周期的平均持续时间虽大致为 9 年左右，但实际上呈不断缩短之势。

从 1991 年 4 月开始的战后美国第 10 个经济周期看，美国朱格拉周期的运行已开始呈现出新的特点。在周期性质上，虽规模扩张依然明显（见表 2），但结构升级却更为突出。在美国 90 年代的全部私人投资中，44%以上是对信息技术的投资，仅信息产业的发展对美国 GDP 增长的贡献率就达 33%，而全部高新技术产业的发展对美国 GDP 增长的贡献率更高达 60%以上，这就充分表明了这一新周期的性质特征。

表 2　　　　　　　　　　　第二次世界大战后美国私人投资年度增长率（%）

年度	0	1	2	3	4	5	6	7	8	9	平均水平
20 世纪 40 年代						38.5	188	12.5	37.4	−23.3	50.6
20 世纪 50 年代	46.6	11.3	−10.3	4.4	−4.6	28.3	4.3	−2.1	−8.5	21.7	9.1
20 世纪 60 年代	0.5	−0.9	12.7	6.5	8.8	15.8	11.1	−2.1	9.8	10.8	7.3
20 世纪 70 年代	−2.6	16.9	16.5	17.8	2.0	−7.7	26.8	23.7	20.7	12.5	12.6
20 世纪 80 年代	−2.6	19.4	−9.6	9.3	30.4	0.1	1.5	4.6	5.1	6.3	6.5
20 世纪 90 年代	−1.3	−7.1	8.3	10.2	14.9	4.3	8.6	11.9	12.1	6.4	6.8

资料来源：根据美国商务部网站："CDP and Other Major NIPA Series，1929−2002.1，""Survey of Current Business，" August 2002，Table 1，pp.123−124 中的数据计算得出。

在波动原因上，除了固定资本更新投资的影响外，信息技术创新生命周期的内在扰动亦开始显现。从发展状况上看，虽然信息技术仍处于成长扩散期，尚未进入成熟衰退阶段，但是仅经 10 年的发展，美国的信息化指数就高达 71.76%。这说明现代高水平的科学技术和劳动生产率已大大加快了新技术成长、扩散及应用的速度，使信息技术对经济增长的推动作用过早地出现"疲劳"（见表 3）。

表 3　　　　　　　　　　美国 1999—2000 年私人投资变化及其对 CDP 的贡献（%）

年度	1999				2000				2001				2002			
季度	I	II	III	IV	I	II	III	IV	I	II	III	IV	I	II	III	IV
CDP 增长率	3	2	5.2	7.1	2.6	4.8	0.6	1.1	−0.6	−1.6	−0.3	2.7	5	1.3	4	1.4

年度	1999				2000				2001				2002			
季度	I	II	III	IV	I	II	III	IV	I	II	III	IV	I	II	III	IV
固定资本投资增长率	7.7	7.1	5.9	2.9	13.3	6.7	0.2	−2.4	−2.2	11.1	−4.3	−8.9	−0.5	−1	−0.3	4.4
信息技术投资增长率	12	12.5	12.5	2.1	15.5	10.9	0.9	−5.4	−6.3	16.7	−9.2	−2.5	−2.7	3.3	6.7	6.2
固定资本投资的贡献率	1.26	1.18	1.01	0.53	2.15	1.15	0.04	−0.41	−0.38	1.95	−0.72	−1.49	−0.07	−0.15	−0.03	0.65
信息技术投资的贡献率	1.08	1.14	1.17	0.22	1.41	1.03	0.09	−0.53	−0.61	−1.64	−0.83	−0.21	−0.22	0.26	0.53	0.49

资料来源：美国商务部网站，"BEA News Release，" March 27, 2003，Table 1。

从表 3 中我们可以看出，在 2000 年上半年以前，对信息技术的高投资（亦即信息技术产业的高速发展）一直是推动美国第十轮经济周期增长的主要投资因素；从 2000 年第三季度起，随着对信息技术投资持续大幅的降低，美国经济也呈急剧减速和持续低迷的状态。信息技术及其相关产业发展的"高速疲劳"现象表明，技术创新生命周期开始成为导致此轮朱格拉周期波动的主要原因。

在周期长度上，20 世纪 90 年代以前，虽然因战争或军备竞赛，美国曾出现过 60 年代和 80 年代两个较长增长期，但随着技术水平和劳动生产率的不断提高，规模扩张的速度不断加快，美国朱格拉周期的长度总体上是呈缩短趋势的。而 90 年代以来，当朱格拉周期成为主导技术交替的结果时，美国的朱格拉周期将可能延长。其原因在于：（1）相对于固定资本更新和规模扩张而言，新技术引入、成长、扩散至成熟的持续时间要长得多；（2）主导技术的创新更替会引发众多相关技术的级联创新。这一系列技术创新的尾随跟进，将促使经济增长的持续和朱格拉周期的延长。

2. 康德拉季耶夫周期及其发展趋势

康德拉季耶夫周期（即长波，下同）是指持续时间长达约半个世纪的经济增长速度波动周期，[9] 是技术创新的结果。[10] 按学术界较为一致的看法，从第一次产业革命到 20 世纪 80 年代，世界经济的发展已经历了四个长波，它们分别是，18 世纪 60 年代到 19 世纪 20 年代的第一个长波，19 世纪 30 年代到 70 年代的第二个长波，19 世纪 80 年代到 20 世纪 30 年代的第三个长波和 20 世纪 40 年代末到 80 年代的第四个长波。[11]

根据长波技术论流派的观点，第一，长波周期的性质表现为经济结构的升级与停滞。熊彼特认为，长波周期是由那些影响深远、实现时间长的技术创新活动——即产业革命所导致的，每一个长波都包括一次产业革命及其消化吸收过程。[12] 由于每一次重大的技术创新都必然会导致新技术的产生应用与扩散普及，新兴产业的崛起与传统产业的改造必然会推动经济结构的升级和与之相伴随的经济增长。而当新技术全面普及后，经济结构的升级就会处于停滞，其对经济增长的促进作用亦将消失，从而使经济陷入衰退。因此，长波周期的性质表现出经济结构变化的特征。

第二，长波产生的原因在于技术创新生命周期的内在扰动。荷兰经济学家冯·丹因教授认为，任何一次基础技术创新都要经历四个阶段，即新技术的介绍阶段、扩散阶段、成熟阶段和衰落阶段。每一个基础技术创新阶段都与一个特定的经济发展时期相对应：介绍——复苏、扩散——繁荣、成熟——衰退、衰落——危机，正是创新的生命周期引致了长波的轮回。

第三，长波持续的时间是由基础技术创新的性质决定的。冯·丹因认为，基础创新产品的性质不同，其寿命周期各阶段持续的时间亦不同，从而导致长波的长度亦各异。

我们认为，长波的长度不仅受技术创新性质的影响，而且更受技术创新速度的制约。因为，长波的长度本身就内在地表现为技术创新生命周期的长度，而技术创新生命周期的长短又是由技术创新和扩散的速度决定的。就科技进步的自然规律而言，随着社会经济的发展、知识经验的积累和工具水平的提高，技术创新的速度必然是不断加快的。这也将导致技术创新的生命周期，进而长波持续的时间不断随之缩短。从四次长波持续的时间看，第一次为 60 多年，第二次和第三次均为 50 多年，第四次为 40 多年。长波长度不断缩短的趋势明显，是与科技进步不断加速和技术创新不断加快的自然历史进程相吻合的。

由此不难看出，随着知识经济的发展和创新竞争的加剧，必然会导致科技创新及其产业化的速度进一步加快。科技创新及其产业化的加速，一方面使主导技术更替对朱格拉周期的影响不断加大，另一方面使康德拉季耶夫周期不断缩短，从而使两者在性质、动因和长度上日益趋同，并呈现出融合之势。而且，随着科技进步速度的加快，这一趋势将会越来越明显。

◎ 注释

① James H. Stock，Mark W. Waton："Business Cycle Fluctuations In U. S. Macroeconomic Time series，" NBER Working Paper Series，April 1998.

② James H. Stock，Mark W. Waton："Business Cycle Fluctuations In U. S. Macroeconomic Time series，" NBER Working Paper Series，April 1998. 周期界限的确定为前次周期的低潮至本次周期的低潮。

③ 马克思：《资本论》第一卷（中译本），675 页，中国社会科学出版社，1983。

④ 李京文：《知识经济概论》，124 页，中国社会科学出版社，1999。

⑤ 美国国际贸易委员会网站：Exhibit 5, u. s. Merchandise Trade: Domestic Exports（1）by Three-digit NAICS Code-2002.

⑥ 指那些影响深刻、应用广泛并成为特定时期技术创新源的标志性基础技术，如能源技术、新材料技术、生物工程技术、信息技术等。

⑦ James H. Stock，Mark W, Watson，"Business Cycle Fluctuations In U. S. Macroeconomic Time Series，" NBER Working Paper Series，1998.

⑧ 一般认为，美国固定资本更新周期（即朱格拉周期）持续的时间是 8~10 年，而美国固定资本折旧的期限也为 8~10 年。二战后，虽然美国周期波动的时间在缩短，但随着科技进步加快，美国固定资本折旧的期限亦在缩短。里根总统执政时期就曾颁布法令，将美国的固定资本折旧期限缩短为 5 年。可见，在美国企业的生产规模跌至周期的低谷时，前期固定资本更新所形成的固定资本存量，在价值上已基本折旧完毕。

⑨ 赵涛：《经济长波论》，102 页，中国人民大学出版社，1988。

⑩ 对长波产生原因的解释主要有三大流派，即现代长波技术论流派、经济机制内部调节长波论流派和非经济原因长波论流派。由于每一个长波期在时间上和产业内容上都与一次技术革命高度相关，而且，从熊彼特（1939）到格·门施（1975）、克·弗利曼（1982）和冯·丹因（1979），长波技术论流派对长波原因的分析解释日臻完善而为多数学者所认同。

⑪ 长波周期按低谷到低谷划分，每个谷底都是一次经济衰退所处的年代。参见赵涛：《经济长波论》，243-246 页，中国人民大学出版社，1988。

⑫ 熊彼特在 1939 年出版的《商业循环》一书中第一次提出此观点，并在 1942 年出版的《资本主义、社会主义和民主主义》一书中再次表述了该观点。参见赵涛：《经济长波论》，14~15 页，中国人民大学出版社，1988。

◎ 参考文献

[1] 阿瑟·刘易斯：《增长与波动》，华夏出版社，1987。

[2] 罗伯特·J. 巴罗：《现代经济周期理论》，商务印书馆，1997。

[3] 赵涛：《经济长波论》，中国人民大学出版社，1988。

［4］ 陈继勇、彭斯达：《知识经济对美国经济的影响》，载《世界经济》，2001 年第 3 期。

［5］ 陈继勇、彭斯达：《知识经济对美国经济周期的影响》，载《世界经济》，2002 年第 11 期。

［6］ 彭斯达：《新资源新理念新竞争：对信息技术革命之性质及其经济影响的思考》，载《理论月刊》，2002 年第 6 期。

［7］ U. S. Council of Economic Advisers："Economic Report of the President," 1990–2001.

［8］ U. S. Department of Commerce："Survey of current Business," 1990–2002.

［9］ James H. Stock, Mark W. Waton："Business Cycle Fluctuations In U. S. Macroeconomic Time series," NBER Working Paper Series, Apr. 1998.

［10］ Galf, Jordi："Technology, Employment, and the Business cycle: Do Technology shocks Explain Aggregate Fluctuations?" *American Economic Review*, Mar. 1999.

本文原载于《国际经济评论》2003 年第 6 期

美国公司治理结构改革的最新发展及其启示*

陈继勇　肖光恩

公司治理是现代公司在所有权与经营权相分离，从而产生所有者和经营者委托代理关系条件下，设立的一套调整和平衡公司各参与方权利与利益关系并对公司运营进行监督的制度安排。公司治理的目的就是从降低代理成本的角度，对公司各利益相关者制定一定的行为规则和程序，给予各利益相关者适当的激励，促使各利益相关者为实现公司整体利益和股东利益而勤勉工作，并对公司的有效运行提供监督，从而促进公司的健康发展。公司治理的核心是公司治理结构的设计。公司治理结构是指公司治理机制的构成，它是现代企业制度的重要组成部分，也是现代企业增强竞争力和提高经营绩效的必要条件和前提。

尽管公司治理模式受各国历史、文化和制度的制约而不尽相同，①但20世纪90年代以来，随着美国"新经济"的发展和经济全球化进一步深化，世界各国公司治理结构趋同之势明显，特别是美国公司治理模式在世界各国受到不同程度的推崇和模仿。美国公司治理结构之所以受到世界关注，与美国公司治理结构的良好基础密切相关。

一、美国公司治理机制的构成

受合同不完整和信息不对称等因素的影响，现代公司所有权与经营权的分离，会导致委托代理成本的出现。如何促使公司经营者提供准确、高质量的信息，确保董事会对公司战略性指导和有效监督，切实保护股东和各利益相关者的利益，就成为公司治理机制设计的基本要求。在美国，公司治理机制主要由三个基本的约束机制构成。

（一）外部治理机制：市场约束

市场约束是公司治理机制的重要组成部分。市场约束主要是通过市场对公司经营管理者行为的制约，减少所有权与经营权分离导致的代理成本，促使经营管理者服务于股东利益。但市场约束效果却取决于市场发育程度和市场机制运作效率。在美国，市场机制相当健全，各类市场发育比较成熟，法律制度较为完善。市场约束主要有：

一是公司控制权市场的约束。公司控制权市场就是公司产权交易市场，即公司所有者通过拍卖或并购等方式进行公司产权交易。当公司经营管理者的败德行为不能及时得到纠正和公司业绩长期不良时，公司所有者就会在资本市场上出售股票走人。当股东大量抛售股票，公司股价下跌，就可能引起资本市场上战略投资者的注意，这时公司就可能成为潜在竞争对手或竞争对手的收购对象，从而引发并购和接管活动，最终导致公司董事会改组和经营班子变动。因此，企业产权市场上并购与接管的威胁，最终会促使公司经营管理者为股东利益而努力工作。当然，这种市场约束在不同时间、不同行业和不同公司的效果是不同的，例如，20世纪80年代，美国石油和天然气行业公司产权交易市场非常活跃，特别是敌意并购异常频繁，通过公司资产重组，提高了这些公司的经营业绩。20世纪90年代以来，随着各国对外开放程度的深

* 本文被人大报刊复印中心《工业企业及管理》2004年第12期全文转载；2007年获湖北省第五届哲学社会科学优秀成果奖一等奖。

化，企业产权市场全球化趋势进一步加强，跨国并购蓬勃发展，2000 年，全球并购达到历史最高峰，并购额高达 1.1 万亿美元，并购案 7900 余起，比 1999 年上涨了 49.3%。② 全球企业产权交易市场的繁荣，正是公司经营管理者强大的潜在约束和面临的严峻挑战。

二是劳动力市场的约束。劳动力市场约束也是公司经营管理者外部约束的重要方式。劳动力市场约束主要是公司经营管理者因不良业绩面临下岗的威胁，也就是说，公司经营管理者因公司经营不善、业绩不良或违反公司财务报告规则而被董事会辞退，失去的不仅仅是职位和薪金，更重要的可能会失去自己的商业声誉，特别是公司经营管理者可能会由此失去自己未来价值的预期，这是对公司经营管理者最大的声誉制约机制或声誉制裁，这种约束或声誉制裁也会促使公司经营管理者约束自己的行为。

三是产品市场的约束。产品市场竞争力是公司经营业绩最具体和最直接的表现，也是公司经营管理是否成功最显性的衡量指标。产品市场竞争的约束对各种类型的商业行为都有持续、全面的影响，如果公司不能以有竞争力的价格提供高质量的产品和服务，消费者就会"用脚投票"，转而购买竞争对手或潜在竞争对手的产品和服务，迫使公司经营管理者不得不把主要精力放在以合适的价格提供优质的产品和服务上，从而为自己积累商业声誉。

（二）内部治理机制：激励与约束

内部治理机制通过设立一套规则来协调公司所有者、经营管理者和其他利益相关者的利益关系，激励和调整公司经营管理者的行为，从而实现公司的整体利益和股东的利益。内部治理机制不仅影响公司内部经营管理者的行为和公司运营效率，更重要的是会影响公司与外部投资者之间的关系，特别是会影响外部投资者对公司投资的信心。因此，公司内部治理机制的设计非常重要。美国公司内部治理机制主要表现为公司所有者和董事会对公司经营管理者的激励与约束。

1. 对经营管理者的激励

对经营管理者的激励主要是设计对经营管理者的报酬，它是整个公司激励机制的中心。经营管理者报酬设计的目的是通过经济利益的驱动，促使经营管理者的决策行为更符合公司整体利益和股东利益。美国公司普遍采取的激励措施就是增加公司经营管理者的奖金和报酬，即把薪金报酬与管理者的短期和长期经营业绩挂钩。目前主要是通过股票期权等措施来协调公司经营管理者和股东的利益，通过增加公司经营管理者持有本公司的股票，增强经营管理者对公司财富的敏感程度，让管理者在追求个人经济利益的同时，为公司和股东创造财富。

2. 对经营管理者的约束

美国公司所有者对经营管理者的约束主要体现在以下几个方面：

（1）大股东的约束。有选举权的公司股票对公司经营管理的影响是强有力的，公司中拥有选举权的大股东通过履行选举权可影响公司经营战略和管理方式，特别是通过影响董事会的构成和运作（即"代理权之争"）来约束公司的经营管理者，而且大股东比小股东更有能力和激励去履行这些权力。因为：首先，在公司中拥有更多投票权的大股东有更多机会和能力去影响股东的选举结果或其他决策；其次，大股东享有公司未来利益的较大份额，有更大的激励去通过影响公司投票结果和其他决定来为自己谋取较大的利益。当然，股东对公司经营管理的制约程度取决于股权结构，即取决于有选举权股票的分散与集中程度。尽管美国公司治理模式是在传统的自由市场经济的基础上发展起来的，股权过于分散，股权结构不稳定，形成了"弱股东，强管理层"③ 的现象，但 20 世纪 80 年代以来，美国因盛行杠杆收购、经营者收购和放松管制等因素，实际上造出了许多大股东。大股东的日益增加，对公司经营管理者的约束正在不断增强。

（2）风险投资者的约束。20 世纪 90 年代以来，随着科学技术的不断发展和金融市场的不断完善，特别是金融衍生工具的不断创新和出现，风险投资得到了极快的发展。风险投资与一般投资不同，它是高风险投资。极高的投资失败率使风险投资资本家在投资的同时，积极参与公司治理；投资的巨大风险也迫使他们尽可能谨慎地干预公司的经营管理。所以，风险投资者在美国公司治理中所起的作用不断增强。

（3）机构投资者的约束。机构投资者主要指养老基金、人寿保险、互助基金、银行持股公司、银行信托基金及大学基金、慈善团体基金等，机构投资是美国公司股权结构中的重要组成部分。目前，美国机构投资者拥有公司的股权比例达到45%以上，以股票市场价值计算，在最大100家美国公司中，机构投资者的持股水平为53%；在1000家最大公司中，有29.6%的公司机构持股比例超过60%。机构投资者在美国公司治理中的作用，尽管在20世纪70年代和80年代不容易看见，但随着机构投资者所有权的增加，它可以弥补个人股东在监督高层经营管理人员能力方面的不足，可以纠正个人股东在监督方面"搭便车"的负面影响，总之，以提升机构投资者在股东中所占比例为主要内容的公司治理主体的转变，加强了股东对公司的约束和监督。

3. 董事会对经营管理者的约束：内部人约束和外部人约束

美国公司董事会是通过股东大会选举产生的，受股东之托对公司大政方针进行决策，并对公司经营过程进行监督。它对公司经营管理者的约束和监督主要通过以下方式进行。

（1）董事会对内部人（经营管理者）约束和监督。一是董事会决定公司经营管理者的任命，通过人事任免权来约束经营管理者的行为；二是董事会组成专家小组或委员会，对经营管理提供有益的建设性方案，来影响公司的经营管理决策；三是董事会通过评价经营管理者的业绩，来影响经营管理者的行为。

（2）董事会中外部人的约束。尽管董事会代表公司全部所有者掌握着任命经理、重大投资、合并、收购等一系列公司重大决策的控制权，但董事多由控股股东或其代表担任，他们实际上听命于内部股东，即使内部股东做出有损外部股东利益的行为。因此，董事会有时不能有效代表全体所有者的利益。为了在董事会中建立起对大股东产生抗衡作用的力量，1977年经美国证监会批准，纽约证券交易所引入一项新条例，要求本国每家上市公司"在不迟于1978年6月30日以前，设立并维持一个全部由独立董事组成的审计委员会，这些独立董事不得与管理层有任何会影响他们作为委员会成员独立判断的关系"。于是独立董事（外部人）制度随之产生。独立董事被认为是最中立的，他们在企业里面没有任何利益，他们已经具有了一定的社会身份和社会地位，因此被认为不会被经理班子收买，可以维护股东的合法权益。独立董事对公司治理有重要影响，如，完全由独立董事组成的薪酬委员会决定经营管理者报酬的水平与结构，力求最大限度地激发经营管理者的工作积极性。

（3）外部组织对经营管理者的监督。除了在董事会增加独立董事来加强对公司经营管理者的约束外，另外一种方法就是征募外部组织来监督公司内部治理结构的某些特殊方面，这就是把董事会和股东的监督任务转移到外部组织，因此，外部监督机制的建设和完善也日益重要，它是解决分散股权导致代理成本高昂、内部监督弱化的一种重要方法。所以，证监会、会计师事务所等中介机构在公司治理中扮演越来越重要的角色。当然这种做法也有缺陷，许多挑战来源于公司外部人对公司管理者行为的信息不对称，有时为获得及时信息的成本太高。

（三）社会约束机制：法律管制和社会监督

美国完善的法律制度、社会舆论监督和证券监管机构的规制，是美国公司治理机制的重要组成部分。美国证券市场有很多法律，美国证券监管委员会（SEC）也有很多规制上市公司的规则，这些内容都有效地约束了经营管理者行为，保护了股东的利益。健全的法律机制和相关规制在公司治理结构的建设方面发挥了重要作用。

（1）为解决争端提供了可信、公平的环境和工具。美国健全的法律体系和管制法规，为美国公司治理提供了强有力的法律基础和依据，也为美国公司治理提供了坚实的平台和有力工具。例如通过法院来行使股东投票权，包括大股东获得内部治理改革的权力，改变董事会构成以及改变在职者的管理等。

（2）为公司治理提供了规则并对这些规则的执行进行监督，美国证券管理可追溯到1933年的《证券法》和1934年的《证券交易法》，根据该法美国创立了证券交易委员会，其主要任务就是制定和执行证券规则，同时国会授权证券交易委员会对证券交易进行监督，例如纽约证券交易所（NYSE）的运行就必须接受证券交易委员会的监督；证券交易委员会对金融会计标准委员会制定的会计标准及其维护负有重要责任。

（3）加强了对上市公司的信息披露。美国证券规则对公司治理的一个重要约束就是加强上市公司向外界披露信息。1933 年美国的《证券法》就被称为"证券真实法"。自 1933 年《证券法》通过以后的几十年间，有关信息披露的法律和规则得到不断的调整和修改，1968 年《威廉姆斯法案》就是对 1934 年《证券交易法》的修正，根据该法案，10 天内获得公司任何有投票权股票 5% 的收购，都必须披露收购目标公司的动机等相关的信息，这使投资者在选择收购对象或收购对象开出收购条件方面能做得更好。同时，按照美国证监会的要求，所有上市公司都必须披露它在每个年度收入水平列前五名的经营管理者的详细资料。披露出来的资料对于纠正公司治理结构中的问题是非常有意义的。依靠这些数据，经济学家或金融学家就可以比较公司业绩和经营管理者报酬之间的关系，揭示其中的问题和不合理之处，为董事会、股东、甚至是战略投资者的决策提供了必要的依据。

（4）对上市公司及其经营管理人员的违规行为进行处罚。反虚假行为法律的执行对加强信息的传递和披露有重要帮助，公司经营管理者和公司若作假将面临很高的代价，会遭受市场制裁和丧失名誉等，同时也会遭受法院强加的制裁，如罚款和监禁等。

二、美国公司治理结构改革的最新发展

（一）美国公司治理结构改革的背景和直接原因

自美国证券交易委员会创立以来，美国公司经营管理者、投资者和政府管理者都致力于美国公司治理结构的改革和完善。尽管美国公司治理结构中的障碍仍然很多，但这并不能从根本上阻止美国公司自 20 世纪就已经开始的改革进程；而且，通过公司治理结构改革来适应新世纪的新变化和新挑战，是美国公司提高国际竞争力和持续获利的关键。

竞争是促进美国公司治理结构改革的主要动力。由于各个公司所面临的技术更新、消费偏好改变、公共部门需求变化、市场结构调整以及市场的特性等不同，竞争对不同公司治理结构的影响是不一样的，特别是近几年来市场全球化的快速发展，给公司经营管理者、投资者和政府管理者带来了前所未有的压力。

美国公司治理结构的最新一轮改革直接源于 21 世纪初美国一些著名大公司暴露出来的财务丑闻。财务丑闻使美国公众对公司财务和股市交易产生了严重的信任危机，也凸显了美国公司治理结构存在着的突出问题。一是董事会的监督缺乏效率。公司治理的关键是董事会，董事会只有保持高度的独立性才能有效地监督经营管理层。但从美国财务丑闻看，董事会在许多时候受到管理层的影响和控制，董事会缺乏独立性和独立董事不独立的问题在美国许多上市公司都普遍存在。二是会计和审计制度存在缺陷。由于美国会计准则的"灵活性"，致使会计师掌握标准不一。美国公司的外部审计制度也有明显漏洞，中介机构与上市公司的利益关系使外部审计的独立性受到损害。据调查，在美国 563 家独立会计师事务所中，来自非审计业务收入已是审计业务收入的 2.9 倍。三是社会监管能力不足。近年来，美国资本市场发展迅速，金融工具随着金融业的发展而不断创新和复杂化，使美国原有金融监管体系的漏洞和缺陷逐渐显露出来，如何在变化的环境中加强金融监管，是美国证券监管部门面临的新挑战。

（二）美国公司治理结构最新一轮改革的简要过程

大公司的财务丑闻引发了美国公司治理结构最新一轮改革。最新改革的标志是 2002 年 3 月 7 日美国总统布什所作的"增进公司责任和保护美国股东的十点计划"（见表 1）的报告，这是美国政府对大公司财务丑闻所做出的反应，因为这些大公司的财务丑闻损害了公司投资者的收益和美国雇员的养老金收益（因为养老金都投资了这些公司的股票）。

表1 美国总统"十点计划"

内容 内容	"十点计划"的内容
信息的准确性和 可获得性原则	1. 投资者在每个季度应能获得他所需要的信息来判断公司的财务业绩、环境和风险。 2. 每个投资者应能立即得到有关批评公司的信息
管理责任原则	3. CEO（首席执行官）个人应确保公司信息的真实、及时和公正，包括财务声明。 4. 不允许 CEO 和其他管理者从错误的财务报表中获利。 5. CEO 和其他管理者如果明显地滥用权力，就不能再到任何公司担任领导职务。 6. 公司领导者在任何时候为了个人利益购买和销售公司股票都必须及时向公众通告
审计独立原则	7. 投资者应提高对公司审计者独立性和诚实性的信心。 8. 独立的管理委员会应确保会计专业人员应有最高的道德标准。 9. 会计标准的制定者在制定会计标准时应对投资者的需要做出反应。 10. 公司会计体系应与最好的标准尽可能地靠近，而不只是简单地达到最低标准。

资料来源：Economic Report of the President 2003，p.101.

"十点计划"主要运用了有效监管的三个核心原则，即信息的准确性和可获得性原则、管理责任原则和审计独立原则。

为了贯彻落实美国总统提出的"十点计划"，各个部门都做出了积极反应，其中最重要的显性变化是美国证券交易所对上市公司管制规则的修改和调整。2002 年 4 月和 6 月纽约证券交易所和纳斯达克交易所（NASDAQ）纷纷提出了各自对美国公司治理结构改革的建议措施（见表2），而且将这些建议措施作为上市公司股票交易的条件，2002 年底和 2003 年初这些措施又得到进一步的更新和完善。

表2 纽约证券交易所和纳斯达克证券交易所提出的一些公司治理措施

措施 原则	采取的措施
信息的准确性和 可获得性原则	1. NYSE 和 NASDAQ 要求上市公司公布商业行为规则、职业道德和公司治理的指导原则；NYSE 还进一步要求披露董事会批准的例外行为的信息。 2. NASDAQ 要求举行新闻发布会立即披露审查过程中与质量相关的问题。 3. NYSE 和 NASDAQ 要求非美国发行商披露与他们公司治理要求允许例外的任何信息
管理责任原则	4. NYSE 和 NASDAQ 建议由独立董事来批准董事提名和 CEO 的薪酬。 5. NYSE 和 NASDAQ 建议由股东来批准所有与股权有关的薪金计划；NYSE 还要求未经客户授权经纪人不得对该薪金计划进行投票。 6. NYSE 和 NASDAQ 要求大多数董事必须是独立董事，并对"独立"设立了更严格的定义，独立董事不能与公司有任何经济和个人关系。 7. NYSE 要求所有公司的 CEO 每年必须确保他们没有违反 NYSE 的管制标准。 8. NYSE 对违反其管制要求的公司，有权公开该公司的申诉信。 9. NASDAQ 要求由独立董事来批准与利益相关者相关的所有交易。 10. NYSE 和 NASDAQ 要求"非管理董事"要真正满足"非管理"的要求
审计独立原则	11. NYSE 和 NASDAQ 要求审计委员会应对审计员的雇用和解雇负责。 12. NYSE 和 NASDAQ 要求所有非审计服务必须由审计委员会批准。 13. NYSE 和 NASDAQ 建议通过禁止审计员个人收取审计服务费（即只允许对审计公司付费，不允许对审计员个人付费）来提高审计委员会成员独立性的标准。 14. NYSE 和 NASDAQ 要求审计委员会所有成员应有金融知识，其中至少有一位是会计或金融管理专家

资料来源：Economic Report of the President 2003，p.101.

2002 年 7 月美国总统布什签署了新的《萨博纳斯-奥科斯利法案》（*Sarbanes-OxleyAct*），它是美国公司治理结构最新一轮改革的最重要成果。新法案完善了公司信息披露机制，增加了上市公司信息披露的义务，提出了公司治理中信息披露的新规则，为州法院和联邦法院运用新的法律工具提高外部投资者确认公司管理和决策质量的能力提供了重要的法律依据（见表 3），该法案是许多美国公司采取和即将采取行动加强美国公司治理体系建设的关键因素和法律基础。

表3 《萨博纳斯-奥科斯利法案》的主要内容

原则　　　内容	主　要　内　容
信息的准确性和可获得性原则	1. 财务报告中的会计标准必须与一般可接受的会计原则（GAAP）相一致，表外交易的资料也必须在公司财务报告中披露。 2. 文件归档的最后期限应提前
管理责任原则	3. CEO 和首席财管官（CFO）必须担保公司财务报告的公平和准确，对故意违反这一要求的个人要在牢中监禁 20 年。 4. 如果虚报收益表，要没收执行官的红利、以激励为基础的奖金，以及从上一年股票出售中获得的利润。 5. SEC 可以禁止违规个人再担任管理者和董事。 6. 管理者和主要股东在第二个交易日结束时必须报告交易情况
审计独立原则	7. 审计委员会聘请和监督会计公司，上市公司必须披露审计委员会中是否有一个成员是财务专家，审计员必须向审计委员会披露所有基本的会计标准。 8. 任何一个审计员不得向审计客户提供至少 8 种特殊服务中的任何一种；向客户提供这种服务必须事前得到审计委员会的批准。 9. 上市公司会计监督委员会（根据该法案成立的全国性的、独立的上市公司进行再审计的机构，简称 PCAOB）的费用是通过向上市公司征收会计鉴定费而筹集的。 10. SEC 任命五名专职人员为联邦储备委员会主席和财政部长提供咨询。 11. 只有两名成员可以担任执业会计师（CPAs），但委员会主席在此之前五年内应没有做过执行会计师。 12. 上市公司会计监督委员会在某些条件下有权强制注册会计公司和客户提供所需信息。 13. 上市公司会计监督委员会应把一般可接收的会计原则（GAAP）包括在其审计标准中。 14. 在对审计委员会的报告中审计员必须把其偏爱的审计处理方法与公司的审计规则进行比较

资料来源：Economic Report of the President 2003，p. 101.

（三）美国公司治理结构最新一轮改革的主要内容

美国大公司的财务丑闻引发了美国公司治理结构改革的全面展开，改革的主要内容集中在：

1. 信息的准确性和可获得性

为了进一步促进投资者拥有充分的信息，降低所有权和控制权分离带来的代理成本，使所有者能及时采取行动解雇没有兑现承诺、表现较差的公司管理者，美国公司治理结构改革的一个重要方面，就是进一步加强公司财务业绩和上市公司运行相关信息的披露。

（1）提高信息披露的要求，加大信息披露力度。该法律要求公司董事、管理者和主要投资者要比平时更多更快地披露公司股票交易信息，要求在交易的第二天就披露信息，而不是以往每个月结束后的第 10 天，这使得投资者对披露的信息所包含内容能立即做出快速反应，实际上，更快的信息披露提高了公司外部人对内部人交易信息的反应能力。该法律要求公司对其内部控制质量提供更多信息，包括公司内部是否有特别的道德标准或规则来指导首席财务官、董事会的行为，公司审计委员会是否包括财务专家等。

该法案明确要求财务分析师和监督者必须披露信息，要求他们向投资者公开披露是否存在利益相冲突行为而不为股东利益服务的信息。根据该法案，还设立了对利益冲突的检查程序，公司治理结构改革也必须考虑这一程序。

（2）加大了对违规行为的制裁，提高了证券信息披露的效率和质量。依据公司虚假行为法，加大了对违规者的处罚力度，对公司信息虚假犯罪坐牢的最长时限增加了4倍，由最长的5年增加到25年。除了监禁时间延长，还有经济制裁和非经济制裁。该法案增加了对毁坏文件行为的处罚程度，允许法院对毁坏文件行为进行处罚，入狱时间最长可达20年。这种严厉处罚主要是用于那些明知违规却采取谨慎而有意违规的违规者，从而增加违规成本。总之，通过加强制裁威慑的力度，提高了对公司经营管理者的法律约束。

（3）提高了上市公司财务报告的精确性和及时性。该法案要求上市公司对提供给投资者信息的真实性和公正性负责，并且这种信息应当以简单的语言进行描述。每个投资者对关键性信息应当有迅速知情权，美国证券交易委员会应当扩充在报告期内要求提供及时披露重要文件的名单，公司首席执行官应当对公司财务报表及其他披露信息的准确性、时效性和公允性提供个人承诺。

2. 管理责任

公司经营管理者的责任对公司的运营至关重要，也是公司治理结构改革的重要方面。最新一轮改革对公司经营管理者责任的加强主要体现在：

（1）进一步提高了对公司经营管理者的要求。美国公司治理结构的最新改革主要是通过明确公司不同经营管理者的职责和定位来提高管理责任。证券发行公司应制定对高层财务人员的道德守则，如果没有制定道德守则，应当说明原因；在道德守则出现变化或废弃时，应当及时进行信息披露。审计财务报表要反映所有审计师指认的"实质性的校正调整"，CEO和CFO要证实财务报表的准确性和完整性，公司的定期文件一定要符合证券法规。如果CEO或CFO故意提供虚假伪证书，则要没收其任何红利、激励奖金或其在虚假报告发布后一年内从公司获得的其他收益。此外，对违反财务报表披露要求的行为，对个人的罚款由5000美元提高到10万美元，并且对判处监禁的期限由1年延长到10年，对团体的处罚由10万美元增加到50万美元。

（2）证券交易委员会进一步加强对经营管理者的监督。该法案加强了SEC对上市公司信息披露的审查权。SEC将要求上市公司达到所谓的"永久性"信息披露要求，SEC必须在三年内对每个上市公司提交的信息进行审查，并做出审查结论。对于上市公司高层财务人员的道德法典的制定，该法案要求SEC制定相关规则，规定每个上市公司必须在其向SEC提供定期报告的同时，披露该公司是否已经制定了适用于公司高层财务人员的道德法典。同时，强调要改变公司监督委员会的构成，加强对外部监督公司的选择和补偿，公司审计委员会必须明确解释他们的每一个成员是否为财务专家，如果不是，为什么？公司律师及其法律顾问必须对报告中违规情况负责，如果第三方不能及时对错误信息做出反应，公司律师和法律顾问要承担一定的责任。

3. 审计独立

加强审计独立是这一轮美国公司结构改革的重要内容之一。主要是通过以下几个方面来加强。

（1）设立了上市公司会计监督委员会。根据新法案，设立了一个特殊的、全国性的机构，即上市公司会计监督委员会，对上市公司的审计质量进行重新检查，为美国证券交易所上市公司提供再审计服务。监督委员会为了提高审计者的独立性，进一步提高识别审计错误行为的能力，要求每个上市的财务会计公司必须在该委员会进行登记，并定期上交总结报告，同时授权该委员会对审计的任何错误行为进行调查，登记的上市公司必须对该委员会的调查进行合作，包括保留审计的工作文件和至少是7年其他相关的文件，必须对委员会询问提供记录。监督委员会发现了错误行为，它有权对这些错误行为进行制裁，可对单个审计员和雇用该审计员的审计公司进行罚款，也可以禁止他们再向美国上市公司提供暂时或长期性的审计服务，这些新措施的目的就是为了增加上市财务公司或个人违规的机会成本。

（2）提高了对外部审计者的标准和要求。该法案提出了选择和雇用外部审计者的条件。第一，公司选择外部审计，必须由独立董事提出，独立董事不是公司的雇员，与公司也没有其他关系，这些条款的设计主要是限制公司经营管理者越过审计者而自行准备财务报告；第二，负责审计的会计公司必须定期对每个客户安排一个新的审计员，其目的是限制审计者和客户之间共谋的机会；第三，注册的上市会计公司除审计服务外，不得再向客户提供其他咨询服务，主要目的是防止和限制下列情况出现，即上市公司如果对审计员非审计业务提供报酬，审计员则可能由此忽视公司财务报告中的问题。该法案还要求这些规则的任何例外都必须向外界披露。

（3）提高了上市公司审计委员会成员的标准和要求。独立原则与上市公司审计委员会的行为相关，为了提高独立审计服务的供给和审计效率，该法案要求上市公司审计委员会成员大部分要从会计行业外部选拔出来，且选拔出来的成员最近几年没有向任何客户提供审计服务；5 个委员中只能有 2 个来自会计行业，这种规定在一定程度上提高了审计委员会的独立性和权威性。

三、美国公司治理结构改革对我国公司治理结构改革的启示

随着经济全球化的快速发展和我国国有企业改革的进一步深化，我国公司治理中的一些深层次问题已逐步暴露出来，特别是上市公司的治理结构问题尤为突出。主要表现为上市公司缺乏相应的法律意识，对自己的行为缺乏足够的自律；上市公司信息披露不真实或滞后；股权结构不合理，国有股和国有法人股"一股独大"；董事会监督不力，董事会与执行层之间关系不顺，"内部人控制"无法形成制衡机制；公司执行层缺乏股东价值观念等。因此，进一步调整我国公司治理结构，完善董事会工作程序，加强董事会对执行层的监督；建立由所有者主导的经营管理者的薪酬激励体系，在规范证券市场的基础上加强对上市公司的监管等，已经成为我国公司治理结构改革的方向和重要内容。

美国公司治理结构改革的最新发展对世界各国公司治理结构创新提供了丰富的经验和有益的示范。我国公司治理结构改革和进一步完善，可从美国公司治理结构改革的最新发展中得出以下几点有益的启示与借鉴。

一是不断改革和创新是完善公司治理结构的重要途径。

美国公司治理结构的改革表明，公司治理模式是随着市场变化而不断演进的，没有任何一个公司治理模式是完整无缺和一成不变的。只有坚持改革，不断创新，与时俱进，才能适应不断变化的经济和社会环境。我国企业改革虽然取得了较大的成功，但大中型国有企业的改革仍处在深化和攻坚阶段，特别是国有资产兼并重组的模式还在不断地探索之中。因此，我国在积极推行规范的公司制和股份制改革，完善公司法人治理结构，深化企业内部分配、人事、劳动制度改革，在建立激励和约束机制的过程中，必须坚持不断创新和不断改革的思路和方针，才能真正建立起符合中国国情和特色的公司治理模式。

二是不断完善公司股权结构，建立有效的内部制衡机制。

合理的公司股权结构是建立公司内部制衡机制和有效监督机制的基础。在爆发财务丑闻的美国大公司的治理结构中，普遍存在"弱股东，强管理层"的现象，甚至董事会也被管理层制约，以致公司内部制衡机制失灵，内部缺乏有效的监督。目前，我国公司的股权结构却与美国股权结构恰恰相反，国有股"一股独占""一股独大"现象普遍存在，上市公司中第一大股东平均持股比例近 45%，前三名大股东持股比例合计接近 60%。同样的道理，"一股独占"和"一股独大"也不利于公司内部制衡机制的建立。因此，建立合理的公司股权结构是我国公司治理结构改革的重中之重。

三是进一步增强公司内部对经营管理层的激励机制。

内部激励机制是公司治理结构改革的核心，只有充分调动经营管理层的工作积极性，才能有效地实现公司的整体利益和股东利益，但公司内部激励机制的改革要避免激励目标的短期性，避免出现类似美国公司经营管理层为短期利益而操纵公司经营和财务报表情况的出现。因此，我国进行公司治理结构改革时一定要注意类似情况的出现，特别是最近国务院国有资产监督管理委员会出台了国有大中型企业经营管理人员可以实施年薪制的规定，一定要把对经营管理人员的激励与国有企业的短期和长期发展目标结合起来，

只有这样才能真正地实现和执行对公司经营管理层的激励，使公司经理管理者的利益与公司长远利益紧密联系起来，降低委托代理成本。

四是建立具有独立性和权威性的内部监督机制。

美国为了增强上市公司内部监督，重要的措施之一就是增加独立董事的比例和改进对独立董事的激励，同时，增加公司内部监督委员会中的专家成员。因此，我国在公司内部监督机制的改革中，也要不断完善以外部董事和独立董事为主的董事会，代表股东监督经营管理层，并不断地改善独立董事的激励机制，提高独立董事的独立性，切实有效地加强内部监督。

五是加强对外部中介机构的约束，建立强有力的外部监督机制。

在最新一轮美国公司治理结构改革中，主要是加强了公司外部中介机构的管理，尤其是加强了外部中介职业者道德规范和业务标准的建设。特别是通过设立对中介机构进行监督的上市公司会计监督委员会，加强了对财务公司业务进行监督和评估，对审计业务和咨询业务进行规范管理。因此，我国公司治理结构改革，不仅要注重公司内部制衡机制建设，更应注意公司外部监督机制的建设，从而加强社会法治对公司内部运营的监督，加强事后监管和处罚，提高违规成本；健全法律制度，特别是股东诉讼制度，使股东权益在受到侵害时能够得到补偿。

六是进一步加强上市公司信息披露真实性、准确性和及时性的制度建设，建立外部投资者对公司管理质量和经营绩效的评价和反应机制。

美国公司治理结构最新改革的一个内容就是加强公司信息披露的准确性和可获得性，特别是信息的真实性、准确性、及时性以及信息提供的深度、效率和质量，这是进一步提高外部投资者对公司信心的重要方法，也是建立企业良好外部关系的重要途径。目前我国上市公司信息虚假和披露滞后现象仍大量存在，因此，加强上市公司信息披露制度建设应是我国公司治理结构改革长期努力的方向。

◎ 注释

①鲁桐：《公司治理结构的国际发展趋势》，载《人民日报》，2001-10-12。

②United Nations, World Investment Report 2002: Transnational Corporations and Exprort Competitivenes, New York and Geneva, p. 4.

③鲁桐：《美国公司治理模式的反思》，载 http: //iwep. org. cn/chinese/gerenzhuye/lutong/new_page_4. htm。

④丁文顺：《对公司治理及私立董事制度的认识和反思》，载 http: //www. studa. com/newspaper/2003-6-22/2003622165229. asp。

◎ 参考文献

[1] Economic Report of the President 2003, United States Government Printing Office, Washington: February 2003.

[2] 鲁桐：《公司治理结构的国际发展趋势》，载《人民日报》，2001-10-12。

[3] 鲁桐：《美国公司制度值得反思》，载《人民日报》，2002-07-19。

[4] 郑秉文：《公司治理：美国模式之谜》，载《经济观察报》，2002-08-19。

[5] 张春霖：《公司治理改革的国际趋势》，载《世界经济与政治》，2002（5）。

[6] 王新屏：《美国公司治理模式出了什么毛病?》，载《经济日报》，2002-08-16。

本文原载于《经济评论》2004 年第 5 期

美国知识经济的发展对亚太经济格局的影响[*]

陈继勇　徐　涛

一、美国知识经济的迅猛发展对世界经济的影响

作为一种新的经济形态，知识经济的出现，尤其是 20 世纪 90 年代美国知识经济的迅猛发展，给世界经济带来了巨大而深刻的影响。

（一）美国知识经济的迅猛发展进一步巩固和提高了其国际经济地位

知识经济的迅猛发展改变了美国经济运行的方式，大大提升了美国的经济实力。与此同时，美国发展知识经济所获得的先发优势又使得其在科技创新和人才竞争等方面处于世界领先地位。与以往的经济形态相比，知识经济最大的不同在于，经济增长不是直接取决于资源、资本等有形要素，而是依靠知识或有效信息的积累和利用。在知识经济中，知识已不是经济增长的"外生变量"，而是经济增长的内在核心因素。当知识成为主要经济因素后，经济增长方式会发生根本性变化，长期高速增长将成为可能。在知识经济首先兴起的美国，正是由于知识经济的发展，才使得美国在 20 世纪 90 年代出现了自 1854 年以来美国历史上最长的一个经济增长期，经济增长率由 1990 年的 1.3% 上升到 1999 年的 4.5%，而且表现出了罕见的低失业率、低通货膨胀、低财政赤字、稳定而持续的经济增长等特点。

具体而言，知识经济极大地改变了美国经济运行的方式。

在宏观方面：（1）知识经济的发展更新和丰富了美国政府对美国经济运行机制和规律的认识，促使其进一步转变政府职能，减少政府对经济的直接干预，增强了其宏观调控能力和服务功能。（2）面对知识经济蓬勃兴起的新形势，美国政府制定和进一步完善了促进技术创新和高新技术发展的市场法规体系，革新了外贸制度，放松了外贸管制，改革了银行制度，力求尽可能地为美国企业增强国际竞争力创造条件。（3）创新了宏观管理方式，由以前主要是运用税收和控制货币发行量及政府支出，向主要运用货币政策转变。同时改变以前"相机抉择"的滞后调节经济的方式，转而利用现代信息技术及时快捷准确的特点，提高政策的预见性，并提前采取措施调控经济的运行。（4）极大地调整和优化了美国经济的结构。知识经济的兴起促进了美国经济结构的高级化，高新技术产业成为美国新经济的支柱，而传统产业也借助于高科技得到了迅速改造升级。

在微观方面：（1）知识经济的兴起对美国企业管理方式带来了革命性的影响，它促使企业进行改组以面对新的形势。（2）推动企业广泛采用计算机技术，从而变革了生产方式。（3）借助于信息化大大提高了美国企业的投资效率。（4）加快了美国企业国际化的步伐，增强了其国际竞争能力。为此，美国经

*　本文被人大报刊复印中心《世界经济导刊》2005 年第 4 期全文转载，同时收录在英文著作：Chen Jiyong et al. "American Knowledge-Based Economy：Consequences and Impact on the Economic Status of Asia-Pacific Coanties"，China：Emerging Relations and Development，edited by Voon phin Keong，2007. ISBN978-983-9673-99-9.

济在 20 世纪 90 年代出现了史所未见的长期稳定增长，进一步稳固了美国作为世界第一经济大国的地位。1990 年，美国 GDP 占世界总值的比重约为 26.4%，到 2000 年，这一数字已上升到了 31.2%。①

（二）美国知识经济的迅猛发展对国际贸易产生了巨大影响

这主要表现在：（1）国际贸易规模急剧扩大。由于在知识经济中占有主导地位的信息技术的飞速发展，现代通信手段的广泛应用，计算机技术的更新换代和国际互联网的建立等等，使得产品和市场信息能快速地在公司总部、生产商和销售商之间传递，消费者的意见也能及时地得到反馈，国际贸易速度和便利度有了显著提高，国际贸易规模急剧扩大。1990 年国际货物进出口总额为 69990 亿美元，而 2002 年则上升到了 131090 亿美元。② 其中，美国的货物进出口额 1990 年为 9105.8 亿美元，而 2002 年则达到了 18960 亿美元。② 在国际贸易构成中，由于知识经济的发展，高新技术产品出口快速增长，全世界范围内高技术产品出口额占制成品出口总额的比重已达 25% 左右，美国更是达到了 30% 以上。③ 服务贸易额和比重也急剧上升。（2）国际贸易格局发生了显著变化。知识经济的主要特点是高新科技的发展，这就使得技术水平较为落后且无资金和人力投入研发的广大发展中国家进一步拉大了与发达国家在技术上的差距。同时，以美国为首的发达国家在国内进行了经济结构的战略性调整，实现了产业高级化，开始把大量附加值较低的制造业转移出去，进一步加深了国际间的分工，从而扩大了发达国家和许多发展中国家贸易的规模。（3）知识产品在国际贸易中的比重大大提高。以计算机等信息技术产品为代表的高新技术产品的巨大需求使得当今的国际贸易正向着以信息产品及服务为中心的贸易转变。知识产品的比重不断提高，而且以信息产品为依托的国际服务贸易的总量也在扩大。（4）国际贸易手段日益网络化。知识经济的发展改变了以往国际贸易的交往方式，开始广泛地应用计算机和国际互联网，并且在此基础上开发出了大量的软件，大大加快了国际贸易信息处理和交换的速度，提高了国际交易的效率。尤其是以计算机网络和数据标准化为基础的"EDI"和"电子数据交换"的出现，并在此基础上发展起来的电子商务这种新型贸易方式开始为更多的贸易商所应用和喜爱。电子商务的快速和便利，极大地降低交易成本，进一步提高了国际贸易的流量和规模。

（三）美国知识经济的迅猛发展对国际投资影响显著

（1）国际投资日益呈现多元化。这种多元化既表现在投资市场的多元化，也表现在投资主体、投资渠道和投资方向的多元化。例如，跨国公司国际投资开始更多的关注亚太等新兴市场地区；由于国际资本规模的扩大，投资也不再仅仅是发达国家的专利，发展中国家和地区对外直接投资日益增加；在投资方向上，国际资本不再只是关注原料来源地和销售市场，开始把注意力投向知识和智力集中的地区；投资对象也更多地放在生物、信息等高新科技产业。（2）投资信息的获得性增强。由于信息技术的飞速发展，使得各种投资信息更为公开化和容易获得，国际投资日益全球化。（3）投资竞争日趋激烈，风险性增大。在知识经济飞速发展的今天，由于信息的易得性增强以及大量国际游资的存在，这就有可能导致在某一特定时期大量国际游资对某一特定市场的蜂拥而至。这一方面加剧了彼此之间的竞争；另一方面也增加了投资的风险性。

（四）美国知识经济的迅猛发展对国际金融产生了深远的影响

在知识经济背景下，伴随着国际贸易和国际投资的飞速发展，国际金融市场和业务有了新的变化。典型表现是国际金融日趋网络化，国际金融市场日益一体化。这主要是因为国际贸易交易范围的扩大和规模

① 根据历年《国际统计年鉴》计算。
② 根据历年《国际统计年鉴》计算。
③ 根据历年《国际统计年鉴》计算。

的增加，以及国际投资的日益活跃，都迫切要求一个统一的国际金融市场和大量为之服务的金融新业务。而现代信息通讯业的革命性发展无疑为之提供了物质基础。计算机的广泛应用和国际互联网络的建立，使得位于不同国家的不同金融机构或者同一金融机构在不同国家的分支能够以很快的速度处理各种金融信息和交换各种金融数据，例如全球银行金融电信协会（SWIFT）的建立，就为全球数十个国家或地区的上千家金融机构提供了世界范围内的即时金融信息。同时，以汇率波动为核心的现代国际金融制度也要求有一套与之相适应的信息工具为基础，这就促进了相关计算机软硬件的产生、发展和创新。伴随着国际贸易和投资的发展以及各种信息工具的出现，越来越多的金融衍生产品也被开发出来，金融创新不断涌现。

（五）美国知识经济的迅猛发展促进了国际科技创新与合作

美国知识经济的迅猛发展是在知识创新和科技创新的基础上实现的，其示范作用给国际科技创新与合作带来了巨大的影响。（1）世界各国都先后认识到了科技创新的重要性，掀起了世界范围内的科技创新浪潮。美国知识经济的迅猛发展不仅打破了自身传统的经济周期变化，保持了长时期的持续稳定增长，增强了经济实力，而且在产业调整和高新科技领域占据了世界领先和领导地位，使美国在未来一个较长时期里继续拥有先发优势。美国知识经济的兴起为世界各国开辟出一条经济增长的新途径，其科技创新浪潮推动了各国加大本国对研究和开发（R&D）的投入，培育自身的科技创新体制，注重对人才的培养，从而带动了世界范围内的科技创新浪潮。（2）科技创新能力成为衡量一个国家或是企业在国际竞争中地位高低的主要标准。同传统经济形态相比，知识经济是一种更能体现价值规律的经济，一个国家只有加大对知识创新和科技创新的投入，保持在这方面的优势，才能为自身经济发展提供源源不断的动力，在经济发展上处于国际领先地位。由此可见，知识和科技创新能力已成为一国保持国际竞争能力的主要标准。对于企业来说更是如此。对于高科技企业，科技创新能力本身就是企业生存和发展的动力，企业只有不断研发出新科技、生产出新产品，才能在国际市场上保持较强的竞争能力。例如美国的微软公司在开发出视窗操作系统以后，并没有驻足不前，而是继续研究，不断推出新一代产品，以保持其市场上的领先地位。同样，INTEL和IBM等公司也是如此，研发经费已占到其盈利的30%。对于传统产业而言，在知识经济浪潮的冲击下，他们正在利用科技创新改造传统的生产方式，应用大量的高新技术设备和软件系统以保持企业的活力。可以说科技创新能力已成为决定国家和企业国际经济地位的最重要的因素之一。（3）国际科技合作日趋紧密。一个国家要长久地保持科技上的领先地位，就需要不断地进行科技创新，利用科技创新来维持其在国际竞争中的优势地位，而科技创新需要大量的经费投入，有时候这种投入是一个国家所无法承担的，或者承担起来风险太大；另一方面，科技创新所带来的新的产品也需要有更多的市场来使用，以获得最大的利润，这都需要有一定的国际科技合作。科技合作还可以充分利用不同国家的智力、人才和其他资源来为科技创新服务，以提高科技创新的效率。

（六）美国知识经济的迅猛发展加剧了国际人才的竞争和流动

科技创新来源于知识的创新，而知识创新能力的大小则与一个国家所拥有的智力资源和人才培养能力有关。知识经济之所以首先在美国得以发展就是因为它拥有世界最发达的教育体系和最完善的人力资源系统。由于美国具备良好的人才成长和让人才自由发挥作用的环境，因而吸引了世界各国大量优秀的人才前往美国发展。美国知识经济的发展使世界各国进一步认识到了人才的重要性，加剧了国际间人才的竞争，人才成为世界各国争相获取的最重要的资源，国际间的人才流动日趋活跃。为此，各国都加大了对人才培养的力度，加大了对教育的投入，极力创造一个吸引人才的良好体制和环境。

美国知识经济迅猛发展的巨大影响使世界上许多国家的经济面临着新的机遇与挑战，从而导致了新一轮国际经济格局的变化与调整，在亚太地区尤其如此。

二、美国知识经济的迅猛发展促进了亚太经济格局的巨大变化

（一）美国在亚太经济格局中的主导地位得到进一步稳固

1. 美国知识经济的迅猛发展使美国在新一轮科技革命中取得了领导地位，加强了其经济实力

首先，美国知识经济的迅猛发展提升了美国的经济结构，使美国经济结构的知识化程度不断加深。20世纪90年代，美国高新技术产业得到了迅猛发展，尤其是信息产业已成为美国经济中的头号支柱产业。据统计，美国高新技术产品出口额占其制成品出口总额的比重2000年已达到34%，计算机和信息服务占其服务出口总额的比重则高达43%。[①] 美国运用高新技术改造了钢铁、汽车和半导体等传统产业，使这些产业重新焕发了生机，大大提高了劳动生产率。其次，知识经济的发展促进了美国宏观经济管理制度的创新、管理方式的转变和管理手段的丰富。美国通过建立更加完善的市场法规体制，鼓励高新技术的研究和利用，改革银行和对外贸易制度，提高金融运行效率，扩大出口，从而使美国政府对经济的管理更加趋于理性，更加注重经济的可持续发展。最后，知识经济的发展提高了企业的经营管理水平，增强了美国企业的国际竞争力。这主要体现在知识的经济化使美国企业在很多领域具有其他国家企业所不具有的新技术和新产品的优势，增强了美国企业获取利润的能力，而经济的知识化又推动了美国企业经营管理理念的转变，促进了企业运行和投资效率的提高。知识经济的迅猛发展使美国的经济实力得到迅速加强，据世界银行统计，1992年至2001年，美国GDP年平均增长率达到了3.4%，而据瑞士洛桑国际管理学院评定，美国的全球竞争能力自1994年后一直位居世界第一。

美国自身经济实力的增强，一方面使它和亚太地区各国的经贸联系更加紧密，同时也使它在亚太地区的地位和影响力得到了提高。例如，1990年，美国的国内生产总值占亚太经合组织21个成员总额的比重约为48%，此后逐年增长，1998年已超过50%，进入21世纪以后也一直保持在一半左右，由此可见美国在这一区域经济格局中的重要地位。

2. 美国知识经济的兴起提升了其经济结构，促使其大量传统产业外移，进一步加深了亚太地区各国与美国的相互依赖

早在20世纪70年代，美国即已开始逐步将大量的低附加值的传统产业转移到发展中国家，亚太地区首当其冲。美国通过向这些发展中国家输出资本和技术，以利用当地廉价的劳动力，来为本国生产低价的传统消费品，而其自己则将生产要素集中于高新技术的研究与开发，大力发展高科技产业，大量地向发展中国家出口技术密集型的具有高附加值的科技产品，并提供相应的技术服务。据世界银行统计，在整个20世纪90年代，美国高技术出口额占其整个制成品出口额的比重一直都在30%以上。2001年，美国服务出口额已达到2762.8亿美元，其中计算机和信息服务业出口额为51.4亿美元，分别是日本的4倍和3倍多。[②]

美国高科技产业的崛起进一步深化了国际间的产业分工，而作为世界经济最为活跃的亚太地区一直是美国主要的贸易和投资对象。据统计，1995年，美国对亚太国家的出口占其世界总出口额的比重超过了60%，2000年继续保持了这一水平，而美国从亚太各国的进口在1995年和2000年都维持在70%左右。需要指出的是，亚太各国几乎都毫无例外地把美国作为自己出口的最大贸易伙伴。以2000年为例，中国对北美市场（美国和加拿大）出口约占其总出口额的28.5%，其中主要以日用消费品和工业制成品为主；日本对美出口占其总出口额的30%左右，主要是汽车、钢材等传统产品；东盟经济比较发达的几个国家

---

① 根据历年《国际统计年鉴》计算。
② 根据历年《国际统计年鉴》计算。

如泰国、新加坡、马来西亚等对美出口所占比重也都在 20% 以上，产品主要是原材料和制成品，而这些国家从美国进口中，高科技产品和相关服务类产品所占比重较高。在国际直接投资方面，伴随着美国与亚太各国贸易的发展，美国在东南亚以及中国等劳动力资源比较丰富、市场比较庞大的发展中国家的直接投资不断增加，主要集中于第二产业的制造业。以中国为例，美国对华直接投资在 20 世纪 90 年代开始大幅增长，至 2002 年，美国对华直接投资合同外资金额及实际投资额分别达到 802.94 亿和 423.47 亿美元，占中国利用外商直接投资合同金额和实际金额的比重已达 9.69% 和 9.45%。①

（二）中国在亚太经济格局中的地位和影响力显著提高

1. 美国知识经济的迅猛发展为中国经济的快速发展创造了良好的环境

20 世纪 80 年代，美国经济结构经历了一个长时期的调整过程，到 20 世纪 90 年代美国知识经济开始进入迅速发展时期，这一时期也正好是中国改革开放、经济开始进入高速增长的时期。美国知识经济的迅猛发展带动了世界各国，尤其是促使发达国家注重高科技产业的培育与发展，进而使发达各国竞相进行了新一轮的产业结构调整。这一时期，中国吸引了大量的外资。从 1979 年到 2002 年，中国共吸引外商直接投资实际金额达 4482.44 亿美元。借助于外资的力量，中国的经济保持着迅速而稳定的增长，这一时期 GDP 年均增长率保持在 9% 左右。2002 年，中国的 GDP 总值已超过 1 万亿美元，成为世界第六强国。中国经济增长的主要动力来自于第二产业中的制造业的发展，中国已成为世界最大的制造业大国。

中国经济的快速增长为亚太各国的经济发展带来了新的动力。中国经济改革的成功，再加上美国知识经济快速发展所带来的良好的外部环境，使中国成为 20 多年来世界上经济增长最快的国家之一。除了 GDP 增长一直保持在 9% 左右以外，2003 年中国进出口额和出口额的世界排名均从上年的第五位上升到第四位，进口额从世界第六位跃升至第三位，进出口额占世界进出口总额的比重分别达到 5.3% 和 5.9%，贸易大国的地位进一步巩固。中国经济的迅速发展给亚太区域内各国经济的增长起了带动作用。日本、韩国、澳大利亚以及东盟等国和地区充分利用与中国经济联系日益密切的机会来分享经济增长的利润，试图搭上中国经济发展的这趟快车。这主要表现在贸易领域，首先以日本为例，截至 2003 年日本已连续 11 年成为中国第一大贸易伙伴。自 1999 年以来，除了 2001 年外，历年日本对华出口增长率都在 20% 以上，2003 年更是高达 38.69%。日本已经承认中国经济的崛起不是威胁，而是日本的机会；其次在东盟方面，东盟各国也借助于中国经济的飞速发展需要大量产品和原材料的机遇，竭力从扩大对华出口方面获得利益，2000 年对华出口增长率达 48.60%，2002 年这一数字为 34.38%，到了 2003 年增长更是高达 51.70%。即使是在美国对华出口方面，1999 年以来增长率也都在 15% 左右（除 2002 年外），2003 年也高达 24.32%。② 可以说中国经济的高速增长很大程度上拉动了亚太地区各国的经济增长，中国在此区域内的经济地位大幅提高。

2. 美国知识经济的兴起为中国经济创造了更为广阔的发展空间

二十几年来，中国经济的发展可以说是建立在第二产业主要是制造业基础之上的。随着美国知识经济的蓬勃兴起，在全球新一轮产业结构调整的带动下，中国也开始加大对高新技术的研发力度，大力发展高科技产业。虽然在研发经费支出占国民生产总值的比重上变化不大（近些年为 6%~8%），但绝对值增长较快。中国每千人拥有电话机数 1990 年为 10.8 部，2000 年已跃升至 202 部，移动电话每千人拥有量也从 1990 年的 0.4 部上升到 2000 年的 38.5 部；个人计算机拥有量从 1996 年每千人 3.61 台上升到 2000 年的 15.9 台，国际互联网用户从 1995 年每万人不足 20 户上升到 2000 年的 2650 户。③ 在对外贸易方面，贸易结构继续优化，效益和质量有所提高，为中国国民经济发展作出了新的贡献。2003 年，中国机电产品进口和出口规模均首次突破 2000 亿美元，分别达 2249.9 亿美元和 2274.6 亿美元，增长 44.6% 和 44.8%，

---

① 陈继勇等：《国际直接投资的新发展与外商对华直接投资研究》，人民出版社，2004 年 2 月。

② 中国商务部官方网站。

③ 数据来源于历年《国际统计年鉴》。

占总进口和总出口的比重分别达到54.5%和51.9%，比上年提高了1.8和3.7个百分点；高新技术产品进口和出口规模也首次突破千亿美元大关，分别达1191.8亿美元1101.6亿美元，增长44.1%和62.7%，占总进口和总出口的比重分别达到28.9%和25.1%，比上年提高了0.8和4.3个百分点。2003年，中国服务贸易进出口总额首次突破1000亿美元大关，达到1020亿美元，成为全球第9大服务贸易国，首次进入世界前10位。其中服务贸易出口（或收入）467亿美元，同比增长18%，占全球服务贸易出口的2.7%，成为服务贸易出口最大的发展中国家，列全球服务贸易出口国第9位；服务贸易进口（或支出）553亿美元，同比增长19%，占全球服务贸易进口的3.2%，仍是服务贸易进口最大的发展中国家，列世界服务贸易进口国第8位。① 在国际直接投资方面，中国也制定了相应的政策，鼓励外商在华投资高新科技产业并成立研发中心。中国知识经济的发展和贸易与投资结构的改善使得中国经济获得更大的增长空间。

（三）日本在亚太经济格局中的地位和影响力相对下降

1. 由于日本没有及时预测到知识经济的兴起，丧失了先发优势，在产业结构调整上远远落后于美国，导致其在亚太地区经济格局中的地位相对下降

日本是世界上第二经济大国。二战以后，在美国的帮助下，日本经济在20世纪60—70年代获得快速发展，取得了巨大的成就。但进入90年代后，面对美国知识经济的蓬勃兴起，日本一方面在房地产和传统产业上出现了泡沫经济；另一方面又没有及时认识到知识经济的重要性，丧失了发展高新科技、调整产业结构的机遇。在整个90年代，日本经济经历了长达十年的萧条，1991—2000年，其GDP年均增长率大约只有1%，失业率从1991年的2%上升到2000年的4.9%，2002年更高，达5.5%，经济出现持续低迷。日本经济面临的问题除了银行呆坏账外，主要是产业结构调整大大滞后。虽然其传统制造业竞争力很强，但也存在着大量的低效率劣势产业，新兴产业得不到应有的发展，这导致了日本国际竞争力的逐年下降。据瑞士国际管理学院评定，日本的竞争力自1989—1993年连续5年排名世界第一后连年下降，1998—2001年已下降到20位以后，2002年更是降到第30位。

随着日本经济的衰退和长期萧条、美国知识经济的快速发展和中国经济的崛起，日本在世界上和亚太区域内的一些优势逐渐丧失，地位和影响力明显下降。首先，日本经济的长期低迷促使东南亚各国转而更多地加强与经济增长迅速的中国的经贸联系，以带动本国经济的发展。其次，在贸易方面，日本长期把东南亚地区当作原料产地和本国产品的销售地，却对东南亚各国具有比较优势的农业和传统制造业采取贸易保护主义，不开放自己的国内市场，严重影响了两地之间的经济联系。第三，随着中国经济的崛起，国际经济地位的上升，日本在本区域内的影响力相对下降的情况下，试图借助于与中国加强经济联系，来促进本国经济的发展，因而对中国的依赖不断加深。

2. 日本开始认识到知识经济的重要性，并调整其发展战略，大力发展新兴产业，力图迎头赶上

虽然日本在发展知识经济方面远远落后于美国，造成其经济地位相对下降，但日本毕竟是世界上第二经济强国，实力犹存。在经济总量方面，日本的GDP总量在亚太地区所占的比重自1990年以来一直保持在25%左右，尽管相对于美国的50%要低，但却是中国的4~5倍；在贸易和投资领域，日本也一直仅次于美国位于亚太地区第二位。而日本一旦认识到其在发展知识经济方面的落后局面，即开始调整发展战略，自1994年以来，已先后进行了一系列的改革，提出了"科技创新立国"的口号，建立了新的科技行政体制，拟定了新的规划，采取了一系列的措施。与美国相比，虽然失去了高新技术领域的优势和行业技术规范上的主导权，但这些改革对日本的产业结构调整具有重大的促进作用。

---

① 中国商务部官方网站。

（四）东盟在亚太经济格局的变动中面临着新的机遇与挑战

1. 东盟各国在亚太地区经济格局新变化中的地位与作用

在亚太经济格局中，东盟周旋在中国、日本和美国三大国之间，其地位一直很微妙。东盟各国国家实力都不是很强，但地理位置十分重要，是各派政治势力争夺的重要目标之一。在传统上，东盟大多数国家对美国无论是在政治、经济以及军事上都有着很强的依赖。尤其是 20 世纪 90 年代以来，美国知识经济的兴起以及新经济所取得的巨大成就，使东南亚各国成为美国产业结构调整和国际大分工中的一个重要环节，对美国的经济依赖转向结构性，进一步加强了美国在这一区域的势力，巩固了美国在这一区域的地位。日本也一向重视东南亚地区，把它看作是对外贸易的主要海上通道。

冷战结束以后，世界力量的均势被打破，在亚太地区，出现了多种力量相互交织的现象。东盟各国作为一个有着共同利益的整体，开始起着一种平衡各方利益的独特作用。东盟一方面希望继续深化与日本的经贸联系和继续保持美国在这一区域的军事存在，以起到平衡作用；另一方面又寄希望于经济快速发展的中国，试图分享中国经济增长的好处。在这种战略思想的指导下，东盟所扮演的角色越来越活跃，在区域经济合作问题上，也由以前的种种顾虑转向积极支持和参与。

表 1   **1999—2003 年中国进口贸易增长率**   （单位:%）

国家（地区）	1999 年	2000 年	2001 年	2002 年	2003 年
总值	18.16	35.85	8.20	21.19	39.86
亚洲	16.64	39	4.10	29.32	43.44
日本	19.40	22.95	3.08	24.96	38.69
美国	15.37	14.81	17.16	3.96	24.32
东盟	18.60	48.60	4.66	34.38	51.70

注：东盟：包括文莱、印度尼西亚、马来西亚、菲律宾、新加坡、泰国，1996 年以后增加越南，1998 年后增加老挝和缅甸，2000 年后增加柬埔寨。

资料来源：根据中华人民共和国商务部官方网站统计资料计算。

2. 在知识经济大发展的背景下，东盟面临着新的机遇与挑战

东盟自身的经济发展自 20 世纪 90 年代以来，经历了一个曲折反复的过程。20 世纪 90 年代前半期是东盟实力与国际影响力迅速提升的时期。80 年代后期，亚洲"四小龙"开始进入较大规模的产业向外转移阶段，经济增长减速，大量直接投资进入东盟地区，东盟经济迅速发展，国内生产总值增长率一度超过亚洲"四小龙"。进入 90 年代后，由于美国知识经济的蓬勃兴起，其产业结构升级加快，发达国家的许多制造业开始向亚太地区尤其是东南亚地区转移，进一步给这一地区的经济增长增添了动力。到 90 年代中期，东盟 GDP 已接近中国，东盟的进口总额相当于日本。但是，东盟经济增长中也存在一些不容忽视的问题。东盟是外向型经济，出口相当于 GDP 的 90%，对外依赖很强，产业结构不合理。一旦遇到国际经济环境发生不利于东盟的重大变化，容易导致其产品竞争力下降，外贸赤字扩大，偿还外债的能力下降，进而造成投资者信心丧失，并将大量资本撤出东盟地区。东南亚金融危机就是明显例证。东南亚金融危机沉重地打击了东盟经济，1998 年东盟以当年美元价格计算的 GDP 比上年下降了 37%。进入 21 世纪以后，东盟各国采取了一系列经济改革的措施，例如大力发展高科技产业，加大对知识经济的投入等，使其经济有了较大幅度的回升。但是经济复苏的步伐却一波三折，这主要是受到美国经济衰退的影响。因为美国知识经济蓬勃兴起并波及世界以来，东亚地区已成为世界最大的电子和信息产品生产与供应基地，电子信息产品的出口占到一些东亚经济体出口的 1/3，甚至更高。其中东南亚一些国家也是如此，如新加坡、马来西亚、泰国、菲律宾以及印度尼西亚等，都是美国高科技产品如电脑、半导体业重要的零部件供

应地和外包加工地，其中马来西亚 80% 的对美出口产品都与信息产业有关。美国新经济的泡沫破碎使得美国高科技产业的发展速度放慢，这势必影响到这些国家和地区的出口，进而影响到其经济表现。

表2   1992—2003 年亚太地区部分国家 GDP 增长率   单位:%

年份	日本	美国	中国	新加坡	韩国
1992	1.1	2.7	14.2	6.0	5.1
1993	0.1	2.3	13.5	10.1	5.8
1994	0.5	3.5	12.6	10.1	8.6
1995	0.9	2.0	10.2	8.9	9.0
1996	3.6	3.6	9.6	7.5	6.8
1997	1.8	4.4	8.8	8.4	5.0
1998	-0.1	4.3	7.8	0.3	-6.7
1999	0.7	4.1	7.1	5.9	10.9
2000	2.2	4.1	8.0	9.9	8.8
2001	-0.3	0.3	7.3	-2.9	2.6
2002	-0.5	2.2	7.8	4.0	6.2
2003	2.7	3.1	9.1	1.1	3.1

资料来源：根据 IMF 和《世界经济展望》各期汇总。

表3   2000—2003 年东南亚部分国家经济增长率   单位%

年份	新加坡	泰国	印度尼西亚	菲律宾	马来西亚	越南
2000	9.9	4.6	4.9	4.0	8.2	5.5
2001	-2.9	1.8	3.3	3.4	0.4	5.2
2002	4.0	3.8	3.2	4.0	3.8	6.0
2003	1.1	6.7	4.1	4.5	5.2	7.1

资料来源：根据亚太经合组织（APEC）官方网站综合。

20 世纪 90 年代以来，中国经济的快速增长，促使东亚地区的力量格局发生了重大变化。中国的和平崛起不仅对东盟产生巨大影响，而且对整个东亚的稳定和增长也将起到越来越大的作用。面对这种形势，东盟各国已经认识到，中国经济的发展对它们而言既是挑战更是机遇。中国庞大的市场和大量受过良好教育且能吃苦耐劳但却廉价的劳动力吸引了大部分投向亚洲地区的国际投资，使东南亚各国对外资的吸引力相对下降，而中国物美价廉的劳动密集型产品挺进国际市场，给东盟各国也带来了前所未有的压力。但另一方面，在世界经济普遍不景气的今天，作为经济增长最快的中国无疑也是东南亚各国经济增长的一个机会。据中国商务部统计，2003 年，东盟各国对中国的出口较之前一年增长了51.7%，这对拉动其经济增长起到了巨大的推动作用。中国已成为东亚经济增长的发动机。而且，面对着中国强大的制造业产品出口的压力，新加坡等国已开始着手提升自己的产业结构，加大对高新技术研发和高科技产业的投入，以继续保持自身经济的活力并伴随着中国经济一起增长。近几年来，在美国把主要精力放在反恐的同时，中国、日本相继加入《东南亚友好合作条约》，中国与东盟 10+1 自由贸易区的启动，以及日本倡导建立"东亚共同体"等一系列因素的出现，使得东盟在亚太地区经济格局中的地位仍有上升的空间。

◎ 参考文献

［1］ 陈继勇等：《国际直接投资的新发展与外商对华直接投资研究》，人民出版社，2004 年 2 月。

［2］ 陈继勇、彭斯达："知识经济对美国经济的影响"，《世界经济》，2001 年第 3 期。

［3］ 陈继勇：《美国新经济周期与中美经贸关系》，武汉大学出版社，2004 年 8 月。

［4］ 陈继勇：《21 世纪初的美国经济》，中国经济出版社，2003 年 3 月。

［5］ 陈宝森：《剖析美国"新经济"》，中国财政经济出版社，2002 年 12 月。

［6］ 高洪深等：《知识经济学教程》，中国人民大学出版社，2001 年 1 月。

［7］ 陈继勇、王清平："经济全球化与美国对外直接投资的变化"，《世界经济与政治》，2003 年第 7 期。

［8］ 冯昭奎、陈宝森："美国经济会重蹈日本经济的覆辙吗?"，《世界经济与政治》，2003 年第 3 期。

［9］ The Knowledge-based Economy，Report of OECD，1996.

［10］ The New Economy in APEC：Innovations，Digital Divide and Policy，Report of APEC，2002.

［11］ Trends and Recent Developments in Foreign Direct Investment，Report of OECD，June，2004.

［12］ APEC Economic Outline 2003. Paper of APEC Economic Committee.

［13］ An Emerging Knowledge-based Economy in China? Indicators from OECD Databases，OECD.

［14］ Annual Economic Report 2002-2003，ASEAN.

［15］ Sultan Kermally，New Economy Energy，Unleashing Knowledge for Competitive Advantage，John Wiley & Sons Inc.，2001.

［16］ Dani Rodrik，Feasible Globalization，Working Paper 9129，http：//www. nber. org/ papers/

［17］ David T. Core，etc，The Missing Globalization Puzzle，IMF Working Paper.

［18］ Economic Report of the President 2003，USA。

本文原载于《世界经济研究》2005 年第 1 期

高科技发展与世界经济重构

陈继勇　肖光恩

　　高科技及其产业的发展已经成为世界各国经济发展的重心，也是决定各国经济发展速度和国际竞争力的关键。因此，及时、全面地了解当前世界高科技发展的特点，深入、系统地把握高科技发展对世界经济重构的重要作用，对深化我国在世界科技研究领域的分工，促进我国科技领域的改革和开放，推动高科技的产业化，提高科技产业的国际竞争力，走有中国特色的自主创新道路，尽早建立创新型国家，具有重要的现实意义。

　　当前，高科技发展作为世界经济重构的主导力量，主要表现在以下几个方面：

　　第一，高科技发展促进了世界各国经济的快速增长。世界性和全球性是第二次世界大战后科技革命发展的一个重要特征，特别是以微电子技术和信息技术为主导的一系列新兴技术，几乎在西方主要发达国家包括俄罗斯等几十个国家同时兴起，并很快席卷发展中国家，成为世界范围内的科技革命。高科技的产业化和商业化，极大地改进了人类的生产工具，扩大了再生产的条件，实现了生产力的优化组合，特别是劳动者的智力化、劳动工具的自动化、劳动对象的人工化、劳动场所的网络化以及劳动知识的信息化，极大地提高了社会劳动生产率。

　　第二，高科技发展拓展了世界市场的层次和范围。高科技发展对世界市场的影响是多方面的。

　　一是拓展了世界市场的层次。高新技术一般是跨学科、跨领域的新兴边缘学科，必然带动新产品市场和新要素市场的出现，其发展和繁荣无疑会拓展世界市场的层次，丰富市场交换的内容。高新技术的出现和使用也促进了传统产业的改造，特别是当高新技术用 以改进传统产业的生产工具、生产材料和生产技术时，传统产业产品的内部构成和性能都将改变，其科技含量大幅度提高。改造的结果必然会促进传统产业专业化的深化和传统产品差异化的细分，进而丰富传统产品市场的交换层次与结构。

　　二是扩大了世界市场的范围。以信息技术、空间技术为代表的高新技术的发展，不仅改变了世界市场的交易方式，缩短了交易时间，提高了交易效率，而且使世界市场由传统的有形市场向无形市场转变，特别是信息技术和网络技术的飞速发展，极大地改变了世界市场交换的领域，促进了全球电子商务的快速发展。据福瑞斯特（Forrester）统计，2002—2004 年，全球电子商务金额分别为22935 亿、38788 亿和62011 亿美元，2005 年初步估算为92406 亿美元，2006 年可望达到128373 亿美元，发展速度十分惊人。全球电子商务的发展，使传统的世界商品交易场所发生了重大改变，国际交换从有形市场向虚拟的无形市场转移，导致世界市场的网络化、虚拟化和电子化，市场范围不断扩展。

　　三是带动了世界消费市场的扩大。随着高科技产业的发展及其对社会经济贡献作用的增强，各国劳动生产率日益提高，工资水平不断上升，带动了世界消费市场需求的增强和消费市场自身的扩大。

　　第三，高科技发展优化了世界经济结构。主要体现在：

　　一是软化了世界各国的产业结构。高科技产业都是技术密集型和知识密集型的产业，技术和知识在产业发展过程中的作用不断增强，有时甚至成为确定产业结构变迁方向的决定性力量。产业结构的软化，从狭义上讲，主要是指在各产业的发展中，有形的硬性生产要素在产业结构演变中的作用不断下降，而知识、技术、服务和信息等无形的软性生产要素的作用则日益提高，具体表现为产业结构的知识化、高技术化、服务化和信息化。也就是说，劳动与自然资源在产业结构调整中的主导作用日益为知识和技术所取代，从而更加依赖于知识、技术、服务和信息等软性生产要素。从广义上讲，主要是指以知识和信息产业为代表的第三产业在各国经济结构中的地位日益提高，目前，第三产业已成为发达国家的主导产业，在国民经济结构中占绝对优势。

二是优化了世界各国的劳动就业结构。高科技产业的蓬勃兴起和快速发展，不但促进了三大产业之间的融合，尤其是加快了二、三产业之间的融合，日益加速了部分工业产业的"第三产业化"，而且极大地调整了第三产业的内部结构。随着第三产业知识与信息投入的增长，其内部出现了许多新兴的服务部门，以信息设备生产、制造以及利用这些设备进行信息采集、储存、传递、处理和服务的"第四产业"日益被世界各国所接受。结果，不可避免地带动了劳动就业倾向的转变和就业结构的调整，使第三产业日益成为各国吸收就业的主要渠道和场所，就业结构不断得到优化和改进。

三是改变了一国内部收入和利益的再分配结构，进而促进社会利益集团或阶层组织的调整与异动，对社会利益集团相互关系的平衡与协调起到一定作用。

第四，高科技发展引发了世界经济制度的创新。高科技发展也促进了世界经济制度的变异与创新，尤其对微观运行制度的创新产生了重大影响。

一是改变了企业的组织形式。高科技产业化的投资和风险巨大，为了分担成本和风险，各国企业大多采取跨国战略联盟合作的方式。20世纪90年代以来，以高新技术产业为代表的跨国公司战略联盟取得了巨大发展，并从以前的产品战略联盟向以技术合作为主要内容的知识联盟转变，从敌对战略联盟向友好合作战略联盟转变，从简单粗放型战略联盟向集约型战略联盟转变。

二是改变了企业的微观经营方式。高科技发展促进了企业投资经营策略的改变，风险投资成为高新技术产业运作的主要方式；信息与网络的运用，不仅改变了企业营销模式，使全球营销、品牌营销、网络营销和共生营销成为世界各国企业营销的重点，而且改变了企业库存管理，降低了信息传播成本，使企业更容易根据市场信号来调整库存-销售比例，进而实现零库存管理；改善了企业供应链管理，简化了企业采购程序，让企业能做到即时采购。

三是改变了企业维护客户关系的管理方式。企业运用信息与网络对客户的信息进行跟踪分析，有目标地发展最具潜力的客户，维护了企业客户间的关系，扩大了企业对客户的服务范围。

第五，高科技发展改变了世界经济关系。高科技发展对世界各国经济关系重构的影响是多方面的。

一是深化了各国在国际上的专业分工。高科技是各国科技发展自身积累的结果，一国不可能在所有科技领域都处于领先地位，各国会选择本国具有比较优势的高新领域进行重点突破。各国高新技术产业化的快速发展不仅加剧了国际市场的竞争，同时也进一步导致各国在国际生产关系中分工的专门化和细化。

二是促进了世界经济格局的变更。高科技催生新兴产业，新兴产业则因其更强的竞争力不断壮大，逐渐发展成为一国的主导产业，并带动其他产业的发展，进而形成具有国际竞争力的高新技术产业群。人类历次科技革命发展的历史告诉我们，一国在科技变革中如果率先掌握高科技并推动其产业化，该国就会在世界经济竞争格局中处于领先地位。20世纪90年代，美国正是率先抓住信息技术发展的历史机遇，促进了"新经济"的发展，从而使美国在世界经济格局中保持领先地位。

三是加深了各国之间的经济依赖关系。尽管第二次世界大战后各国高科技的发展并不平衡，但高科技促进经济全球化的深入却是无可争议的事实。现代空间交通技术和网络信息技术缩短了世界各国之间的时空距离，降低了各国的经济交易成本，使全球商品、资金、技术和劳动力的交换规模日益扩大，使跨国公司可以在全球范围内组织生产和经营。毫无疑问，经济全球化加深了世界各国之间的经济依赖关系。

本文原载于《求是》2006年第7期

美中贸易的"外资引致逆差"问题研究[*]

陈继勇　刘　威

一、问题的提出

　　美国对中国的巨额贸易逆差一直是美中政界和学术界关注的焦点之一，对美中贸易逆差产生的原因，美中双方曾做过重点的讨论。美国部分政府人士认为"美国商品在中国遭受贸易壁垒；中国对人权、劳工权、环保的滥用以及拒绝接受这些领域的国际标准，使其获得不公平的贸易优势；中国有意压低人民币汇率，降低出口成本"等（李响，2005），扩大了美国对中国的贸易逆差，并认为美中贸易逆差是造成近年来美国失业率偏高和对外贸易逆差逐年扩大的主要原因之一。Lachica（1996）认为：中国只进口有限的美国商品，没有完全遵守中美双方有关市场准入的协议，阻碍了中国对美进口增加，扩大了美中贸易逆差。两国都有很多的政府人士和学者对此持不同看法。Feenstra 等（1998）认为近年来美中贸易逆差的不断扩大有多方面的原因，其中最主要的两个原因是：（1）美中两国宏观经济力量沿相反方向发生作用，使美中两国的对外贸易差额出现不同的发展趋势，一方面美国储蓄率不断降低，导致其国内消费需求，尤其是对进口商品的消费需求不断扩大，增大了美国对外贸易逆差；另一方面，由于 20 世纪 90 年代中期中国实行紧缩型的货币政策，中国国内以投资为动机的储蓄迅速增加，进口需求也随之受到极大抑制，并扩大了中国对外贸易顺差。在这两方面因素的作用下，美中贸易逆差不断扩大。（2）美国大部分进口商品的生产从东亚地区加速转移到中国。Lardy（1997，2000）指出：不断扩大的美中贸易逆差来源于中国日益开放的外贸政策，一些东亚经济体向中国转移劳动密集型产业，促使了中国对美国出口的增加；同时，美国对普通消费品需求上升，导致中国对美出口的劳动密集型消费品迅速增加。陈宝森（2003）认为美中贸易逆差源于美国对高新技术产品出口的限制。廉云（2004）则认为美国对中国贸易逆差实质是为了弥补美国长期的低储蓄率带来的需求缺口而发生的。穆良平、张静春（2004）提出加工贸易是美中贸易逆差的决定性来源。

　　从目前国内外学术界的研究现状看，对美中贸易逆差原因的探讨主要集中于定性介绍，缺少从经验分析角度验证这些原因对美中贸易逆差究竟产生了什么影响，影响有多大，尤其是缺乏从量化角度分析外商直接投资的增加对美中贸易逆差的"引致"扩大效应究竟有多大。本文针对外商对中国直接投资与美中贸易逆差的关系展开经验分析，从外商直接投资的角度探讨美中贸易逆差扩大的原因，以及 FDI 的增加对美中贸易逆差的实际影响。本文主要分析以下三个问题：第一，外商在中国直接投资与美中贸易逆差间是否有长期稳定的关系，前者是否会对后者产生稳定的"引致"扩大效应。第二，如果有"引致"效应，这种实际影响有多大。第三，中国应如何降低这种"引致"效应，避免其对美中贸易逆差扩大产生的不利影响。

---

　　[*] 本文于 2009 年获教育部高等学校科学研究优秀成果奖二等奖；2008 年获武汉市第十一次社会科学优秀成果奖一等奖。

二、外商直接投资对美中贸易逆差的影响

美中贸易逆差的不断扩大是一个不争事实，那么美中贸易逆差与美国对中国FDI间是否存在长期的动态均衡关系？除美国以外的其他国家对中国FDI的增加对美中贸易逆差会产生怎样影响？影响有多大？本文将运用协整分析技术和误差修正模型，采用规范的统计计量指标，对1983—2004年的美国对中国FDI、其他国家对中国FDI与美中贸易逆差间的关系进行分析。

（一）数据与变量

本文主要采用《中国统计年鉴》（1983—2004年）的年度数据及来自中国商务部和美国商务部数据作为分析数据集，[①] 通过Johansen检验法，检验变量之间是否具有长期的动态均衡关系。建立基于最大特征值的似然比统计量 λ-max 判别变量间的协整关系。以XM代表美中贸易逆差的总额，FDI1代表美国对中国直接投资总额，FDI2代表除美国以外的其他国家和地区对中国直接投资总额，HLV代表人民币对美元的年均汇率，[②] CSM代表中国年度居民消费指数序列，[③] EXP与IXP分别代表中国对美出口贸易和自美进口贸易序列。为了降低异方差问题造成的影响，本文对变量XM、FDI1、FDI2、HLV、CSM、EXP、IXP取对数。主要讨论 lnXM、lnFDI1 与 lnHLV、lnXM、lnFDI2 与 lnCSM、lnEXP 与 lnFDI1、lnIXP 与 lnFDI1 四组变量序列间是否存在长期均衡关系；并在此基础上，通过建立误差修正模型，分析四组变量序列由短期偏离向长期均衡调整的过程。

（二）协整分析

（1）单位根检验。在对变量进行协整分析前，首先需要使用单位根检验方法（ADF），检验所有变量的平稳性，只有变量在一阶平稳 I（1）条件下，才能对变量进行协整分析。单位根检验结果见表1。

表1 ADF 检验结果

变量	ADF 检验统计量	5%临界值	AIC 值	sc 值	D. W.
lnXM	−3.3477（C，N，4）	−3.6454	3.4751	3.6244	1.9086
lnFDI1	0.6082（C，N，1）	−1.9592	1.0301	1.1297	2.0145
lnHLV	1.0803（C，N，1）	−1.9592	−1.3161	−1.2166	2.0748
lnFDI2	−1.0689（C，T，2）	−3.6746	0.1766	0.4251	1.8930
lnCSM	−0.9666（C，T，6）	−3.7611	−5.5177	−5.0928	1.9218
lnEXP	−2.7594（C，N，6）	−3.7611	−2.7914	−2.3665	1.9431

---

① 由于1993年以前中国海关将从香港地区转口到美国的中国商品不算作对美出口，而1993年以后逐渐修正了这种统计方法，改以向香港出口的商品的最终目的地为出口国。这说明20世纪80年代中国在统计美中贸易逆差时并未按国际标准执行，美国则一直按这一标准统计中国对美出口，虽然其统计方式也存在一定问题，但依据这一标准，本文在选择美中贸易逆差数据时，主要以美国商务部提供的1983—2004年的统计数据为主。而对于其他与中国有关的指标，考虑到数据的可获得性和完整性，主要选用了中国商务部提供的数据。

② 虽然国内部分学者认为人民币汇率与美中贸易逆差无关，提出1994年汇率并轨后，汇率长期稳定不变，甚至有小幅升值，而中国对美国的贸易顺差恰恰是此时发生的，从而认为二者无关，但笔者认为这种观点仅仅只是将人民币汇率放在20世纪90年代的7~10年的条件下得出的结论。如果将时间进一步延长，考虑20世纪80年代人民币汇率与90年代汇率的差距，可以发现人民币汇率确实有明显的下降，那么这种下降与美中贸易逆差是否有长期联系呢，为了探讨这一问题，本文选择了人民币汇率作为一个变量进行分析。

③ 使用此变量主要是为了分析中国"国内需求"这一因素对美中贸易逆差产生的实际影响。

续表

变量	ADF 检验统计量	5%临界值	AIC 值	sc 值	D. W.
lnIXP	5. 1069（C, N, 2）	−1. 9602	−1. 2600	−1. 1108	1. 7987
ΔlnXM	−5. 7676（C, M, 3）	−3. 0521	−2. 1144	−1. 8693	1. 8032
ΔlnFDI1	−3. 9151（C, M, 0）	−3. 0199	0. 9687	1. 0683	1. 9874
ΔlnHLV	−3. 6938（C, M, 0）	−3. 0199	−1. 4091	−1. 3095	2. 0017
ΔlnFDI2	−2. 1804（C, N, 1）	−1. 9602	0. 2119	0. 3114	1. 8794
ΔlnCSM	−4. 7583（C, M, 5）	−3. 0818	−5. 5686	−5. 2382	2. 1776
ΔlnEXP	−3. 3520（C, M, 0）	−3. 0199	−2. 2958	−2. 1962	1. 8084
ΔlnIXP	−3. 0898（C, M, 2）	−3. 0400	−1. 2015	−1. 0036	1. 9454

说明：本表中 ADF 检验采用 Eviews 3.1 软件计算，取最优滞后阶段 s 的准则是 AIC 与 SC 值最小及 D. W. 值接近 2。检验形式（C, N, s）表示单位根检验式中不包括趋势项和截距项，M 代表只包括截距项，T 代表包括趋势项和截距项。ADF 统计量后面括号内的数为检验方程中包括的滞后阶段，加入滞后项是为了使残值项为白噪声。Δ 表示一阶差分。

根据表 1 的检验结果，水平序列 lnXM、nFDI1、lnFDI2、lnHLV、lnCSM、lnEXP、lnIXP 不能拒绝单位根。假设，所有变量的水平序列都是非平稳的，但其一阶差分序列却拒绝了单位根假设，这说明所有序列的一阶差分序列都是平稳的，即都是 I（1）序列。（2）Johansen 协整检验。由于上述水平序列都是一阶平稳序列，因而可运用 Johansen 检验法对变量进行协整关系检验，验证四组变量间是否存在长期且稳定的均衡关系。利用 Eviews 3.1 软件进行检验，结果见表 2。

表 2　　　　　　　　　　　　　　**Johansen 协整检验结果**

协整向量	特征值 λ	零假设		最优滞后项	似然比估计值	5%临界值	1%临界值
		H_0	H_1				
lnXM	0. 9521	$\gamma = 0$	$\gamma = 1$		79. 6583	29. 68	35. 65
lnFDI1	0. 7501	$\gamma \leq 1$	$\gamma = 2$	3	24. 9602	15. 41	20. 04
lnHLV	0. 0002	$\gamma \leq 2$	$\gamma = 3$		0. 0003	3. 76	6. 65
lnXM	0. 9273	$\gamma = 0$	$\gamma = 1$		56. 2841	29. 68	35. 65
lnFDI2	0. 3830	$\gamma = 1$	$\gamma = 2$	3	9. 0998	15. 41	20. 04
lnCSM	0. 0224	$\gamma \leq 2$	$\gamma = 3$		0. 4084	3. 76	6. 65
lnEXP	0. 4963	$\gamma = 0$	$\gamma = 1$	1	17. 0519	15. 41	20. 04
lnFDI1	0. 1530	$\gamma \leq 1$	$\gamma = 2$		3. 3195	3. 76	6. 65
lnIXP	0. 5988	$\gamma = 0$	$\gamma = 1$	4	16. 4732	15. 41	20. 04
lnFDI1	0. 0542	$\gamma \leq 1$	$\gamma = 2$		0. 9477	0. 9477	6. 65

说明：统计结果中最优滞后项的选择：首先依据无约束的 VAR 模型的残差分析，以 AIC 和 SC 值最小为原则得到最大滞后项 P，而最优滞后项 = P−1。γ 代表协整向量个数，Johansen 检验中数据生成选有线性确定趋势，协整方程选有截距。

从表 2 可以看出，在 5%的临界值条件下，变量 lnXM、lnFDI1、lnHLV 间协整关系不唯一，但三者间仍存在长期均衡关系；而 lnXM、lnFDI2 和 lnCSM、lnEXP 和 lnFDI1、lnIXP 和 lnFDI1 间均存在唯一协整关系，即存在长期稳定的均衡关系。估计出的协整关系对应的长期方程为：

$$lnXM = 9.05 + 1.64lnFDI1 + 5.52lnHLL \qquad (1)$$
$$(0.3636) \quad (1.5538)$$

$$\text{lnXM} = 8.84 + 0.27\text{lnFDI2} + 2.241\text{nCSM} \tag{2}$$
$$(0.0408)\quad(0.0785)$$

$$\text{lnEXP} = 2.11 + 1.41\text{lnFDI1} \tag{3}$$
$$(0.1663)$$

$$\text{lnIXP} = 3.12 + 0.55\text{lnFDI1} \tag{4}$$
$$(0.0236)$$

括号内为回归系数标准差。协整方程（1）和（2）中 lnFDI1 和 lnFDI2 的系数为 1.64 和 0.27，分别表示美国对中国直接投资和其他国家对中国直接投资的增加对美中贸易逆差扩大产生的"引致"效应的大小。从这两个数据可以发现，长期情况下美国在中国 FDI 对美中贸易逆差扩大的影响要远大于其他国家在中国 FDI 的影响，而从方程（3）和（4）中 lnFDI1 的系数看，随着美国对中国 FDI 的增加，美资企业对美出口的增加要快于其自美进口的增加，即美国对中国 FDI 对中国向美国出口的影响要大于对进口的影响。

（三）误差修正模型估计

误差修正模型是协整检验的延伸。协整关系仅反映变量间的长期均衡关系；无法描述变量短期波动的情况，一旦变量出现短期偏离均衡的现象，就需要通过误差修正使变量回复均衡，此时主要通过误差修正模型实现。同时，根据 Engel 和 Granger（1987）的结论，非约束的 VAR 模型对其包含的向量不施加协整约束，但如果 VAR 模型中某些变量是协整的，则必须建立包括误差修正项（ECM）在内的向量误差修正（VEC）模型。本文利用 Eviews 3.1 软件可得到四组完整的误差修正模型，仅选取与协整方程（1）、（2）、（3）、（4）对应的误差修正方程式，即因变量分别为 ΔlnXM_t、ΔlnXM_t、ΔlnEXP_t、ΔlnIXP_t 的方程式：

$$\Delta\text{lnXM}_t = 0.03\Delta\text{lnXM}_{t-1} - 0.02\Delta\text{lnXM}_{t-2} + 0.03\Delta\text{lnXM}_{t-3} - 0.05\Delta\text{lnFDI1}_{t-1} + 0.21\Delta\text{lnFDI1}_{t-2}$$
$$(0.0426)\qquad(0.0325)\qquad(0.0213)\qquad(0.0692)\qquad(0.1794)$$
$$(0.7661)\qquad(-0.0742)\qquad(1.4095)\qquad(-0.7177)\qquad(1.1780)$$
$$-0.06\Delta\text{lnFDI1}_{t-3} - 0.78\Delta\text{lnHLV}_{t-1} - 0.004\Delta\text{lnHLV}_{t-2} + 0.13\Delta\text{lnHLV}_{t-3} + 0.24 + 0.04\text{ECM}_{t-1} \tag{5}$$
$$(0.2068)\qquad(-0.2708)\qquad(0.6992)\qquad(0.2613)\quad(0.0483)\ (0.0280)$$
$$(-0.2708)\qquad(-1.2721)\qquad(-0.0057)\qquad(0.4807)\quad(5.0689)\ (1.5752)$$

其中：$R^2 = 0.86$，调整后的 $R^2 = 0.67$，AIC $= -1.78$，SC $= -1.23$，滞后期 $= 3$。

$$\Delta\text{lnXM}_t = -0.05\Delta\text{lnXM}_{t-1} - 0.06\Delta\text{lnXM}_{t-2} - 0.02\Delta\text{lnXM}_{t-3} + 0.15\Delta\text{lnFDI2}_{t-1} + 0.29\Delta\text{lnFDI2}_{t-2}$$
$$(0.0256)\qquad(0.0181)\qquad(0.0131)\qquad(0.0651)\qquad(0.0716)$$
$$(-1.8791)\qquad(-3.1645)\qquad(-1.2631)\qquad(2.2550)\qquad(3.9969)$$
$$-0.09\Delta\text{lnFDI1}_{t-3} - 3.04\Delta\text{lnCSM}_{t-1} - 3.43\Delta\text{lnCSM}_{t-2} - 4.27\Delta\text{lnCSM}_{t-3} + 0.93 - 0.58\text{ECM}^1_{t-1} \tag{6}$$
$$(0.0468)\qquad(-0.5045)\qquad(0.5881)\qquad(0.4294)\quad(0.0741)\ (0.0769)$$
$$(-1.8310)\qquad(-6.0208)\qquad(-5.8375)\qquad(-9.9375)\quad(12.5215)\ (-7.4825)$$

其中：$R^2 = 0.98$，调整后的 $R^2 = 0.96$，AIC $= -3.97$，SC $= -3.43$，滞后期 $= 3$。

$$\Delta\text{lnEXP}_t = -0.30\Delta\text{lnEXP}_{t-1} - 0.02\Delta\text{lnFDI1}_{t-1} + 0.08\text{ECM}^2_{t-1} + 0.27 \tag{7}$$
$$(0.2710)\qquad(0.0370)\qquad(0.0269)\ (0.0552)$$
$$(-1.0918)\qquad(-0.5302)\qquad(2.9382)\ (4.8543)$$

其中：$R^2 = 0.48$，调整后的 $R^2 = 0.38$，AIC $= -2.66$，SC $= -2.46$，滞后期 $= 1$。

$$\Delta\text{lnIXP}_t = -0.59\Delta\text{IXPn}_{t-1} - 0.55\Delta\text{lnIXP}_{t-2} - 0.15\Delta\text{lnIXP}_{t-3} + 0.08\Delta\text{lnIXP}_{t-4} + 0.06\Delta\text{lnFDI1}_{t-1}$$
$$(0.6528)\qquad(0.6077)\qquad(0.5183)\qquad(0.5609)\qquad(0.1544)$$
$$(-0.9052)\qquad(-0.9037)\qquad(-0.2837)\qquad(0.1350)\qquad(0.3693)$$
$$+0.11\Delta\text{lnFDI1}_{t-2} + 0.02\Delta\text{lnFDI1}_{t-3} + 0.04\Delta\text{lnFDI1}_{t-4} + 0.25\text{ECM}^3_{t-1} + 0.24 \tag{8}$$
$$(0.2084)\qquad(0.1468)\qquad(0.1413)\qquad(0.3762)\qquad(0.1861)$$
$$(0.5378)\qquad(0.1210)\qquad(0.2921)\qquad(0.6582)\qquad(0.2717)$$

其中：$R^2 = 0.38$，调整后的 $R^2 = 0.42$，$AIC = -0.58$，$SC = -0.09$，滞后期 $= 4$。

ECM_{t-1}、ECM_{t-1}^1、ECM_{t-1}^2、ECM_{t-1}^3 分别表示协整方程（1）、（2）、（3）、（4）的一阶滞后残差（即误差修正项），误差修正项大小描述了从非均衡向长期均衡状态调整的速度，误差修正项系数包含了过去的变量值是否影响当前变量的信息。我们通过无约束 VAR 模型的残差分析得到误差修正模型的最优滞后期。括号内数字第一行是回归系数标准差，第二行是 t 统计值。

从误差修正方程看，方程（5）和（6）的拟合优度较高，说明模型对样本观测值的拟合程度较好，模型质量较高。而方程（7）和（8）的拟合度不高，仅为 0.48 和 0.38，可能是自变量较少所致，但并不影响对变量之间关系的描述。方程（5）和（6）的误差修正项（ECM）的系数分别为 0.04 和 0.58，说明在其他外资企业（除美资企业外）影响下，美中贸易逆差由上一年的非均衡向长期均衡状态调整的速度，快于在美资企业影响下美中贸易逆差的调整速度。

在从协整方程（1）中，InHLV 的系数为正值，这说明如果结合 20 世纪 80 年代和 90 年代的人民币汇率变动，人民币汇率的贬值确实与这一时期美中贸易逆差的产生和扩大有关；但从反映短期动态特征的误差修正方程（5）中 $InHLV_{t-1}$、$InHLV_{t-2}$、$InHLV_{t-3}$ 的系数看，人民币汇率对美中贸易逆差的影响在向相反的方向变化，即人民币汇率的贬值（InHLV 数据的增加）对美中贸易逆差扩大产生着负效应，这充分说明近年来人民币汇率开始逐渐变得与美中贸易逆差的扩大无关，甚至有缩小美中贸易逆差的作用。而从 $InFDI1_{t-1}$、$InFDI1_{t-2}$、$InFDI1_{t-3}$、$InFDI2_{t-1}$、$InFDI2_{t-2}$、$InFDI2_{t-3}$ 的系数看，其对美中贸易逆差扩大的正效应很明显，因此从反映长期均衡关系的协整方程看，虽然 1983—2004 年 FDI 对美中贸易逆差的影响没有人民币汇率的影响明显，但从短期波动看，人民币汇率对美中贸易逆差的影响在减弱，而 FDI 增加产生的逆差"引致扩大"效应在加强。同时，目前学术界还需对 1994 年以后，人民币汇率基本保持不变，但美中贸易逆差仍然不断扩大给出合理的解释。本文通过经验分析认为外商直接投资产生的逆差"引致扩大"效应能部分地解释这一现象，因此当前很有必要加强研究 FDI 对美中贸易逆差产生的"引致扩大"效应，这恰恰也是本文研究的主要现实意义。

三、模型结论的解释及其政策启示

（一）FDI "引致逆差"扩大与外资企业加工贸易顺差的扩大

Johansen 协整分析显示，无论是美国还是其他国家和地区对中国直接投资，与美中贸易逆差间均存在一种正向的长期均衡关系，这说明 FDI 对美中贸易逆差的"引致"扩大效应确实存在。FDI 对美中贸易逆差扩大的影响，主要是通过增加在中国外资企业对美出口产生的。1994—2004 年中国出口增长 3.9 倍，其中 65% 是外资企业贡献的。美国作为目前世界上进口能力最强的国家，自 1998 年起已经成为在中国外资企业出口的主要目标国，外企年均对美出口占其出口总额的 24% 左右；2001—2004 年，外企对美贸易顺差从 183 亿美元提高到 589 亿美元，占中国对美国贸易顺差的比重从 65% 提高到 73.4%（杨正位，2005）。

当前，中国对美国贸易顺差主要以加工贸易顺差为主。据中国商务部外国投资管理司统计，2005 年外企加工贸易顺差达到 1153.83 亿美元，在中国加工贸易顺差总量中的比重高达 81%，[①] 超过 2005 年中国对外贸易的总顺差（1018.18 亿美元）。可以说，目前中国在以发达国家技术密集型产业为主的全球生产工序中，主要从事的是劳动密集型工序。这种贸易现实使中国国内制造商只能从出口到美国的最终产品收益中赚取较低的加工费，大部分收益则被美日等国在中国投资的企业赚取。

---

① 资料来源：中华人民共和国商务部外国投资管理司（2006），《中国投资指南》1 月 20 日，中国商务部网站（投资指南），http：//www.fdi.gov.cn/main/index.htm。

（二）美中贸易逆差扩大"引致"效应的实现途径

从协整方程（3）与（4）的 FDI1 系数看，美国对中国 FDI 促进了中国对美出口，并且这种促进效应大于 FDI1 对中国自美进口的促进效应，这种出口促进效应主要是由美资在华附属机构对美出口产生的。21 世纪初美国对中国直接投资企业的对外贸易以 IT 类产品和制成品的加工出口为主，这种出口模式使中国只赚取了产品生产过程中劳动密集型加工环节的费用，出口产品附加值的大部分被美资企业在对美国返销中赚走了，但是这部分由美资企业赚取的附加值却被计入中国对美出口。

从协整方程（2）中 lnFDI2 的系数可以看到，除美国外的其他国家和地区对中国 FDI 的增加，也使美中贸易逆差规模产生了增大效应。改革开放以来，亚洲的日本、韩国、中国台湾、东盟等国家和地区纷纷开始加快对中国的产业转移。这些亚洲国家和地区的外资企业从母国和原地区进口原材料、中间品、生产设备和关键零部件转移到中国加工制作，然后将在中国制造出来的最终产品出口到美国。这些出口全部被计入中国对美国出口。周边各国和地区对中国 FDI 的增加实际上带动了这些国家和地区对美国出口向中国对美国出口的转移，造成美中贸易逆差不断扩大和美国对这些外企所在国和所在地区的贸易逆差不断缩小。

（三）降低 FDI 对美中贸易逆差的"引致扩大"效应的途径

（1）改善中国贸易统计方法，建立以"所有权"为基础的贸易差额统计框架。FDI 对美中贸易逆差的"引致扩大"效应，实质是 FDI 的增加使外资在华附属机构对美贸易顺差不断扩大。中国现行的贸易差额统计以"国境"为统计范围，以"居民"为统计单位（孙华妤、许亦平，2006）。在这种统计框架下，外资在华企业被视为"中国居民"，其对外贸易顺差被归入中国对外贸易顺差，由此产生 FDI 对美中贸易逆差的"引致扩大"效应，并使中国对美贸易利得被高估。对此，可依据外资企业贸易收益实际归属于哪一国的原则，建立以贸易利益的"所有权"为基础的统计制度，搜集和计算美中双边贸易的实际数据，正确评估双方的实际贸易利得与贸易差额。

（2）加快东亚区域贸易自由化进程，充分发挥自由贸易区的贸易转移与创造效应，以对东亚地区出口的增加部分抵消中国对美贸易顺差。中国应努力加快与日、韩及东盟间的"10+3"自由贸易区建设，加快参与区域合作的进程，充分发挥自由贸易区的贸易转移与贸易创造效应，使外部贸易内部化，将对美出口转为对东亚各国或地区出口，最终降低 FDI 对美中贸易逆差的"引致"扩大效应。

（3）完善外资政策，加强对外资流向的引导。从协整方程（3）和（4）中 FDI1 的系数看，美国对华直接投资对中国对美国出口的影响要大于对中国自美国进口的影响。这一结论来源于中国传统的引资模式与外贸政策。由于进入中国的外资主要流入劳动密集型出口加工产业，而这些产业又与美国国内产业形成互补型的贸易结构，因而使得中国对美出口迅速增加。误差修正方程（7）与（8）中 FDI1 的系数显示，从短期波动趋势看，FDI 的增加对中国进口的促进作用大于对出口的促进作用，这说明近年来中国提出的改善贸易增长方式与调整引资方向的经济政策起到了一定作用。对流入劳动密集型加工部门的外资降低优惠水平，实施国民待遇；将优惠政策集中于提高劳动生产率和加速国内技术升级，加大对高科技产业与服务业的引资政策支持，继续给予流入这些行业的外资"超国民待遇"。最终抑制美国、亚洲各国或地区对中国的劳动密集型加工产业转移，降低其对美中贸易逆差的"引致"扩大效应。

（4）扩大国内有效需求，将外资在华企业对外出口转为对内销售。从反映长期趋势的协整方程（2）看，lnCSM 与 lnXM 呈同方向变化，即以消费水平上升为代表的国内需求扩大并未使美中贸易逆差有缩小的趋势，而是继续保持扩大的趋势。这说明长期以来中国居民消费水平还相对较低，而且居民消费水平的提高还无法赶上国内生产能力的提高速度，从而使提高的居民消费需求只能用于满足部分国内供给，而对进口需求提高的作用很小，同时长期的内需不足也使以外商直接投资企业为代表的国内生产企业更多的面向国外市场销售剩余产品，对外贸易顺差因此持续增加。但从反映短期动态特征的误差修正方程中 lnCSM 的系数看，短期内居民消费水平的提高对美中贸易逆差的扩大产生了负效应。这与长期趋势下的结论不同，说明在短期波动范围内，中国居民消费水平的提高一定程度上增加了进口，减少了中国对美国贸易顺差，只是这一短期效应在长期趋势下还未显现，无法扭转美中贸易逆差扩大的长期趋势；但随着中国消费水平的提高，国内有效需求的扩大，产品生产终将更多的转向去满足国内需求，从而减少外商投资企业的出口返销和贸易转移，美中贸易逆差在长期趋势下也有可能发生逆转，向不断缩小的趋势发展。因此，降低 FDI 对美中贸易逆差的"引致"扩大效应的根本途径就是提升居民消费水平，扩大国内有效消费需求。

◎ **参考文献**

[1] 陈宝森（2003）：《中美贸易逆差的原因及中国企业的对策》，《中国经营报》11 月 10 日。

[2] 李响（2005）：《还原中美贸易逆差的真面目》，《国际贸易》第 8 期。

[3] 廉云（2004）：《美国对中国贸易逆差问题剖析》，《经贸论坛》第 7 期。

[4] 穆良平、张静春（2004）：《中美贸易逆差与美国贸易保护的改变》，《国际经济评论》第 9~10 期。

[5] Robert C. Feenstra、海闻、胡永泰、姚顺利（1998）：《美中贸易逆差：规模和决定因素》，北京大学中国经济研究中心讨论稿系列，No. C1998009。

[6] 孙华妤、许亦平（2006）：《贸易差额的衡量：基于所有权还是所在地》，《国际贸易问题》第 5 期。

[7] 杨正位（2005）：《全球化时代的产业转移是美对中国贸易逆差的根本原因》，《中国金融》第 14 期。

[8] Bhagwati, Jagdish N.；Brecher, Richard A.；DinopouJos, Elias and Srinivasan, T. N. "Quid Pro Quo Foreign Investment and Welfare：A Political Economy Theoretical Model." *Journal of Development Economics*, October 1987, pp. 127-138.

[9] Engel, R. F. and Granger, C. W, J. "Co-integration and Error Correction：Representation, Estimation and Testing." *Econometrica*, 1987, 55, pp. 251-276.

[10] Johansen. S. "Statistical Analysis of Co-integration Vectore." *Journal of Economic Dynamics and Control*, 1988, 12, pp. 231-254.

[11] Lachica, Eduardo. "China Criticized for Failing to Heed 1992 Accord Opening Market to U. S.." *Wall Street Journal*（Eastern edition）, 1996, PA2.

[12] Lardy, Nicholas R. "Is China a 'Closed' Economy?" Prepared statement for a public hearing of the United States Trade Deficit Review Commission, the Brookings Institute, Febniary 24, 2000.

[13] Lardy, Nicholas R. "Is China an Effective Foreign Policy Tool?" Background Paper, the Brookings Institute, May 22, 1997.

[14] Mundell, Robert. A. "International Trade and Factor Mobility." *American Economic Review*, June 1957, pp. 321-335.

本文原载于《世界经济》2006 年第 9 期

技术创新：美国经济增长的有力支撑*

陈继勇　胡　艺

近年来，美国经济一直保持增长势头。据统计，2002—2005 年，美国 GDP 实际年增长率平均为 3.0%，高于发达国家 2.3% 的平均增长率。支撑美国经济增长的原因很多，其中一个不容忽视的重要原因，是持续的技术创新有力地提升了美国经济贸易的竞争力。

一、技术创新促进了美国经济的增长

以信息技术产业为代表的新兴产业持续、大量的技术创新成果，对生产率的不断提高产生了积极影响，生产率的长期稳定增长确保了美国经济的持续稳定运行。活跃的技术创新催生了信息技术产业本身的高生产率，直接带动了生产率的增长。目前，信息技术的广泛应用已成为生产率提高的主要因素。持续的创新不仅直接带动信息技术产品的价格不断下降，而且企业实现经营管理信息化和生产流程自动化的成本大大降低，非信息技术产业的生产率也随之提高。此外，新技术必然导致组织的变革和商业模式的创新，这些变革同样有利于提高熟练工人的生产率。

技术创新从某种程度上影响着经济周期，推迟经济衰退的时间，减小经济波动的幅度。经济发展的周期性是资本主义生产方式的致命弱点，但综观今日美国经济的现实，当经济运行到即将衰退的临界点时，技术创新就会刺激公众对新产品的消费和企业对新技术的投资。只要技术创新成果持续不断并大量投入市场，就有可能使经济进入新一轮的上升通道，从而有助于避免经济衰退，减轻经济波动的幅度。

技术创新已成为美国经济可持续增长的重要条件。进入知识经济时代，技术等无形资本已经取代有形资本和劳动力，成为推动经济增长最重要的要素。为此，企业也加大了在研究开发、产品设计、品牌建设和雇员培训等方面的支出。这些无形投入，不仅有助于消除有形要素边际收益递减对经济持续增长的阻碍，而且减轻了经济增长对自然资源的过度依赖，有利于经济的可持续增长。

二、技术创新提高了美国的贸易竞争力

美国的对外贸易一直保持着强劲的增长势头，巨额贸易赤字并没有减弱其出口能力。在技术要素更为密集、更需要技术创新的服务贸易和高技术产品贸易方面，美国依然具有强大的竞争力，这种竞争力主要得益于技术创新。每年，活跃的技术创新带来的大批创新成果，以专利技术、专有技术等方式迅速运用于产品生产，从而对不同生命周期阶段产品的竞争力产生不同的影响。

技术创新不断地创造处于导入期的新产品。众所周知，技术模仿需要时间，独特的新产品据此获得了绝对的竞争优势。这些新产品保持自身市场优势时间长短，既取决于技术扩散的时间，也取决于本国同类产品的技术创新速度。技术创新有利于成长期产品的市场竞争，对处于成长期的产品而言，技术创新具有双重效应。一方面，新产品对原有产品的价格形成很大的压力，迫使它降价。通常，消费者接受新产品的

---

* 本文于 2011 年获湖北省第七届哲学社会科学优秀成果一等奖；2008 年获武汉市第十一次社会科学优秀成果奖一等奖。

价格都有一个上限。例如，信息产业的芯片更新速度很快，但每次最新芯片的价格却基本不变，那些其实并不落后的原有芯片只好降价销售。另一方面，新技术提高了生产率，在规模经济作用下，产品的成本不断下降。两个方面的共同作用，使美国在部分处于成长期的技术密集型产品出口上具有一定的价格优势。所以，正是技术创新一直领先，使得美国的技术密集型产品在世界市场上始终保持着很强的贸易竞争力。

技术创新加快了产品进入成熟期的速度。原有产品的标准化生产导致其他国家竞相模仿，美国国内工资水平较高，同类产品在世界市场上并不具有竞争优势。随着产业结构的调整，美国不断将此类产业向其他国家转移，但这绝不是免费的午餐。随之而来的大批量技术贸易，如专利权和版权的许可使用、特许经营权的授予、技术支持及相关的管理咨询等，通通是要收费的。这也是美国在服务贸易方面具有较强竞争力的一个重要原因。

三、美国技术创新能力是如何形成的

不断加大研发经费投入，创建以企业为主体的技术创新体系。实践证明，研发经费的投入和技术创新成果之间具有很强的正相关关系。现代的技术创新不再是偶然的发明或发现，而是在保证高投入条件下有意识的、系统的工作。在发达国家中，美国每年投入的研发经费最多。据统计，2002年，美国投入的研发经费约2666亿美元，而其他经合组织（OECD）国家的总和仅为3583亿美元，其中日本1028亿美元，德国522亿美元；同年，美国研发费用占其GDP的2.66%，高于OECD国家的平均值（2.26%）。

企业作为技术创新的主体，有利于克服技术上和市场上的不确定性，有利于创新成果更为迅速地应用于生产，使技术创新有了竞争性的微观基础，创新成果也有了相对客观的评判标准。在美国，企业的研发活动始终居于主导地位。2004年，美国研发总费用高达3120.68亿美元，其中企业投入1990.25亿美元，占63.8%；联邦政府为933.84亿美元，占29.9%；其余来自高校、非营利组织、州及地方政府。从产业上看，非制造业公司的研发活动明显活跃于制造业。2002年，美国非制造业公司的研发费用占其净销售额的4.1%，其中软件业、科学研发服务、计算机系统设计及相关服务三个行业，分别高达21.4%、17.6%、14.3%；制造业公司研发费用占其净销售额的3.2%，其中化工、测控及科学仪器、机械三个产业分别为5.9%、5.4%和4.3%。它们既是美国技术创新成果最丰硕的行业，也是最具国际竞争力的行业。

建立和完善促进技术创新的政策与机制。美国不仅制定了专门保护技术创新活动的技术创新法和专利法，而且其相关经济政策也非常重视促进技术创新。

美国支持创新的财政政策更注重对研发支出提供税收减免，以刺激企业的研发活动。与直接的研发补贴方式相比，税收减免的优点是将创新活动与市场机制挂钩，避免直接补贴带来的诸如技术方向选择、企业筛选及竞争中的争议等难题，从而有效地降低企业研发创新的成本，降低创新技术在市场方面的不确定性。美国的中小企业政策和风险投资政策在高度重视市场作用的前提下，总是围绕着有利于促进技术创新来进行调节。在美国那种激烈的市场竞争环境下，中小企业时刻面临着生死存亡的考验。但是，在风险资本和政府众多中小企业计划的支持下，不乏中小型高新技术企业发展成世界级大企业的先例，例如英特尔、微软和苹果等公司。美国政府的采购政策，实际上也是通过政府的市场行为，有意识地引导和促进企业技术创新活动的速度、规模和方向。美国在电子、航空航天等领域之所以拥有强大的竞争力，就是得益于政府采购的引导和扶持。

充分利用经济全球化对技术创新的刺激功能。经济全球化从两个方面刺激和促进了技术创新。从企业技术创新的收益方面来看，经济全球化有利于庞大世界市场的形成，使得拥有技术优势的企业，有可能获取更多的垄断利润；企业通过对外直接投资中的技术转移，延长了技术的寿命，增加了创新活动的收益。从企业技术创新的成本方面来看，随着经济全球化进程的不断加快，世界范围内出现了一个更大的劳动力市场，企业有机会在全球招揽高技术人才，技术创新的人力成本不断下降。美国就是利用经济全球化对技术创新的刺激功能，打造出一批竞争力很强的跨国公司。这些跨国公司利用垄断性的技术优势，在国际市场上攫取大量的超额利润。同时，美国也利用经济全球化的影响，通过优厚的教育和移民条件，吸引各国的人才赴美从事科学技术研究工作，并在世界各地建立研发中心，直接利用当地的高级人才进行技术研发。

　　大力培养国民的科学精神和学术传统。美国国民的主体是欧洲移民。在欧洲那种浓郁、开放的学术传统影响下，美国非常重视发展科学技术，尤其是坚持推崇纯科学研究，并赢得广泛深厚的社会基础。毫无疑问，始终注重培育和发展有利于科技创新的文化土壤与社会氛围，对于美国技术创新能力的提升，起到了强有力的推动作用。

本文原载于《求是》2007年第8期

知识经济时代与世界经济失衡问题的再认识[*]

陈继勇　胡　艺

一、问题的提出

当前世界经济失衡在世界范围内引起了广泛的关注。世界经济失衡集中表现在两个方面：一是美国巨额的经常项目赤字和不断增长的净外债额；二是部分东亚国家或地区及石油产出国大量的贸易顺差和快速增长的外汇储备。2006 年美国经常项目赤字高达 8567 亿美元，约占 GDP 的 6.5%，而 2001 年这一数字为 3889.6 亿美元，占 GDP 的比重仅为 3.8%。为了弥补赤字，美国需要从国外借款，这又导致美国的净国际投资头寸不断减少。美国的总外债从 2001 年的 9.27 万亿美元上升到 2005 年的 13.63 万亿美元，占 GDP 的比重从 91.5% 上升到 109.4%。2005 年美国的净外债已高达 2.55 万亿美元，约占 GDP 的 20.4%。与此形成鲜明对比的是同期中国、日本、亚洲新兴工业化国家或地区、俄罗斯和沙特阿拉伯等国的经常项目出现大量盈余，2005 年它们的经常项目顺差分别为 1608.2 亿、1656.9 亿、785 亿、835.6 亿和 907.9 亿美元，占本国或地区 GDP 的比重分别为 7.2%、3.6%、5.0%、10.9% 和 29.3%。同时这些国家的外汇储备也在高速增长，2006 年底中国的外汇储备余额已高达 10663 亿美元，日本、韩国和俄罗斯 2005 年的外汇储备额也分别高达 8288.1 亿、2099.7 亿和 1756.9 亿美元。[①] 按照传统的经济学观点分析，当前的世界经济已经严重失衡。

部分学者认为这种严重的失衡是不可持续的，世界经济将发生由市场主导的无序的、突然的调整：美元大幅贬值，大量在美外国投资迅速撤离，美国国内利率飙升；美国总需求锐减，引起全球经济的衰退（Obstfeld and Rogoff，2000、2004；Roubini and Setser，2004）。但也有学者认为失衡是可持续的，他们质疑现行的统计体系和统计方法没有准确地反映世界经济的失衡问题。他们认为如果选用适当计量方法计算一些耐用消费品、教育和研发支出等具有储蓄含义的支出，美国的储蓄率其实并不低，足以支持未来经济的健康增长，吸引其他国家继续投资于美国，为美国的经常项目赤字融资（Cooper，2005）。现行的经常项目统计也没有完整的计量美国净国际资产的变化，如果将对外直接投资中的无形资产流出、保险交易和跨国的流动性服务的收益计算在内，美国并不存在经常项目的失衡（Hausmann and Sturzenegger，2006）。

在经济全球化时代，在贸易、金融和投资高度一体化的时代，尤其是知识经济快速发展的背景下，当知识要素取代传统的资本要素成为最主要的生产要素，无形投入和创新成为经济增长最重要的动力时，传统的统计体系和方法面临着严峻的挑战，我们试图将无形投入和无形资产的跨国流动纳入传统的统计体系，从新的视角来分析当前的世界经济失衡。

---

[*] 本文于 2011 年获湖北省第七届哲学社会科学优秀成果一等奖；2008 年获武汉市第十一次社会科学优秀成果奖一等奖。

[①] 数据来源：IMF：World Economic Outlook Database Sept 2006 和 International Financial Statistics（IFS）http：// www.imf.org。

二、知识经济时代与美国经济失衡的再认识

作为当前世界经济失衡最主要逆差方的美国，经常项目的赤字已经达到前所未有的规模，赤字的可持续性对美国经济和世界经济的持续健康增长有着巨大的影响。尽管造成美国巨额经常项目赤字的原因非常复杂，但这与美国已进入由知识和创新驱动的知识经济时代这一事实密切相关。与工业经济时代相比，知识经济时代经济活动的内涵在深度和广度上都明显得到了拓展，无形投入对经济增长的贡献越来越大，知识要素逐渐取代资本要素成为最重要的生产要素。

首先，步入知识经济时代，在工业经济时代建立的传统统计体系有可能误导我们对经济运行真实状况的认识。我们对经济的理解和思考都是建立在传统统计方法和统计数据基础之上的。20 世纪 30 年代，美国经济经历了最严重的一次经济危机，而政策制定者由于缺乏足够的数据和工具，无法知道经济是在变好还是更糟，也就无法来调控宏观经济。为了解决这个问题，在 Kuznets 的领导下，将机器和厂房等有形投入作为长期的投资，第一次开始计算国民的收入和产出——美国经济的购买力水平和生产水平，政府则通过统计数据来监测经济的运行状况从而制定有效的宏观经济政策。Kuznets 的工作奠定了此后美国国民收入和产出账户统计的基础。但是，这个统计体系并没有将美国每年对技术创新、产品设计、品牌维护、员工培训等无形投入计算在内，因此也就不可能让人们完全认识到当前知识经济的巨大影响。1999 年 BEA（Bureau of Economic Analysis）做出了一个新突破，将用于计算机软件的开支作为一项长期投资计入 GDP 的统计之中，然而软件支出只占美国巨额无形投入的一小部分。此外，美国的涉外统计中也存在类似问题。美国的进出口统计中虽然包括技术贸易的统计，但只是美国无形资产跨国流动的一小部分。比如美国企业的对外投资主要是将厂房和机器设备的价值记录在案，而投资过程中涉及的大部分无形知识的转移都没有记录，比如专有技术和企业员工培训等，实际上美国出口了大量的知识，而这并没有在美国的经常项目统计中得到体现。这些由知识经济带来的统计上的遗漏或多或少会使我们对真实经济状况的认识产生误解，当然也会影响我们对当前世界经济失衡的认识。

其次，在研究世界经济失衡问题时，我们关注的应该是相对量指标——经常项目差额（CA）（或净国际投资头寸，NIIP）与国内生产总值之比，而非经常项目差额的绝对量指标。

$$RCA \text{ 或 } RNIIP = CA \text{ 或 } NIIP/GDP$$

知识经济快速发展带来的统计问题有可能从分母（GDP）和分子（CA 或者 NIIP）两个方面对我们重点关注的相对量指标产生较大影响。如果将无形投入完全纳入国民收入和产出账户，可能会使美国的国内总产出水平有一个较大的提高，这样在经常项目赤字绝对量保持不变的情况下，相对量会有减少，而如果这个相对量并没有达到或者接近警戒水平，我们有理由对世界经济失衡的可持续性保持乐观。如果将无形资产的跨国流动更充分的考虑在美国的经常项目统计之中，或许会减少美国经常项目的巨额赤字。充分考虑知识经济时代的影响，我们对世界经济失衡可能会有一个新的认识。

（一）无形投入对美国国内生产总值的影响

传统上，无论是公司会计还是国民收入的统计，都将无形投入作为中间成本而非作为 GDP 组成部分的投资。考虑一个只包括消费（C），有形投资（I）和无形投入（N）的经济增长模型，无形投入被作为一个中间产品，劳动力（L）和有形资本（K）分别是这三者的生产要素，无形投入是消费和有形投资的一个输入量，有如下等式成立：

$$\begin{cases} N(t) = f^N(L_N(t), K_N(t), t) \\ I(t) = f^I(L_I(t), K_I(t), N_I(t), t) \\ C(t) = f^C(L_C(t), K_C(t), N_C(t), t) \end{cases} \quad (1)$$

约束条件为：$L = L_N + L_I + L_C$，$K = K_N + K_I + K_C$，$N = N_I + N_C$ 资本的动态累积方程为：$K(t) = I(t) +$

$(1-\delta_K)K(t-1)$。① $N(t)$ 既作为产出又作为其他产品生产的中间投入，因此并不出现在最终总产出的核算方程中。这里使用技术进步为 Hicks 中性的 C-D 生产函数，则有：

$$\begin{cases} Y = Af(L, K) = A\,L^\alpha\,K^\beta \\ G_Y = G_A + \alpha\,G_L + \beta\,G_K \\ Y = C + I \end{cases} \tag{2}$$

这里，G_Y、G_A、G_L 和 G_K 分别表示产出、技术水平、劳动和资本的增长率。

标准资本理论对资本的定义是建立在必须满足跨期效用函数最大化的最优消费路径这一特定条件下的。这个优化问题的结果决定了跨期消费的最优路径，也就决定了消费者的储蓄行为，进而决定了投资和资本积累的最优路径。这一点对于无形资本有着重要的意义，即可认为任何一项减少当期消费而在未来能增加消费的资源的使用都可作为一项投资（Weitzman，1976；Hulten，1979）。因此，所有形式的资本都具有对等的地位，研发和员工培训支出与厂房和设备的支出是对等的，而企业用于提升公司价值和改进产品的大多数支出也同样可以在国民统计系统中与有形资本得到同样的待遇。无形投入不再作为中间产品，而是作为最终产品出现在生产函数中，于是有：

$$\begin{cases} N(t) = f^N(L_N(t),\ K_N(t),\ R_N(t),\ t) \\ I(t) = f^I(L_I(t),\ K_I(t),\ R_I(t),\ t) \\ C(t) = f^C(L_C(t),\ K_C(t),\ R_C(t),\ t) \end{cases} \tag{3}$$

这里 $R_N(t)$ 表示无形资本的积累，其满足 $R = R_N + R_I + R_C$ 的约束条件，动态累积方程为：$R(t) = N(t) + (1-\delta_R)R(t-1)$。② 沿用上面同样的生产函数形式则有：

$$\begin{cases} Y' = A'f(L, K, R) = A'\,L^{\alpha'}\,K^{\beta'}\,R^{\gamma'} \\ G'_Y = G'_A + \alpha'\,G_L + \beta'\,G_K + \gamma'\,G_R \\ Y' = C + I + N \end{cases} \tag{4}$$

由上式可以看出将无形投入作为投资引入生产函数后，总产出水平和增长率都发生了变化。无形投入资本化之后，劳动力和资本要素增长对产出增长影响的相对贡献也发生了改变，全要素生产率在生产中的作用也发生了变化；消费占总产出的比重减少了，而储蓄投资占总产出的比重增加了。这都有可能改变我们对世界经济失衡的认识。

现实世界中，全球化、外包和对创新的重视迫使企业加快了从有形投资向无形投资的转变。从 2000 年开始，美国最大的 10 家公司研发费用每年以 42% 的速度增长，而同期有形资本投资的增长率低于 2%，这些巨头增加的投资中的大多数并没有在官方统计数据中体现出来（Farrell et al，2006）。Corrado 等（2006）估算了战后美国企业无形投资的规模，其中 20 世纪 80 年代美国企业年平均无形投资约为 3493 亿美元，与官方公布的企业有形投资额的比约为 0.82，而 90 年代这两个数值分别为 7498 亿美元和 1.1，进入 21 世纪美国企业年平均无形投资上升到 12262 亿美元，约为企业有形投资的 1.36 倍。我们在此比例基础上，利用美国企业每年有形投资额的官方数据，通过下面的计算方法可以大体估算美国每年的无形投入的大小，从而计算出将无形投入纳入美国 GDP 之后，美国经常项目赤字占 GDP 的比重了。

$$\begin{cases} II(t) - k(t)\,TI(t) \\ \text{GDP}_{ad}(t) = \text{GDP}_{of}(t) + II(t) \end{cases} \tag{5}$$

其中，TI、II 分别表示美国每年的有形投资额和无形投资额，k 表示无形投资额与有形投资额之比，GDP_{of} 和 GDP_{ad} 分别表示每年官方统计的美国国内生产总值和纳入无形投入调整后的美国国内生产总值。

如图 1 所示，经过调整后，美国经常项目赤字与 GDP 的比值有了一定程度的减少，近年来减少的幅度是 GDP 的 0.6%~0.8%，而且随着无形投入比重的不断加大，其影响有扩大的趋势。这意味着未来可

---

① 这里的 δ_K 是指有形资本的折旧率。
② 这里的 δ_R 是指无形资本的折旧率。

能出现这种状况：官方数据显示的经常项目赤字与 GDP 的比值不断扩大，而随着无形投入规模的快速增长，事实上这个比值是相对稳定的，甚至可能有所下降。这还可能对我们认识世界经济失衡产生多方面的影响。美国经常项目赤字持续的时间可能比预想的长，为了恢复平衡，美元贬值的幅度可能比预想的要小。结合上面的理论分析，将失衡的原因归结为美国投资储蓄失衡、投资消费失衡的观点也会在某种程度上进行修正，因为美国还存在着数额巨大的无形投资。我们也有更充分的证据证明美国经济比我们想像的要强大得多，只要美国经济保持高速、健康的增长，美国就可以不间断地从国外为赤字融资，最终国外持有的美国净资产占美国总产出的比重会稳定下来，给世界经济带来灾难性后果的无序、突然的调整出现的可能性不大。

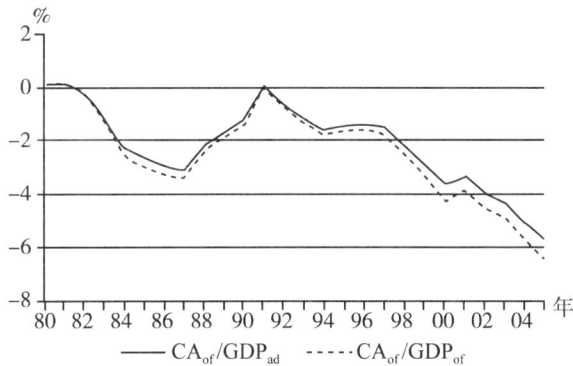

图 1 1980—2005 年美国经常项目差额与 GDP 的比值

资料来源：IMF：International Financial Statistics（IFS）和 U. S. Census Bureau：Statistical Abstract of the United States（2006）。

（二）无形资产跨国流动对美国经常项目差额的影响

美国巨额无形投入产生了大量的无形资产，包括专利技术、专有技术、管理技能、创新服务、优势品牌和良好的商誉等。随着美国对外投资和贸易的不断增长，这些无形资产跨国流动的规模也日益扩大。虽然美国的涉外经济统计中包括了部分技术贸易的交易，但是依然存在大量未被官方统计的无形资产流动。我们用一个简单的案例来说明这个情况。假设美国一家著名的跨国公司在国外新设立了一家开发系统软件的公司，全部的投资从当地银行或资本市场获得，所有的办公设备从当地采购，当地的新公司能开发和美国公司同样的软件，获得的利润除偿还公司债务外，都作为美国投资收益的一部分。在这个案例中，美国官方统计中既没有美国对外直接投资的增加，也没有计量专有技术、管理技能、品牌价值等无形资产的出口。但是，事实上这笔投资给美国带来了投资收益，这种收益的源泉就是美国大量无形投入产生的无形资产的跨国流动。即使在官方统计中也不难找到相关的证据。2005 年美国的净国际投资头寸为负的 2.54 万亿美元，①但投资净收益却为正的 112.9 万亿美元,①这说明美国持有的外国资产的收益率高于外国持有的美国资产的收益率。我们认为出现这种情况最主要的原因就是美国出口了大量的无形资产。Hausmann 和 Sturzenegger（2006）将这种无形资产的出口作为"暗物质"的最主要的来源。②下面沿用他们的方法，估算考虑了无形资产跨国流动的美国经常项目差额。

---

① 数据来源：IMF：International Financial Statistics（IFS）http：//www. imf. org。

② Hausmann 和 Sturzenegger 认为美国的官方统计数据没有准确的计量美国真实的净国际投资头寸，他们用资产收益资本化的方法重新衡量了美国的净国际投资头寸，并将他们的结果和官方统计结果之间的差额称作"暗物质"（dark matter），意为看不见的能产生收益的物质。他们认为"暗物质"的来源有三个，即大量无形资产的出口、铸币税和保险服务，其中第一个是最主要的、稳定的来源。

理论上，一个国家弥补其经常项目赤字的方法有两种：或者减少其资产，或者增加其债务，两种方式的结果都会减少其净国际投资头寸。因此，在国际金融规范分析中认为一国经常项目的赤字等同于净国际投资头寸的变化，即存在等式：$CA = \Delta NIIP$。只是在 IMF 确定的标准国际收支会计准则下，数额巨大且稳定的资本获得使现实中这两者之间的关系弱化了。这里采用一套新的会计准则，它遵守经常项目差额等于净国际投资头寸变化的条件，并且采用新的资产估价方法。在新的会计准则下，一项资产的价值并非由其历史成本或者账面价值决定，而是由其带来的收益与利率之比决定的，这种方法在金融资产和土地资产定价中广泛采用。

具体的，我们用美国每年的净国际投资收益除以 5% 的利率计算出美国的净国际投资头寸，①再对美国每年的净国际投资头寸进行一阶差分就可以得出美国每年净国际投资头寸的变化，也就是新会计准则下的美国每年经常项目的差额，即包括了美国无形资产跨国流动的美国经常项目差额，计算公式如下：

$$\begin{cases} NIIR(t) = IIC(t) - IID(t) \\ NIIP(t) = NIIR(T)/r \\ CA_{ad}(t) = \Delta NIIP(t) = NIIP(t) - NIIP(t-1) \\ CCA_{ad}(t) = \sum_{0}^{t} CA_{ad}(t) \end{cases} \qquad (6)$$

其中，IIC 和 IID 分别表示美国每年对外投资收益和外国每年对美投资收益，NIIR 和 NIIP 分别表示美国每年净国际投资收益和美国每年的净国际投资头寸，r 表示利率，也即投资收益资本化率，CA_{ad} 表示包含了无形资产跨国流动的经调整的美国经常项目差额，CCA_{ad} 表示 CA_{ad} 的累积量。

结果如图 2 和图 3 所示，采用新的国际收支会计准则，将无形资产的出口考虑进美国经常项目交易后，美国经常项目的状况并不像官方统计数字所描述的那样逐年恶化，相反在长期内保持了相当的稳定性。累积的经常项目差额在零值上下小幅波动，各年度经常项目差额占 GDP 的比重也始终保持在较安全的范围之内。这个结果给出了美国经济能在官方统计数据显示的如此大规模的经常项目赤字下健康、稳定增长的部分原因，同时也使我们对世界经济失衡有了更进一步的认识，为我们研究、解决世界经济失衡提供了新的视角。

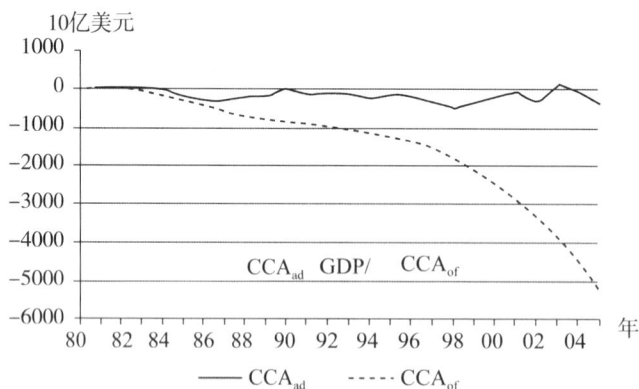

说明：CCA_{of} 和 CCA_{ad} 表示官方统计累积的经常项目差额和考虑了无形资产跨国流动的累积的经常项目差额。

图 2　1980—2005 年累积的美国经常项目差额

资料来源：IMF: International Financial Statistics (IFS), http://www.imf.org。

---

①　5% 的利率是可被广泛接受的平均利率水平，并且这里具体利率的选取并不会改变总体趋势的变化方向和波动的形状。

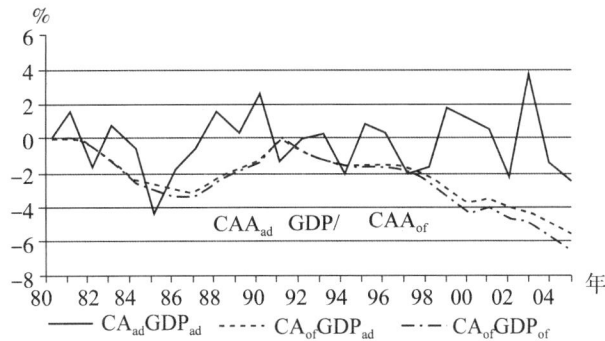

说明：CA_{of} 和 GDP 分别表示官方统计的经常项目差额和国内生产总值，GDP_{ad} 为引入无形投入后经过调整的国内生产总值，CA_{ad} 为考虑无形资产跨国流动后经过调整的经常项目差额。

图 3　1980—2005 年美国经常项目差额与 GDP 的比值

资料来源：IMF：International Financial Statistics（IFS），http：//www.imf.org。

三、知识经济时代对其他国家经济失衡的再认识

如果将全球经济看作一个封闭的经济体，美国经常项目的逆差一定等于其他国家经常项目的顺差，与美国官方数据显示的巨额经常项目赤字相对应的是部分东亚国家和地区以及石油产出国不断增长的经常项目盈余。既然全球经济失衡是一个世界性的问题，考虑了无形资产跨国流动的美国经常项目差额发生了重大变化，累积的巨额赤字有了显著的减少，那么在新会计准则下，存在大量经常项目顺差的东亚国家和地区及石油产出国的经常项目差额又会发生什么变化！我们选取中国、日本、韩国和沙特阿拉伯 4 个国家为样本，分别计算各国在考虑了无形资产跨国流动的新会计准则下 1980—2005 年累积的经常项目差额，并与官方统计数据做比较。如图 4a 所示，考虑了无形资产跨国流动的中国累积的经常项目差额在 1992 年之前与官方数据统计数据几乎没有差别，而 1992—2001 年呈现完全相反的发展方向。这说明随着外国在华直接投资规模和中国对外贸易规模的不断扩大，中国进口了大量的无形资产。如果考虑这些无形资产的进口，中国在这段时期的经常项目存在大量的赤字。2001 年是又一个拐点，调整后的中国经常项目差额与官方统计数据呈同方向变化，逐步向官方统计数据逼近。这一方面说明中国加入 WTO 对中国对外贸易的巨大促进作用，即使考虑无形资产的进口，中国经常项目也开始出现盈余。另一方面则表明中国在经历了多年的对外开放之后，技术水平已经提高到了一个新的高度，外贸和外资的技术溢出效应开始减弱，中国进口的无形资产数额显著减少了，中国已经进入必须更多地依靠自主创新促进经济持续增长的阶段。

图 4c 和图 4d 显示韩国和沙特阿拉伯调整后的经常项目状况。和官方数据显示相比，累积的经常项目顺差有了明显的下降，表明这两国存在大量无形资产的流入。图 4b 中，日本两组数据之间的差异不大，表明日本的无形资产跨国流动基本保持平衡。

综上，随着知识经济的发展和经济全球化程度的加深，当前的世界经济失衡并不像官方数据显示的那样严重，全球经济失衡在某种程度上有所缓和，美国的经常项目逆差没有官方数据显示的那么巨大，东亚国家和地区及石油产出国的顺差也都有不同程度的减少。

四、几 点 结 论

本文以知识经济和经济全球化为时代背景，以美国和亚洲各国为具体的研究对象，将无形资产投入纳入传统的国民收入产出账户，将无形资产投入产生的跨国流动考虑进传统的国际收支统计体系，从新的视角审视世界经济失衡，得出了一些有趣的结论。

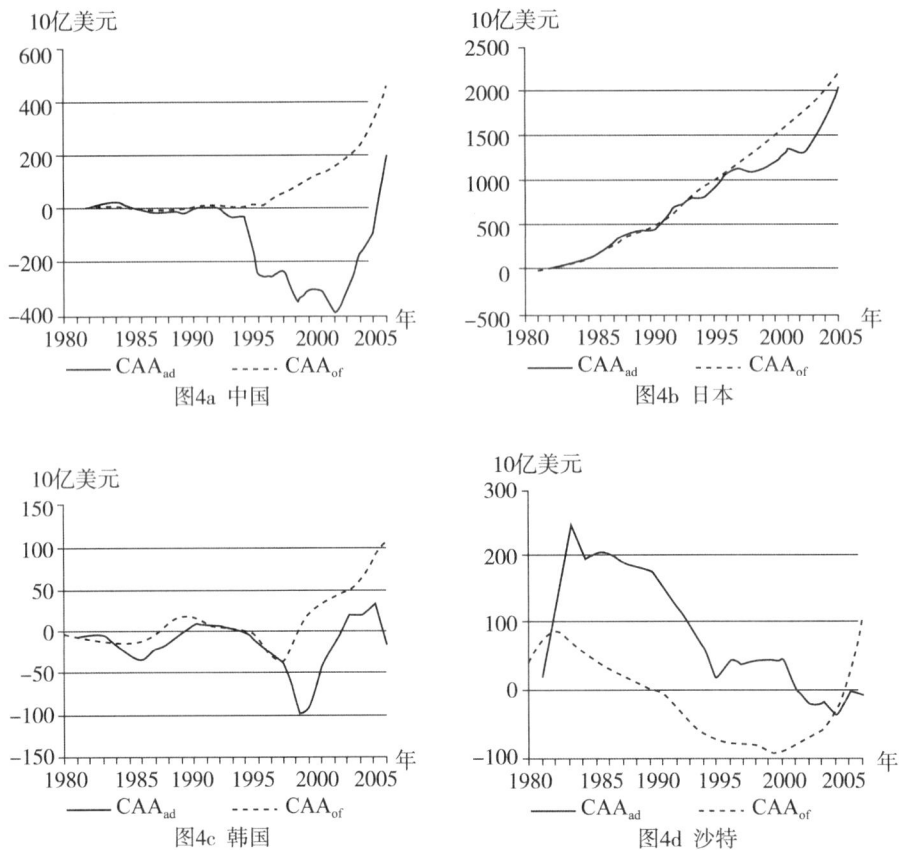

图4a 中国

图4b 日本

图4c 韩国

图4d 沙特

图4 1980—2005 中国、日本、韩国和沙特阿拉伯累积的经常项目差额

资料来源：IMF：World Economic Outlook Database，Sept 2006 和 International Financial Statistics（IFS）http：// www. imf. org。

首先，知识经济时代大量的无形资产投入已经成为经济增长的重要推动力，开始改变我们对真实经济运行的传统认识。将无形投入纳入传统的统计体系不仅会改变经常项目差额与国内生产总值的比值——这是我们判断国际收支失衡的最重要的指标，更重要的是它会增强我们对宏观经济抵御巨额经常项目赤字的信心。因为大量无形投资的存在，美国经济比想象中的更为强大，这使我们有更充分的理由相信美国可以持续地为其赤字融资，经常项目赤字可以更长久地持续下去。此外，将无形投入作为资本，改变了美国的消费投资比例及经济增长中各生产要素的贡献比例，对世界经济失衡起因的研究也具有相当的意义。

其次，美国大量无形投入带来了丰富的无形资产，这些无形资产不仅在美国国内流动，成为其经济充满活力的因子，同时也随着美国对外投资和贸易实现了跨国的流动，并成为美国获取超额投资收益的源泉。文中所用的新统计体系充分考虑了无形资产的跨国流动，我们重新调整了各国的经常项目差额，发现美国经常项目的赤字显著地减少了，表明美国出口了大量的无形资产，这从逆差国的角度证明世界经济失衡并不像官方数据显示的那样严重。用同样的方法，我们发现东亚各国和地区以及石油产出国的经常项目的盈余有了不同程度的减少，它们是无形资产的进口国，这从顺差国的角度对这一判定作了证明。随着全球化程度的不断加深，知识经济的不断发展，无形资产转移速度的日益加快，世界经济或许能在有形的失衡中持续增长。

最后，从工业经济时代跨入知识经济时代，传统的统计方法和体系在很多方面都可能会出现问题。然而我们很大程度上却是通过统计数据对经济的运行状况做出理性判断的，在知识经济不断发展的过程中这必将带来更多的困扰。因此，按照新的经济形态，不断改进原有的统计体系或建立一个适用的新统计体系也已经成为各国政府和学者的重大课题，但知识和创新的无形性无疑给这个课题增添了很大的难度。

◎ 参考文献

［1］Cooper，R."Living with Global Imbalance：AContrarian View."*Policy Briefs in International Economics* No. PB05-3，2005.

［2］Corrado，C.；Hulten，C. and Sichel，D."Intangible Capital and Economic Growth."*NBER Working Paper* No. 11948，2006，h ttp：／／www. nber. org ／papers ／w11948.

［3］Farrell，C.；Hamm，S. and Mandel，M."Why the Economy Is a Lot Stronger than You Think."Business Week，2006，http：//www. Business-week. com/magazine/content/06_07/b3971001. htm.

［4］Hausmann，R. and Sturzenegger，F."Global Imbalance or Bad Accounting? The Missing Dark Matter in the Wealth of Nations."CID working paper No. 124，2006，Harvard University.

［5］Hulten，C."On the Importance' of Productivity Change."*American Economic Review*，1979，69，pp. 126-136.

［6］Obstfeld，M. and Rogoff，K."Perspectives on OECD Economic Integration：Implications for US Current Account Adjustment,"in Federal Reserve Bank of Kansas City，*Global Economic Integration：Opportunities and Challenges*，March 2000，pp. 169-208.

［7］——."The Unsustainable US Current Account Position Revisited."*NBER Working Paper* No. 10869，2004.

［8］Roubini，N. and Setser，B."The US as a Net Debtor：The Sustainability of the US External Imbalances."2004，http：//pages. stern. nyu. edu ／~nroubini/papers/Roubini-Setser-US-External-Imbalances. pdf.

［9］Witzman，M."On the Welfare Significance of National Product in a Dynamic Economy."*Quarterly Journal of Economics*，1976，90，pp. 156-162.

本文原载于《世界经济》2007 年第 7 期

全球经济失衡的可持续性问题研究[*]
——基于美中贸易失衡的角度

陈继勇　吴　宏

2005 年 2 月 23 日，国际货币基金组织总裁罗德里戈·拉托·伊·费加罗发表题为《纠正全球经济失衡——避免相互指责》的研究报告，首次正式界定"全球经济失衡"（global imbalance）这一新概念。此后，全球经济失衡成为国内外学术界的研究热点，其中，失衡是否可持续更是争论的主要焦点之一。

一、国内外学术界对全球经济失衡是否可持续的争议

针对什么是全球经济失衡的"可持续"，Mann 曾给予明确界定，认为全球经济失衡"可持续"必须满足三个条件：其一，一国的外部失衡必须按现今某一时间段之前的失衡趋势，以稳定的途径与方向保持；其二，在保持稳定发展方向的同时，该国内部必须保证没有任何内在力量突然改变失衡的"运行轨迹"；其三，这种失衡趋势最终将会达到一个极限水平，即实现最终均衡，并在这一极限水平下保持稳定发展趋势，持续存在。

目前，国内外学术界的主流观点认为：全球经济失衡的实质是美国与东亚经济体及产油国间的经常账户收支不平衡，其形成基础是美国贸易赤字的持续扩大。因此，全球经济失衡是否可持续的实质是美国贸易赤字是否可持续。对美国贸易赤字是否可持续，目前有两种对立观点：

其一，以 Obstifeld 与 Rogoff 为代表的乐观派，他们认为"美国贸易赤字可持续"。基本观点是，其他国家国内非贸易产品劳动生产率的提高，可以在短期内降低美国对外贸易逆差；但也同时强调当其他国家贸易产品的劳动生产率提高时，美国对外贸易逆差将不断持续下去。陈继勇、胡艺认为，如果将无形资产的出口考虑进美国经常项目交易，当前的世界经济失衡并不像官方数据显示的那样严重，失衡在一段时间内是可持续的。David Dodge 认为：由于非弹性的劳动力市场、不适宜的财政政策、各国现存的贸易壁垒、功能不全的资本市场以及市场均衡机制无法按其正常的运行机制和方式运行，世界经济范围内的经常账户失衡有可能将持续。

其二，以美联储为代表的政府机构和一些学者则持"美国贸易赤字将在未来不可持续"的观点。美联储提出：当美国的经常账户逆差达到 GDP 的 5%时，逆差将开始缩减。Mitsuru Taniuchi 也认为，随着美元资产收益的下降，进入美国的外国资本将会逐步转投日本、欧盟等国家或地区，外国流入资本的减少将使美元逐步贬值，美国的进口将不断减少，经常账户逆差将会向相反的方向发展。Jose De Gregorio 也赞成：由于美国不能永久性地从国外借入资金，美国的外部不平衡是不可持续的。Freund 与 Warnock 则利用经验分析发现，当经常账户逆差由消费而非投资导致时，更大的汇率贬值将使美国的外部不平衡得到修正。姚枝仲等认为：2004 年美国的对外贸易逆差相对于 2003 年增长 22%，如此之高的增长率将使美国的对外净债务/GDP 不断上升，并趋于无限大。在这种情况下，完全可以认为，美国的贸易逆差和对外债务/GDP 是不稳定的，并且也是不可持续的。同时，从资本的流入意愿上说，即使对外债务/GDP 能收敛于

---

　　* 本文于 2011 年获湖北省第七届哲学社会科学优秀成果一等奖、武汉市第十二次哲学社会科学优秀成果一等奖。

94 %的水平，美国的贸易逆差和对外债务也很可能是不可持续的。

二、美、中货物贸易失衡是否可持续探究

从美国货物贸易逆差的国别结构看，主要构成部分是美、中货物贸易逆差。据美国商务部统计，2007年美国货物贸易逆差达到7909.91亿美元，其中，美国对亚洲的货物贸易逆差为4147.25亿美元，而美国对中国货物贸易逆差竟高达2562.69亿美元，在美国货物贸易逆差及美国与亚洲货物贸易逆差中的比重分别高达32.40 %与61.79 %。因此，美国货物贸易逆差是否可持续很大程度上取决于美、中货物贸易逆差是否可持续。

从目前美、中货物贸易失衡的产品结构看，失衡主要集中在：美国对中国的制成品（包括高技术产品）贸易逆差与初级产品的贸易顺差。据美国商务部统计，2007年美国对中国制成品贸易逆差达2688.09亿美元，初级产品贸易顺差仅为125.40亿美元（见表1）。这种美、中货物贸易收支失衡特点的形成，主要原因有二：其一，美国与亚洲其他经济体对中国的产业转移，使外商在华加工装配类制造业直接投资增加，引致美、中货物贸易逆差扩大。其二，美国对华高技术产品出口管制的持续实施，导致美国对华高技术产品出口直接减少和对华高技术产业直接投资的增加，引致中国对美高技术加工装配类商品出口增加。因此，笔者认为：美、中货物贸易失衡是否可持续很大程度上取决于外商在华加工装配类制造业直接投资以及美国对华技术出口管制能否持续。

表1　　　　　　　**2002—2007 年美、中货物贸易逆差结构（亿美元）**

逆差种类＼年份	初级产品贸易逆差	制成品贸易逆差
2007	−125.40	2688.09
2006	−92.39	2417.88
2005	−60.58	2076.84
2004	−52.61	1672.39
2003	−46.50	1286.10
2002	−14.09	1045.24

注："−"代表该项数值为贸易顺差。

资料来源：The Department of Commerce, http://tse.export.gov.

（一）外商对华加工制造业直接投资的不可持续

由于我国劳动力供给仍处于相对过剩，且国内现有产业政策鼓励更多外资从东部沿海地区向中西部劳动力密集地区转移。可以预期，短期内外资仍将大量流向我国劳动力密集的加工装配类制造业。但这并不意味着外商对华加工装配类制造业的资金流入长期可持续，其制约因素有四：

第一，近年来，我国对外资流向引导政策的改变，将使外资向更高一级产业转移，甚至可能出现贸易替代投资。2005年中央提出的"互利共赢"开放战略，强调要调整我国引进外资的结构和流向。此后，我国开始取消对多数加工制造业外资的"超国民待遇"，实施"国民待遇"。这种调整有可能使外资转向其他经济体的加工装配制造业。国内产业结构的调整与升级则最终可能形成与美国间竞争型的贸易结构，缩小美、中双边互补性货物贸易逆差。

第二，人民币升值效应的累积使外资企业劳动力成本上升，可能抑制劳动密集型产业FDI的持续增加。2005年7月21日，人民币汇率制度向更趋浮动的方向改革，人民币兑美元汇率不断升值，这使得许

多外资企业以人民币形式付给其内部职员的薪金增加，中国的劳动力成本优势在逐渐下降。这将促使外资企业开始重新在世界范围内寻找新的国家或地区替代中国，使加工装配类产业向这些国家或地区转移。

第三，我国自主创新水平的提高及保护知识产权力度的加强，将吸引外资更多地投向我国的高新技术产业。20世纪90年代以来，世界500强企业中已有400余家跨国公司在中国建立研发中心，这些研发中心的建立不仅直接促进了我国高新技术产品出口，其产生的技术外溢效应在一定程度上也提高了我国的技术研发水平。同时，加入世界贸易组织（WTO）后我国对知识产权保护与监管力度的加强，加快了外资从加工制造业向高新技术产业的转移。

第四，其他发展中经济体加工装配类制造业引资规模的扩大，将转移部分外商对华直接投资。由于近年来中外贸易摩擦不断升级，以美国、欧盟、印度为代表的经济体对华反倾销案不断增多，自1995年起，中国已连续12年成为WTO成员反倾销的首要对象国。在反倾销等贸易救济措施叠加效应的影响下，外资在华生产企业开始选择其他的投资替代国，如近年来许多美资与东亚经济体企业为了享受2002年美国实施的《非洲增长与机遇法案》（*African Growth and Opportunity Act*，AGOA）中对来自非洲原产地企业出口商品的优惠政策，开始在非洲各国建立加工装配类企业。

（二）美国对华技术出口管制的不可持续

21世纪初，美国对华技术出口管制虽有所放松，但并未放弃对华核心技术的出口管制。影响美国对华技术出口管制可持续的因素有两点：其一，政治获益。从美国对华出口管制的历史变迁看，管制政策的实施有明显的政治周期性，即当中、美政治关系日趋紧张时，对华出口管制就趋向严格，反之则放松。其二，经济获益。为了维持在世界高技术领域的领先优势，延长国内创新技术与产品的生命周期，以获得最大的垄断经济利益，美国经常会倾向选择对华技术出口管制，限制中国高技术水平的提高，延缓中国经济增长。虽然从表面看，只要美国不放弃世界霸权和对"敌对"国家的仇视，能从对华出口管制中获得"绝对"的政治与经济收益，美国对华技术出口管制就可以持续。

然而，从长期趋势分析，有三大因素可能影响美国对中国出口管制政策的未来变更。

1. 美国出口管制的根本目标是追求对中国的相对获益而非绝对获益

20世纪90年代以来，在经济全球化背景下，美国的利益取向发生根本转变，在对外政策上开始追求相对获益，即以其获得的政治与经济收益之和相比被管制国获得的政治与经济收益之和更大为最终目的。决定美国对华出口管制是否可持续的真正因素是管制能否帮助美国实现对华相对获益，如果美国从出口管制中获得的政治与经济收益之和，小于中国从出口管制中获得的政治与经济收益之和，则美国必然放弃对华出口管制。因此只要中国尽量"韬光养晦"，避免使美国感到其潜在的政治、经济与安全威胁，则美国对华出口管制很可能难以持续。

2. 利益集团对美国政府的游说将使美国对华出口管制放松

在美国国内政治中，利益集团对政府决策的制定具有举足轻重的影响。一般来说，出口管制会对其国内出口导向型企业造成损失，尤其是对那些以技术创新为生命，以高技术产品出口为主要盈利来源的企业，技术管制无疑是一个"巨大打击"。因而，它必将引发这些企业的"代言人"展开对政府的游说，要求其取消对华技术出口管制，这将引起支持与反对出口管制的利益集团间的政策博弈。在这场博弈中，关键看哪一方愿意付出更大代价，游说政府制订偏向本方利益的最终政策。随着对华出口管制给反对方造成的损失的不断扩大，反对方很有可能愿意付出比支持方更大的代价，去游说美国政府最终取消对华技术出口管制。

3. 欧日等经济体对华高技术产品出口增加带来的"贸易替代"，将迫使美国逐步取消对华出口管制

近年来随着美国对华高技术产品出口管制的持续实施，日本、韩国、欧洲、东盟等经济体对华民用高技术产品出口迅速增加；同时，法国、德国、俄罗斯等也充分利用美国对华军用产品出口限制带来的商机，积极发展与中国的军用技术贸易，这些都在一定程度上使美国对华出口管制的政策影响"大打折扣"。将中国这一具有巨大潜力的市场拱手让给其他国家或地区，无疑对美国政治与经济利益是一种极大的伤害，其影响效应的长期累积，必然会在未来引起美国政府的关注与反思，使其对华技术出口管制难以持续。

4. 对华出口管制成本的"预期"上升，可能使美国减少使用出口管制

出口管制作为一种限制性经济措施，在给目标国带来一定程度经济损失的同时，也会给美国自己带来各种损失，这种损失就是美国出口管制的成本。随着经济全球化的发展，各国贸易与投资间关系的日益紧密，出口管制给美国经济带来的损失不断扩大：第一，出口管制使美国出口业遭受直接的经济损失，而且这种出口损失在经济全球化的影响下还在日益扩大。这主要是因为：作为 20 世纪末世界上经济实力最强的国家，美国虽在许多生产领域确立了近乎垄断的地位，但其国民生产总值仅占世界总值的 20% 左右，对外出口与进口也分别仅占世界商品出口与进口的 13% 与 16%，还不能完全控制整个世界经济，正是这一经济地位的非主导性，使中国在受到出口管制后还可以通过第三国在世界市场上轻而易举地进口被限制的商品，维持其经济的正常运转，而美国由于失去了被管制国原有的市场份额而遭受损失，且随着管制时间的延长，这种损失还在不断扩大。第二，出口管制恶化了美国与第三国间的经济联系。美国在实施出口管制时，常常会要求无关的第三方与其一起对目标国实施出口管制，若第三国不同意，则美国将很可能对该国实施"连锁"惩罚措施。出口制裁是美国实施出口管制时使用的一种极端措施，美国在实施对华出口制裁时，常常会要求其欧日盟国同时对中国实施出口制裁，否则就会对不遵从其要求的国家实施"连锁制裁"，而这在经济全球化背景下有日趋频繁的趋势，使美国与第三国间的经济关系不断恶化，间接引致美国失去一些第三国市场。第三，中国对美国出口管制实施的贸易报复，也使美国的管制成本进一步扩大。在美国对华实施技术出口管制的同时，中国也常常相应地做出一些回应，如对美国部分产品发起反倾销调查，实施对美国某类产品的进口限制等。这些贸易报复一定程度上加大了美国对华出口管制的成本。可以预期，由于上述因素影响，未来随着全球经济一体化的不断深入，美国为出口管制付出的政治与经济代价将继续扩大，这将使美国更谨慎地实施对华出口管制政策。

三、主 要 结 论

综上所述，笔者认为：虽然从目前趋势看，在一段时期内，美、中货物贸易失衡是可持续的，但从长期趋势分析，美、中货物贸易失衡的可持续性受到诸多不稳定因素的影响，主要包括外商对华加工装配类制造业直接投资的不可持续与美国对华技术出口管制的不可持续。当这些内在经济力量共同发生作用时，美、中货物贸易逆差的稳定增长将难以维持，甚至可能随着美国经济衰退发生逆转。同时，作为美国货物贸易逆差的核心组成部分，一旦美、中货物贸易失衡难以持续，中国从对美国贸易顺差中获得的巨额外汇储备将难以延续，对美国资本流入也将因此更趋谨慎，甚至发生逆转。而其产生的"羊群效应"，将可能影响国外资本对美国的持续流入，使美国货物贸易逆差不可持续，最终也将导致全球经济失衡难以持续。因此，对我国来说，当前很有必要对日益扩大的美、中货物贸易失衡提前进行渐进式调整，以预防全球经济失衡逆转可能带来的经济衰退风险。

本文原载于《武汉大学学报（哲学社会科学版）》2008 年第 4 期

全球经济失衡与中国流动性过剩*

陈继勇

近年来，全球经济失衡已在世界范围内引起了广泛的关注。全球经济失衡的实质是美国与东亚经济体及产油国间的经常账户收支不平衡，主要表现在两个方面：一是美国巨额的经常项目赤字和不断增长的净外债额，据统计，美国经常项目赤字占 GDP 的比重已经超过 5% 的警戒线，并有进一步扩大的趋势；二是部分东亚国家或地区及产油国大量的贸易顺差和快速增长的外汇储备，中国、亚洲新型工业化国家和地区、俄罗斯和沙特的经常项目盈余占 GDP 的比重都超过了 5%。

全球经济失衡给世界经济的运行带来巨大的潜在风险，失衡的可持续性问题已成为各国学者研究的重点问题之一。全球经济失衡形成的基础是美国贸易赤字的持续扩大，而美中贸易收支的不平衡是美国贸易赤字不断扩大的重要原因之一。因此，考察全球经济失衡是否可持续的实质是美中贸易失衡是否可持续。从长期趋势看，我们认为，在经济全球化背景下，外商对华加工装配类制造业直接投资与美国对华技术出口管制难以持续，使美中贸易失衡呈现不可持续的发展趋势。在其影响下，全球经济失衡最终将难以持续。

全球经济失衡的不可持续性决定其必然会发生一定的调整。在这一调整过程中，各国所承担的调整成本是不对称的。随着中国对外开放程度的不断扩大和融入世界经济步伐的不断加快，作为失衡重要盈余方的中国必然会受到失衡调整的影响。为了减小全球经济失衡调整对中国的不利影响，必须深入研究全球经济失衡的调整重心以及中国参与调整的应对策略。我们认为，中国需坚持"以我为主"的互利共赢开放战略，加快东亚区域自由化进程，努力扩大内需，逐步完善人民币汇率的形成机制，完善外资引入政策，从而调整日益扩大的美中贸易收支失衡。

全球经济失衡对中国经济的影响是多方面的，中国目前所面临的流动性过剩问题就是其中之一。普遍认为，中国流动性过剩的主要原因之一是国际收支"双顺差"导致的外汇储备快速增长继而引发外汇占款的大量增加。中国流动性过剩的根源直指全球经济失衡。持续的流动性过剩会加剧银行体系的脆弱性，加大通货膨胀的压力，影响房地产和股票市场的稳定发展，减弱宏观经济调控的效果，因而缓解流动性过剩已经成为当前中国宏观经济调控最重要的目标之一。

同时，流动性过剩是中国对外开放中的阶段性结构问题，其治理的基本方法应是在继续扩大对外开放的过程中，理顺经济发展各方面的关系，进一步完善相关政策，使之与中国对外开放的阶段与水平相适应。中国的流动性过剩还具有显著的结构性特征，即在产业、区域、城乡之间的流动性配置不均衡，难以消解的流动性过剩和难以满足的资金需求并存。我们认为，中国经济运行中的结构性失衡是造成目前中国流动性过剩结构性特点的根本原因，必须通过在东西部地区实施差异化的金融政策，加大对"三农"的支持力度，拓展中小企业、民营科技企业的资金来源渠道，改善社会收入分配结构，把过剩的流动性引导到需要资金的地区和部门，实现资源的有效配置，才能解决中国目前的流动性结构性失衡问题。

---

* 本文于 2008 年获武汉市第十一次社会科学优秀成果奖一等奖。

综上所述，全球经济失衡是中国目前流动性过剩的重要原因之一，中国流动性过剩具有显著的结构性特征。对这两个问题的深入研究，既有助于提高我国开放经济理论的研究水平，又可为我国的宏观经济调控提供有益的政策建议，具有十分重要的理论和实践价值。

本文原载于《武汉大学学报（哲学社会科学版）》2008 年第 4 期

知识经济时代世界服务贸易发展的
新趋势及中国的对策[*]

陈继勇　余道先

20 世纪 80 年代以来，世界服务业及服务贸易发展迅速，服务业在所有工业化国家和大多数发展中国家经济发展中的地位越来越突出，在生产、就业、投资和贸易等方面所发挥的作用越来越重要。[1]进入 21 世纪，世界服务贸易更是蓬勃发展，2007 年贸易额达到 3.26 万亿美元，同比增长 18%，超过货物贸易 15% 的年增长率，占世界贸易总额的比重达到了 19.4%。与此同时，中国的服务贸易也呈高速发展之势，2007 年进出口总额达到 2509.1 亿美元，同比增长 31%，其中出口 12165 亿美元，增长 33%，进口 1292.6 亿美元，增长 29%，大大超过了世界服务贸易的增长率。

21 世纪被人们公认为知识经济世纪，在知识经济的发展和作用下，服务贸易呈现出一些新的发展趋势，世界服务贸易的格局正在发生深刻的变化。正确判断和把握知识经济时代世界服务贸易发展的新趋势并结合中国服务贸易的实际作出积极的政策调整，对中国转变经济增长方式、优化出口贸易结构、提升贸易竞争力具有重要的现实意义。

一、知识经济时代世界服务贸易发展的新趋势

同工业经济相比，知识经济时代产业结构的内容将发生深刻的变化，服务经济化将是知识经济时代的显著特征，提供知识和信息服务将成为社会经济生活的主流。[2]在知识经济初露端倪的今天，发达国家服务业已占国内生产总值以及就业的 70% 以上。在一定程度上，发达国家服务业的现状预示着知识经济时代世界各国经济结构和产业结构演进的方向。随着知识经济的进一步发展，世界服务贸易呈现出新的发展趋势。

1. 服务的可贸易性增强，世界服务贸易持续快速增长

知识经济时代，科技进步特别是信息技术革命降低了信息获取、传递和处理的成本，使一些原本不能转移或贸易的服务产品有了转移和贸易的条件，服务产品的可贸易性大大增强。自 20 世纪 80 年代开始，世界服务贸易进入快速发展阶段。1980—2007 年，世界服务贸易出口额从 3650 亿美元扩大到 3.26 万亿美元，增长了 8.9 倍。服务贸易总额占世界贸易的份额也从 1980 年的 15.7% 上升到 2007 年的 19.4%。2003 年以来，世界服务贸易加速增长，服务出口与进口均保持了两位数的年均增长率，特别是 2007 年，世界服务贸易增长明显加快，进出口总额达到 6.32 万亿美元，比上年增长 18%，超过了货物贸易 15% 的增长速度，在整个 2000—2007 年，世界服务贸易与货物贸易出口额保持了同步增长的态势，年均增长率均为 12%（见表 1）。

---

* 本文是陈继勇教授主持的国家自然科学基金项目《知识经济对我国外商直接投资地区非均衡增长的影响途径与数量测度》（项目编号：70773082），国家社会科学基金重点项目《经济全球化背景下中国互利共赢对外经济开放战略研究》（项目编号：07AJL016）教育部人文社会科学重点研究基地 2007 年度重大项目《美国双赤字与世界经济失衡》（项目编号：07JJD790142）的部分研究成果。本文于 2011 年获武汉市第二次哲学社会科学优秀成果奖一等奖。

表1   世界货物贸易和服务贸易的增长情况

	贸易额（10亿美元）			年增长率（%）							
	1980	2000	2007	2001	2002	2003	2004	2005	2006	2007	2000—2007
货物贸易出口	2324	6042	13570	−3.7	4.5	15.3	7.5	14	16	15	12
服务贸易出口	365	1493	3260	0.35	7.3	14.6	20	12	12	18	12
服务贸易进口	402	1477	3060	1.2	5.9	14	18.9	10.6	10.3	16	11

资料来源：根据联合国服务贸易统计数据库（htp：//unstats. un. org/unsd/Service Trade/default. aspx）相关数据整理计算而得。

2. 服务贸易结构向知识、技术密集化方向发展的趋势进一步确立

随着知识经济的兴起，20世纪80年代以来，新兴服务行业不断出现，服务品种不断增加，世界服务贸易的内容日趋扩大，部门结构发生了深刻的变化，逐渐由传统的以自然资源和劳动密集型为基础的服务贸易（运输、旅游）转向知识、技术密集型或资本密集型的现代服务贸易（信息、电信、金融、保险等，即其他服务）。[3]

在世界服务贸易出口构成中，1980年运输服务贸易占36.8%，旅游服务贸易占28.4%，其他服务贸易①只占34.8%。到2007年，运输服务贸易占比下降到22.8%，旅游服务贸易下降到26.4%，而其他服务所占的比重则上升到50.7%，上升了15.9个百分点，并在2007年首次超过了50%（见表2）。这些其他服务，大多是资本、技术或知识密集型的服务部门，在知识经济时代，随着新的科技、信息浪潮的推动，其增长速度远远超过在服务贸易中一直占比重较大的运输和旅游等传统服务贸易部门。特别是21世纪以来，增长速度明显加快，可以预见的是，随着知识经济的进一步发展，服务创新活动将更趋活跃，服务产品的资本、技术和知识密集程度将进一步提高，服务贸易结构向知识、技术密集化方向发展的趋势将进一步确立。

表2   世界服务贸易出口部门构成   （单位:%）

年份	1980	1985	1990	1995	2000	2001	2002	2003	2004	2005	2006	2007
运输服务	36.8	32.7	28.6	25.6	23.4	23.1	22.5	22.3	23.2	23.6	23.1	22.8
旅游服务	28.4	30.3	33.9	34.4	32	31.2	30.5	29.3	29.1	28.4	27.2	26.4
其他服务	34.8	37	37.5	40	44.6	45.7	47	48.4	47.7	48.1	49.7	50.7

资料来源：根据 WTO International Trade Statistics Database 相关数据整理计算而得。

3. 贸易地区分布的不平衡和贸易地位的不均衡现象并存

在知识经济时代，一国参与国际竞争更多的是科技实力，由于世界各国经济和科技实力的巨大差异，各国对外服务贸易水平及在国际服务市场上的竞争实力悬殊，服务贸易的地区分布不平衡性和贸易地位的不均衡性突出。从地区分布来看，世界服务贸易的85%左右集中在欧盟、北美等发达国家和亚洲新兴工业化国家，仅欧盟25国就接近世界服务贸易的50%。发达国家始终是服务贸易的主要出口国和进口国，在世界服务贸易中占据着主导地位。根据 WTO 的统计，2007年世界服务贸易出口和进口前10位的国家中除中国外全是发达国家，且发展中国家所占份额很小，中国只占出口的3.9%和进

---

① 按照 IMF 的统计分类，世界服务贸易分为运输服务、旅游服务、通信服务、建筑服务、保险服务、分销服务、金融服务、计算机和信息服务、特许权使用和许可费用、其他商业服务、个人娱乐和文化服务、别处未包括的政府服务等11大类，除运输和旅游服务以外，统称为其他服务。

口的 4.2%（见表 3）。

表 3 　　　　　　　　　　2007 年世界服务贸易进出口前 10 位的国家进出口情况　　　　　　（单位：10 亿美元,%）

位次	出口国	出口额	占比	位次	进口国	进口额	占比
1	美国	454	13.9	1	美国	336	11
2	英国	263	8.1	2	德国	245	8
3	德国	197	6.1	3	英国	193	6.3
4	日本	136	4.2	4	日本	157	5.1
5	法国	130	4	5	中国	129	4.2
6	西班牙	127	3.9	6	法国	120	3.9
7	中国	127	3.9	7	意大利	117	3.8
8	意大利	109	3.3	8	西班牙	97	3.2
9	荷兰	91	2.8	9	爱尔兰	93	3
10	爱尔兰	87	2.7	10	荷兰	89	2.9

资料来源：根据商务部网站整理而得。

　　从贸易地位来看，发达国家在世界服务贸易中处于绝对优势地位，不仅具有巨额的服务贸易顺差，且服务出口主要集中在金融、保险、信息服务等资本、技术密集型的其他服务部门。发展中国家近年来虽然服务贸易发展较快，地位有所提升，但服务出口主要集中在运输、旅游等劳动密集型和以自然资源为基础的部门，且大多数发展中国家处于持续的服务贸易逆差状态。

　　以欧盟和中国为例，2004 年到 2006 年间，欧盟服务贸易持续顺差，且顺差逐年扩大，其他服务贡献了服务贸易顺差的绝大部分份额，在所统计的年份，其他服务出口占服务出口的比重接近 60%，事实上，欧盟是以资本、技术和知识密集型其他服务部门的巨额顺差来弥补以资源、劳动密集型为特征的传统服务贸易逆差。与此相对应的是，中国在总的贸易差额、运输服务、其他服务上均出现了持续的贸易逆差，①其他服务占服务贸易出口的比重尚未达到 40%，如表 4 所示。

表 4 　　　　　　　　　　　2004—2006 年欧盟和中国服务贸易部门情况对比

（单位：欧盟：10 亿欧元；中国：亿美元）

		出口贸易额			出口占比（%）			贸易差额		
		2004 年	2005 年	2006 年	2004 年	2005 年	2006 年	2004 年	2005 年	2006 年
欧盟	总计	368.1	402.9	441.6	100	100	100	46.4	52.9	68.5
	运输服务	93.5	104.4	109.7	25.4	25.9	24.8	14	16.8	13.6
	旅游服务	62.1	65.4	71.1	16.9	16.2	16.1	−17.4	−18.4	−14
	其他服务	212.5	233	260.8	57.7	57.9	59	49.8	54.5	68.9

────────────────

　　① 需要注意的是，按照比较优势理论，我国应在劳动密集型的运输服务业上具有一定的比较优势，但事实上却不是这样。在某种程度上是因为近年来国际运输业出现了许多新的变化，如远洋集装箱运输的使用，运输业更多地向资本、技术密集型转变，而我国在这方面还明显薄弱。

续表

		出口贸易额			出口占比（%）			贸易差额		
		2004 年	2005 年	2006 年	2004 年	2005 年	2006 年	2004 年	2005 年	2006 年
中国	总计	620.6	739.1	914.2	100	100	100	−95.4	−92.7	−89.1
	运输服务	120.7	154.3	210.2	19.4	20.9	23	−124.7	−130.2	−133.5
	旅游服务	257.4	293	339.5	41.5	39.6	37.1	65.9	75.4	96.3
	其他服务	242.5	291.8	364.5	39.1	39.5	39.9	−36.6	−37.9	−51.9

资料来源：欧盟的数据根据商务部网站相关数据整理计算而得，中国的数据根据国家外汇管理局《中国国际收支平衡表》（2004—2008）相关数据整理计算而得。

随着知识经济的发展，发达国家大力发展信息技术和信息产业，在知识和信息的生产、分配、使用上逐步形成了新的信息比较优势，使其大部分服务部门更加具有竞争优势，在这一趋势下，世界服务贸易的竞争格局必将发生根本变化，服务贸易地区分布的不平衡性和贸易地位的不均衡性不但不会减弱，反而可能进一步强化，这对发展中国家是一个严重的挑战。

4. 服务业对外直接投资逐步扩大，商业存在成为服务贸易最主要的提供方式

当代服务业和服务贸易的蓬勃发展，是知识经济对其广泛渗透的结果。科技和信息在服务领域的广泛应用，不仅大大促进了社会生产力的提高，同时也开发出差异化的服务产品。今天，世界各国都把促进科技进步和服务业的发展作为繁荣经济、增加就业、实现经济转型的重要手段。通信、信息、金融、咨询服务等服务业已经成为经济发展的主要推动力，服务贸易已日益成为一国产业结构调整和支柱产业战略替代的工具。

在知识经济时代，跨国公司的产业结构进行了新一轮的调整，一个重要的特征就是资本向服务业转移的趋势愈加明显。20 世纪 80 年代初，服务业对外直接投资存量仅占世界对外直接投资存量的 1/40 1990 年这一比例尚不到一半，到 2002 年已上升到约占 60%，2004 年服务业 FDI 流入存量上升到 62.83%，流出存量上升到 68.73%（见表 5），外国直接投资多数流向了服务业，尤其是金融、通信、信息等资本知识密集型服务业。随着知识经济影响的进一步深入，可以预见的是，服务业对外直接投资所占的比重和规模将逐渐扩大。

表 5　　　　　　　　全球外国直接投资存量部门分布情况（%）

	1990 年			2004 年		
	发达国家	发展中国家	全球	发达国家	发展中国家	全球
外国直接投资流入存量	100	100	100	100	100	100
初级产业部门	9.68	7.42	9.26	3.67	7.62	4.7
制造业部门	40.65	45.16	41.5	32.97	30.84	32.47
服务业部门	49.67	47.42	49.3	63.36	61.54	62.83
外国直接投资流出存量	100	100	100	100	100	100
初级产业部门	9.03	1.87	8.81	4.67	1.31	4.39
制造业部门	44.33	53.19	44.6	28.05	14.04	26.88
服务业部门	46.54	44.94	46.6	67.28	64.64	68.73

资料来源：根据商务部服务贸动司网站相关数据整理而得。

服务经济的全球化、FD 加速向服务业转移，使得商业存在①成为服务贸易的主要提供方式。服务产品的无形性、不可储存性为以商业存在形式提供服务创造了条件；知识经济的发展、世界范围的产业结构调整和转移、外国直接投资大量流入服务业更为以商业存在模式实现的服务贸易提供了坚实的基础。21世纪以来，金融、通信、信息等服务部门对外直接投资的迅猛增长极大地推动了通过外国商业存在实现的世界服务贸易规模的迅速扩大。根据 WTO 的统计，目前通过商业存在实现的服务贸易远远超过传统的跨境服务贸易，商业存在成为世界服务贸易最主要的提供方式。[4]

二、知识经济背景下中国服务贸易发展的新特点

1. 服务贸易总体虽仍处逆差，但逆差规模有所减小，贸易结构有所优化

1997 年以来，② 中国的服务贸易发展迅速，总量不断扩大，贸易结构也发生了相应的变化，总体上出现了连续 11 年的贸易逆差。进入 21 世纪，服务贸易逆差呈现出先扩大再减小的趋势，2004 年达到逆差的最高值 95.4 亿美元，其后逐年下降，2007 年逆差呈大幅下降之势，同比下降了 14.6%；从部门构成上，传统的以自然资源和劳动密集型为特征的消费者服务中的旅游服务总量继续扩大，但占比已明显下降，从 2000 年的 53.8% 下降到 2007 年的 30.6%，具有现代意义的作为中间投入品的生产者服务中的金融、保险、计算机与信息等知识、技术密集型部门发展迅速，占比逐渐扩大，从 2000 年的 34.0% 上升到 2007 年的 43.7%（见表6），这说明服务贸易内部结构有超于优化的趋势。

表6　　　　　　　　　1997—2007 年中国服务贸易总体差额及出口部门构成情况　　　　　（单位：亿美元,%）

	1997	1998	1999	2000	2001	2002	2003	2004	2005	2006	2007
进出口差额	−32.3	−25.9	−48	−57.1	−61.3	−67	−84.7	−95.4	−92.7	−89.1	−76.1
出口总额	245	238.8	261.7	301.5	329	393.8	463.8	620.6	739.1	914.2	1216.5
运输服务占比	12.1	9.6	9.2	12.2	14.1	14.5	17	19.4	20.9	23	25.7
旅游服务占比	49.3	52.8	53.9	53.8	54.1	51.8	37.5	41.5	39.6	37.1	30.6
其他服务占比	38.6	37.6	36.9	34	31.8	33.7	45.5	39.1	39.5	39.9	43.7

资料来源：根据《中国国际收支平衡表》（1997—2007）相关数据整理计算而得。

中国服务贸易的上述特点是与知识经济时代世界服务贸易发展的新趋势相联系的。知识经济时代，世界服务贸易内部结构发生了重大变化，知识型服务贸易逐步占据主导性地位，服务贸易向资本、知识、技术密集化方向发展的趋势不可逆转。相比发达国家而言，我国国内服务业发展落后，以高新技术为载体的知识型服务产业所占的比重偏低，导致在国际服务贸易中贸易逆差长期存在，运输、旅游等传统服务贸易占比高达 60%，而其他服务只占 40% 左右，低于世界 50% 的平均水平。这与国内服务业发展现状是高度相关的。

2. 服务贸易总体竞争力仍然偏低，但呈现出缓慢的提升趋势

一国服务业的发展水平决定了该国参与国际服务贸易的程度，而其中知识型服务所占比重的大小决定了该国在世界服务贸易中的竞争能力。为了把握中国服务贸易竞争力的新特点，本文计算了自 1997 年以来中国服务贸易 TC、RCA、CA 和 NRCA 等四种指数（见表7）。

---

① 按照 GATS 对服务贸易的定义，服务贸易分为跨境交付、境外消费、商业存在及自然人流动四种提供模式，其中商业存在指一成员的服务贸易提供者通过在其他成员领土内设立的直接投资企业或分支机构提供服务。具体包括境内商业存在和境外商业存在两部分。商业存在主要通过服务业外商直接投资的形式出现。

② 1997 年以前，我国关于服务贸易的分类统计尚不完备，如"专有权利使用费和特许费"就没有在国际收支平衡表中专门立项，1997 年以后才有完整连续的服务贸易统计，因此本文的分析选取了 1997 年以后的数据。

表7   **1997—2007 年中国服务贸易比较优势指数**

年份	1997	1998	1999	2000	2001	2002	2003	2004	2005	2006	2007
TC 指数	-0.06	-0.05	-0.09	-0.08	-0.08	-0.08	-0.08	-0.07	-0.06	-0.05	-0.03
RCA 指数	0.62	0.58	0.6	0.57	0.57	0.54	0.49	0.49	0.47	0.47	0.48
CA 指数	-0.26	-0.25	-0.23	-0.19	-0.17	-0.17	-0.14	-0.13	-0.15	-0.17	-0.19
NRCA 指数	-0.06	— 0.06	-0.05	-0.04	-0.04	-0.04	-0.03	-0.02	-0.03	-0.04	-0.01

资料来源：根据《中国国际收支平衡表》（1997—2007）、《中国统计年鉴》（1998—2007）相关数据整理计算而得，其中 2007 年的原始数据来自于商务部网站。

TC 指数即服务贸易竞争力指数，亦称可比进出口指数（NTB），表示一国进出口贸易差额占其进出口总额的比重，是分析一国服务贸易竞争力常用的测度指标。

RCA 指数即显示性比较优势指数，由巴拉萨（Balassa）于 1965 年提出，用一国产业在该国出口中所占的份额与世界贸易中该产业占世界出口贸易总额的份额之比来表示。[5]RCA 指数被认为是衡量一国产业在国际市场竞争力最具说服力的指标。

CA 指数即显示性竞争比较优势指数，由沃尔拉斯（Vollrath）于 1988 年提出，从一国产业出口的比较优势中减去进口的比较优势就得到该产业的 CA 指数，由于 CA 指数考虑了产业中进口的影响，因此被认为反映了一国产业真正的竞争优势。

NRCA 指数即净出口显示性比较优势指数，由巴拉萨于 1989 年提出，用一国某一产业出口在总出口中的比例与该国该产业进口在总进口中的比例之差来表示，NRCA 指数剔除了产业内贸易或分工的影响，反映了进口和出口两个方面的影响，因此该指数被认为更能真实地反映产业的进出口情况。

由表7 可以看出，无论是从 TC 指数还是从 RCA、CA、NRCA 指数来看，中国服务贸易从总体上讲处于比较劣势，国际竞争力较弱。所有的指数在 1997—2007 年间波动不大，部分指数呈现出缓慢上升的趋势，其中 TC 指数由 2000 年的-0.08 上升到 2007 年的-0.03，NRCA 指数由-0.04 上升到-0.01，而 RCA 指数和 CA 指数则有微小的下降。

从具体部门来看，中国服务贸易进出口结构不平衡，竞争力差异很大，只有旅游和其他商业服务具有一定的竞争力，而具有资本、知识、技术密集型特征的金融、保险、通信、计算机和信息服务不仅出口额小，而且不具备国际竞争力。这说明知识经济的作用和服务贸易自由化已经对中国服务贸易产生了影响。

3. 境外商业存在发展迅速，境内商业存在结构有待优化

在知识经济的影响和作用下，国际直接投资的一个显著特点就是资本由传统的制造业逐步向现代服务业转移。在世界经济一体化的浪潮中，中国对外直接投资和吸引外商直接投资也必然受到这种趋势的影响，资本投向服务业的比重逐年上升，为以商业存在形式实现的服务贸易提供了坚实的基础。

中国境外商业存在虽然起步较晚，但近年来发展迅速。2004—2006 年，中国服务业对外直接投资所占比重平均达到 55.8%，接近世界平均水平。以 2006 年为例，服务业对外直接投资达到了 113.8 亿美元，占当年中国对外直接投资总额的 53.8%（见表8）。从服务业对外直接投资的结构上看，租赁和商业服务业、金融服务业、交通运输仓储和邮政业、批发和零售业分别占服务业对外直接投资的前四位，这与近年来中国商品贸易高速增长的实际是相吻合的；除金融类和传统服务业对外直接投资稳定增长外，以知识、技术密集型为特征的非金融类现代服务业对外投资增势迅猛，尤其在信息传输、计算机和软件、科研技术服务等服务业表现突出，这与知识经济时代世界服务业发展的新趋势是一致的。相对于境外商业存在而言，中国服务业利用外资总额较大，但比重偏低，结构不合理。2006 年中国服务贸易领域实际使用外资金额 211.4 亿美元，占全国利用外资总额的 30.4%；2004—2006 年间，服务业外商直接投资占实际利用外资的比重在 30%以下，远低于世界平均水平（见表8）。服务贸易领域利用外资的结构也不合理，以 2006 年为例，房地产业和金融业实际利用外资达 152.8 亿美元，占当年服务贸易领域吸收外商直接投资总量的 72.3%，而现代服务贸易领域利用外资较少，发展很不平衡。这说明，中国现代服务业发展滞后，

现代服务贸易领域吸引外资的能力有待加强。

表8　　　　　　　　　2004—2006 年中国服务业境外商业存在和境内商业存在情况　　　　（单位：亿美元,%）

年份	境外商业存在（非金融类）			境内商业存在		
	服务业对外直接投资额	实际对外投资总额	服务业投资占比	服务业利用外资额	实际利用外资总额	服务业利用外资占比
2004	25.8	55	46.90%	148.2	606.3	24.40%
2005	81.9	122.6	66.80%	154	603.3	25.50%
2006	113.8	211.5	53.80%	211.4	694.7	30.40%

资料来源：根据《中国统计年鉴》（2004—2006）相关数据整理而得。

说明：1. 2003 年以前没有对外直接投资按行业分类的统计；2. 2005 年以前中国金融业对外直接投资未做统计，因此 2004 年、2005 年的数据为非金融类投资情况；3. 自 2006 年开始，中国将金融业对外直接投资纳入统计范围，因此，2006 年的数据为金融类和非金融类的总和。

三、中国的政策选择

1. 大力发展国内服务业特别是知识密集型服务业，奠定服务贸易的坚实基础

目前中国服务业整体发展落后，综合竞争实力差，服务业产值仅占国民生产总值的 40.1%（2007 年的数据），远低于发达国家 65% 以上、中等收入国家 50% 以上的水平，仅位于低收入的发展中国家 30%~50% 的水平。同时，服务贸易出口结构也不尽合理。长期以来，服务业建立在资源劳动密集而非技术进步和劳动生产率提高的基础之上，知识密集型服务业处于被动发展的局面。这种服务创新的滞后，不仅导致出口结构不合理，而且使服务贸易连续 10 年处于逆差状态。多年来运输和旅游一直占据 60% 的出口份额，金融、保险、专利权利使用费和特许费等资本知识密集型服务业不仅比重较小，而且存在较大数额的贸易逆差，尤以保险、专利权利使用费和特许费为巨。解决这一问题的根本途径就是要借助知识经济时代来临的契机，加强资本知识密集型服务业创新体系建设，把服务业提高到知识经济时代发展国民经济、提高国家竞争力、维护国家安全的重要高度，为服务贸易发展奠定长期坚实的基础。

2. 正确认识服务贸易逆差，适当扩大知识密集型新服务业进口

中国服务业总体及大多数服务贸易部门存在的不同程度的贸易逆差表明服务业国际竞争力低下。但从动态角度看，适当扩大服务贸易特别是具有现代意义的、作为中间投入品的知识密集型生产者服务的进口，对实现中国服务贸易的可持续发展具有重要意义。引进国外先进知识密集型新兴服务，不仅可以满足国内对高品质服务的需求，而且随之而来的先进技术和经营管理理念也能使中国分享知识外溢的好处，促进中国服务贸易的发展，为国内服务业企业最终"走出去"创造条件。

3. 继续引导 FDI 向服务业流入，扩大商业存在规模

自 2001 年以来，按照加入 WTO 的承诺，中国迅速扩大了国内服务市场的开放程度，外资进入中国服务业的速度加快，程度加深，但与世界平均水平相比，服务业利用外资占利用外资总额的比重明显偏低，2007 年实际利用外资 306.9 亿美元，占外资总额的 37.1%，这一比例不仅明显低于世界平均水平，也与知识经济时代世界各国经济结构和产业结构的调整升级不相适应。引导外商直接投资继续流向服务业特别是知识密集型服务业，不仅可以带来先进的管理技术和经验，而且可以促进内资服务企业公司治理结构的完善，打破由于历史原因国内服务业形成的市场集中度高、垄断严重的现象，从而促进市场主体的增加和市场竞争程度的提高。在政府适度保护和鼓励竞争的环境下，促进内资服务企业产品的创新和服务质量改善能力的提高，并最终达到促进内资服务企业自身发展的目的。服务业利用外资比重的增加，必将扩大商业存在的规模。随着国内服务市场的发展，服务贸易领域吸引外资的能力必将进一步加强，境内商业存在的规模将进一步扩大，最终提高服务贸易占贸易总额的比重。

　　4. 加快服务贸易人才培养，培育长期知识竞争优势

　　知识经济时代的竞争是知识的竞争，知识要成为实实在在的财富和竞争优势，必须依赖于人才这一载体才能实现。现代服务贸易特别是知识密集型服务贸易与传统的服务贸易相比，其最大特点就是服务中知识含量的极大提高。随着知识经济这一经济形态在社会中的深化，具有新型知识结构的人才成为支持一国服务业特别是知识密集型服务业走向世界的核心基础。中国与发达国家在服务贸易方面的差距，归根结底是人才数量和质量的差距。一方面政府要制定措施，形成多渠道多层次的人才培养体系，如在有条件的高校和研究机构开设国际服务贸易专业，加强服务贸易理论研究，培养熟悉国际服务贸易规则的、具有国际视野的复合型人才；另一方面要充分发挥现有高层次服务贸易人才的作用，防止由于外资服务企业的大批进入而造成国内人才的流失，为服务贸易积累和培养长期知识竞争优势。

◎ 参考文献

[1] 余道先，刘海云. 我国服务贸易结构与贸易竞争力的实证分析. 国际贸易问题，2008（10）.

[2] 陈继勇，胡艺. 知识经济时代与世界经济失衡问题的再认识. 世界经济，2007（7）.

[3] 魏江，王甜等. 中国知识密集型服务业国际化策略研究. 科技进步与对策，2006（1）.

[4] 殷凤. 世界服务贸易发展趋势与中国服务贸易竞争力研究. 世界经济研究，2007（1）.

[5] Balassa, Bela. Trade Liberalization and Revealed Comparative Advantage. Manchester School of Economic and Social Studies，1965，33：99-124.

本文原载于《世界经济研究》2009 年第 4 期

经济增长动力耦合与全球经济再平衡[*]

陈继勇　周　琪

一、全球经济"失衡并增长"的共存现象

21 世纪初，全球经济"失衡并增长"的共存现象已成为国际宏观经济环境最突出的特点，并引起人们的广泛关注。经济失衡所表现出来的实物、资本、技术和人才等资源在国家之间、地区之间非均衡流动反而极大地促进了各经济体经济强势增长，并持续到 2008 年全球金融危机的爆发。

经常账户不平衡是全球经济失衡的突出表现之一。当前的全球经济失衡大致始于 1996 年，除在 2001—2002 年和全球金融危机期间有过短暂缓和外，经济失衡持续扩大（见图 1）。2006 年全球经常账户不平衡总额（绝对值）甚至超过了世界 GDP 的 6%。在经济失衡愈演愈烈的同时，全球经济除在 21 世纪初因主要经济体增速缓慢而历经温和调整外，总体上呈现"高增长"态势。1996—2007 年间，世界经济平均增长率达到 3.98%，2007 年甚至高达 5.4%。2008 年爆发的全球金融危机结束了世界经济连续 5 年的强劲增长态势，并在一定程度上强制性地缩小全球经常账户不平衡规模。全球经济失衡出现一定程度的调整。同时，受各国经济刺激政策的影响，世界经济开始稳步复苏，发达和发展中经济体均呈现不同程度的经济增长。

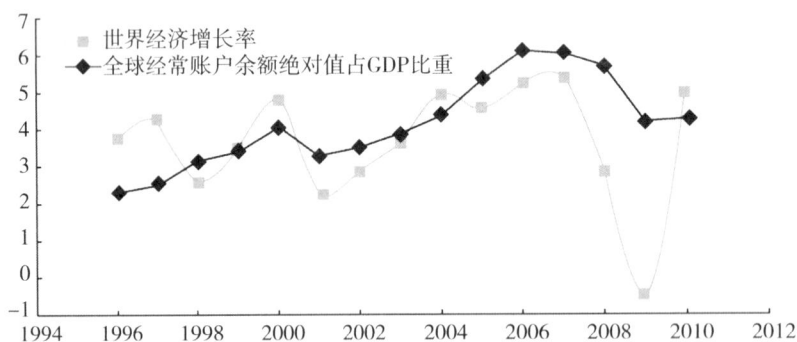

图 1　全球经济失衡程度与经济增长率变化（1996—2010 年）

说明：World Economic Outlook Database 提供了 184 个国家和地区的经常账户数据。但对于数据缺失的国家，笔者默认其经常账户处于平衡状态。

资料来源：笔者根据 World Economic Outlook Database, April 2011 计算而来。

全球经济失衡不仅对各国经济造成了深刻而持久的影响，也给世界经济的持续发展带来了潜在的风险和新的挑战。在此背景下，美国以及国际货币基金组织、世界银行等提出的再平衡（rebalancing）能否真正实现全球经济平衡增长呢？全球经济"失衡并增长"的格局能否维持，抑或已然改变？这需要我们分

---

[*]　本文于 2012 年获武汉市第十三次社会科学优秀成果一等奖。

析经济体增长动力以及它们与全球经济失衡的内在联系，并剖析经济再平衡的实质。

二、经济失衡各方经济增长动力耦合

当前，全球经济失衡是多种因素共同作用的结果。在此格局渐进形成过程中，"经济失衡的本质随时间而变，在不同阶段不同的因素和参与者起着不同的作用"。①如图 2 所示，自 1996 年以来，在经济失衡外在表现上，作为失衡最重要一方的美国其经常账户逆差扶摇直上，并牢牢占据全球经济失衡一极；但居失衡另一极的经常账户盈余方，诸如德国和日本、亚洲新兴经济体和石油输出国，其重要性并不可同日而语。因此，在经济全球化背景下分析不同阶段失衡主体经济增长动力的变化及其相互作用关系，可以更好地厘清全球经济失衡与经济增长之间的内在作用机制，并借此判断经济失衡的可持续性。

（一）失衡各方经济增长动力

1. 美国及其经济增长动力

1996 年以来美国的经济增长动力发生了显著变化，投资对经济增长的作用有所减小，消费尤其是私人消费作用日益突出。与此同时，美国飞速发展的金融创新加速了金融膨胀，不仅使得金融资产在整个 GDP 中的比重不断提高，也减少了储蓄的积累，有力地刺激了消费进一步增长。

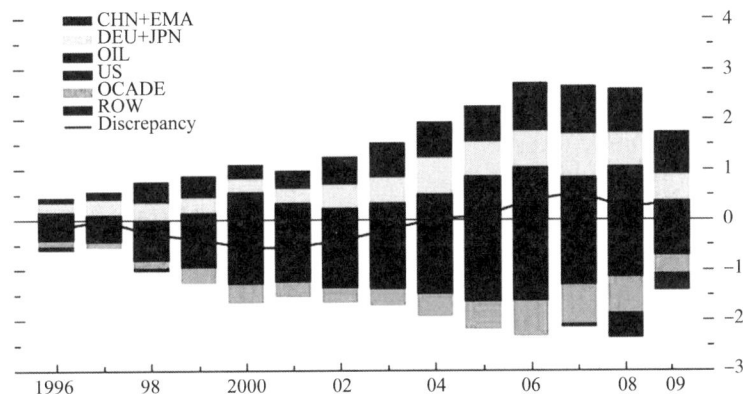

图 2　1996 年以来全球经常账户逆/顺差分布情况（占世界 GDP 比重）

说明：CHN+EMA 包括中国大陆、中国香港地区、中国台湾地区、印度尼西亚、韩国、马来西亚、泰国、新加坡和菲律宾；DEU+JPN 是指德国和日本；OIL 指石油输出国；OCADE 指其他经常账户赤字经济体；ROW 是世界其他经济体。

资料来源：IMF. World Economic Outlook，April 2010.

20 世纪 90 年代末期美国产业的创新能力对经济的稳定增长作用巨大，②尤其是信息通信技术行业的飞跃发展推动了美国全要素生产率的显著提高，并一直持续到网络经济泡沫的破灭。这一时期，投资对经济增长的贡献依旧突出。受益于网络经济的繁荣和经济增长的强烈预期，以及同期爆发的东南亚金融危机和日本经济继续低迷，大量资本开始流入美国。短期资本的流入成为美国平衡国际收支的重要力量，这使得美国经常账户逆差并不突出，其占同期全球经常账户逆差的比重维持在 1% 左右。

长期以来，私人消费一直是美国经济增长中最重要的支柱，对经济增长的贡献率超过 2/3（见图 3）。尤其是 2003 年以来布什政府时期，消费对经济增长的贡献更加明显。2008 年私人消费占实际 GDP 比重达到了 71%。最近 20 年里，美国实际消费需求的增长率每年高达 3.5%，而实际可支配个人收入增长平均仅为 3.2%。③美国过度消费的经济增长模式得以稳定运行，这得益于全球经济失衡背景下美国经常账户逆差和资本账户顺差为主要特征的经济发展得以持续。美国大量进口了来自东亚国家和新兴经济体的廉价商品，降低了国内生活和生产成本，提高了本国的消费水平，增加了居民财富；而随着美国国内投资环境的不断改善，大量国际资金流入美国，特别是来自石油输出国、东亚新兴经济体巨额贸易顺差所积累资金的回流，弥补了美国国内高消费和低储蓄的缺口。

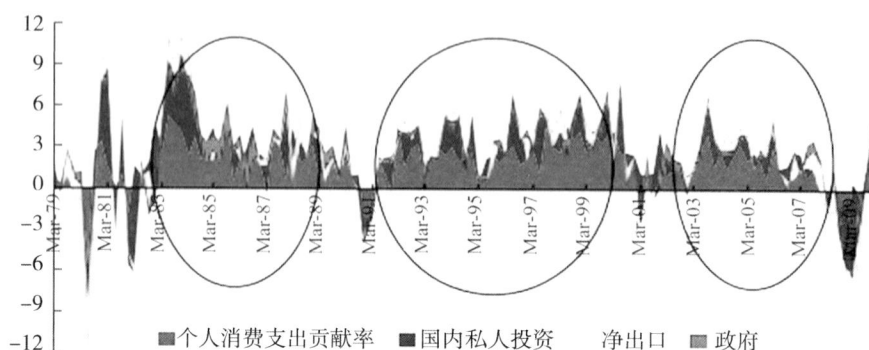

图 3　支出法中各项对经济增长的贡献率（单位:%）
资料来源：美国商务部经济分析局，www.bea.gov.

2. 亚洲新兴经济体及其经济增长动力

亚洲新兴经济体扮演失衡盈余方并对全球经济失衡起到举足轻重的作用是在东南亚金融危机以后。面对国内需求萎缩（中国的投资需求除外）和外部需求扩张（主要是美国需求扩张），出口成为亚洲经济体推动经济增长的重要组成部分。表1列举了2000—2008年间亚洲主要经济体（除日本外）经济增长率及其受消费、投资和净出口影响程度。在此期间，亚洲（除日本）经济平均增速为7.1%，远远高于全球平均4.0%和欧美平均2.5%的经济增长率。但亚洲经济的快速增长受到投资和出口驱动显著。亚洲7.1%的增长率中，消费、投资和出口的百分点分别为3.0%、2.5%和1.6%，可见其经济增长对外部需求存在明显的依赖性。

然而，亚洲各经济体经济增长动力并不尽相同。中国、印度和越南是典型的投资驱动型国家。中国年均10.2%、印度年均7.2%和越南年均7.5%的经济增长中，投资分别占5.0、3.6和4.3个百分点。尽管中国出口贸易总额占GDP比重从2000年的21%提高到2008年的33%，但是净出口对经济增长的贡献仅为1.1%。与此同时，印度尼西亚、韩国、中国台湾和中国香港地区净出口贡献1.4~2.2个百分点，显示净出口对经济增长的突出作用。

表1　　　　　　　　　　　**2000—2008 年间亚洲主要经济体经济增长**　　　　　　　　（单位:%）

	经济增长率	经济增长率组成部分				
		消费			投资	净出口
		总消费	私人消费	政府消费		
中国	10.2	4.1	2.8	1.3	5.0	1.1
印度	7.2	4.1	3.5	0.5	3.6	−0.3
越南	7.5	5.3	4.8	0.5	4.3	−2.4
印度尼西亚	5.2	3.1	2.5	0.6	1.0	1.4
韩国	4.9	2.5	1.9	0.6	1.0	1.4
马来西亚	5.1	4.6	3.5	1.1	0.4	0.1
新加坡	5.5	2.8	2.1	0.6	1.5	1.5
中国香港	5.0	2.3	2.1	0.2	1.3	1.7

	经济增长率	经济增长率组成部分				
		消费			投资	净出口
		总消费	私人消费	政府消费		
中国台湾	3.6	1.5	1.4	0.1	0.0	2.2
亚洲平均	7.1	3.0	2.5	0.5	2.5	1.6

说明：由于舍入误差和统计口径等因素的存在，经济增长率组成部分加总后并不一定与经济增长率相同。

资料来源：EIU Country Data，IMF's WEO.

3. 石油输出国及其经济增长动力

2002 年以来，石油输出国经常账户盈余出现持续扩大，并成为全球经济失衡中一支重要力量。中东、俄罗斯等国家和地区增长源泉主要来自油气资源输出，石油美元在经济中处于关键地位。沙特阿拉伯石油出口占其整个出口商品的近 90%，俄罗斯燃料类产品出口的比重由 2004 年的近 60% 上升到 2008 年的 73%。[④]近年来，石油输出国经常账户盈余迅速膨胀很大程度上受益于国际石油价格的持续飙升。尽管导致油价走高的原因错综复杂，但是全球经济快速增长对石油的巨大需求进而推高国际油价的作用不容小觑。泛太平洋工业地区和欧洲是全球石油主要流入地，这些地区也正是全球经济失衡最重要的参与者。

(二) 以经常账户不平衡为纽带的经济增长动力耦合

无论是基于国际分工抑[⑤]或比较优势[⑥]的视角，还是论证经济失衡是否可持续的"双循环"机制，[⑦]都部分表明当前全球经济失衡与经济增长存在内在相互作用机制。尽管经济失衡本质上是一种由供求不平衡而造成的市场无法出清状态，[⑧]但是在经济全球化推动下，各国外部经济的失衡促使供求关系（至少包括实物和资本两种供求关系）通过经常账户不平衡得以在全球范围内寻求平衡，并自发成为市场选择的结果。全球经济似乎陷入了处于失衡一极的美国与失衡另一极的亚洲经济体和石油输出国等相互依赖的共生增长模式。[⑨]

它表现为两方面的平衡。一方面是资源在消费过度的美国与出口导向的亚洲经济体和石油输出国之间的平衡；另一方面是在美元居主导地位的国际货币体系下美国吸引大量资本流入和亚洲经济体与石油输出国积累大量以美元为主的外汇储备。

全球经济失衡各方经济增长动力的耦合，以各方经常账户不平衡为纽带，促使资源在全球范围内重新配置。这种配置通过三条渠道得以实现。一是以中国为代表的贸易盈余方融合自身人力资源和俄罗斯、中东地区、巴西、澳大利亚等经济体的石油、铁矿石等资源产品，形成以中国、东盟等亚洲新兴经济体为主体的低端制造业产品链和日本、德国等发达国家为主体的高端制造业产品链。在全球范围内专业化的分工生产最大限度地降低了产品生产成本，更多的产品也不仅仅是流入美国，而是涌入世界各地，极大地满足了各国消费需求，并刺激各国经济呈现"高增长与低通胀"的最佳状态。二是金融急剧膨胀的美国、英国等多样化金融产品满足了全球范围内巨额流动资本的需求。在美元本位的国际货币体系下，贸易盈余方迅速扩张的资本积累转化对上述地区的融资或借贷，支撑美国等庞大的消费需求，并拉动全球生产的扩张。三是拥有绝大多数的跨国公司、高科技产业的发达经济体凭借资本和技术的优势在全球，尤其是在新兴经济市场攫取实业资本利润，并成为其国内消费的重要推动力量。

经济增长动力的耦合不仅促进了全球经济在过去十年里快速增长，也极大提高了全球生产能力，拓宽了全球市场容量。根据世界银行 2009 年估计（Worldbank，2009），在 1999—2008 年这十年里，全球国内生产总值的年均增长率为 3.5%，国际贸易的年增长率达到 7%，国际资本流动的年增长率更是高达 14%。[⑩]

三、全球经济再平衡及其对经济增长的影响

金融危机爆发以来，要求调整全球经济失衡，实现经济再平衡的呼声日益高涨。推进"全球经济再平衡"已成为世界性议题，并成为今后相当长时期内全球经济调整的主旋律。IMF 早在 2010 年 10 月的《全球经济展望》中就明确指出，未来一段时间内，国际社会的主要任务是促进经济复苏、防范风险和再平衡（Recovery，Risk，and Rebalancing）。美国顺势在匹兹堡 G20 峰会上提出全球经济平衡增长（balanced global growth）命题，试图"启用规定政策和方法的行动框架，创建强劲、可持续和平衡的全球经济增长模式"。[11]然而，在当前 IMF、G20 等国际经济组织和协调机制依然以美国等发达国家为主导的背景下，这一貌似为全球经济描绘均衡增长蓝图的框架协议能否为各国经济增长注入新活力，并在调整全球经济失衡过程中保持经济稳定增长，是值得质疑的。

（一）全球经济失衡本质并未改变

金融危机爆发以来，尽管全球经济增长与经济结构、各方储蓄与投资结构，以及国际金融体系都已发生重大变化，失衡各方顺差或逆差规模也有所收窄，但全球经济"失衡与增长"格局依然存在。失衡的调整只是金融市场的去杠杆化、出口产业的去产能化和商品市场的去库存化。经济增长不仅是各国刺激经济复苏政策干预的结果，而且是对全球利益分配差异的暂时纠偏，但并未改变全球经济失衡的本质。这主要是失衡各方经济增长动力耦合难以改变。短期内，各经济体缓慢调整必将继续维持经济增长动力的耦合机制，全球经济失衡不会导致大的变革。

当前的国际分工体系是 20 世纪 80 年代以来全球经济结构巨大而深刻变化的结果。更多的国家融入全球经济发展的大潮中，并充分发挥自身要素的比较优势分享全球化带来的红利，尽管这种红利扩散的利益分配对南北国家而言并不均衡。以经常账户不平衡为纽带，通过失衡各方经济增长动力耦合，并在此基础上形成的"初级产品—半成品—成品—消费国的多次跨境、高度关联的生产贸易一体化链条"[12]是一种脆弱的动态平衡，任何一个环节的改变将导致全球经济面临巨大风险。更为严重的是，长期倚重外向经济使得各国内部经济结构面临诸多问题。美国等欧美国家"去工业化"所导致的内部实体 经济萎缩，外向型新兴经济体对以美国为首的西方工业化国家的依赖所导致产业结构同质化以及自身消费能力不足等。诸如西欧部分国家的主权债务危机，美国巨额的财政赤字，发展中经济体金融深化的扭曲等各经济体发展中长期积累的问题所导致的内部失衡将成为调整全球经济失衡的最大障碍。

与此同时，缺乏创新基础的全球经济脆弱复苏不会改变现存的经济全球化发展模式。历史经验表明，全球经济增长方式的调整必须建立在制度创新或技术创新的基础上。然而，当前全球经济增长仍然处于信息技术革命推动之中，网络信息技术溢出效应依旧明显。没有任何迹象表明对生产力产生巨大 变革的技术和制度创新，包括生命科学、材料科学和新能源的技术革命等已经出现。[13]

（二）经济再平衡的实质是经济增长动力的重新耦合

现有的全球经济非均衡增长模式已积累了诸多矛盾和不均衡现象。因此，全球经济再平衡需要各方重新审视经济发展动力内在的耦合机制，渐进地转变经济增长方式，有序调整自身经济发展模式，逐步解决经济结构性问题并实现内外经济平衡。

首先，全球经济再平衡要着力解决各经济体的内部失衡。

尽管全球经济失衡格局的形成各方都难辞其咎，但追求经济发展，提高国内居民福利水平无可厚非。因此，外部经济失衡调整的动力将来源于对内经济发展模式的转变与内部失衡的纠偏。失衡最重要一方的美国不仅仅是"增加储蓄和节约开支，以降低长期赤字"和加强金融监管[14]，更为有效的方法将是放宽高技术产品的出口限制，[15]这不仅有利于缓解美国当前居高不下的失业率，促进经常账户的平衡，同时将对全球技术创新产生巨大的推动作用，[16]并助力全球新的经济增长动力出现。而对于失衡盈余方如何增加

国内需求将是其转变经济增长方式重点。这也有利于各国，尤其是亚洲新兴经济体在全球经济复苏的背景下寻找新的经济增长模式，实现经济可持续增长。具体而言包括中国、东盟等国家和地区的消费需求，日本私人部门投资需求和石油输出国庞大的基础设施投资需求。需求的多元化是经济增长动力重新耦合的重要组成部分，因此全球经济再平衡进程中重建更加均衡全球经济需求结构将显著削弱以单一国家作为世界主要净需求方所产生的经济增长的波动性与脆弱性。

其次，经济再平衡需要注重经济增长利益的重新分配和调整成本的合理分担。

全球经济再平衡必然伴随各主要经济体力量对比的消长。随着国际金融危机的逐步企稳和全球经济的复苏，全球失衡格局正在发生着积极变化，而全球经济增长模式的再平衡已经开始稳步推进。在此背景下，发达国家对世界经济运行的影响力有所下降，而以"金砖五国"为代表的发展中国家或经济体，由于经济持续快速增长，在世界经济格局中的地位和影响力不断上升。尽管全球可能出现的"多级增长"将有助于实现平衡、全面的增长，⑰但是经济增长的利益在南北国家如何分配将直接影响经济增长动力的重新耦合程度，也关系到新一轮全球经济增长的可持续程度。与此同时，诸如全球利率的调节，大宗商品价格的波动和全球性通货膨胀等因素不仅导致经济增长的成果在禀赋各异、发展程度不同的经济体之间重新非均衡地分配，而且使得经济再平衡的调整成本极易在国际上转移，从而使得利益分配在已然不均的南北经济体出现"成本倒挂"的格局。因此，经济再平衡不应成为美国等国家贸易保护主义的华丽外衣，更不应由发展中经济体承担主要调整成本。

最后，全球经济再平衡将是循序渐进的过程。

全球经济失衡暴露了当前世界经济运行面临的风险，调整经济失衡势在必行。然而，在金融危机余波尚存，重大制度或技术创新尚缺的条件下，全球经济再平衡并非易事，也不可能一蹴而就。美国只消费不储蓄的习惯非一朝一夕就能改变，其庞大的财政赤字削减问题不仅正困扰美国自身，而且对全球经济业已产生深远影响。尽管美国提出了以新能源、新材料为代表的低碳经济形态，但目前来看其发展前景甚不明朗。欧洲仍未见底的债务危机扩大蔓延的趋势日益显现，欧元区的发展面临巨大挑战。而尽管亚洲新兴市场经济体已着手调整经济结构，但是经济增长模式由出口导向型向内需主导型的转变难以在短期内完成，经济或将经历外需停滞不前而内需尚未培育成熟的转型阵痛。因此，全球经济再平衡需要各方循序渐进调整经济增长方式，并促使新的经济增长动力在全球范围内重新耦合，使得南北国家更加均等的享受经济全球化的红利。

◎ 注释

①Oivier Blanchard, Gian Maria Milesi-Ferretti. Global Imbalances: In Midstream? IMF. SPN/09/29. 2009, p. 7.

②陈继勇，胡艺：《知识经济时代与世界经济失衡问题的再认识》，载《世界经济》2007 年第 7 期，第 27 页。

③陈继勇、盛杨怿、周琪：《解读美国经济危机——基于实体经济的视角》，载《经济评论》2009 年第 2 期，第 74 页。

④数据来源：United Nations Commodity Trade Statistics Database.

⑤徐建炜、姚洋：《国际分工新形态、金融市场发展与全球失衡》，载《世界经济》2010 年第 1 期，第 3 页。

⑥张幼文：《要素流动与全球经济失衡及其对中国经济的影响》，载《国际经济评论》2006 年第 2 期，第 19~21 页。

⑦李向阳：《全球经济失衡的历史影响》，载《国际经济评论》2006 年第 2 期，第 43~45 页。

⑧华民：《世界经济失衡：概念、成因与中国的选择》，载《吉林大学社会科学学报》2007 年第 1 期，第 6 页。

⑨赵夫增：《经常账户失衡格局下世界经济共生模式》，载《世界经济研究》2006 年第 3 期，第 13 页。需要说明的是赵夫增只解释了美国和亚洲经济体之间的共生模式。实际上，在资源对经济增长限制作用日益突出的今天，我们有必要考虑石油输出国对经济的影响。

⑩数据来源：World Bank。

⑪资料来源：www. whitehouse. gov.

⑫王子先、赵青松、何亚东：《从全球化视野对世界经济失衡问题的再认识》，载《国际贸易》2009 年 12 期，第 4 页。

⑬中国人民大学经济研究所：《全球经济再平衡与中国经济的外部影响因素》，载《光明日报》2010 年 3 月 20 日第 10 版。

⑭Barack Obama. "Remarks by President Barack Obama at Suntory Hall" www. whitehouse. gov

⑮陈继勇、周琪：《中美高技术产品贸易失衡问题研究》，载《湖北大学学报（哲学社会科学版）》2010 年第 2 期，第 20~22 页。

⑯胡艺、陈继勇：《基于新评价标准的中美经济增长质量比较》，载《经济管理》2010 年第 2 期，第 17 页。

⑰R. B. Zoellick. "After the crisis", Speech at the paul H. Nitze School of Advanced International Studies. Johns Hopkins University, Washington, 2009.

本文原载于《武汉大学学报（哲学社会科学版）》2011 年第 6 期

FDI 垄断优势、知识溢出与发展中国家经济增长[*]

陈继勇　隋晓锋

随着经济全球化进程的迅速发展和分工国际化趋势的不断加深，外商直接投资（Foreign Direct Investment，FDI）获得了迅速发展，并日益成为世界各国经济相互联系、相互依赖的一个重要途径。据联合国贸易发展委员（UNCTAD）公布的统计数字显示，截至 2008 年底，全世界 FDI 存量达 14.9 万亿美元，其中，发达国家为 10.2 万亿美元，占总额的 68%，发展中国家和转型经济体为 4.7 万亿美元，占总额的 32%。虽然从数量和占比来看，发达国家的 FDI 存量占有绝对优势，但考虑到发展中国家的经济规模和市场容量，目前 FDI 的全球分配格局已经能够对发展中国家产生重大影响。

从资金来源方面看，进入发展中国家的 FDI 主要来自于发达国家。由于发达国家一般具有较高的科技水平和较先进的管理经验，这使其在对发展中国家进行直接投资的过程中产生相应的科技优势和成本优势，进而在市场上形成垄断优势。FDI 垄断优势理论构成了传统的外商直接投资理论的基础。而在 FDI 具备垄断优势的同时，知识溢出效应使发展中国家能够不断学习 FDI 企业的先进科技和管理经验，从而实现科技和经济快速发展。我们认为，在这个过程中发展中国家的发展路径可能会在不同的阶段呈现不同的特征，同时发展中国家采取的发展策略应根据阶段特征而不断转变。在本文中，我们将从 FDI 垄断优势和知识溢出的相关理论出发，对发展中国家科技和经济增长路径变化和政策选择进行初步探讨。

一、文 献 综 述

外商直接投资（FDI）的动因、市场行为和影响一直是开放经济研究领域的热点问题。Hymer（1960）首先以垄断优势来解释企业的对外直接投资行为，后经过 Kindleberger（1969）等人的发展，创立了垄断优势理论。该理论将 FDI 的产生归因于国际市场的不完全竞争，认为跨国公司掌握着特有的技术、管理经验、资金等优势，这些垄断优势激励跨国公司在世界范围内展开直接投资并获得超额利润。垄断优势理论一经提出便被学术界普遍接受，成为解释 FDI 动因的主流思想。此后，Caves（1974）提出的核心资产理论、Knickerbocker（1973）提出的寡占反应理论、Rugman（1975）的风险分散理论直至 Dunning（1977）的国际生产折中理论都在很大程度上基于垄断优势理论或其扩展理论。

FDI 的垄断优势主要有资金和技术两个方面，而这两个方面的研究模式和理论基础的不同反映了不同理论对 FDI 不同市场行为模式的认定。以 Solow（1956）和 Swan（1956）所代表的新古典增长理论盛行时期，对 FDI 市场行为的研究主要集中在资金方面，因为新古典增长理论认为，制约经济增长的主要原因在于国内储蓄不足和资本积累速度过慢，发展中国家引进和利用外资的主要目的在于加速国内资本积累，进而促进经济快速增长。然而，随着以 Romer（1986）、Lucas（1988）、和 Baumol（1986）等人为代表的内生增长理论的兴起，人们日益开始重视科技发展、研发创新、人力资本投入等引发内生技术进步的因素在经济增长中所起到的重要作用，对 FDI 的研究也逐渐转移到了技术学习、知识溢出等方面。FDI 在技术方

* 本文是陈继勇教授主持的国家自然科学基金项目（编号：70773082）、国家社会科学基金重点项目（编号：07AJL016）、国家软科学项目（编号：2009GX3K040）和肖光恩副教授主持的国家社会科学基金项目（编号：07BJL044）的阶段性研究成果。本文于 2012 年获武汉市第十三次社会科学优秀成果奖一等奖。

面的垄断优势，使其能在东道国市场上表现出明显的垄断行为，但由于知识产品的非竞争性和部分排他性，FDI 较高的技术水平也很容易被模仿和抄袭（Romer，1990）。所以，FDI 在科技投入方面表现出两方面的行为：一方面努力进行技术研发和人力资本投入，以保证垄断优势；另一方面则要尽量阻止自身的技术被模仿和学习，甚至不把最新的技术应用于东道国。

在东道国市场上，FDI 的进入和垄断优势使本地企业不得不面临更为激烈的市场竞争，技术上的劣势迫使东道国企业更有效率地利用自己的技术和资源，同时还要更积极地寻找和使用新技术以提高效率（Kokko，1994）。FDI 的知识溢出作用无疑是东道国企业新技术的重要来源之一，而知识溢出作为一个非自愿的、无补偿的扩散和转移过程，东道国企业在很多时候都无需承担相应的溢出成本（Poldahl，2004；Branstetter，1998）。但由于东道国科技水平处于不同的发展时期，FDI 知识溢出的结果也不同。例如，相关研究结果表明，在墨西哥（Blomstrom 和 Wolff，1989）、越南（Thuy，2005）、中国（潘文卿，2003；陈继勇，2008）、爱沙尼亚（Sinani 和 Meyer，2004）、立陶宛（Beata，2004）等发展中国家，FDI 对东道国的知识溢出效应均为正；而在 OECD 国家（Lichtenberg 和 Pottelsberghe，1996）、捷克（Djankov 和 Hoekan，2000）、比利时、罗马尼亚和波兰（Angelucci，2001）、英国（Haskel et al.，2002）等较为发达的经济体中 FDI 的溢出效应却并不显著，甚至为负。我们认为，造成这种结果的关键原因在于 FDI 与东道国总体科技水平的对比，FDI 的科技优势是其具有垄断优势并且能产生正面知识溢出的基础。

在本文的讨论中，我们将主要关注具有垄断优势的 FDI 在发展中国家的市场行为和影响。我们假设发展中国家引进的 FDI 具有相对较高的科技水平，并且能够随之形成垄断优势，而其垄断优势会随着发展中国家的科技进步和经济发展呈现不同的特征。由于 FDI 依靠垄断优势参与市场竞争，但同时其较高的科技水平也会逐渐被东道国企业所模仿，在这个过程中双方的行为模式、策略选择将对市场格局和发展中国家的科技进步和经济发展产生较大影响。本文将通过以上思路建立理论模型，并以中国的相关数据为基础进行实证研究。

二、理 论 模 型

1. FDI 垄断优势下的生产行为决定

我们沿用 Mankiw、Romer 和 Weil（MRW，1992）所设计的较为一般的生产函数形式：

$$Y_t = H_t^\alpha K_t^\varphi (E_t L_t)^{1-\alpha-\varphi} \tag{1}$$

其中，Y_t 表示 t 时期的产出；H_t 表示 t 时期的人力资本投资；K_t 表示 t 时期的资本投入；E_t 是反映劳动力增长带来的技术进步的参数，$E_t L_t$ 可以看作按效率单位计量的劳动力供给（supply of efficiency units of labor）。在"哈罗德中性"的条件下，（1）式与柯布–道格拉斯函数之间存在 $A = E^{1-\alpha-\varphi}$ 的变换模式，然而，由于我们希望能考察人力资本变动在经济行为中的作用，所以我们放松了 MRW（1992）对技术进步的约束，进一步将人力资本纳入了技术进步的考察框架。将（1）式同除以 $E_t L_t$，可得：

$$y_t = h_t^\alpha k_t^\varphi \tag{2}$$

其中，y_t、h_t、k_t 分别表示按效率单位计量的产出、人力资本投资、生产资本投资的劳动比。在（2）式的基础上，我们假设本国企业与 FDI 企业之间存在不同的产出和不同的人力资本，差异性的产出为 FDI 企业提供了垄断优势，异质性的人力资本为 FDI 企业提供了技术优势；同时，设其生产过程中投入的资本是同质的，并且二者均可以以相同的成本取得足够的融资，设融资成本为 r。所以本国企业与 FDI 企业的生产函数可以分别写为：

$$y_t = h_t^\alpha k_t^\varphi（本国企业）；\quad y_t^* = h_t^{*\alpha} k_t^{*\varphi}（FDI 企业） \tag{3}$$

在生产过程中，两类企业的最优边际资本产出应等于其融资成本 r，即：

$$\frac{\partial y_t}{\partial k_t} = \frac{\partial y_t^*}{\partial k_t^*} = r \tag{4}$$

我们假设 FDI 企业的垄断优势表现为其产品定价优势，即能在正常价格的基础上再额外提高价格。假设 FDI 定价优势为 p，人力资本折旧成本率为 φ，企业经营成本比为 $(1-z)$，则 FDI 企业的利润最大化条件为：

$$\pi_y^* = (p\, y^* - k_t^* r)z - \varphi\, h_t^* \tag{5}$$

其利润最大化一阶条件为：$\pi_y^* / h_t^* = 0$，$\pi_y^* / k_t^* = 0$，结合（4）式，可得 FDI 企业的最优投入为：

$$h_t^* = \left[\left(\frac{r}{\varphi}\right)^{\varphi}\left(\frac{z\alpha}{\emptyset}\right)^{\varphi-1}\frac{1}{p}\right]^{\frac{1}{\alpha+\varphi-1}} \tag{6}$$

$$k_t^* = \left[\left(\frac{\varphi}{r}\right)^{\alpha-1}\left(\frac{\emptyset}{z\alpha}\right)^{\alpha}\frac{1}{p}\right]^{\frac{1}{\alpha+\varphi-1}} \tag{7}$$

因为 $\alpha+\varphi-1<0$，所以 h_t^* 与 $p^{\frac{1}{1-\alpha-\varphi}}$ 之间存在线性关系。从（6）式和（7）式中可以看出，FDI 企业垄断优势越强，其在东道国按效率单位计量的人力资本和生产资本劳动比就越高，这可以从两个方面来理解：（1）在劳动供给不变的情况下，垄断优势越强，FDI 的进入规模就越大；（2）在东道国市场规模一定的情况下，FDI 企业以较高技术为支撑的垄断优势可以使其使用较少的劳动，从而节省成本。同样地，垄断优势的逐渐丧失导致超额利润的降低将会打击 FDI 企业的生产积极性，从而使其逐渐降低各项生产投入。

2. FDI 垄断优势下的东道国科技发展

我们认为，FDI 在东道国的垄断优势具有两个不同的阶段。首先，在 FDI 企业进入东道国后，由于其具备较高的技术水平和较先进的管理经验，其产品的垄断优势会随着企业的发展而不断加强，在此阶段虽然会有知识溢出的发生，但是由于东道国与 FDI 之间的技术差距过大，在市场上无法与 FDI 企业进行竞争，所以总体表现为 FDI 的垄断优势不断增强；同时，由于市场存在超额垄断利润，FDI 企业具有进一步提升垄断优势的动力，所以其垄断优势成加速积累的趋势。然而，在一个时期 T 之后，由于知识溢出的存在，FDI 企业的技术不断地被东道国企业所学习，其产品也不断地被东道国企业模仿，同时，东道国也会进行大规模的自主研发，使 FDI 企业的科技优势不断缩小，在这个过程中 FDI 企业的垄断优势也将逐渐降低；由于这个过程中 FDI 企业仍具有一定程度的垄断优势，并且会试图通过加强研发等手段来维持自身的优势，所以这个过程中 FDI 企业垄断优势的衰减显示为减速趋势。假设这整个过程中 FDI 企业垄断优势的发展路径为：

$$p_t = \begin{cases} P_0\, e^{wt} & (t \leqslant T) \\ P_0\, e^{w(2T-t)} & (t \geqslant T) \end{cases} \tag{8}$$

其中，P_0 为 FDI 企业进入之初的垄断定价优势，而在 $p_t = 1$ 时（此时 $t = [(1/w)\ln P_0 + 2T]$），意味着 FDI 企业的垄断优势完全消失，此时其与本国企业具有相同的市场属性从而展开完全竞争。所以，我们对东道国技术进步的考察将以 $t=1$ 和 $t = [(1/w)\ln P_0 + 2T]$ 为转折点，分为 3 个阶段：

阶段（I）：FDI 的垄断优势不断加强，东道国企业无法在市场上与其展开竞争；

阶段（II）：东道国科技不断赶超，FDI 企业的垄断优势不断减弱；

阶段（III）：FDI 企业垄断优势完全消失，东道国独立发展。

基于我们前面所证明的 h_t^* 与 P_t 之间的关系，为简化起见，我们不妨认为（8）式的常数 P_0 和 w 已经包含了（6）式中的常数项，从而可以认为有：

$$h_t^* = \begin{cases} P_0\, e^{wt} & (t \leqslant T) \\ P_0\, e^{w(2T-t)} & (T \leqslant t \leqslant (1/w)\ln P_0 + 2T) \end{cases} \tag{9}$$

进一步将东道国的技术水平定义为所有人力资本投入的累积，将东道国可以学习的 FDI 企业的科技定义为 FDI 企业所有人力资本投入的累积，在不考虑折旧的情况下分别有：

$$T_t = \int_0^t h_t(t)\,\mathrm{d}t, \quad T_t^* = \int_0^t h_t^*(t)\,\mathrm{d}t \tag{10}$$

假设东道国的技术生产完全转化为人力资本投入，且其在此过程中的人力资本生产来自两个方面，其一是本国在当前技术水平上的自主开发，另一部分则来自于 FDI 企业的知识溢出，假设二者之间是独立的，那么东道国的可用人力资本为：

$$h_t = v T_t + \delta (T_t^* - T_t) \tag{11}$$

其中，v 和 δ 分别表示本国的自主研发效率和 FDI 知识溢出效率。同时我们认为，在 FDI 垄断优势全部消失后，东道国的可用人力资本独立发展函数为：

$$h_t = v T_t (t \geq (1/w) \ln P_0 + 2T) \tag{12}$$

结合（9）、（10）、（11）和（12）式，解微分方程可得东道国技术进步路径为：

$$T_t = \begin{cases} C e^{(v-\delta)t} + \dfrac{\delta P_0}{w(w+\delta-v)} e^{wt} \quad (t \leq T) \\[3mm] C e^{(v-\delta)t} + \dfrac{\delta P_0 e^{2wT}}{w(w+v-\delta)} e^{-wt} - \dfrac{2\delta P_0 e^{wT}}{w(v-\delta)} \\[2mm] (T \leq t \leq (1/w) \ln P_0 + 2T) \\[3mm] C e^{nt} + C P_0^{\frac{v-\delta}{w}} e^{2(v-\delta)T} - \dfrac{2\delta P_0 e^{wT}}{w(v-\delta)} + \dfrac{\delta}{w(w+v-\delta)} \\[2mm] (t \geq (1/w) \ln P_0 + 2T) \end{cases} \tag{13}$$

其中 $C = T_0 - \dfrac{\delta P_0}{w(w+\delta-v)}$。

3. FDI 垄断优势下的东道国经济增长

由于我们假设东道国的科技进步完全转化为人力资本投入到生产当中，且资本融资不受限制，所以在不考虑折旧的情况下东道国科技进步对其产出的影响为：

$$\dot{y}_t = \frac{\Delta y_t^*}{y_t^*} = \frac{\partial y_t}{\partial h_t} \cdot \frac{\mathrm{d}h_t}{\mathrm{d}t} \cdot \frac{1}{y_t} = \frac{\alpha h_t^{\alpha-1} k_t^{\varphi}}{h_t^{\alpha} k_t^{\varphi}} \cdot \frac{\mathrm{d}h_t}{\mathrm{d}t} = \frac{\alpha}{h_t} \cdot \frac{\mathrm{d}h_t}{\mathrm{d}t} = \alpha \dot{h}_t, \quad 即：$$

$$\dot{y}_t = \begin{cases} \alpha \dfrac{C(v-\delta)^2 e^{(v-\delta)t} + \dfrac{w\delta P_0}{w-v+\delta} e^{wt}}{C(v-\delta) e^{(v-\delta)t} + \dfrac{\delta P_0}{w-v+\delta} e^{wt}} \quad (t \leq T) \\[6mm] \alpha \dfrac{C(v-\delta)^2 e^{(v-\delta)t} + \dfrac{w\delta P_0 e^{2wT}}{w+v-\delta} e^{-wt}}{C(v-\delta) e^{(v-\delta)t} - \dfrac{\delta P_0 e^{2wT}}{w+v-\delta} e^{-wt}} \quad (T \leq t \leq (1/w) \ln P_0 + 2T) \\[6mm] \alpha v \qquad\qquad\qquad\qquad\qquad\qquad (t \geq (1/w) \ln P_0 + 2T) \end{cases} \tag{14}$$

观察（14）式可知在 T 较大的情况下，东道国经济增长率的收敛目标分别是：

$$\dot{y}_t = \begin{cases} \max[\alpha(v-\delta), \alpha w] \quad (t \leq T) \\ \alpha(v-\delta) \qquad\qquad (T \leq t \leq (1/w) \ln P_0 + 2T) \\ \alpha v \qquad\qquad\qquad (t \geq (1/w) \ln P_0 + 2T) \end{cases} \tag{15}$$

4. 模型结果分析

通过对（13）、（14）和（15）式的分析，我们认为主要存在以下结论：

（1）在阶段（Ⅰ），FDI 企业为获得更高的垄断优势和垄断利润而不断地提高人力资本投入，使得东道国企业可以学习的知识显著积累，东道国通过知识溢出作用不断提高自身科技水平。同时，在这一阶段东道国可以不必过多地重视本国科技研发，因为即使本国研发效率较低（即 $v < \delta$），其仍可以依托 FDI 企业不断提高的人力资本投入所产生的较强的知识溢出作用而实现科技不断进步，进而实现经济不断增长。在此阶段，如果同时有东道国自主研发效率高于 FDI 知识溢出效率，那么东道国科技进步呈加速趋势，而东道国经济增长率收敛于 $\max[\alpha(v-\delta), \alpha w]$，表现为较高速的经济增长，从而在某种形式上产

生科技水平和经济增长"后发优势"的现象。然而，根据我们"三阶段"假设，这种"后发优势"尽管可能在一定时期出现，但随着东道国发展阶段的不同，其并不存在长期可持续性。

（2）在阶段（II），东道国的科技已经具备了一定水平，其产品已经可以在市场上与 FDI 企业的产品展开竞争。东道国本国的竞争使 FDI 企业的垄断优势不断减弱，FDI 企业的人力资本投入相对开始降低，我们认为这主要表现在 FDI 并不愿意将最先进的科技投入到本国，因为东道国依靠知识溢出效应可以较快吸收 FDI 的先进科技而在市场上对 FDI 企业展开更激烈的竞争。所以，此阶段仅靠知识溢出已经无法促使本国科技持续进步，东道国技术发展和经济持续增长的关键因素在于 $v - \delta > 0$，即本国的自主研发效率要高于知识溢出的效率，这要求本国要全力提高自主研发水平和效率。这在一定程度上说明了一些发展中国家在引进 FDI 过程中实行的"以市场换技术"政策效果并不明显的原因。

（3）在阶段（III），东道国企业的产品已经完全达到了 FDI 企业产品的水平，二者开始在市场上进行自由竞争，FDI 知识溢出的影响完全消失，东道国科技实现了对 FDI 的赶超，开始按照自身研发水平自由发展。

三、对中国部分行业的实证检验

1. 数据处理方法与实证结果

由于我们在模型中所得到的发展中国家经济增长收敛目标仅为发展过程中一定条件下的理论趋近值，难以据此做出明确的实证结论，所以本文实证检验将主要围绕在 FDI 垄断优势前提下东道国科技进步来进行。我们认为 FDI 垄断优势影响东道国科技进步主要证据在行业方面的体现较为清晰。但是由于中国行业数据统计口径变动频繁，部分行业的数据无法采用，所以我们选取了 1998—2008 年 6 个统计口径相对较为稳定的行业来进行实证检验。我们用每一行业当年 FDI 总额与该行业固定资产投资额的比值代替 FDI 的垄断优势（FDI 数据根据当年汇率换算成人民币）；用该行业的全要素生产率（TFP）代表该行业的科技水平。行业全要素生产率用"索罗剩余法"进行测算，即 $TFP_t = Y_i / (K_i^\alpha L_i^\beta)$，其中 Y_i 表示该行业的总产值；L_i 表示行业的就业人数；K_i 表示行业的固定资产投资存量，固定资产投资存量利用"永续盘存法"进行测算，由于数据限制，我们把基期选择为 1990 年。在存量资本折旧率的选择上，由于对各个行业资本折旧率的精确计量较为复杂，同时也不属于本文探讨的主要方面，考虑到本文"永续盘存法"选取的数据在时间点上较为靠后，故仅以历年的通胀率进行折旧计算，较低的折旧率在一定程度上可以抵消较为靠后的存量资本起算点造成的误差，使数据更加接近于真实情况。以上部分行业数据根据统计口径和规则进行了适当归整，数据全部来自 WIND 数据库、中经网数据库、《中国工业经济统计年鉴》和《中国统计年鉴》。

实证检验结果如图 1 所示。其中各图纵轴为历年各行业的全要素生产率，为便于比较，我们将其以 1998 年为基期"1"进行了标准化处理；横轴为历年各行业 FDI 额与固定资产投资额的比值；实线为图中各散点的拟合线，拟合方程和拟合优度 R^2 亦在图中由 Excel 自动给出。图中散点排序和拟合方程代表了纵轴数值在横轴数值影响下的收敛趋势。

2. 实证结果分析

（1）中国制造业处于本文理论模型所提出的阶段（I）与阶段（II）时期的转型期，制造业整体的科技进步已经无法完全依靠 FDI 的知识溢出作用，而只能依靠不断加强自身研发，"以市场换技术"的策略难以达到预期效果。从图 1 中可以看出，制造业全要素生产率的收敛呈现抛物线形状，显示出一定的转折迹象。这可能是由于中国制造业开放程度很高、FDI 进入较为充分，并且企业市场竞争自由化程度较高的原因所致。我们认为，自改革开放以来，中国大力发展制造业相关产业，目前制造业企业通过自主研发或知识溢出所积累的科技水平已经威胁到了 FDI 企业的垄断优势，使其一方面由于担心被模仿而不愿意在中国投入最先进的技术，另一方面则由于技术优势的逐渐丧失而失去市场垄断力。现在中国制造业正处于一个关键的转型期，必须努力进行自主研发才能不断提升自身科技水平。

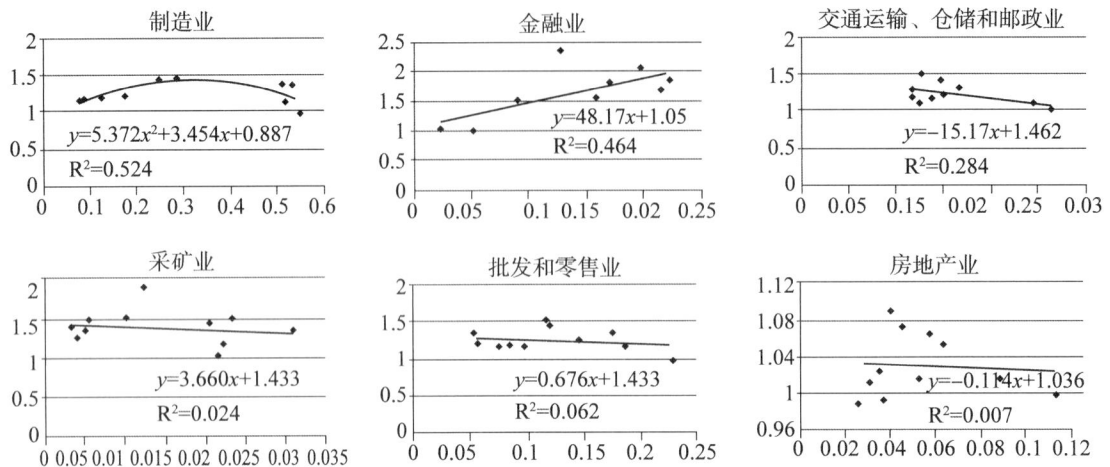

图1 中国部分行业的全要素生产率与FDI/固定资产投资散点图

（2）中国金融业正处于本文理论模型所提出的阶段（I）时期，金融业总体科技水平与FDI企业相比差距较大，可以通过对FDI先进经验和知识的模仿学习快速提高自身科技水平。中国金融业对外开放程度较低，市场竞争仍以国内企业参与为主。中国金融业整体技术水平和管理水平与发达国家金融机构的差距较为明显，加大开放力度、不断引进和学习国外先进经验和技术有利于快速提高中国金融业的市场竞争力。目前，国内金融机构不断加强与发达国家金融机构的合作、大力引进国外先进管理经验的做法是符合中国金融业发展阶段性特征的。中国金融业通过对外部知识的学习可以在一定时期内快速成长，发展速度将大大快于外资企业。

（3）采矿业、交通运输仓储和邮政业、批发和零售业、房地产业的实证检验效果并不明显，我们认为造成这种现象的可能性有两个：①FDI进入这些行业受到限制，行业对外开放程度较低。例如，中国目前对外资进入采矿业、房地产业等行业都有明确的法律法规限制，使FDI企业无法在这些行业与国内企业展开竞争，也就不存在明显的知识溢出行为。从图1中可以看出，采矿业、房地产业和交通运输、仓储和邮政业引进的FDI额与本行业固定资产投资额的比重都很低，也说明了这种情况的存在。②FDI企业在部分行业中并不存在明显的技术优势，内外资企业处于同等的竞争水平。观察图1中批发与零售业的散点图可以发现，虽然该行业的全要素生产率呈现一定的收敛趋势，但是其收敛路径与FDI进入规模无明显关系。所以，批发与零售行业FDI企业的技术优势和知识溢出效果并不明显，本国企业已经处于自由发展的时期。

四、主要结论与政策建议

1. 主要结论

本文的理论模型和实证检验在一定程度上说明了FDI企业基于垄断优势和知识溢出前提下对东道国的影响。我们认为，基于FDI垄断优势和知识溢出理论框架下的发展中国家科技进步和经济增长模式在不同的阶段有不同的表现形式；发展中国家在一定时期表现出来的科技或经济上的"后发优势"并不具备可持续性；而发展中国家实现科技发展和经济持续增长的关键在于提升自身科技研发水平，以"以市场换技术"的策略难以实现。我们对中国部分行业的实证检验还表明，不同行业可能处于模型中的不同发展阶段，行业属性不同、法律法规限制等因素都会在很大程度上影响FDI知识溢出的效果。

2. 政策建议

（1）发展中国家在不同时期和不同行业，应该有选择地实行不同的引进外资策略。在发展中国家对外开放的不同时期，由于经济的不断发展和科技水平的不断提高，FDI企业与本国企业的技术实力对比将会发生显著变化，进而影响其市场行为也发生明显变化。在不同的发展阶段，发展中国家应根据 FDI 企业市场行为的变化和本国企业发展的实际需要，制定最适合的引进外资政策。同时，由于在一定时期内不同行业的发展状况也是不同的，所以对不同行业的招商引资政策也应该有所区别，应根据行业发展特征制定相应的行业发展战略，进而更好地促进本国科技进步和经济发展。

（2）发展中国家应充分重视本国研发能力和科技实力的提高，不能片面依靠 FDI 的知识溢出。虽然在发展的初期，发展中国家可以依靠 FDI 的知识溢出效应实现科技的较快发展，但在这个阶段发展中国家无法实现对 FDI 企业的科技赶超。发展中国家科技和经济发展的真正基础是由自身研发基础决定的。即使在阶段（I），发展中国家充分重视自主研发仍对科技和经济发展大为有利，同时也能为发展的第二阶段奠定较好的基础，因为在阶段（II），最关键的条件是发展中国家自身的研发效率处于较高水平。所以我们认为，发展中国家在发展的过程中，无论哪个阶段都应该充分重视自主研发对科技进步和经济发展的基础性作用，FDI 知识溢出只能作为补充。

（3）在不宜大规模对外开放的行业领域，发展中国家在加强自主研发的同时也应大力学习发达国家先进技术和经验。出于经济安全等方面的考虑，发展中国家大都立法限制 FDI 进入本国的部分行业领域，使这些行业很难通过正常的知识溢出模式获得技术进步。我们认为，发展中国家对外资采取行业准入措施是有必要的，但这同时也要求发展中国家采取必要的措施引进国外在相关行业的先进技术，以促进行业技术水平的较快提高。在这一点上，我们认为尤其需要注意由本国部分力量所垄断的行业，因为这些行业在一定程度上存在垄断利润，科技进步导致的行业结构变化可能会触犯一些既得利益，从而使这些行业的发展受到阻碍。在这方面，发展中国家应在国家层面上进行主导和调控，通过自主研发和技术引进等渠道促进行业的科技进步和效率提高，进而促进社会经济的较快发展。

◎ 参考文献

［1］陈继勇，盛杨怿. 外商直接投资的知识溢出与中国区域经济增长 ［J］. 经济研究，2008（12）：39-49.

［2］潘文卿. 外商投资对中国工业部门的外溢效应：基于面板数据的分析 ［J］. 世界经济，2003（6）：3-7.

［3］Angelucci, Manuella, Saul Estrin, Jozef Konings, Zbigniew Z61-kiewski. The Effect of Ownership and Competitive Pressure on Firm Performance in Transition Countries：Micro Evidence from Bulgaria, Romania and Poland ［R］. CEPR Discussion Papers, No. 2985, 2001.

［4］Baumol, William J. Productivity Growth, Convergence and Welfare：What the Long-run Data Show ［J］. The American Economic Review, 1986, 76（5）：1072-1085.

［5］Beata, S. J. Does Foreign Direct Investment Increase the Productivity of Domestic Firms? In Search of Spillovers Through Backward Linkages ［J］. The American Economic Review, 2004, 94（3）：605-627.

［6］Blomstrom, Magnus, E. N. Wolff. Multinational Corporations and Productivity Convergence In Mexico ［R］. C. V. Starr Center for Applied Economics, New York University, Working Papers, No. 8928, 1989.

［7］Branstetter, L. G. Looking for International Knowledge Spillover-A Review of the Literature with Suggestions for New Approaches ［J］. Annales D' Economic et de Statistique, 1998, 49：517-540.

［8］Caves, R. E. Multinational Firms, Competition and Porductivity in Host Country Markets ［J］. Economica, 1974, 41（162）：176-193.

［9］Djankov, Simeon, Bernard H. Foreign Investment and Productivity Growth in Czech Enterprises ［J］. World Bank Economic Review, 2000, 14：49-64.

［10］Dunning, J. H. Trade, Location of Economic Activity and the MNE：A Search for an Eclectic Approach ［J］. in B. Ohlin, P. O. Hesselbom and P. M. Wijkman, eds. The International Allocation of Economic

Activity, London and Basingstoke, Macmillan, 1977.

[11] Haskel, Jonathan E., Sonia C. Pereira, Matthew J. Slaughter. Does Inward Foreign Direct Investment Boost the Productivity of Domestic Firms [J]. NBER Working Papers, No. 8724, 2002.

[12] Hymer, S. H. The International Operations of National Firms: A Study of Direct Foreign Investment [M]. PhD Dissertation. Published posthumously, The MIT Press, 1976. Cambridge, Mass, 1960.

[13] Kindleberger, C. P. American BusinessAbord: Six Lectures on Direct Inverstment [M]. Cambridge, Massachusetts: MIT Press, 1969.

[14] Knickerbocker, Frederick T. Oligopolistic Reaction and Multinational Enterprise [M]. Boston: Division of Research, Graduate School of Business Administration, Harvard University, 1973.

[15] Kokko, Ari. Technology, Market Characteristics and Spillovers [J]. Journal of Development Economics, 1994, 43 (2): 279-293.

[16] Lichtenberg, Frank R., Bruno Van Pottelsberghe de la Potterie. International R&D Spillovers: A Re-Examination [R]. NBER Working Paper, No. W5668, 1996.

[17] Lucas, Robert E. On the Mechanics of Economic Development [J]. Journal of Monetary Economics, 1988, 26: 3-24.

[18] Mankiw, N. Gregory, David Romer, David N. Weil. A Contribution to the Empirics of Economic Growth [J]. The Quarterly Journal of Economics, 1992, 107 (2): 407-437.

[19] Poldahl, Andreas. Domestic vs. International Spillovers: Evidence from Swedish Firm Level Data [R]. Working Paper, Series 200, Trade Union Institute for Economic Research, 2004.

[20] Romer, P. M. Endogenous Technological Change [J]. Journal of Political Economy, 1990, 98: 72-102.

[21] Romer, P. M. Increasing Returns and Long-run Growth [J]. Journal of Political Economy, 1986, 94: 1002-1037.

[22] Rugman, Alan M. Motives for Foreign Investment: The Market Imperfections and Risk Diversification Hypothesis [J]. Journal of World Trade Law, 1975, 9 (5): 567-573. Reprinted by permission of Werner & Associes.

[23] Sinani, Evis, Klaus E. Meyer. Spillovers of technology transfer from FDI: the case of Estonia [J]. Journal of Comparative Economics, 2004, 32 (3): 445-466.

[24] Solow, Robert M. A Contribution to the Theory of Economic Growth [J]. Quarterly Journal of Economics, 1956, 70 (1): 65-94.

[25] Swan, Trevor W. Economic Growth and Capital Accumulation [J]. Economic Record, Nov. 1956, 32 (1): 334-361.

[26] Thuy, Le Thanh. Technological spillovers from foreign direct investment: The case of Vietnam [M]. MIMEO, Graduate School of Economics, University of Tokyo, 2005.

本文原载于《世界经济研究》2011 年第 9 期

日本泡沫经济溯源与启示

陈继勇　周　琪

第二次世界大战结束后，日本充分发挥后发优势、利用冷战的国际背景，创造了经济长期高速增长的奇迹，并迅速成为仅次于美国的世界第二经济大国。20 世纪 80 年代后半期至 90 年代初期，是日本经济发展的转折期。股票、房地产等资产价格异常大幅上涨并严重膨胀，日本泡沫经济在此期间迅速生成并持续膨胀。但泡沫经济的骤然破灭，不仅造成了资产急剧缩水和金融机构的不良债权迅猛增加，而且重创了日本实体经济，致使经济陷入停滞不前、企业大量倒闭、失业率不断攀升、消费严重不足和通货紧缩等各种矛盾相互交织的恶性循环之中。日本经济疲软不堪，经济发展从巅峰跌至谷底，并陷入长期萧条或不景气状态，延宕至今。

尤为严重的是，泡沫经济崩溃后日本政府为刺激经济复苏长期实行的扩张性财政政策不但收效甚微，反而造成财政赤字不断扩大，"鳄口效应"日益突出，主权债务持续扩张，更为眼下积重难返、风险重重的日本主权债务危机埋下祸根。国际上一般以年财政余额占 GDP 比重和债务总额占 GDP 比重两个指标来衡量一国主权债务，观察 1985 年以来日本主权债务变化情况可以发现，自泡沫经济崩溃后日本政府长期入不敷出，年财政赤字占 GDP 比重不断提高，除个别年份外，20 世纪 90 年代中后期至今这一比重一直维持在 6% 左右，是国际公认安全标准的两倍。尤其是 2009 年以来财政赤字急剧扩张，三年财政赤字为 411 万亿日元、376 万亿日元和 418 万亿日元，占同期 GDP 比重分别为 8.73%、7.81% 和 8.93%。与此同时，日本政府债务总额节节攀升，年均增长超过 40 万亿日元。到 2011 年总额接近 1000 万亿日元，占同期 GDP 比重超过 200%，均创下历史最高纪录，这意味着日本人均负担 721.6 万日元。主权债务高企导致日本乃至全球经济都将面临巨大风险。目前，日本成为所有发达经济体中主权信用评级最低的国家。

日本泡沫经济的生成与崩溃并非偶然，是在跌宕起伏的国际形势下，国内经济发展中长期存在的诸多隐患在不恰当的经济政策刺激下的大爆发。

一、日本经济发展中的结构性问题是泡沫经济生成的根本原因

第二次世界大战后日本采取的指令性经济计划、行政指导、产业政策等具有浓厚政府主导色彩的"追赶战略"，在促进经济高速发展、实现赶超其他发达国家目标的同时，其结构性问题也日渐突出。诸如过于依赖外需、产业竞争力下滑、企业股权结构不合理等经济发展中的结构性问题扭曲了资源的有效配置，致使实体经济投资机会匮乏，大量资本从实体经济中游离出来，并过度集中于泡沫行业。这成为泡沫经济生成的根本原因。

（1）过于依赖外需削弱了日本应对本币升值的能力。面对有限的国内市场需求，日本自 20 世纪 70 年代起推行"贸易立国"战略，以出口第一为国策，经济向外需主导转型。70 年代末期，除个别年份外，出口对经济增长的贡献率一直保持在 30% 左右。80 年代前半期，日本对外需的依赖程度不仅进一步上升，而且更加倚重美国市场。1983—1984 年，日本对美国的出口分别占其出口总额的 29.2% 和 35.3%。随着日本对美国贸易顺差的不断扩大，正面临财政赤字和贸易赤字双重困扰的美国与日本之间的贸易摩擦也日益加剧，美国敦促日元升值。1985 年 9 月达成的"广场协议"迫使日元大幅升值。日元升值沉重打击了长期依靠低成本和低价格优势的日本出口贸易，出口总额由 1985 年的 41.96 万亿日元下降到 1986 年的

35.29 万亿日元，1987 年进一步下降到 33.31 万日元。传统的出口行业如纺织、钢铁等发展严重受阻，并拖累了整个经济发展。日元升值导致经济萧条的危机蔓延到整个日本。

（2）产业发展目标缺失与技术创新能力不足阻碍了产业竞争力的提升。随着经济向国际化转变和大部分产业进入成熟化发展阶段，已经实现赶超的日本丧失了明确的产业发展目标。处在"十字路口"的日本的产业政策不再积极地、主动地寻求潜力产业、提升产业竞争力，而是消极地、被动地依赖业已成型的出口型制造业优势，形成了"具有竞争力的'一成产业'支撑着缺乏竞争力的'九成产业'"的脆弱结构。与此同时，技术创新能力不足也日益成为提升产业竞争力的绊脚石。被日本产业绩效委员会誉为"具有不断增强的动态适应能力"的日本技术创新体系是建立在"引进技术"基础之上的，而自主开发技术的依赖程度非常低。20 世纪 80 年代，随着总体技术水平赶超欧美国家和贸易摩擦的加剧，外来技术供给已无法满足日本技术发展的需要。然而，薄弱的基础研究无法支撑日本摆脱进口技术和模仿型技术发展的模式，技术创新只能集中于中、低技术水平，缺乏对高技术的开发能力。同时，拥有竞争优势的制造技术和信息技术又因日本无法正确把握发展方向或沉醉于自有优势而错失创新时机，结果使自身的产业陷入绝境。

（3）不合理的企业股权结构扭曲了股票价格形成机制。以主银行制和大股东直接治理为典型特征的日本企业体系有效地弥补了战后日本企业自有资本率严重不足的缺陷。然而，随着日本企业筹资方式由早期主要依靠银行借款的间接融资方式向以股票、债券发行为主的直接融资方式的重大转变，这种体系下不合理的企业股权结构弊端日益明显，严重扭曲了股票价格形成机制。

一方面，持股法人化趋势不断增强，提高了企业相互协议股价的能力。法人持股现象并非日本独有，但日本法人持股比率自 20 世纪 70 年代以来一直保持在 70% 左右，是发达国家中最高的。持股法人化限制了股票自由流动，使得作为发行者的法人企业足以对股票市场形成垄断和价格操纵。另一方面，企业相互持股结构降低了监控的必要性。日本企业持股多是以与关联企业如供应商、销售商建立稳定关系为目的的。据经济企划厅调查显示，高达 84.7% 的股票投资企业以"密切子公司、关联公司"为目的，仅 15.3% 是为了"短期的资金运用"。企业相互持股实质上形成了人质效应，相互持股使得各企业利益被紧紧捆绑在一起，降低了监控的必要性，进而大大增加了管理者的自主权，导致"内部人控制"，为投资方面的过度竞争大开方便之门。

二、金融改革助长了金融机构行为异化，为泡沫经济的膨胀推波助澜

以银行为主体的日本传统金融体系最大的优势在于能将有限资金进行优化配置。然而，受经济长期高增长、高储蓄带来巨额财富积累和日元不断升值吸引大量资本流入的影响，日本国内资金在 20 世纪 80 年代初期由短缺变得充裕起来。面对企业"脱媒"倾向的加剧和主银行制度的削弱，单纯依赖大企业对银行的贷款已很难实现银行发展的需要，严格的分业经营也深深束缚银行等金融机构在资本市场施展拳脚。与此同时，以美国为首的西方主要发达国家批评指责日本的汇率政策，要求消除金融管制、开放金融市场的呼声不绝于耳。日本金融开放势在必行。

（1）金融自由化成为滋生泡沫经济的温床。在国内金融机构要求发展和国际金融资本要求开放的双重压力下，日本于 1984 年前后迅速开展了旨在实现"利率自由化""金融管制自由化"和"国际资本流动自由化"的金融自由化和日元国际化。然而，此番急剧的、多领域和非平衡的金融自由化使得资本市场的投资风险和信用体系风险喷薄而出。一是在宽松的金融环境下，受日元持续升值和资本市场迅猛发展的双重刺激，日本许多银行和非银行金融机构，伙同国际游资等投机资本一起进入日本股市和房地产市场；二是自由化过程中的多种自由利率金融产品，为大量资金进行股票和土地投机提供便利，也为欧美以及日本企业从事金融投机创造了时机和条件；三是本已如履薄冰的金融自由化忽视了对金融机构建立有效监管和风险防范机制，这种"只破不立"的金融自由化更是加剧了金融风险的膨胀。

（2）金融机构成为泡沫经济最重要的推手。长期以来，日本政府对金融机构实施的是号称"护卫舰

队式"的保护，由此在日本金融体系一直弥漫着"日本银行不会倒闭"的神话。在这种过度保护的结构下，日本金融机构风险意识极为淡薄，严重缺乏有效监管，丧失了优胜劣汰的竞争机制，金融业内普遍存在"道德风险"。在"永不倒闭"的信心支持下，银行等金融机构盲目扩大信贷、参与股票和房地产投资，成为泡沫经济最重要推手。

三、政府宏观调控政策的频频失误是泡沫经济生成和崩溃的直接诱因

20 世纪 80 年代中期，为了应对日元升值、协调美国经济政策，日本开始酝酿经济由"外需主导"转向"内需主导"的重大变革，"出口导向型的经济增长模式已经不可持续，日本必须扩大内需"。为此，日本采取了"财政货币双松"的政策组合，以期对内调整经济增长结构，对外谋求"政治大国"地位。然而，金融自由化、国际化和企业经营全球化钳住了有效的宏观政策选择与调整，以及政策决策者及其利益相关者利用泡沫寻租和掩盖政治腐败的行为，致使日本过度扩张的财政政策和长期宽松的货币政策非但未能实现预期，反而给本已过热的经济"火上浇油"，直接诱发了泡沫经济。

（1）公共投资的持续增加和税制改革的逐步实行，极大地刺激了土地价格攀升，鼓舞了民众参与金融投机的热情。大规模的公共投资，尤其是都市圈改造计划的实施，更是直接推动了城市土地价格的攀升，打造了"土地价格不会下跌"的"土地神话"。与此同时，政府还不断调低个人所得税税率，甚至拟在 1987 年实行高达 4.8 万亿日元的减税政策。在政府公共投资计划和税收改革的刺激下，金融机构和普通民众纷纷跟进，土地成为投机的主要对象，地价加剧上涨。

（2）应对日元升值而采取的长期宽松的货币政策加剧了泡沫生成和膨胀。20 世纪 80 年代中后期，日本银行不断降低利率，官定基准利率从 1985 年的 5% 下调至 1987 年 2.5% 的历史最低水平，并一直持续到 1989 年 5 月。与此同时，日本银行大量投放货币，从 1986 年开始连续四年货币供应量年均增长率保持在 10% 左右。令日本政府始料未及的是，日本国内长期保持的低通胀并未吸收"超缓和的利率"和猛增的货币供应量，导致大量过剩资金游离在商品市场之外而纷纷涌入股市和房地产市场，为泡沫经济的生成准备了资金条件。

（3）"硬着陆政策"导致泡沫经济的崩溃。面对持续火爆的股市和房地产行业，日本银行于 1989 年 5 月突然扭转货币政策方向，一再提高中央银行贴现率，结束了维持两年多的"超低利率"时代。随后，日本大藏省于 1990 年 4 月实行控制不动产融资总量措施，并对银行实行严格的窗口管制。同时，政府在 1991 年制定"地价税"，以遏制房地产价格上涨和土地投机交易。这一系列严厉的财政金融紧缩政策"一举刺破"泡沫。从 1990 年开始，随着股市景气预期逆转，股价一路下滑，并于 1992 年跌至谷底。此后，由于针对土地价格的调控政策收效日渐明显，房地产市场价格出现松动，并于整体经济紧缩的 1992 年开始大幅下跌，泡沫经济崩溃。

四、日本泡沫经济对中国的启示

中国目前的经济状况与日本泡沫经济时期有某些类似的迹象，如房地产开发过热、投资过热、货币供给过剩和银行不良资产过高等；尤其在深层次的发展模式和经济结构方面也不乏相似之处。中国是否会步日本泡沫经济的后尘，学界莫衷一是。深入剖析日本泡沫经济生成的原因，全面比较中国与日本在社会体制和经济结构方面的不同，借鉴经验、吸取教训，对于中国避免重蹈覆辙大有裨益。

（1）把握经济结构的调整时机，实现发展模式由追赶型向引领型转变。日本高速发展时期旧的政策思想与发展模式在获得极大成功的同时，其内在的缺陷并未引起政府足够的重视。沉醉于经济地位提升的日本似乎也未曾意识到大转折时期的到来。这使得日本经济"赶超模式"结束后，未及时地培育自主开拓发展的能力与机制，错失了把充裕资本与技术创新、产业创新相结合的良机。这是日本泡沫经济最深刻的教训。

与当年日本类似的是，中国也是政府主导的投入驱动增长模式。尽管经济实力已跃居世界第二，现阶段中国仍保持着追求经济高速增长的强大动力，但中国发展中不平衡、不协调、不可持续问题依然突出，调整经济结构、转变发展方式已成为中国经济亟待解决的重大问题。尤其是面对日益复杂的国际经济形势，积极提高自主创新能力，加快战略性新兴产业的发展，将是实现发展模式由追赶型向引领型转变的重要途径。

（2）循序渐进地推进金融自由化、建立健全金融监管体制。金融自由化是一把"双刃剑"，复杂多变的国际、国内经济形势极易影响一国脆弱的金融系统，进而催生泡沫。尤其是现今面对动荡不安的国际金融体系，日本过急的金融自由化告诫我们，中国的金融自由化必须循序渐进、既"破"又"立"。唯有通过深化金融体制改革，强化金融监管，才能建立一个成熟的、有开放信心的金融市场，才能形成以稳健的银行体系为基础的中国特色金融体系。

（3）充分发挥政府对金融市场的调控作用，合理引导投资流向。现代经济的发展既需要市场机制的作用，也需要国家的宏观干预。日本政府忽视了在市场机制不健全的条件下，金融市场自我调节的盲目性带来泡沫经济和金融危机的可能。因此，必须充分发挥政府对金融市场科学性、有效性和前瞻性的调控作用，才能在经济处于风险状况时充分把握其潜在发展方向，避免宏观调控政策的失误。与此同时，政府要合理引导投资，尤其是要密切关注容易产生泡沫经济部门的投资。从日本的教训来看，奢侈性的消费品和投机部门的投资，最容易出现泡沫经济。因此，在国内工业基础尚不坚实的背景下，政府应通过宏观调控手段，通过政策优惠，引导投资流向急需资金的新兴产业和薄弱产业，如高科技产业、农业等，避免大量投机性资本的产生。

（4）深化税收制度改革、稳健发展房地产市场。一是深化税收制度改革，有效解决地方政府对"土地财政"的依赖问题。日本泡沫经济时期，"土地本位"的融资制度极大地助长了土地泡沫的膨胀。与此相类似的情形是，中国地方政府囿于财权与事权的不匹配，对土地资源创造财富极度"依赖"。中国审计署公布的数据显示，截至2010年底，中国地方政府债务余额达10.7万亿元，而同期中国全国土地出让金总收入约为2.9万亿元。而在"十一五"期间，中国地方财政总收入中土地出让收入占比从2006年的38.9%，跃至2010年的65.9%。土地财政不仅促使中国地方政府大规模举债，而且使得房地产存在价格刚性。与此同时，房地产税收制度改革并不彻底，土地的取得、保有和转让等阶段各种税收力度明显不及房地产价格迅猛上涨所致的获益。地产商大肆"圈钱""圈地"和投资者利用信贷资金或金融杠杆进行投机炒作。一旦房地产泡沫持续累积，那么泡沫"软着陆"的成本将急剧增大。

二是控制地价和房价上涨的预期。日本房地产市场泡沫形成的重要原因之一，就是国民对土地只涨不跌的预期。这种预期既来自于对国土资源有限的判断，也是对未来增长空间的过度自信。一旦民众预期形成并不断强化，将导致大量的产业资本脱离实体经济而涌向具有高额收益的投机市场，致使土地等房地产资产需求急剧攀升，价格大幅上涨。因此，政府必须加大保障房建设以增加供给，控制地价和房价上涨的预期。

本文原载于《红旗文稿》2012年第15期

支点战略与湖北区域经济的跨越发展

陈继勇

近年来，湖北省围绕胡锦涛同志提出"湖北要成为促进中部地区崛起的重要战略支点"战略决策，全面实施"两圈一带"总体战略、"四基地一枢纽"产业发展战略和"一主两副"中心城市带动战略，积极打造东湖国家自主创新示范区、大别山革命老区和武陵山少数民族地区经济社会发展试验区等一系列重要载体，把各市州关系全局的发展战略纳入省级战略体系，基本形成了覆盖全省、统筹集成的一元 多层次战略体系。

经过科学发展和跨越式发展，湖北战略支点构架不断完善、实力日益增强、功能明显发挥、作用更加彰显，在区域发展中的综合实力显著提升。全省经济发展进入快车道，生产总值继 2008 年突破万亿元大关后，2011 年接近 2 万亿关口，达到 19594 亿元；生产总值占全国的比重由 2007 年的 3.51%提高到 2011 年的 4.16%，在全国的排序由 12 位上升至第 10 位，跨入全国第一方阵。经济结构调整深入推进，高新技术产业迅速壮大，自主创新能力不断增强。武汉市经济规模和效益成倍增长，城市建设强力推进，龙头作用更加突出，在国家发展战略中的地位不断上升。

但不容忽视的是，作为一个中国内陆省份，湖北经济发展还面临着一些困难和挑战。例如：国际发展环境错综复杂，不确定不稳定因素增加；国内区域竞争更趋激烈，不进则退、慢进亦退。总体上来讲，经济发展不够仍然是湖北最大的实际，也是未来湖北经济发展最需要解决的问题。2011 年 6 月，胡锦涛同志来鄂视察指导工作时，要求我省加快构建促进中部地区崛起的重要战略支点。"加快"意味着思想转变要快，狠抓落实要快，取得成效也要快。

思想转变要快，就是要进一步解放思想。解放思想是干事创业的逻辑起点，是关乎湖北经济发展的根本性问题。要以思想大解放为先导，牢固树立市场经济的理念，牢固树立"产业第一、企业家老大"的理念，牢固树立开放包容和互利合作的理念，牢固树立开拓进取和勇于创新的理念，彻底破除计划经济的思维定式，自觉运用市场机制和方法谋求发展、破解难题。

狠抓落实要快，就是要善于谋划、勇于创新、敏于行动。谋划、创新与行动都是在解放思想的基础上，以开放包容的理念借鉴和学习而来。湖北省应该学习沿海地区敢闯敢干、先行先试的开放经验，加快形成敢开放、真开放、先开放、全开放的良好局面。深刻把握全球经济一体化的大趋势，立足于创新体制机制和完善政策，实现与国际规则有效对接，大力引进先进的市场理念和管理经验，提高市场开放度，促进投资贸易便利化。在对内开放方面，湖北省也要加快推进长江中游城市集群发展，扩大与国内其他区域的交流与合作，加强与央企、央院、央校、金融机构总部和知名民营企业的战略合作，努力把湖北建成内陆开放的新高地。

取得成效要快，就是要以"一万年太久、只争朝夕"的精神，围绕科学发展和跨越式发展的主题，加强顶层设计，抓住关键环节，着力构建充满活力、富有效率、更加开放、有利发展的体制机制。对于湖北而言，要大力支持武汉建设成为立足中部、面向全国、走向世界的国家中心城市和国际化大都市，深入实施武汉城市圈"两型"社会建设综合配套改革，率先在战略性新兴产业培育和发展等重要领域实现新突破，为全省经济发展注入新活力。支持荆州大力实施"壮腰工程"，打造湖北长江经济带重要增长极，逐步形成武汉、襄阳和宜昌、其余各市州在全省经济总量中各占 1/3 的优化布局，加快形成多点支撑、多极带动、各具特色、竞相发展的区域经济新格局。此外，还需要促进科技教育与经济社会发展的深度融合，推动创新要素向企业集聚，使企业真正成为技术创新的需求主体、投入主体、研发主体和应用主体。

千里之行，始于足下。我们有理由相信：通过加快构建重要战略支点和科学发展跨越式发展，湖北实现富民强省的宏伟目标指日可待！

本文原载于《武汉大学学报（哲学社会科学版）》2012 年第 6 期

中国参与全球经济再平衡的战略与路径

陈继勇 胡 艺 刘 威

全球经济在过去二十多年间以一种持续失衡的状态运行着，由此，全球经济再平衡将成为未来国际社会和世界各国最主要的任务。

一、后金融危机时代全球经济再平衡的新趋势

在国际金融危机影响下，全球经济失衡获得暂时性休整。随着各国对经济失衡循环机制的不断思考，全球经济逐渐显现出再平衡的新趋势。

经济再平衡目标从单纯的贸易再平衡扩大到各国间的平衡发展。以美国为代表的发达国家一直将全球经济失衡调整的目标，定义为美国与以中国为代表的东亚经济体及产油国之间的经常项目再平衡。但国际金融危机的全球扩散表明，全球经济失衡不只是贸易失衡，还涉及全球金融、投资等领域的失衡。

G20 成为世界最突出的失衡治理机制，新兴经济体在全球经济治理中将获得更多话语权。G20 不仅作为世界最主要的发达国家和新兴经济体的国际对话平台，还为 G20 内的 11 个新兴经济体的分歧和差异提供了更好的协调对话平台。通过 G20，以中国为代表的新兴经济体成功实现了 IMF 投票份额的改革，获得了全球经济治理中更多的话语权。

以全球经济再平衡为名的国际经贸冲突将日益增多。深受金融危机影响的美国等发达国家，要求以"金砖五国"为代表的新兴经济体承担起更多的全球经济治理义务，从而以全球经济再平衡的名义实施新的贸易保护，全球贸易保护主义可能因此重新抬头，国际经贸冲突将不断增多。

发达国家的"再工业化"将是全球经济再平衡的重要举措之一。美国等发达国家对发展中国家直接投资和制造业转移是全球经济失衡的重要原因。面对国内"产业空心化"，美国在 2011 年提出要在其国内实现"再工业化"，它并不是将外移工业再转回来，而是要在国内发展更为高端和先进的制造业。

二、中国参与全球经济再平衡的总体战略

经过三十多年改革开放，中国已深度融入全球经济体系，对世界经济的影响力和辐射力也在不断增强。同时，作为主要贸易顺差方，无论从本国经济发展还是从负责任大国形象考虑，中国都是全球经济再平衡的重要力量。在金融危机的冲击下，美国力量虽有所削弱，但美元的国际主导货币地位没有动摇，美国作为全球经济再平衡的主导者必将在各方面给中国施加巨大压力，中美经贸关系将受到新的挑战与考验。

中国作为发展中国家，自身还面临着经济发展中的诸多问题，全球经济失衡不可能仅通过中国的调整而得以解决。因此，中国在制定参与全球经济再平衡战略时，必须遵循以我为主、互利共赢、内外兼顾、有效参与的原则，综合把握再平衡的方向、速度和程度，以维护国家经济利益和安全为前提，承担力所能及的责任。

中国参与全球经济再平衡的战略目标不能仅停留在实现国际收支的相对平衡上，而应紧盯更为深远的目标。一是通过调整失衡的内外经济结构，变投资和出口拉动经济为消费拉动，变资源投入驱动经济为创

新驱动；二是通过积极参与 G20 等峰会参与全球经济再平衡，发挥发展中大国的独特作用，增强中国在全球经济治理中的话语权和参与度，提高中国的国际地位；三是通过创造消费需求，渐进平衡进出口，实现经贸伙伴的互利共赢，为中国经济发展创造更为有利的外部环境。参与全球经济再平衡，中国须坚持的战略要点是：刺激国内个人消费，实现储蓄与投资的双向平衡；通过创新型国家建设，实现产业结构和价值链环节升级，实现商品出口从数量扩张到质量提升的转变；积极参与双边、多边及 G20 等框架下的全球经济再平衡；积极推动国际货币体系改革，稳步推进人民币国际化。

三、中国参与全球经济再平衡的内外路径

全球经济失衡的根源在于失衡双方的内外结构失衡和国际协调不力。因此，中国参与全球经济再平衡必须内外并举。中国唯有内外联动，才能在相对宽松的外部环境下真正解决中国经济可持续发展的结构性问题，从而为全球经济再平衡作出应有的贡献。

在内部路径方面：一是通过机会均等化和收入均等化，刺激国内个人消费，平衡储蓄和投资，在继续完善社会保障体系建设、增加农民实际收入等政策上，强化教育、就业、创业和公共服务，稳步推进遗产税、赠与税的征收，适时适度减免民众实际税赋，提高低收入阶层实际收入，实现个人消费成为拉动中国经济未来可持续增长的新动力。二是强化市场竞争机制，加快创新型国家建设，实现产业结构和价值链环节升级，降低"转嫁性"盈余水平，进一步强化市场竞争机制，真正提高经济增长质量。三是提高虚拟经济效率，优化实体经济和虚拟经济结构。中国应加快深化银行业改革，加强资本市场制度建设和监管力度，提高金融为实体经济配置资源的效率，有效促进企业的创新活动。

在外部路径方面：一是积极推动 G20 等国际协调机制的制度化。中国可联合新兴经济体，推动 G20 机制的制度化建设，参与发达经济体的政策协调，实现全球经济再平衡。二是加强与美欧的经济协调，发展与亚非拉国家的经贸关系。为增强经济运行的平稳性和降低失衡方向的集中度，中国要逐步改变对欧美市场的高度依赖，实现出口市场多元化。同时，还应不断扩大进口，为他国提供新的出口市场，增强他国与中国经济的黏合度，实现互利共赢。三是积极参与国际货币体系改革，稳步推进人民币国际化。人民币国际化是提升中国在未来国际货币体系中所处位置的先决条件，但人民币的国际化应遵循渐进、稳步和可控的原则。随着人民币自由兑换进程的加快，中国政府和企业亟待提高应对浮动汇率制下的风险管理能力。

本文原载于《中国社会科学报》2012 年 11 月 21 日

美国经济政策转向对全球经济的影响

陈继勇　刘卫平

2016 年 11 月 9 日，特朗普在美国总统大选中胜出。从他竞选时提出的"让美国重返安全时代""让美国人有工可做"和"让政府重新为人民服务"的三大治国政策框架，到他提出的"退出 TPP""退出 WTO"，界定"中国是汇率操控国"和"对中国商品征收 45％的关税"等竞选策略，勾勒出特朗普的"美国优先"和"全球收缩"对外经贸保护政策，这些经济政策对美国经济、全球经济和中美经贸关系有何影响？我们应如何应对？本文将就上述问题进行探讨。

一、"逆全球化"背景下特朗普胜选和美国经济政策框架

特朗普胜选的时代背景：

（1）精英和民众社会价值观念的冲突。特朗普之所以能够胜出，与英国"脱欧"公投的成功从本质上讲是一样的，都源于代表国家的精英阶层与普通民众社会的价值观念冲突问题。从这个角度上看，特朗普赢得选举的成功是普通民众社会对于代表国家的精英阶层的胜利。这就引申出一个问题，国家如何才能代表社会？国家如何才能有效引导社会？国家生长于并运行于社会当中，而不是凌驾于社会之上。只有当国家有效吸纳社会的意志，并将其上升为国家意志时，国家与社会才是一体的，否则就是对立的。这是时下国家治理体系和治理能力现代化所要解决的根本问题。因此，特朗普的胜出和英国"脱欧"公投的成功，其实是国内精英阶层和普通民众之间的社会价值观念关系出现了根本性转变的结果。

（2）逆全球化的钟摆运动从释放市场力量向保护社会的方向转变。从历史的周期演变可以看出：第一，每次全球化的周期都始于生产和贸易的扩张。当生产和贸易的扩张发展到一定阶段，各国对跨国界流动资本的争夺必然导致金融和财政的扩张。一旦出现世界性的金融扩张，资本主义经济早晚要面临一个全球规模的金融危机。在这种危机中，旧的经济秩序被新的经济秩序所取代。历史证明，从荷兰霸权，到英国霸权，再到美国 20 世纪的霸权，国际秩序每一次更替都走过了相似的历史过程。第二，资本主义经济的长程运动是由两个方向完全相反的力量作用引起的，一个要释放市场力量，另一个要保护社会。19 世纪末西方各国积极释放市场力量的努力在 20 世纪初导致了资本主义经济的一场重大危机，而西方各国在大萧条前后保护社会的努力则直接导致了法西斯主义、罗斯福新政和社会主义的出现。第三，当前导致全球化逆转的两个重要原因都与支撑全球化的制度缺陷有关，国际金融秩序的失序导致全球性的金融危机，而商品和人员的跨国境流动对发达国家一部分群体生活水准和就业机会的负面影响引发他们对自由贸易与移民问题的强烈政治反弹。这一趋势告诉我们，当强烈的反自由贸易和反移民倾向出现时，它背后显示的实际上是全球化可能要发生逆转。

（3）贫富差距的扩大和各阶层利益的不可调和。此次美国总统大选的候选人，无论是民主党的希拉里，还是共和党的特朗普，都是贸易保护主义和逆全球化趋势予以确认的典型代表。特朗普的减税计划将扩大贫富差距，而希拉里的增税计划或将缓和贫富差距。其变化的根源仍在于贫富差距的扩大和各阶层利益的不可调和。共和党一贯主张减税，不惜以贫富差距的扩大来"以公平换效率"，但本轮美国经济复苏动能偏弱，效果存疑。而中等技能、中等收入群体是特朗普最重要的目标选民，他们已受损于日益扩大的贫富差距，特朗普的减税计划实际上对他们是不利的。为了抵消这个影响，特朗普不得不改变共和党的一

贯主张，对自由贸易和自由移民政策采取收缩策略。而相反，希拉里的目标选民阶层相对广泛，从上层华尔街精英到最底层依赖社保的穷人，调节贫富差距主要由税收和福利政策来完成，而贸易对经济发展的促进作用不可忽视，希拉里虽然大概率坚持民主党一贯的强硬贸易政策，但不会激进地全面否定自由贸易。

特朗普政府的经济政策框架。首先是"全球收缩"的对外经贸保护政策。在全球经济萎靡不振、贸易增长乏力和政治不稳定叠加的背景下，贸易保护成为特朗普对外经济政策的主要议题。从竞选开始，特朗普就把美国贸易赤字、制造业外流、失业等问题归咎于某些国家和地区加入世界贸易组织和汇率操纵，以争取蓝领工人支持。上台伊始，特朗普就宣布：（1）废除TPP；（2）退出WTO；（3）重启北美自由贸易区谈判；（4）大幅度减少对外援助；（5）实行高关税等。

其次是"美国优先"的国内经济政策。特朗普以重振美国经济为目标，提出了"美国优先"的经济政策。主要包括：（1）大幅度增加基建投资，重建年久失修的落后的基础设施，根据特朗普的国情咨文，今后10年将增加一万亿美元的基建投资；（2）采取各种措施，重振美国制造业；（3）建立美墨边境墙，买美国货，雇美国人；（4）放松监管，激发企业活力；（5）开展税务改革，实施大幅度给企业和个人减税的政策；（6）实施加息的货币政策等。

二、特朗普经济政策对美国经济的影响

特朗普"美国优先"的经济政策只能短期地促进美国GDP增长，长期来说，对经济不利。具体而言，短期内特朗普政策能够提振需求，对其他经济体有正面的溢出效应。然而从更长时间来看，随着财政刺激缓和、高贸易关税、降低移民以及更加收紧的货币政策的推进，经济增长将受到抑制。特朗普的经济政策对其他经济体有负面的溢出效应。对于部分固定汇率或者美元化的新兴市场经济体来说，尤其如此。之所以说特朗普政策的影响比较大，是因为这些政策会导致美国利率走高，推动美元走强。财政刺激虽然短期可以刺激经济，但可能让经济有过热风险，使得美联储政策进一步收紧，最终导致经济衰退。

"美国优先"的国内经济政策，其政策组合存在内在的矛盾和冲突，难以协调。大规模基建和减税面临债务上限约束，而加息将增加财政扩张的融资成本，财政扩张与货币收紧难以并行。首先，特朗普的财政刺激政策会同时拉高通胀水平和财政赤字率。债务水平的上升将推高美国长期国债收益率。特朗普上台以及相应的刺激计划会引发投资者对通胀的重估，通胀预期上升导致全球债市齐步下行。其次，再通胀和财政刺激使得美国股市基本面得以改善，利好周期性行业，减税刺激也有利于消费行业。在废除多德弗兰克法案的预期下，股市的风险偏好修复，市场投资者情绪上升。最后，如果美国财政刺激加码，经济持续复苏，那么大宗商品需求将迎来边际增长。

"全球收缩"的经贸保护政策和"国内优先"政策能解决美国的长期巨额贸易逆差吗？美国自1976年陷入贸易逆差后一直无力扭转，可以说贸易逆差问题由来已久。特朗普入主白宫后承诺重振美国经济，增加就业。而要实现这一承诺，就必须扭转美国目前的巨额贸易逆差。造成美国巨额贸易逆差的原因是多方面的，其中一个明显的原因是美国产业空心化，制造业占GDP的比重不断下降。除了汽车以外，美国已经基本不生产电脑、玩具和服装，所以美国人不得不从中国等发展中国家购买。曾经被誉为"世界工厂"的美国，目前已沦为巨额贸易逆差大国。2016年美国实际上的商品贸易逆差达到7500亿美元。《北美自由贸易协议》签订后，美国制造业向墨西哥等发展中国家转移产业线。而且，并非特朗普采取优惠政策就能挽留跨国公司并减少贸易逆差。美国跨国公司在全球的巨额直接投资的确带来了统计学意义上的巨额贸易逆差，比如中美巨额贸易逆差。如果美国不对其经济结构做出大幅度调整，只要美元仍作为世界主导货币，特朗普"全球收缩"的经贸保护政策和"国内优先"政策就难以消除巨额贸易逆差。

美国"全球收缩"的经贸保护政策在国内将面临各种考验。特朗普"全球收缩"经贸保护政策是在国际金融危机和欧债危机相互交织的背景下产生的，但是，特朗普"全球收缩"的经贸保护政策仍将面临诸多考验。

第一，美国如何从当今的"世界工厂"中国手中获得更多的制造业市场份额，这对于美国将是一个

难题。增加关税、指控中国为"汇率操纵国"是可能的举措,但问题是中国市场已经形成了完整的产业链和产业梯度,美国希望获得产品竞争力,必须要对基础设施进行大规模的投入,并重建很多已经消失和落后的基础产业。其中的难度可想而知,因为短期之内难以看到实际收益,政府难以通过鼓励私人部门实现这些投资。

第二,如果特朗普政府通过政府主导的方式来提高制造业的竞争力,这又不完全符合其"小政府"的经济主张。美国长期存在巨额经常项目逆差,如果既减税,又搞大规模的基础设施建设,美国的债务问题更会雪上加霜。

可见,特朗普"全球收缩"的经贸保护政策仍然是一套自相矛盾的政策体系。

三、特朗普经济政策对全球经济的影响

特朗普"全球收缩"的经贸保护政策或逆转全球化。特朗普当选总统后,需要重新评估全球化的未来,全球化的大势可能会因特朗普而有所逆转。当前,全球经济联系比20世纪初期更加紧密,未来将步入全球化的平稳发展阶段。然而,特朗普的政策主旨却是逆全球化的,他反对美国现在的贸易协定,对美国海外投资企业加税,建边境墙来防止移民。在百日新政中,特朗普宣布退出TPP,重启《北美自由贸易协定》(NAFTA)谈判。这些经贸保护政策会导致美国更加关注国内,而不是国外市场。当然,其他国家也会对美国的经贸保护政策做出回应,所以,特朗普此举将可能引发贸易战。

特朗普"全球收缩"的经贸保护政策能逆转全球化吗?我们认为,难以成功。

经济全球化的开放性能够促进生产要素走出国界,在世界范围内有效组合与配置,完成利益最大化,这个过程基于比较优势。经济全球化意味着将全球作为一个统一的市场,在自由贸易过程中,一个国家出口本国具有比较优势的产品能够获得更高的收益,属于帕累托改进,出口国以及进口国都能够获得比不发生贸易时更高的收益。因此,经济全球化是一个势不可挡的趋势。当然,全球化过程诚然是一个最讲效率的过程,但不一定是最公平的交易过程。在全球化过程中,一旦涉及利益在不同群体中分配不均,即使整体上促进了全球的资源优化配置,仍然会使得一些利益受损国家选择贸易保护,特朗普的贸易保护正是由于这样的缘由。最初,美国依靠其技术上的强大比较优势,出口技术密集型产品,在经济全球化中获得较高的收益,然而,随着技术的普及和各国的发展,美国在技术上的这种比较优势逐步减弱,再加之本国的国际化企业为了获得更低的人工成本纷纷在国外建立跨国公司,使得美国国内劳工就业机会大幅下降。而因此受损的群体虽然是美国技术能力较低的一部分人,但却组成了政治上的大多数人,所以,这些人对于一定的贸易保护主义政策大力赞成,造成了美政策上的"逆全球化现象"。当对自己有利时,美国大力倡导经济全球化,甚至制裁不加入全球化的国家,而当把全球化的红利吃尽后,则又开始反对全球化。不可否认,全球化也带来了一些问题,尤其是在经济下行时,全球化的蛋糕不容易做大甚至变小了。增长和分配、劳动与资本、效率与公平的矛盾纠葛更加突出,美国是否真的在全球化过程中是属于遭受利益分配不均的那一方,是最终决定美国是否会坚持贸易保护的根本原因。

特朗普"全球收缩"的经贸保护政策可能伤害亚太同盟关系。特朗普在亚太地区可能会采取收缩战略或者单边主义,但无论哪一种,都与第二次世界大战后在美国主导下建立起的"自由国际秩序"背道而驰。特朗普竞选时期多从经济角度看待亚太问题,认为亚太国家破坏规则,应得到惩罚。他不仅反对TPP,还广泛攻击自由贸易协定,发誓要解除美国一系列国际经济协定。对华方面,特朗普在百日新政中把中国定为"汇率操纵国",要对华进口征收45%的关税,这一政策将会导致贸易战,甚至导致经济大幅倒退,致使美国丢掉几百万工作岗位,影响美国及其盟国(包括日韩)的经济。尽管随后特朗普团队声明会降低关税数值,却没有彻底取消此举。

美俄联手钳制中国将带来严重的地缘政治和经济挑战。根据俄罗斯总统普京对特朗普胜出所表现出来的积极态度,以及特朗普向俄罗斯示好和不再支持北约的"回撤战略",可以预见美俄两国将有可能在经济和政治方面加强战略合作,如果美俄联手在经济、政治和军事上钳制中国,将会给中国带来严重的地缘

政治和经济挑战。首先，俄罗斯早就对"一带一路"项目表示担忧。如果当前途经俄罗斯的路线被代替，将对俄罗斯地缘政治和经济利益产生潜在威胁。其次，美国和欧盟是否会继续加入中亚地区复杂的地缘政治斗争中，尚未可知。在可预见的未来，美俄中三国在地缘政治和经济利益方面将既产生博弈，又会寻求合作。

四、特朗普的经济政策对中美经贸关系的影响

特朗普的对华经济政策实施的可能性到底有多大？特朗普当选总统后宣称"退出TPP"、界定"中国是汇率操控国"和"对中国商品征收45%的关税"等经济政策，其实施的可能性到底有多大？

第一，特朗普关于对中国进口商品征收45%的关税，可能只是一种谈判策略。但是，这一威胁有可能引发美国与中国的贸易战。这一税率取决于人民币被认定低估了45%。但是，国际货币基金组织认为当前人民币估值合理。虽然中美贸易升级为全面贸易战的可能性尚不确定，但这并不意味着特朗普政府打算对中国态度温和。

第二，特朗普曾承诺在执政100天内让其财政部长把中国定为汇率操纵国。虽然此举是象征性的，对贸易的直接影响很小，但几乎肯定会引起中国的过激反应，使双边紧张关系迅速升级。

第三，特朗普还可能收紧外国投资规则。中国一直抱怨美国目前的制度歧视中国企业。特朗普可能会接受国会的要求，扩大外国在美投资委员会的权限，以增加净经济效益测试或其他战略考虑，此举可能会进一步阻挠中国企业在美投资。

第四，中美经贸关系的健康发展有利于双方战略的利益。尽管特朗普的对华经济政策会有一个磨合的过程，但无论如何他都要维护美国的国家利益，而跟中国闹翻绝对不符合美国的战略利益。

特朗普"全球收缩"的经贸保护政策，对中国有利有弊。一方面，特朗普退出TPP，认为目前的全球化策略并没有解决美国企业的困境。另一方面，特朗普表示要对中国商品征收45%的关税。如果特朗普政府界定"中国是汇率操控国"，并对中国进口商品征收高额关税，对中国贸易部门将是重大打击。需要特别指出的是，在美国退出TPP和扬言退出WTO政策背景下，虽然跨太平洋伙伴关系协定（TPP）已经注定不能发挥很大作用，但国际自由贸易仍不会中断，而可能以另一种自由贸易的形式进行。美国即使是放弃了TPP，但绝不可能放弃亚太地区的利益和控制权，也可能会提出比TPP更加重要的亚太控制战略以制衡中国作为世界第二大经济大国的发展。与此同时，美国退出TPP和全球战略收缩将可能为中国的"一带一路"倡议腾出空间，这有利于中国在亚太地区的产业转移和贸易增长。如果中国"一带一路"倡议获得成功，将迫使美国与中国签订自由贸易协定，中国将会以更为有利的地位参与环太平洋的地域经济整合，真正意义上的以中美之间的G2为基础治理国际事务的制度性安排也将成为可能。

特朗普入主白宫后有可能达成中美双边投资协定谈判。特朗普的"国内优先"的经济政策更侧重于国内经济的振兴。从他上任发表的国情咨文看，为了站稳脚跟，特朗普很有可能从经济上寻找与中国建立一种新型经济合作关系。特别是在中美双边投资协议（BIT）谈判方面。第一，特朗普的美国经济振兴政策需要世界上最大规模的资金来支撑，而中国是目前全球外汇储备最多（三万多亿美元）的国家，他必须寻求中国在资金投资和基础设施建设等方面的大力支持。但我们必须看到，由于近年来中国对美国出现井喷式的投资，特朗普政府对中国可能会出现要价高并要求补充修改BIT条例的趋势，但从总体看，特朗普还是会朝着达成BIT协议的方向发展。第二，奥巴马政府把BIT谈判的后一半留给特朗普政府，基于特朗普可能代表美国另一些利益集团的诉求，特朗普应该不会很轻易地跟中国达成协议，他希望能在BIT谈判中争取更大的利益，尽管民主党代表中产阶级利益，可能导致特朗普政府不会彻底丢掉此前奥巴马政府的谈判成果，但有可能原来已经达成的成果他却反应不积极，而原来美方没答应的条款反倒被答应。

五、促进中美关系朝着理想的方向发展的对策建议

对今后一段时期中美经贸关系发展趋势的两点判断：

（1）中国无意与美国争夺全球主导地位，未来中美经贸关系充满希望。尽管中国是在特朗普竞选时期遭到抨击最多的国家，但从长远来看，中美关系可能变得更加健康。在特朗普入主白宫之后，中美之间可能会经历一段波折，短期内可能因贸易摩擦而使得中美关系有所恶化。但未来中美关系会有大的转变，因为中国宁愿与一个就事论事的美国，而不是与一个时刻想着重塑世界的美国打交道。因此，特朗普当选，世界最重要的中美双边关系可望书写新的一页。中国无意与美国争夺全球主导地位，但中国顺势寻求加强和改善与周边地区的经贸关系，这是再自然不过的事，中国希望获取空间来实现其发展目标。而与此同时，特朗普总统治理下的美国则需要把更多的注意力转向国内。放眼未来，特朗普领导下的美国或许能与中国一起谱写前所未有的合作新篇章。

（2）中美经贸关系互利共赢是主流，但矛盾冲突会不断发生，中美经贸关系将在动荡中谋求合作。尽管同中国建立全面且稳定的关系符合美国的国家利益，但落实到具体行动仍需要特朗普政府准确地传递美国对华政策信息，避免误解误读。第一，加强中美两国与亚洲的经贸关系。美国退出 TPP 并不等同于离开亚洲生机盎然的多边经济土壤。美国如加入东盟主导的《区域全面经济伙伴关系协定》（RCEP）和中国主导的亚洲基础设施投资银行（AIIB），那么，美国的同盟国也不会过分忌惮中国的强大力量。另一方面，美国退出 TPP 也突出了美国同中国建立双边经贸机制的重要性，例如中美战略对话（SED）和中美商贸联合委员会（JCCT）等机制。第二，促进中美在全球治理领域的合作。两国在全球治理领域的合作能够确保双方的不同和冲突不会影响两国关系，也符合特朗普想要更多国家参与国际事务的愿望。

发展中美经贸关系的对策建议。首先，深入了解特朗普的政治抱负，努力做到知己知彼。特朗普最关心的是如何让美国经济得到更好发展、让更多人获得工作，如何让美国振兴和让自己成为伟大的总统，这都需要世界第二经济大国——中国的支持与合作。中美之间只有合作才能互利共赢，争斗则两败俱伤。

其次，全力引导两国媒体，尽快形成共同探索中美经济合作美好前景的舆论场。当前，市场基于特朗普上任后可能推出的大规模财政刺激、减税、扩大基建和放松金融监管等举措，普遍认为中美经贸联动将会越来越强。应发动两国间行业协会、高端智库，广泛设置经济合作议题，引导两国媒体共同形成利于中美经济合作的舆论氛围。可率先推动中国金融机构特别是开发性金融机构和基础设施建设企业，加强研究中美所蕴含的国际生产关系的实质，研究经济全球化的国际经济关系性质，构建有效的中美经贸合作关系。

最后，全方位建立和加强与特朗普及其团队的联系。特朗普当选美国总统之后，中美关系多个领域面临不确定性。为避免俄罗斯、印度、日本、韩国等各方在与特朗普团队达成不利于我国的议题，我国应积极利用各种国际交流平台，充分调动现有的国际资源，全方位地建立和加强与特朗普及其团队核心成员联系。全力支持美国企业、智库、国会等对华友好组织的各界精英，共同推动中美关系朝着理想健康的方向发展。

本文原载于《人民论坛·学术前沿》2017 年第 6 期

中美贸易战的背景、原因、本质及中国对策[*]

陈继勇

一、引　言

自 1979 年中美建交和签订双边贸易协定以来，两国之间的贸易发展迅速，但也摩擦不断，尤其是 2016 年特朗普当选美国总统以来，以美中货物贸易巨额逆差为由，美国采取了一系列针对中国的行动，挑起了中美之间的贸易摩擦[1]。

2018 年 5 月初，美国代表团来北京与中方在经贸领域进行了第一轮谈判，尽管"进行了坦诚、高效、富有建设性的讨论"，但是"在一些问题上仍存在较大分歧"[2]；2018 年 5 月中旬，中国代表团访问美国，与美方在经贸领域进行第二轮谈判，发布了《中美经贸磋商的联合声明》，并停止互相加征关税，避免了贸易摩擦升级，中美经贸关系看似由此从正面冲突转向长期谈判[3]。

2018 年 6 月 15 日，美国总统特朗普置中美双方已经形成的共识于不顾，批准对约 500 亿美元的中国商品征收关税，并在 6 月 18 日威胁中国，若中国继续反击，将再对 2000 亿美元中国商品加征 10% 关税。作为回应，中国表示，若美方一意孤行，中国将不得不采取"数量型和质量型相结合"的综合措施进行反制，且中美双方此前磋商达成的所有经贸成果将不再有效。7 月 6 日，美国正式对第一批清单上价值 340 亿美元的中国商品加征 25% 关税；作为反击，中国也于同日采取同等规模和力度的征税措施，并就美国对华"301"调查项下正式实施的征税措施在世界贸易组织（WTO）追加起诉。至此，中美贸易摩擦正式升级为贸易战。7 月 10 日，美国又公布针对中国 2000 亿美元进口商品加征 10% 的详细清单，更有甚者，8 月 3 日美国表示将 2000 亿美元进口商品关税提升至 25%；作为反制，中国依法对自美进口约 600 亿美元商品按四档不同税率加征关税。至此，中美贸易战有愈演愈烈之势。

在不断强化的中美贸易战背后，绝不仅仅是两国经济利益的冲突，而是中国模式与华盛顿模式的对立。以史为鉴可以知兴替，回顾历史将有助于我们更好了解这场中美贸易战的背景、起因、实质并提出应对之策。

二、中美贸易战的历史背景

从 19 世纪末世界经济发展的历史大视角来看，目前中美贸易摩擦的爆发并演变为贸易战，它反映了作为世界第一超级大国的帝国主义美国对作为世界第二大经济体的社会主义中国的迅速崛起的防范和压制。纵观历史长河，世界老二难当。美国 GDP 在 19 世纪 70 年代和 90 年代先后超过英国和德国成为世界第一。经过 20 世纪前半期的两次世界大战，尤其是第二次世界大战，德意日战败，在美英的倡导下组建了两大国际经济组织：国际复兴开发银行（世界银行）和国际货币基金组织（IMF），之后又签订了关税及贸易总协定（GATT），美国才最终成为引领全球经济规则制定的世界第一强国，但在此之前其却潜伏了半个世纪之久。在 1945 年至 1991 年美苏冷战期间，社会主义苏联成为世界第二，苏联以经互会和华约

---

　* 本文被《高校文科学术文摘》2018 年第 6 期转载；被中央党校《行政改革内参》2018 年第 11 期转载。

为依托，客观上形成了以美国为首的发达国家阵营和以苏联为首的社会主义阵营以及两个平行的世界市场。美苏之间的霸权争夺从古巴导弹危机持续到20世纪80年代的星球大战计划，最终以苏联解体、苏共丢失政权而告终。苏联解体后，世界第三的日本成为世界第二。早在1985年以美国为首的西方七国财长会议迫使日本签订"广场协议"，导致日元兑美元急剧升值，20世纪90年代日本经济泡沫破灭，至今未能翻身。随着中国改革不断深入，开放日益扩大。1978年中国确立了改革开放的基本国策，1992年邓小平南方谈话和中国共产党第十四次党代会确立了社会主义的市场经济体制改革目标，特别是2001年中国加入世界贸易组织后，中国经济获得了迅猛发展，国际经济地位不断提高。2010年中国名义GDP总量超过日本位居世界第二，综合国力不断增强，在世界的影响力不断提升。这必然会引起当今世界第一超级大国美国的高度警觉。为了维护世界第一的霸主地位，美国采取行动遏制中国的进一步发展就不足为怪了。

虽然GDP总量是衡量一国经济规模的有效指标之一，但并非是衡量一国综合实力的最佳指标。中国清王朝康乾盛世时期GDP占世界的1/3左右，由于闭关锁国，不到100年的时间就被后起的英国击败。因此仅用GDP总量衡量一国的综合国力是不科学的。目前中国GDP总量虽排名世界第二，但人均GDP不到美国的1/6，虽然中国制造业体量大，但实际技术水平并不高，且中国经济结构不甚合理，第三产业占比偏低，经济增长方式还没有改变高能耗高污染的粗放型发展模式。经济规模不等于硬实力，所以中国近些年努力推进产业升级，实行工业4.0计划，提出"中国制造2025"，就是要千方百计地努力发展高科技产业，提升中国硬实力，从经济大国转变为经济强国。

美国担心中国产业升级后将与自己形成直接的战略竞争，影响美国在高新技术领域的领先优势，如果这个优势丧失了，美国的全球霸主地位会受到严峻挑战。因此，此次美国挑起的贸易摩擦所涉及的领域主要集中在中国正在进行产业升级的中高端产品上。高新技术行业是美国最具出口竞争力的行业之一，故美国长期限制该行业对中国的出口。不仅如此，美国还试图遏制中国的技术进步，比如通过各种正式的或非正式的贸易和投资规定，以及类似美国外国投资委员会（CFIUS）于基于国土安全考虑而实施的单边审查工具，制约中国在高新技术领域的发展。在美国贸易代表办公室（USTR）公布的1300多个独立关税项目中，其所涉及的产业几乎全部集中于"中国制造2025"所支持发展的产业，事实上这些产业占中国出口至美国货物贸易的比重较小。因此，美国打着贸易保护旗帜实则打压"中国制造2025"的战略目标昭然若揭，足以看出美国的霸权主义思维。

中国新旧动能转换的不断推进促使着中国经济发展向高质量演进，中美之间的经贸关系逐渐由互补发展成为全球的战略竞争，一个是世界霸主的帝国主义守城大国，一个是迅速崛起的社会主义新兴大国，两国今后无论在经济、地缘政治、军事还是文化上，都面临着全球的战略竞争。可以预见，未来在大数据分析、人工智能、高超音速以及生物技术等战略科技领域，正在快速发展的中国企业肯定会继续受到来自美国的遏制。

三、中美贸易战的原因

美国以对华货物贸易逆差为由挑起的贸易摩擦和开打的贸易战，可能会使一些人得出货物贸易巨大差额是中美贸易战的起因的结论。但研究表明，货物贸易巨大差额不是中美贸易战的起因。美国以对华货物贸易巨额逆差为由发动贸易战，其根本原因是世界霸主老牌帝国主义美国对迅速崛起的社会主义中国持有戒心，并对中国至关重要的高新技术产业进行战略压制。尽管中国同意增加对美国的进口是新阶段中国对外经贸政策的必要调整，但中美之间的贸易收支失衡具有结构性、复杂性和长期性，短期内是不可能轻易解决的。

美国总货物贸易逆差在2002—2008年间呈扩大趋势，2009年受全球金融危机的影响出现大幅度收缩，2010年开始恢复并呈波动式上升；其中美国对中国的货物贸易逆差占美国总货物贸易逆差的比重也逐年上升，由2002年的22%升至2017年的47%。从数值上看，2017年中国对美国的货物贸易顺差高达3752亿美元，占美国货物贸易逆差总额的将近一半。由此来看不难理解美国高度重视与中国的贸易收支失衡问题以及美国总统特朗普为何在经贸问题上屡屡针对中国。

然而值得思考的是，美国对华货物贸易巨额逆差是什么原因导致的？美中货物贸易逆差是否真的如美国统计的那么高？笔者认为主要原因如下：

（一）美国对华高新技术产品出口控制加大了美中货物贸易逆差

美国认为，美中货物贸易巨额逆差产生的主要原因是中国的奖出限入政策和外汇倾销。笔者认为，这种指责是站不住脚的。

在贸易政策上，美国长期以来一直指责中国通过设定高进口关税和对出口行业进行非法补贴获得不公平的贸易利益。据世界银行统计，2017 年一年美国对华贸易争端立案总数从 2016 年的 44 起增加到 51 起，创下历史新高；2018 年 5 月中美第一次贸易谈判中，美国要求中国减少 2000 亿美元的对美贸易逆差，并停止对 "中国制造 2025" 的补贴和其他形式的政府支持；7 月 20 日特朗普宣称要将征税范围进一步扩大至 5000 亿美元，几乎覆盖了中国出口至美国的全部商品。然而，美国对中国的指责是不合理和不公平的，因为美国、欧盟和日本政府也曾经大量补贴各自国内弱势或新兴产业以促进其发展，这些发达国家通过政府补贴并在一些行业中取得绝对优势之后却不允许后发国家也进行相关补贴，这是对后者的不公平；且美国在指责中国的同时，仍在通过各种直接和间接的政府补贴促进农业、汽车等产业的生产和出口[4]。此外，中美两国处于不同的经济发展阶段，存在不同的资源禀赋和产业结构，所以在不同产品的进口关税上存在一定差异并不违反 WTO 的相关规定，美国以汽车行业为例指责中国关税过高的说法是以偏概全。

在汇率政策上，美国曾一度指责中国通过削弱人民币汇率来促进出口。实际上，人民币汇率虽然对中国出口贸易有一定的影响，但是影响并不大。世界银行统计的统计表明，从历史上看，1994 年美元兑人民币的汇率是 1∶8.7，而美国对中国的货物贸易逆差很小，仅为 294.9 亿美元；到 2017 年美元兑人民币汇率为 1∶6.6 左右[5]，而美国对中国货物贸易逆差升至 3752 亿美元。此外，虽然人民币汇率在 2014—2016 年期间出现阶段性贬值，但这与谋取额外贸易利益无关，因为相较于前一年，中国外汇储备在 2015 年和 2016 年分别下降了 5126 亿美元和 3199 亿美元，在这种情况下若中国有意操纵人民币贬值显然不利于稳定中国的外汇储备规模，有违 "汇率操纵" 论断。李稻葵和李丹宁年的研究成果也表明了人民币汇率对美中贸易逆差并没有直接的相关性[6]。由此可见，人民币汇率问题与中美两国货物贸易巨大额差没有任何的直接关系，这难以解释中国对美货物出口贸易的爆发性增长和货物贸易巨额顺差。

美中货物贸易巨额逆差产生的重要原因之一是美国对华的高新技术产品的出口控制[7]。贸易的本质是基于比较优势的国际分工，中美两国在劳动力成本上存在着巨大差异，这决定了中国在中低端劳动密集型制造领域具有比较优势，而美国在高新技术领域具有更强的比较优势，中美贸易结构由此决定。但 1949 年以来，美国控制的巴黎统筹委员会对华一直实行歧视性出口管制政策[8]，直到 2007 年，美国商务部仍发布了《对华出口管制清单》，规定航空发动机、先进导航系统等 20 个大类的美国高科技产品不得向中国出口。反之，中国经济发展需要大量进口高新技术产品，中国顺势而动，将自身具有比较优势的产品对美国出口不断扩大；而美国逆势而为，将自身具有竞争优势的高新技术产品进行出口管制，直至今日也并未放松。一正一反，美国对中国高新技术产品出口贸易被严重抑制，导致美国在该类产品上长期保持对华贸易逆差，且逆差数额不断扩大。2004 年美国对华高技术产品贸易逆差为 362.97 亿美元，占对华贸易逆差总额比重为 22.37%；到 2014 年，美国对华高技术产品逆差增至 1237.43 亿美元[9]。可见，如果美国不对出口到中国的高新技术产品实行管制，则可以大幅度降低美国对华货物贸易逆差。

（二）用原产地原则的统计方法和转口贸易高估了美中货物贸易逆差

基于现行的原产地原则的货物贸易统计方法实际上夸大了美国对中国的货物贸易逆差[10]。在生产高度全球化的背景下，跨国公司在全球价值链的各个环节进行战略布局，中国作为 "世界工厂"，通过加工组装的方式参与到全球价值链中。虽然中国所获得的利益仅为价值链中加工组装环节的增加值，但当前的原产地原则的贸易统计方法却把总的商品价值记为中国的出口额，这一统计方法的滞后直接导致了美国对中国的货物贸易逆差被夸大。以苹果手机为例，在中国完成组装并出口至美国的每台手机出厂价为 240 美元，该手机生产中附加值较高的设计部分在美国完成，核心元器件来自日本、德国和韩国等国家，中国仅负责组装部分，每加工一台苹果手机只能赚取 8.46 美元。但是苹果手机最终从中国出口到美国，中美两国的海关统计都将其价值总额记为中国向美国的出口，这明显夸大了中国的贸易顺差。

转口贸易是生产国和消费国不直接进行而通过第三方进行的贸易，中国香港作为著名的自由贸易港，转口贸易在其经济发展过程中一直发挥着重要的作用[11]。在中国对美国的出口货物贸易额的统计中，转口贸易从两个方面高估了此数据：一方面，美国官方将中国香港的转口贸易额笼统地计入中美贸易总额，但实际上这其中有很大一部分来自中国之外的其他国家或地区，中国并非这些货物的真正出口国；另一方面，在统计美国对中国的进出口时，美国官方按离岸价格计算出口金额，而按到岸价格计算进口金额，这使得装卸、运输和保险等费用被双倍计入了当前统计的中美货物贸易逆差[12]。此外，在美国对中国出口货物贸易额的统计中，并未将通过日本、韩国以及中国台湾、香港、澳门等地区以转口贸易形式间接卖给中国的商品计算进去，这样一进一出，大大高估了美中货物贸易逆差。

(三) 外商在华直接投资的贸易转移效应扩大了美中货物贸易逆差

外商直接投资会产生贸易转移效应，把 FDI 母国对第三国的货物贸易顺差转移成东道国对 FDI 母国的货物贸易逆差和东道国对第三国的货物贸易顺差[10]。改革开放以来，日本、韩国等地区不断把一些劳动密集的出口加工贸易型产业转移到中国大陆地区，这些外资企业从母国或其他国家和地区进口生产设备、原材料、中间品或关键零部件，在中国大陆地区进行加工制作，然后将生产出来的最终产品出口到美国。实际上这是外资企业母国对美国的出口，但是在进出口统计中却全部被计为中国对美国的出口。周边国家和地区对中国 FDI 的增加实际上把这些国家和地区对美国的出口转移为中国对美国的出口，造成美中货物贸易逆差不断扩大，所以用当前方法统计的美中货物贸易逆差数额来评价中美货物贸易的利益得失是不科学且有失公平的。

(四) 不考虑中美服务贸易和国际收支平衡表的"净误差与遗漏"夸大了美中货物贸易逆差

国际贸易除了货物贸易还包括服务贸易。对于中美贸易平衡，应该对经常账户整体进行分析，不能只关注货物贸易。在服务贸易领域，中国服务贸易逆差从 2009 年的 153 亿美元攀升至 2016 年的 2331 亿美元，增长了近 15 倍，其中，中美服务贸易逆差额由 2006 年的 12.7 亿美元提升至 2016 年的 368 亿美元，扩大了近 30 倍，远高于中国服务贸易逆差的增长速度。仅从货物贸易角度来讨论中美贸易失衡，而忽略两国服务贸易的收支状况，是有失偏颇的。在国际收支平衡表中，中国居民出境旅行、留学或就医等期间所购买的商品一般被计入旅行服务贸易项下，而在实际生活中，中国代购盛行，这意味着大量原本应被计入货物贸易的商品最终却被统计到了服务贸易中。据世界银行统计，2017 年中国旅行服务贸易逆差为 2251 亿美元，占中国服务贸易逆差总额的比重高达 84.8%，美国又是中国居民出境的一大目的地，由此可见，美中货物贸易逆差实际上被放大了。除了旅行服务贸易，中国对美国服务贸易逆差较大的领域还有知识产权使用费。虽然受制于美国对中国实行的高新技术出口管制，但是 2001 年以来其累计逆差额仍然达到 2049 亿美元，其中 2017 年为 239 亿美元。随着中国制造业的进一步升级，中国对国外知识产权的需求将不断增加，若美国放松对中国的高新技术出口管制，仅从经常账户整体来看，美中货物贸易逆差就会大幅减少。

作为国际收支平衡表的抵消账户，"净误差与遗漏"在统计上应该具有显著的随机性，如果其存在阶段性特征，例如方向的阶段性维持，则说明其有特殊的经济含义；同时，根据国际惯例，"净误差与遗漏"的规模占同期货物贸易进出口总额的比重应该在正负 5% 以内，否则平衡表就是不可靠的[13]。据世界银行统计，中国国际收支平衡表中的"净误差与遗漏"从 2014 年第二季度开始到 2017 年第四季度一直为负值，且在 2017 年，中国"净误差与遗漏"占货物贸易进出口总额比重为 5.6%，说明可能存在经常项目顺差被高估，或者对外资本输出被低估的情况。导致中国"净误差与遗漏"项长期为负且规模巨大的经济原因除了可能出现资本外逃，还有可能是企业虚报出口。特别是在人民币单边升值的时期，一些企业为了完成出口业绩以获得地方政府奖励，在海关申报中虚报出口规模。海关统计中记录了虚报的出口数据，但实际中并没有外汇调回，而国际收支平衡表是基于海关数据制定的，这部分缺失的出口收入数据最终构成了"净误差与遗漏"中负值的一部分。虽然不能确定"净误差与遗漏"的具体构成状况，但是不能否认的是，在统计美中货物贸易逆差时如果不考虑国际收支平衡表的"净误差与遗漏"，就会高估贸易逆差。

现有研究表明，评价中美贸易平衡关系，应综合考虑中美两国的货物贸易平衡、服务贸易平衡以及经济合作平衡，不仅要考虑贸易和投资的流量平衡，还要考虑贸易和投资的盈利平衡，因而采用综合贸易所有权评价法能更加全面地评价中美双边贸易关系。夏先良采用该方法测度中美贸易差额后发现，在综合平衡中美所有分支机构在对方市场的销售额后，中国对美国存在大额贸易顺差；在综合平衡中美控股公司在对方市场的销售额后，美国对中国存在小额贸易逆差[14]。然而，随着全球价值链的形成和发展，虽然综合贸易所有权评价法能够从总量上较为客观地反映中美贸易平衡关系，但是我们不能简单地用贸易收支状况衡量一国在国际贸易中的实际收益，否则会出现转口贸易高估美中货物贸易逆差的问题。刘遵义等用国内增加值的方法测算2002年中国出口至美国的货物总值，结果仅为用传统贸易差额法得到的总值的一半。后来，分解贸易增加值的方法不断完善，逐步形成了全球价值链贸易增加值评价法，该方法能够从中美实际获得的贸易增加值出发，准确地评估中美贸易的利益分配关系，是评价中美贸易关系更为科学的核算方法[15]。夏先良用该方法估算了中美增加值贸易差额，发现中国在贸易值和贸易利益上均为逆差方，而美国才是顺差方[14]。由此可见，美国总统特朗普以美中货物贸易巨额逆差为由对中国进行的指控与事实不符，货物贸易巨额逆差不是中美贸易战的起因。美国基于不符合时代要求的货物贸易统计方法计算得出美国对中国存在高额货物贸易逆差，并以此为借口来攻击中国的贸易、产业、汇率以及知识产权制度或政策，使两国之间的贸易摩擦不断升级，其真实意图在于阻挠和遏制中国经济的快速发展。

四、中美贸易战的本质

从历史上大国之间的战略竞争与博弈来看，今日中美贸易战的实质是作为老牌守成帝国的美国与快速发展的社会主义中国之间的全球战略竞争；从更长远的视角看，是中国模式与华盛顿模式之争，重点在于争夺世界经济的主导权和经济全球化游戏规则的制定权。美国围堵中国，扼制中国的崛起，意在继续主导世界经济的发展，防止中国对美国霸权的染指。为了达到这个目的，美国在挑起贸易战的同时，已在经济、政治、军事、地缘政治和文化上对中国进行了全面施压、围堵和遏制。

(一) 美国在经济领域施压中国

在经济上，美国采取组合拳，从投资、金融和贸易三个方面向中国全面施加压力。在投资方面，美国政府采取的税制改革，不仅涉及范围广、金额大，关键是要把原先全球征税体系转变为属地征税体系，其主要目的是引导资本回流美国，促使美国就业和收入增加，这种意图和手段也符合部分美国在华企业的需求。近10年来，中国统一内外资所得税率，中资企业快速发展，中国政府也加大了对中资企业的支持力度；相应地外资企业在中国市场上的优惠待遇不断削弱，中资企业在人才和市场等方面对外资企业构成了威胁。美国在华企业愈发感到焦虑和不满，这种不满情绪会很快传至美国媒体和政界，对中国执行产业政策手段的指责、"301"报告的出台以及拟限制中国赴美投资政策均是这种不满情绪的宣泄。在金融方面，美国意图通过加息缩表吸引全球资本特别是在华外资企业资本流向美国市场，引发人民币的汇率风险；若中国守不住相对固定的人民币汇率，则容易触发中国金融危机。虽然中国可以通过外汇储备等方式进行有效防范，但是若美元储备不足也容易给中国带来金融风险，美国这一行为无疑会对中国接下来的货币政策产生巨大压力。在贸易方面，美国以中美货物贸易长期保持巨额逆差、知识产权保护不力和中国不遵守 WTO 承诺为由，2018 年 7 月 6 日正式对 340 亿美元中国商品加征 25% 的关税，发动了中美经济史上规模最大的贸易战；同时为坚定美国中西部农业州支持贸易战的信念，美国白宫竟通过了高达 120 亿美元的补贴计划以帮助可能在贸易战中受损的豆农。美国这种不顾世贸规则的霸凌主义行为反映了美国对中国产业政策导致中美贸易失衡的不满，以及对中国进军高科技领域威胁美国高科技垄断地位的担忧，表面看是发动贸易战，归根结底是打着贸易保护主义旗帜来遏制中国的经济发展。

(二) 美国在政治同盟上挤压中国

在价值取向上，美国与日本、欧盟等形成同盟，至今不承认中国的市场经济地位。尤其是在亚太地区，日本和韩国作为美国在亚太地区的重要盟国，在特朗普上台之初就与之进行密集高层接触。先是 2017 年 2 月特朗普邀请安倍访美，美国副总统彭斯、国防部长马蒂斯、国务卿蒂勒森也频频访问日本和韩国；再是 2017 年 7 月和 9 月，美日韩三国首脑会谈，逐步结成并巩固了"三角同盟"。越南和菲律宾因南海问题一直以来与中国摩擦不断，因此特朗普对这两个国家给予了高度重视，在 2017 年 11 月的亚洲之行中特意访问了越南和菲律宾，并多次提及"印太"概念，企图拉拢两国与之形成同盟，至此特朗普的亚洲战略开始加速成型。为了推进并实现这一战略，特朗普联合日本和澳大利亚达成了在印太区域深化安全与战略合作的共识，并引诱印度加入并支持"印太战略"形成四国联盟，以达到制衡中国的目的。对于亚洲以外的盟友国，特朗普也并未放弃拉拢，并已取得一定成效。虽然特朗普的贸易制裁枪口也指向了欧盟、加拿大等盟友国，但是我们更倾向于认为这是美国逼迫这些国家明确站队，用强硬手段要求其盟友在中美贸易摩擦中与其统一战线。在 2018 年 6 月 20 日的 G7 首脑会议上，特朗普提出 G7 国家一体化计划，主张 7 个国家之间实现零关税、零壁垒、零补贴，试图诱使欧盟及其他发达国家与美国坚定地站在一起，逐渐将 WTO 边缘化。该计划已得到欧盟正面响应，华盛顿时间 7 月 25 日，美国与欧盟达成贸易协议，在非汽车行业达成了消除关税及贸易壁垒的共识，欧盟也同意从美国进口更多的大豆和液化天然气。结合 7 月 17 日欧盟和日本达成的零关税自由贸易协定以及 8 月 9 日美日举行的自由贸易协定谈判，这意味着美日欧三大经济体超越 WTO 规则将实现更深层次的融合，将形成新的自由贸易核心区。在美欧此次发表的联合声明中也提到要"推动 WTO 改革"，实则是要建立有利于美国为首的发达国家经贸发展的 WTO 新规则；声明中还提到要"解决不公平贸易行为"，其具体解决内容几乎是照搬"301 调查"中对中国的指责，实则是从意识形态层面将发达国家与中国对立起来。此时寄希望于联合欧盟抵制美国无异于异想天开。事实上，发达国家在对待中国的强制性知识产权许可和非市场经济导向等方面与美国的立场并无二致。

(三) 美国在军事领域挑战中国

在军事上，美国插手中国的南海问题和台湾问题。中美贸易摩擦的升级扩大势必导致中美双方的军事对立。2018 年 1 月 9 日，美国发布的《国防战略报告》将中国列为战略竞争对手，并认为"中国使用经济手段来恐吓邻国，并且军事化南海地区"。随后在 2 月 3 日发布的《核态势审议报告》中点名中国与美国削减核武器的行为背道而驰。从美国对中国一系列的态度和立场可以看出，美国的遏华战略已从温和型转向攻击型，特朗普也曾表示当选后将加强美在东海、南海的军力部署，威慑中国。特朗普上台后，美国对中国岛礁军事化、破坏航行自由和危害地区秩序的指责不绝于耳，打着航行自由行动的旗号实施挑衅之实。事实上，美国才是岛礁军事化和危害地区秩序的始作俑者。在南海问题上，2017 年 11 月 11 日特朗普访问越南期间就表示要帮忙调停或仲裁中国和越南的南海争端，实则是要通过南海问题迟滞中国崛起，巩固美国在亚太的霸权地位。为了达到围堵中国的目的，美国把退役下来的军舰和军备武器转让甚至赠予了越南，并授予相关的操作技术，大幅提升了越南在南海争端上与中国对抗的军事实力；最近一年，美军闯入中国南海 12 海里内的频率和烈度大幅提升，在南海及周边地区的军事部署也在不断加快；此外，随着朝鲜半岛局势的缓和，美国又有了新的野心，驻韩美军开始考虑在更大范围内承担任务，并加强了战略灵活性，意在插手中国的南海问题。在中国台湾问题上，美国先是不断违反"一中原则"，仅 2018 年 3 月至 5 月期间就通过了 5 个涉及中国台湾地区的法案，分别在政治、军事和外交等方面挑拨中国台湾与大陆的关系；随后便是有计划地派遣军舰穿过中国台湾海峡，并策划参加中国台湾地区军演，军舰穿台海计划在 2018 年 7 月 7 日得到实施，其他军事干涉也会接踵而至。这一系列行为背后是对中国底线的挑战。

（四）美国在地缘政治上围堵中国

在地缘政治上，美国推行"印太战略"，对中国形成"C"形包围圈，并在外交上对中国进行遏制和围堵。中国的"一带一路"倡议提出后，美国认为这是中国地缘政治扩张，是对美国领导的现有国际秩序的挑战。在这种猜忌和担忧的影响下，特朗普政府开始推行"印太战略"，联合印度、日本及澳大利亚试图阻碍"一带一路"建设，打击中国在亚洲乃至全球的影响力，并提升自己在印度洋和太平洋的控制力。首先，美国对与中国保持友好关系的国家进行打击，包括把巴基斯坦归为隐藏恐怖分子的国家，并暂停对巴基斯坦的各类援助；在菲律宾总统杜特尔特努力改善与中国的关系时，美国就出台了《世界范围内威胁评估》报告，将菲律宾定义为民主和人权脆弱的国家之一，并指责杜特尔特阻碍了菲律宾的民主。其次，美国还频频围绕中国周边地区进行外交活动。在 2017 年 11 月，特朗普开启了为期 12 天的亚太之行，在其访问日本、韩国、越南和菲律宾中多次推销"印太战略"，而这个战略正是美国顶级的扼制中国的地缘手段；2018 年 6 月 12 日，美朝两国领导人特朗普与金正恩在新加坡举行历史性会晤，不仅推动了半岛无核化、维护了地区和平稳定，还解决了来自朝鲜的核威胁，为集中精力向中国施压做了铺垫；为了遏制中国，美国也准备与俄罗斯关系正常化，一方面，在 G7 首脑会议上提议允许俄罗斯回归 G7 集团，另一方面，在 2018 年 7 月 16 日，特朗普就任总统后首次与普京进行正式会晤，两方均传递出了美俄未来将拥有"超乎寻常关系"的讯号，其背后原因在于俄罗斯已经没有实力挑战美国，中国已经超越俄罗斯排在美国竞争对手的第一位。在外交上没有永恒的敌人，只有永恒的利益，从美国的一系列举动不难看出其围堵中国的地缘政治战略意图。

（五）美国在文化领域侵略中国

在文化上，美国宣传的普世价值观与中国的"四个自信"及核心价值观产生冲突。普世价值观属于资本主义核心价值体系，它宣扬资本主义的民主、自由、平等和人权等；它以个人主义价值观为基础，认为个人价值高于社会价值，体现了极端的利己主义和拜金主义思想。在实践过程中，以美国为首的西方资本主义国家打着普世价值的幌子对非西方国家实行侵略和掠夺，导致相关国家政治动荡、经济衰退、社会混乱，给当地人民带来了灾难。这种以私有制为基础的经济体制显然对以公有制为基础的中国不具有"普世"性。而中国奉行的"四个自信"及社会主义核心价值观宣扬"社会本位"的价值观，更符合中国共产党领导的中国特色社会主义制度的国情。如果把适合美国发展的普世价值观削足适履地套用到中国，必然会阻碍中华民族伟大复兴中国梦的实现。

新的冷战已经开启，贸易战只是中美全球战略竞争的一个缩影。在美国人的眼里，目前中国世界第二的经济规模、社会主义的政治制度和马克思主义的意识形态决定了其对美国霸权必然构成潜在威胁。当中国的综合实力较弱时，可以通过对美国进行经济捆绑，让美国资本参与分享中国改革开放和经济发展的红利，从而降低美国对中国崛起的戒备。但随着中国经济、政治、军事和文化等实力的迅速发展、"一带一路"倡议的提出、人类命运共同体的构建等，美国将越来越感受到被中国超越和取而代之的风险，其必然趁自己依然占据优势的时候对中国采取遏制措施以防患于未然，中美两国之间互利合作关系已为战略竞争关系所代替。

在美国最新一版的作为指导美国国防安全与军事战略走向的纲领性文件《国防战略报告》中，可以清楚地看出美国对中国的定位已发生转变，美国首次将中国定位为战略性竞争对手，且相较于 2008 年发布的上份报告，美国国家安全的首要关注点已经从恐怖主义转变为国家间战略竞争[16]。

五、中国的对策

在当前，中国与美国之间的正面冲突难以避免，但是在目前中美综合实力不对等、经济上的相互依赖不对称的情况下，中国需要冷静观察，科学分析，沉着应对。基于此，笔者提出以下建议：

首先，要冷静深入、科学细致地分析美国挑起贸易摩擦的目的和实质。自特朗普政府上台以来，面临美国的贸易挑衅，我们的政界、媒介和学者对美国的战略判断分歧较大，更有甚者，在认识和处理中美贸易摩擦问题时带有浓厚的民族主义和极端的民粹主义色彩，在这种条件下做出的研判必然缺乏科学性，提出的对策缺乏针对性。新时代中美之间的贸易摩擦一定要放到历史的大背景下进行分析解读。从目的看，美国此举就是要遏制中国的崛起和发展；从实质上看，就是两种制度、两种体系和两种文化之争，说到底就是守成大国帝国主义的美国与新崛起大国社会主义中国在经济全球化上的主导权和话语权之争，也就是中美两国在全球范围内的战略竞争。在认清美国挑起贸易摩擦和开打贸易战的目的和实质的同时，我们既要客观科学评估中美贸易战对世界经济，尤其是对中美经济的影响，以利于保持战略定力，更要积极主动地向民众传递这一信息，引导民众理性、全面地看待中美贸易战。

其次，要科学评价中国改革开放以来取得的成绩，避免给美国提出的"中国威胁论"以借口。对改革开放以来的辉煌成就，要实事求是地充分肯定，但不要妄自尊大，给美国"中国威胁论"的口实。虽然中国目前已成为世界第二大经济体，但是通过这次中美贸易摩擦升级并演变为贸易战的一系列事实表明，我们的经济规模不等于国家硬实力，中国的人均 GDP 还不高，中国在高精尖技术领域与美国之间仍有不小差距。我们要认清自己的不足，要有危机感和忧患意识，要继续韬光养晦，要化竞争压力为发展动力。同时也要充分认识到中美今后在国际博弈过程中的长期性和复杂性，既不能盲目轻敌，也不能失去自信，要以平常心勇敢应对中美贸易摩擦，坚定不移地走好中国的经济社会发展道路，制定适合自己的发展战略，从今后相当长的时间看，我们作为新兴的社会主义大国，既要当好世界和平的建设者，又要当好全球发展的贡献者，更要当好国际秩序的维护者。

第三，要以这次中美贸易摩擦为契机，全面深化改革，扩大开放，创新体制，大力发展现代金融服务业，加快推进区域经济合作。对内，我们要加快推进市场经济体制改革，优化资源配置效率，大力发展现代金融服务业，优化经济结构，推动经济向更高形态发展，为中国顺利实现从数量型向质量型转变提供有利的内部环境。对外，要进一步放宽市场准入，扩大进口，营造良好的投资环境，在留住自身资本的同时也要吸引外部优质资本。在扩大开放的过程中尤其要注意营造与邻近国家或地区健康稳定的经贸关系，联合亚洲、欧洲、非洲和大洋洲的国家和地区推进"一带一路"建设，构建人类命运共同体；要广交朋友，持续扩大中国在世界上的影响力并赢得其他国家对中国的支持，防范美国、欧盟、日本和印度一起对中国施压与遏制中国的发展，积极创造有利于中国经济社会稳定发展的外部环境。

第四，要充分吸取中兴通讯案例的教训，不断加强对知识产权的保护与执法力度，营造企业良性竞争发展环境。首先要从法律上加强对知识产权的保护，只有增加违法成本，才能让真正投入研发创新的企业得到回报与进一步创新的动力，让靠仿造或窃取技术的企业得到惩罚；其次要保障相关知识产权法律的执行效果。其实中国已经逐步在完善知识产权法律体系，但是由于维权成本较高和索赔困难往往阻碍甚至打消了被侵权人进行维权的意愿，因此要加大保护知识产权的执法投入，严厉打击知识产权侵权行为，才能维护公平竞争；最后要重视对知识产权保护的宣传教育，从思想上逐渐树立尊重知识产权和保护知识产权的意识，三方面协同推进才能真正带动产品由中国制造到中国创造和中国智造的发展。

第五，要鼓励企业自主创新，推动中国新旧动能的转换、经济结构的优化和经济增长方式的转变，不断增强国家的经济和科技硬实力，促进经济的高质量发展。目前在全球价值链的很多领域，中国企业的核心技术、材料和设备都高度依赖于美国、德国、日本等发达国家的企业，中国企业仅仅参与加工装配环节。如果中国企业不能完全自主地生产不可替代的关键材料、设备和零部件，任由其掌控在国外企业手里，那么无论中国的产业体量有多大，也无法摆脱"装配工厂、低端运行"的被动局面，在全球价值链的利润分配上始终处于劣势。中国要推进产业转型升级、实现生产向全球价值链的中高端迈进以及在战略性产业上拥有话语权，靠的不是投资更多的下游组装和加工工厂，而是培育更多拥有自主核心技术、关键材料和零部件的上游企业。因此，我们必须实现互联网、大数据、人工智能和现代制造业的深度融合，推动中国经济高质量发展。

◎ 参考文献

[1] 陈继勇，陈大波．特朗普经贸保护政策对中美经贸关系的影响．经济学家，2017（10）：96．

[2] 吴秋余．中方绝不拿核心利益做交换，回绝美方漫天要价．人民日报，2018-05-05．

[3] 钟声．不打贸易战，是中美双方共识．人民日报，2018-05-20．

[4] 高玉强，沈坤荣．欧盟与美国的农业补贴制度及对我国的启示．经济体制改革，2014（2）：173．

[5] 中国统计年鉴．北京：中国统计出版社，2017：5．

[6] 李稻葵，李丹宁．中美贸易顺差：根本原因在哪里？国际经济评论，2006（5）：14．

[7] 凌辉．美国出口管制对我国科学仪器发展的影响与对策分析．国际贸易，2014（1）：21．

[8] 刘子奎．冷战后美国出口控制制度析论．世界经济与政治，2009（7）．

[9] 王孝松，刘元春．出口管制与贸易逆差——以美国高新技术产品对华出口管制为例．国际经贸探索，2017（1）：92．

[10] 陈继勇，刘威．美中贸易的"外资引致逆差"问题研究．世界经济，2006（9）：42．

[11] 薛荣久，贾怀勤，赵宇辉，徐进亮．经济全球化与原产地统计问题——兼论中美贸易的统计差异．国际贸易问题，1998（7）：7．

[12] 李冀申．中国在全球生产网络中的转型路径与双边贸易失衡的定量分析——基于对垂直专业化和转口贸易修正后的双边贸易数据．世界经济研究，2012（10）：40．

[13] 余文建．我国国际收支误差与遗漏偏大问题的原因和对策．上海金融，2000（4）：27．

[14] 夏先良．美国总统特朗普对华贸易指控不实．国际贸易，2018（5）：8，10．

[15] 刘遵义．非竞争型投入占用产出模型及其应用——中美贸易顺差透视．中国社会科学，2007（5）：103．

[16] 韩秉宸．美国防战略报告蓄意歪曲中国国防和外交政策．人民日报，2018-01-03：46．

本文原载于《武汉大学学报（哲学社会科学版）》2018年第5期

二、国际投资

论 80 年代以来美日间相互直接投资
增长速度的不平衡及其原因

陈继勇

美国、日本是当今世界经济实力最雄厚的两个发达资本主义国家，也是世界上两个最大的对外直接投资国。20 世纪 80 年代以来，在科技革命继续向纵深发展，生产和资本日益社会化、国际化，以及在资本主义经济政治发展不平衡规律的作用下，美日间相互直接投资的发展速度呈现出日益不平衡之特点。本文拟就此作初步分析。

进入 80 年代以来，美国对外直接投资的步伐大为减慢。据统计，1979 年底至 1989 年底，美国对外直接投资累计余额由 1879 亿美元增至 3734.36 亿美元，仅增长 98.7%，年平均增长 7.1%。[①]其中，美国对日本的直接投资累计余额由 62 亿美元增至 193.41 亿美元，计增长了 2.21 倍，年均递增 12.0%。与美国形成鲜明对照的是，日本自 80 年代以来大大加快了对外直接投资的步伐，1979 年底至 1989 年底，日本对外直接投资累计余额由 329.24 亿美元增至 2538.34 亿美元，10 年间增长了 6.71 倍，年平均递增 22.7%。[②]仅 1986—1989 年 4 年间，日本对外直接投资增加额达 1702.6 亿美元，大大超过了 1951—1985 年日本对外直接投资累计余额。在 80 年代日本对外直接投资中，对美投资发展极为迅速。1979—1989 年，日本对美直接投资累计余额由 42.19 亿美元猛增至 696.99 亿美元，计增长了 18 倍，年均增长率高达 34.9%，比同期美国对日本直接投资年均增长率高出 1.91 倍（详见下表）。

美日间相互投资增长速度的不平衡不仅表现在累计余额增长速度上，而且由于双方投资的产业部门不同，增长速度也出现很大差异。在石油工业部门，80 年代美国对日本直接投资年均增长率为 5.3%，而日本对美国的直接投资累计额则由 1979 年底的 1.6 亿美元降至 1989 年的 0.68 亿美元；在制造业部门，美国对日本直接投资年均增长 13.6%，而日本对美国直接投资年均递增率高达 37.9%；在服务业部门，美国对日本直接投资年均增长 17.1%，而日本对美国直接投资年均增长 30.2%。

由于美日间相互直接投资的增长速度很不平衡，因而导致了两国间相互直接投资地位的显著变化。1979 年底美国对日本的直接投资累计余额比日本对美国的直接投资累计余额多出 27.17 亿美元，美国对日本来说是一个直接投资净输出国，美日间相互直接投资率为 177.7%；但到 1989 年底，日本对美直接投资则比美国对日本直接投资累计余额高出 503.58 亿美元，美国成为直接投资净输入国，美日间相互投资率为 27.7%。

80 年代以来美日相互间直接投资增长速度的不平衡和投资地位的显著变化，是由一系列因素促成的。

一、美日两国经济发展的不平衡和两国经济实力的相互消长是根本因素

一国国际直接投资的增长速度和国际投资地位是由其经济实力的大小及消长所决定的。在资本主义政治经济发展不平衡规律的作用下，战后美国的经济增长速度远远低于日本。据统计，1961—1965 年、1966—1970 年、1971—1975 年、1976—1983 年，美国实际国民生产总值年平均递增率为 4.6%、3.0%、2.2% 和 2.5%，而同期日本则相应为 12.4%、11.0%、4.3% 和 4.4%。尽管 1984 年以来，美国经济出现

相对稳定增长，但其增长率除个别年份高于日本外，其他年份均低于日本的增长率。1984—1989 年，美国实际国民生产总值年度增长率依次是 6.8%、3.4%、2.7%、3.7%、4.4% 和 3.0%，而同期日本则为 5.1%、4.9%、2.5%、4.5%、5.7% 和 4.8%。③由于经济增长速度的不平衡，使得美国的国际经济地位相对下降，而日本的国际经济地位则不断上升。其主要表现是：

表 1   **80 年代以来美日相互直接投资累计余额及增长速度比较**

年度	美对日直接投资（亿美元）	增长率（%）	日对美直接投资（亿美元）	增长率（%）	相互投资率（%）
1980	62.74	1.1	42.19	20.8	148.7
1981	65.07	3.6	76.88	62.8	84.5
1982	69.28	6.6	96.79	25.9	71.6
1983	80.59	16.3	111.45	15.2	72.3
1984	79.36	-1.5	148.17	44.0	53.6
1985	92.35	16.5	193.13	20.4	47.8
1986	114.72	22.6	234.33	21.3	49.0
1987	156.84	36.7	351.51	51.5	44.6
1988	179.27	14.3	533.54	50.3	33.6
1989	193.41	7.9	696.99	30.6	27.7
1980—1989		12.0		34.9	

资料来源：根据美国商务部：《现代商业概览》有关各期的数字计算。

1. 从国民生产总值看，美国由战后初期占世界国民生产总值的 45% 降至 1987 年的 28.1%，日本则由 1960 年的 3% 急剧升至 1987 年的 16.6%，约为美国的 59.1%。④到 1989 年，日本国民生产总值高达 27277 亿美元，与美国的差距不断缩小，而日本人均国民生产总值已高达 22879 美元，超过了美国。⑤

2. 从国际收支情况看，1980—1989 年，美国对外贸易逆差总额为 9320 亿美元，经常项目收支逆差为 8000 亿美元，美国成为当今世界上最大的外贸逆差国和经常收支逆差国。而同期日本的外贸收支顺差总额为 5205 亿美元，经常项目收支顺差总额为 4153 亿美元。⑥

3. 从黄金外汇储备看，1952 年美国国际储备总额为 247.14 亿特别提款权，占世界储备的 50.0%，而同年日本仅为 11.01 亿特别提款权，占世界储备的 2.2%。到 1988 年，美国的国际储备增至 364.71 亿特别提款权，占世界储备的 6.3%，而同年日本的国际储备为 727.27 亿特别提款权，占世界储备的 12.7%，高出美国一倍以上。⑦

4. 从跨国银行的发展和对外金融看，1969 年世界最大的 50 家银行中，美国 15 家，日本 10 家，而到 1979 年，美国仅为 7 家，而日本升为 13 家，1987 年，美国又降为 4 家，日本升为 21 家，日本银行的资产额占 50 家资产额的一半。目前，日本银行独占了世界最大银行的前十席。据国际清算银行统计，1983—1988 年期间，日本银行在国际贷款中所占份额由 20% 猛增至 38%，位居前茅。尽管美国纽约仍为世界上第二大国际金融中心，但日本的东京正在奋起直追，目前已成为仅次于伦敦、纽约的世界第三大金融中心，东京股票市场的交易额已大大超过其他股票市场，日本已成为名副其实的金融大国。

5. 从美日两国跨国公司的发展和两国国际投资地位来看，1956 年在世界最大的 100 家跨国公司中，美国占 79 家，日本仅 1 家，到 1985 年，美国下降到 48 家，日本上升到 12 家。在 1981 年世界最大的 500 家工业公司中，日本有 120 家，占总数的 24%，1984 年上升到 147 家，占总数的 30%。到 1988 年，按股票时价总额排列的世界 1000 家巨型公司中，日本占 310 家，仅次于美国 345 家，而日本公司股票时价总额则占 1000 家公司的 48%。美日两国跨国公司实力对比的变化导致了美日两国国际直接投资地位的变化。

1960—1985 年，美国的海外直接投资占世界直接投资的比重由 47.1% 降至 35.1%，而同期日本所占比重则由 0.7% 骤升至 11.7%。⑧1985 年，日本对外直接投资累计余额为美国对外直接投资 1/3，到 1989 年，这一比重上升至 70.7%。自 1985 年开始，日本取代美国成为世界上最大的债权国，到 1989 年底，日本对外净债权高达 3906 亿美元。⑨而美国虽然至今仍保持着世界上最大的海外直接投资国地位，但自 1985 年起已沦为世界上最大的债务国，到 1989 年底，其外债总额为 6035 亿美元。⑩

美日经济实力的相互消长，尤其是日本经济实力的急剧膨胀，自然要求重新瓜分世界市场。日本要为"过剩"的资本寻找出路，而投资环境好、获利丰厚的美国就成了其对外直接投资的主要场所。

二、美日两国宏观经济政策措施的巨大差异是直接因素

80 年代以来，美国里根政府奉行供给学派和货币学派相结合的思想政策。供给学派在财政政策方面，主张通过减税促进投资和储蓄，增强美国经济的活力；货币学派主张紧缩的货币政策，通过严格控制货币供应量，制止通货膨胀，以高利率吸引外国资金，弥补财政赤字。美国为了积极吸引外资，促进国内经济增长，制定和实施了一系列引进外资的政策与措施。1983 年 9 月 9 日，美国政府公布了其国际投资政策，主要内容是：

1. 除有损于美国国家安全保障的情况外，美国欢迎外国对美国的直接投资，在根据美国法律给予公正无差别待遇的同时，在美国国内将努力创造完善的投资环境。

2. 给予外国直接投资者享受美国国民同等待遇。

3. 美国政府反对以最低出口限额、出资比例限制和财政金融上的优惠措施等阻碍市场机制直接投资的倾向，并通过双边或多边会谈努力消除这种介入。

4. 在多国间的会谈中，美国将充分利用经合组织，在双边协议中，美国则积极缔结投资协定，以促进相互间的直接投资。

由于美国对外资采取欢迎态度，且投资的软硬环境不断改善，因而 80 年代美国成了"投资者的乐园"。正如美国战略和国际问题研究中心的专家华莱士指出的，外国直接投资有益于美国，在有大量日本投资的三个州（加利福尼亚、密歇根和田纳西）举行的民意测验表明，相当多的人认为，日本的直接投资事实上有利于美国经济。他们认为，外国直接投资创造了新的就业机会，带来了最好的技术并造成竞争从而降低物价。他们反对禁止继续投资。为了吸引日本对美投资，美国已有 30 个州在日本设立了办事处，以鼓励日本公司赴美投资，其中美国大多数州为投资者提供税收方面的优惠或提供公用设施方面的便利条件。例如，日本丰田公司在肯塔基州乔治城郊区投资 8 亿美元建立了一个汽车装配厂，尽管只雇用了 300 名美国工人，但州政府仍给予企业大力支持，他们不仅主动向该厂免费提供 1500 英亩土地和价值达 4700 万美元的专用公路，而且还拨款 6500 万美元帮助丰田公司培训工人以及无偿提供警察和消防队，每天帮助装配厂清除 120 吨垃圾等。在美国优惠政策的吸引下，外国直接投资蜂拥而至，到 1989 年底，包括日本在内，外国在美国的直接投资累计余额高达 4008.2 亿美元。⑪

与此相反，日本政府自 80 年代以来，在外贸顺差不断扩大、"过剩"资本大量增加、美日贸易摩擦愈益频繁和激化、出口贸易严重受阻的情况下，改变对外经济发展战略，由长期沿袭已久的"贸易立国"转向"海外投资立国"，大力扩展对外直接投资，实现日本经济的国际化，尤其是资本的国际化，以便在高层次上建立全球性生产经营体系。1986 年 4 月，日本著名的"前川报告"出笼，该报告提出了"调整产业结构，扩大内需，建立国际协调型经济结构"的建议，1988 年 2 月，日本通产省公布了《经济合作的现状与问题所在》的文件，正式肯定了"前川报告"的观点，并指出日本产业结构正向"国际协调型"转换，要开展援助、直接投资和进口三位一体的综合合作。⑫为了实施新战略，日本政府对海外直接投资采取了一系列鼓励、资助和扶持措施。如日本进出口银行对私人投资提供优惠利率的贷款，根据《自由汇兑法》给予外汇优惠措施，日本驻外机构对日本海外投资企业给予密切关注并采取种种防止政治风险的有效措施，日本政府对海外投资给予税收优惠以及建立完备的海外投资保险制度等。

在日美两国政府宏观经济政策的推拉效应的作用下，日本对美直接投资获得了迅猛发展，从而造成了美日间相互直接投资在增长速度上的严重不平衡。

三、美日相互直接投资的战略、类型和方式不同是间接因素

1．美日两国相互直接投资战略的差异。美国把对日本的直接投资的战略重点放在美国跨国公司拥有垄断优势的部门和行业上，如石油、汽车、化工、医药和办公机器等，其目的是通过直接投资，与日本企业之间实行水平型的国际分工，以降低生产成本，获得经济效益，保证市场份额。如 1989 年，美国对日本制造业直接投资累计余额达 99.59 亿美元，占美国对日本直接投资的 51.5%，其中投在机械行业和化工行业的直接投资分别为 26.2 亿美元和 25.1 亿美元，两项合计占美国对日本制造业直接投资的 51.5%。据统计，仅 1984—1989 年，美国在日本直接投资中获得的利润额高达 155.05 亿美元，1986—1988 年间的投资利润率分别为 29.5%、26.4% 和 19.4%，大大高于美国国内的投资利润率和对其他国家和地区直接投资的利润率。

而日本对美国的直接投资的战略重点则放在美国贸易保护最严的产业上（如汽车、家电、电子计算机等），日本与美国的企业之间的分工以垂直型为主，其目的是为了缓和贸易摩擦。1980—1989 年，美国对日本的贸易逆差总差为 3537 亿美元，占美国对外贸易逆差的 38%。美日贸易收支的不平衡导致美日贸易摩擦日益激烈，美国国内贸易保护主义呼声不断增强。据统计，1981 年，美国制成品中大约有 20% 的产品种类受到了美国政府设立的非关税壁垒的保护，而到了 1984 年，这个比例就上升到了 35%。[13]针对这一情况，日本政府力图通过在一些贸易保护主义压力较大的产业进行直接投资，就地生产，就地销售，以绕过贸易壁垒，缓和贸易摩擦。以汽车制造业为例：1980 年，日本汽车产量首次超过美国，当年销美数量高达 250 万辆，从而引起了美日汽车贸易摩擦，经过激烈的讨价还价，终于以签订"自动出口设限协议"而了结，协议约定日本整车销美不得超过 168 万辆，以后逐步调整为 1985 年 230 万辆后，即不再增加。在这种背景下，在美国生产供应，成为日本汽车业扩展其美国市场占有率的唯一途径。自 1982 年以来，日本的本田、日产、丰田、马自达、三菱重工、五十铃等公司相继在美设厂投资，截至 1988 年，已有 7 家日本汽车厂家在美国投资设立 8 家装配厂，年产能力合计达 128.5 万辆，而且带动 100 多家相关零件业赴美投资，总额超过 50 亿美元。这种投资战略重点的差异导致了相互间部门直接投资增长的不平衡，1979—1989 年间，日本对美机械行业的直接投资累计额增长了 38.68 倍，而美国对日本机械行业的直接投资仅增长了 1.47 倍。

2．美日两国直接投资的类型不同。美国对日本的直接投资是一种防御性投资。战后以来国际经济发展中的一个显著特点是垄断组织对市场的争夺已在更大程度上从贸易领域转向直接投资领域。对外直接投资，使得垄断组织之间的垄断竞争更为激烈。美国对日本进行直接投资，其重要目的之一就是防止当地厂商仿制新产品，夺走美国已占据的市场。所以美国对日本的直接投资主要集中于石油化工、耐用消费品、机器、运输设备、科学仪器制造等美国拥有垄断优势的行业。而日本对美国的直接投资则是一种典型的进攻性投资，其重要目的之一就是通过多元化经营，增强日本企业的生存和竞争能力，不断开辟和扩大国外市场。日本对美国的贸易业（主要是批发贸易）和不动产业的直接投资就是例证。80 年代以来，日本对美国贸易业的直接投资所占比重极高，1986 年以前均占 50% 以上。大量投资于贸易业，其目的是显而易见的，这就是通过建立四通八达的销售网来推动日本出口贸易的扩展。对房地产的投资是日本 80 年代以来对美直接投资增长最快的部门之一。日本国土面积有限，生存空间狭小，土地价格昂贵，正如英国《经济学家》杂志曾载文指出的："如今，东京工业区的地价是纽约华尔街的 9 倍多。因此，日本为获得廉价的粮食和土地，就只能到国外寻找出路。"1985 年以来，日本充分利用美元汇价下跌、日元汇价上升，美国房地产价格相对便宜以及美国政府对不动产的价格、偿还期限等方面的优惠措施，大举挺进美国不动产市场，1985—1989 年，日本对美国不动产的直接投资由 15.36 亿美元急剧增加至 143 亿美元。日本对美国房地产的大量投资，既是为了坐享土地增值所带来的收益，更重要的是为日本进军美国提供其他

方便和服务。这种相互投资类型的不同对相互间直接投资的增长速度产生着重要影响。

3. 美日间相互直接投资的方式各异。美国对日本的直接投资，70 年代主要以参与日本企业的股份、收购与兼并当地企业为主。80 年代以来，美国对日本直接投资的方式发生了重大变化，新建企业所占比重急剧提高，并以每年 200 家的速度迅速发展，从而形成了 80 年代新建企业和收购与兼并当地企业并重的新局面。美国对日本直接投资大量采取新建企业方式，这反映出美国 80 年代对外直接投资的策略是稳扎稳打，步步为营，在日本的强大攻势面前，处于守势。美国的考虑是：第一，采取新建企业方式拓展对外直接投资，跨国公司可以选择适当的地点并按照自己所希望的规模筹建新的企业，以便充分发挥自己的规模经济效益；第二，可以使跨国公司母公司按照长远发展计划和规模来妥善安排工厂布局，对资本投入的初始量和后来的资本支出具有完全的控制，以实施全球一体化经营发展战略；第三，跨国公司可以根据自己的垄断优势设置熟悉的生产工序和生产设备，以提高劳动生产率，降低生产成本；第四，跨国公司母公司可以避免卷入本来不打算卷入的业务中去，也可以避免日本公司现有的管理惯例、劳工关系和雇员的独特习惯；第五，新建方式的风险和失败率 较收购与兼并方式为低。

日本对美国的直接投资方式与美国相比，具有很大的差异。80 年代初以前，日本对美国的直接投资以新建企业为主，据统计，1978—1983 年间，日本在美国的企业半数以上是以投资建新厂的方式进行的；80 年代中期以来，日本对美直接投资则主要采取了收购与兼并的方式，这突出地表现出日本对美直接投资中的咄咄逼人的攻势。对日本跨国公司来说，大量收购与兼并美国企业，其有利之处在于：第一，可以迅速进入美国市场，省掉建厂时间，并利用现成的管理制度、技术人员和生产设备；第二，可以迅速扩大产品种类，实现多样化经营，增强日本在国际市场上的应变能力和竞争能力；第三，可以利用美国企业在各地的销售渠道，推销其产品，并抓住有利的市场机会；第四，可以获得资金融通的便利。80 年代以来，随着日本对美直接投资规模的急剧扩大，日本对美国企业的收购与兼并不断增加。1985 年日本兼并美国企业成交数 38 起，成交额 4 亿美元，在兼并国中居第六位，1987 年成交数 97 起，成交额 53 亿美元，在兼并国中仅次于英国居第二位。[14]1988 年更上一层楼，兼并额约为 127 亿美元，大约占当年对美直接投资的 90%。[15]

日本投资者对美国企业的兼并与收购领域，从不动产、化工厂、钢铁厂到高科技公司无所不有。1980—1988 年，日本兼并美国企业成交额超过 5 亿美元的总共有 7 起，并且都集中在 1986—1988 年间。1986 年，大日本油墨化学工业公司花了近 12 亿美元把美国拉克霍德化学公司和太阳化学公司图表部据为己有。1987 年，日本索尼公司先以 26.21 亿美元收购了世界上最大的唱片制造业——哥伦比亚广播公司唱片部，随后又以 34 亿美元的巨资收购了美国著名的哥伦比亚影片公司，日本的布里奇斯通公司花 26 亿美元兼并了美国最大的轮胎制造企业费尔斯通轮胎公司。1989 年 10 月，日本三菱房地产公司以 8.45 亿美元购买了美国洛克菲勒集团 51% 的股份，使得纽约曼哈顿的洛克菲勒中心易主。1990 年初，日本的日立公司以 30.9 亿美元购买了美国计算机批发商全国先进系统公司 80% 的股份。据 1989 年底的统计，日本企业用于兼并美国公司的资金高达 280 多亿美元。[16]

综上所述，80 年代以来美日间相互直接投资受美日经济实力的消长、经济政策的差异、投资战略和方式的不同以及国际经济环境变化的制约和影响，双方在增长速度上日益表现出不平衡。这种不平衡随着 90 年代世界经济区域化和贸易集团化的进一步发展、美日贸易摩擦和金融摩擦的日益加剧，将进一步朝纵深发展。1989 年美国对外直接投资增加额为 399.35 亿美元，而日本对外直接投资增加额为 675 亿美元，超过美国 69.0%，其中美国对日本直接投资增加额 14.14 亿美元，而日本对美直接投资增加额为 163.45 亿美元，为美国对日本直接投资增加额的 11.56 倍。可以预料，在今后一段时期内，美日间相互直接投资在其迅速发展的基础上，不平衡状态将进一步加剧，日本资本对美国经济的渗透和作用将进一步增强，美日间相互争夺对方投资市场、金融市场和贸易市场的斗争将更加激烈。

◎ 注释

①根据美国商务部：《现代商业概览》有关各期数字计算。

②根据日本大藏省公布的统计资料计算。

③《1990 年美国总统经济报告》，美国政府出版局 1990 年英文版，第 419 页。

④根据《东银周报》1990 年 1 月 24 日资料计算。

⑤《亚洲周刊》1990 年 1 月 12 日。

⑥根据《日本统计月报》有关资料整理。

⑦同③第 415 页。

⑧联合国跨国公司中心：《世界发展中的跨国公司：趋势与展望》，1988 年纽约英文版，第 24 页。

⑨见《野村经济报告》，转引自《经济参考》1990 年 4 月 17 日。

⑩美国国际投资协会公布的数字，转引自《国际商报》1990 年 3 月 22 日。

⑪美国商务部：《现代商业概览》1990 年第 8 期，第 46 页。

⑫［日］通产省文件，1988 年 2 月 18 日。

⑬［美］《哈佛商业评论》1986 年 3-4 月号。

⑭参见联合国跨国公司中心：《跨国化进程与跨国兼并》，1989 年版。

⑮《经济导报》1989 年 5 月 8 日。

⑯《国际贸易》1990 年第 9 期，第 13 页。

本文原载于《经济评论》1991 年第 2 期

论 80 年代以来中国台湾地区海外直接投资的发展与我们对引进台资的思考

陈继勇

在世界经济日益国际化、区域集团化，我国台湾地区经济实力不断增强的背景下，80 年代以来台湾的海外直接投资获得了空前的大发展。投资的地区流向由以发展中国家为主转向以发达国家为主，其中美国、东盟成为其投资的重点和热点。投资的产业结构不断高级化，在以制造业为主的前提下，第三产业投资增长迅速，所占比重急剧上升。尤其是近几年来，台湾地区对大陆直接投资加速，产业层次提高，投资领域拓宽，投资项目逐步大型化、综合化和长期化，十分引人关注。

80 年代以来，随着中国台湾地区经济实力的显著增强和国际经济环境的深刻变化，台湾的海外直接投资获得了史无前例的大发展，投资的地区流向和产业结构发生了巨大变化。研究中国台湾地区海外直接投资发展的特点及其趋势，对于我们进一步做好引进台资的工作，加强海峡两岸的经贸合作关系，促进祖国的尽早统一，具有重要意义。

一

中国台湾地区海外直接投资始于 1959 年。在以后的 20 年间，发展趋势很不稳定，投资额也很有限。截至 1979 年底，台湾地区海外直接投资累计额仅为 5926 万美元。进入 80 年代以来，特别是 1984 年以来，台湾地区海外直接投资开始迅速增长，投资规模急剧扩大。截至 1991 年 10 月，台湾地区海外直接投资累计额超过 44 亿美元（见表 1）。

表1　　　　　　　　　　　　　　中国台湾地区对外直接投资一览表

年度	增加额（万美元）	增减率（%）	累计额（万美元）	年代	增加额（万美元）	增减率（%）	累计额（万美元）
1959—1979	198（年均）	37.6（年均）	5926	1986	5691	37.7	27182
1980	4211	349.7	10137	1987	10275	80.6	37457
1981	1076	-74.4	11213	1988	21874	112.9	59331
1982	1163	80.6	12376	1989	93099	325.6	152430
1983	1056	-1.9	13432	1990	155221	66.7	307651
1984	3926	271.7	17358	1980—1990	27430（年均）	43.2（年均）	301725
1985	4133	52.8	21491	1991.1—10	140000	—	441725

资料来源：中国台湾地区"经济部"投资审议会。

可见，中国台湾地区海外直接投资 80 年代以来规模不断扩大，尤其是 1987 年后更为明显。1980—1990 年，台湾地区海外直接投资增加额是 1959—1979 年累计额的 50.9 倍，年均增长率高达 43.2%，既高于台湾地区 1959—1979 年间的年均增长率，也大大高于同期发达国家和发展中国家海外直接投资增长速度。

导致 80 年代台湾地区海外直接投资迅速增长和规模急剧扩大的主要因素有：

（1）外贸顺差增加，外汇存底过高，资本过剩严重，外汇管制放宽，导致大量资金外流。

80 年代以来，台湾地区出口贸易增长迅速，贸易盈余不断扩大，外汇储备急剧增加。据统计，1980—1987 年，台湾地区出口贸易由 198 亿美元增至 535 亿美元，外贸盈余由 0.47 亿美元激增至 190 亿美元，外汇储备由 22.1 亿美元骤升至 760 亿美元。在资本严重过剩、台湾地区当局放宽外汇管制的情况下，台湾地区形成了资本积累多且移动较为自由的局面，从而为台商海外投资创造了有利条件。

（2）岛内社会政局动荡，环境污染严重，投资环境恶化，投资意愿低落，迫使台商到海外建厂谋求获利途径。

由于国民党内部的权力之争愈演愈烈，社会政局日益动荡，劳资纠纷不断发生，加上环境污染严重和环保纠纷屡屡发生，台商对社会状况和投资前景深感担忧，从而导致投资意愿日趋低落。1980 年，台湾地区投资率为 34%，而 1985 年、1986 年、1987 年分别降至 17%、15% 和 19%。[①]据台湾地区《天下》杂志所作调查，台湾地区 1000 家大制造业和 300 家大服务业中，只有 1/3 的人愿意继续在台湾地区投资。[②]在台湾地区投资环境不断恶化的情况下，台商纷纷出走移民，带走财产或另觅投资地域，以牟取高利，从而使台湾地区的海外直接投资急剧扩大。

（3）台币大幅升值，台美贸易摩擦加剧，促使台商通过扩大对外直接投资来开辟海外市场。

1983—1989 年，新台币与美元的汇率由 40.065∶1 升至 26.407∶1，升幅达 34.1%。[③]台币的大幅升值，严重削弱了台湾地区企业的对外竞争力，使它们的出口贸易受阻。它们无法承受汇率大幅升值的压力而面临停工转业，不得不通过海外投资寻找出路。同时，80 年代以来，台湾地区对美国的贸易顺差逐年扩大，1987 年高达 160 亿美元，占台湾地区当年贸易顺差的 84%。台美贸易收支的严重失衡引起了美国的强烈不满。美国一方面不断通过双边贸易谈判以及其他方式向台湾地区施加压力，要求台湾地区降低关税，开放市场；另一方面对台湾地区采取"毕业政策"，宣布取消其普惠制的免税优惠。据统计，仅此一项使台湾地区每年的免税额减少 37%。为了缓和与美国的贸易摩擦，绕过美国的贸易设限，台湾地区自 80 年代后期起急剧扩大了对美国的直接投资。

（4）劳动成本急剧上升，廉价劳动力和原材料供应短缺，推动了台商海外直接投资的迅速发展。

80 年代以来，随着台湾地区经济的较快发展，工人的工资不断上升。1985—1988 年，台湾地区工人每月工资由 184 美元升至 376 美元，升幅达 104.3%，而同期菲律宾由 73 美元升至 88 美元，升幅为 20.5%；马来西亚由 133 美元升至 172 美元，升幅为 29.3%；泰国由 75 美元升至 106 美元，升幅为 41.3%；印度尼西亚则由 40 美元降至 36 美元，降幅为 10%。[④]1989 年，台湾地区的工资水平又上升了 15%。[⑤]从而使产品成本优势转移到了东盟国家，台湾地区失去了 80 年代以前出口产品靠低工资取胜的优势。在劳动成本急剧上升的同时，岛内劳动力供应相当短缺。据统计，目前劳工短缺约 50 万人，其中被认为是主要支柱产业的纺织、电子、家电行业，普遍短缺 30% 的劳工。此外，台湾地区自然资源严重短缺，能源和原材料主要依靠进口。为了获取廉价劳动力和确保能源和原材料的供应，台湾地区将一部分劳动密集型产业转移海外，尤其是转移到东南亚国家，以实现资金、技术、劳动力、自然资源的优化组合，降低生产成本，提高生产率，增强产品在国际市场的竞争能力。

（5）中国台湾地区当局和外国的鼓励政策与措施的推拉效应，导致了台湾地区海外投资的发展。

80 年代以来，随着世界范围内经济国际化、区域集团化趋势的加强，中国台湾地区当局逐步推行经济国际化和自由化政策，积极参与国际分工和国际经济合作。特别是 1984 年美国开始实施为期 12 年的《加勒比海方案》以来，台湾地区不断加强了对海外直接投资的宏观规划与指导。1985 年，台湾地区修订了《对外投资及技术合作审核处理办法》，逐步放宽了对外投资的限制，并扩大了对外投资的鼓励范围。1988 年 6 月，台湾地区"经济部"又大幅放宽了对于对外投资的审核，规定凡 100 万美元以下的投资案无需批准即可自由投资，同时取消了过去的财务标准规定。[⑥]并采取各种鼓励与扶持措施，如提供融资支援和投资保险，争取与外国签订投资保证及双边租税协定，在国外设立加工出口区等。

此外，由于台湾地区外汇储备急剧膨胀，社会和社会团体游资不断增加，使其被视为一个很有潜力的投资来源，各国纷纷组团去台湾地区举办投资研讨会，并实行多项奖励政策，竞相吸引台资，这种推拉效应也促进了台湾地区海外直接投资的快速发展。

二

80 年代以来，台湾地区海外直接投资在地区流向上发生了两个显著变化。

（1）直接投资的国家重点由以发展中国家或地区为主转向以发达资本主义国家为主。

80 年代以前，台湾地区的海外直接投资主要投向了自然资源丰富、劳动力廉价的发展中国家和地区，尤其是东南亚地区。截至 1979 年，台湾地区对发展中国家或地区的直接投资占台湾地区海外直接投资的 83.6%，而对美国、日本、西欧的直接投资仅占 16.4%。[7]80 年代以来，随着台湾地区经济实力的增强，台湾地区的一些大公司急剧扩大了对发达国家的直接投资，尤其是对美国的投资。截至 1990 年底，台湾地区对美投资 12.94 亿美元，占台湾地区海外直接投资的 42.1%，比 1979 年提高了 27.2 个百分点；对西欧投资 3.71 亿美元，占 12.1%，比 1979 年提高了 11.9 个百分点；对日本投资 865 万美元，占 0.3%。三者合计所占比重为 54.5%。而对发展中国家或地区的投资额为 14 亿美元，占 45.5%。[8]

促使 80 年代台湾地区将海外直接投资的重点转向发达资本主义国家的主要因素有：

第一，为了迎接北美、西欧经济区域集团化的严峻挑战。

在美加加紧建设北美自由贸易区和西欧组建统一大市场的情势下，台湾地区面临着两大区域集团在贸易、投资方面的严峻挑战。为了在美、欧市场站稳脚跟，以利竞争，台湾地区加快了对美欧直接投资的步伐。1987 年，台湾地区宏碁电脑公司以 440 万美元收购了美国康点电脑公司。1988 年台湾地区太平洋电线与电缆公司在得克萨斯一举兼并 8 家储贷机构，总价 3750 万美元，将其改名为太平洋西南储蓄银行。1989 年台湾地区大陆工程公司开价 1 亿美元，买下了美国桥梁公司；同年 12 月，台湾地区声宝企业公司购买了在美国排列前 10 名的百利市租车公司。1990 年 5 月，台湾地区总督企业公司以 3.35 亿美元收购了美国第三大饼干制造公司——韦恩汉姆饼干公司。[9]另据台湾地区报纸报道，为了应付 1992 年欧洲统一大市场的建立，继台湾地区大同公司首开在西欧投资的纪录以来，越来越多的公司开始向西欧投资。1990 年 7 月，台湾地区阿瑟公司一举购买了联邦德国经销商的数据技术公司，同时还兼并了荷兰的销售服务企业卡加洛计算机公司。台湾地区其他的计算机厂家也不甘落后，纷纷在西欧投资以争得立足点。

第二，为了取得投资国的行销渠道，继续占有美国市场和开辟欧洲市场。

长期以来，美国一直是台湾地区的最大贸易伙伴，占台湾地区产品出口的 40% 以上，随着 80 年代中期台美贸易收支的严重失衡，台美贸易摩擦日益激化。为了继续占领美国市场，台湾地区一方面加强对美投资设厂，把对美出口产品转移到当地进行生产，以便绕过美国的贸易壁垒；另一方面通过收购和兼并美国公司，以利于在美设立贸易据点和组建广泛的行销网络，开拓和巩固市场。如台湾地区阿瑟公司 1990 年 8 月以 9400 万美元的高价买下了阿尔托斯公司后，美国的阿尔托斯公司的 1500 个经销商将使阿瑟公司产品在美国市场上的年销售额翻了一番，超过 2.5 亿美元的水平，从而使阿瑟公司产品在世界的销售额接近 10 亿美元。正如阿瑟公司的一位负责人所说："我们和美国、日本不同，我们没有它们那么广阔的本地市场，所以我们进入国际市场的愿望比它们更迫切。"

台湾地区对西欧的投资也是如此，它不仅着眼于开辟新的西欧市场，而且还着眼于开拓东欧市场，以实行市场的分散化。因为在目前的形势下，西欧与东欧的关系远甚于台湾地区。台湾地区通过在西欧的投资，既可以开辟西欧市场，还可以利用西欧现有的渠道，打入东欧。如台湾地区最近与瑞典、芬兰、挪威等分别成立合资企业，由台湾地区向关税较低的三国供应汽车零部件和计算机等，在那里进行组装后，依靠那里的公司现有的销售渠道对东欧出口。

第三，为了获取美、欧、日的先进技术，以推动岛内产业结构的高度化。

80 年代以来，台湾地区的大同、声宝等集团公司企业先后在美国的硅谷投资设厂，研究开发集成电路、生产电脑磁碟机和微膜磁头等先进技术产品，借以促进岛内工业技术水平的升级和产业结构的调整。据美国《商业周刊》报道，1989 年 8 月，台湾地区的芯片制造商华龙微电子公司以 530 万美元的价格买下了位于加州圣琼斯的希克技术公司 10% 的股份，根据安排，希克公司将在今后为华龙公司设在台湾地区和马来西亚的具有世界水平的生产线提供半导体设计。1990 年，台湾地区阿瑟公司一举在硅谷买下了阿尔托斯公司和艾琳·韦斯公司这两家高技术企业。通过这种投资，以吸收美国的先进技术，并将技术转移到台湾地区新竹科学工业园区，促进台湾地区的技术开发，推进台湾地区产业结构的高级化。

（2）台湾地区对亚洲的直接投资始终高度集中于东南亚地区，但投资的区域重点发生了明显变化。

截至 1979 年，在台湾地区对亚洲的直接投资中，菲律宾居首位，占 22.9%；印度尼西亚居第二位，占 20.5%；泰国居第三位，占 11.2%；新加坡、中国香港地区、马来西亚分别占 10.0%、8.9% 和 7.2%。[⑩] 上述六国（或地区）占台湾地区对亚洲直接投资的 80.7%。进入 80 年代后，台湾地区对亚洲投资的国别（地区）重点发生了重大变化（见表 2）。

表 2　　　　　　　　　　　80 年代以来台湾地区对亚洲直接投资的地区分布　　　　　　（单位：千美元／（）为%）

年度	1980	1981	1982	1983	1984	1985	1986	1987	1988	1989	1990	1980—1990
总额	3170 (100.0)	6738 (100.0)	9132 (100.0)	6561 (100.0)	6551 (100.0)	4206 (100.0)	8412 (100.0)	21302 (100.0)	69299 (100.0)	296372 (100.0)	602884 (100.0)	1035167 (100.0)
香港地区	14 (0.4)	3212 (47.7)	76 (0.8)	638 (9.7)	26 (0.4)	314 (7.5)	255 (3.0)	1283 (6.0)	8060 (11.6)	10372 (3.5)	33092 (5.5)	57343 (5.5)
新加坡	2794 (88.1)	736 (10.9)	96 (1.1)	909 (13.9)	209 (3.2)	253 (6.0)	434 (5.2)	1301 (6.1)	6433 (9.3)	5209 (1.8)	47622 (7.9)	65996 (6.4)
菲律宾	— —	— —	— —	250 (3.8)	— —	— —	71 (0.8)	2640 (12.4)	36212 (52.3)	66312 (22.4)	123607 (20.5)	229092 (22.1)
印度尼西亚	120 (3.8)	1960 (29.1)	8960 (98.1)	— —	4900 (74.8)	1000 (23.8)	1780 (21.2)	950 (4.5)	1923 (2.8)	311 (0.1)	61871 (10.3)	83774 (8.1)
泰国	20 (0.6)	72 (1.1)	— —	1764 (26.9)	200 (3.1)	2609 (62.0)	5810 (69.1)	5366 (25.2)	11886 (17.2)	51604 (17.4)	149397 (24.8)	228728 (22.1)
马来西亚	— —	— —	— —	3000 (45.7)	1216 (18.6)	— —	— —	5831 (27.4)	2708 (3.9)	158646 (53.5)	184885 (30.7)	356286 (34.4)
其他	222 (7.0)	758 (11.2)	— —	— —	— —	30 (0.7)	62 (0.7)	3931 (18.5)	2077 (3.0)	3918 (1.3)	2410 (0.4)	13408 (1.3)

资料来源：台湾地区"经济部"投资审议会，转引自（日本）《贸易与关税》杂志 1991 年第 9 期第 26 页表 2。

由表 2 可见，80 年代台湾地区对亚洲直接投资呈现出两个特点：第一，某一年度的投资高度集中于某一国家（地区），且投资重点不断发生变化。1980 年，台湾地区的投资重点是新加坡，1982 年是印度尼西亚，1986 年是泰国，1988 年是菲律宾，1989 年和 1990 年投资重点又转向马来西亚。第二，从整个 80 年代情况看，台湾地区对亚洲投资重点日益向亚洲新"四小"集中。1980—1990 年，在台湾地区对亚洲的直接投资中，马来西亚跃居首位，占 1/3 强；泰国和菲律宾分别占 22.1%，并列第二位；印度尼西亚居第三，占 8.1%。四国合计比重占台湾地区对亚洲投资的 86.7%。

80 年代台湾地区对亚洲直接投资高度集中于东南亚地区，尤其是集中在亚洲新"四小"，这除了台湾地区本身具有资本输出的迫切需要外，更重要的是这些国家和地区 80 年代中期以来推行出口主导型工业化政策，拥有相对优良的投资环境，对台资具有较强的吸引力。具体说来，主要有：（1）政局相对稳定，投资安全系数较高，同时，它们具有比较发达的水陆交通、通信设施以及优越的地理位置。（2）自然资源丰富，矿产资源有石油、铁矿砂、木材、锡等；加之劳动力资源丰富，工人素质较高，且工资相对低廉。1988 年，马来西亚、泰国、印度尼西亚、菲律宾分别拥有劳动力 560 万、2790 万、6380 万和 2090 万，他们的月工资分别相当于台湾地区的 45.7%、28.2%、9.6% 和 23.4%。⑪（3）建立和健全了外资管理机构和管理体制。如泰国对外商投资统一由"投资促进委员会"独立实行管理，马来西亚由"联邦工业发展局"专门负责外资项目的审批，印度尼西亚由"国家投资委员会"负责审批，菲律宾的外资管理归"国家投资管理局"负责。（4）改革金融体制，放松外汇管制，开办外汇市场，为外资企业创造一个理想的金融环境。（5）外资政策优惠，东盟四国制定了一系列的投资优惠政策，以增强对外资的吸引力，如泰国实行免征 5~8 年法人税、优先对外资企业融资、实行出口保证等。

三

在台湾地区早期的海外直接投资中，劳动密集型的制造业一直居主导地位，所占比重极高。在截至 1982 年的台湾地区海外直接投资累计额中，制造业投资 1.04 亿美元，所占比重高达 83.5%。⑫80 年代中期以来，台湾地区海外直接投资的部门结构发生了巨大变化，并呈现出如下三个方面的特点：

（1）制造业仍是当前台湾地区海外直接投资的主体部门，但所占比重已逐渐下降，且制造业内部行业的变化显著（见表3）。

表3　　　　　　　　　　1985—1990 年台湾地区对外直接投资部门结构　　　　（单位：万美元/（）为%）

年度	1985	1986	1987	1988	1989	1990	1985—1990
总额	4133 (100.0)	5691 (100.0)	10275 (100.0)	21874 (100.0)	93099 (100.0)	155221 (100.0)	290293 (100.0)
制造业	3445 (83.4)	3327 (58.5)	6875 (66.9)	7641 (34.9)	58340 (62.7)	81515 (52.5)	161143 (55.5)
食品	225 (5.4)	— —	500 (4.9)	191 (0.9)	5 (0)	16365 (10.5)	17287 (6.0)
纸浆	261 (6.3)	462 (8.1)	298 (2.9)	— —	462 (0.5)	1652 (1.1)	3135 (1.1)
塑料	70 (1.7)	285 (5.0)	808 (7.9)	557 (2.5)	4065 (4.4)	1129 (0.7)	6913 (2.4)
化学	425 (10.3)	48 (0.8)	911 (8.9)	2842 (13.0)	41494 (44.6)	7793 (5.0)	53513 (18.4)
非金属	152 (3.7)	— —	399 (3.9)	102 (0.5)	130 (0.1)	12184 (7.8)	12967 (4.5)
电子电机	2312 (55.9)	2532 (44.5)	3958 (38.5)	3949 (18.1)	12185 (13.1)	42392 (27.3)	67328 (23.2)
第三产业	400 (9.7)	1841 (32.3)	1328 (12.9)	13156 (60.1)	23747 (25.5)	60353 (38.9)	100825 (34.7)
贸易	—	30 (0.5)	430 (4.2)	1593 (7.3)	1067 (1.1)	6181 (4.0)	9301 (3.2)
金融保险	—	1527 (26.8)	— —	400 (1.8)	17237 (18.5)	49848 (32.3)	69012 (23.8)

年度	1985	1986	1987	1988	1989	1990	1985—1990
服务	400 (9.7)	285 (5.0)	898 (8.7)	11163 (51.0)	5443 (5.8)	4324 (2.8)	22513 (7.8)

资料来源：台湾地区"经济部"投资审议会，转引自（日本）《贸易与关税》1991年第9期第26页表3。

由表3可见，台湾地区1985年海外直接投资的83.4%投向了制造业，到1990年，该比重降至52.5%。在1985—1990年的台湾地区海外直接投资中，制造业所占比重为55.5%，比1982年的累计额所占比重下降了28个百分点。在制造业内部，各行业所占比重变化显著。在截至1982年的制造业投资中，化工行业居首位，占36.6%；电子电机居第二位，占12.6%。其他依次为：纺织服装占11.2%，非金属及矿物制造占10.1%，木纸制品占9.5%，橡胶、塑料占8.9%，食品饮料占7.3%，金属及机械仪器占3.9%。[13]而在1985—1990年间，电子电机跃居首位，占41.8%；化学屈居第二，占33.2%；食品饮料行业升至第三位，占10.7%。其他依次为：非金属占8.0%，塑料制品占4.3%，纸张工业占1.9%。[14]

（2）第三产业的海外直接投资增长迅速，所占比重急剧上升，但增长趋势不够稳定，且内部的增长也不平衡。

80年代以前，台湾地区对海外第三产业的直接投资很少，所占比重也不高。80年代后期以来，台湾地区对海外第三产业的直接投资急剧增加，所占比重迅速提高。截至1982年，台湾地区对海外第三产业投资仅有1246万美元，所占比重仅为10%；而在1985—1990年间，投资额为10.08亿美元，所占比重提高到34.7%。在第三产业的投资中，各行业增长极不平衡，金融保险行业异军突起，发展迅猛，所占比重节节上升；服务业增长也相当迅速，但趋势极不稳定；贸易业投资增长缓慢，所占比重急剧下降。

（3）台湾地区海外直接投资的产业部门结构因投资国别不同产生巨大差异。

1988—1990年，台湾地区海外直接投资增加额27.02亿美元，占1990年底台湾地区海外直接投资累计额的87.8%。在此期间，台湾地区对美国投资10.61亿美元，其中，化学行业占32.1%，电子电机行业占16.3%，金融保险占14.9%，服务业占13.1%，四大行业合计占台湾地区对美投资的76.4%。[15]这表明台湾地区对美投资的主要行业是资本技术密集型行业。

而在对东南亚五国的直接投资中，主要行业为劳动密集型和劳动、资本密集型制造业部门，但各国具体情况有所不同。三年中，台湾地区对马来西亚投资3.46亿美元，其中电子电机行业占47.0%，化学行业占22.2%；对泰国投资2.13亿美元，其中电子电机行业占67.0%；对新加坡投资5926万美元，其中电子电机行业占73.4%；对菲律宾投资2.26亿美元，其中化学行业占44.5%；对印度尼西亚投资6411万美元，其中纺织行业占51.0%。[16]

四

随着80年代中国内地的改革与开放，台商对内地的直接投资不断增加。近几年来，台商对内地的投资呈现出一些新的特点和趋势。

（1）投资增长速度不断加快，台资在内地三资企业中所占比重逐渐提高。自1988年以来，台商在内地投资项目已近3000家，协议金额24亿多美元。以单一地区计，台商在内地的投资金额仅次于在美国的投资金额，在投资项目的数量方面则已超过居台湾地区对外投资首位的美国。据内地经贸部门统计，1991年1—6月，台商对内地投资新增675家，占同期内地新批三资企业的13.4%，协议金额4.3亿美元，占三资企业外商投资额的9.3%。与1990年同期相比，投资项目和投资金额分别增长61.2%和10.1%。

（2）投资产业层次逐步提高，投资领域不断拓宽。1987年以前，台商在内地投资多集中于电子、玩具、纺织、制伞、服装、鞋帽、塑料、皮革等行业，以来料加工、合作生产的劳动密集型产品为主。1988年以来，台商对内地投资的企业品级逐步提高，产品日益多样化，创汇能力不断增强。如厦门、福州出现的台商连片开发电子、信息、新材料、生物工程、机械等高技术产业区。与此同时，台商对内地的投资领域不断拓宽，逐步由轻纺工业扩大到汽车制造、光学仪器、家用电器、中文电脑、精密数控机床、微电子等软硬件技术密集项目，并对房地产、金融、旅游、农业和基础设施等领域表现了浓厚的兴趣和出现了猛烈的投资势头。

（3）投资地区以福建、广东为中心，并逐步由沿海向内地扩展。据经贸部统计，福建和广东两省一直是台商在内地直接投资的重点地区，所占比重高达 90% 以上，其中又以福建省为主，约占内地全部台资的 77%，而在福建的台资又主要集中在厦门。自 1989 年以后，台商对内地的直接投资由沿海向内地扩展。目前"天府之国"的四川和"九省通衢"的湖北等成为台商在内地的投资热点，到 1991 年，台商在四川、湖北投资企业分别达 55 家和 50 家。

（4）投资企业规模以中小型企业为主，并逐渐有大型化的趋势。1988 年以前，台商对内地投资的企业单项投资多在 100 万美元以下，低于内地三资企业项目平均投资额 150 万美元。1989 年以来，投资规模明显扩大，单项投资从数百万美元向数千万美元甚至过亿美元项目发展。如 1990 年台湾地区一企业集团与广州港务局合作开发洲头咀码头，投资额高达 1 亿多美元，台湾地区钢铁业甚至计划耗资 3 亿多美元将 40 多座电解炉迁往宁波北仑港，台湾地区东蒂士企业与南朝鲜大宇商社共同集资 10 亿多美元准备在武汉与内地合资建立汽车制造厂等。

（5）投资期限逐步延长，投资项目由短、平、快向综合性、长期化发展。台商在内地投资初期，投资企业资金回收期短，一般是当年签约、当年投产、当年收益，且多采取出口加工型方式，产品平均外销率在 80% 以上，长期性投资项目很少。近几年来，随着台湾地区对内地投资领域的拓宽，投资产业部门的变化，投资项目的期限不断延长。如湖北咸宁铝业开发有限公司，就是台商与咸宁地区铝厂合资兴办的，合资期限为 30 年。目前，台商在广东的珠海、海南的海口、福建的海沧、上海浦东等地，有步骤地购置大面积土地，进行能源、交通设施、工业区的综合开发，投资期限一般在 20~50 年，有的项目长达 70 年。这种投资项目综合化、投资期限长期化表明台商对内地投资信心的增强。

近几年台商在内地投资的迅速增长，究其原因，除了前面所述的台湾地区本身存在资本输出的迫切需要以外，内地实行的改革开放政策，投资环境的不断改善，劳工素质较高且成本较低，自然资源丰富等都是吸引台资赴内地投资设厂的重要因素。此外，内地和台湾地区同文同种易沟通，也为台商赴内地投资提供了方便条件。尽管近几年来台商对内地投资增长较快，但与我国香港地区对内地的投资相比，总体规模并不大，所占比重也不高，为了使 90 年代台商对内地的直接投资有一个大发展，我们认为，应结合台商对外投资的动机，针对当前内地吸引台资中存在的一些主要问题，今后应重点做好以下五个方面的工作。

（1）提高认识，明确目标。我们的各级领导干部和对外经贸工作者应把促进祖国统一、加速经济发展作为引进台资工作的最终目标，进一步提高对引进台资工作的重要性的认识，一定要始终坚持"积极引导、区别对待、趋利避害，为我所用"的方针。从 80 年代台商对内地投资的积极效果看，它有利于加强海峡两岸的经贸关系，有利于增加内地的资本积累、扩大就业，有利于提高内地企业特别是乡镇企业的技术水平，有利于培养涉外经济管理人才、增加税收、繁荣市场、扩大出口等。

（2）健全机构，提高效率。从亚洲新"四小"引进台资的经验看，要想使台资在内地有一个大的发展，最重要的措施之一就是要建立一个统一的管理台资的权威性机构，以统一政策，加强协调，强化管理，提高效率，增强对台资企业的管理功能和服务功能。

（3）完善鼓励政策，引导台资的产业投向。中央应采取得力措施，保持对台资政策的稳定性和连续性，要将现行的鼓励与优惠政策法律化，尽快制定《国务院关于鼓励台湾同胞投资规定》的实施细则。同时，要紧密联系我们 90 年代产业结构调整规划，将台资引进与内地产业结构调整、升级结合起来，大胆探索产业倾斜政策。建议今后必须依据行业、地区交叉倾斜的原则对原有的一些优惠措施作相应的调整，明确给予台资在内地优先发展的"瓶颈"产业项目以最高优惠，对台商投资于优先发展地区的主要产业部门给予较高优惠。如为鼓励台商对铁路、公路、港口、电力、通信等基础工业和基础设施项目的投资，应考虑制定关于鼓励台胞投资基础设施和基础工业的管理条例，使台资在内地经济发展中发挥应有的积极作用。

（4）努力改善投资环境，办好现有台资企业。我们要统一思想，集中力量，搞好改革与开放，进一步完善投资环境。如简化外汇结算手续，健全外汇市场，疏通信贷渠道，完善物资供应体系，加强基础设施建设等，为台商排忧解难，增强对台商投资的吸引力。同时，应高度重视和积极支持已投产的台资企业，努力办好这些企业，将它们作为吸引台资的"窗口"。建议将内地现有台资企业进行分类，根据不同情况，采取不同措施，巩固和提高这些企业的经济效益，这是改善投资环境、增强吸引力的最实际的"现身说法"。

（5）加强调研，交流信息。应切实加强对台湾地区经济、台湾地区海外直接投资发展的主要特点和趋势，东南亚国家吸引台资的现状、政策、措施的调研，以资借鉴。同时，还要加强内地各省市之间对吸收台资的内部信息的交流、咨询及研究工作，以便为有关部门决策提供依据和参考。

◎ 注释

① 《世经译丛》，1991 年第 3 期，第 70 页。
② 台湾：《天下》杂志，1988 年，第 5 期。
③⑦⑧⑩⑭⑮⑯ ［日］《贸易与关税》杂志，1991 年第 9 期，第 25、26、26、26、26、27、27 页。
④⑪ ［日］《经济》杂志，1989 年第 5 期，第 63 页。
⑤⑨ ［美］《商业周刊》，1990 年 9 月 17 日，第 124、125 页。
⑥ 台湾：《联合报》，1988 年 6 月 23 日。
⑫⑬ 台湾：《环球经济》，1984 年第 10 期，第 49 页。

本文原载于《武汉大学学报（社会科学版）》1992 年第 3 期

论日本海外直接投资的区位战略及其
对日本经济的影响

陈继勇

20 世纪 80 年代后期以来，随着国际经济环境的深刻变化和日本经济实力的显著增强，日本的海外直接投资以前所未有的规模迅速扩展，截至 1992 年 3 月底，日本海外直接投资累计额高达 3524 亿美元。与此同时，日本海外直接投资的地区流向发生了巨大变化，现已形成了以北美为重点，欧共体、拉美和东南亚齐头并进的投资格局。分析探讨这一格局及其对日本经济的影响，对于我们进一步研究 90 年代日本海外直接投资的区位战略及其演变趋势，积极参与东亚地区的经济合作，具有重要意义。

一、北美是日本海外直接投资的重点地区，所占比重迅速提高

在 20 世纪 50—70 年代，日本海外直接投资的地区分布与其他发达资本主义国家海外直接投资的地区分布具有明显不同的特点。如美国海外直接投资的地区配置，自 60 年代以来主要是在其他发达国家，所占比重一般在 2/3 与 3/4 之间，日本海外直接投资的地区重点则是在发展中国家，截至 1980 年，在日本海外直接投资累计额中，发达资本主义国家占 46%，发展中国家和地区占 54%。进入 80 年代后，随着日本、美国、西欧之间贸易摩擦的愈益激化，生产资本国际化的加速发展，日本海外直接投资的地区配置发生更大变化，投资重点由发展中国家转向发达资本主义国家，截至 1991 年底，在日本海外直接投资累计额中，发达资本主义国家占 65% 以上，发展中国家和地区所占比重不足 35%。

在日本对发达资本主义国家直接投资中，北美地区占有举足轻重的地位。1980 年，日本对北美直接投资累计额 97.9 亿美元，占日本海外直接投资的 26.82%，基本上与日本对亚洲地区的直接投资额持平。1981—1986 年间，日本对北美直接投资额 276.2 亿美元，占同期日本对外直接投资总额的 39.8%。自 1987 年后，日本对北美直接投资规模急剧扩大，仅 1987—1991 年五年间，日本对北美直接投资增加额 1165 亿美元，占同期日本海外直接投资额的 47.3%（见表 1）。

表 1	日本对北美地区直接投资一览表			（单位：亿美元）
年代	增加额	所占比重	累计额	所占比重
1951—1986	—	—	374.1	35.0%
1987	153.6	46.0%	527.7	37.9%
1988	223.3	47.5%	751.0	40.3%
1989	339.0	50.2%	1090.0	42.9%
1990	272.0	47.8%	1362.0	43.8%
1911	188.0	45.2%	1550.0	44.0%

资料来源：（日本）《海外市场白皮书·投资篇》各年版、《海外投资研究年报》1989 年 5 月、日本大藏省统计资料。

从表 1 可见，自 1987 年以来，日本海外直接投资的 45% 以上流向了北美地区，导致这一地区流向变化的主要因素有：

第一，为了迎接北美区域经济集团化的严峻挑战。80 年代后期以来，美国加拿大加快了组建北美自由贸易区的步伐，并于 1988 年初达成协议。根据规定，在协定生效的 10 年内，美加将全部取消商品贸易的关税，相互贸易中的非关税壁垒也将逐步拆除，同时逐步取消有关银行股权比例和分支机构数目的限制，到 1998 年 1 月完全取消投资限额。美加自由贸易区的组建使日本在北美面临着贸易和投资两方面的挑战。为了在美加自由贸易区建成之前打入北美市场，站稳脚跟，以利长期经济竞争，日本自 1987 年起迅速扩大了对北美的直接投资规模，并利用日元升值、日元在国际上购买力提高这一优势，通过兼并、购买方式，大举挺进北美投资市场。据统计，1990 年日本在美国收买 12 家公司，金额达 139 亿美元，首次超过英国，成为美国公司的最大买主。

第二，为了取得美加公司的行销渠道，继续巩固和开辟其他市场。80 年代后期以来，日本对美国贸易顺差额分别为 550 亿、563 亿、526 亿、498 亿和 411 亿美元。日美贸易收支的严重失衡，导致日美贸易摩擦不断激化。为了缓和日美贸易摩擦，防止日美关系恶化，巩固在北美市场上已取得的地位并进一步开拓在美加控制下的其他市场，日本企业纷纷进军北美市场。截至 1989 年底，日本在北美建立法人企业 3284 个，占日本海外法人企业数的 28.6%。一方面它们大量投资于北美的制造业，建立生产基地，就地生产，就地销售，另一方面大量投资于北美的贸易、银行、金融和房地产业，以便在北美建立四通八达的销售网和服务网，以推动日本出口贸易的扩展。据统计，1990 年，在日本对美国直接投资累计额中，制造业占 18.2%，贸易业占 33.9%，银行、金融业占 19.3%，不动产业占 19.0%。

第三，为了获取美国的先进技术和取得对美国研究成果的使用权。近几年来，随着日美在高科技领域竞争的日益加剧，日本企业在对北美进行大量生产性直接投资的同时，还大量投资于新产品和新技术的研究与开发。据统计，目前日本在美国的投资者通过收购美国的高技术公司，购买专利早已超过 3200 项。此外，日本投资者还纷纷拨巨款在当地兴建自己的实验室及研究中心，从事专门的研究开发，以利与美国进行科技竞争。

第四，日本政府对海外直接投资的支持与鼓励。80 年代中期以来，日本在日元大幅升值、日美贸易摩擦愈演愈烈、外汇储备居高不下的情况下，适应经济国际化尤其是产业资本国际化迅速推进的大趋势，加快了国内产业结构的调整和升级，积极参与国际分工和国际经济合作，以便在高层次上建立全球性生产经营体系。为此，日本政府对海外直接投资采取了一系列鼓励、资助和扶持措施。其中主要有：（1）改革金融体制，放松外汇管制，实行存贷款利率自由化，建立东京离岸金融市场，推进金融自由化和国际化。（2）日本银行根据日本跨国公司海外直接投资的需要，在世界各地建立全球性的经营网络，为日本跨国公司开辟项目融资、租赁、咨询、发行债券等，支持日本企业进行海外投资，增强其竞争能力。（3）日本政府对海外投资给予税收优惠并建立完备的海外投资保证制度，日本进出口银行对私人海外投资提供优惠利率贷款，日本驻外机构对日本海外投资企业给予密切关注并采取种种防止政治风险的有效措施。

此外，北美市场广阔，涉外经济法制较为完备，加之美国加拿大两国政府对日本投资持欢迎态度并实施鼓励政策，从而为日本跨国公司的海外直接投资创造了较好的区位优势。

二、欧洲在日本海外直接投资中的地位急剧上升，目前已仅次于北美稳居第二位

日本对西欧的直接投资始于 1960 年，70 年代后逐步加快步伐。1980 年，日本对欧洲直接投资累计额 44.7 亿美元，占日本海外直接投资的比重为 12.0%，大大低于同期北美、亚洲、拉美在日本海外直接投资中的比重，居第四位。进入 80 年代以来，日本对欧洲的直接投资迅速扩大，在 1981—1986 年间，日本对欧洲直接投资增加额 100 亿美元，占同期日本海外直接投资的 14.4%。1987 年后，日本对欧洲的直接

投资急剧扩大，1987—1991 年五年间，投资增加额高达 542 亿美元，是 1951—1986 年累计额的 3.75 倍（见表 2）。

表 2 日本对欧洲直接投资一览表 （单位：亿美元）

年代	增加额	所占比重	累计额	所占比重
1951 — 1986	—	—	144.7	14.0%
1987	65.8	19.7%	210.5	15.1%
1988	91.2	19.4%	301.7	16.2%
1989	148.1	21.9%	449.8	17.7%
1990	142.9	25.1%	592.7	19.1%
1991	94.0	22.6%	686.7	19.5%

资料来源：（日本）《海外市场白皮书·投资篇》各年版、《海外投资研究年报》1989 年 5 月、日本大藏省统计资料。

由表 2 可见，截至 1991 年底，欧洲在日本海外直接投资累计额中的比重比 1986 年高出 5.5 个百分点，而 1990 年日本对欧洲直接投资的增加额占了日本当年海外直接投资增加额的 1/4。促进 80 年代后期日本海外直接投资大量涌入欧洲的主要因素有：

第一，为了绕过欧共体的贸易壁垒，继续扩展欧洲市场。80 年代中期以来，日本挟其在半导体、集成电路以及新材料等高技术产业领域中的优势，向欧共体大量出口汽车、家用电器以及办公用设备，使欧共体各国难以阻挡，特别是磁带、录音机和录像机在欧共体市场上的占有率高达 90%，大量日本产品涌入欧共体，导致了日欧贸易的严重失衡。1986—1990 年，日本对欧共体的贸易顺差依次为 167 亿、200 亿、228 亿、198 亿和 185 亿美元。贸易收支的严重失衡迫使西欧国家不得不采取一系列的贸易保护主义措施，以阻止日本产品的大量涌入。如对日本向欧共体出口的电子打字机借口在欧共体市场廉价倾销，征收反倾销税；对 100 多种日本商品输入欧共体实行数量限制办法等。在日美贸易摩擦日益加剧，西欧纷纷高筑贸易壁垒的情势下，日本企业开始大规模到欧洲投资建厂，以建立巩固的生产和销售基地，开拓欧洲市场。据资料，仅日本松下公司已在欧洲建立了 12 家公司，1989 年，松下公司在欧共体市场销售了 45 亿美元的产品，其中 40% 是在当地生产的。

第二，为了应付欧洲区域经济集团化加速发展的挑战。欧共体于 1992 年底将实现内部统一大市场。这自然引起与欧洲有 1000 多亿美元贸易的日本的极大关注。为了应付欧洲区域经济集团的挑战，日本企业自 80 年代后期起迅速加快了对欧洲直接投资的步伐，以实现生产、劳务欧共体化，获取统一大市场的优惠待遇。据统计，1981—1985 年，日本企业对欧洲的投资件数为 1399 件，而在 1986—1989 年间急剧增至 2549 件。

第三，为了充分利用西欧现有的科研成果和科研条件，增强日本的科技开发能力。长期以来，日本的基础研究落后于应用研究，同时为了紧追新技术革命，日本加快对欧洲的直接投资。80 年代以来，日本主要通过与欧洲企业合作研究与开发，一方面廉价地利用欧洲基础研究条件；另一方面优先使用相关领域的最新研究开发成果。近几年来，日本已在西欧建立了 20 多个高科技开发中心。

第四，为了充分利用西欧发达的金融市场，增强日本的国际融资能力。70 年代以来，西欧金融市场十分发达，金融实力极为强大。日本通过对西欧的大量投资，一方面在西欧广设银行、金融分支机构，发展金融体系，建立金融服务网络，为在西欧国家经营的日本跨国企业提供融资方便，支持它们在西欧进行大规模经济扩张；另一方面通过在西欧设立分支机构，及时搜集和掌握西欧金融市场的行情变化，以指导日本东京金融市场，提高日本在世界和亚太金融市场的地位和作用。据统计，截至 1988 年底，日本对西欧金融保险业的直接投资高达 148.5 亿美元，占日本对欧洲直接投资额的 49.2%。

此外，西欧和日本同属发达资本主义国家，既是资本输出国，又是资本输入国，涉外经济法规比较完备，且在产业政策上采取了一些灵活措施，因而跨国资本转移极为便利，所有这些都是吸引日本跨国公司 80 年代后期大规模向欧洲投资的重要因素。

三、拉美在日本海外直接投资中的地位先升后降，但投资规模不断 扩大，目前在日本海外直接投资中仍占有相当重要的地位

日本对拉美的直接投资起步于 50 年代，60 年代有了一定的发展，1970 年，投资累计额 5.5 亿美元。70 年代后，日本对拉美的直接投资不断加快，1980 年，日本对拉美直接投资累计额 61.68 亿美元，所占比重为 16.9%，次于北美和亚洲，居第三位。80 年代上半期，日本对拉美的直接投资持续增长，1981—1986 年间，投资增加额 142 亿美元，占同期日本海外直接投资增加额的 21.5%。自 1987 年后，尽管日本对拉美直接投资规模在不断扩大，但在日本海外直接投资中的比重却在下降。截至 1991 年底，日本对拉美直接投资额 453 亿美元，所占比重降至 12.8%，与 1986 年相比，下降了 6.2 个百分点（见表 3）。

表 3   **日本对拉美直接投资一览表**   （单位：亿美元）

年代	增加额	所占比重	累计额	所占比重
1951 — 1986	—	—	203.7	19.0%
1987	48.2	14.4%	251.9	18.1%
1988	64.3	13.7%	316.2	17.0%
1989	52.4	7.8%	368.6	14.5%
1990	51.1	9.0%	419.7	13.5%
1991	33.0	7.9%	452.7	12.8%

资料来源：（日本）《海外市场白皮书·投资篇》各年版、《海外投资研究年报》1989 年 5 月、日本大藏省统计资料。

80 年代后期日本不断扩大对拉美直接投资规模，有着深刻的内外原因。

第一，日本与拉美在经济上具有较强的互补性。80 年代后期以来，日本一跃而成为世界上最大的贸易收支顺差国和最大的外汇储备国。日本资金充裕，技术雄厚，这为日本跨国公司大规模海外直接投资提供了物质前提条件。同时，拉丁美洲在发展中国家中工业化程度较高，经济较为发达，该地区自然资源丰富，市场广阔，政局较为稳定，劳动力丰裕且劳动成本低廉，正是日本向海外进行资源开发型和劳动密集型产业投资的理想场所。

第二，80 年代中期以来，拉美国家先后进行了一系列的政治经济改革，对引进外资采取了开放和优惠政策，增强了对外资的吸引力。如墨西哥 1984 年和 1989 年两次修改外国投资法的有关条文，放宽对外国直接投资的限制，取消了关于外资企业中的股份不得超过 49% 的规定等。

第三，美加自由贸易协定的签订和实施以及美加墨正在谈判签署的三国自由贸易协定，使日本对拉美产生了新的兴趣。在北美区域经济集团化加速发展的情势下，日本很希望能成为协定的特殊伙伴。日本一再声称，如果墨西哥能成为其向美加市场出口的"一扇窗户"，那么日本公司在墨的投资将是"有意义"的。1985 年以来，日本十分注意和加速在美墨边境经济特区投资，发展以美国为市场的客户工业。据统计，日本在那里的各种装配厂已从 1985 年的 5 家增至 1990 年的近 60 家，墨西哥已成为日本在拉美投资的一个热点。

四、日本对亚洲的直接投资速度放慢，所占比重 不断下降且投资重点高度集中于东南亚地区

80 年代以前，亚洲在日本海外直接投资中占有举足轻重的地位。1980 年，日本对亚洲的直接投资累

计额占其海外直接投资的 26.94%，居第一位。80 年代以来，日本海外直接投资地区流向受各种因素的影响和制约，日益向美欧发达国家倾斜，因而对亚洲的直接投资增长速度放慢，1986 年，亚洲在日本海外直接投资累计额中的比重降至 20.56%，与 1980 年相比，所占比重下降了 6.38 个百分比。自 1987 年后，尽管日本对亚洲的直接投资额不断增加，但所占比重却持续下降。1987 年、1988 年、1989 年、1990 年和 1991 年日本对亚洲直接投资增加额分别为 48.7 亿、55.7 亿、82.4 亿、70.5 亿和 59 亿美元，在日本海外直接投资增加额中的比重依次为 14.6%、11.8%、12.2%、12.4% 和 14.2%。到 1991 年底，日本对亚洲直接投资累计额 524.2 亿美元，亚洲在日本海外直接投资累计额中的比重进一步降至 15.2%，次于北美和欧洲，居第三位。

尤其值得指出的是，在日本对亚洲的直接投资中，长期以来高度集中于东南亚地区，但投资的国别（地区）重点 80 年代后期发生了较大变化（见表 4）。

表 4　　　　　　　　　　　　　日本对东南亚地区直接投资一览表　　　　　　　　　　　（单位：亿美元）

年代	印度尼西亚	中国香港地区	新加坡	马来西亚	菲律宾	泰国	小计
1951—1986	86.7	34.3	25.7	12.9	9.1	8.8	177.5
1987	5.5	10.7	4.9	1.6	0.7	2.5	25.9
1988	5.9	16.6	7.5	3.9	1.3	8.6	43.8
1989	6.3	19.0	19.0	6.7	2.0	12.8	65.8
1990	11.0	17.9	8.4	7.3	2.6	11.5	58.7
1951—1990	115.4	98.5	65.5	32.4	15.7	44.2	371.7

资料来源：（日本）《海外市场白皮书·投资篇》各年版、《海外投资研究年报》1989 年 5 月、日本大藏省统计资料。

由上表可见，日本对东南亚的直接投资占同期日本对亚洲直接投资的 81.5%，1987—1990 年，日本对东南亚直接投资 194.2 亿美元，占同期日本对亚洲直接投资的 75.5%。截至 1991 年 9 月底，在日本对亚洲直接投资累计额（503.7 亿美元）中东南亚地区就占了 77.4%。

在日本对东南亚直接投资中，印尼居首位，其余依次为中国香港地区、新加坡、泰国和马来西亚。

长期以来，东南亚地区始终成为日本在亚洲直接投资的重点，主要原因在于：

（1）从日本方面看，日本跨国公司大量投资于东南亚，主要出于四个目的：第一，确保资源和能源供应；第二，巩固东南亚市场和开辟其他市场的需要；第三，降低生产成本，提高产品的国际竞争力；第四，通过不断增加对东南亚地区的直接投资，密切与该地区的经济合作关系，试图将其纳入日本的势力范围，建构所谓"东亚经济圈"，与北美自由贸易区和欧洲经济区相抗衡。

（2）从东南亚地区讲，主要是由于它们推行出口主导型工业化战略，努力改善投资的软硬环境，不断增强日本跨国公司海外直接投资的区位优势。具体说来主要有：第一，东南亚地区经济活力不断增强。据统计，1986—1991 年，东盟国家经济增长率依次为 3.8%、6.3%、8.7%、8.8%、7.8% 和 6.8%，大大高于其他地区的经济增长率，这种强劲的增长势头，对日资具有较强的吸引力。第二，东南亚地区拥有比较完善的基础设施。据世界银行统计，在过去的 5 年中，东盟国家在电信、交通、能源和供水系统的投资共达 1000 多亿美元，使其基础设施得以显著改善。第三，东南亚地区拥有丰富的廉价的劳动力资源。据统计，1988 年马来西亚、泰国、印度尼西亚、菲律宾分别拥有劳动力 560 万、2790 万、6380 万和 2090 万，且工资与日本相比十分低廉。第四，东南亚地区的金融环境相当宽松。为了吸引外资，东盟国家纷纷为外资企业创造一个宽松的金融环境。第五，外资政策优惠。东盟国家制定了一系列外商投资优惠政策，以吸引外资和引导外资的投资流向。如泰国实行免征 5 至 8 年法人税，优先对外资企业实行融资，实行出口保证等。在这些政策的吸引下，日本赴东南亚地区投资设厂的企业急剧增加。截至 1989 年底，日本在东亚设立 3941 个法人企业，占同期日本海外法人企业总数的 34.3%。

五、日本海外直接投资区位战略的演变对日本经济发展的积极影响

如前所述，80 年代以来，随着世界范围内区域经济集团化步伐的不断加快，日本海外直接投资的地区配置发生巨大变化，并日益向美欧发达国家倾斜，目前已呈现出一种"鲸鱼型"的投资格局。即鲸鱼头伸向北美，鲸鱼体游动于欧洲和拉美，鲸鱼尾摆在东亚尤其是东南亚地区。80 年代以来，这种区位战略的推进对日本经济的发展产生了一系列的积极影响。

（1）日本将海外直接投资的重点放在北美和西欧，这有利于日本绕过两大区域集团的贸易设限，占有世界上规模最大、层次最高、竞争最为激烈的商品市场、资本市场和金融市场，以确保日本在与美、欧进行水平型国际分工中，能充分发挥自己的独特优势，获得最大的经济效益。

（2）日本海外直接投资地区配置以美欧发达国家为主，发展中国家为辅，这种投资格局有利于日本占有世界上高度发达的、经济一体化水平最高的美欧生产加工基地，为日本跨国公司积极参与国际经营，与美欧企业组成高层次的国际分工体系，扩展和提高其跨国经营能力提供有利条件；同时也有利于日本更快捷、更方便地获取美欧先进的科学技术成果，借以促进日本科学技术的革新和高科技产业的超前发展，以便日本在激烈的国际竞争中掌握其主动权。

（3）日本对发展中国家的直接投资以拉美和东亚为主，这种格局有利于日本占有世界上自然资源和劳动力资源较为丰富的资源供应基地，推进日本在这些地区的资源开发型投资和劳动密集型投资，以确保日本的资源供应；同时，这种格局有利于日本迅速调整国内的产业结构，促进日本国内产业结构的高级化，同时又密切与东南亚国家和地区的经济合作关系，从而为日本组建"东亚经济圈"创造有利条件。

从今后一段时期看，日本海外直接投资的地区配置仍将会在保持目前格局基本不变的前提下做一些必要的调整。其趋势是：在适当放慢对美洲直接投资增长速度的同时，急剧扩大对欧洲的直接投资规模，并适当增加对东亚地区的直接投资，以逐步调整和改变目前这种头重、体胖、脚轻的投资格局。

本文原载于《亚太经济》1992 年第 4 期

中国台湾地区海外直接投资地区流向的巨大变化与我们引进台资的思考

陈继勇

20 世纪 80 年代以来，随着我国台湾地区经济实力的不断增强和国际经济环境的深刻变化，台湾的海外直接投资获得了空前的大发展，投资的地区流向发生了巨大变化，目前已基本形成了以美国、东盟国家和中国大陆为中心的三个投资热点区。研究这一变化及其发展趋势，对于我们进一步做好台资引进工作，加强海峡两岸的经贸合作关系，促进祖国的尽早统一，具有重要意义。

一、美国成为台湾地区海外直接投资最大的东道国

台湾地区早期的对外直接投资主要集中于拥有丰富资源和廉价劳动力的东南亚地区。据统计，在 1959—1968 年间，台湾海外直接投资金额达 747 万美元，其中对东南亚地区投资 419 万美元，占 56.1%。从 1969 年起，台湾开始向西方发达国家投资，主要是向美国投资。截至 1979 年底，台湾对美投资累计额 884 万美元，占台湾海外直接投资的 14.9%。[①]进入 80 年代以来，随着经济实力的增强，台湾急剧扩大了对美国的直接投资，仅 1980 年，其投资额就超过前 11 年投资累计额的将近 3 倍。1981—1983 年台湾对美投资虽一度呈现停滞局面，但自 1984 年起又迅速恢复并快速增长。据统计，1980—1990 年，台湾对美投资增加额为 128515 万美元，是 1969 —1979 年间投资额的 145.2 倍。在台湾海外直接投资额中，美国所占比重由 1979 年的 14.9% 骤升至 1990 年的 42.1%。在台湾对发达资本主义国家的直接投资额中，美国所占比重高达 77.3%。

导致 80 年代以来台湾地区对美直接投资的迅猛增长，其主要因素是：

（1）台湾地区内投资意愿低落，资本过剩严重。国民党内部的权力之争愈演愈烈，使台湾地区政局日益动荡，劳资纠纷不断发生，社会治安日益恶化。加之环境污染日益严重，环保纠纷屡屡发生，使台商对社会和投资前景日益担忧，从而导致投资意愿日趋低落。据统计，1980 年，台湾投资率为 34%，而 1985 年、1986 年、1987 年分别降至 17%、15% 和 19%。[②]据台湾《天下》杂志所作调查，台湾 1000 家大制造业和 300 家大服务业中，只有 1/3 愿意继续在台湾投资。[③]在岛内投资环境不断恶化、投资意愿低落的同时，台湾的资金过剩更形严重。80 年代以来，台湾的贸易顺差不断扩大，据台湾官方宣布，贸易顺差由 1980 年的 0.47 亿美元激增至 1987 年的 190.3 亿美元，近几年一般保持在 130 亿美元左右的水平。随着贸易盈余的增加，台湾外汇储备持续增长，由 1980 年的 22.1 亿美元骤升至 1987 年的 760 亿美元，1991 年更高达 820 多亿美元。在资本严重过剩，台湾当局放宽外汇管制的情况下，台湾形成了资本积累多且移动较为自由的局面，从而为台商扩大对美投资创造了有利条件。

（2）为了应付北美区域经济集团化的严峻挑战。80 年代中期以来，美国加快了组建美加自由贸易区的步伐，并于 1988 年达成协议，这使台湾地区在北美面临着贸易和投资方面的严峻挑战。为了在北美站稳脚跟，以利经济竞争，台湾自 1986 年起加快了对美直接投资的步伐。1987 年台湾宏碁电脑公司以 440 万美元收购了美国康点电脑公司。1988 年台湾太平洋电线与电缆公司一举兼并 38 家储贷机构，总价 3750 万美元，将其改名为太平洋西南银行。1989 年台湾大陆工程公司开价 1 亿美元，买下匹兹堡的美国桥梁

公司。同年 12 月，台湾声宝企业公司购买了在美国排列前 10 名的百利市租车公司。1990 年 5 月，台湾总督食品公司以 3.35 亿美元收购了美国第三大饼干制造业公司——韦恩汉姆饼干公司。据统计，仅 1988—1990 年，台湾就对美直接投资 10.61 亿美元，其目的之一就是在美加自由贸易区建成之前，打入北美投资市场，就地生产，就地销售，增强台湾对国际经济环境变动的应变能力。

（3）为了取得美国公司的行销渠道，继续占有美国市场和其他市场。长期以来，美国一直是台湾地区最大的贸易伙伴，占台湾产品出口的 40% 以上。随着 80 年代中期台美贸易收支的严重失衡，台美贸易摩擦日益恶化。美国一方面要求台湾降低关税，开放市场，另一方面对台湾采取了"毕业政策"，宣布取消其普惠制的免税优惠。据估计，仅此一项，就使台湾当年的免税额减少 37%。为了继续占领美国市场，台湾一方面加强对美投资设厂，把对美产品出口转到当地进行生产和销售，以绕过美国的贸易壁垒；另一方面又通过收购与兼并美国公司，在美设立贸易据点和组建广泛的行销网络，进一步巩固美国市场和开拓其他市场。如台湾的阿瑟公司 1990 年 8 月以 9400 万美元的高价买下美国阿尔托斯公司后，美国的阿尔托斯公司的 1500 个经销商将使阿瑟公司产品在美国市场上的年销售额翻一番，超过 2.5 亿美元的水平，从而使阿瑟公司产品在世界的销售额接近 10 亿美元。1990 年底，阿瑟公司还将推出 4 种新型号计算机，用阿尔托斯的商标出售。

（4）为了获取美国的先进技术，推动岛内产业结构的高度化。最典型的事例是台湾地区公司对美国硅谷的大量投资。80 年代以来，台湾的大同、声宝等集团企业先后在美国硅谷投资设厂，研究开发集成电路、生产电脑磁碟机和微膜磁头等先进技术产品，以促进岛内工业技术水平的提高和产业结构的调整升级。据美国商业周刊报道，1989 年 8 月，台湾芯片制造商华龙微电子公司以 530 万美元的价格买下了位于加州圣琼斯的希克技术公司 10% 的股份。根据安排，希克公司将在今后为华龙公司设在台湾和马来西亚的具有世界水平的生产线提供半导体设计。1990 年，阿瑟公司又在硅谷先后买下阿尔托斯和艾琳、韦斯两家高技术企业，其目的也是通过这种投资，从美国获得自己急需的技术和销售诀窍，以及精密元器件和大规模生产的诸多知识等。

（5）台湾当局推行的鼓励政策与措施。80 年代以来，随着经济的日益国际化，台湾当局开始逐步推行经济国际化和自由化政策，积极参与国际分工和国际经济合作，特别是 1984 年美国开始实施为期 12 年的《加勒比海方案》以来，台湾地区不断加强对外直接投资的宏观规划和指导，1985 年，台湾修订了《对外投资及技术合作审核处理办法》，逐步放宽了对外投资的限制，并扩大了对外投资的鼓励范围。1988 年 6 月，台湾当局又大幅度放宽了对外投资的审核，规定凡 100 万美元以下的投资案无须批准即可自由投资，同时取消了过去的财务标准规定，并采取各种鼓励与扶持措施。如提供金融支援和投资保险，争取与外国签订投资保证及双边租税协定等。

二、东南亚地区始终是台湾对发展中国家投资的重点

在 80 年代以前的台湾地区海外直接投资中，亚洲所占比重很高。据统计，1959—1979 年间，台湾对亚洲的直接投资累计额占其对外投资总额的 72.7%，而在亚洲的直接投资中，东南亚是其投资重点。在此期间，台湾对菲律宾投资 986 万美元，占对亚洲投资的 22.9%；对印度尼西亚投资 884 万美元，占 20.5%；对泰国投资 481 万美元，占 11.2%；对新加坡、中国香港地区和马来西亚分别投资 430 万、385 万和 308 万美元，分别占 10.0%、8.9% 和 7.2%，上述六国（地区）占台湾对亚洲直接投资的 80.7%，占台湾对发展中国家和地区直接投资的 72.2%。④进入 80 年代后，台湾对发展中国家（地区）的直接投资仍然高度集中于东南亚地区，并有两个明显特点：第一，80 年代台湾对亚洲发展中国家（地区）的直接投资在某一年度高度集中于某一国家或地区，并且投资地点不断发生变化。如 1980 年，台湾对亚洲直接投资的 88.1% 投向了新加坡，1982 年将其对亚洲投资的 98.1% 投向了印度尼西亚，1986 年对泰国的直接投资占对亚洲投资的 69.1%，1988 年对菲律宾的直接投资占其对亚洲投资的一半以上。1989 年和 1990 年，台湾投资又大量涌向马来西亚。第二，从整个 80 年代台湾对东南亚地区的投资来看，高度集中于新

的"亚洲四小",即马来西亚、泰国、菲律宾、印度尼西亚。据统计,1980—1990年,台湾对亚洲发展中国家或地区直接投资额中,马来西亚居首位,菲律宾和泰国并列第二位,印度尼西亚居第三位。四国合计占台湾对亚洲直接投资的86.7%,占台湾对发展中国家和地区直接投资的65.4%。

80年代台湾地区高度集中投资于亚洲新"四小",有其深刻的内外原因。从台湾方面看,除了上面分析的原因外,还有如下几个因素。(1)台币对美元大幅升值的压力。据统计,在1983—1989年间,新台币对美元的比价由40.065:1上升到26.407:1,上升幅度达34.1%。台湾的一些中小型企业无法承受汇率大幅升值的压力而面临停工转业,不得不通过对外投资寻找出路。(2)劳动成本上升,廉价劳动力短缺。随着60—70年代台湾经济的较快发展,台湾工人的工资不断上升,仅1989年一年的工资水平就上升了15%,从而使台湾失去了80年代以前出口产品以低工资取胜的优势,削弱了产品的出口竞争力。另外,廉价劳动力相当短缺。据统计,台湾目前劳工短缺约50万人,其中被认为主要支柱产业的纺织、电子、家电行业,普遍短缺30%的劳工。为了获取廉价劳动力,台湾将一部分劳动密集型产业转移海外,尤其是转移到东南亚国家,以实现资金、技术、劳动力诸要素的优化组合,提高这些产业的国际竞争力。(3)确保资源和能源的供应。台湾经济是一种典型的出口加工型经济,由于天赋资源严重短缺,能源和原材料主要依靠进口,因此,台湾大量投资于东南亚地区,其重要动机之一就是获取天然资源或半制成品,供岛内生产使用。如台湾的中油公司、台金公司在东南亚矿业的投资,中华纸浆公司在印尼投资的永吉纸厂等,都是为了确保原料的充分供应和寻求廉价的原料。

从东盟四国看,主要是由于它们80年代中期以来推行了出口主导型的工业化战略和政策,努力改善投资的软硬环境,经济增长的活力不断增强,对台资具有较大的吸引力。以泰国为例,80年代以来,泰国的投资环境不断改善,主要表现在:(1)政局相对稳定,很少发生其他发展中国家出现的政权更迭频繁、工潮接连不断等事件,投资安全系数高。同时,泰国具有比较发达的水陆交通、通信设施以及优越的地理位置。(2)自然资源丰富,矿产资源主要有锡、石油及天然气、褐煤和铁矿砂等。劳动力资源充裕,工人素质较高,且工资低廉,人均月工资仅为84—90美元,劳资关系较好。(3)健全和完善的外资管理体制。为了吸引外资,消除投资障碍,提高办事效率,泰国专门成立了"投资促进委员会",作为管理外资的权威性机构。该委员会实现"一条龙"的办事方法,即对合资项目的申请、可行性报告、合同等均由投资促进委员会审查批准,既简化了审批手续,又大大减轻了外商负担,故深受欢迎。(4)开放金融市场,按照国际惯例处理融资和其他金融服务。如不断放松外汇管制,进一步实行外汇自由化政策,设立外汇市场,允许外资企业在外汇市场上采取多种方式筹集资金等。(5)对外资采取一系列的优惠政策,如免征5~8年法人税,优先对外资企业融资,实行出口保证等。

三、中国大陆日益成为台商直接投资的热点

随着80年代中国大陆的改革与开放,台湾地区对大陆的直接投资不断增加,并日益成为台商投资的热点地区。10年来,台商对大陆的投资呈现出一些新的特点和趋势。

(1)投资增长速度不断加快,台资在我国大陆"三资"企业中所占比重逐渐提高。自1981年10月台商首次在广东办厂以来,增长速度不断加快。到1987年,台商在大陆的投资项目有80个,协议金额为1亿美元。1988年以来,投资速度加快,截至1990年9月,大陆共批准台资企业1738个,协议金额18.1亿美元,台资企业占大陆"三资"企业数的4.8%,协议金额占"三资"企业外商投资额的3.2%。进入1991年后,台商对大陆投资又掀起高潮,1—6月,大陆共批准台资企业675个,占同期大陆新批"三资"企业的13.4%,协议金额4.25亿美元,占"三资"企业外商投资额的9.3%。⑤

(2)投资产业层次逐步提高,投资领域不断拓宽。1987年以前,台商对中国大陆直接投资大多投向劳动密集型的轻加工业和服务业,如纺织、服装、鞋帽、化工、玩具、电子、塑料、皮革等。1988年以来,台商对大陆投资在仍以劳动密集型的制造业为主的基础上,投资企业由劳动密集型逐步向资金、技术与劳动密集型相结合转化,企业品级逐步提高,产品日益多样化,技术档次和创汇能力不断增强。如厦

门、福州出现台商连片开发电子、信息、新材料、生物工程、机械等高技术产业就是明证。在投资产业逐渐提高的同时，投资领域不断拓宽，目前台商对大陆投资除一般加工业外，对房地产、金融、旅游、农业和基础设施等领域表现出了浓厚的兴趣和出现了猛烈的投资势头。

（3）投资地区以福建、广东为中心，并逐步由沿海向内地、由南向北扩展。据经贸部统计，福建和广东两省一直是台商在大陆直接投资的重点地区，所占比重高达90%以上。其中又以福建省为主，约占大陆全部台资的77%，而在福建的台资又主要集中在厦门。截至1989年底，厦门台资企业231家，台资实际投入6.21亿美元，1990年1—7月，厦门吸收台资3.064亿美元（协议合同金额），占大陆同期吸收台资的67.8%。自1989年以后，台商对大陆的直接投资开始从沿海向内地、由南向北扩展。目前四川、湖北等省也成为台商在内地投资的热点地区。到1991年，台商在四川、湖北投资企业分别达55家和50家。与此同时，北方的大连、青岛也日益成为台商投资所关注的地方，目前大连已有台资企业65家，青岛40家，总投资3亿美元。

（4）投资企业规模以中小型企业为主，并逐渐有大型化的趋势。1988年以前，台湾地区对大陆投资的企业单项投资多在100万美元以下，低于大陆"三资"企业项目平均投资额（150万美元），也低于台湾在其他国家或地区项目的平均投资额。1989年以来，台湾对大陆投资的企业规模不断扩大，合作、合资的对象也出现了由乡镇企业转向大中型企业的趋势。如1990年，台湾一企业集团与广州港务局合作开发州头咀码头，投资达1亿美元，为历史上所罕见。

（5）投资期限逐步延长，投资项目由短、平、快向综合性、长期化发展。台商在大陆投资初期，投资企业资金回收期短，一般是当年签约、当年投产、当年收益，且多采取"两头在外"的出口加工型方式，产品平均外销率在80%以上，长期性投资项目很少。1989年以来，随着台商对大陆投资领域的拓宽，投资产业部门的变化，投资项目的期限不断延长，大多数项目的期限为20~30年，最长的达70年。如湖北咸宁铝业开发有限公司，就是以咸宁地区电力局铝厂为代表，与台湾哈记实业有限公司合资兴办的，合资期限为30年。近几年来，台商在广东的珠海、海南的海口、福建的海沧、上海浦东等地，有步骤地购买大面积土地，进行能源、交通设施、工业区的综合开发，这就表明台商已由两三年短期行为变为20~50年的长远投资规划，这种投资项目的综合化，投资期限的长期化也表明台商对大陆投资信心的增强。

近几年来台商对大陆直接投资的迅猛发展，除了前面所述的台湾本身存在资本输出的迫切需要以外，大陆实行的改革开放政策，投资环境的不断改善，劳动力充裕且工资低廉，自然资源丰富且技术力量较强，均是吸引台资赴大陆设厂的重要因素。此外，大陆与台湾具有相同的文化背景，尤其是大陆东南沿海的厦门、闽南、粤东等地区因交通方便，经济比较发达，语言基本相同，生活习俗相通，骨肉相连，也是吸引台商对大陆投资的重要原因。

四、对90年代引进台资的建议

从80年代台湾地区海外直接投资地区流向看，台湾对美国的投资主要是市场开拓型和获取技术型投资，对东南亚和大陆的投资则主要是降低成本型和获取资源型投资。这就在客观上造成了东南亚与大陆在引进台资方面的竞争，尽管80年代后期以来台商对大陆投资增长较快，但总体规模并不大，与香港对大陆的投资相比，所占比重也不高。为了使90年代台商对大陆的直接投资有一个大的发展，我们认为，应结合台商对外投资的动机，依据台商目前对大陆投资的特点及发展趋势，针对当前大陆吸引台资中存在的一些主要问题，今后应重点做好以下五个方面的工作。

（1）提高认识，明确目标。我们的各级领导干部和对外经贸工作者应把促进祖国统一，加速经济发展作为引进台资工作的最终目标，进一步提高对引进台资工作的重要性的认识。从80年代台商对大陆投资的积极效果看，它有利于加强海峡两岸的经贸关系，有利于增加大陆的资本积累和投资，扩大就业，有利于提高大陆企业特别是乡镇企业的技术水平，有利于培养涉外经济管理人才，增加税收，繁荣市场和扩大出口等。

（2）健全机构，提高效率。从东南亚四国（菲律宾、泰国、印度尼西亚、马来西亚）引进台资的经验看，要想使台资在大陆有一个大的发展，最重要的措施之一就是要建立一个统一管理台资的权威性机构，以统一政策、加强协调、强化管理、提高效率、增强对台资企业的管理和服务功能。

（3）完善鼓励政策，尽快实现直接"三通"。中央应采取得力措施，保持对台资政策的稳定性和连续性，要将现行的鼓励与优惠政策通过立法程序在法律上予以正式承认，尽快制定贯彻《国务院关于鼓励台湾同胞投资规定》的实施细则，要紧密结合我国今后十年的产业结构调整规划，大胆探索产业倾斜政策。为了使台资投向符合大陆产业结构调整的基本方向和整体要求，必须依据行业、地区交叉倾斜的原则对原有的一些优惠措施作相应的调整，明确给予台资在大陆优先发展的"瓶颈"产业项目以最高优惠，对台商投资于优先发展地区的主要产业部门给予较高优惠，如为鼓励台商对铁路、公路、港口、电力、通信等基础工业和基础设施项目的投资，应考虑制定关于鼓励台胞投资基础工业和基础设施的管理条例。与此同时，大陆要通过多种形式与途径，与台湾当局对话，尽快实现海峡两岸的直接"三通"，以改善两岸关系，促进台资引进工作。

（4）改善投资环境，办好现有台资企业。我们要统一思想，集中力量，进一步完善投资环境。如简化外汇结算手续、健全外汇市场、疏通信贷渠道、完善物资供应体系、加强基础设施建设、提高服务质量和办事效率等，为台商排忧解难，增强对台商投资的吸引力。同时应高度重视和积极支持已投产的台资企业，努力办好这些企业，将这些企业作为吸引台资的"窗口"。建议将大陆现有台资企业进行分类，根据不同情况，采取不同措施，巩固和提高这些企业的经营管理水平和经济效益，这是改善投资环境，增强吸引力的最实际的"现身说法"。

（5）加强调研，交流信息。应切实加强对台湾海外直接投资发展的主要特点和趋势、东南亚国家吸引台资的现状、政策、措施及趋势的调研，以资借鉴。同时要加强大陆各省市之间对吸引台资的内部信息的交流、咨询及研究工作，以便为政府决策提供参考。

◎ 注释

① ［日］《贸易与关税》1991 年第 9 期第 26 页。
②《世界经济译丛》1991 年第 3 期第 70 页。
③台湾《天下》杂志 1988 年第 5 期。
④同①。
⑤经贸部统计资料。

本文原载于《国际贸易问题》1992 年第 4 期

论 20 世纪 80 年代以来我国台湾地区
对外直接投资的新特点和新趋势

陈继勇

20 世纪 80 年代以来，我国台湾地区的对外直接投资获得了空前的大发展，并在发展中呈现出一些新的特点和趋势。

一、对外直接投资增速惊人，投资规模急剧扩大

台湾地区对外直接投资始于 1959 年，投资额为 10 万美元。在 1959—1979 年间，台湾地区对外直接投资发展很不稳定，投资额也不多。截至 1979 年底，台湾地区对外直接投资累计额仅为 5926 万美元。

进入 80 年代以来，特别是 1984 年以来，台湾地区对外直接投资开始迅速增长，投资规模急剧扩大。截至 1990 年底，台湾地区对外直接投资累计额超过 30 亿美元（见表 1）。

表 1　　　　　　　　　　　　　台湾地区对外直接投资一览表

年度	增加额（万美元）	增减率（%）	累计额（万美元）	年度	增加额（万美元）	增减率（%）	累计额（万美元）
1959—1979	198（年均）	37.6（年均）	6926	1986	5691	37.7	27182
1980	4211	349.7	10137	1987	10275	80.6	37457
1981	1076	−74.4	11213	1988	21874	112.9	59331
1982	1163	80.6	12376	1989	93099	325.6	152430
1983	1056	−1.9	13432	1990	155221	66.7	307651
1984	3926	271.7	17358	1980—1990	27430（年均）	43.2（年均）	301725
1985	4133	52.8	21491				

资料来源：转引自［日］《贸易与关税》杂志 1991 年第 9 期，第 26 页。

由表 1 可见，台湾地区对外直接投资 80 年代以来规模不断扩大，尤其是 1987 年后更为明显，当年突破 1 亿美元大关，1988 年超过 2 亿美元，1989 年、1990 年分别高达 9.3 和 15.5 亿美元。1980—1990 年，台湾地区对外直接投资累计额是 1959—1979 年累计额的 50.9 倍，年均增长速度高达 43.2%，既高于台湾地区 1959—1979 年间的增长速度，也大大高于同期发达国家和发展中国家对外直接投资增长速度。

80 年代台湾地区对外直接投资的迅速增长和规模的急剧扩大，是由台湾经济发展的内外环境所决定的。

1. 贸易顺差增加，外汇存底过高，资本过剩严重，导致大量资金外流

台湾地区自 60 年代初推行出口主导型经济发展战略以来，经济发展较快。对外贸易尤其是出口贸易增长迅速，80 年代以来贸易盈余不断扩大，贸易顺差由 1980 年的 0.47 亿美元激增至 1987 年的 190.3 亿

美元。随着贸易盈余的增加，台湾地区的外汇储备持续增长，由 1980 年的 22.1 亿美元骤升至 1987 年的 760 亿美元，1991 年更高达 820 多亿美元。在资本严重过剩，当局放宽外汇管制的情况下，台湾地区形成了资本积累多且移动较为自由的局面，从而为台商对外直接投资创造了条件。另外，台湾地区外汇储备的急剧膨胀，社会和社会团体游资的不断增加，使其被视为，一个很有潜力的投资来源，各国纷纷组团去台湾地区举办投资研讨会，并实行多项奖励活动，竞相吸引台资，这也促进了台湾地区对外直接投资的发展。

2. 岛内社会政局动荡，环境污染严重，投资环境恶化，投资意愿低落，迫使台商到海外建厂谋求获利捷径

由于国民党内部的权力之争愈演愈烈，使社会政局日益动荡，劳资纠纷不断发生，社会治安不断恶化，加上环境污染日益严重，环保纠纷屡屡发生，使台商对社会状况和投资前景日益担忧，从而导致投资意愿日趋低落。据统计，1980 年台湾地区投资率为 34%，而 1985、1986、1987 年分别降至 17%、15% 和 19%。[1] 据台湾地区《天下》杂志所作调查，台湾地区 1000 家大制造业和 300 家大服务业中，只有 1/3 的人愿意继续在台湾地区投资。[2] 另据《工商时报》，受访的台湾地区九大产业的企业家中，71% 的人认为当前投资环境较去年为差。[3] 在台湾地区投资环境不断恶化的情况下，台商纷纷移居海外，带走财产或另觅投资地域，从而使台湾地区的对外直接投资不断扩大。

3. 台币大幅升值，台美贸易摩擦加剧，迫使台商通过对外直接投资寻找出路

1983 年，美元与新台币的比价为 1∶40.065，自此以后，新台币持续大幅升值，截至 1989 年底，新台币兑美元的汇率已升至 26.407∶1,[4] 这严重削弱了台湾地区企业的对外竞争力。它们无法承受汇率大幅升值的压力而面临停工转业，不得不通过对外投资寻找出路。同时，80 年代以来，台湾地区与美国的贸易顺差逐年扩大，1987 年高达 160 亿美元，占台湾地区当年贸易顺差的 83%。台美贸易收支的严重失衡引起了美国的强烈不满。美国一方面要求台湾地区降低关税，开放市场；另一方面对台湾地区采取"毕业政策"，宣布取消其普惠制的免税优惠。据统计。仅此一项使台湾地区每年的免税额减少 37%。尽管台湾地区采取措施，努力分散市场，增加对美采购，但收效甚微。为此美国不断通过双边贸易谈判以及其他方式向台湾地区施加压力。为了缓和与美国的贸易摩擦，绕过美国的贸易设限，台湾地区自 80 年代后期起急剧扩大了对美国的直接投资。仅 1989 年，台湾地区对美投资 5.1 亿美元，占当年台湾地区对外直接投资的 54.8%。

4. 获取廉价劳动力，确保廉价原料来源，推动产业结构高级化的需要

随着台湾地区经济的较快发展，台湾地区工人的工资不断上升，仅 1989 年一年工资水平就提高了 15%，从而使台湾地区失去了 80 年代以前出口产品以低工资取胜的优势，削弱了产品的出口竞争力。加上廉价劳动力相当短缺，据统计，目前台湾地区劳工短缺约 50 万人，其中被认为主要支柱产业的纺织、电子、家电行业，普遍短缺 30% 的劳工。为了获取廉价劳动力，台湾地区将一部分劳动密集型的产业转移海外，尤其是转移到东南亚国家，以充分利用劳动密集型的工业机器设备，降低生产成本，提高劳动生产率，增强产品在国际市场的竞争能力。

同时，台湾地区经济是一种典型的岛型经济，由于天赋资源严重短缺，能源和原材料主要依靠进口，所以台湾地区对外直接投资的目的之一就是获取天然资源或半成品，供岛内生产使用。如中油公司、台金公司在东南亚、中南美投资勘探铁、铀及天然气，台湾地区肥料公司在沙特阿拉伯投资米拜勒尿素厂，中华纸浆公司在印度尼西亚投资的永吉纸业厂等，都是为了确保原料的充分供应和寻求低廉的原料。据统计，1990 年，台湾地区对马来西亚、泰国、菲律宾的直接投资额分别为 1.85 亿、1.49 亿和 1.24 亿美元，占当年对外直接投资的 11.9%、9.6% 和 8.0%。台湾地区通过对海外的直接投资，一方面将劳动密集型产业转移出去，以实行资金、技术、劳动力、自然资源的优化组合，提高这些产业的国际竞争力，另一方面

---

① 《世界经济译丛》1991 年，第 3 期，第 70 页。

② 台湾地区《天下》杂志 1988 年，第 5 期。

③ 台湾地区《工商时报》1988 年 5 月 28 日。

④ ［日］《贸易与关税》杂志 1991 年，第 9 期，第 25 页。

将一部分投资投向发达资本主义国家，以吸收先进技术，并转移到新竹科学工业园区，推进台湾地区产业结构的高级化。

5. 台湾地区当局推行的鼓励政策与措施

80 年代以来，随着世界范围内经济国际化区域集团化趋势的加强，台湾地区当局逐步开始推行经济国际化和自由化政策，积极参与国际分工和国际经济合作，特别是 1984 年美国开始实施为期 12 年的《加勒比海方案》以来，美国不断加强了对外投资的宏观规划与指导。1985 年，台湾地区修订了《对外投资及技术合作审核处理办法》，逐步放宽了投资的限制，并扩大了对外投资的鼓励范围。1988 年 6 月，台湾地区"经济部"又大幅放宽了对于对外投资的审核，规定凡 100 万美元以下的投资无需批准即可自由投资，同时取消了过去的财务标准规定。并采取各种鼓励与扶持措施，如提供融资支援和投资保险，争取与外国签订投资保证及双边租税协定，在海外设立出口加工区等。

二、对外直接投资的地区流向发生显著变化

台湾地区早期的对外直接投资主要集中于拥有丰富资源和廉价劳动力的东南亚地区。据统计，1959—1969 年 10 年间，台湾地区对外直接投资金额共达 746.6 万美元，其中对东南亚地区投资额为 418.9 万美元，占 56.11%。从 1969 年起，台湾地区开始向西方发达国家投资。进入 80 年代以来，台湾地区对外直接投资在地区流向上发生了三个显著的变化。

1. 直接投资的地区配置由以亚洲为主转向以美洲为主，亚洲为辅

1959—1979 年，在台湾地区对外直接投资累计额中，亚洲为 4306 万美元，占 72.7；美洲为 1464 万美元，占 24.7%；欧洲为 14.2 万美元，占 0.2%。亚洲居绝对优势地位。进入 80 年代后，台湾地区对美洲的直接投资迅速增加，并日益居主导地位，亚洲则退居第二位。1980 年，台湾地区对外直接投资增加额 4211 万美元，其中美洲占 83.4%，亚洲仅占 7.5%。据统计，1980—1990 年，台湾地区对美洲直接投资增加额 15.75 亿美元，占这一时期台湾地区对外直接投资的 52.2%；而对亚洲的投资增加额为 10.35 亿美元，占 34.3%。截至 1990 年底，在台湾地区对外直接投资累计额中，美洲居第一位，投资额 15.89 亿美元，占 51.7%；亚洲第二位，投资额 10.777 亿美元，占 35.0%；欧洲第三位，投资额 3.71 亿美元，占 12.1%。

2. 直接投资的国家重点由以发展中国家或地区为主转向以发达资本主义国家为主

80 年代以前，台湾地区的对外直接投资主要投向了自然资源丰富，劳动力廉价的发展中国家和地区，尤其是东南亚地区。据统计，截至 1979 年，台湾地区对我国香港地区、新加坡、菲律宾、印度尼西亚、泰国、马来西亚的直接投资占台湾地区对外直接投资的 58.6%。而对美国、日本、西欧的直接投资仅占 16.4%。80 年代以来，随着经济实力的增强，台湾地区的一些大公司急剧扩大了对发达国家的直接投资，尤其是对美国的投资。如 1987 年台湾地区宏基电脑公司以 440 万美元收购美国康点电脑公司；1988 年台湾地区太平洋电线与电缆公司一举兼并 38 家储贷机构，总价 3750 万美元，将其改名为太平洋西南银行；1989 年台湾地区大陆工程公司花费 1 亿美元，买下匹兹堡的美国桥梁公司；同年 12 月，台湾地区声宝企业公司购买了在美国排列前 10 名的百利市租车公司；1990 年 5 月，台湾地区总督食品企业公司以 3.35 亿美元收购了美国第三大饼干制造公司——韦恩汉姆饼干公司。由于台湾地区对美国、西欧直接投资的急剧增加，它们在台湾地区对外直接投资中的比重迅速上升。截至 1990 年底，台湾地区对美投资 12.94 亿美元，占 42.1%，比 1979 年提高了 27.2 个百分点；对西欧投资 3.71 亿美元，占 12.1%，比 1979 年提高了 11.9 个百分点；对日本投资 865 万美元，占 0.3%。三者合计所占比重为 54.5%，而对我国香港地区、新加坡、菲律宾、印度尼西亚、泰国、马来西亚的投资额为 10.58 亿美元，占 34.4%。

促使台湾地区将对外直接投资的重点转向发达资本主义国家的主要因素有：

(1) 为了迎接北美、西欧经济区域集团化的挑战。在美加建设北美自由贸易区和西欧组建统一大市场的情势下，台湾地区面临着两大区域集团在贸易、投资方面的严峻挑战。为了在美、欧站稳脚跟，以利竞争，台湾地区加快了对美欧的直接投资。据台湾地区报纸报道，为了应付 1992 年欧洲统一大市场，继

台湾地区大同公司首开在西欧投资记录以来，越来越多的公司开始向西欧投资。1990 年 7 月，台湾地区阿瑟公司一举购买了联邦德国经销商的数据技术公司，同时还兼并了荷兰的销售服务企业卡加洛计算机公司。台湾地区的其他计算机厂家也不甘落后，纷纷在西欧大陆投资以争得立足点。

（2）为了取得投资国的行销渠道，继续占有美国市场和开辟欧洲市场。长期以来，美国一直是台湾地区的最大贸易伙伴，吸纳了 40% 以上的台湾地区出口产品，随着 80 年代中期台美贸易收支的严重失衡，台美贸易摩擦日益激化。为了继续占领美国市场，台湾地区一方面加强对美投资设厂，把对美出口产品转移到当地进行生产，以便绕过美国的贸易壁垒；另一方面通过收购和兼并美国公司，以利于在美设立贸易据点和组建广泛的行销网络，以开拓和巩固市场。如台湾地区阿瑟公司 1990 年 8 月以 9400 万美元的高价买下了阿尔托斯公司后，美国的阿尔托斯公司的 1500 个经销商将使阿瑟公司产品在美国市场上的年销售额翻一番，达到超过 2.5 亿美元的水平，从而使阿瑟公司产品在世界的销售额接近 10 亿美元。1990 年底，阿瑟公司还将推出 4 种新型号计算机，用阿尔托斯公司的商标出售。正如阿瑟公司的一位负责人所说："我们和美国、日本不同，我们没有它们那么广阔的本地市场，所以我们进入国际市场的愿望比它们更迫切。"

台湾地区对西欧的投资也是如此。它不仅着眼于开辟新的西欧市场，而且还着眼于开拓东欧市场，以实行市场的分散化。因为在目前的形势下，西欧与东欧的关系远甚于台湾地区。台湾地区通过在西欧的投资，既可以开辟西欧市场，还可以利用西欧现有的渠道，打入东欧。如台湾地区最近与瑞典、芬兰、挪威等分别成立合资企业，由台湾地区向关税较低的三国供应汽车零部件和计算机等，在那里进行组装后，依靠那里的公司现有的销售渠道对东欧出口。

（3）为了获取美、欧、日的先进技术，以推动岛内产业结构的高度化。最典型的事例是，台湾地区公司对美国硅谷的投资。80 年代以来，台湾地区的大同、声宝等集团企业先后在美国硅谷投资设厂，研究开发集成电路、生产电脑磁碟机和微膜磁头等先进技术产品，借以促进岛内工业技术水平的升级和产业结构的调整。据美国《商业周刊》报道，1989 年 8 月，台湾地区的芯片制造商华龙微电子公司以 530 万美元的价格买下了位于加州圣琼斯的希克技术公司 10% 的股份，根据安排，希克公司将在今后为华龙公司设在台湾地区和马来西亚的具有世界水平的生产线提供半导体设计。1990 年，台湾地区阿瑟公司一举在硅谷买下了阿尔托斯计算机系统公司和艾琳·韦斯技术公司这两家高技术企业。通过这种投资，台湾地区企业可以得到自己急需的技术和销售诀窍、精密元器件和大规模生产的诸多知识。

3. 对亚洲的直接投资始终高度集中于东南亚地区，但投资的国别重点发生了明显变化

1959—1979 年间，在台湾地区对亚洲的直接投资累计额中，菲律宾居首位，986.3 万美元，占 22.9%；印度尼西亚居第二位，884 万美元，占 20.5%；泰国居第三，481 万美元，占 11.2%；新加坡、香港地区、马来西亚分别为 430 万、385 万和 308 万美元，分别占 10.0%、8.9% 和 7.2%。上述六国（地区）占台湾地区对亚洲直接投资的 80.7%，进入 80 年代后，台湾地区对亚洲投资的国别（地区）重点发生了明显变化（见表 2）。

表 2　　　　　　　　　　80 年代以来台湾地区对亚洲直接投资的地区分布　　　（单位：千美元，（ ）为%）

年度	1980	1981	1982	1983	1984	1985	1986	1987	1988	1989	1990	1980—1990
总额	3170 (100.0)	6738 (100.0)	9132 (100.0)	6561 (100.0)	6551 (100.0)	4206 (100.0)	8412 (100.0)	21302 (100.0)	69299 (100.0)	296372 (100.0)	602884 (100.0)	1035167 (100.0)
中国香港地区	14 (0.4)	3212 (47.7)	76 (0.8)	638 (9.7)	26 (0.4)	314 (7.5)	255 (3.0)	1283 (6.0)	8060 (11.6)	10372 (3.5)	33092 (5.5)	57343 (5.5)
新加坡	2794 (88.1)	736 (10.9)	96 (1.1)	909 (13.9)	209 (3.2)	253 (6.0)	434 (5.2)	1301 (6.1)	6433 (9.3)	5209 (1.8)	47622 (7.9)	65996 (6.4)

年度	1980	1981	1982	1983	1984	1985	1986	1987	1988	1989	1990	1980—1990
菲律宾	—	—	—	250 (3.8)	—	—	71 (0.8)	2640 (12.4)	36212 (52.3)	66312 (22.4)	123607 (20.5)	229092 (22.1)
印度尼西亚	120 (3.8)	1960 (29.1)	8960 (98.1)	—	4900 (74.8)	1000 (23.8)	1780 (21.2)	950 (4.5)	1923 (2.8)	311 (0.1)	61871 (10.3)	83774 (8.1)
泰国	20 (0.6)	72 (1.1)	—	1764 (26.9)	200 (3.1)	2609 (62.0)	5810 (69.1)	5366 (25.2)	1886 (17.2)	51604 (174)	149397 (24.8)	228728 (22.1)
马来西亚	—	—	—	3000 (45.7)	1216 (18.6)	—	—	5831 (27.4)	2708 (3.9)	158646 (53.5)	184885 (30.7)	356286 (34.4)
其他	222 (7.0)	758 (11.2)	—	—	—	30 (0.7)	62 (0.7)	3931 (18.5)	2077 (3.0)	3918 (1.3)	2410 (0.4)	13408 (1.3)

资料来源：转引自〔日〕《贸易与关税》杂志1991年，第9期，第26页表2。

由表2可见，80年代台湾地区对亚洲直接投资某一年度高度集中于某一国家（或地区），且投资重点不断发生变化。1980年，台湾地区将对亚洲直接投资的88%投向了新加坡，1982年将其对亚洲投资的98.1%投向了印度尼西亚，1986年对泰国的直接投资占对亚洲投资的69.1%，1988年对菲律宾的直接投资占对亚洲投资的52.3%。1989年和1990年，台湾地区的直接投资大量涌向马来西亚，分别占台湾地区对亚洲投资的53.5%和30.7%。据统计，1980—1990年，台湾地区对亚洲直接投资中，马来西亚居首位，占34.4%，泰国和菲律宾分别占22.1%，并列第二位，三国占台湾地区对亚洲直接投资的78.6%。如果加上印度尼西亚和新加坡，台湾地区对东盟五国的直接投资占其对亚洲投资的93.1%。

80年代台湾地区对亚洲直接投资高度集中于东南亚，尤其是泰国、马来西亚、菲律宾，除了台湾地区本身有资本输出的迫切需要外，更重要的是这些国家（地区）80年代中期以来推行出口主导型工业化政策，拥有相对优良的投资环境，对台资具有较大的吸引力。

三、对外直接投资的产业部门结构日益高度化

台湾地区早期的对外直接投资，就其产业部门结构而言，一直是以制造业为主，所占比重极高。据统计，在1959—1982年间，在台湾地区对外直接投资累计额中，制造业投资1.04亿美元，所占比重高达83.5%，[1] 80年代中期以来，台湾地区对外直接投资的部门结构发生了显著变化，并呈现出如下三个方面的特点：

1. 制造业仍是当前台湾地区对外直接投资的主体部门，但占比已逐渐下降，且制造业内部行业的变化巨大（见表3）

表3　　　　　**1985—1990年台湾地区对外直接投资部门结构**　　（单位：万美元，（　）为%）

年度	1985	1986	1987	1988	1989	1990	1985—1990
总额	4133 (100.0)	5691 (100.0)	10275 (100.0)	21874 (100.0)	93099 (100.0)	155221 (100.0)	290293 (100.0)
制造业	3445 (83.4)	3327 (58.5)	6875 (66.9)	7641 (34.9)	58340 (62.7)	81515 (52.5)	161143 (55.5)

---

① 台湾：《环球经济》1984年第10期，第49页。

续表

年度	1985	1986	1987	1988	1989	1990	1985—1990
食品	225 (5.4)	— —	500 (4.9)	191 (0.9)	5 (0)	16365 (10.5)	17287 (6.0)
纸浆	261 (6.3)	462 (8.1)	298 (2.9)	— —	462 (0.5)	1652 (1.1)	3135 (1.1)
塑料	70 (1.7)	285 (5.0)	808 (7.9)	557 (2.5)	4065 (4.4)	1129 (0.7)	6913 (2.4)
化学	425 (10.3)	48 (0.8)	911 (8.9)	2842 (13.0)	41494 (44.6)	7793 (5.0)	53513 (18.4)
非金属	152 (3.7)	— —	399 (3.9)	102 (0.5)	130 (0.1)	12184 (7.8)	12967 (4.5)
电子 电机	2312 (55.9)	2532 (44.5)	3958 (38.5)	3949 (18.1)	12185 (13.1)	42392 (27.3)	67328 (23.2)
第三产业	400 (9.7)	1841 (32.3)	1328 (12.9)	13156 (60.1)	23747 (25.5)	60353 (38.9)	100825 (34.7)
贸易	— —	3.0 (0.5)	430 (4.2)	1593 (7.3)	1067 (11)	6181 (4.0)	9301 (3.2)
金融 保险	— —	1527 (26.8)	— —	400 (1.8)	17237 (18.5)	49848 (32.1)	69012 (23.8)
服务	400 (9.7)	285 (5.0)	898 (8.7)	11163 (51.0)	5443 (5.8)	4324 (2.8)	22513 (7.8)

资料来源：转引自［日］《贸易与关税》1991 年第 9 期，第 26 页表 3。

由表 3 可见，1985 年，台湾地区对外直接投资的 83.4％ 投向了制造业，到 1990 年，该比重降至 52.5％，在 1985—1990 年的台湾地区对外直接投资中，制造业所占比重为 55.5％，与 1982 年的累计额所占比重下降了 28 个百分点。在对海外制造业的直接投资中，各行业所占比重变化显著。电子电机行业所占比重急剧上升，目前稳居第一位，化学行业所占比重有所下降，目前仅次于电子电机行业居第二位。据统计，1959—1982 年，在台湾地区海外制造业直接投资中，化工行业居首位，占 36.6％；电子电机居第二位，占 12.6％，其他依次为：纺织服装占 11.2％，非金属及矿物制造占 10.1％，木、纸制品占 9.5％，橡胶、塑料占 8.9％，食品饮料占 7.3％，金属及机械仪器占 3.9％。而在 1985—1990 年间，在台湾地区海外制造业直接投资中，电子电机跃居首位，占 41.8％，化学居第二位，占 33.2％；食品饮料行业上升至第三位，占 10.7％，其他依次为：非金属占 8.0％，塑料制品占 4.35％，纸张工业占 1.9％。

2. 第三产业（金融保险、服务、贸易）的海外直接投资增长迅速，所占比重急剧上升，但增长趋势不稳定，且内部的发展不平衡

1959—1982 年，台湾地区对海外第三产业的直接投资仅为 1246 万美元，占其海外直接投资的 10%。自 80 年代后期以来，台湾地区急剧增加了对海外第三产业的直接投资，投资额在 1985—1990 年间增长了 150 倍，所占比重由 1985 年的 9.7% 提高到 1990 年的 38.9%，1988 年所占比重增高达 60.1%。在第三产业的直接投资中，各行业增长极不平衡、金融保险行业异军突起，发展迅猛。在截至 1982 年底的台湾地区第三产业海外直接投资中，金融保险所占比重为 8.5%，而在 1985 — 1990 年的第三产业再接投资中，该比重骤升至 68.4%。服务业从无到有，增长也相当迅速，1988 年投资额达 1.11 亿美元，占当年台湾地区对外直接投资的 51.0%，占当年第三产业投资的 84.9%，但 1989 年和 1990 年投资额不断下降，所占比

重分别降至 5.8% 和 2.8%。贸易业尽管投资额每年有所增长，但在第三产业海外直接投资中的地位急剧下降。1982 年底，台湾地区贸易业海外投资 1141 万美元，占第三产业海外投资的 91.5%，而在 1985—1990 年的新增投资额中，该比重降至 9.2%。

3. 台湾地区海外直接投资的产业部门结构因投资国别不同产生巨大差异

从 1988—1990 年台湾地区海外直接投资的国别与产业结构看，情形一目了然。这三年台湾地区对外直接投资增加额 27.02 亿美元，到 1990 年底台湾地区海外直接投资累计额的 87.8%。在这三年的海外直接投资中，对美国投资的主要行业为资本技术密集型的化学、电子电机、金融保险和服务业。三年台湾地区对美投资 10.61 亿美元，其中化学行业占 32.1%，电子电机行业占 16.3%，金融保险占 14.9%，服务业占 13.1%，四大行业占台湾地区对美投资的 76.4%。

而台湾地区对东南亚五国的直接投资中，主要行业为电子电机和化学等制造业部门，但各国具体情况有所不同。三年中，台湾地区对马来西亚投资 3.46 亿美元，其中电子电机行业占 47.0%，化学行业占 22.2%；对泰国投资 2.13 亿美元，其中电子电机行业占 67.0%；对新加坡投资 5926 万美元，其中电子电机行业占 73.4%；对菲律宾投资 2.26 亿美元，其中化学行业占 44.5%；对印度尼西亚投资 6411 万美元，其中纺织行业占 51.0%。

从今后一段时期看，台湾地区由于岛内劳工短缺，不动产价格飞涨和环境保护要求的加强将促使越来越多的台商转向海外投资，使台湾地区海外直接投资进一步扩大。据台湾地区"投资委员会"1991 年 11 月 16 日透露，在 1—10 月中，台湾地区共批准 291 个海外投资项目，投资总额达 14 亿美元，比 1990 年同期增长 18.4%。在台湾地区海外投资不断扩大的同时，投资的地区流向将在突出美国和东南亚这两大重点地区的前提下，不断增加对西欧的投资，投资的产业结构将日益多样化。加强对台湾地区海外直接投资特点和趋势的研究，对于我们更好地做好引进台资的工作，有着重要的意义。

本文原载于《世界经济》1993 年第 5 期

论第二次世界大战后美国海外直接投资对美国经济发展的影响

陈继勇

战后以来，美国的海外直接投资以前所未有的速度迅猛发展。据美国商务部统计，在 1950 年至 1990 年间，美国海外直接投资累计额由 118 亿美元增至 4215 亿美元，40 年间增长了 34.7 倍，年均递增 9.3%[①]，大大高于同期美国经济的增长率。美国海外直接投资的大规模展开对美国经济的发展产生了深远的影响。本文拟就这一问题作一探讨。

一、美国从海外直接投资中赚得丰厚利润大大增强了美国垄断资本的实力

美国跨国公司在海外从事直接投资，不管是资源开发型，还是市场开拓型，或者是降低成本型投资，其最终目的只有一个：就是为了攫取最大限度的利润。这是由垄断资本的本质所决定的。从总体上看，美国跨国公司在海外投资的利润率要比国内投资的利润率高。根据美国《现代商业概览》的统计资料，1970—1979 年美国海外直接投资的利润率为 14.3%，而 1970—1973 年和 1974—1977 年美国国内制造业纳税后利润率分别为 10.6% 和 13.7%。[②]美国非金融公司 1970—1978 年纳税后利润率仅为 5.7%。[③]尤其是美国在发展中国家的直接投资，所得利润率更高。1979 年，美国在海外直接投资利润率为 21.0%，其中在发达资本主义国家的投资利润率为 18.9%，在发展中国家的投资利润率高达 28.9%。[④]

国外较高的投资利润率给美国跨国公司带来了巨额的利润收入。据统计，1960—1976 年，美国国内利润额增加 3.2 倍，而国外子公司的利润额则增加 5.2 倍。1966—1982 年的 17 年内，美国跨国公司国外子公司和其分公司的纳税后利润总额为 3011 亿美元。[⑤]1983—1989 年美国跨国公司在海外直接投资中又获得了 2600 亿美元的利润。这就是说，在最近 24 年中，美国跨国公司通过在海外的直接投资，为美国垄断资本赚回了 5600 多亿美元的惊人利润。如果加上在此期间美国跨国公司从国外技术贸易方面的收入，以及母公司向国外子公司出售半成品和原材料所得到的利润收入，那么全部利润收入高达 8000 多亿美元，其价值超过了美国 1989 年底全部累计海外直接投资的一倍以上。

美国在海外直接投资的收入不仅增长速度快，而且在美国剩余价值生产总额中所占比重不断提高。1954—1988 年间，美国海外直接投资收入增长了 47.4 倍，海外直接投资收入占美国剩余价值生产总额的比重由 2.18% 提高到 10.13%，计提高了 3.6 倍。[⑥]

巨额利润的获得，急剧扩大了美国垄断资本积累的规模，迅速增强了美国跨国公司海外直接投资的能力。如 1966—1982 年间，美国将海外获得的直接投资利润用于再投资部分为 1255 亿美元，占利润总额的 41.8%，而在 1983—1989 年，美国海外直接投资利润再投资额达 1266 亿美元，占获得利润总额的 48.7%。

二、美国海外直接投资的大规模展开有利于美国跨国公司抢占国际市场

列宁早就指出："帝国主义最深厚的经济基础就是垄断。"[⑦]"从自由竞争中成长起来的垄断并不消除

竞争，而是凌驾于竞争之上并与之并存，因而产生了许多特别尖锐、特别剧烈的矛盾、摩擦和冲突。"⑧战后资本主义经济发展不平衡的加剧，使国际贸易市场上的竞争不断激化。战后初期，美国凭借在经济、技术等方面的绝对优势地位，利用西欧、日本在战争中遭受严重破坏，经济实力大为削弱，正大力发展和恢复国民经济之机，大量廉价商品涌入西欧、日本。50 年代中期以后，随着西欧国家经济的恢复和日本经济进入高速增长阶段，资本主义发展的不平衡性进一步加剧，帝国主义各国之间的矛盾和争夺市场的斗争，有了新的发展。经济实力增强的日本和西欧，力图在对外经济领域尤其是贸易领域夺回已失去的阵地，将商品输入美国和其他发达国家，与美国垄断资本争夺市场。70 年代初欧共体的扩大和日本实现了国民经济现代化，资本主义世界三足鼎立局面基本形成后，在战后第一次严重的资本主义世界经济危机的沉重打击下，各国贸易保护主义日益抬头，美国与西欧、日本的经济贸易战此起彼伏，并不断升级。在这种情况下，美国跨国公司海外直接投资的重要目标之一就是通过就地设厂投资，就地销售，以尽可能多地占领和控制世界市场，维护自己的垄断地位。正如美国一家重要的化学和制药跨国公司菲泽尔制药公司的董事长兼总经理吉·鲍尔斯所指出的："为了使任何一个广阔市场的绝大部分处于自己的支配之下，需要进行直接投资以建立商业办事处、商品仓库，以及如果不是全部完整的生产企业，至少也是装配企业，单纯的出口商在 20 世纪的下半叶内不能在市场上起主导作用。"⑨

战后以来，美国跨国公司将 3/4 左右的海外直接投资投向西欧、加拿大和日本等市场容量大的发达资本主义国家，先后在那里建立起三万多个各种各样的生产和销售分支机构，正是为了控制当地市场和占领其他市场，以利于美国商品输出。美国跨国公司通过海外直接投资抢占东道国商品生产和销售市场，可以从子公司控制东道国的生产和销售情况中看出来。据统计，60 年代中期，美国垄断资本控制了英国汽车生产的 50%，联邦德国的 40% 和法国的 1/3；70 年代中期，美国跨国公司在西欧的附属公司控制了西欧炼油能力的 1/3。另据统计，1967 年，加拿大石油和天然气工业的 82%，汽车工业的 90%，橡胶工业的 83%，化学工业的 59%，也均为美资企业所控制。

美国跨国公司通过直接投资，在国外收购、兼并和不断建立分支机构及拥有控股权的子公司，把它们的势力伸向世界每一个角落，在国外形成了一个个巨大的、由美国垄断资本支配和管理的、其经营活动从属于美国公司内部企业政策的经济帝国。如国际电话电报公司通过设在国外的 140 多家子公司，控制着分布在 60 多个国家的 200 多家分公司和企业，从而稳固地占领了广阔的市场；美国国际商业机器公司，通过直接投资和国际分工合同关系网络，控制着 150 多个国家中的 4 万多家企业，在 100 多个国家从事生产、装配和销售，垄断了资本主义世界电子计算机市场的 70% 左右；埃克森公司在世界各地拥有数百家子公司、分公司及附属机构，在三四十个国家设有 70 多家炼油厂，在 100 多个国家设有销售机构，在世界原料市场经营着数万个加油站。⑩像这样一些巨型跨国公司的销售额，不仅大于某些发展中国家的国民生产总值，甚至超过某些较小的发达国家的国民生产总值。1990 年，美国通用汽车公司、埃克森公司、福特汽车公司和国际商业机器公司的销售额分别为 1251.3 亿美元、1058.9 亿美元、982.7 亿美元和 690.2 亿美元，⑪都比新西兰、爱尔兰、希腊、葡萄牙等国的国民生产总值还高。

美国跨国公司对国外市场的控制和垄断，大大加强了美国垄断资本的实力，促进了美国垄断资本的发展。

三、美国海外直接投资的迅速发展有利于促进美国产业结构的升级与调整

在战后科技革命的强有力推动下，美国的高新技术产业相继问世，社会生产力获得高度发展，人均国民收入有了较大幅度提高，居民消费结构出现显著变化，这导致了美国产业结构的调整与变化。尤其是 60 年代以来，随着美国劳动工资的不断上升，劳动密集型产业的比较优势相对丧失，美国面临的国际竞争压力日益增大，为了迎接挑战，提高产品竞争力，美国采取的重要战略措施就是对产业结构进行重大调整和实行产业结构升级：即将国民经济的重心从传统的劳动密集型工业向资本密集型和高技术型工业转移，从物质生产部门向第三产业转移。在这种产业结构的调整中，美国的海外直接投资起了重要的促进作

用。通过海外直接投资，美国逐步将劳动密集型的低技术、低增值工序转移到国外，而将高技术、高增值工序留在美国本土上，使美国的产业结构不断高级化。

在这里值得着重研究的是，美国的海外直接投资在促进其产业结构调整和升级的同时，是否引起了美国产业的"空心化"（Hollowing）。所谓产业"空心化"现象是指美国制造业的功能越来越趋于服务性，以本国为生产基地生产的产品日益减少，甚至完全不生产。早在50年代后期，随着欧共体的建立，美国为了对付欧共体的关税壁垒而急剧增加了对西欧的汽车和电机等工业部门的直接投资。这种替代出口型投资导致了美国对西欧的汽车和电机等商品出口逐渐减少。不仅如此，由于西欧国家利用美国的资金、技术，使这些工业获得了较大发展，后来又反过来向美国出口这些产品，从而使美国的相应生产受到影响。当时，美国就曾有人提出美国工业出现了"空心化"问题。80年代以来，这一问题越来越引起了经济学家和企业家的重视。在美国出口商品的国际竞争力不断下降，国内市场上的外国商品日益增多的情况下，美国的一些企业为了摆脱困境，寻找出路，便把目光更多地转向海外能降低生产成本和获取利润的地区。为了降低生产成本，提高产品的国际竞争力，美国跨国公司通过在海外直接投资采购海外价格低廉的原材料、零部件和附件，以便运回美国进行组装，有的企业索性在海外利用廉价的劳动力，把元器件组装为成品，然后运回美国贴上美国公司的商标出售。如通用电气公司于1985年从它在国外的分公司进口了相当于14亿美元的电机产品，贴着该公司的商标在美国国内出售。美国克莱斯勒公司（拥有日本三菱汽车公司15%的股份），从日本进口三菱制造的小型汽车，在美国市场用"道奇"和克莱斯勒的牌子销售。这种情况不仅发生在汽车机械制造等传统工业部门，而且也盛行于电子工业等高技术部门。如美国有许多电子产品（包括电子计算机）都主要是利用海外制造的零部件进行生产的，有的产品甚至是在当地（如墨西哥、新加坡、中国台湾地区、中国香港地区等）加工组装的。

美国跨国公司通过海外直接投资转移生产据点，使得美国一部分制造业跨国公司在本国的生产业务逐渐缩小，个别企业甚至不再从事制造活动而在实际上成了外国制造商在美国的销售机构。因此有人认为，美国海外直接投资的迅速发展导致了美国产业的"空心化"。1986年美国《商业周刊》杂志出版了一期专门论述"空心企业"的特刊，其副标题就是"制造业的衰落威胁着整个美国经济"。[12]日本立命馆大学教授关下稔在日本《经济》杂志1989年第10期也载文分析说："现代资本主义世界结构及其运动的特征是，过去美国跨国公司向海外扩张，为世界经济带来活力，形成'世界经济美国化'，但另一方面，却使美国经济不振，陷入'空心化'"。[13]

他们认为，美国大规模海外直接投资所造成的产业"空心化"，将会导致一系列不可避免的问题：第一，美国的制造业会进一步萎缩，失业者将增多。[14]第二，进口商品将大大增加，美国贸易收支逆差扩大。以美国半导体工业为例，1969年，美国非生产线的半导体产品出口2.78亿美元，非生产线的半导体产品进口800万美元，806/807项目进口（关税价值）5800万美元，半导体贸易顺差2.12亿美元。随着美国半导体工业的生产据点大量转移海外，806/807项目的进口急剧增加，到1982年，美国非生产线的半导体产品出口17.94亿美元，非生产线产品进口9.97亿美元，806/807项目进口11.56亿美元，半导体贸易逆差3.59亿美元。[15]第三，随着生产向国外转移，生产技术也将流向国外，而一旦外国人掌握了美国技术，便会利用这些技术回过头来打击美国，日本80年代频频向美国发动的贸易、投资战就是明显例证，它使美国的工业强国和技术优势地位有可能丧失。第四，制造业一旦完全放弃某种产品的生产，就很难再在这种产品上同其他国家进行有力的竞争，美国一些电器设备（如录像机）的情况便是如此。

我认为，美国海外直接投资的迅猛发展，某些工业生产外移（即"空心化"）的情况确实存在，但其规模非常有限，还谈不上对美国制造业的发展构成威胁。美国跨国公司通过直接投资，把某些生产工序转移国外是为了提高自己的竞争能力和求得生存。以半导体工业为例，据美国布鲁金斯学会的经济学家估算，若以1983年美国半导体工业产值为120亿美元计算，将国外半导体生产线搬回国内所引起的社会损失将达9.6亿美元。由于美国将一些劳动密集型产业向海外转移，使得美国制造业跨国公司把每小时支付工资及福利费用从美国国内的8.76美元降至发展中国家子公司的1.74美元，大大压低了劳动成本，提高了产品竞争力。[16]如果美国企业不这样做，很可能因竞争力低下而难以生存下去，这是其一。其二，把美国海外直接投资规模的扩大与贸易逆差增加联系起来缺乏说服力。如 1985 年，美国海外生产比率（即制造业的海外企业销售额除以国内销售额）是 18.1%，而联邦德国是 19.2%，可是该年美国有着 1485 亿美元的贸易逆差，而联邦德国却有 254 亿美元的贸易顺差。1988 年，美国的海外生产比率提高到 24.9%，贸易逆差额降至 1380 亿美元，而联邦德国的海外生产比率提高到 19.8%，贸易顺差额增至 728 亿美元。[17] 这足以证明海外生产比率与对外贸易收支之间并无必然联系。其三，在当今发达资本主义国家资本对流加强的情况下，产业 "空心化" 问题变得日益复杂。1990 年，美国在海外制造业直接投资累计额为 1682.2 亿美元，而外国在美国的制造业直接投资累计额为 1599.98 亿美元。[18] 这表明，美国向国外制造业大量投资的同时，美国的一些工业部门中出现了外国同行业厂商的大量投资情况。如果说美国的大量海外直接投资导致了产业 "空心化"，那么，外国对美国大量直接投资是否造成了 "逆空心化" 趋势呢？所以，我的看法是，美国的大量海外直接投资顺应了当今经济国际化、全球化的发展趋势，它对美国的产业结构发生了重大影响，即使是美国的某些传统工业部门和一些特殊的高技术部门由于国际竞争力较差而转移国外生产，出现 "空心化" 现象，这是美国利用比较优势而进行的产业结构调整，它有利于美国的产业结构升级和产品的更新换代。

四、美国海外直接投资的持续发展促进了美国就业结构的调整

美国的海外直接投资对美国的就业在数量和结构上究竟产生什么影响，这是一个长期争论不休的问题。从美国工会的立场看，美国跨国公司在海外设立生产性公司，就等于是输出工作岗位。在美国工会看来，美国跨国公司为了逃避本国工会集体议价的压力，在工会力量薄弱的国家设厂，利用该国廉价的劳动力进行生产，就是把工作岗位外延出去，使得本国工人丧失工作机会，造成了美国的高失业。美国劳联产联宣称，由于对外贸易发展不平衡，美国在 1966—1969 年期间损失了 50 万个就业机会，其中很大一部分要归咎于 "外逃企业"，即在国外从事劳动密集型生产经营活动的企业。美国一位劳工领导人曾指出："所有的行业，各种成长部门……成千上万急需的就业机会被出口了，对我们这些从事劳工运动的人说来，这预示着大规模的出走。"[19] 基于这样的认识，美国劳联产联曾要求通过立法，限制美国的进口和海外直接投资。

另有一些经济学家做了关于美国海外直接投资对美国就业影响的实证研究。如 R. G. 霍金斯将海外直接投资对投资国短期的就业影响分为三种效应。第一种为生产替代效应，跨国公司采用国外子公司生产，而不是采用母公司出口的办法来参与国际市场，会在一定程度上造成就业机会的损失。第二种为出口刺激效应，这是指国外子公司对母国资本设备、中间产品和辅助产品的需求而产生的增加国内就业的效应。第三种为母国的公司总部和辅助性企业效应，这是由于管理职能集中于母公司对母国的非生产性就业的促进。另外，国外子公司经营业务也会导致母国法律和公共关系服务、管理和工程咨询等方面就业需求的增加。[20]

德拉托尔·斯托博和特列休的研究进一步证实，美国由于对外直接投资的结果，那些熟练程度高的就业机会的增长数要大于损失数。[21] 可是，在那些熟练程度低的职位上，就业雇员在被解雇以后，则不能替补到熟练程度高的职位上去，确切地说，他们只能在该国的其他地方寻求非熟练职位的空缺。这种情况可能鼓励在职的同等熟练和专业水平的雇员向跨国企业需要的新职位流动，因此，总调整数可能会超过 150 万个就业机会。[22]

我认为，如果美国跨国公司设在东道国的子公司生产的商品向美国出口或向美国原来的出口国出口，或者替代了原来从美国的进口，那么直接投资确实会给美国造成失业影响。但是，随着美国对东道国直接投资的增长，东道国的生产和就业水平会相应提高，其进口也可能增加，当然包括从美国的进口，这就产生了增加美国生产和就业的影响。从战后美国海外直接投资的实际情况看，海外直接投资的确会造成投资国非熟练劳动力失业的增加，但由于海外直接投资引发了美国机器设备、技能等出口的扩大，促进了美国产业结构的调整和升级，推动了美国科研工作的展开，这就使得美国对熟练工人、技术人员和管理人员的

需求不断增加。因此，美国海外直接投资对美国就业的影响，从总体上看，主要是表现在就业结构的改变上，而不是表现在就业人数的增减上。

五、美国的海外直接投资有利于改善和加强美国的国际收支地位

美国跨国公司在海外的直接投资，几乎没有一项不涉及美国的国际收支问题。从美国的角度看，美国在海外建立子公司或分公司的开办投资——资本支出；海外子公司开业后汇回给母公司的利息、红利、许可证使用费、管理费、派出人员的工资等——资本收入；海外子公司经营中的原材料、中间产品和设备的出口——收入；从海外子公司进口产品——支出……把这些因素综合起来，就构成了对美国国际收支的影响。

首先，从对资本流动的影响看，尽管由于资金外流，直接投资对美国国际收支在短期内会产生消极影响，但从长期看，美国跨国公司通过子公司汇回利润和支付给母公司的特许权使用费及其他收入，增加了投资国的收益，从而增加了美国的支付能力。一般估计，5 至 10 年的利润收入即可收回全部直接投资。1968 年出版的赫夫鲍尔——阿德勒为美国财政部进行的研究报告表明：美国在海外直接投资时，有较大比例的直接投资是由资本设备出口构成的，以致每 100 美元的投资对国际收支的不利影响仅为 73 美元。而美国每 100 美元的国际直接投资收益每年达 11.7 美元，只要 9 年就可全部收回投资。该研究报告证实，美国海外直接投资对美国国际收支的影响是积极的。[23]

其次，从对商品流动的影响看，美国海外直接投资可以带动商品输出。因为在很多情况下跨国公司母公司向国外子公司的直接投资是通过向子公司提供机器设备、零部件和原材料而实现的，如果没有这项直接投资，这些商品就不大可能出口。当然，直接投资也有可能使出口减少，例如子公司在国外的销售直接替代母公司的出口，就属这种情况。但是，如果美国跨国公司是为了占领市场，防止外国潜在的生产，那么直接投资可以从影响相关零部件、相关产品的出口上使总出口增加。对于进口的影响，如果美国海外直接投资是投向外国的采掘业以获取本国没有的原料，这项投资就不会增加投资国的进口，因为如果不进行这项投资，就要由外国企业供应。如果直接投资的目的在于利用外国的廉价劳动力，也不会增加进口。譬如，如果美国不将电视机、录音机等电子元器件运到国外的子公司进行装配，然后运到美国销售，就不能和日本的产品在美国市场上竞争，就会有更多的日本货进口。

美国国际贸易委员会的前身，美国关税委员会于 1972 年进行了关于美国跨国公司对美国国际收支等方面影响的研究。研究结果表明，1970 年美国跨国公司带动的出口和从国外得到的利润、利息、特许权使用费等金额，超过包括直接投资在内的资本净输出额达 58 亿美元之多。美国海外直接投资水平愈高，出口水平也愈高，两者之间大致有正相关关系。从实际情况看，美国海外直接投资逐年增加，从国外获得的利润等收入也是逐年增长的。据统计，在 1977—1989 年间，美国从海外私人直接投资中所获得的利润额由 196.73 亿美元增至 536.17 亿美元，获得的专利权收入由 21.73 亿美元增至 91.76 亿美元，获得的其他收入由 17.1 亿美元增至 44.15 亿美元。[24]因此，美国跨国公司海外直接投资的收入已经成为加强美国国际收支地位的重要源泉。

1970—1979 年，美国商品贸易 7 年出现逆差，而在此期间经常项目收支却有 5 年出现顺差，究其原因，主要是美国海外直接投资净收入日益增加，它在很大程度上抵消和缓和了商品贸易逆差。如 1979 年，美国贸易逆差为 294 亿美元，但这一年海外直接投资净收入高达 325 亿美元，足以抵消全部贸易赤字。[25]

美国海外直接投资净收入是美国海外直接投资收入减去外国在美国直接投资收入所得到的净利润收入，它是美国国际直接投资活动给美国带来的净增财富。1976—1989 年，美国海外直接投资净收入累计高达 4824 亿美元，它不仅对美国经常项目的收支是一个重要的积极因素，而且对同国际投资有关的净资本流向总是保持流入起了重要作用。同国际直接投资有关的净资本流量是美国国际直接投资净收益同它海外直接投资净流量相互抵消后的净值，用以反映作为同美国有关的国际直接投资活动（双向）的总的结果，资本究竟是流入美国还是流出美国，其流量又是多少？

由下表可以看出，美国海外直接投资净收益在 1985 年以前不仅每年都大于海外直接投资净流量，而且也大于每年的毛流量（即不考虑外国资本流入的影响）。换言之，在 1985 年以前，即使没有外国资本流入美国，单靠美国海外直接投资的净收入，也能在继续追加海外直接投资的前提下保证每年有盈余的资本流入美国。这就足以证明，美国海外直接投资对美国的国际收支产生着不可忽视的积极影响。

美国海外直接投资净收益对美国国际收支的影响　　　　（单位：亿美元）

年份	国际直接投资净收益	商品贸易收支	经常项目收支	美国对外直接投资	
				直接投资资本流量	投资资本净流量
1970	62.33	20.63	23.31	−73.90	−59.38
1975	127.87	89.03	181.16	−139.70	−113.70
1980	303.87	−254.80	15.33	−275.20	9.80
1981	340.03	−279.78	81.63	−129.70	127.30
1982	286.64	−364.44	−69.97	20.60	180.60
1983	248.75	−670.88	−442.86	5.50	129.50
1984	184.89	−1125.22	−1041.86	−57.90	217.00
1985	259.31	−1221.48	−1126.82	−196.80	3.20
1986	216.47	−1450.58	−1332.49	−271.00	87.00
1987	222.83	−1595.00	−1437.00	−482.00	32.00
1988	22.27	−1272.15	−1265.48	−189.00	382.00
1989	−9.13	−1148.64	−1100.34	−399.00	320.00

资料来源：《美国总统经济报告》1990 年第 410 页，1991 年第 401~402 页。
美国商务部《现代商业概览》有关各期。

◎ **注释**

①⑱美国商务部：《现代商业概览》，1991 年第 6 期，第 29、32 页。

②《美国总统经济报告》，1979 年 1 月，第 280 页。

③赫尔曼·雷勃林著：《美国公司的利润率和资本形成》，纽约，伯格蒙出版社 1978 年版，第 4 页。

④美国商务部：《现代商业概览》，1980 年第 8 期，第 22 页。

⑤美国商务部：《现代商业概览》，1983 年第 8 期，第 22 页。

⑥详情参见吴大琨主编：《当代资本主义：结构、特征、走向》，上海人民出版社 1991 年版，第 255 页。

⑦⑧列宁：《帝国主义是资本主义的最高阶段》，人民出版社 1974 年版，第 90、80 页。

⑨［苏］丘根德赫特，《国际垄断组织》，转引自［苏］伊·普·法明斯基：《科学技术革命对资本主义世界经济的影响》，北京出版社 1979 年版，第 132 页。

⑩参见王怀宁、黄苏著：《国际资本简论》，中国财经出版社 1987 年版，第 220—221 页。

⑪［美］《幸福》杂志，1991 年 7 月 29 日，第 245 页。

⑫⑭［美］《商业周刊》杂志，1986 年 3 月 3 日，第 57、59 页。

⑬《世界经济译丛》，1990 年，第 5 期，第 11 页。

⑮⑯［美］J．格林沃德和 K．弗莱姆：《全球工厂》，布鲁金斯学会 1985 年，第 108、96 页。

⑰参见［日］《经济学人》杂志，1991 年 12 月 16 日，第 71 页，《当代世界经济实用大全》，第 205 页。

⑲保尔·詹宁斯：国际电气、无线电和机械工人联合会主席在美国国会对外经济政策小组委员会的报告，1970 年，第四部分。

⑳参见 R. G. 霍金斯论文：《就业替代和跨国企业 t 方法论评述》，不定期文件，第 3 号，华盛顿，跨国企业研究中心，1972 年 6 月。

㉑参见德拉托尔·斯托博和特列休：《美国跨国企业和美国就业技能构成的变化》，第七章，载于库亚瓦编：《美国劳工和跨国公司》，纽约，普雷格出版公司 1973 年版。

㉒参见［英］尼尔·胡德，斯蒂芬·杨著：《跨国企业经济学》，经济科学出版社 1990 年版，第 386—387 页。

㉓参见 R. G . 赫夫鲍尔和阿德勒：《制造业对外投资和国际收支》，税收政策调查研究文件，第 1 号，华盛顿，美国财政部，1968 年。

㉔根据美国商务部《现代商业概览》有关各期资料整理。

㉕美国商务部：《现代商业概览》，1981 年第 3 期，第 55 页。

本文原载于《经济评论》1992 年第 5 期

论日本海外直接投资迅速发展的主要特点及其趋势

陈继勇

20 世纪 80 年代中期以来，日本海外直接投资以前所未有的规模和速度迅速增长，并在其发展中呈现出几个引人注目的新特点。本文拟就这些特点及其发展趋势作一分析和探讨。

一、海外直接投资增速惊人，规模急剧扩大

60 年代初，日本对外直接投资发展速度较慢，投资规模也小，在国际直接投资中，处于无足轻重的地位。据联合国跨国公司中心统计，1960 年，世界各国直接投资累计额 677 亿美元，日本仅为 5 亿美元，占 0.7%。60 年代尤其是 70 年代以后，日本海外直接投资的增长速度不断加快，在国际直接投资中的地位迅速提高。1960—1985 年期间，世界各国直接投资累计额达 7135 亿美元，增长了 9.5 倍，日本则由 5 亿美元增至 836 亿美元，增长了 166.2 倍。在国际直接投资中所占比重到 1985 年提高到 11.7%，仅次于美国（35.1%）、英国（14.7%）而居第三位。[①]

1986 年以来，日本的海外直接投资规模急剧扩大，到 1988 年底，海外直接投资累计额已高达 1863 亿美元，超过了英国的 1837 亿美元而居世界第二位。[②] 据统计，1985—1990 年间，日本海外直接投资增加额 2393.7 亿美元，是 1951—1984 年间对外直接投资额的 3.35 倍。截至 1991 年 3 月底，日本海外直接投资累计额达 3108 亿美元，相当于美国对外直接投资累计额的 74%。[③]

导致 80 年代中期以来日本海外直接投资迅猛发展的主要因素有：

（1）资本主义经济发展不平衡规律的作用。60 年代以来，在资本主义经济政治发展不平衡规律的作用下，日本的经济增长率在发达资本主义国家中名列前茅。1961—1965 年、1966—1970 年、1971—1975 年、1976—1983 年，日本年均实际国民生产总值增长率分别为 12.4%、11.0%、4.3% 和 4.4%，大大高于同期其他发达国家。[④] 由于经济的快速增长，日本经济实力大为增强，至 80 年代中期，日本的国民生产总值已超过苏联，仅次于美国而居世界第二位。80 年代中期以后，日本经济仍保持着旺盛的增长势头。据统计，1985—1990 年，日本实际国民生产总值年均递增 4.8%，而美国为 2.9%、英国为 3.1%，法国为 2.9%。1988 年，日本的国内生产总值为 28437 亿美元，分别为德、法、英的 2.37 倍、3 倍和 4.05 倍，相当于美国的 58.7%。如果从人均国民生产总值来看，1988 年日本为 21020 美元，美国为 19840 美元，已高出美国 5.9%，[⑤] 居主要资本主义国家之首。经济实力的迅速增强，成为 80 年代中期以来日本海外直接投资大规模展开的坚实基础。

（2）作为缓和贸易摩擦，开拓海外市场的重要措施。80 年代中期以来，日本的贸易收支和经常收支连年顺差。据统计，1984—1990 年，日本的外贸收支顺差总额为 5249 亿美元，经常收支顺差总额为 4296 亿美元，长期巨额的贸易和经常收支顺差的获得，一方面使日本的外汇储备急剧增加，成为世界上最大的资金供应国；另一方面使日本企业积累了大量的剩余资金，为企业大规模海外直接投资提供了物质条件。当日本获得大量贸易盈余的同时，美国和西欧国家对日本的贸易赤字却连年增加，据日本大藏省的统计，1985—1989 年间，美国和西欧经济共同体历年对日本的贸易赤字分别为 429 亿、549 亿、571 亿、526 亿、494 亿美元和 111 亿、167 亿、200 亿、228 亿、196 亿美元。这种国际贸易收支的严重失衡使得日本同美国、欧共体之间的贸易摩擦日益激化，贸易战此起彼伏，长此以往必将使日本在世界经济格局中处于日益

孤立的地位，并会招致美欧各国贸易保护主义的报复，这对于原料、能源和产品都严重依赖海外市场的日本是十分不利的。为了缓和贸易摩擦，开拓海外市场，日本政府制定并实施了"黑字还流"计划，力图通过扩大对海外的直接投资，来替代和减少国内商品的直接出口，从而使巨额的贸易顺差的增长势头得到一定程度的控制，以缓和与美国、西欧的贸易摩擦。

（3）应付日元大幅升值的紧急对策。1985 年 9 月 22 日西方五国财长会议后，日元大幅升值。1985—1988 年，每美元兑换日元的比例由 238.54 降到 128.15，日元升值幅度高达 46.3%。⑥日元大幅升值，造成了日本产品出口价格的上涨，使以出口为主的各产业部门受到沉重打击。1986 年上半年，日本金属行业的出口额下降了 30%，纤维、化学、电气机械、运输机械、精密机械等出口额下降了 20%，一般机械行业出口额下降了 10%，⑦企业陷入严重的困境之中。据统计，1986 年日本汽车业的经常利润比 1985 年减少 32%；在电子工业中，日立、东芝、三菱等大企业的经常利润也相继减少 10%～50%。⑧在这种严峻的形势下，日本采取的紧急对策之一就是加快国内产业结构的调整和升级步伐，企业将一部分生产据点转移海外，以充分发挥日本企业所拥有的生产技术优势，利用东道国丰富的自然资源和廉价的劳动力资源，为日本大企业源源不断地提供廉价的零部件，以降低生产成本，提高经营效率，占领市场，增强日本企业在国际市场上的应变能力。同时日元大幅升值进一步提高了日元在国际市场上的购买能力，日本利用这一优势，大量兼并、收购国外企业，从而推动了日本海外直接投资的迅猛增长。

（4）实现国家总体经济战略目标的需要。随着日本经济实力的增强，日本政府不失时机地提出了"日本国际化"的战略，并认为，不断扩大对外直接投资是日本成为"国际国家"的重要途径和手段。1986 年 4 月，日本著名的"前川报告"提出了"调整产业结构，扩大内需，建立国际协调型经济结构"的建议。1988 年 2 月，日本通产省公布了《经济合作的现状与问题所在》的文件，正式肯定了"前川报告"的观点，并指出日本产业结构正向"国际协调型"转换，要"开展援助、直接投资和进口三位一体的综合合作"。⑨日本政府认为，"日本已经成为世界最大的资本供应国"，要起到"19 世纪英国和第二次世界大战后美国所起的作用"。要实现这一总体战略目标，就必须大力扩展海外直接投资，实现日本经济的国际化，尤其是资本的国际化，以便在高层次上建立全球性生产经营体系。为此，日本政府对海外直接投资采取了一系列鼓励、资助和扶持措施。其中主要有：第一，放松金融管制，推进金融自由化和国际化。如对大额存款利率实行自由化，减少对外金融机构进入日本市场的限制，放松日本银行对国外客户贷款的限制，建立东京离岸金融市场等；第二，日本银行根据日本跨国公司对外直接投资的需要，建立全球性的经营网络，广设海外分支机构和附属机构，到 1988 年初，日本银行的海外分支机构已达 441 个，它们不断扩大国外业务范围，开辟项目融资、租赁、咨询、发行债券、投资管理等，支持日本企业进行海外投资，增强其竞争能力。第三，日本进出口银行对私人海外投资提供优惠利率的贷款，根据《自由汇兑法》给予外汇优惠措施，日本驻外机构对日本海外投资企业给予密切关注并采取种种防止政治风险的有效措施，日本政府对海外投资给予税收优惠以及建立完备的海外投资保险制度等。

二、直接投资的地区流向和地区配置发生重大变化和倾斜

（一）日本海外直接投资的地区重点由以发展中国家为主转向以发达国家为主

20 世纪 50—70 年代，日本海外直接投资的地区分布与其他发达资本主义国家对外直接投资的地区分布具有明显不同的特点。如美国对外直接投资的地区配置自 60 年代以来主要是在发达国家，所占比重一般在 2/3 与 3/4 之间，而日本海外直接投资的地区重点则是在发展中国家。据统计，截至 1980 年，在日本海外直接投资累计额中，发达国家占 46.0%，发展中国家和地区占 54.0%。进入 80 年代后，随着经济国际化的加速发展，日本与欧洲、北美的贸易摩擦日益加剧及日本产业结构的调整与升级，日本海外直接投资重点逐步由发展中国家为主转向以发达资本主义国家为主。在截至 1986 年的日本海外直接投资累计额中，发达国家占 54%，其中北美所占比重由 27% 升至 35%，欧洲由 12% 升为 14%；而发展中国家则由

54%降为46%，其中亚洲由27%降至21%。[⑩]

1987年以来，随着西欧统一大市场的加紧建设和美加自由贸易协定的签订，世界经济区域集团化趋势愈益发展，美、欧、日在国际贸易市场和投资市场的竞争日益激烈，日本的海外直接投资愈来愈集中于以美国和西欧为主的发达国家。据日本大藏省公布的资料，1989年，日本海外直接投资增加额为675.4亿美元，其中投向发达国家的占79.0%，投向发展中国家的占21.0%，在1990年日本的海外直接投资增加额中，对美国和欧洲的直接投资占日本当年海外投资的70%[⑪]，如果加上对加拿大和大洋洲的澳大利亚、新西兰的投资，所占比重超过了日本海外直接投资的3/4。这种投资地区配置的巨大变化和严重倾斜，突出地反映出日本为迎接西欧、北美两大区域集团的严峻挑战而采取的重要步骤，即不断加快对美国、欧共体直接投资的步伐，通过在美国、西欧设厂办企业，加强和扩大其在美国的生产基地，就地生产，就地销售既能绕过美国、欧共体的关税壁垒和非关税壁垒，又能更直接、更及时地掌握美国、欧共体市场的各种信息，以适应其市场需求的变化，加强在美、欧市场上的竞争能力和应变能力。自1986年欧共体加快统一进程以来，日本制造业在西欧投资迅速扩大，截至1989年，在西欧467家已开业的日资制造业中，有238家是在1986年后进入的。[⑫]1989年日本海外制造业直接投资162.84亿美元中，对北美、欧洲的投资占77.8%。[⑬]

（二）对亚洲的直接投资始终以东南亚地区为主

长期以来，日本对亚洲的直接投资集中于东南亚地区的印度尼西亚、中国香港地区、新加坡、马来西亚等几个国家和地区。截至1985年，在日本对亚洲直接投资累计额中，印度尼西亚占43.3%，香港占15.1%，新加坡占11.7%，马来西亚占5.8%，四国（地区）合计比重高达75.9%。[⑭]自1986年以来，日本在亚洲直接投资的地区配置仍以东南亚地区为主，但国别地区的投资发展出现明显倾斜。1986—1990年，日本对亚洲直接投资增加额280.6亿美元，其中中国香港地区占24.7%；新加坡占15.3%；泰国占13.0%；印度尼西亚占11.1%；马来西亚占7.5%，菲律宾占2.4%，六国（地区）合计比重为74.0%。[⑮]

80年代中期以来，日本在亚洲的直接投资仍然集中于东南亚地区，除了日本的营运资本相对过剩，具有雄厚的投资实力因素外，主要是由于东南亚地区具有丰富的自然资源、廉价的劳动力资源，一定的市场容量和对外资的开放政策，适应了日本海外企业的多元化投资与经营策略。日本的海外企业在东南亚地区的投资与经营策略可分为三类：即资源导向型、市场导向型和中转生产型。资源导向型投资主要是利用当地丰富的自然资源，进行开采、加工，以确保和稳定日本的资源供应，市场导向型投资是通过在东南亚地区设厂生产来保护原有市场或开拓新市场，并通过当地国家的出口配额将其产品输往第三国；中转生产型投资是指日本海外企业在东道国设厂．进口主要原料、半成品和资本货物，利用当地廉价劳动力，进行加工和装配，然后通过自身的销售网再出口到母国或其他地区。加之东南亚地区政局相对稳定，特别是它们为了吸引日本的资本，积极调整外资政策，大力兴建外商投资区，开放国内市场，放宽政策限制，不断完善投资环境，从而为吸引日本投资创造了良好的条件。

三、投资的产业结构日益高级化和软化，在不同投资地区产业结构出现巨大差异

1951—1985年，在日本海外直接投资累计额中，制造业占29.2%，采矿业占14.1%，贸易业占15.2%，金融保险业占13.0%，农林渔水产业占1.5%，服务业占5.6%，运输业占7.1%，不动产业占3.0%。[⑯]这种以制造业为主，采矿、贸易、金融保险业为辅的海外直接投资产业结构，是与日本50年代以来经济发展模式相吻合的。由于日本是一个资源、能源相当贫乏的国家，在经济发展中，能源和资源严重依赖进口，从而形成了进口资源和能源，出口工业制成品的贸易导向型经济发展模式。80年代中期以来，由于日本与其他发达国家贸易摩擦的日益激化，新技术革命的迅猛发展与发达国家产业结构的不断调整，日元的大幅升值等因素的制约和影响，日本海外直接投资的产业部门结构日益高级化和软化。其具体

表现是：制造业和采矿业所占比重急剧下降，而对金融、保险、贸易、服务等第三产业的直接投资迅速增加，所占比重不断上升。据统计，1988 年日本海外直接投资累计额 1864 亿美元中，制造业占 26.7%，矿业占 7.5%，第三产业占 51.2%，其他占 14.7%。在第三产业投资中，金融保险占 22.5%，不动产业占 11.1%，贸易业占 10.7% 和服务业占 6.9%。[17]

导致 80 年代中期以来日本海外直接投资产业结构日益高级化和软化的主要因素：

第一，科学技术革命和生产力的巨大发展。80 年代以来，日本提出了"科技立国"的战略，为了实施这一战略，日本政府采取各种政策措施，大力发展科学技术，促进国内产业结构的调整和升级，一系列新兴工业部门迅速发展，新产品不断涌现。为了抢占国外市场和实现经济扩张，日本跨国公司充分利用自己拥有的各种技术垄断优势，纷纷在国外投资办厂，推动了日本在海外制造业直接投资的发展。从 80 年代中期以来的情况看，日本在海外制造业的直接投资呈现出两个明显的特征：一是相当集中在一些发展迅速，以新技术、高技术为特征的工业部门，以便占领市场，排除竞争者，维护其在世界市场上的地位，一是高度集中于发达资本主义国家和新兴的工业化国家或地区。据统计，截至 1988 年，在日本海外制造业直接投资累计额（498 亿美元）中，电机、自动车、机械行业 219 亿美元，占 44.0%；铁、非铁行业 77 亿美元，占 14.5%；化学 65 亿美元，占 13.1%，木材、食品、纤维 68 亿美元，占 13.6%；其他行业 70 亿美元，占 13.8%。[18]1989 年，在日本新增加的海外制造业直接投资 162.84 亿美元中，北美占 58.9%，欧洲占 19%，亚洲占 19.8%，其他地区仅占 2.3%。[19]

第二，随着科学技术的发展，生产机械化和自动化程度的提高，生产的社会化和专业化不断发展以及生产和资本国际化趋势的加强，使得各国之间的经济联系日趋紧密，对国外市场依赖程度日益加紧，从而导致金融、保险、银行、海运及其他工商企业服务的部门，如广告、检验、咨询、情报、商业性研究试验、设备租赁等行业不断扩大，以便为日本商品和资本的扩张服务。

日本海外直接投资的产业结构也因投资地区、投资类型不同而出现巨大差异，大体上可分为三种。

第一种是回避摩擦型投资，这种投资以美国为主。目前，日本汽车行业 90% 在美国投资设厂，就地生产，就地销售，以缓和贸易摩擦。这类投资的部门结构是以贸易业、金融保险不动产业为主兼有制造业。据统计，截至 1990 年底，在日本对美国直接投资累计额（834.98 亿美元）中，贸易业占 33.9%，金融保险不动产业占 39.2%，制造业占 18.2%，其他占 8.8%[20]。

第二种是市场开拓型投资，这种投资以西欧为主。其目的有二：一是赶在 1992 年欧共体建成统一内部大市场之前，日本企业在西欧实现生产、劳务欧共体化，即制造业在当地建工生产体系，服务业在当地取得营业许可，使日本企业以欧共体内部企业的身份，获得统一市场的优惠待遇。日本的一些大企业，都准备赶在 1992 年前抢先在西欧兴建更多的工厂和开办更多的公司企业，目前松下公司已经在欧洲建立了 12 家子公司，在当地进行生产和销售。1989 年松下公司在欧共体市场销售了 45 亿美元的产品，其中 40% 是在当地生产的。其目的之二就是着眼于东欧的经济复兴和东西欧经济一体化所产生的贸易机会，以拓展日本的海外商品和资本市场。

第三种是降低成本型投资，这种投资以亚洲为主，投资部门以制造业为主兼有其他部门。1989 年，日本对亚洲直接投资增加额为 82.38 亿美元，其中制造业 32.2 亿美元，占 39.1%。而在对新兴工业化国家和地区投资 49 亿美元中，制造业占 27.5%；对东盟国家投资 27.8 亿美元中，制造业占 55.9%，对中国大陆投资 4.38 亿美元中，制造业占 47.0%。[21]日本在亚洲的这种投资类型和结构，其目的是：一方面利用其廉价劳动力，降低产品成本，提高产品的竞争能力，占领当地市场和打进美欧发达国家市场，赚取可观的利润；另一方面，利用发达国家给予发展中国家和地区出口商品的某些优惠，以利于日本开辟美欧市场。

四、收购与兼并日益成为直接投资的一种重要形式

80 年代中期以来，随着日本海外直接投资增速加快，投资方式日趋多样化，日本企业对国外企业的

收购与兼并活动日益增加。据统计，1984 年，日本企业兼并外国企业只有 44 家，其兼并金额只占海外直接投资总额的 10% 左右，1985 年后，日本对外国企业兼并大幅度增长。1985 年为 100 件，1986 年增至 204 件，1987 年为 228 件，1988 年增至 315 件，1989 年高达 405 件，1990 年 1—6 月为 227 件。[22]同时，收购与兼并外国企业的资金占海外直接投资的比重也上升至 20% 左右。从日本企业兼并外国企业的地区分布看，重点地区在美国、西欧发达资本主义国家，占日本企业对外兼并总数的 64%~80%，而在发达资本主义国家内部，美国所占比重高达 45%~62%。但值得指出的是，自 1986 年以来，日本兼并欧共体企业的件数急剧增加，所占比重不断提高，到 1989 年已占到日本兼并外国企业数的 1/4。在兼并的行业方面，日本从制造业、采掘业、运输业、农林水产业到金融保险业、商业服务业、不动产业、娱乐业无孔不入。日本企业兼并外国企业的范围虽然相当广泛，但相对集中在机械、化学、电机、食品制造业部门和不动产、商业等行业。在对国外制造业的兼并中，日本企业的兼并呈现出由一般技术型企业向高技术型企业转化的趋势，这具体表现为日本企业扩大了对从事生物工程、LSI 设计和超级计算机生产、销售及科研机构的兼并。在非制造业内部，日本企业加快了对海外商业和不动产业、娱乐业的兼并。

80 年代中期以来，日本企业在海外直接投资中，日益采取收购与兼并的方式，这表现出日本在国际直接投资领域中的咄咄逼人的攻势。形成这种态势的背景和主要原因是：第一，1985 年日元大幅升值以来，日本的出口竞争能力下降，同时以美元计价的外国企业的总现价下降，使得收购和兼并外国企业所需成本的降低。第二，企业的国际化浪潮在全球范围迅猛发展，在这种情况下，企业有必要从全球观点出发来迅速调整其世界经营战略。第三，伴随着日美、日欧经济贸易摩擦的激化，要求日本迅速地将出口转变为在东道国进行生产以代替出口，而在东道国当地进行生产的最佳选择之一就是收购与兼并东道国企业。这是因为，收购与兼并外国企业，对日本跨国公司来说，有如下五点好处：（1）可以迅速进入东道国市场，省掉建厂时间，并利用现成的管理制度、技术人员和生产设备，以尽早获得海外生产据点；（2）可以开拓新事业经营领域，迅速扩大产品种类，实现多样化经营，增强日本在国际市场上的应变能力和竞争能力；（3）可以尽早获得海外销售据点和利用外国企业在世界各地的销售渠道，扩大商品销售，并抓住有利的市场机会；（4）可以获得新技术和技术诀窍、商标、专利和各种资产；（5）可以获得资金融通的便利和保证稳定的供货来源。[23]

五、20 世纪 90 年代直接投资规模将继续扩大，但增长速度将会放慢

以上从增长速度与规模、地区配置、部门结构、投资方式四个方面论述了 80 年代中期以来日本海外直接投资发展的主要特点及其成因。90 年代日本海外直接投资的前景如何？笔者认为，90 年代日本海外直接投资的规模将会进一步扩大，但增长速度将会放慢，其理由如下：

（1）日本经济实力仍在继续增强，这为日本海外直接投资继续扩展提供了经济基础。目前日本是世界上仅次于美国的第二经济大国，与美国的经济实力差距正在不断缩小。日本也是世界上最大的贸易收支顺差国和最大的债权国，1990 年底其净债权高达 4500 亿美元。根据国外学者鲍尔斯在《世界经济超级大国的兴衰》一文中的预测，如果按 1980—1990 年美国和日本国内生产总值分别年均增长率为 2.7% 和 4.5% 的增长速度保持下去，到 2025 年按国内生产总值计算日本将赶上美国。[24]经济实力的增强使日本谋求在世界经济政治生活中发挥更大的作用，以树立大国形象，这客观上要求日本不断扩大资本输出，以便在风云变幻的国际政治生活中，进一步扩大其影响力，以确立于日本有利的地位。

（2）海外直接投资仍将是日本今后实现国际协调型经济结构的重要战略措施。进入 90 年代，由于日本劳动力短缺，工资成本上升，地价猛涨而居高不下，美日欧贸易摩擦愈益激化，在这种形势下，日本政府的重要政策课题仍将是调整产业结构，扩大内需，建立国际协调型经济结构，以推动日本经济进一步国际化。要实现这一政策目标，其重要战略措施之一就是不断扩大海外直接投资，以推动日本产业结构的调整，巩固和扩大其在海外市场的占有率，促进经济的迅速发展。

（3）日元币值坚挺，汇率居高难下，加之日本债权大国地位的确立，东京国际金融中心的形成，使

日本的国际融资能力不断提高，这在客观上将促进日本海外直接投资的发展。1986 年以来的事实证明，日元大幅升值对日本海外直接投资具有很强的促进作用。另据美国国际经济研究所所长弗里德·伯格斯滕在今年 3 月 23 日的众议院筹款委员会听证会上估计说，目前日元对美元的汇率比它应有的水平低 30%，并主张日元对美元升值 30%。[25]在今后日元汇率居高不下，日本国际融资能力不断增强的情势下，日本的海外直接投资仍将继续扩大。

（4）进入 90 年代以来，世界经济发展日益呈现出不稳定和不平衡。如汇率变动、股市暴跌、海湾危机、油价上涨、英美经济衰退、国际市场需求呆滞等，这些都使日本在海外直接投资方面显得更为谨慎，海外直接投资的步伐大为放慢，有的跨国公司甚至开始收缩海外投资业务。据统计，1991 年日本海外直接投资增加额为 310 亿美元，比 1990 年下降了 45%，其中日本对美国直接投资增加额减少了 60%。[26]主要原因是由于美国经济陷入衰退，投资环境恶化。但是，这种下降趋势不会长期持续下去，今后随着世界经济的发展，生产和资本国际化趋势的加强，加之美加墨自由贸易区、欧共体统一大市场及欧洲经济区建设的加快，都使得日本不仅需要继续扩展对北美、西欧的直接投资，以迎接两大区域集团对日本经济发展的严峻挑战。同时，日本也必须不断加强对亚洲的直接投资，通过投资来实现日本在亚洲的主导地位战略，从而为建立以自己为中心的东亚经济圈创造条件，以利于日本与北美、欧洲两大区域集团相抗衡。

◎ 注释

① 联合国跨国公司中心：《世界发展中的跨国公司，趋势和展望》1988 年纽约英文版第 24 页。

②⑬⑰⑱⑲㉑ ［日］ 大藏省财政金融研究所：《金融评论》1990 年 12 月第 18 号第 6、7、30、35、65 页。

③ 根据日本大藏省统计资料和美国商务部《现代商业概览》1991 年第 6 期资料计算。

④ ［美］《总统经济报告》美国政府出版局 1991 年第 411 页。

⑤《1990 年世界发展报告》英文版第 179、183 页。

⑥ ［日］《日本统计月报》1991 年第 6 期 163、164 页。

⑦ ［日］《日经商务》1986 年 8 月 18 日第 146 页。

⑧ ［日］《东洋经济》1986 年 9 月 20 日号第 40 页。

⑨ ［日］ 通产省文件，1988 年 2 月 18 日。

⑩ ［日］《经济》杂志 1988 年第 10 期第 23 页。

⑪ 日本大藏省统计资料。转引自《国际商报》1991 年 7 月 13 日。

⑫ 参见日本贸易振兴会海外调查部长代理长手喜典 1990 年 3 月 5 日在上海一次报告会上的讲话内容。

⑭⑯ ［日］ 大藏省：《财政金融统计月报》1987 年 12 月号。

⑮ 根据日本大藏省资料计算。

⑳ ［美］ 美国商务部：《现代商业概览》1991 年第 6 期。

㉒㉓ ［日］《世界经济评论》1990 年第 10 期 45、46 页。

㉔ ［英］《金融时报》1991 年 11 月 4 日。

㉕《国际经贸消息》1992 年 4 月 5 日。

㉖《经济日报》1992 年 3 月 3 日。

本文原载于《国际贸易问题》1992 年第 10 期

论 20 世纪 80 年代以来美国对华
直接投资的特点、问题及其对策[*]

陈继勇

一、美国对华直接投资的现状及主要特点

我国自 1979 年实行对外开放政策以来，引进外商直接投资取得了显著成效。据统计，截至 1991 年底，我国共举办外商投资企业 42027 家，协议外商投资总金额 513.95 亿元，实际投入金额 232.75 亿美元，已建成投产（营业）的企业 20732 家，其中 85% 以上的企业经营状况良好，大部分企业盈利，外汇收支基本平衡。1991 年，外商投资企业总产值 1370 亿元，销售收入 1278 亿元，出口创汇 120 亿美元，外商投资企业在我国的经济发展中已占有一定地位。

在外商对华直接投资中，美国对华直接投资特别引人注目。1979 年以来，随着中美外交关系的建立和中国改革开放政策的推行，中美经济合作进入了一个新阶段。起初美国对华直接投资的热点在近海石油勘探与合作开发上。此后，随着中美经济关系的发展和中国投资环境的不断改善，美国对华直接投资的规模迅速扩大，投资领域不断拓宽。据统计，1979—1982 年，美国在华直接投资项目仅 21 个，协议金额 24700 万美元，实际使用金额 20848 万美元。1983 年以后，进入了迅速发展阶段，仅 1985 年，美国对华直接投资项目就达 100 个，协议金额为 11.5202 亿美元，实际利用金额 3.5719 亿美元。经过 1989 年政治风波之后，美国对华直接投资势头不减。1989 年和 1990 年对华直接投资项目数分别为 276 个和 357 个，协议金额分别为 64052 万美元和 35782 万美元，实际使用额分别为 2847 万美元和 45599 万美元（见表 1）。1991 年，美国对华直接投资继续增长，到 1991 年底，美国对华直接投资协议金额已达 40 多亿美元，合资项目达 1856 个。

表 1　　　　　　　　　　　　美国来华直接投资统计一览表　　　　　　　　（单位：万美元）

年份	项目个数	协议金额	实际利用金额
1979—1982	21	24700	20848
1983	32	47752	8313
1984	62	16518	25625
1985	100	115202	35719
1986	102	54148	32617
1987	104	34219	26280

---

[*] 本文被人大报刊复印中心《世界经济导刊》1993 年第 1 期全文转载。文中对华直接投资仅指对中国内地的直接投资。

续表

年份	项目个数	协议金额	实际利用金额
1988	269	37040	23596
1989	276	64052	28427
1990	357	35782	45599
1979—1990	1208	340448	192238

资料来源：国家计委外资司。

80 年代以来，美国对华直接投资与其他外商对华直接投资相比，具有几个明显的特点：

1. 发展速度迅速，投资规模较大，在外商对华直接投资中占有重要地位

从 80 年代美国对华直接投资的增长速度看，它大大超过了同期美国对亚洲"四小龙"和东盟其他四国的增长速度。据统计，1982—1989 年，美国对华直接投资协议累计额由 2.47 亿美元增至 30.47 亿美元，年平均递增 43.2%，实际使用金额由 2.085 亿美元增至 14.66 亿美元，年均递增 32.1%。① 而同期，美国对南朝鲜、中国台湾地区、中国香港地区、新加坡、印度尼西亚、泰国、菲律宾、马来西亚的直接投资累计额年均增长率分别为 12.5%、17.7%、10.0%、2.8%、5.1%、11.8%、3.8 和 0.9%。②

从所建企业数和投资协议额看，1979 年 7 月至 1990 年 9 月间，12 个国家（或地区）在中国内地所建企业 23862 家，其中中国香港地区、中国澳门地区居第一位，所建企业数 19573 家，占 82.0%；中国台湾地区居第二位，所建企业 1188 家，占 5.0%；日本居第三位，所建企业 1082 家，占 4.5%；美国居第四位，所建企业 1062 家，占 4.4%。同期，美国对华直接投资协议累计额 29.961 亿美元，占 12 国（或地区）外商对华直接投资的 9.7%，仅次于中国香港地区、中国澳门地区居第二位（见表 2）。

表 2　　　　外商在中国内地直接投资企业数和协议额一览表（截至 1990 年 9 月）

国家（地区）	企业数（个）	所占比重	协议金额（亿美元）	所占比重
中国香港地区、中国澳门地区	19573	82.0%	225.98	73.2%
中国台湾地区	1188	5.0%	11.00	3.6%
日本	1082	4.5%	18.64	6.0%
美国	1062	4.4%	29.96	9.7%
新加坡	409	1.7%	6.81	2.2%
泰国	113	0.5%	1.71	0.6%
加拿大	96	0.4%	2.08	0.7%
澳大利亚	85	0.4%	2.05	0.7%
德国	80	0.3%	4.97	1.6%
英国	78	0.3%	1.78	0.6%
法国	67	0.3%	1.92（西班牙）	0.7%
荷兰	29	0.1%	1.76	0.6%
12 国（或地区）合计	23862	100,0%	308.66	100.0%

资料来源：对外经贸外资司。

① 根据国家计委外资司资料计算。
② 根据美国商务部：《现代商业概览》1984 年第 8 期、1990 年第 8 期资料计算。

从每个企业平均投资额计算,美国在华企业平均投入资本额为282万美元,居第一位;日本为172万美元,居第二位;中国香港地区、中国澳门地区为155万美元,居第三位;中国台湾地区为92.59万美元,居第四位。在向中国内地投资最多的前四名国家(地区)中,美国建立的大型企业最多,其中有一批是资金技术密集型企业。如中国南海贝克钻井有限公司、年产1500万吨煤的山西平朔安太堡露天煤矿、年产5万辆的北京吉普汽车有限公司、生产大功率发电机组配套锅炉的北京巴布科克威尔科克斯有限公司、生产仪器仪表的北京惠普公司、生产自动化控制设备的上海福克斯波罗有限公司、生产新型复印机的上海施乐有限公司、生产高效药品的上海施贵宝制药有限公司和天津中美史克公司等。

2. 投资地区分布以大城市和沿海开放城市为主,并逐渐遍及全国,投资方式以合营为主,多种方式并举

美国对华直接投资始于首都北京。1980年4月,中国政府批准美国沈伊建设发展有限公司与中国旅行社北京分社合资兴建北京长城饭店,打响了中美合营兴办企业的第一炮。在80年代初期的几年中,美国在华直接投资主要集中于上海、天津、北京、广州等大城市。这些大城市相对其他地区而言,经济比较发达,工业基础雄厚,基础设施较好,具有吸引外国直接投资的良好条件。80年代以来,随着中国五个经济特区和14个沿海城市的相继开放,美国的对华直接投资逐步由沿海向内地延伸。截至1986年底,沿海地区有美商投资企业130家,投资额为7.6亿美元,在内陆省份有104家美商投资企业,投资额为7.8亿美元,基本上是平分秋色。

从目前美商对华直接投资的55个大型项目的分布看,地域是相当广泛的。如上海12个,南海石油勘探7个,北京6个,广东5个,大连3个,湖北、福建、黑龙江、内蒙古、南通、秦皇岛、天津各2个,沈阳、重庆、浙江、新疆、山西、徐州、云南、黄海各1个。这表明美国对华直接投资已由沿海地区向内地纵深发展。

在投资方式上,美国在华直接投资方式有五种:合资、合作、独资、合作开发和补偿贸易。在这些方式中合作开发主要以近海石油勘探为对象,补偿贸易数量有限,不占重要地位。合资、合作与独资企业则有广泛的发展前途。在这五种方式中,合资经营占主导地位,据统计,在目前美国对华直接投资所建企业中,合资经营企业所占比重高达70%以上。

3. 投资的部门行业结构已实现了以能源开发和服务业为重点向以制造业为主的转变

据统计,1980—1986年,美国对华直接投资协议累计额(不包括近海石油合作开发)为15.4189亿美元,其中服务业6.3651亿美元,居第一位,占41.3%;能源为3.7566亿美元,占24.4%,居第二位;制造业(包括电子、电信、生物工程、化学、机电制造、建筑材料、轻纺、食品)3.3016亿美元,占21.4%,居第三位(见表3)。

表3　　　　　　　　　　　　**1980—1986年美国对华直接投资的行业分布**

行业	项目数	协议投资额(万美元)
服务行业	45	63651
其中宾馆饭店	24	61695
能源(不包括近海石油合作开发)	15	37566
其中煤炭	1	34401
为石油勘探服务	13	2864
电子、电信、生物工程	42	5406
化工	5	794
机电制造	21	6879
建筑建材	14	2445

续表

行业	项目数	协议投资额（万美元）
轻纺食品	74	18292
种植、养殖、捕捞	9	1727
其他	9	18229
合计	234	154189

资料来源：《中美经济关系：现状及前景》，复旦大学出版社 1989 年版，第 260 页。

可见，美国在 80 年代上半期一直将服务业作为对华投资的重点，主要投向了宾馆、饭店行业。这一方面共签订协议 24 项，总投资金额约 6.2 亿美元，其中，中美合营企业 14 家，投资 2.07 亿美元，中美合作企业 10 家，投资 4.09 亿美元，平均每个项目投资 2570 万美元，最大的项目投资为上海展览馆，美国波特曼合伙有限公司投资为 1.75 亿美元。美商把投资重点放在宾馆、饭店主要是出于以下考虑：一是中国旅游资源丰富，对国际旅游业具有较强的吸引力，是一个收益较高、风险较小、资本周转快的行业；二是旅游业有直接的外汇收入，容易解决外汇平衡问题，便于在中国市场立足并展开竞争。

随着其他国家和地区对中国服务业直接投资的竞争加剧，某些大中城市宾馆、饭店建筑已趋饱和，加上 1986 年国际石油价格暴跌，美国对近海石油勘探的兴趣减弱，对华直接投资的部门结构发生很大变化。其显著标志是，服务业所占比重下降，制造业日益居主导地位，根据对美国在华直接投资的 55 个大型项目的统计，制造业 40 个，能源项目 10 个（其中 8 个海上石油勘探，2 个煤炭开发），服务业项目 5 个，占比分别为 72.7%、18.2% 和 9.1%。从投资协议额看，制造业 10.54 亿美元，占 55 个大型项目协议额（22.7683 亿美元）的 46.3%；能源 9.3296 亿美元，占 41.0%；服务业 2.8925 亿美元，占 12.7%。①

4. 美国在华直接投资企业经营效益较好，在多数情况下中美双方比较满意

在已经投产或开始营业的美商对华直接投资中，大部分企业经营良好，企业利润率平均在 15% ~ 20%，有的企业利润率高达 25%，其中，合作成功的事例不少。如由美国克莱斯勒汽车公司投资 2768 万美元与中方合资建立的北京吉普汽车有限公司，自 1984 年开业以来，累计生产汽车 25 万辆，实现销售收入 79 亿元，平均年递增 37.9%，实现利润 8 亿元，平均年递增 32.2%，上缴国家税费 13.6 亿元，该公司零部件国产比率已达 45% 以上，目前已经成为国内生产吉普汽车的最大工厂；由美国福克斯波罗有限公司投资 1000 万美元与中方合资的上海福克斯波罗有限公司是上海第一家中美合资企业。8 年来，这家公司与产的系统控制仪表已在大江南北、东北、西北数百项大型工程上使用，质量符合其美国本部标准，零部件国产化率达 60%。自 1983 年开业以来，1984 年转亏为盈，营业利润不断增长，中美双方均表示满意。由美国布迈施贵宝公司与中方合资的上海施贵宝公司是中国第一家中美合资制药企业，自 1985 年投产以来，连续 6 年生产经营蓬勃发展，销售额直线上升，赢利不断增加。1991 年，该公司销售额突破 2 亿元，比 1990 年增长 75%，利润额比 1990 年增长 2 倍以上，6 年来该公司投资 1 美元已增值 8 美元。由美国百事可乐公司投资 750 万美元与中方合资的深圳饮乐汽水厂，经过 7 个月的改造，将原来每月只能生产 6000 瓶汽水的手工作坊式的汽水车间变成一家可以日产 50 万瓶，年产 8 万吨汽水的全自动化的现代化饮料厂，产品 80% 出口到中国香港地区、日本。从 1982 年 8 月正式投产至 1989 年底共实现利税 9075 万元，其中中方获纯利润 2456 万元，共向国家上缴税金 3489 万元，企业三项基金共留成 1762 万元，美国也从合资中获得了可观的效益。1986 年美国百事可乐国际公司董事会主席简道尔先生率领百事可乐国际公司最高董事局访华团成员参观深圳饮乐汽水厂后感到，该厂为中美合作树立了好的榜样，为他们继续来中国投资增强了信心。

---

① 根据国家计委外资司资料计算。

二、目前美国在华直接投资中存在的主要问题

10 多年来,美国对华直接投资虽经历了风风雨雨,但发展势头是好的,这是中美双方共同努力的结果。但是,必须指出,美国对华直接投资规模与美国这个世界上最大的对外直接投资国是极不相称的。据统计,截至 1990 年底,美国海外直接投资累计额 4215 亿美元,其中对华直接投资仅有 34 亿美元,占美国海外直接投资的 0.8%。这表明,尽管中国实行了改革开放政策,实施了沿海地区经济发展战略,兴办了 5 个经济特区,开放了沿海 14 个城市,对外商投资采取了各种优惠政策和措施,但在美国跨国公司看来,中国还不是最有吸引力的投资场所。虽然美国的跨国公司来了一些,并表现出对中国投资的兴趣,但许多美国公司对中国的投资采取观望态度,即使是有所投资,也带有投石问路的性质,有长期打算的较少。之所以出现这种情况,中美双方都存在一些客观的原因:

就美方而言,主要是由于美中两国历史、文化、社会制度、意识形态和价值观念都不相同,美国跨国公司对中国不够了解,不敢贸然大规模投资。尤其是 1989 年后,美国政府以"人权"问题为借口,对中国实行经济制裁,急剧恶化了中美经济关系。美国对华经济制裁的主要内容有:

(1)停止向中国出口用于国防、军事及治安防暴方面的设备;

(2)停止政府间的新贷款以及世界银行、亚洲发展银行等机构的对华新贷款;

(3)停止向新的在华私人投资者提供保险或融资服务;

(4)停止贸易发展项目与活动;

(5)反对巴黎统筹委员会进一步放宽对华高技术转让,冻结美国对华高技术转让的许可证;

(6)停止发放使用中国火箭发射美国卫星的出口许可证;

(7)不再继续实施核能源条约,停止发放新的核燃料许可证。

美国的经济制裁,尤其是美国政府停止美国海外投资保险公司对美国商人到中国的投资保险,这在中美之间尚未签订投资保护协定的情况下给美国公司来华投资造成了阻力,加之美国抽紧了对中国高技术的出口,这直接影响了美国企业的对华直接投资和高技术转让。

就中方而言,其根本原因在于对引进外国直接投资的重要性和艰巨性认识不足,在很大程度上没有意识到中国是在同南亚和东南亚的其他国家(地区)进行着吸引外国投资者的竞争,加之中国投资的软硬环境尚不理想,对外商的吸引力不强。主要表现是:

(1)思想不够解放,认识有待提高。改革开放以来,各级干部和群众对吸收外商直接投资的态度逐渐由怀疑、冷淡变为欢迎、热情。但由于长期"左"的思想的影响,有些人仍然存在着模糊认识,甚至把外资企业当作资本主义的东西,认为多一分外资,就多一分资本主义,就会导致"和平演变"。因此,对三资企业的经营模式缺乏了解,对吸引外资办企业的战略意义认识不足,不了解在平等互利的条件下应当允许外商赚钱,应支持(而不是歧视)外商合法经营。

(2)涉外法制不健全,三资企业合法的经济权益难以得到保障。由于涉外经济法制不完备,执法不够严,加之有些涉外经济法由于缺乏实践经验,条文规定不明确具体,随意性较大,不同的人可以做出不同的解释,并无权威人士给予明确的解释,执行起来往往有困难,致使一些合营企业的合法权益得不到保障。如山西平朔安太堡露天煤矿在中美双方签订的合作经营合同中是划定了矿区界限的,界限内的煤炭开采权已转让给了合营企业,但地方煤矿、个体户纷纷进入合营企业采区采煤,企业无法制止,外方要求终止合同,此事一直反映到中央,中央才责令地方与合营企业谈判,制定合理补偿办法。

(3)生产力不发达,基础设施较为落后,在一定程度上制约了外商的对华直接投资。由于交通运输困难,延误了合资企业的设备安装,生产过程中所需要的原材料、零部件不能及时到货,产品出口由于运输得不到保证而不能按时交货,打乱了合资企业正常的生产秩序;通信条件尤其是国际通信条件差,更直接影响到合资企业与国外母公司的联系和其他业务联系,以致有的企业不得不将对外联络和业务活动的中心设在中国香港地区,造成经营上的不便,由于有些地区电力供应不足,燃料缺乏,供水紧张,也给合营

企业的经营带来一些困难。

（4）经济体制处在改革之中，市场体系不健全，管理水平较低，有些单位和部门尚存在官僚主义和互相扯皮的现象，办事缺乏效率，不适应外资现代化企业的需要。由于我国经济体制处在改革和转换之中，新旧两种体制并行，计划经济与市场调节相结合，生产资料的计划分配与市场供应方式并举，同一物资存在着计划分配价和市场议价两种价格，合资企业所需的原材料和零部件如果未能列入物资供应计划，获得计划指标，或列入计划而未落实，则只能求助于市场议价采购，是否能按需要的数量、质量获得必要的供应是缺乏保证的，且得到供应而价格太高，势必影响企业的经济效益。由于市场体系不健全，物资管理尚未完全放开，金融市场正在建立，劳动力流动有困难，技术贸易不方便，均影响合资企业的业务经营。由于管理水平较低，推行科学管理有阻力，多数产品没有采用国际标准，检验测试手段不足，产品性能（包括包装）达不到国际标准而缺乏紧迫感，没有现代化财务会计分析体系，干部缺乏和外商打交道的经验，不能及时发现经营管理中的问题，使企业缺乏应变能力。此外，我国对外资企业多头管理，环节过多，办事拖拉，审批、解决问题时间过长，这往往使企业坐失良机，外商对此抱怨较多，影响了他们来华投资的积极性。

三、进一步做好引进美资工作的对策与建议

在 90 年代乃至更长的一个时期内，要使美国对华直接投资有一个大发展，我们认为有必要认真总结 10 多年来我国引进外资的经验教训，有的放矢地采取一些得力措施，以推动美国对华直接投资的快速发展。

1. 必须进一步提高对引进美国对华直接投资的重要性和艰巨性的认识，这是促进美国对华直接投资迅速发展的重要前提

目前我国已基本形成了全方位、多形式、多层次的对外开放格局。为了促进我国的社会主义现代化建设，实现我国国民经济发展的第二步战略目标，我们要广开引进外资的各种渠道，利用多种形式，把引进美国对华直接投资的工作做细做好。从 10 多年来我国引进外资和外国先进技术的情况看，吸引美国对华投资对于弥补我国的储蓄缺口、外汇缺口、技术缺口、管理缺口起了重要作用。在目前国际资本供应相对短缺，各国吸收美国直接投资的竞争异常激烈的情况下，我们吸收美国直接投资的任务相当艰巨，尽管我国存在着许多优势条件（如自然资源丰富、劳动力成本低、潜在市场大等），但在美国投资者的眼里，中国的投资环境并非尽如人意，截至 1990 年底，在美国海外直接投资累计额 4215 亿美元中，欧洲为 2042 亿美元，加拿大 684 亿美元，日本 210 亿美元，澳大利亚 145 亿美元，巴西 154 亿美元，墨西哥 93.6 亿美元。在美国对亚洲发展中国家和地区的投资中，中国香港地区 65.4 亿美元，印度尼西亚 38.3 亿美元，新加坡 39.7 亿美元，中国台湾地区 22.7 亿美元，南朝鲜 21 亿美元，[①] 而同期对中国内地直接投资累计额仅有 34 亿美元，这是与我国在国际上的地位和经济实力不相称的。

因此，我们必须充分认识到吸收美国直接投资的艰巨性。从今后一段时期看，我们应从三个领域加强美国对华直接投资的引进：一是发挥我国劳动成本低廉的优势，吸引美国跨国公司在沿海地区和内地经济开发区举办外向型企业，拓宽我国对外贸易的渠道，提高我国的出口创汇水平；二是发挥我国自然资源优势，吸引美国跨国公司来内地兴办工矿企业，搞资源开发型项目，促进我国的资源开发、加工和利用；三是为满足我国建设基础产业的庞大需要，吸引美国跨国公司来我国投资办厂，为我国生产一部分材料设备以取代进口。为此，我们必须研究美国对华直接投资的战略动机，制定切实可行的政策措施并付诸实施，在平等互利的条件下让美国投资国取得合理的利润。对美国来华投资的企业要采取欢迎、合作的态度，努力找到双方利益的结合点，以便把引进美资的工作做好。

---

① 美国商务部：《现代商业概览》1991 年第 6 期，第 29 页。

2. 调动各方面的积极因素，不断完善投资的软硬环境，增强对美资的吸引力，这是吸引美国对华投资的基础

目前国际直接投资中的一个显著特点就是发达资本主义国家之间相互投资发展迅速并占据国际直接投资的主导地位，除了新的科技革命的推动，国际分工的深化，经济的日益国际化，以及发达国家之间的相互经济依赖加强以外，发达资本主义国家投资环境的相似性和互补性是一个重要的促进因素。美国、加拿大、西欧、日本投资环境的相似性表现在它们都具有良好的软硬投资环境，如政局比较稳定，与投资有关的法制健全，基础设施完备，经济结构和发展水平相近，市场机制和销售体系完善，金融市场发达等，它们投资环境的互补性表现在资源丰缺程度不同，各国跨国公司拥有的垄断优势不同等。

我国的投资环境与发达资本主义国家比较起来，有很大的差距。我们只有采取各种措施，积极改善投资环境，增强外商投资的区位优势，才能吸引更多的美国对华直接投资。在硬环境方面，经过十几年的努力，我国从交通运输到邮电通信，从公用设施到宾馆服务都有大量的投入，面貌日益改观，尤其是在大城市中，基础设施的建设也取得长足进展。但应看到，在内地，基础设施的建设任务还很艰巨，离现代化企业的跨国经营要求还相差甚远，必须下工夫予以改善。在软环境方面，尽管从法规政策、办事效率、服务水平乃至观念方面下了很多工夫，但仍有待进一步的完善。目前，我国对软环境方面的改善的重点就是要消除对合资企业的人、财、物、技术（信息）等方面的制约，努力办好现有的中美合资企业，使它们有利可图，这样就会产生一种很强的示范作用，将会吸引更多的美国厂商来华投资。

3. 尊重美商投资企业的经营自主权，保护投资者的合法权益，这是吸引美国在华直接投资的根本措施

要吸引更多的美国直接投资，必须充分尊重美商投资企业的经营自主权，给美国企业家创造一个按国际惯例管理企业的环境，而按国际惯例管理企业的关键则在于减少行政干预，完善市场机制，形成较健全的劳动市场、资金市场和商品市场。不容置疑，美商到中国投资设厂，一定要按中国法律办事，要受到中国政府主管部门的管理和监督。但是，它们依法所拥有的自主权必须受到尊重和保障。如合资企业的董事会要能够按照有关法律规定和合营企业合同，正常地行使职权。可是在有些地区、有些企业，董事会的决议难以及时贯彻执行，或者受到中方投资者上级主管部门的过多的不适当的行政干预，把合资企业也当作中国的国营企业来管理，甚至干扰了合资企业的正常业务活动，影响了海外投资者的积极性。特别是在人事任免权方面，有的中方上级主管部门不通过和外方协商，也不通过董事会讨论，单方面任命或免去中方高级管理人员职务，合资企业在招聘合格的职工和解雇不称职人员方面的权利也缺乏明确的保障，外商对职工奖惩、福利待遇等问题，亦感到处理上的困难。

尤其是有些合资企业的合法权益得不到保障，挫伤了外资企业经营的积极性。如 1989 年春，北京巴布科克威尔科克斯公司被卷入"三角债"的旋涡，公司有 7000 万贷款收不回来，其中大坝电厂就欠 2100 万元的贷款，致使企业面临停业关门的危险，后经与多方协商，给合营企业贷款 1000 万元，以防止工厂关门，保持安定局面。外方总经理黑格先生一方面对北京市领导的支持表示感谢，另一方面也提出了一个现实的问题：我从银行借款要付利息，而货主欠款都不付息，我在经营上的这笔利息损失应该由谁承担呢？

因此，要尊重美商投资企业的经营自主权，就必须保障企业在法律规定和经过批准的合同范围内，由董事会决策，全权处理企业经营管理方面的重大问题，自行制订生产经营计划；筹措运用资金和调剂外汇，采购原材料，销售产品，招聘、管理高级技术人员和管理人员以及录用、辞退一般职工，确定本企业的工资形式、工资标准和奖励、津贴制度。

4. 具体协调解决美国在华"三资"企业经营中遇到的实际问题，制定和落实有关对外资企业的优惠政策和措施，是办好现有美资企业的可靠保证

目前，来华投资的美资企业已达 1800 多家，协助它们克服经营管理方面的困难，提高企业的经济效益和社会效益，对于进一步吸引美国对华直接投资具有极重要的意义。要做到这一点，除了合资企业自己要加强经济管理以外，我认为各级主管部门要对合营企业给予切实关心和支持，并制定和落实有关扶持合

资企业的各项政策措施：

（1）不断改善美国在华投资企业生产物资供应，切实保证合营企业所需要的生产资料。

（2）保证提供合资企业生产经营所需要的水、电、运输条件和通信设施，并按照当地国营企业收费标准收取费用。

（3）优先贷放必需的短期周转资金及其他的信贷资金，对外汇有余、人民币资金不足的企业，开办现汇抵押业务，由中国银行牵头，办理国际银团贷款，解决中美合资的大型项目的资金问题。

（4）协助合资企业招聘、调入技术干部、管理干部和职工，加强人才培训，提高合资企业中中方干部职工的政治和业务素质。

（5）帮助合营企业实行外汇平衡，其具体办法有：调剂余缺，建立和完善外汇调剂中心，在外汇有余和外汇不足的单位之间互通有无，合理调剂；以产顶进，对中美合资企业制造的国内尚需进口的产品可由国家付给外汇；为"三资"企业积极开辟国际市场，把出口创汇型企业办好。只有这样，才有可能实现合资企业外汇收支平衡，并降低生产成本，提高经济效益，外商才有可能将得到的利润以外汇形式汇出。

（6）建立外商投资企业服务中心和信息交流中心，为外商投资者提供项目咨询，如为外商企业提供有关中国市场、价格、生产、消费、资金、外汇、工资等方面的信息，以利于企业做出投资决策等。

5. 加强对引进美国直接投资的宏观调控，合理引导外资投向，以促进我国的现代化建设

要发挥美国直接投资在我国国民经济建设中的积极作用，一个重要前提就是要加强对引进外商直接投资的领导，从宏观上确定和引导外资的投资流向，并辅以其他相配合的政策措施。第二次世界大战后日本和亚洲"四小龙"根据经济发展不同阶段的不同需要，把引导外资投向与实施产业政策相结合，使外资投向国民经济急需发展的产业，这对于调整产业结构、加速技术让步、促进产品升级换代起了重要的促进作用。我国在今后引进美商直接投资时，也必须从我国的"八五"计划、十年规划的全局来考虑，根据我国产业结构的多层次性特点，将出口创汇型、技术先进型、资源开发型、进口替代型和适用技术型等项目的引进结合起来，以充分发挥中美双方的优势和潜力，推进中美经济关系的发展，使美商投资在发展我国经济，提高国力方面起更大的积极作用。

本文原载于《世界经济与政治》1999 年第 11 期

论 NAFTA 投资条款与美加墨相互直接投资 *

陈继勇

为了顺应世界性的对跨国公司直接投资政策的自由化趋势，促进美、加、墨之间相互直接投资的迅速发展和经济的一体化，北美自由贸易协定制定了一系列有关跨国公司直接投资的条款。这些条款包括：(1) 投资措施，如投资和服务条款、投资争端解决机制、知识产权保护等；(2) 与投资有关的贸易措施，如原产地规则、对关税减让和延付计划的限制；(3) 投资条款的例外。本文拟就这些条款以及对跨国公司直接投资的影响作一初步论述。

一、美加墨在北美自由贸易协定投资条款上所追求的目标

北美自由贸易协定中的投资条款主要包含在该协定第 5 部分的第 11 章以及其他地方。投资条款体现了美、加、墨 3 国政府所要追求的目标。

首先，北美自由贸易协定的投资条款在很大程度上体现了美国官方长期以来所讨论的重要议题和所追求的主要目标。

长期以来，美国政府在经合组织和关贸总协定等重要论坛上寻求达成与投资有关的原则协定，以便使其跨国公司的商业活动能相对不受阻碍地进行跨国经营。美国所追求的政策目标是：(1) 企业设立权；(2) 资金自由转移；(3) 征用的一致标准；(4) 外国实体控制下的经营实体的国民待遇 (5) 对政府指令性经营要求的限制；(6) 知识产权保护等。美国的上述政策目标在北美自由贸易协定第 11 章大多数得以实现。

其次，北美自由贸易协定的投资条款也在很大程度上包含了加拿大政府的投资政策目标。

自 1985 年通过《投资加拿大法》以来，加拿大已经对其投资环境不断进行着自由化，而且一直在关贸总协定和经合组织中寻求一种更自由的投资体制。在北美自由贸易协定投资条款的谈判中，加拿大积极参与的另一个重要原因是，它获得了一个极其难得的好机会，即与墨西哥这样一个有着巨大发展潜力的发展中国家市场就建立贸易与投资规则上取得了发言权，在北美自由贸易协定谈判以外，由于加拿大与墨西哥和美国与墨西哥之间经济关系的不对称及地理毗邻等因素，加拿大几乎没有机会去与墨西哥谈判。同时，加拿大参与北美自由贸易协定谈判，也是为了巩固在美加自由贸易协定谈判中已取得的有关贸易与投资领域的既得利益。加拿大认为，只要能减少美国与其贸易和投资伙伴缔结一系列有损加拿大既得利益的双边协定的倾向，加拿大就应该积极参加美墨协定。一些加拿大经济学家确信，美国的一系列双边安排会侵蚀整个国际多边贸易体制自由化的进程，以致损害加拿大的经济利益。从世界福利角度看，防止美国对关贸总协定中的最惠国待遇滥用第 14 款的豁免权，是加拿大积极参与三边谈判的最重要原因之一。

最后，墨西哥积极参与北美自由贸易协定中投资条款的谈判，其政策目标与美、加截然不同。

一方面，北美自由贸易协定中投资条款的制定可以被看作墨西哥近年来对基于有竞争力的私有企业的国家实行单边开放其国内经济的一项主要内容。另一方面，墨西哥推行经济自由化措施，其主要政策目标之一是加入关贸总协定和经合组织，以便大量吸引外资，促进墨西哥经济的现代化。墨西哥政府官员认

---

* 本文于 2001 年获湖北省第二届哲学社会科学优秀成果奖一等奖。

为，北美自由贸易协定是墨西哥实现这一目标的重要手段。

自 1984 年开始，墨西哥颁布了新的投资规章，放松了 1973 年通过的外国投资法中对高度优先的产业，如重型机械、电子设备、高技术产品和旅游等重要产业的外国投资限制，以抑制资本外逃和吸引外国直接投资流入。1989 年又通过了《墨西哥投资促进法条例》和《外国投资条例》，力图"通过提供法律确定性和简化行政法规与程序来增加外国投资的流入"。北美自由贸易协定中的投资条款基本上概括了墨西哥 20 世纪 80 年代中期以来已经实施的投资自由化措施并有助于其进一步促进投资自由化。1993 年 6 月墨西哥宣布，即使北美自由贸易协定不能实施，它也将把在北美自由贸易协定中所要进行的所有改革收编入其国内法并适用于各投资国（即在无条件"最惠国待遇"下适用）。因此，从墨西哥政府的观点看，北美自由贸易协定中的投资条款是该协定中最具有积极作用的条款之一，它们在北美自由贸易协定中的重要地位与作用不可低估。值得指出的是，目前墨西哥对外资政策的限制仍比美加要严，产业限制的范围也比美加要广。

二、北美自由贸易协定中的投资条款

北美自由贸易协定中的投资条款由两大部分组成，第一部分是投资措施，即明确地涉及外国直接投资问题的措施，它们出现在协定的第 11 章（概括了对待外国直接投资的基本准则及投资者与政府间的争端解决办法）、第 12 章和第 13 章（分别论述了与服务和金融服务条款有关的投资问题）以及第 17 章（关于知识产权）。第二部分涉及与投资有关的贸易措施，包括原产地规则及与关税减让和税收延付有关的措施。

（一）投资措施

北美自由贸易协定中的投资措施主要包括投资与服务条款、投资者-国家争端解决机制、知识产权保护等。

（1）投资与服务条款。在北美自由贸易协定中，投资与服务条款包括国民待遇条款、最惠国待遇条款、最低标准待遇条款、经营要求条款、利益否认条款等。

国民待遇条款（该协定的第 1102、1202、1405 条）规定各签字国必须给予北美自由贸易协定的其他成员国的投资者"在相同情形下对于设立机构、收购、扩张、管理、行业、经营、销售及其他投资安排等提供不低于其给予本国投资者相似条件下的待遇"（1102.1 条）。国民待遇条款构成了北美自由贸易协定的基石。

最惠国待遇条款（第 1103、1203、1406 条）规定各签字国必须给予北美自由贸易协定的其他成员国的投资者以"不低于在相似条件下给予其他成员国或非成员国投资者的待遇"（1103.1 条）。最惠国待遇条款给予在北美的外国投资者享有某一成员国对国民待遇持有保留情况时的最惠国待遇，这一条款超越了美加自由贸易协定，因为根据美加自由贸易协定则不能享受这一额外保障。

最低标准待遇条款（第 1105 条）。这一条款主要反映了美国、加拿大企业担心墨西哥政府不能提供充分的国民待遇和最惠国待遇保障。第 1105 条试图使各方对其行为"下限"做出承诺，反映了因各谈判方经济发展水平差别如此之大而特有的担忧。同样，没收和补偿条款（第 1110 条）也寻求建立一个最低的北美标准。墨西哥接受这些条款具有历史性意义，因为这些条款意味着削弱了卡尔沃主义，[①] 从而使国民待遇和最惠国待遇有所加强。

经营要求条款（第 1106 条）。该条款包括了美、加、墨各方在投资企业的设立和运营方面对其他成员国或非成员国投资者不能实施的行为。此外，还禁止将国内含量要求、国内投入要求、贸易平衡要求同

---

① 卡尔沃主义，该主义由阿根廷的卡罗斯·卡尔沃（Carlos Calvo）于 1868 年明确提出，它规定外国投资者将受国内法管制，且仅能在国内法庭解决争端。

给予优惠（补贴或税收优惠）相联系；将国内销售与出口水平和获取外汇相联系。但是，第1106条也允许政府鼓励与生产地点、特定服务的提供、工人培训与就业、特定设施的建设或扩张以及研究与开发等相联系。

北美自由贸易协定对经营要求的限制比关贸总协定乌拉圭回合最终法案所包括的经营要求限制更为严厉。这主要表现在下列两个方面：第一，乌拉圭回合最终法案禁止使用贸易平衡与当地含量要求（在建立与享受优惠的权利方面），而北美自由贸易协定在外资企业设立上，既禁止贸易平衡与当地含量要求，又禁止技术转让要求与独家供给要求。第二，乌拉圭回合最终法案允许发展中国家5年过渡期和最不发达国家7年过渡期以及一些广泛的例外，如可使用禁止性经营要求来保护幼稚产业，而在这方面墨西哥承诺在北美自由贸易协定中将更严格地遵守使用这些措施的限制。

利益否认条款（第1113条）。该条款确定了设立在某一北美自由贸易协定成员国而需在另一成员国扩大其业务的非北美投资者的权利。该条款的主要特点在于它给予外国投资者享受完全的北美自由贸易协定的权利，只要其根据该成员国法律在该国领土进行了大量的业务活动。

此外，北美自由贸易协定的投资条款所涉及的投资类型大大超过了美加自由贸易协定所涉及的投资类型。后者只涉及外国直接投资，而前者还涉及证券投资。这一额外的涉及是十分显著的，尽管目前还难以定量化。

（2）投资者-国家争端解决机制。北美自由贸易协定的投资条款对投资者与签字国政府间的争端解决制定了一套规则。"投资者-国家争端解决机制"是由一系列规则组成的。它在北美自由贸易协定与两个国际仲裁公约，即投资争端解决国际公约（ICSID）和联合国国际贸易法委员会仲裁公约（UNCITRAL）之间创立了一个接合点。

北美自由贸易协定第11章第2节（第1115—1138条）是整个协定最有创新和吸引力的内容之一，它建立了一整套解决投资争端的程序。这些程序超过了其他国际协定有关投资争端解决程序。在北美自由贸易协定的有关程序下，绝大多数投资者（而非投资）可以对其与北美自由贸易协定的成员国间的争端寻求仲裁。在其他国际争端解决机制中，包括美加自由贸易协定和关贸总协定，只有政府才有"资格"。因此当投资者在寻求其对另一政府索偿权的解决时必须由其政府出面代理。但在北美自由贸易协定中，投资者可以自由的名义获得其对另一签字国的债权，只要能证明对方因违反第11章第1节或北美自由贸易协定中的其他条款的义务而导致其财产丧失或损害。

北美自由贸易协定中的投资争端解决机制在下列几个方面具有重要意义。第一，从历史观点看，基于现存的国际公约和法规而首创的投资者-国家争端解决机制加强了墨西哥自80年代中期以来已经实施的改革。第二，北美自由贸易协定中的投资争端解决机制具有约束力且植根于国际法，因此它是与墨西哥及绝大多数中、南美国家自19世纪以来作为其对外资政策基础的卡尔沃主义相违背的。第三，投资争端解决机制反映了北美自由贸易协定超过了纯粹的国民待遇的程度。实际上，北美自由贸易协定已经加强了超国家法规的作用与地位以及管理北美外国直接投资体制的行政结构。

（3）知识产权保护。北美自由贸易协定的第17章（知识产权），其目标在于使墨西哥在知识产权方面的法规和惯例大致趋同美国和加拿大。在知识产权保护方面，除了美国对加拿大某些特定部门的问题有些不满外，美加两国对彼此知识产权法规和惯例很少有官方上的争议。

北美地区对知识产权的保护因墨西哥1991年实施严厉的知识产权法而显著改善。北美自由贸易协定对知识产权的保护又作了进一步的改进，即为在北美跨国经营的投资者建立明确的规则和预期以及将墨西哥的国内知识产权改革转化成国际承诺，并且在知识产权问题上产生争端时投资者可利用北美自由贸易协定的争端解决机制。但是在一些领域，因各签字国国内政策方式的巨大差异而有可能继续导致冲突，如墨西哥和加拿大的文化产业保护即是一个最显著的例子。以墨西哥而言，其主要例外涉及谁拥有现场演出的版权（根据墨西哥法律，该版权自然归表演者拥有，但根据美国或加拿大法律却不然），因此在这方面墨西哥实行互惠主义。对加拿大而言，在其受限制产业经营的美国企业认为加拿大"文化产业"例外等同于拒绝提供国民待遇。尽管存在一些例外和限制，北美自由贸易协定的第17章却大大加强了第11章的投资条款，以至于投资和知识产权政策互为补充。尽管关贸总协定乌拉圭回合的知识产权协定与北美自由贸易协定中的知识产权条款取得了相似的成就，但是北美自由贸易协定在知识产权上要比乌拉圭回合的最终法案提供了更多的保护。例如，北美自由贸易协定保护了处于研制中的药物，而乌拉圭回合的最终法案仅在一些情况下提供有限的保护。

（二）与投资有关的贸易措施

北美自由贸易协定中与投资有关的贸易措施主要包括原产地规则、对关税减让和延期计划的限制等。

（1）原产地规则。原产地规则建立了一个程序来决定在北美自由贸易协定内贸易的产品是否来源于其成员国，从而决定该产品是否享受北美自由贸易协定所提供的关税减让待遇。制定这一规则的目的是为了积极鼓励在北美地区的生产并避免非本地企业在任一北美自由贸易协定成员国建立出口基地。

原产地规则包括适用不同产品不同组合的两种标准。基本标准适用于能改变其最终产品在税目中分类号的中间投入品，第二标准（有时额外适用于改变了税目中的分类的产品）是产品必须包含有最低的当地价值含量。对于那些适用于最低价值含量的产品，出口商可选择两类方法来计算其价值：一种方法是基于价值检验，另一种方法是基于净成本检验。交易价值检验使用该产品的销售价格，净成本检验使用该产品的总成本减去促销成本、营销、售后服务、特许权使用费、运输和包装费以及特定利息成本等。

对于一些重要的部门，北美自由贸易协定的原产地规则被认为要比美加自由贸易协定更为严格。如在税目分类号的变化要求上，在当地价值含量要求上，以及在北美次级装配厂的要求上都加强了法规。这些法规构成了一种产业政策，以便通过行政和武断的鼓励措施而沿着地区生产线重组生产能力。

（2）对税收减让和延期计划的限制。北美自由贸易协定对税收减让和延期计划作了限制。这些计划允许生产者在其成品最终出口时或达到了事先确定的最低国内附加值水平时对其中间投入品免税。北美自由贸易协定对这些计划的限制与对原产地的限制一样都对外国直接投资产生了相似的影响。这些限制的目的是用来鼓励利用本地区资源并避免建立出口基地。因此这些限制影响了加拿大和墨西哥的利益，因为两国都在过去维持这些计划以鼓励向美国市场出口的生产。税收减让的取消（墨西哥对加拿大和美国贸易的过渡期为 7 年，加拿大对美国贸易的过渡期为 2 年）及更严厉的原产地规则对一些产业的贸易与投资模式有着巨大的潜在的影响。

三、北美自由贸易协定投资条款的例外及其影响

在北美自由贸易协定中，存在着字面上或精神上有违前面所述投资条款的歧视措施。这些措施反映了北美 3 国在政治上对重要产业的考虑，它们由于各种原因而寻求和获得保护以免遭全球竞争。北美自由贸易协定中有 4 个部分（即附件、一般国家安全例外、汽车附件和原产地规则）反映了这些歧视。其中主要包括：

（一）保留清单（附件）

北美自由贸易协定对在该协定生效前就已有效的并有违该协定相关方面的措施和法律不予追溯（即对此规定祖父条款），利用祖父条款的吸引力在于其简洁。如果考虑到墨西哥投资体制相对于加拿大和美国的复杂性和歧视性，对墨西哥过去所有立法都给予享受祖父条款，实际上将使与墨西哥的谈判达成一项自由贸易协定的目的流产。结果，祖父条款被代之以否认清单。这些保留清单的主要优点之一在于使各签字国投资体制中的歧视更为透明。

保留清单的作用在于从北美自由贸易协定主要的投资条款中排除各签字国"敏感性"产业。加拿大和美国的保留清单较短，它们并不包括许多经济上重要的产业，因为两国的投资体制已经相当自由化，但两国历史上敏感的产业则被给予保留，因此，尽管两国投资体制已经对外国直接投资极为开放，但是北美自由贸易协定谈判在投资体制的进一步自由化方面并未取得重大进展。加拿大对北美自由贸易协定的主要

投资条款的最重要例外是其文化产业，而美国最重要的例外是其海运业。

与美国、加拿大不同的是，墨西哥的保留清单要长得多。主要内容包括：（1）能源业对外国直接投资的限制。（2）墨西哥的保留绝大多数在制造业部门。这些保留都受制于完整的过渡期条款。以加拿大和美国为基地的投资者将被允许100%地拥有从事提供电信服务的企业。（3）附件3仅适用于墨西哥，它涉及根据墨西哥宪法必须为其政府控制的产业。该附件涉及11个产业：石油及其衍生品、电力、原子能及其原料、卫星通信、电报服务、无线电服务、邮政服务、铁路、货币发行、海港和内陆港的控制以及机场和直升机场的控制等。

除了特定的部门保留以外，附件也包括了"所有部门"的保留，这些保留仅适用于特定集团、地区或过程，也包括加拿大和墨西哥的外国投资审查程序。

总之，保留清单列出了各签字国经济中敏感的产业，并阐明了各国为保护这些产业而采取的措施。对于加拿大和美国，附件起着"维持现状"的作用。对于墨西哥，附件起着逐渐开放其大部分制造业部门以供外国充分参与的作用。但是，墨西哥经济中的一些产业，尤其是能源业，由于政治原因仍将保持对外国直接投资的限制。

（二）美国的国家安全例外

美国对外国投资的审查程序，并没有像墨西哥和加拿大一样，出现在附件中，而是出现在北美自由贸易协定的一般国家安全例外条款中（2102条），其主要原因在于美国对外国直接投资的审查是基于国家安全考虑的。

美国对外国直接投资的审查是由其"外国直接投资委员会"进行的。其审查程序依据美国1988年综合贸易与竞争法的埃克森-弗罗里沃修正案。美国对投资审查程序的范围规定得不如加拿大和墨西哥明确。依据美国1992年的埃克森-弗罗里沃修正案，美国规定阻止外国收购的依据在于确保美国在与国防相关联产业中的技术领导地位（绿地投资排除在审查之外）。由于大多数先进技术都具有军事和民用两种用途，因此埃克森-弗罗里沃修正案的潜在歧视是不可估量的。由于美国在高技术制造业中地位的持续衰落可能会导致要求加强"外国直接投资委员会"的地位。[1] 因此，该委员会的职责将不会被修改和削弱。

北美自由贸易协定主要投资规则的另一项例外是关于美国政府对排除外国企业参与的高技术财团的资助，其最典型和熟知的例子就是由美国计算机芯片制造商组成的斯麦达克（SEMATECH）财团，该例外也没有出现在附件的否认清单上，这是因为其受国家安全条款的保护。

（三）原产地规则与产业部门调整

（1）汽车工业。从投资角度看，北美自由贸易协定汽车条款的主要特征是在该协定生效10年后墨西哥的汽车业对北美投资者完全开放。通过建立起更严格的原产地规则和追踪标准以鼓励更多地使用本地资源，并对已建立的厂商提供各种优惠。

根据北美自由贸易协定汽车投资条款的规定，到2004年1月1日止，墨西哥将在10年过渡期内逐步拆除1989年汽车法典遗留下来的大量经营要求和投资限制，以向北美投资者完全开放汽车工业。北美自由贸易协定允许外资完全参与汽车零部件作业，对5家现设在墨西哥的组装厂消除所有来源限制并对车辆零部件和对整车分阶段完全消除其贸易平衡要求。

此外，北美自由贸易协定有关税收减让计划的限制对新厂商意味着其未来投资将主要位于美国。最后，北美自由贸易协定通过继承《美加汽车条约》和《美加自由贸易协定》，而对"汽车条约"成员国和非成员国厂商作了区分并对前者给予一定的优惠。已存在厂商被定义为在1992年以前就已生产汽车的厂商。这一区分及由此产生的差别待遇违背了国民待遇条款。

---

[1] 根据经合组织估计，1970—1990年，美国的高技术出口占经合组织国家出口的比重由31.1%降至26.3%；而高技术产品进口占国内消费的比重由4.2%剧升至18.4%。

（2）电子工业。北美自由贸易协定有关电子工业的原产地规则体现了增加本地区高技术元件生产这一明确的战略目标。对于大量包含非北美自由贸易协定区来源材料的电子产品，其原产地规则是相当复杂的，它涉及其在税目中的分类发生变化和当地价值含量标准以及特定次级组装厂必须完全在北美生产的要求。这些规则用来鼓励在当地生产与高清晰度电视机有关的部件、平板显示器、铸模电路配件及其他产品。

此外，原产地规则促进了更为成熟的技术产品，特别是电视显像管在当地的生产。在北美用当地生产的显像管制造的电视机将免税进入北美市场，而以外国显像管制造的电视机在美国要征收 5% 的关税。另外，关税减让限制也将先前进入墨西哥市场的亚洲显像管的关税增加了 0 至 15%。因此，电子行业原产地规则的目的明显地在于提高北美地区的生产。严厉的原产地规则在电子领域的目标显然是以牺牲亚洲厂商利益为代价而增加美国电视机显像管的生产能力。

（3）纺织与服装工业。北美自由贸易协定有关纺织和服装厂商的原产地规则是基于"纱线优先"和"纤维优先"概念。为了取得北美自由贸易协定的待遇资格，产品必须从纱线和纤维阶段起在北美制造（这两套规则适用于不同种类的材料）。加里·胡夫鲍尔和杰弗里·斯科特将这些规则说成是"极为严格的"，而彼得·莫里西把其称作"最糟糕的"一种原产地规则，它们有可能对投资产生显著的影响。尤其是由于北美自由贸易协定对墨西哥与美国、加拿大的纺织和服装贸易进行了自由化，面向北美出口的低工资服装厂商至少会经历对墨西哥的某些投资和贸易转向。加勒比盆地倡议国对这种可能尤为担心。北美自由贸易协定将导致墨西哥服装生产的增加，也可能导致北美从亚洲进口的减少。

乌拉圭回合协定提议分阶段消除《多种纤维协定》和逐渐将全球纺织品和服装纳入关贸总协定的基于最惠国待遇的关税制度中，这意味着全球的生产模式将越来越受制于市场力量。墨西哥将从《多种纤维协定》和《北美自由贸易协定》给予的强化的市场准入中受益。位于墨西哥的服装厂商将可能因乌拉圭回合协定和北美自由贸易协定而大大扩大其在北美市场的份额。

四、结　论

北美自由贸易协定的投资条款在建立明确的规则、有执行力的投资争端机制和各签字国歧视体制日益增加的透明度等方面取得了显著的突破，这将有力地推动北美 3 国跨国公司在北美地区对其经营活动进行合理化重组，并促进北美 3 国相互之间直接投资的增长，投资效益的提高和经济的一体化。

据美国商务部统计，自 1994 年 1 月 1 日北美自由贸易协定生效以来，北美 3 国之间相互投资尤其是制造业的投资增长迅速。1994 年，美国对加拿大的直接投资增加额为 31.96 亿美元，对墨西哥的直接投资增加额为 11.46 亿美元。尤其是随着墨西哥投资体制的开放，美国对墨西哥制造业投资迅速增长。1994 年美国对墨西哥制造业直接投资累计额比 1993 年增长了 13.9%。另一方面，加拿大和墨西哥对美国的直接投资也急剧增长。1994 年，加拿大对美国直接投资增加额为 30.8 亿美元，墨西哥对美国直接投资增加额为 9.73 亿美元，分别比 1993 年的增加额增长了 168.8% 和 3143.3%。尤其是随着美国投资市场对墨西哥开放，促进了墨西哥对美国直接投资的迅猛增长。1994 年，墨西哥对美国的直接投资累计额增长了 80.2%，其中，墨西哥对美国制造业直接投资累计额增长了 225.3%。[①]

尽管如此，该协定在国家级和地区级水平上对特定产业建立了一系列歧视措施。在国家级水平上，北美自由贸易协定各成员国都选择了特定的产业排除在各种投资条款之外。最明显的例外是墨西哥的能源业、美国的海运业和加拿大的文化产业。在地区级水平上，对特定产业极为严格的原产地规则将可能导致一些贸易和投资转向且将置传统供货网络位于其他地区的北美新建厂商于不利之地。从本质上说，这些规则是为了减少汽车、纺织与服装、电子（特别是电视机）和某些机械工业的进口竞争。区分已建和新建厂商并相应给予前者以特惠待遇的条款成为对原产地规则的保护性补充。在原产地规则减少进口竞争的同

---

① 美国商务部《现代商业概览》1995 年第 6 期，第 63、67 页。《现代商业概览》1993 年第 7 期，第 100、67 页。

时，给予已建厂商的优惠却软化了移植工厂的竞争。

北美自由贸易协定关于外国直接投资体制所开创的大量积极的先例将无疑会影响今后的地区性贸易和投资协定的谈判，更不用说北美自由贸易协定的扩大，而且将来有可能成为世界贸易组织中与投资有关的谈判的基准。北美自由贸易协定中对一些产业的严格的原产地规则将不会在很大程度上损害北美自由贸易协定对北美外国直接投资体制的积极贡献。这主要是因为美国在这些产品上对外关税已经相当低，这就意味着这些规则的转向效应相当小。例如，对进入美国的汽车和大多数汽车零部件的关税仅为 2.5%。

尽管原产地规则对于北美自由贸易协定的运行是十分必要的，但是这些规定已日益显著地构成了全球贸易管理框架的重要内容，因此我们必须更加仔细地考虑其潜在的保护性和对制造业资本与就业的争夺。根据北美自由贸易协定，原产地规则对特定的一些产业，如汽车、纺织与服装、电子等行业规定极为严格。这就预示着，北美自由贸易协定在创立了国际投资领域内的积极先例的同时，也为未来的全球贸易协定或地区贸易协定在有限地使用原产地规则来保护特定产业方面发出了一个危险的信号。

本文原载于《世界经济》1996 年第 5 期

德国对华直接投资

陈继勇　刘跃斌

一、德国对华投资的发展历程及原因

(一) 德国对华直接投资的发展历程

德国对华直接投资始于 80 年代初，至今可划分为两个阶段：

1. 起步阶段（1981—1992 年）

1992 年以前德国对华直接投资增长并不快，且投资项目数和投资金额都有一定的波动。

在这一阶段德国对华直接投资有三次小高潮：第一次高潮是 1984 年，德方协议投资额最高达到 1 亿多美元；第二次高潮是 1988—1989 年，首先是 1988 年批准的项目数最多（22 家），其次是 1989 年在批准项目数减少的情况下，德方协议投资额创下 1.48 亿美元的新纪录；第三次高潮是 1991—1992 年，德方年投资额 1991 年最高达 6.16 亿美元，1992 年批准的项目数为 130 家，比 1981—1991 年间已批准项目的总和还要多。

这一阶段，德方协议投资金额的波动，与德国大型跨国公司在不同年份开始大规模在中国投资的行为密切相关。例如，1984 年德国大众汽车公司决定在中国上海投资兴办轿车合资项目。1989 年德国巴斯夫公司在上海和南京分别建立合资企业，这两个项目的德方投资都在 1000 万美元以上。1991 年德国大众汽车公司与中国长春一汽合资生产捷达轿车的项目开始启动，项目总投资 8 亿美元，德方占 40%。

2. 逐步增长阶段（1993—1996 年）

从 1993 年起，德国对华直接投资达到一个较高水平。

在这一阶段，德国年均对华投资项目德方协议投资额都在 10 亿美元以上，德方实际投资额增长较快，由 1993 年的 5600 万美元，上升到 1996 年的 51000 万美元，增长了近 10 倍。尽管目前德国对华直接投资只占所有外国和地区对华直接投资的 1%，但是德国在中国投资的高技术生产项目占据优势，其中涉及 705 个技术转让协议，转让技术价值 49 亿美元，是在华转让技术最多的国家之一。德国在华投资项目着眼于长期发展，并不断扩大生产规模，有 92% 的德国投资者将其分红用于在中国的扩大投资项目或再投资项目。

(二) 德国对华直接投资阶段性扩大的主要原因

（1）我国鼓励外商投资的优惠政策和经济持续高速增长的大好形势，促使德国企业纷纷看好中国市场，扩大在华直接投资。

我国利用外商直接投资是从 1979 年开始的。当时，许多外国企业还比较谨慎，投资项目带有试探性目的。1983 年我国政府颁布了《中外合资经营企业法实施条例》，较为具体地对 1979 年颁布的《中外合资经营企业法》作了补充，反映出我国利用外资的坚定决心。特别是 1986 年国务院发布的《关于鼓励外商投资的规定》，大大推动了包括德国企业在内的外商对华投资。1987 年德国在华投资项目数和投资金额都比以往各年大为增加。1992 年我国改革开放的总设计师邓小平同志再次视察南方特区，发表了著名的南方谈话，以及中共中央随后作出的《关于建立社会主义市场经济体制若干问题的决定》，又一次掀起了外商在华投资的高潮。许多德国大型跨国公司纷纷在中国投资，呈现出德国对华直接投资的高水平增长。另外，改革开放以来，中国经济持续高速增长，居民消费能力明显增强，使得不少德国商人看好中国市场，力求通过扩大投资来保住和扩大在中国市场的占有份额。

（2）德国国内经济形势的变化，影响着其对外直接投资的发展。

德国统一后，德国政府用于支持东部建设的资金平均每年都在一千亿马克以上。西部企业以此为契机，大量收购东部企业，而用于海外投资的资金在 90 年代头三年明显减少。1994 年以来，随着德国东部资本需求趋缓，不利于德国国内投资的因素越来越多，例如：高工资成本、高所得税率、高环保要求等。加之 90 年代中期以来，德国马克大幅升值有利于德国企业对外投资。两方面因素都促使德国企业扩大海外投资规模，以增强其产品的国际竞争能力。①

（3）中德两国政府为德国企业扩大对华投资创造了良好的基础条件。

1979 年中德两国政府签订了经济合作协议，1983 年两国签订了投资保护协定，1986 年两国又签订了避免双重征税协定。1990 年 10 月 30 日德国议会通过决议，取消 1989 年以来制定的对中国经济合作的限制，恢复了德国对华投资的赫尔姆斯担保。1993 年 9 月，德国政府推出新的"亚洲政策"。新政策把亚洲国家作为德国对外经济活动的一个新重点，主要目的是通过加强与东亚经济合作，分享东亚经济高速增长带来的商业机会，增强与美、日等国在这一区域的竞争，摆脱国内经济增长缓慢的困难等。德国总理科尔认为，中国、日本和印度是德国加强与亚洲经济合作的三个重点国家，中国在德国的亚洲政策中占有主导地位。②

中德两国领导人频繁互访，推动了两国间经济合作的发展。1993 年 11 月德国总理科尔访问中国，访问期间，中德政府部门和企业间签署了 20 多项经济合作协议，总额大约 28 亿美元。1995 年 7 月，中国国家主席江泽民访问了德国，中德双方又签署了 8 项协议，涉及金额达 31 亿美元。1995 年 11 月，德国总理科尔第四次访问中国，跟随访问的有 45 家大企业的代表。当月，德国戴姆勒-奔驰公司驻中国总代表处在北京开业，成为该公司在世界上设立的第 12 个总代表处。

此外，已执行多年的德国对华财政援助项目，也促进了德国私人企业扩大对华直接投资。例如，1993 年德国政府向广州地铁公司提供 3 亿多美元财政性低息贷款，用于购买西门子公司有关设备。此举促进了西门子公司发展在华投资项目，到 1994 年底该公司已兴办 30 家合资或独资公司。

（4）中国经济与德国经济互补性强，使德国扩大对华直接投资成为可能。

中国的工业现代化水平相对落后，单纯引进发达国家的先进技术设备又缺乏资金来掌握德国的先进技术，因而欢迎合资经营方式。从德国投资者角度来看，中国除了有巨大的潜在市场外，还有比德国劳动成本低得多的劳动力可供使用。中国的资源条件也比德国优越，加之许多合资企业的产品在当地销售，使德国投资者节约了关税和运输上的费用。同时，德国投资者以中国为基地，更容易打开亚太国家的市场，加快其全球性经营战略目标的实现。正因为中德经济间存在这种互补性，才使得德国扩大对华直接投资成为可能。

（5）德国与中国间的长期贸易交往，为德国发展对华直接投资奠定了基础。90 年代以来德国金融业不断拓展对华业务，又为德国发展对华直接投资创造了有利条件。

自 1972 年中国同联邦德国建交以来，两国贸易迅速发展。联邦德国一直是我国与欧盟成员国中的最大贸易伙伴。据中国海关统计，1993 年中德贸易突破 100 亿美元，仅次于中国与日本和美国的贸易额。德国企业在从事对华贸易业务中，也对中国的投资环境逐渐了解，能够正确判断中国相关企业与其合资的能力和条件，因而有助于作出对华直接投资的决策。

90 年代以来，中国在金融领域利用外资的步伐加快。许多德国商业银行积极利用这一有利时机，拓

---

① 申义怀：《西欧对外直接投资》，时事出版社 1994 年版，第 189 页。
② 胡后法：《发展德中关系意义重大》，载《经商日报》，1993 年 11 月 14 日。

展对华业务。例如，德意志银行、德累斯顿银行已在中国设立分行。它们向德国在中国的投资项目提供了大量外汇贷款，为德资企业的发展增强了后劲。

二、德国对华直接投资的主要特点

（1）德国对华投资的行业基本上是德国工业中占优势的行业。

从产业分布来看，德国对华投资项目主要分布在第二产业。在对第二产业的投资中，机械电子行业的项目最多。例如，上海大众、一汽大众、北京国际交换系统有限公司、北京飞机维修工程有限公司等；其次是化工行业，德国三大化工集团赫希斯特、巴斯夫和拜耳均在中国有多项投资。例如，上海高桥-巴斯夫胶乳有限公司、拜耳-上海齿科公司、天津汉高洗涤剂有限公司等；最后是轻工业中的食品加工和啤酒工业。例如，北京华安肉类食品有限公司、南京中欧食品有限公司、厦门华侨啤酒有限公司等。

上述德国与中国合资的行业，最能体现出德国技术优势与中国市场和劳动力优势的结合，比较容易取得成功。

（2）德国企业对华投资的数额较大，资金到位率较高。

从1993年的数据来看，德国企业在1981—1993年对华投资的项目有578个，德方协议投资28亿美元，平均每个项目德方投资485万美元。同时期，全国已批准的外商直接投资项目为17.5万个，外商协议投资2218亿美元，平均每个项目外商投资127万美元，德国在华投资项目平均规模大约是一般外商投资项目平均规模的4倍。可见，德国对华投资项目的平均投资规模是比较大的。不仅如此，根据调查，德国投资项目的资金到位率也比较高。例如，上海大众汽车公司正式成立于1985年3月，德方在半年内就投资6000万美元，使第一条装配线于当年顺利竣工。

（3）德国著名的大公司来华投资较多，主要分布在长江三角洲地带和环渤海地区。

根据美国《幸福》杂志1994年全球500家最大公司的排名，德国多数大公司在中国均有投资项目。

德国前10家最大的工业公司中，只有排名第7位的宝马汽车公司在华尚无投资项目，其余大公司均在华有多项投资。

德国大公司投资主要集中在我国长江三角洲地带和环渤海地区。1994年德国大公司在这两个区域的投资，分别占到德国对华直接投资的35%和40%。

长江三角洲地带经济十分发达，上海是中国重要的工业基地，江苏、浙江两省围绕上海形成了一个工业带。随着浦东的开发，这一地区更为外国投资者看好。德国大公司在华投资企业主要生产工业消费品，他们将项目放在工业消费品需求较大的长江三角洲地带，有利于迅速打开产品销路。

环渤海地区包括山东、河北、辽宁、北京、天津等省市。这里科技人才丰富，工业基础较好。更值得人们注意的是，这里与韩国、日本隔海相望，是东北亚区域合作的热点地区，德国大公司加强在这一地区投资，符合德国政府亚太战略的需要。

（4）德国投资项目较多地具有引进外资的带动效应，有利于促进我国在某些行业整体技术水平的提高。

德国投资项目投产后，从两个方面促进了相同或相关行业的外资增加：一方面是项目产品加工制造本身引起的外国配套企业来华投资；另一方面是项目产品当地销售引起的外国同行业企业在中国市场上的竞争，促使其他外国同行业企业也在华投资建立生产基地。

例如，上海大众汽车公司为保持外汇平衡，积极实施"桑塔纳"轿车的国产化计划，大力支持中国企业引进技术或合资经营，使其能够为"桑塔纳"提供合格的零部件。江苏省江阴市江南模塑公司与德国庆玛曼公司进行生产技术合作，共同生产的轿车保险杠为上海大众汽车公司所采用。据统计，到1994年底，为上海大众汽车公司配套而来华投资或转让技术的外国公司共有169家，这其中既有德国公司，也有其他外国公司。当"桑塔纳"轿车的销售占据中国轿车市场的一半时，许多外国汽车制造公司加快了对华投资。例如，奔驰公司、福特公司、丰田公司等积极与国内汽车厂家洽谈合资项目，力求保住和扩大其在中国轿车市场上的占有份额。

德国投资项目在促进我国汽车制造行业、化工行业、通信设备行业、电子设备行业、飞机维修保养行业等整体技术水平提高方面，发挥了独特的作用。

（5）德国投资企业比较注重产品质量和售后服务，体现了德国企业管理的特色。

目前，德国在华投资企业一般由德方人员负责生产管理，多数产品采用德国工业标准，对产品质量要求十分严格。为了使中国职工适应德国设备操作和管理规范，他们积极培训中方技术人员和管理人员。例如，上海大众汽车公司投资 1500 万元，建立了现代化的培训中心，大规模培训公司及维修站人员。在售后服务方面，上海大众汽车公司在全国设立了 200 多家维修站，以及时可靠的服务赢得广大用户的赞誉。

德国企业在对华投资中，自觉搞好环境保护，在设计厂房时都配备了废水、废气等处理装置，生产排放污染指标都在我国环保部门规定的范围之内。

三、德国对华直接投资与深化我国经济体制改革

德国对华直接投资项目对加快我国经济体制改革发挥了有益作用。主要表现在以下几方面：

（1）有利于推动我国现代企业制度的建立和完善。

当 1981 年第一家中德合资企业组建董事会时，国内企业界对这一机构还十分陌生。而今许多国有企业领导人的名片上都印上了"董事长"的头衔，资产经营的意识已在中国广泛传播。1979 年颁布的《中外合资经营企业法》规定中外合资企业的法定形式为有限责任公司。通过合资企业多年实践，我国对公司的管理技术日益成熟和丰富，使得 1993 年第一部《公司法》得以顺利出台，中德合资企业的经营管理机制，对于我国建立现代企业制度起到良好的示范作用。

（2）有利于促进我国宏观经济管理体制的改革和完善。

德国投资者在考察中国的投资环境时，十分注意中国的立法状况。为了让外国投资者放心，我国立法机构在 80 年代颁布了大量有关外资的法律与法规。政府有关部门开始认识到依法管理企业的重要性。随后，有关国内企业的法律相继公布，政府实行机构改革，将政企分开，政府专门依法行使监督管理的职能。我国的宏观经济管理逐步走上了法制化的轨道。

（3）有利于促进我国企业集团的产生和发展。

随着经济国际化的加速发展，各国跨国公司纷纷来华投资，并在中国成立控股公司，中国企业的实力就显得相对较弱，在某些领域甚至无法与跨国公司开展竞争。在我国政府的支持下，近年来出现了一大批以经济效益好的国有企业为核心组建的企业集团。这些企业集团不仅可以与外商投资企业进行平等竞争，而且也开始向国外投资，进行跨国经营，直接参与国际竞争。

（4）为中国培养了一大批现代化企业管理人才。

中德合资企业不仅拥有较先进的技术设备，而且还采用了德国企业的科学管理方法。中方管理人员学到了德方管理人员的长处，积累了合资企业的管理经验，逐渐能够独立地管理这些现代企业，成为我国新一代外向型企业管理人才。

四、德国对华直接投资中存在的主要问题及相应的对策与措施

德国对华直接投资的企业中仍存在一些问题。有些问题是因合资企业内部经营管理不善造成的，有些是由于外部环境因素造成的；有些问题主要出在中方，有些则应由德方承担责任。

（一）主要问题

1. 部分德国投资企业生产成本较高，债务负担重，并且存在外汇不平衡问题

中德合资企业的生产成本的确比德国国内企业的生产成本低，但与一般外商投资企业相比，中德合资

企业的生产成本仍比较高，导致一些合资产品在经营初期被迫以高价格定位，影响了其竞争能力。

造成德国在华投资企业生产成本较高的原因主要是：

（1）产品质量标准要求高，依赖从德国进口材料及关键部件的较多。维持进口又需要支付大量外汇。这些外汇换算成人民币后，整个产品的生产成本随之抬高。如果该产品以中国市场为主要销售渠道，其偏高的人民币定价很难为中国大多数消费者所接受。

（2）中德合资企业工资成本偏高，导致生产成本提高。如前所述，德国的工资水平较高，而中德合资企业中的德方人员工资是按德国工资水平发放的。这就造成中德合资企业的总工资成本增加，从而导致生产成本偏高。

（3）用于环保方面的投资较多，使生产成本增加。德国在华投资项目除了生产性设备的投资规模大外，用于非生产性的环保设施投资也比较多，以致生产成本过高，合资企业在经营状况不佳时难以承受各项费用开支。有些中德合资企业从银行借债过多，且借的外汇多半是德国马克。由于德国马克在 1995 年和 1996 年大幅升值，而中德合资企业的收入货币主要是人民币和美元，使得合资企业在这两年偿还马克债务时，不得不支付更多的企业利润。

2. 德国企业在华成立控股公司而产生的问题

近年来，德国跨国公司开始大规模对华投资。有些跨国公司为了协调多个在中国的子公司业务，还专门成立了中国控股公司。例如，1994 年成立的"西门子（中国）有限公司"，管辖着西门子集团各成员在华投资的 30 个项目，涉及公共通信系统、电子生产、自动化设备等 10 余个部门，分布在中国大部分省会城市和经济特区之中。

对中国来说，允许德国企业在华成立控股公司，可以吸收更多的德国资金和技术，还可以借助德国跨国公司的整体力量，完成国内大型项目的相关配套建设。但是，德国企业在华成立控股公司也有诸多不利的影响，主要是：

（1）通过控股公司的管理和协调，可能对我国某些行业增加影响力，甚至抑制竞争，形成垄断。

（2）通过控股公司主持和组织在中国的项目谈判，德方主谈代表的经验不断积累起来。而中方的谈判班子往往只是一次性组建。项目谈成了，班子也解散了。这对于中方谈判能力提高是不利的。

（3）建立控股公司后，跨国公司凭借其实力和灵活的管理体制，有可能超核准范围经营，以至于控股公司的经营方向与我国鼓励外商投资的方向相偏离。

我国目前尚无有关控股公司的立法，在管理上还处于试验阶段。具体的监督管理方法还有待于进一步探讨。

3. 中德双方管理人员的素质问题

在中德合资企业遇到的问题中，最根本的问题是双方管理人员的素质问题。有些中方管理人员仍带有原来在国营企业形成的传统观念，管理的随意性太大，不适应合资企业的规章制度和科学的管理方法。他们中一些人不懂外文，也不主动与德方管理人员沟通思想，经常发生一些不必要的误会。有些德方管理人员对中国的企业管理缺乏了解，不注意关心职工生活，不重视职工参与管理，结果无法进行有效的管理。

4. 合资企业的外部环境问题

改革开放以来，我国外商投资的硬环境和软环境都有了明显改善，但仍存在一些问题。如能源供给不能满足外资经济增长的需要、原材料价格上涨过快、大城市交通状况仍不佳等。在对外资管理中，政府对外商投资企业的收费名目过多，乱收费、乱摊派、乱罚款现象时有发生。在享受优惠政策方面，德国在华投资的高技术生产性企业与一般的低技术外商投资企业没有大的区别，阻碍了德国企业在我国鼓励外商投资的范围进一步扩大投资。

（二）对策与措施

（1）强调中德合资企业的共同利益，努力降低生产成本，提高产品的竞争力。

中德合资企业的投资回收期一般都比较长，中德双方都应以合资企业的长远利益为重，避免单方面的短期回收行为。合资企业应逐步降低从国外进口零部件的比重，建立中国范围内的供货体系。在不降低标准的前提下，多采用成本低的国内配套产品。在工资制度上，合资企业可以建立参照中国工资水平的统一工资制度，外籍职工也和中国职工一样取得相应级别的工资。德方股东派往合资企业的人员可以从德方年终分红中取得其相当于德国工资水平的报酬。这样，合资企业的工资成本就可降下来。另外，在环保投入方面，合资企业应当量力而行，避免一次性投入过多。同时，合资企业通过扩大生产规模，也可以使生产成本降下来。

（2）加快有关外国公司在华设立控股公司的立法工作，使控股公司主体行为有法可依，政府的管理工作也进一步法制化。

（3）建议政府给予符合我国鼓励外商投资范围的外商高新技术投资项目更大的优惠，促使更多的德国高技术生产性企业投资于我国急需发展的行业和领域，将有限的外资用在我国现代化建设的刀刃上。

（4）进一步改善外商投资环境，建立公开的、统一的收费制度，并设立投诉机构，制止乱收费行为。在城市发展规划上，应考虑外资经济的各项需求，逐步提高城市供水、供电、供气等方面的能力，改善交通条件，保障外商投资企业的生产经营活动正常开展。

（5）提高中德合资企业高层管理人员的素质，选派文化水平高、善于合资企业组织管理的干部担任领导工作。中德管理人员之间应该经常相互沟通，增强彼此信任，更好地带领全体职工完成合资经营目标。

本文原载于《世界经济与政治》1997 年第 12 期

经济全球化与美国对外直接投资的变化*

陈继勇　王清平

在经济全球化浪潮的冲击和影响下，20 世纪 90 年代美国的对外直接投资发生了一系列重大变化。

一、经济全球化与美国对外直接投资规模迅速扩大

20 世纪 80 年代（简称 80 年代，下同）是美国对外直接投资相对萎缩的 10 年，在这 10 年中，美国对外直接投资的年均增长率仅为 5%，[1] 投资总额也仅比 70 年代增加了 491.6 亿美元。加上欧盟，特别是日本对美国的直接投资迅速增加，美国在 80 年代末曾一度失去其战后一直保持的直接投资净输出国的地位而成为直接投资净输入国。进入 90 年代后，美国对外直接投资以年均 26.8%[2] 的速度高速增长，投资规模也迅速扩大。1989 年，美国对外直接投资总额约 376 亿美元，[3] 1999 年增至 1358.1 亿美元，是 1989 年的 3.6 倍，1980 年的 7.2 倍。整个 90 年代，美国对外直接投资总额高达 7930 亿美元，是 80 年代对外直接投资总额的 4.6 倍，再度成为世界头号对外直接投资大国。

90 年代美国对外直接投资规模的迅速扩大，是与 80 年代末以来经济全球化的加速推进密不可分的。

（一）贸易全球化的发展为美国跨国公司扩大对外直接投资带来了新的动力

首先，贸易自由化的发展使跨国公司能更好地将其所有权优势与东道国的区位优势相结合，为跨国公司调整其对外直接投资的地区分布和增加对外直接投资带来了动力。随着各国关税水平不断降低，非关税壁垒不断减少，跨国公司海外子公司在东道国的中间投入品进口也越来越自由。这一方面，使跨国公司能通过内部贸易，为一些子公司解决因东道国难以提供足够符合其要求的中间投入品而带来的质量控制问题；另一方面，公司内部贸易的发展还可以使跨国公司根据不同东道国的区位优势，通过直接投资实行区域性专业化生产，从而获取规模经济利益。此外，公司内部贸易的发展还为跨国公司通过转移定价获取额外收益提供了方便。其次，贸易自由化的发展加剧了东道国国内市场竞争，促进了东道国整体市场环境的改善和劳动力市场弹性的增强，为子公司降低在东道国的生产成本、提高经营效益创造了更好的条件。最后，贸易自由化的发展，特别是服务贸易自由化的发展为跨国公司对外直接投资提供了更广阔的空间。

（二）金融全球化为美国跨国公司扩大对外直接投资创造了更有利的条件

首先，金融市场全球化从两个方面降低了美国跨国公司的筹资成本。第一，随着金融市场全球化的发展，套汇、套利活动加剧，全球利率水平进一步趋同，并趋于下降，这降低了跨国公司间接融资的利息成本。第二，金融市场全球化降低了企业在金融市场上进行直接融资的成本。这主要是由于以下几个原因：其一，金融市场全球化大大改变了资本供应人和企业之间的关系。金融市场全球化的发展使企业的潜在投资者大大增加，而潜在投资者之间的竞争以及金融中介机构（主要是投资银行）之间的竞争，大大降低了企业进行直接融资的利息成本和交易成本。其二，金融市场全球化使争夺企业控制权的竞争更加激烈，从

---

* 本文被人大报刊复印中心《世界经济导刊》2003 年第 8 期全文转载；于 2007 年获湖北省第五届哲学社会科学优秀成果奖一等奖。

而强化了对企业管理人员的监督，降低了企业直接融资的利息成本。金融市场的全球化给企业管理人员带来了强大压力：如果他们经营管理不善，企业就很可能成为被兼并的目标。相反，企业经营状况良好就会使企业现有投资者受益，潜在的投资者也会随之增加，这有利于企业降低进一步融资的成本。其三，金融市场全球化降低了证券交易的成本，直接和间接地降低了企业直接融资的成本。在金融全球化不断发展的背景下，证券经纪人、投资银行的内部竞争及彼此之间的竞争日趋激烈，它们为争夺客户而不得不降低服务价格，从而降低了企业在国际金融市场上的证券交易成本。同时，企业也可通过选择效率高的证券交易所，降低证券交易的成本，进而降低筹资成本。另外，进入国际金融市场融资的企业对信息的披露必须遵循严格的规定，因而通过得到有价值的内部消息进行内部交易的可能性大大降低，这样，从事该企业证券交易的投资人和证券经纪人将会增加，该企业证券的流动性也会增强，从而使筹资成本降低。其四，金融全球化使企业能有效利用各种不同的筹资工具，特别是一些新的金融工具和金融技术，以降低风险和筹资成本。

金融全球化的发展所带来的筹资成本降低正是美国跨国公司增加从国际资本市场筹资以扩大其对外直接投资规模的动力和基础。

其次，由于金融全球化的不断发展，各国金融市场有机地联系在一起，金融市场连续24小时运营，这大大便利了美国跨国公司在全球范围内管理其公司体系的筹资和资金分配，促进了美国跨国公司对外直接投资规模的迅速扩大。

最后，金融市场全球化为美国跨国公司更好地规避金融风险提供了更好的条件。

（三）投资全球化的发展为美国跨国公司扩大对外直接投资创造了必要条件

从本质上讲，投资全球化是资本及其相关要素（技术、管理技能等）在全球范围内的自由、合理地流动，它主要表现为投资自由化、规范化以及资本大规模跨国流动。投资自由化和规范化的发展，一方面扩大了美国跨国公司对外直接投资的空间，另一方面也减少了其对外直接投资所面临的不确定因素，大大促进了美国跨国公司对外直接投资的发展。

二、经济全球化与美国对外直接投资区位的变化

长期以来，通过对外直接投资占领国际市场一直是美国跨国公司对外直接投资的战略目标，因此，东道国市场的规模和开放程度是美国对外直接投资区位选择的两个最重要的决定因素。美国对外直接投资从20世纪50年代初开始向发达国家倾斜，此后，美国对发展中国家的直接投资占其对外直接投资总额的比重不断下降。60年代后半期、70年代和80年代，这一比重都保持在25%左右的较低水平。虽然美国对发达国家投资占主导地位的对外直接投资区位格局在90年代没有发生根本变化，但90年代美国对发展中国家直接投资的力度明显加大。1990—1999年，美国对发展中国家的直接投资总额约2625.7亿美元，相当于80年代的5.7倍，约占90年代其对外直接投资总额的33.1%，比80年代高近7个百分点。90年代美国对发展中国家直接投资的较大幅度增长，与80年代末以来经济全球化的大规模、全方位推进有着紧密的联系。

（一）贸易全球化的迅速发展为美国跨国公司调整其对外直接投资区位带来了压力

贸易全球化的不断发展，一方面使国际贸易渠道越来越通畅，但另一方面也使国际市场竞争越来越激烈。由于国际贸易环境越来越自由，突破市场壁垒，就地生产、就地销售作为传统的影响美国对外直接投资区位的因素，其重要性大大减弱。而降低生产和研发成本，提高企业的技术实力和产品的竞争力，以适应经济全球化背景下更激烈的国际竞争显得更重要。获取发展中国家廉价的自然资源、劳动力以及知识、技术、技术人才等"创造资产"（Created Assets），正是90年代美国跨国公司对发展中国家直接投资大量增加的重要原因。从90年代美国跨国公司海外子公司雇员人数及劳动力成本变化的情况看，90年代美国

跨国公司大量增加对发展中国家的直接投资也确实降低了其总体劳动力成本。1983 年，美国跨国公司海外子公司雇员总数为 638.3 万人，1989 年增至 662.2 万人，雇员年均增长率仅为 0.6%。与 80 年代相比，90 年代美国跨国公司海外子公司雇员数增长快得多，由 1990 年的 683.4 万人上升至 199 年的 890.7 万人，④年均增长率高达 3.4%。而且，海外子公司雇员人数的增加，在很大程度上是由于美国跨国公司将劳动密集型生产环节大量转移至劳动力成本相对较低的发展中国家所致，其海外子公司仅在阿根廷、巴西、智利、墨西哥、印尼、韩国、新加坡、泰国、马来西亚、菲律宾等 10 个发展中国家的雇员人数就从 1983 年的 124.9 万人增加到 1999 年的 211.2 万人，在这 10 个发展中国家的雇员数占其跨国公司体系雇员总数（母公司与海外子公司雇员之和）的比重也相应地由 1983 年的 5.0% 上升至 1999 年的 7.3%。在海外子公司雇员人数迅速增加的同时，美国跨国公司总体劳动力成本上升幅度却大大下降。1990—1999 年，海外子公司雇员数占跨国公司体系雇员总数的比重由 1983—1989 年的年均 25.7% 上升至 29.4%，海外子公司雇员工资年均增长率由 1983—1989 年的 7.9% 降至 1990—1999 年的 2.7%，相应地，美国跨国公司总体劳动力成本年均增长率则由 1983—1989 年的 4.5% 降至 1990—1999 年 3.0%。⑤由此可见，90 年代美国跨国公司对发展中国家直接投资的大量增加确实降低了其总体劳动力成本。另外，90 年代美国跨国公司增加对发展中国家的研发投入，利用发展中国家廉价的科学技术人才进行研究开发，对降低其研发成本也起到了积极的作用。

（二）投资全球化的发展使美国跨国公司大量增加在发展中国家的直接投资成为可能

80 年代以来，特别是 80 年代中期以来，越来越多的发展中国家开始从限制外商直接投资向欢迎和鼓励外商直接投资转变。这些前社会主义国家在其市场化改革进程中也向国际资本敞开了大门，这样，80 年代末以来，投资自由化浪潮在全球范围内蓬勃兴起。投资自由化可以分为单边、双边和多边三个层次。从单边层次上看，投资自由化主要表现为东道国外资政策自由化和投资硬环境的改善。从各国外资政策和法规变化来看，仅 1991—1999 年，东道国（绝大多数是发展中国家）对外商直接投资管理政策和法规的调整多达 1035 项，其中 94%⑥对外商直接投资有利。在实行外商直接投资管理政策自由化的同时，发展中国家自 80 年代中期以来在交通、电力、通信等方面进行了大规模的投资，大大改善了投资硬环境。从双边和多边层次上看，投资自由化主要表现在双边和多边投资保护协定的不断增加。1999 年，双边投资保护协定达 1856 个，避免双重征税协定达 1982 个，⑦分别是 1980 年的 10.3 倍和 2.8 倍。另外，世贸组织多边协定中的《与贸易有关的投资措施协定》《与贸易有关的知识产权协定》以及《服务贸易总协定》也大大促进了国际直接投资管理的自由化。

在不断趋向自由化的同时，国际直接投资管理也在向规范化方向发展。这种规范化主要体现在区域和多边两个层次上的国际直接投资协调。区域层次的协调主要是区域一体化协议中包含的关于投资问题的条款。这些包含在一体化协议中的条款多是具有强制性的，例如欧盟成员国间资本自由流动的协议、1987 年《东盟投资协定》、南方共同市场投资议定书、北美自由贸易协定等。区域层次上国际直接投资政策协调的主要内容往往在于放松对国际直接投资进入和开业的限制，进而取消歧视性经营条件以及进行投资保护等。这一层次投资协调的目的一方面是鼓励国际直接投资，但另一方面也是为了规范和引导投资，促进国际直接投资的有序化。在区域层次的国际直接投资协调不断发展的同时，80 年代中期以来，多边层次的国际直接投资协调也在不断加强。作为乌拉圭回合谈判成果的"一揽子"协议中包含了三个与国际直接投资有关的法律文件：《与贸易有关的投资措施协定》《与贸易有关的知识产权协定》《服务贸易总协定》。尽管这三个文件涉及的只是外国直接投资待遇的个别方面，但具有较强的约束性。如《与贸易有关的知识产权协定》对知识产权保护以及其他两个协定对最惠国待遇和国民待遇问题提出了总原则。特别是《与贸易有关的投资措施协定》，其核心内容就是取消所有与关贸总协定"国民待遇条款"和"取消数量限制条款"不一致的投资措施。这三个法律文件一方面将会推动国际直接投资的进一步自由化，但另一方面，它们也将推动国际直接投资向规范化方向发展。另外，旨在规范国际直接投资的双边、多边及区域内谈判越来越多。在世界贸易组织（WTO）和联合国贸易和发展会议（UNCTAD）的组织和主持下，一些关于国际直接投资管理的多边谈判或讨论正在进行。在 1998 年 6 月举行的美洲自由贸易区谈判委员会第一次会议上，谈判各方同意由投资谈判小组制定一个包含广泛权利和义务的投资管理体制框架。南部非洲发展委员会、非洲国家组织也在就区内投资管理进行讨论。特别值得一提的是，在经济合作与发展组织（OECD）内进行的关于多边投资协定（MAI）的谈判在 1998 年已告一段落，MAI 的草案已经公布。MAI 规定了透明度、国民待遇、最惠国待遇等原则，并对没收外资资产、对外商直接投资企业的业绩要求及争端解决等方面做出了明确的规定。尽管由于美、欧之间利益的严重冲突而导致 MAI 未能达成最终协议，但 MAI 谈判表达了发达国家试图推动国际直接投资进一步自由化和规范化的愿望，而且一些发展中国家，如巴西、阿根廷、智利、新加坡等也不同程度地表示愿意加入 MAI，这表明国际直接投资的规范化有向更广泛更深入方向发展的趋势。

全球范围内投资管理的自由化和规范化，特别是发展中国家外资政策的自由化和投资硬环境的改善，增强了发展中国家对国际直接投资的吸引力，这正是 90 年代美国跨国公司大量增加对发展中国家直接投资的重要原因。

（三）金融全球化为美国跨国公司大量增加对发展中国家的直接投资起到了十分重要的促进作用

这种促进作用主要体现在以下两个方面：

第一，金融市场全球化降低了美国跨国公司的筹资成本，增强了美国跨国公司对外直接投资（包括对发展中国家的直接投资）能力。

第二，金融市场全球化也为美国跨国公司转移在发展中国家投资的风险提供了良好的条件。80 年代中期以来，在金融自由化改革不断推进的同时，发展中国家，特别是新兴市场国家的资本市场也迅速发展。从股市市值占 GDP 的比重情况看，1990 年，阿根廷、巴西、智利、墨西哥、新加坡、印度尼西亚、菲律宾、马来西亚、泰国股市市值占 GDP 的比重分别为 2.3%、3.5%、45%、12.5%、93.6%、7.1%、13.4%、113.6% 和 28%，1998 年分别上升至 15.2%、20.7%、65.9%、23.3%、112%、23.5%、54.2%、136% 和 31.4%。[8] 发展中国家股市的发展一方面为美国跨国公司在发展中国家的子公司就地进行直接融资提供了条件，一定程度上降低了通过贷款和发行债券给公司带来的金融风险；另一方面，随着金融全球化的发展，发展中国家资本市场成为全球金融市场的一个有机组成部分，一旦有风吹草动，跨国公司也可通过资本市场迅速抽逃资金。另外，随着发展中国家积极参与金融全球化进程，其货币市场、资本市场、外汇市场和金融衍生产品市场与国际接轨，跨国公司在发展中国家的子公司在进行对外经济交易中能更好地利用国际金融市场有效降低汇率、利率风险。

三、经济全球化与美国对外直接投资的行业流向变化

第二次世界大战后，美国在将对外直接投资的重点由发展中国家转向发达国家的同时，其对外直接投资的部门结构也日益高级化。其主要表现是矿业、石油业在美国对外直接投资中所占的比重不断下降，制造业所占比重基本稳定，服务业的比重迅速提高。1970—1989 年的 20 年中，矿业、石油业在对外直接投资总额中所占比重下降了 20.2 个百分点，服务业所占比重上升了 26.4 个百分点，制造业所占比重几乎没有改变，但制造业始终是美国对外直接投资最多的行业。与 70 年代和 80 年代相比，90 年代美国对外直接投资的行业配置发生了更深刻的变化：1990—1999 年，美国服务业对外直接投资总额高达 4255.6 亿美元，[9] 占其对外直接投资总额的 53.7%，大大超过制造业所占比重 31.2%，首次取代制造业，成为美国对外直接投资最多的行业。

与制造业相比，美国服务业所拥有的更明显的相对优势及世界各国经济服务化程度的进一步提高，是 90 年代美国服务业对外直接投资快速发展的实体基础，而 80 年代中期以来，特别是世界贸易组织成立以来，服务贸易自由化的迅速发展则是 90 年代美国服务业对外直接投资大幅度增长的直接原因。服务贸易

的自由化始于 80 年代中期，它分为单边、区域性和多边三个层次。单边层次的自由化主要表现在各国对服务业的市场准入放宽限制；区域性服务贸易自由化主要体现在区域经济一体化协议中关于服务贸易自由化的有关条款及区域经济集团与周边国家签订的服务贸易协定，这些区域集团包括北美自由贸易区、欧盟、澳新自由贸易区及南方共同市场等；而世贸组织《服务贸易总协定》则是多边层次上服务贸易自由化的集中体现。首先，《服务贸易总协定》作为世贸组织多边协议之一，所有成员方都必须接受，这使服务贸易自由化真正具有全球意义。其次，《服务贸易总协定》规定了以无条件多边最惠国待遇为核心，包括保持透明度、对提供服务所需资格相互承认、实行自由化等一系列成员方所必须履行的一般性义务，为服务贸易的发展提供了更为自由的环境；再次，就市场准入条款而言，尽管《服务贸易总协定》没有给市场准入下定义，但其明确规定了禁止使用的 6 个方面的限制措施（除非成员在其承诺表中明确列出），这六大被禁止使用的限制措施十分清楚，操作性强，能有效减少纠纷并且便于监督。最后，《服务贸易总协定》要求世贸组织成员将服务贸易开放的承诺列入承诺表，承诺涵盖 12 个部门和 155 个分部门，而且对于每一个分部门，承诺又根据服务贸易的 4 种方式进行了细分，因此，《服务贸易总协定》所要求的服务贸易自由化，其广度和深度是史无前例的。

从世贸组织成立以来成员方在服务贸易方面的承诺来看，服务贸易自由化已取得重大实质性进展。以保险业和银行业自由化为例，发达国家已对直接保险服务的 70%[10]以及银行存贷业务的 75%承诺实行自由化。发展中成员及经济转型成员承诺开放直接保险服务的 50%，银行存贷业务的 53%。[11]而且，商业存在作为对这两个行业影响最大的贸易形式，19 个发展中成员及经济转型成员承诺在直接保险服务贸易中，除了对建立当地企业实体保留一定限制外，不再对商业存在这种形式采取其他限制措施，26 个成员承诺对银行存贷业务实行完全自由化。

80 年代中期以来，特别是世界贸易组织成立以来的服务贸易自由化极大地促进了美国服务业对外直接投资的发展。1990—1999 年，美国服务业对外直接投资总量是 1982—1989 年对外直接投资总量的 5.4 倍，1995—1999 年 5 年中，美国服务业对外直接投资总额是 1990—1994 年对外直接投资总额的 2.2 倍，超过了 1983—1994 年 12 年间美国服务业对外直接投资的总和。由此可见，90 年代美国服务业对外直接投资的迅猛增长与服务贸易自由化有着十分紧密的联系。

四、经济全球化与美国对外直接投资方式的变化

长期以来，跨国并购在美国对外直接投资中占有相当重要的地位，自 80 年代后半期开始，跨国并购在美国对外直接投资中所占的比重出现加速上升的趋势。进入 90 年代，美国跨国公司的跨国兼并活动风起云涌，一浪高过一浪。90 年代，美国半数年份对外直接投资主要以跨国并购方式进行，特别是 90 年代后 4 年，跨国并购在美国对外直接投资中所占的比重都在 60%以上，1998 年甚至超过 90%。整个 90 年代，跨国并购在美国对外直接投资中所占的比重约为 57%。尽管由于跨国并购案的成交金额存在跨期支付问题（一起跨国并购案的成交金额可能分几年支付），跨国并购当年的实际支付金额在对外直接投资总额中所占的比重实际上并没有那么高，但从 90 年代的总体情况看，跨国并购无疑已成为美国对外直接投资的主要方式。

90 年代跨国并购取代绿地投资成为美国对外直接投资的主要方式，与经济全球化迅速发展所带来的企业经营环境的巨大变化有直接关系。

第一，随着贸易全球化的不断发展，各国经济开放程度越来越高，各国市场与全球大市场的联系越来越紧密，这一方面为企业发展提供了更广阔的空间，另一方面也迫使企业直接面对国际市场的激烈竞争，因此，企业对经营环境变化的敏感程度和反应速度快慢成为企业生死攸关的问题，而跨国并购正是企业对经营环境变化做出反应及提高企业反应速度的最快、最有效的手段之一。

首先，跨国并购是企业开展国际化经营，争夺国际市场最快、最有效的手段。一方面，跨国并购能省掉绿地投资方式下进行固定资产投资所需的时间，使企业在东道国更迅速地建立商业存在；另一方面，跨

国并购能使并购企业通过被并购企业迅速了解当地市场情况，获取企业经营决策所需的市场信息和客户信息，而且并购企业还可以通过被并购企业的销售渠道迅速抢占当地市场乃至全球市场，这比通过绿地投资或出口，逐步建立自己的销售网络占领市场的速度更快。

其次，在全球竞争日趋激烈的背景下，企业规模的大小比过去具有更重要的意义。一方面，企业通过跨国并购迅速扩大经营规模，既可以降低被兼并的风险，又可以通过规模经营，降低生产成本，提高收益；另一方面，通过跨国并购扩大企业规模，企业可以更好地应付生产经营中的不确定因素，降低经营风险。这主要是由于以下几个原因：其一，通过并购一些有长期业务往来的企业，使以往的企业外部交易内部化，从而降低企业的交易风险；其二，通过并购扩大经营规模，企业对市场环境的控制能力增强，至少可以降低对市场环境的依赖程度，这可以有效减少企业生产经营中的不确定因素；其三，通过跨行业并购，并购企业可以快速开展多样化经营，有效分散经营风险。

最后，跨国并购有利于企业巩固和迅速增强其核心竞争力。企业所拥有的技术及技术创新能力可以说是企业核心竞争力的核心。80 年代末以来高新技术的不断涌现和应用，是经济全球化加速推进的重要原因之一，而经济全球化的迅速发展又加剧了市场竞争的激烈程度，导致产品生命周期不断缩短。因此，经济全球化的发展反过来又对企业的技术创新能力提出了更高的要求，技术创新能力有限的企业生存空间越来越小。为了生存和发展，企业不得不设法改进技术，提高技术创新能力，以适应经济全球化背景下更激烈的市场竞争。对一个企业而言，提高技术水平主要有三种途径：加大本身的研究开发投入、谋求战略技术联盟及并购其他企业以获取被并购企业的技术和技术开发力量。不断地大量增加研究开发投入进行研究开发不仅风险大、周期长，而且研究开发所需的巨额资金即使是实力雄厚的跨国公司也难以承担。因此，自 80 年代中期以来，越来越多的跨国公司在增加研究开发投入的同时，更多地通过与其他企业建立战略技术联盟和并购（包括跨国并购）相关企业来提高技术水平和技术创新能力。但战略技术联盟这种获取外部技术资源的方式也存在一些问题：其一，在联合研究开发的过程中，由于联盟各方技术的可保密性不同，因此，可能会出现一些联盟成员不愿意看到技术泄密的问题；其二，在战略技术联盟中，联盟一方很难获得联盟其他成员的现有技术，战略协作的规模和范围都会受到限制。但是，通过并购方式获取外部技术资源，一方面可以避免在战略技术联盟中可能出现的泄密问题，另一方面，并购企业还可以获得利用被并购企业的资金和技术力量进行研究开发的动态效益，以及获得被并购企业现有技术的静态效益。通过跨国并购，获取国外企业技术及技术开发力量，正是 90 年代美国企业大规模开展跨国并购的重要原因之一。

第二，90 年代投资管理政策的自由化为美国跨国公司进行跨国并购创造了条件。为了吸引更多的外商直接投资，90 年代以来各国对其外资直接投资管理政策做出了重大调整，而且绝大多数政策调整是建立在单边基础之上的。在 90 年代各国进行的外资政策调整中，绝大多数是对外商直接投资有利的，其中，取消合资要求、取消对外商拥有多数股权的限制等措施大大便利了以跨国并购方式进行的直接投资。据对 100 多个国家外资管理法规的调查研究，大多数国家的外资法规对绿地投资和跨国并购没有严格的区分，[12]因此，当这些国家取消对某些行业外资进入及外资拥有多数股权的限制时，国外企业就能合法地并购当地企业。

第三，金融全球化为美国跨国公司开展跨国并购提供了方便。跨国并购涉及巨额资金筹集和跨境流动，金融全球化的发展促进了各国金融市场的更紧密联系和市场规模的扩大，这一方面为跨国公司通过各种金融工具在国际金融市场上筹集巨额资金提供了必要条件，另一方面也为跨国公司迅速、大规模调动资金提供了方便。另外，国际资本市场的发展还为企业跨国并购提供了新的途径——通过互换股票进行并购。

◎ 注释

①②⑤⑨根据美国商务部经济分析局（http：//www.bea.doc.gov）对外直接投资统计数据整理。

③④⑦美国商务部经济分析局（http：//www.bea.doc.gov）对外直接投资统计。

⑥UNCTAD：World Investment Report，2000，p. 6.

⑧World Bank，World Development Indicators 2000，表 5. 2，http：//www. worldbank. org.

⑩⑪Aaditya yattoo，"Financial Services and the WTO：Liberalization Commitments of the Developing and Transition Economies，"The World Economy，Vol. 23，No. 3，2000，p. 361.

⑫UNCTAD，World Investment Report，2000，p. 146.

本文原载于《世界经济与政治》2003 年第 7 期

20 世纪 90 年代以来美国对外
直接投资对美国商品贸易的影响*

陈继勇　王清平

一、20 世纪 90 年代以来美国对外直接投资的发展

由于美国跨国公司竞争力的相对下降，80 年代（指 20 世纪 80 年代，下同）美国对外直接投资出现相对萎缩的局面，加上欧盟，特别是日本对美国的直接投资迅速增加，美国在 80 年代末曾一度失去其战后一直保持的直接投资净输出国的地位而成为直接投资净输入国。进入 90 年代（指 20 世纪 90 年代，下同），随着美国跨国公司竞争力的不断增强，美国对外直接投资迅速发展，规模不断扩大，对外直接投资额由 1990 年的 309. 8 亿美元增加到 2002 年的 1197. 4 亿美元，年均增长 23. 9%。1990—2002 年 13 年中，美国对外直接投资流量累计额达 12356. 2 亿美元，是 80 年代美国对外直接投资总额的 7. 2 倍。在投资规模迅速扩大的同时，美国对外直接投资的地区流向、产业流向及投资方式等都发生了重大变化。首先，从地区流向看，90 年代以来，美国对发展中国家直接投资的力度明显增强，1990—2002 年，美国对发展中国家的直接投资占其对外直接投资总额的比重达 33. 2%，比 80 年代高 6. 4 个百分点。其次，从产业流向看，90 年代以来服务业对外直接投资发展迅猛，1990—2002 年，美国服务业对外直接投资年均增长率高达 59%，对外直接投资流量累计达 8037. 3 亿美元，占同期美国对外直接投资总额的 65%。因此，服务业已取代制造业成为美国对外直接投资的最大产业。最后，从对外直接投资的方式看，90 年代以来，美国以跨国并购方式进行的直接投资发展迅速，1990—2002 年，美国以跨国并购方式进行的直接投资占美国对外直接投资总额的比重约为 73%。尽管由于存在跨期支付问题，跨国并购额占美国对外直接投资总额的比重实际上可能没有这么高，但跨国并购无疑已发展成为美国对外直接投资的主要方式。

二、对外直接投资对母国商品贸易的影响

直接投资涉及资本、技术、管理经验等经济资源的跨国流动，是企业将其自身优势与东道国区位优势相结合，进行跨国生产经营活动的主要形式。企业开展跨国生产经营后，其海外子公司的投入品需求及产品销售都会对母公司和母国的商品进出口贸易产生影响。但由于影响的因素很多，因此，对外直接投资对母国商品进出口贸易的影响也十分复杂。

1. 对母国商品出口的影响

对外直接投资不仅影响母国商品出口的规模，而且还影响出口商品结构以及出口的地区流向。

首先，从对出口规模的影响看，主要有以下四个方面的因素：其一，从企业层次来讲，由于不同企业经营战略不同以及各东道国的区位优势不同，其对外直接投资的动机和形式也不尽相同。因此，企业在不同东道国的子公司的生产经营活动对母国出口的影响也不同。企业在一个东道国的子公司的生产经营活动

本文于 2007 年获湖北省第五届哲学社会科学优秀成果奖一等奖。

可能对母公司对该国的出口产生影响，而且还会对母公司对其他国家的出口产生影响（如果该子公司服务于区域市场或全球市场的话）。其二，从产业层次看，当一个企业开展对外直接投资，同一产业的竞争对手和供应商也可能通过直接投资开展国际化经营，或向开展对外直接投资企业的子公司出口中间投入品，另外，海外子公司也可能会扩大当地采购，减少从母国企业的进口，这些都会对一个产业的出口产生重大影响。其三，一个企业对外直接投资区位的选择或变化，可能引起国内外竞争对手和供应商对外直接投资行为的连锁反应，造成国际生产方式和布局的变化，从而对母国的出口规模产生更复杂的影响。另外，对外直接投资可能会促进东道国的经济增长，推动东道国收入水平的提高和消费能力的增强，这也可能会促进母国的商品出口。

其次，就对母国出口商品结构的影响而言，由于跨国公司是国际直接投资的载体，跨国公司根据其自身优势，按照其综合和长期战略利益的要求和比较优势的原则，将其价值链分布在不同的国家或地区，在全球范围内建立起一体化的生产分工体系。在其生产经营布局中，跨国公司不仅采用传统地将整个产业都抛出去的产业转移方式，而且还将原来集中于一个企业内的基本生产过程乃至生产过程中的不同工序也部分转移到其他国家或地区。因此，跨国公司对外直接投资的不断发展不仅会引起投资母国整体产业结构的变化，而且还会引起母国产业内部行业结构的变化。很显然，母国产业结构的变化必然会引起出口商品结构的变化。

最后，对外直接投资还会影响母国出口的地区流向，这主要是由于以下两个方面的原因：其一，跨国公司内部贸易的发展。内部化优势是跨国公司开展对外直接投资的重要基础，同时，市场内部化也是跨国公司在其体系内配置资源实现交易成本节约，并通过转移定价逃避税收以实现收益最大化的重要手段，因此，随着其对外直接投资的发展，跨国公司内部贸易的规模不断扩大。跨国公司内部贸易包括子公司与母公司以及子公司与子公司之间的贸易，这两类内部贸易都会对母国出口的地区流向产生不同程度的影响。其二，跨国公司海外子公司从母国的资本品和中间产品进口，在扩大母国出口规模的同时，也会对母国出口的地区流向产生一定的影响。

2. 对母国商品进口的影响

在对母国商品出口规模、出口商品结构及出口地区流向产生影响的同时，对外直接投资对母国商品进口的规模、结构及地区来源也有一定影响。对母国进口规模的影响与跨国公司对外直接投资的动机紧密相关。一般认为，以降低生产成本为主要目的的直接投资更有可能增加母国的商品进口，因为进行这类投资的跨国公司往往会将在国外生产的相当部分产品返销母国，以服务于母国市场。另外，从更一般的意义上来讲，对外直接投资所产生的技术、管理经验等的溢出效应，可能导致东道国当地企业出口竞争力的增强，从而对母国的进口产生一定的影响。与对进口规模的影响相联系，对外直接投资对母国商品进口的地区来源也会有一定的影响。对母国进口商品结构的影响主要来自两个方面：第一，跨国公司将部分产业、生产线或生产环节转移至国外后，国内对相关产品的部分需求可能依赖进口来满足，这会在一定程度上影响母国的进口商品结构；第二，跨国公司对外直接投资的发展加强了母国同世界经济的融合，从而带来新的消费观念、消费方式和消费产品信息，进而对母国的进口商品结构产生一定影响。

3. 对外直接投资对母国商品贸易收支的影响

对外直接投资对母国商品贸易收支的影响在学术界一直存在争议，其中争论的主要问题有两个：其一，对外直接投资与母国的商品出口之间是替代还是互补关系。如果是互补关系，则对外直接投资会改善母国的贸易收支，反之亦然。其二，跨国公司垂直一体化类型的对外直接投资是否会大量增加母国的商品进口。如果垂直一体化类型的直接投资导致母国进口的大量增加，则会对母国贸易收支产生严重不利影响。应该说对外直接投资对投资母国与不同东道国之间贸易收支的影响是不一样的，就与单个东道国的商品贸易而言，对外直接投资可能替代母国出口，也可能带动并增加母国出口，既可能会大量增加母国的进口，也可能对母国进口的影响不大。因此，对外直接投资对母国商品贸易收支的总体影响是有利还是不利，是大还是小，就要看直接投资所引起的商品贸易收支差额及其大小。而且，由于跨国公司对外直接投资动机和投资行为的复杂性，加上不同投资国对外直接投资的规模、产业结构、地区结构等方面的差异，所以，对外直接投资对不同投资母国商品贸易收支的影响也不尽相同。

三、20 世纪 90 年代以来美国对外直接投资对美国商品出口的影响

20 世纪 90 年代以来美国对外直接投资的高速发展，导致美国跨国公司内部跨国界分工规模的进一步扩大，海外子公司经营对美国对外贸易的影响也进一步加深。从对商品出口的影响看，美国制造业跨国公司在全球范围内垂直分工和水平分工的进一步扩大和深化，对美国商品出口的规模、商品结构和地区结构都产生了深刻的影响。

首先，对外直接投资扩大了美国商品出口规模。其一，从增长率看，1990—2001 年间，美国商品出口年均增长率约为 7.8%，而美国对其跨国公司海外子公司的出口年均增长率则为 8.4%，其中公司内部贸易（美国跨国公司对其海外子公司出口）增长率更是高达 8.9%，明显高于美国出口增长率。其二，从所占比重看，1990 年，美国对其跨国公司海外子公司的出口占美国出口总额的比重约为 27%，1997 年上升至 32%，1998 年以后出现下降，2001 年降至 28%，但仍高于 1990 年的 27%。因此，无论是从增长率看，还是从所占比重看，90 年代以来美国对外直接投资所带动的出口增长，都是推动美国出口规模扩张的重要力量。但是，值得指出的是，与 20 世纪 80 年代后半期相比，20 世纪 90 年代以来对外直接投资对美国出口的促进作用略有下降。与 1985—1989 年相比，1999—2001 年美国对其跨国公司海外子公司的出口占美国出口总额的比重下降了 1 个百分点，其中母公司对子公司的出口（内部贸易）占美国出口总额的比重下降了 0.8 个百分点，也就是说，美国对海外子公司出口所占比重的下降主要是由于母公司对子公司出口增速的相对下降所致。

表 1   1990—2001 年美国的商品出口   （单位：亿美元）

项目 / 年份	美国商品出口总额	美国对其海外子公司商品出口额	美国跨国公司对其子公司商品出口额
1990	3637.7	1064.3	900.9
1995	5830.3	1778.3	1526.6
1996	6228.3	1940.3	1617.5
1997	6876.0	2205.4	1865.3
1998	6804.7	2064.0	1763.2
1999	6928.2	1965.0	1689.1
2000	7804.2	2093.1	1827.2
2001	7310.3	2050.3	1785.9

资料来源：美国对外贸易委员会及美国商务部经济分析局。

其次，对外直接投资一定程度上改变了美国出口的商品结构。1990 年，美国制成品出口占商品出口总额的比重约为 88%，其中对其海外子公司的制成品出口占美国制成品出口总额的比重约为 28%，2001 年，以上比重分别变为 93.1% 和 25.3%，这说明对外直接投资对美国制成品出口比重提高所起的作用在下降。但是，对外直接投资对美国制成品出口内部结构却产生了较明显的影响。1990 年，美国制造业中对外直接投资存量居前三位的分别是化工及相关产品制造业、工业机械及设备制造业、交通运输设备制造业，随着 20 世纪 90 年代以来美国制造业对外直接投资的发展变化，到 2001 年，美国制造业中对外直接投资存量居前三位的行业分别变为化工及相关产品制造业、电子及电器制造业、交通运输设备制造业。化工及相关产品制造业依然居制造业对外直接投资之首，而电子及电器制造业则取代工业机械设备制造业成

为制造业中对外直接投资的第二大行业。与制造业对外直接投资行业结构变化相适应，美国制成品出口内部结构也发生了较明显变化。1990年，美国化工及相关产品出口、电子及电器出口以及交通运输设备出口占美国制成品出口的比重分别为11.1%、12.7%、20%，其中对美国跨国公司海外子公司的出口分别占这三类产品出口的39.5%、20.7%和47.6%，2001年，这三类产品占美国制成品出口的比重分别变为11.3%、17.4%和18.1%，其中对美国跨国公司海外子公司的出口占这三类产品出口的比重分别变为37.7%、36.8%、45.6%。与1990年相比，2001年化工及相关产品、电子及电器产品以及交通运输设备三类产品出口占制成品出口的比重上升了3个百分点，其中电子及电器产品出口所占比重上升了近5个百分点，化工及相关产品出口所占比重变化不大，而交通运输设备出口所占比重下降了近2个百分点。在这三类产品出口中，对外直接投资发展所起作用是不一样的，很显然，电子及电器制造业对外直接投资的发展极大地促进了美国电子和电器产品出口，化工及相关产品制造业对外直接投资对美国化工及相关产品出口的促进作用在90年代以来有所下降，而随着交通运输设备制造业对外直接投资的发展，美国跨国公司子公司海外销售的扩大则在一定程度上替代了美国交通运输设备的出口。

最后，对外直接投资在很大程度上改变了美国商品出口的地区流向。1990年，美国出口商品的64.5%是出口到发达国家市场，出口到发展中国家的商品仅占美国商品出口总额的35.5%，而2001年，美国出口到发展中国家的商品占美国商品出口总额的比重上升到了44.1%，上升了近9个百分点。美国对发展中国家商品出口规模的扩大，与90年代以来美国对发展中国家直接投资的迅速增长有密切的关系。1990—2001年，美国对发展中国家的直接投资约占其对外直接投资总额的34%，比1980—1989年高出约7个百分点。随着美国对发展中国家对外直接投资规模的扩大，美国对其在发展中国家的子公司出口也不断增加，1990年，美国对其在发展中国家的子公司出口占其对发展中国家出口总额的比重约为16.7%，2001年，这一比重上升至22.2%，上升了5.5个百分点，也就是说，与1990年相比，2001年美国对发展中国家出口增量的近2/5来源于美国对其在发展中国家子公司出口的增量。而且，由于90年代以来美国对发展中国家的直接投资越来越集中于少数几个经济增长速度快、经济发展潜力较好的国家，因此，美国对发展中国家的出口也越来越集中于这些国家。1990年，美国对阿根廷、巴西、智利、墨西哥、韩国、新加坡、马来西亚、印度尼西亚、菲律宾和泰国等10个主要发展中东道国的出口占美国对发展中国家出口总额的比重约为49.7%。2001年这一比重上升至58.9%，上升了9.2个百分点，其中美国对其在这些国家子公司的出口占美国对这些国家出口的比重也由1990年的22.3%上升至2001年的28.8%，上升了6.5个百分点。由此可见，美国对这10个国家出口的较大幅度增长在很大程度上是对其在这些国家子公司出口快速增长所致。另外，虽然90年代以来美国对发达国家的直接投资在发达国家内部出现分期化趋势，但这种分期化趋势对美国出口到发达国家的商品在发达国家内部分布的影响不大。美国对其在英国、法国、德国、意大利、日本和加拿大六个主要发达国家子公司的出口占其对这些国家出口总额的比重并没有明显变化，仍高度集中于这六个主要发达国家。

表2　　　　**1990年、1996年、2001年美国对外直接投资与美国出口的地区流向**

年份 项目			1990	1996	2001
美国出口	总　额		3929.8	6228.3	7310.3
	发达国家	总额	2320.2	3544.2	4086.2
		其中：英、法、德、意、日、加	1953.7	2777.2	3220.9
	发展中国家	总额	1396.2	2684.1	3224.0
		其中：10个发展中国家	694.9	1472.0	1899.2

续表

项目　　　　　　　　　　　　　　年份			1990	1996	2001
美国对海外子公司出口	总额		1064.3	1940.3	2050.3
	发达国家子公司	总额	834.7	1353.2	1333.1
		其中：英、法、德、意、日、加等六国子公司	673.1	1096.7	936.1
	发展中国家子公司	总额	229.6	587.1	717.2
		其中：10个主要发展中国家子公司	155.1	409.5	547.3

注：表中 10 个主要发展中国家是指：阿根廷、巴西、智利、墨西哥、韩国、新加坡、马来西亚、印度尼西亚、菲律宾和泰国；2001 年对英、法、德、意、日、加等六国子公司的出口中不包括对英国子公司的出口。

资料来源：美国对外贸易委员会及美国商务部经济分析局。

四、对外直接投资对 90 年代以来美国商品进口的影响

首先，从对商品进口规模的影响看，90 年代以来美国从其跨国公司海外子公司的进口占美国进口总额的比重一直呈下降趋势，1990 年约为 20.6%，2001 年降至 18.5%，但 1990—2001 年的 12 年中，美国从其跨国公司海外子公司的进口占此期间美国进口总额的比重仍达 19.7%，略高于 80 年代后半期的 19.3%，因此，90 年代以来美国对外直接投资规模的扩大还是对美国商品进口的增加起到一定的促进作用，而且，这种促进作用主要来自于跨国公司内部贸易的较快增长，1990—2001 年，美国跨国公司从其海外子公司的进口年均增长率达 11.2%，比 80 年代后半期高出近 2 个百分点。

其次，从对进口商品结构的影响看，1990 年，美国制成品进口占商品进口总额的比重约为 82.8%，其中从美国跨国公司海外子公司的制成品进口占美国制成品进口总额的比重约为 20%，2001 年，以上比重分别变为 84.2% 和 19%，这说明对外直接投资的发展对美国制成品进口的拉动作用有所下降。从对制成品进口内部结构的影响看，1990 年，美国化工及相关产品进口、电子和电器进口以及交通运输设备进口占美国制成品进口总额的比重分别为 5.5%、14.3% 和 21.7%，其中从美国跨国公司海外子公司的进口占这三类产品进口的比重分别为 22.2%、13.4% 和 28.9%，2001 年，这三类产品进口占美国制成品进口的比重分别为 7.7%、15.9% 和 20.9%，其中从美国跨国公司海外子公司的进口占这三类产品进口的比重分别为 21.1%、18.4% 和 42.9%。由此可见，电子及电器制造业对外直接投资扩张对美国电子和电器产品进口有明显的拉动作用，化工及相关产品制造业对外直接投资对美国化工及相关产品进口的促进作用有所下降，而从海外子公司进口所占比重的大幅度下降，很大程度上导致了美国交通运输设备产品进口在美国制成品进口总额中所占比重的下降。因此，从总体上看，对外直接投资对美国进口商品结构的影响也较明显。

最后，从对美国商品进口地区来源结构的影响看，对外直接投资对 90 年代以来美国进口商品的地区来源结构的影响不大。1990 年，美国从发达国家的商品进口占美国商品进口总额的比重为 59.6%，从发展中国家的商品进口所占比重为 40.4%，2001 年，美国从发展中国家的商品进口所占比重上升至 48.3%，上升了近 8 个百分点，但是，美国从其在发展中国家子公司的商品进口占美国从发展中国家商品进口总额的比重变化很小（1990 年、1995 年和 2001 年分别为 16.4%、16.5%、16.2%），因此，虽然美国跨国公司将部分劳动密集型制造业和部分劳动密集型生产环节转移至发展中国家后，美国从发展中国家的相关产品进口有较大幅度增加，但是 90 年代以来美国从发展中国家商品进口的大幅度增长主要并不是由对外直接投资的发展引起的，造成这种情况的原因主要有二：其一是发展中国家产品出口竞争力的增强以及对美国市场开拓力度的加大；其二，世贸组织成立后，在市场开放的原则下，发展中国家一些原本受美国关税及非关税壁垒限制而难以进入美国市场的产品获得了进入美国市场的机会。

五、对外直接投资对 90 年代以来美国商品贸易收支的影响

虽然 90 年代以来美国从其跨国公司海外子公司商品进口的增长速度快于美国对其海外子公司出口的增长速度，但从总体规模看，美国对其海外子公司的商品出口规模却远远大于从子公司的商品进口规模，因此，90 年代以来美国对外直接投资的发展，很大程度上缓解了美国商品贸易逆差上升的压力。1990—2001 年，美国对外贸易连年逆差且逆差规模不断扩大，从 1990 年的 1096.3 亿美元上升至 2001 年的 4109.3 亿美元，但除 2000 年和 2001 年外，同期美国与其跨国公司海外子公司之间的贸易差额均为顺差，且大多数年份顺差额都较大。1990—2001 年间，美国与其跨国公司海外子公司之间的商品进出口贸易顺差高达 1797.2 亿美元，如果没有这一贸易顺差，同期美国商品贸易逆差将增加 7.3%。因此，90 年代以来美国对外直接投资的发展对缓解美国贸易收支恶化的压力，起到了相当重要的作用。另外，美国海外子公司的当地销售以及对美国以外的第三国销售实际上是美国的变相出口，但是由于统计方法的缺陷，这一部分出口不能直接在美国的国际收支平衡表上得到反映，只能以直接投资收益的形式进入国际收支平衡表，因此，以上分析中关于对外直接投资对美国商品贸易收支的改善作用实际上被低估了。1990—2001 年，美国跨国公司海外子公司汇回的利润累计达 11493.5 亿美元，与同期美国对外直接投资总额相去不远，而直接投资收益中有相当部分来源于子公司的当地销售和对美国以外第三国的销售收入，如果考虑对外直接投资给美国带来的这一部分隐性商品出口收入，则对外直接投资对美国商品贸易收支的改善作用更大。

本文原载于《江汉论坛》2004 年第 5 期

外商直接投资对中国商品进出口影响的实证分析[*]

陈继勇　秦　臻

自资本作为一种生产要素跨越国界以来,外商直接投资(FDI)与国际商品贸易间的关系就成为了一个经久不衰的研究课题。而且,随着经济全球化的深入发展,外商直接投资与国际贸易之间的联系越来越紧密,研究该课题的现实性也越来越重要。据 UNCTAD(联合国贸易与发展会议)2004 年的《世界投资报告》显示,2003 年,除卢森堡以外,中国超过美国而成为了世界最大的 FDI 流入国,同时也是 FDI 流入最多的发展中国家。一方面,事实说明我国政府自改革开放以来的引资政策取得了丰硕的成果;另一方面,大量的 FDI 流入必定会对我国商品进出口产生巨大影响。本文将就此问题进行系统的实证分析。

一、引　言

FDI 与国际商品贸易间的关系最早是由蒙代尔(Mundell)于 1957 年提出的,他通过建立在两个国家、两个产品和两种生产要素基础上的标准国际贸易模型,考察了贸易和投资相互替代的两种极端情况,即禁止性投资如何刺激贸易,及禁止性贸易如何刺激投资。他的结论是,由于贸易壁垒的存在而产生了 FDI,所以投资与贸易是相互替代的。在贸易壁垒产生投资的条件下,FDI 主要流入进口替代部门,但如果 FDI 并非由贸易壁垒导致,而且流向东道国出口部门,那么 FDI 与国际商品贸易间就呈互补关系。马克森(Markuson)于 1983 年对 FDI 与国际商品贸易间的关系作了一系列研究,先后采用非要素比例模型、要素比例模型阐述了要素国际流动与国际商品贸易间的关系,他们认为两国间技术差异、对生产征税、垄断、外部规模经济和要素市场扭曲等因素都会导致彼此要素生产率和要素价格的差异,此时如果贸易要素与非贸易要素呈合作状态,那么国际商品贸易与 FDI 间就为互补关系。例如,如果劳动要素与资本要素间表现为劳动边际生产率相对较高和资本生产效率相对较低,就会同时产生劳动密集品的出口和资本要素的流出。对于 FDI 与国际商品贸易间互补关系的理论,日本学者小岛清(K. Kojima)于 1977 年提出,在经济结构互补的两国之间所产生的国际直接投资与双边贸易也是互补的。按照要素禀赋学说,资本密集型国家与劳动密集型国家间存在着经济发展水平与科学技术水平的差异,所以它们之间的国际直接投资实质是资金、技术、管理经验的综合体转移,通过改变东道国的生产函数与消费水平以促进两国的贸易发展。

理论研究必须依靠实证分析来检验,因此,FDI 与国际商品贸易间关系的实证研究非常重要。拿卡穆勒(Nakamura)等与玛丽(MaryAmiti)等分别于 1998 年和 2000 年对 FDI 与国际商品贸易间的关系进行了经济计量检验,结果均认为两者呈互补关系。易通(Eaton)和塔姆勒(Tamura)于 1994 年对日本对外直接投资与日本商品进出口的相关关系进行了计量研究,发现日本对外直接投资对商品进出口起到了促进作用。随后,金德伯格(Goldberg)和克雷(Klein)于 1998 年采用引力模型进行研究,结果也证实日本对外直接投资对商品进出口起到了促进作用。尽管大量的实证研究表明,FDI 对国际商品贸易具有促进作用,但是,金德伯格(Goldberg)和克雷(Klein)于 1998 年的另一实证研究发现,美国在拉丁美洲的直接投资减少了双边贸易额,两者呈替代关系。此例说明 FDI 与国际商品贸易间的关系在不同国家或地区是相异的。

---

[*] 本文被人大报刊复印中心《外贸经济、国际贸易》2006 年第 9 期全文转载。

江小涓（1999）通过实证分析认为，FDI 流入对扩大中国出口规模和提升中国出口商品结构均有突出贡献。谢冰（2000）通过总量上的实证分析，认为 FDI 流入与中国商品进出口间存在正相关关系。张毓茜（2001）则对我国各省市地区 FDI 流入与商品进出口之间的关系进行了相关分析，认为无论是我国的商品进出口，还是各省市地区的商品进出口，都与 FDI 流入存在正相关关系。史小龙等（2004）则采用协整分析方法得出：从长期来看，FDI 流入对我国商品进出口都存在显著的促进作用；从短期来看，FDI 流入的短期波动对进口的短期变化影响明显，而对出口的短期变化影响不显著。杨迤（2000）在对 FDI 流入与我国商品进出口的相关分析中，认为 FDI 流入对我国工业制成品出口有更重要的促进作用。同时，还有学者采用格兰杰非因果检验法、因素分析法、绩效分析法等对 FDI 流入与我国商品进出口的关系进行了实证分析，结论基本一致，均认为两者存在高度的正相关关系。目前，国外学者采用贸易引力模型方法并结合大量外国实例来研究 FDI 与国际商品贸易间的关系，而对我国这样一个 FDI 流入大国及贸易大国，目前还没有人采用贸易引力模型对此进行实证分析。

二、实证模型与研究方法

（一）模型

贸易引力模型起源于牛顿的万有引力定律。最早将引力模型应用到国际贸易领域的是丁伯根（Tinbergen）和波洪能（Poyhonen）分别于 1962 年和 1963 年提出的类似观点，他们认为两个国家的双边贸易流量同它们的经济规模正相关，与它们之间的实际距离负相关。由于大量的经验研究表明贸易引力模型对现实国际贸易有很强的解释力，所以虽然它是基于对现实贸易关系的直观判断，但仍然为诠释双边贸易流量提供了有力的分析工具。而且，近年来已有学者如弗兰克尔（Frankel）于 1998 年尝试采用微观经济学的方法为贸易引力模型奠定理论基础。

基本贸易引力模型的自然对数形式一般表述为：

$$\ln X_{ij} = \beta_0 + \beta_{11}\ln(Y_i) + \beta_{12}\ln(Y_j) + \beta_{21}\ln(phY_i) + \beta_{22}\ln(phY_j) + \gamma\ln Dst_{ij} + u_{ij} \tag{1}$$

下标 i、j 代表国家，其中 X_{ij} 表示 i 国向 j 国的出口额，Y、phY 和 Dst_{ij} 分别表示国内生产总值 GDP、人均国民生产总值和 i 国与 j 国之间的距离。过去的大量实证分析表明国内生产总值及人均国民生产总值均对出口额有促进作用，而距离则与出口额呈负相关关系，且在统计上具有很高的显著性。

瓦里德（Walid Hejazi）和爱华德（A. Edward Safarian）于 2002 年采用混合回归方法，在基本贸易引力模型中引入解释变量 FDI，来研究 FDI 与加拿大商品进出口的关系。尤基（Ryoji KOIKE）于 2004 年也在基本贸易引力模型中引入解释变量 FDI，并结合混合回归方法与横截面分析方法，来研究日本对外直接投资与日本和东亚商品进出口之间的关系。

本文为了研究 FDI 流入对中国商品进出口、出口、进口的影响，将原有引力模型稍作修改，加入外商直接投资、两国人均 GDP 之差的绝对值作为新的解释变量，并对原有解释变量两国 GDP 与两国人均 GDP 进行了简单的整合处理。考虑到流量 FDI 与存量 FDI 的区别及 FDI 对贸易影响的时滞问题，本文还将 FDI 流入分为流量、存量及滞后一期存量三类。

$$\ln V_{ci} = \alpha_v + \beta_v\ln(Y_c Y_i) + \beta_{v2}\ln(phY_c\, phY_i) + \beta_{v3}\ln(IIT_{ci}) + \gamma_v\ln Dst_{ci} + \eta_v\ln FDI_{ci} + u_{vi} \tag{2}$$

$$\ln X_{ci} = \alpha_x + \beta_x\ln(Y_c Y_i) + \beta_{x2}\ln(phY_c\, phY_i) + \beta_{v3}\ln(IIT_{ci}) + \gamma_x\ln Dst_{ci} + \eta_x\ln FDI_{ci} + u_{xi} \tag{3}$$

$$\ln M_{ci} = \alpha_m + \beta_m\ln(Y_c Y_i) + \beta_{m2}\ln(phY_c\, phY_i) + \beta_{v3}\ln(IIT_{ci}) + \gamma_m\ln Dst_{ci} + \eta_m\ln FDI_{ci} + u_{mi} \tag{4}$$

$$\ln V_{ci} = \alpha_v + \beta_v\ln(Y_c Y_i) + \beta_{v2}\ln(phY_c\, phY_i) + \beta_{v3}\ln(IIT_{ci}) + \gamma_v\ln Dst_{ci} + \eta_v\ln FDIC_{ci} + u_{vi} \tag{5}$$

$$\ln X_{ci} = \alpha_x + \beta_x\ln(Y_c Y_i) + \beta_{x2}\ln(phY_c\, phY_i) + \beta_{v3}\ln(IIT_{ci}) + \gamma_x\ln Dst_{ci} + \eta_x\ln FDIC_{ci} + u_{xi} \tag{6}$$

$$\ln M_{ci} = \alpha_m + \beta_m\ln(Y_c Y_i) + \beta_{m2}\ln(phY_c\, phY_i) + \beta_{v3}\ln(IIT_{ci}) + \gamma_m\ln Dst_{ci} + \eta_m\ln FDIC_{ci} + u_{mi} \tag{7}$$

$$\ln V_{ci} = \alpha_v + \beta_v\ln(Y_c Y_i) + \beta_{v2}\ln(phY_c\, phY_i) + \beta_{v3}\ln(IIT_{ci}) + \gamma_v\ln Dst_{ci} + \eta_v\ln FDIC_{ci(-1)} + u_{vi} \tag{8}$$

$$\ln X_{ci} = \alpha_x + \beta_x\ln(Y_c Y_i) + \beta_{x2}\ln(phY_c\, phY_i) + \beta_{v3}\ln(IIT_{ci}) + \gamma_x\ln Dst_{ci} + \eta_x\ln FDIC_{ci(-1)} + u_{xi} \tag{9}$$

$$\text{Ln}\, M_{ci} = \alpha_m + \beta_m \ln(Y_c Y_i) + \beta_{m2} \ln(\text{ph}Y_c \text{ph}Y_i) + \beta_{v3} \ln(\text{IIT}_{ci}) + \gamma_m \ln \text{Dst}_{ci} + \eta_m \ln \text{FDIC}_{ci(-1)} + u_{mi} \quad (10)$$

在上述各模型方程中，V_{ci} 表示中国与 i 国进出口总额，X_{ci} 表示中国对 i 国出口额，M_{ci} 表示中国从 i 国进口额。$Y_c Y_i$ 表示中国与 i 国名义国内生产总值之乘积，预期符号为正；$\text{ph}Y_c \text{ph}Y_i$ 表示中国与 i 国人均国内生产总值之乘积，预期符号为正；Dst_{ci} 表示中国与 i 国的绝对距离，预期符号为负，通常代表运输成本的高低，是阻碍贸易的重要因素；IIT_{ci} 表示中国与 i 国人均 GDP 之差的绝对值，预期符号为负，表示由人均收入水平决定的双方需求水平的接近程度，从而反映所谓的"林德效应"（Linder effect），即是否有重叠的代表性需求，在一定程度上说明了两国的产业内贸易状况，伯德威（Baldwin）、伯森（Boisso）和格兰汀诺（Gerrantino）、汉密尔顿（Hamilton）和威德（Winters）分别于1994年、1997年、1992年的研究结果表明，该变量的系数均为负，且该值越小说明代表性需求越容易发生重叠，于是产业内贸易产生的可能性越大；FDI_{ci}、FDIC_{ci}、$\text{FDIC}_{ci(-1)}$ 分别表示 i 国对华直接投资额、i 国对华累计直接投资额、滞后一期 i 国对华累计直接投资额，预期符号均为正，反映 FDI 流量、FDI 存量及考虑时滞因素的滞后一期 FDI 存量对双边贸易的影响。

（二）样本、数据来源及研究方法

1. 样本国家和地区范围、数据来源及说明

本文选取从1992年至2004年与中国内地长期存在贸易投资关系的42个国家或地区的历史截面数据作为实证检验对象，鉴于部分国家或地区在2004年的对华直接投资数据无法获得，因此本文的实际观察样本容量为520个观测值（理论样本容量为 $42 \times 13 = 546$）。其中有19个发达国家或地区，包括美国、日本、德国、荷兰、英国、意大利、法国、澳大利亚、新西兰、加拿大、比利时、西班牙、瑞典、瑞士、挪威、芬兰、丹麦、奥地利、爱尔兰；发展中国家或地区有21个，包括韩国、新加坡、中国台湾、马来西亚、印度尼西亚、泰国、菲律宾、印度、越南、墨西哥、巴西、南非、尼日利亚、埃及、以色列、巴基斯坦、土耳其、阿根廷、俄罗斯、匈牙利、波兰；另外还包括阿拉伯联合酋长国、沙特阿拉伯两个石油生产国。

之所以选取上述模式作为研究对象主要出于贸易与投资两方面的考虑，一方面，所选取的42个样本国家或地区大都是中国内地前50位以内的主要贸易伙伴，可以基本反映中国内地商品进出口状况，有利于分析外商在华直接投资对中国内地商品进出口的影响；另一方面，从 FDI 流入的角度来考虑，上述42个国家或地区是除了中国香港、维尔京群岛、开曼群岛、毛里求斯、萨摩亚五个国家或地区以外，外商对华直接投资的主要流入国家或地区，而中国香港等国家或地区虽然对中国内地的名义外商直接投资额很高，但中国香港存在巨额转口贸易问题，而维尔京群岛、开曼群岛、毛里求斯、萨摩亚与中国内地的双边贸易额很小，因此，本文没有将这五个国家或地区列入研究范围。

1992年至2003年的中国内地与所有样本国家或地区的进出口数据、外商直接投资实际发生额数据来源于1996至2004年《中国对外经济统计年鉴》，2004年进出口数据与 FDI 实际发生额分别来源于2004年12月份《海关统计》与《中国经济统计快报》。历年中国内地与所有样本国家或地区的国民生产总值和人均国民生产总值均来源于国际货币基金组织（IMF）的《世界经济展望》（WEO）数据库，为了与名义进出口贸易额数据相对应，本文选择名义国民生产总值与名义人均国民生产总值进行实证分析；距离数据使用绝对距离，来源于 www.cindo.com 中的"距离计算器"。

本文首先采用普通最小二乘法对1992年至2004年的混合数据进行多元线性回归分析，然后对历年的横截面数据进行多元线性回归分析。混合回归分析可以反映1992年至2004年外商对华直接投资对中国内地商品进出口的总体影响；横截面分析则可以通过考察历年系数 η 的变化，来反映外商对华直接投资对中国内地商品进出口的影响在1992年至2003年间的变化趋势。另外，在混合回归分析中，本文分别采用流量 FDI、存量 FDI 和滞后一期存量 FDI 作为解释变量。在横截面分析中，考虑到存量 FDI 数据并没有考虑累计的汇率变化与通货价值变化两个因素，因此选择采用 FDI 流量来研究 FDI 流入对中国内地商品进出口的影响及其变化趋势。

三、实 证 分 析

（一）1992 年以来 FDI 流入对中国内地商品进出口总体影响的混合回归分析

本文对回归方程（2）—（10）采用混合数据进行多元线性回归分析，表 1 至表 3 中的回归结果显示，各回归方程调整后的 R^2 值均在 0.7 以上，且都是高度显著的，而且各回归方程所有的解释变量都达到了很高的显著性水平，因而可以断定，这些方程可以较好地说明 FDI 流入对中国商品进出口的影响以及中国内地商品进出口贸易流量的决定问题。而且，所有解释变量的回归系数的符号均与预期符号相同。回归结果表明，第一，FDI 流入对中国内地商品进出口额、出口额、进口额均在统计上具有显著的促进作用，说明 FDI 流入与中国内地商品进出口是互补关系，而非替代关系。第二，在滞后一期 FDI 流入存量、FDI 流入存量、FDI 流入流量三者中，对于各混合回归方程，均是滞后一期 FDI 流入存量的皮尔森相关系数（pearson correlation）与 t 统计量值最高，这不仅说明 FDI 流入对中国内地商品进出口有着长期的促进作用，而且还说明 FDI 流入对中国商品进出口的促进作用确实存在时滞。第三，在所有的回归方程中，国民生产总值对于商品进出口、出口、进口的促进作用均大于人均国民生产总值对它们的促进作用，而且解释变量 IIT_{ci}（中国与贸易伙伴的人均国民生产总值之差的绝对值）的系数均为负，且明显异于零，说明在中国内地与贸易伙伴的双边贸易中，产业内贸易占有重要地位。

表 1　　　　　　　　　　　　　　　**模型方程（2）—（4）的回归结果**

	进出口总额回归方程 2		出口额回归方程 3		进口额回归方程 4	
	系数值	T 统计量	系数值	T 统计量	系数值	T 统计量
常数项	-4.265	-4.868[***]	-6.662	-6.829[***]	-5.839	-4.392[***]
$FDIC_{ci(-1)}$	0.239	16.721[***]	0.206	12.933[***]	0.307	14.152[***]
Y_cY_i	0.497	17.618[***]	0.531	16.909[***]	0.498	11.643[***]
$phY_c\,phY_i$	0.343	4.912[***]	0.370	4.755[***]	0.350	3.308[***]
IIT_{ci}	-0.419	-7.246[***]	-0.483	-7.508[***]	-0.353	-4.026[***]
Dst_{ci}	-0.504	-10.384[***]	-0.401	-7.421[***]	-0.578	-7.856[***]
调整后 R^2	0.802		0.740		0.714	
F 统计量	422.249		295.787		260.131	

说明：***表示符合 1% 的显著性水平。

表 2　　　　　　　　　　　　　　　**模型方程（5）—（7）的回归结果**

	进出口总额回归方程 5		出口额回归方程 6		进口额回归方程 7	
	系数值	T 统计量	系数值	T 统计量	系数值	T 统计量
常数项	-2.676	-3.078[***]	-4.872	-5.106[***]	-4.430	-3.216[***]
$FDIC_{ci(-1)}$	0.258	18.499[***]	0.238	15.580[***]	0.307	13.897[***]
Y_cY_i	0.472	17.218[***]	0.494	16.419[***]	0.490	11.264[***]
$phY_c\,phY_i$	0.134	1.923[**]	0.162	2.103[**]	0.125	1.872[**]
IIT_{ci}	-0.245	-4.295[***]	-0.318	-5.082[***]	-0.153	-1.902[**]
Dst_{ci}	-0.447	-9.391[***]	-0.401	-6.134[***]	-0.552	-7.328[***]

续表

	进出口总额回归方程 5		出口额回归方程 6		进口额回归方程 7	
	系数值	T 统计量	系数值	T 统计量	系数值	T 统计量
调整后 R^2	0.817		0.766		0.711	
F 统计量	463.667		339.946		256.497	

说明：*** 、** 分别表示表示符合 1%、5% 的显著性水平。

表 3　　　　　　　　　　模型方程（8）—（10）的回归结果

	进出口总额回归方程 8		出口额回归方程 9		进口额回归方程 10	
	系数值	T 统计量	系数值	T 统计量	系数值	T 统计量
常数项	-2.801	-3.140 ***	-5.178	-5.189 ***	-4.381	-3.109 ***
$FDIC_{ci(-1)}$	0.293	18.864 ***	0.262	15.070 ***	0.368	15.009 ***
$Y_c Y_i$	0.440	15.507 ***	0.472	14.860 ***	0.439	9.797 ***
$phY_c phY_i$	0.176	2.365 **	0.221	2.643 ***	0.149	1.862 **
IIT_{ci}	-0.292	-4.755 ***	-0.379	-5.512 ***	-0.192	-1.980 **
Dst_{ci}	-0.386	-7.767 ***	-0.279	-5.029 ***	-0.443	-5.652 ***
调整后 R^2	0.819		0.758		0.723	
F 统计量	434.734		301.246		250.407	

说明：*** 、** 分别表示表示符合 1%、5% 的显著性水平。

表 4　　　　　　FDI 流入与中国内地商品进出口、出口、进口的相关系数

	FDI_{ci}	$FDIC_{ci}$	$FDI_{ci(-1)}$
V_{ci}	0.801	0.836	0.843
X_{ci}	0.739	0.790	0.786
M_{ci}	0.785	0.797	0.815

（二）1992 年至 2003 年历年 FDI 流入对中国内地商品进出口影响的横截面分析

首先，本文对模型方程（2）—（4）采用 1992 年至 2003 年所有样本国家或地区历年的横截面数据进行多元线性回归分析，并将所有回归方程中 FDI 解释变量的系数值根据年度列表。如表 5 所示，每年流入的 FDI 对中国商品进出口、出口、进口的促进作用都有所不同，而且随着时间的推移是波动的，但从总的趋势来看，FDI 流入对于中国内地商品进出口、出口与进口的促进作用是不断增强的。

表 5　　　　1992 年至 2003 年历年 FDI 流入对中国内地商品进出口影响的横截面分析结果

时间	全部样本国家或地区			19 个发达国家和 7 新兴市场		
	FDI 流入对华商品进出口影响 η_v	FDI 流入对华商品出口影响 η_x	FDI 流入对华商品进口影响 η_m	FDI 流入对华商品进出口影响 η_v	FDI 流入对华商品出口影响 η_x	FDI 流入对华商品进口影响 η_m
1992	0.251	0.243	0.306	0.333	0.37	0.295
1993	0.246	0.24	0.257	0.385	0.392	0.377

续表

时间	全部样本国家或地区			19 个发达国家和 7 新兴市场		
	FDI 流入对华商品进出口影响 η_v	FDI 流入对华商品出口影响 η_x	FDI 流入对华商品进口影响 η_m	FDI 流入对华商品进出口影响 η_v	FDI 流入对华商品出口影响 η_x	FDI 流入对华商品进口影响 η_m
1994	0.287	0.261	0.342	0.276	0.249	0.306
1995	0.242	0.195	0.313	0.382	0.39	0.39
1996	0.239	0.206	0.356	0.45	0.441	0.474
1997	0.184	0.162	0.228	0.312	0.297	0.333
1998	0.21	0.156	0.31	0.231	0.196	0.263
1999	0.272	0.195	0.418	0.411	0.378	0.441
2000	0.273	0.197	0.406	0.356	0.332	0.364
2001	0.271	0.208	0.371	0.272	0.264	0.266
2002	0.391	0.29	0.519	0.432	0.425	0.447
2003	0.35	0.287	0.373	0.424	0.404	0.424

其次，本文还选取样本中 26 个国家或地区的横截面数据对 FDI 流入对中国内地商品进出口的影响采用模型方程（2）—（4）进行多元线性回归分析，其中包括 19 个发达国家与 7 个新兴市场。之所以这样做，是因为流入中国内地的 FDI 主要源自发达国家，相对发展中国家而言，发达国家对华直接投资的金额更多，所带来的"技术外溢"效应更强，其地位也更重要，这 19 个发达国家包括美国、日本、德国、荷兰、英国、意大利、法国、澳大利亚、新西兰、加拿大、比利时、西班牙、瑞典、瑞士、挪威、芬兰、丹麦、奥地利、爱尔兰。而另 7 个新兴市场包括韩国、新加坡、中国台湾、马来西亚、印度尼西亚、泰国、菲律宾，这七个国家或地区在 2003 年对华直接投资占中国内地 FDI 流入总额的 20%，而且每个国家或地区对华直接投资在 1992 年至 2004 年间几乎都没有超过 1 亿美元，虽然俄罗斯对华直接投资在 2004 年达到了 1.26 亿美元，但 2003 年及 2003 年以前对华直接投资均未超过 0.55 亿美元。回归结果如表 5 所示，这 26 个国家或地区对华直接投资对中国内地商品进出口、出口、进口均具有显著的促进作用，而且这种促进作用随着时间的推移是波动的，但从总的趋势来看，这 26 个国家或地区对华直接投资对中国内地商品进出口、出口、进口的促进作用在时间上呈增强趋势。而且，从 1992 年至 2003 年历年来看，这 26 个样本国家或地区对华直接投资对中国内地商品进出口的促进作用都明显强于全部 42 个国家或地区对中国内地商品进出口的促进作用。这一点从实证的角度说明，发达国家与本文所选的 7 个新兴市场对华直接投资在中国内地具有重要地位，尤其是在促进中国内地商品进出口、出口、进口方面，它们具有举足轻重的地位。

四、结论与建议

本文采用贸易引力模型，分别引入 FDI 流量、FDI 存量及滞后一期的 FDI 存量，结合混合回归分析与横截面分析两种方法，对 1992 年至 2004 年的 FDI 流入对我国商品进出口、出口、进口的影响进行了实证分析。首先，混合回归分析的结果表明，FDI 流入对中国商品进出口、出口、进口的增长均存在长期且显著的促进作用，而且这种促进作用存在时滞。其次，横截面分析的结果表明，1992 年至 2003 年之间，每年 FDI 流入对于中国内地商品进出口、出口、进口的促进作用都有所不同，而且随着时间的推移是波动的，但从总的趋势来看，FDI 流入对于中国商品进出口、出口与进口的促进作用是增强的。而且，本文从实证的角度证明，本文所选的 19 个发达国家与 7 个长期对华有巨额直接投资的新兴市场的对华直接投资在中国内地具有重要地位，它们对华直接投资对中国商品进出口、出口、进口的增长具有很强的促进作用。FDI 的流入，特别是发达国家及新兴市场 FDI，通过"技术外溢"效应提高了企业的技术水平与管理水平，增强了我国商品的国际竞争力，促进了中国内地商品进出口的增长，优化了中国内地商品对外贸易结构。同时，也造成了中国内地商品出口市场布局过分依赖传统大市场（美国市场、欧盟市场、日本市场，贸易增量基本集中在少数市场）、出口商品结构效率低下（以低附加值产品为主，在出口商品的价值链上从事较低价值活动等）、贸易与环境等现实问题。针对这些问题，结合本文实证分析的结论，提出以下几点建议：

（1）顺应全球化经济格局，进一步完善外商投资环境，协调投资政策与贸易政策，推动我国由贸易大国上升为贸易强国。利用 FDI 流入对商品进出口促进作用的加速趋势，同时考虑 FDI 流入对贸易影响的时滞问题，及时有效调整 FDI 流入的结构，优化产业结构及进出口商品结构，提升出口商品附加值。充分利用 FDI 流入所带来的"技术外溢"效应，消化吸收先进技术及管理经验，抓住机遇，尽快掌握出口商品的关键技术、国际销售渠道和创立自主品牌。以吸引技术型、管理经验型 FDI 为主，配合我国当前的科技兴贸政策。

（2）面对 FDI 流入所带来的新的世界产业大转移。我们应该优化进出口商品结构，合理有效利用外资来推动我国的可持续发展。在"五个统筹"的新发展观指引下，大力提倡循环经济，对既污染环境、消耗能源又增加运力的钢铁、化工这些重工业行业的 FDI，要加强引导，加速吸收国外先进的治污、节能等先进技术及管理经验，实现 FDI 流入与环境的和谐发展，对外贸易与环境的和谐发展，人与自然的和谐发展。

（3）进一步加强对制造业 FDI 的监督和对服务业 FDI 的引导。一方面，对于制造业 FDI 中以实物投资方式进口的设备、生产线，要进行严格审查。在合作中掌握核心技术，提高合资产品的国产化程度，扩大生产设备和部件的国内生产、采购比例。同时，对于 FDI 流入所带来的先进管理经验，也应积极主动学习，促进人力资源开发。另一方面，要提高服务业 FDI 流入的规模和质量，进一步完善服务业投资环境，以促进我国服务业的对外贸易，优化我国对外贸易结构。据 UNCTAD《2004 年世界投资报告》显示，2003 年以来世界各大型跨国公司对服务，尤其是通信服务业、电力服务业及零售服务业的直接投资呈增长趋势，我们应该抓住历史机遇，充分利用服务业 FDI 流入的"技术外溢"效应，来推动我国对外服务贸易的发展。

◎ 参考文献

［1］江小涓，（1999）"利用外资与经济增长方式的转变，"《管理世界》第 2 期。

［2］李琴，（2004）"FDI 流入与我国对外贸易关系的实证分析，"《世界经济研究》第 9 期。

［3］李荣林，（2002）"国际贸易与直接投资的关系文献综述，"《世界经济》第 4 期。

［4］史小龙、张峰，（2004）"外商直接投资对我国进出口贸易影响的协整分析，"《世界经济研究》第 4 期。

［5］小岛清，（1987）《对外贸易论》（周宝廉译），南开大学出版社。杨逸，（2000）"外商直接投资对中国进出口影响的相关分析，"《世界经济》第 2 期。

［6］张毓茜，（2001）"外国直接投资对中国对外贸易影响的实证分析，"《世界经济文汇》第 3 期。

［7］Eaton, Jonathan, and Akiko Tamura, （1994）"Bilateralism and Regionalism in Japanese and U. S. Trade and Direct Foreign Investment Patterns," Journal of the Japanese and International Economies 8, 478-510.

［8］Frombel, Jeffrey A, （1998）"Regional Trading Blocs," Institute for International Economics.

［9］Goldberg, Linda S., Michael Klein, （1998）"Foreign Direct Investment, Trade, and Real Exchange Rate Linkages in Developing Countries in Managing Capital Flows and Exchange Rates," Perspectives from the Pacific BasinReuven Glick eds, 73-100.

［10］ Markuson，James R. ，Lars E. O. Svensson， （1985） "Trade in Goods and Factor With International Differences in Technology，" International Economic Review，Vol. 26，No. 1.

［11］ MaryAmiti，David Greenaway，（2000）"Foreign Direct Investment and Trade：Substitutes or Complements？" NBER Working Paper No. 8292.

［12］ Mundell，R. A. ：（1957）"International Trade and Factor Mobility，" American Economic Review June，321-335.

［13］ Nakamura，Shin-ya，andTsuyoshi Ohyama，（1998）"The Determinants of Foreign Direct Investment from Japan and the United States to East Asian Countries，and the Linkage between FDI and Trade，" Bank of Japan Research and Statistics Department Working Paper Series No. 98-11.

［14］ Ryoji KOIKE，（2004）"Japan's Foreign Direct Investment and Structural Changes in Japan and East Asia Trade，" IMES Discussion Paper No. E-9.

［15］ United Nations Conference on Trade and Development，（2004）World Investment Report.

［16］ Walid Hejazi and A. Edward Safarian，（2002）"Explaining Canada's Changing FDI Patterns，" Canadian Economics Association September.

本文原载于《国际贸易问题》2006 年第 5 期

外商在华直接投资与中国对外贸易
相互关系的实证分析[*]

陈继勇　雷　欣

20世纪70年代末以来，中国通过实施改革开放的基本国策，走有中国特色的社会主义建设道路，实现了近三十年经济的高速增长。作为对外开放重要组成部分的外商在华直接投资与对外贸易的快速发展，对中国经济增长速度的加快、生产技术水平的提高、产业结构的优化起了重要推动作用。因此，深入研究外商在华直接投资与对外贸易之间的相互关系，有利于进一步加深对经济全球化背景下，贯彻实施互利共赢对外开放战略的重要性和必要性的认识，有利于促进中国经济又快又好发展。

一、文献综述

外商直接投资与对外贸易发展之间的相互关系一直是国内外研究的重要课题。围绕这一问题，大致可分为如下几种观点。

1. 外商直接投资与对外贸易的相互替代论

蒙代尔（Mundell）是外商直接投资与对外贸易相互关系理论研究的开创者，也是外商直接投资与对外贸易相互替代论的典型代表。Mundell（1957）通过建立标准的国际贸易（2*2*2）模型，从静态角度研究了两者的相互关系，认为对外贸易的障碍会导致国际资本流动，而国际资本流动的障碍会产生对外贸易，因此外商直接投资与对外贸易间是相互替代的关系。维农（Vernon, 1966）则从动态角度研究了外商直接投资与对外贸易之间的相互关系。他将产品的生命周期划分为新产品、成熟产品和标准化产品三个阶段，通过分析不同阶段产品的供求特点、市场要求等，得出外商直接投资与对外贸易是相互对立、互为替代的结论。

部分实证研究验证了外商直接投资与对外贸易之间的替代关系。Belderbos 和 Sleuwaegen（1998）研究了日本在欧洲的直接投资，其结论支持外商直接投资与出口贸易间的替代关系。Helpman Melitz 和 Yeaple（2004）用38个国家52个产业的数据分析了出口贸易与外商直接投资之间的关系，也发现二者是相互替代的。刘杰、俞会新（2001）对河北省的外商直接投资总额与对外贸易总额进行回归分析，发现二者呈现出相互替代的关系。杨来科、廖春（2006）研究了改革开放以来美国在华直接投资的变化，发现其表现出明显的贸易替代效应。

2. 外商直接投资与对外贸易的相互补充论

小岛清（Kiyosshi Kojima）是外商直接投资与对外贸易相互补充论的主要代表。小岛清（1978）提出的比较优势理论认为，失去比较优势的企业可以利用其标准化的技术和雄厚的资金进行对外直接投资。在东道国和母国经济结构互补的前提下，这种来自于母国失去比较优势产业的对外直接投资，将流向东道国

---

* 国家社会科学基金重点项目（07AJL016）；国家自然科学基金项目（70773082）；教育部人文社会科学重点研究基地重大项目（2007JJD790140）的阶段性成果。本文2011年获湖北省第七届哲学社会科学优秀成果奖一等奖；于2011年获武汉市第十二次哲学社会科学优秀成果奖一等奖。

具有比较优势的产业，从而增强双方的贸易基础，因此具有"贸易创造"效应。

大量的实证研究有力地证实了外商直接投资与对外贸易的互补关系。Blomstrom，Lipsey 和 Kulchycky（1988）运用贸易方程研究美国和瑞典企业层面的数据，发现外商直接投资和对外贸易间具有互补关系。Mariam Camarero 和 Cecilio Tamarit（2004）运用面板数据模型分析了欧盟和美国、日本的工业制成品出口贸易与外商直接投资存量的关系，结果表明对外贸易与外商直接投资之间存在互补关系。另外，Pfaffermayr（1994）、Eaton 和 Tamura（1994）、Oscar（2001）、Lipsey 和 Ramstetter（2003）分别从不同角度验证了外商直接投资与对外贸易之间的互补关系。

国内学者围绕外商在华直接投资与对外贸易间存在着互补关系这一观点，也从不同角度进行了实证分析。冼国明等（2003）、杨丹辉（2004）通过总额分析，认为外商在华直接投资与中国出口贸易间具有相互补充的长期均衡关系。史小龙等（2004）、陈继勇等（2006）、龚晓莺（2007）、林文（2007）的研究则表明，外商在华直接投资对中国商品的进口贸易和出口贸易均存在显著的促进作用，并且这种促进作用将会不断增强。蔡锐、刘泉（2004）从外商在华直接投资的"技术外溢"效应方面进行研究，提出外商在华直接投资推动了中国技术结构的升级。提高了中国的生产效率，促进了中国的进出口贸易，从而证实了外商直接投资与对外贸易具有明显的互补关系。王学东等（2001）、凌冬梅（2004）分别研究了广东省和江苏省的外商在华直接投资与对外贸易的关系，认为外商在华直接投资是地区出口贸易的驱动源。

3. 外商直接投资与对外贸易间的替代与补充交织论

马库森和维纳布尔斯（Markusen & Venables，1995，1996，1998）在解释外商直接投资与对外贸易间的关系时，将投资分为国内投资、垂直型投资以及水平型投资三种方式。垂直型投资与对外贸易产生互补效应，水平型投资与对外贸易产生替代效应，而各国知识资本禀赋的差异使得外商直接投资与对外贸易的互补与替代效应交织存在。帕特瑞（Patrie，1994）根据投资的动机，将外商直接投资分为市场导向型、生产导向型以及贸易促进型三类，并提出市场导向型的外商直接投资与对外贸易存在替代关系，而生产导向型和贸易促进型的外商直接投资与对外贸易间存在互补效应。

国外的实证研究有力地支持了他们的理论推导。K. Head 和 J. Ries（2001）以日本 932 家跨国公司1966—1990 年的微观数据为样本建立面板数据模型，发现水平型外商直接投资对出口产生替代效应，而垂直型外商直接投资对出口具有显著的创造效应。Bedassa Tadesse 和 Michael Ryan（2004）运用日本1989—1999 年流向 85 个国家或地区的外商直接投资的数据分析，发现"出口平台"的不同，使得外商直接投资与对外贸易相互补充与相互替代关系交织出现。

部分国内研究也得出了相似的结论。熊涓等（2005）认为，中国对外贸易的高速增长得益于外商在华直接投资的快速增长，但是外商在华投资企业的出口挤占了中国本地企业的出口额度，给中国出口贸易带来了较大的负面影响。龚晓莺等（2006）指出，投资主体的不同使得对外贸易与外商在华直接投资之间既存在着替代关系，又存在着互补关系和相互融合关系。项本武（2006）运用引力模型分析发现，外商在华直接投资与中国出口贸易间存在着明显的互补关系，而与中国的进口贸易间则存在着替代关系。

由此可见，国内外学者在外商直接投资与对外贸易之间的关系问题上观点各异，并且大多集中从外商直接投资与对外贸易的总额和国别方面进行分析，没有系统地从外商直接投资与对外贸易的总额、结构、方式、地区差异等方面进行全面的研究，本文将以中国改革开放 30 年的实践为例，从不同角度对外商在华直接投资与对外贸易的相互关系进行深入探讨。

二、改革开放 30 年来外商在华直接投资与中国对外贸易的发展及其主要特点

1. 外商在华直接投资的快速发展与中国对外贸易规模的急剧扩大

改革开放 30 年来，尤其是 1992 年邓小平同志南方谈话以来，随着中国对外开放的不断扩大，外商在华直接投资获得了快速增长。外商在华直接投资实际利用额在 1978—1989 年累计达 167.6 亿美元；1990—1999 年累计达 2904.3 亿美元，较前一阶段增长了 17 倍；2000—2007 年则累计达到了 4590.3 亿美

元，远远高于 20 世纪 80、90 年代外商在华直接投资的累计总额。据统计，1983—2007 年外商在华直接投资增长了近 118 倍，年均增长率达 27.2%。

与此同时，中国对外贸易规模也急剧扩大。1978—2007 年中国的对外贸易总额由 206.4 亿美元增加到 21738.3 亿美元，30 年间增长了 104 倍，年均增长 18%。其中，出口总额从 97.5 亿美元增加到 12180.1 亿美元，增长了近 124 倍，年平均增长 18.7%，进口总额从 108.9 亿美元增加到 9558.2 亿美元，增长了近 87 倍，年平均增长 17.7%。[①]

2. 外商在华直接投资与中国对外贸易发展方式呈现出多样化

20 世纪 80 年代，外商在华直接投资的方式比较单一，主要以合资经营和合作经营形式为主。1983—1991 年，以合资经营、合作经营以及独资形式存在的外商在华直接投资分别占外商在华直接投资总额的 55.8%、31.2% 和 13%。邓小平南方谈话以后，随着中国改革的深化和对外开放的扩大，外商在华直接投资方式也发生了变化。1992—2000 年，以合资、合作以及独资形式经营的外商在华直接投资分别占外商在华直接投资总额的 46.3%、20% 和 33.7%。各种形式的外商在华直接投资在这一时期得到了较为均衡的发展。加入 WTO 以后，大量的外商直接投资涌入中国。以合资、合作、独资形式经营的外商在华直接投资所占比例分别为 26.0%、5.7% 和 66.9%。外商独资经营成为外商在华直接投资的主要方式。

与此同时，中国对外贸易的方式也呈现出多样化。20 世纪 80 年代，一般贸易在中国对外贸易中居主导地位。据统计，一般贸易、加工贸易以及其他贸易出口分别占中国出口总额的 75%、23.6% 和 1.4%；而进口分别占中国进口总额的 72.5%、20.6% 和 6.9%。20 世纪 90 年代，一般贸易所占比重大幅下降，加工贸易所占比重迅速上升。据统计，一般贸易、加工贸易以及其他贸易出口分别占中国出口总额的 44.4%、53.0% 和 2.6%；而进口分别占中国进口总额的 35.9%、43.3% 和 20.8%。21 世纪初以来，出口加工贸易逐渐成为中国对外贸易的主导方式。据统计，2001—2007 年，一般贸易、加工贸易以及其他贸易出口分别占中国出口总额的 42.5%、53.4% 和 4.1%；而进口贸易中，一般贸易、加工贸易以及其他贸易分别占中国进口总额的 43.9%、40% 和 16.1%。[②]可见，随着改革开放步伐的加快，一般贸易的主导地位逐渐由加工贸易所取代，其他贸易方式也得到了较快的发展。总的看来，改革开放 30 年来，中国对外贸易方式呈现出一般贸易与加工贸易分占半壁江山，而加工贸易又以进料加工为主的多样化特征。[③]

3. 外商在华直接投资的产业结构与中国对外贸易的商品结构不断优化

外商在华直接投资的行业分布以工业制造业为主。2001—2007 年，中国累计引进外商直接投资 4146.69 亿美元，其中第一产业累计吸收外商直接投资 62.83 亿美元，占外商在华直接投资总额的 1.52%；第二产业累计吸收 2922.11 亿美元，占 70.46%；第三产业累计吸收 1161.75 亿美元，占 28.02%。在第二产业中，制造业累计吸引外商直接投资 2743.43 亿美元，占外商在华直接投资总额的 66.16%，占第二产业吸引外商直接投资的 93.89%。[④]

与外商在华直接投资的产业结构相对应，改革开放 30 年来，中国对外贸易也呈现出商品结构不断优化、工业制成品贸易占主导的显著特征。初级产品贸易的进口额在中国进口总额中所占比重从 20 世纪 80 年代的 19.7% 下降到 20 世纪 90 年代的 17.6%，2001—2007 年回升到 22.0%；而出口额在中国出口总额中所占比重则从 20 世纪 80 年代的 35.6% 大幅下降到 20 世纪 90 年代的 13.7%，2001—2007 年进一步下降到 6.4%。工业制成品贸易的进口额在中国进口总额中所占比重从 20 世纪 80 年代的 80.3% 上升到 20 世纪 90 年代的 82.4%，2001—2007 年回落到 78.0%；而出口额在中国出口总额中所占比重从 20 世纪 80 年代的 64.4% 上升到 20 世纪 90 年代的 86.3%，2001—2007 年又上升到 93.6%。[⑤]可见，工业制成品的出口对推动中国出口贸易的增长发挥着决定性作用，中国对外贸易的产业结构正在不断改善和优化。

4. 外商直接投资企业在中国对外贸易中逐渐居主导地位

1981—2007 年，外商在华直接投资企业的进出口贸易获得了较快增长，进口总额由 1.1087 亿美元增加到 5594.1 亿美元，年均增速达 28.4%；出口总额从 0.0824 亿美元增加到 6955.2 亿美元，年均增速达 23.6%。

与此同时，外商在华直接投资企业的对外贸易在中国对外贸易中的比重越来越大，并逐渐居主导地位。20世纪80年代，外资企业累计出口额和进口额分别占中国累计出口总额和进口总额的 5.0% 和 9.2%，20世纪90年代，这一比重提升至 37.9% 和 48.5%，2001—2007 年，该比重进一步升至 56.6% 和 57.7%。[⑥]

5. 外商在华直接投资的地区非均衡分布与中国对外贸易的地区非均增长

由于中国实施的梯度开放战略，外商在华直接投资的地区分布呈现出严重的不平衡。20世纪90年代中国的东部地区、中部地区与西部地区的外商在华直接投资分别占外商在华直接投资总额的 87.5%、9.3% 和 3.2%；2001—2007 年分别占外商在华直接投资总额的 82.8%、14.0% 和 3.2%。广大的中西部地区外商直接投资额仅为东部地区外商在华直接投资额的 20.7%。可见，改革开放以来，外商在华直接投资大量集中在东部地区。

与此对应，中国的对外贸易也呈现出地区间非均衡分布的特征，东部地区的对外贸易在中国对外贸易中占据着绝对主导地位。20世纪90年代中国东部地区、中部地区与西部地区的出口贸易额分别占中国出口贸易总额的 89.9%、6.6% 与 3.5%；进口贸易额分别占中国进口贸易总额的 92.1%、5.1% 与 2.8%。而 2001—2007 年，中国的东、中、西部地区的出口贸易额分别占中国出口贸易总额的 92.2%、4.8% 与 3.0%；进口贸易额分别占中国进口贸易总额的 93.3%、4.5% 与 2.2%。[⑦] 可见，随着改革开放的逐步深入，这种非均衡分布的特征进一步加强。

三、外商在华直接投资与中国对外贸易相互关系的实证研究

1. 数据说明

本文将按照数据自身特征，采用不同的计量分析方法，从对外贸易总额、结构、方式、地区分布以及参与对外贸易的企业性质五个方面分析外商在华直接投资与中国对外贸易之间的相互关系。使用的数据来源于历年《中国统计鉴》《中国对外贸易年鉴》，运用的统计分析软件为 Eviews5.0。

2. 实证分析

(1) 外商在华直接投资与中国对外贸易总额相互关系的实证分析。

①数据检验。

运用 1983—2007 年的数据检验外商在华直接投资（FDI）与中国进口总额（EX）、出口总额（IM）之间的关系。分别对 lnFDI、lnEX 和 lnM 进行 ADF 检验，发现 lnFDI、lnEX 和 lnIM 都是一阶单整的。因此，我们可以运用协整分析法进行实证分析。

②协整检验。

根据协整检验结果，可以得到下面的方程：

$$\ln FDI = -3.283664 + 1.621202 \ln EX - 0.473740 \ln IM + \mu$$
$$(-3.011575) \quad (1.691794) \quad (-0.449675)$$
$$R^2 = 0.829854, \quad \text{Adjusted } R^2 = 0.814387$$

对回归方程的残差值（u）进行单位根检验，检验结果显示序列在 10% 的显著水平下不存在单位根，因此可以确 u 序列是平稳的。这说明，lnFDI、lnEX 和 ln IM 之间的协整关系确实存在。也就是说，外商在华直接投资总额增长与中国对外贸易总额增长存在着显著的相关性。

式中，lnEX 的系数为 1.621202，表明中国的出口总额每增加 1%，外商在华直接投资额就增加 1.621202%，出口引致投资效应明显。而 lnIM 的系数为 -0.473740，表明每增加 1% 的进口总额将使外商在华直接投资减少 0.473740%，中国的进口总额与外商在华直接投资间具有负相关的效应。但是，进口总额弹性的绝对值远小于出口总额弹性的绝对值，因此外商在华直接投资与中国对外贸易间存在着明显的互补关系。

(2) 外商在华直接投资产业结构与中国对外贸易商品结构相互关系的实证分析。

①数据检验。

采用 1983—2007 年外商在华直接投资（FDI）、初级产品进口（MC）、初级产品出口（EXC）、工业制成品进口（IMZ）、工业制成品出口（EXZ）的数据来分析外商在华直接投资的产业结构与中国进出口贸易商品结构的关系。通过 ADF 检验，我们发现 lnFDI 与 lnEXC、lnMC、lnEXZ、lnIMZ 都是一阶单整序列。因此，我们可以运用协整分析法。

②协整检验。

a. 外商在华直接投资总额与对初级产品的对外贸易进行协整检验，可以得到下面的方程：

$$\ln\text{FDI} = -0.473657 - 0.250093\ln\text{EXC} + 1.248918\ln\text{MC} + \varepsilon_1$$

$$(-0.072889) \quad (-0.118341) \quad (1.379776)$$

$$R^2 = 0.736670, \text{ Adjusted } R^2 = 0.712731$$

对回归方程的残差值（ε_1）进行单位根检验，检验结果显示 ε_1 序列的 ADF 检验值为 -1.394393，小于 1%、5%、10% 置信水平下的检验临界值，接受单位根假设的概率为 14.7%。因此，lnFDI 与 lnEXC、lnMC 间的协整关系并不明显。而式中，进口弹性为 1.248918，出口弹性为 -0.250039，这说明外商在华直接投资与初级产品进口贸易间存在着互补关系。

b. 对外商在华直接投资总额与工业制成品的对外贸易进行协整检验，可以得到下面的方程：

$$\ln\text{FDI} = -1.973178 + 1.264512\ln\text{EXZ} - 0.263933\ln\text{IMZ} + \varepsilon_2$$

$$(-1.552982) \quad (2.334839) \quad (-0.382024)$$

$$R^2 = 0.857233, \text{ Adjusted } R^2 = 0.844254$$

对回归方程的残差值（ε_2）进行单位根检验，检验结果显示 ε_2 序列的 ADF 检验值为 -1.882640，在 10% 置信水平下拒绝单位根假设。残差序列不存在单位根，也就是说残差序列是平稳的。因此，回归方程不是伪回归，lnFDI 与 lnEXC、lnMC 间存在明显的协整关系。在方程式中，出口弹性为 1.264512，而进口弹性为 -0.263933，这说明外商在华直接投资与工业制成品出口贸易间存在着明显的互补关系，而与工业制成品进口贸易间存在着替代关系。

总的来看，外商在华直接投资的产业结构与中国对外贸易的商品结构具有显著的相关性。外商在华直接投资与初级产品贸易的互补关系主要体现在进口方面，而与工业制成品贸易的互补关系主要体现在出口方面。因此，外商在华直接投资显著地改善了中国对外贸易的商品结构。

（3）外商在华直接投资与中国对外贸易方式相互关系的实证分析。

①数据检验。

采用 1983—2007 年外商在华直接投资（FDI）、一般贸易进口（MY）、一般贸易出口（EXY）、加工贸易进口（IMJ）、加工贸易出口（EXJ）的数据来分析外商在华直接投资与中国进出口贸易方式的关系。通过 ADF 检验，发现 lnFDI、lnEXJ、lnIMJ、lnEXY 和 lnMY 都是一阶单整序列，因此可以用协整分析方法进行分析。

②协整检验。

a. 对外商在华直接投资总额与一般贸易进行协整检验，得到：

$$\ln\text{FDI} = -3.578661 + 2.943382\ln\text{EXY} - 1.670608\ln\text{MY} + \xi_1$$

$$(-3.461782) \quad (5.493584) \quad (-3.039096)$$

$$R^2 = 0.803019, \text{ Adjusted } R^2 = 0.785111$$

对回归方程的残差值（ξ_1）进行单位根检验，检验结果显示残差序列的 ADF 检验值为 -2.624012，接受单位根的概率 10.22%。因此，残差序列的平稳性并不显著，说明 lnFDI 与 lnEXY、lnMY 间的协整关系并不明显。而一般贸易进口和出口的弹性分别为 -1.670608 和 2.943382，说明一般贸易进口与外商在华直接投资存在着替代关系，出口与外商在华直接投资存在着互补关系。

b. 对外商在华直接投资总额与加工贸易进行协整检验，得到：

$$\ln\text{FDI} = -0.733468 + 0.573012\ln\text{EXJ} + 0.357902\ln\text{IMJ} + \xi_2$$

$$(-0.856889) \quad (0.522254) \quad (0.283698)$$

$$R^2 = 0.900835, \quad \text{Adjusted } R^2 = 0.891820$$

对回归方程的残差值（ξ_2）进行单位根检验，结果显示残差序列的 ADF 值为 -2.470087，接受单位根的概率为 1.6%，在 5% 的显著型水平下拒绝单位根假设。因此，残差序列是平稳序列，lnFDI 与 lnEXJ、lnIMJ 间存在着显著的协整关系。也就是说，外商在华直接投资与加工贸易间存在着显著的相关性。而加工贸易进口和出口的弹性分别为 0.357902 和 0.573012，说明加工贸易进口和出口与外商在华直接投资均存在着互补关系。同时，加工贸易出口的弹性要大于加工贸易进口的弹性，互补效应主要体现在加工贸易出口与外商在华直接投资之间。

总的看来，外商在华直接投资与加工贸易的相关性明显高于与一般贸易的相关性，这体现了外商在华直接投资对中国的加工贸易，特别是加工贸易出口快速增长的推动作用。

（4）外商在华直接投资与在华外资企业对外贸易相互关系的实证分析。

①数据检验。

采用 1983—2007 年外商直接投资（FDI）、外资企业进口（IMF）、外资企业出口（EXF）的数据来分析外商在华直接投资与外资企业进出口的关系。

分别对 lnFDI、lnEXF 和 lnIMF 进行 ADF 检验，发现 lnFDI 是一阶单整序列，lnEXF 和 lnlMF 是水平单整序列。由于各序列不是同阶单整的，因此不能简单地运用协整方法来分析它们之间的相互关系，而要运用向量自回归（VAR）模型来进行定量分析。

②滞后阶数的确定。

采用 AIC（Akaike Information Criterion）信息准则和 SC（Schwarz Criterion）信息准则，并结合 LR（Likelihood Ratio）检验方法，来确定 lnFDI、lnEXF 和 lnlMF 序列间的滞后结构。表 1 可以看出滞后 2 期是 VAR 模型的最优滞后期。

表 1　　　　　　　　　　　　　　　　　滞后期检验

滞后期	AIC 值	SC 值	LR 检验值
0	4.827090	4.975198	NA
1	−3.172039	−2.59607	1.66853
2	−4.930063*	−3.893307*	40.65012*

注：* 为最优滞后期。

③变量的格兰杰因果关系。

检验对变量序列进行格兰杰因果关系检验，得到如表 2 所示的结果。

表 2　　　　　　　　　　　　　　　　格兰杰因果关系检验

原假设	滞后项	F-统计值	P 值	结论
lnEXF 不是 lnFDI 的格兰杰原因	2	5.07783	0.0178	拒绝
lnFDI 不是 lnEXF 的格兰杰原因	2	0.57307	0.5737	接受
lnIMF 不是 lnFDI 的格兰杰原因	2	4.07605	0.0347	拒绝
lnFDI 不是 lnIMF 的格兰杰原因	2	1.32475	0.2906	接受

由格兰杰因果检验，我们得出，在滞后 2 期的情况下，外商在华直接投资与外资企业进出口贸易具有因果关系，但是这种因果关系并不总是双向的。外商直接投资企业的进口和出口是外商在华直接投资的单向格兰杰原因。

④VAR 模型估计在滞后 2 期的最优结构下，可以将 lnEXF 和 lnIMF 作为滞后变量引入回归方程，

得到:

$$\ln\text{FDI} = 1.063901 + 1.322639\ln\text{FDI}_{t-1} - 0.614458\ln\text{FDI}_{t-2} + 0.240410\ln\text{EXF}_{t-1} +$$
$$(2.14390) \qquad (6.31308) \qquad (-3.31882) \qquad (0.78402)$$
$$0.078554\ln\text{EXF}_{t-2} - 0.217999\ln\text{IMF}_{t-1} + 0.005985\ln\text{IMF}_{t-2}$$
$$(0.66994) \qquad (-0.68024) \qquad (0.02362)$$
$$R^2 = 0.984441, \ \text{Adjusted } R^2 = 0.978607, \ F = 168.7268$$

可以看出，方程的拟合优度为 0.984441，说明模型对样本观测值的拟合程度较好，模型质量较高，外商在华直接投资与外资企业的对外贸易存在着显著的相关性。在方程式中，外资企业出口贸易的 2 期滞后弹性均为正，反映了外商直接投资对外资企业出口的促进具有明显的积累效应，将推动外资企业出口的长期增长。而外资企业进口的 2 期滞后弹性分别为 -0.217999 和 0.005985，则说明外商直接投资与外资企业进口间的替代效应将逐步削减。

（5）外商在华直接投资的地区非均衡分布与中国对外贸易的地区非均衡增长的实证分析。

①数据检验。

采用 1992—2007 年中国东部、中部和西部地区的外商在华直接投资（分别用 FDIE、FDIM、FDIW 表示）、进口额（分别用 IME、IMM、IMW 表示）、出口额（分别用 EXE、EXM、EXW 表示）数据来分析外商在华直接投资与进出口贸易在不同地区间的相互关系。

分别对各个序列进行 ADF 检验，发现 lnFDIE、lnFDIM、lnFDIW 是一阶单整序列，而 lnEXE、lnEXM、lnEXW、lnIME、lnIMM 和 lnIMW 是二阶单整序列。因此，需要运用向量自回归（VAR）模型来进行定量分析。

②滞后阶数的确定。

依旧采用 AIC 信息准则和 SC 信息准则，并结合 LR 检验方法，来确定各个序列的滞后结构。通过表 3 可以看出滞后 1 期是 VAR 模型的最优滞后结构。

表3   滞后期检验

地区	滞后期	AIC 值	SC 值	LR 检验值
东部	0	-2.061500	-1.919890	NA
	1	-6.830418*	-6.263977*	65.65809*
中部	0	-0.080253	-0.061357	NA
	1	-4.355516*	-3.789075*	60.22789*
西部	0	0.802560	0.944170	NA
	1	-2.012089*	-1.445648*	44.16113*

注：* 为最优滞后期。

③变量的格兰杰因果关系。

检验对变量进行格兰杰因果关系检验，得到如下结果：

表4   格兰杰因果关系检验

原假设	滞后项	F-统计值	P 值	结论
lnEXE 不是 lnFDIE 的格兰杰原因	1	37.4981	5.00E-05	拒绝
lnIME 不是 lnFDIE 的格兰杰原因	1	36.4949	6.00E-05	拒绝
lnEXM 不是 lnFDIM 的格兰杰原因	1	79.8435	1.00E-06	拒绝

原假设	滞后项	F-统计值	P 值	结论
lnIMM 不是 lnFDIM 的格兰杰原因	1	25.3374	0.0003	拒绝
lnEXW 不是 lnFDIW 的格兰杰原因	1	10.127	0.0079	拒绝
lnIMW 不是 lnFDIW 的格兰杰原因	1	8.98079	0.0111	拒绝

由格兰杰因果检验，我们得出，在滞后 1 期的情况下，外商在华直接投资与对外贸易在各地区的分布上具有因果关系。

4）VAR 模型估计根据格兰杰因果关系检验，各地区的进出口是其外商在华直接投资的格兰杰原因。在滞后 1 期的最优结构下，可以将 lnEXE 和 lnIME、lnEXM 和 lnIMM、lnEXW 和 lnIMW 作为滞后变量引入模型，分别得到地区间外商在华直接投资与对外贸易的回归方程：

$$\ln FDI_E = 2.202070 + 0.111266\ln FDIE_{t-1} + 0.232420\ln EXE_{t-1} + 0.189066\ln ME_{t-1}$$
$$(6.83756) \qquad (0.96949) \qquad (0.78646) \qquad (0.61889)$$
$$R^2 = 0.953353, \quad \text{Adjusted } R^2 = 0.940631$$

$$\ln FDI_M = -1.660253 + 0.208328\ln FDIM_{t-1} + 1.092354\ln EXM_{t-1} - 0.118979\ln MM_{t-1}$$
$$(-4.17191) \quad (2.45160) \qquad (4.09417) \qquad (-0.53502)$$
$$R^2 = 0.974201, \quad \text{Adjusted } R^2 = 0.967165$$

$$\ln FDI_W = 0.046185 + 0.095144\ln FDIW_{t-1} + 0.501792\ln EXW_{t-1} + 0.061949\ln MW_{t-1}$$
$$(0.07503) \qquad (0.44606) \qquad (0.78038) \qquad (0.08727)$$
$$R^2 = 0.653096, \quad \text{Adjusted } R^2 = 0.558486$$

可以看出，方程①和②的拟合优度分别为 0.953353 和 0.974201，说明模型对样本观测值的拟合程度较好，模型质量较高。方程④的拟合优度为 0.653096，说明西部地区的外商在华直接投资与对外贸易的互补关系不显著。

从方程组中可以看到，中国东部地区的外商在华直接投资与进出口贸易间存在着显著的互补关系。而在中部地区，外商在华直接投资与进口贸易表现出替代关系，与出口贸易表现出互补关系。总的看来，外商在华直接投资与中国对外贸易在地区间表现为以互补关系为主，替代与互补关系交织的特征，反映出外商在华直接投资的地区非均衡分布与中国对外贸易地区非均衡增长的特征。

四、政 策 建 议

综上所述，中国实行改革开放政策以来，外商在华直接投资与中国对外贸易间呈现出以互补为主，替代与互补交织的关系。这为外商在华直接投资和中国对外贸易留下了巨大的发展空间。因此，我们必须以科学发展观为指导，通过经济增长方式、经济发展战略的转变和宏观经济政策的调整，引导外商在华直接投资的健康发展，提高中国的国际竞争力，促进中国对外贸易乃至整个经济的持续健康发展。

（1）实施以提高国际竞争力为导向的均衡发展战略。改革开放 30 年来，外商在华直接投资的产业布局与中国对外贸易的主要产业均集中在全球价值链的底部——劳动力密集型的低附加值的加工产业，这不利于中国国际竞争力的提升。因此，中国必须转变经济增长方式和经济发展战略，健全投资和贸易的法律、法规以及相应的配套政策与措施，以创造一个有利于竞争力提升的国内经济环境。充分利用外商在华直接投资与中国对外贸易相互补充、相互促进的关系，通过创新利用外资的方式，优化利用外资的结构，提高利用外资的质量，充分发挥外资在推动自主创新、产业升级、区域协调发展方面的积极作用，以提高中国的国际竞争力。

（2）加快加工贸易的升级转型。由于加工贸易仍然是中国目前和今后对外贸易的主要方式，外商投资企业在加工贸易中的主导地位在短期内不会改变。因此，中国需要合理引导并充分利用外资企业，逐步改变中国目前加工贸易仍然集中在劳动力密集和低技术含量产业的现状。目前，中国产业集聚水平显著提高，大型企业稳定发展，中小企业和民营企业迅速成长，科研和技术水平也逐步提升，已经具备了实现加工贸易转型和升级的条件。中国可以根据动态比较优势，以高新技术产业的加工贸易为切入点，吸引更多大型跨国公司到中国投资，借以跟随世界工业技术和产品的发展趋势，大力推进中国信息化与工业化的融合，逐步将中国制造业水平推向世界先进行列。

（3）大力培养高素质人才，提高企业的学习吸收能力。一方面，外商在华直接投资为中国企业带来了先进的技术与管理经验，我们可以通过增强自身的学习吸收能力，充分利用外商在华直接投资的知识溢出效应，提高自身的科研水平和企业的管理经验，并将其运用于中国产业结构调整的实践中，从而促进中国对外贸易的发展，形成外商在华直接投资与中国对外贸易的良性互动关系。另一方面，我们也要认识到尽管外商在华直接投资的知识溢出节省了中国技术开发的时间，但大多数外商在华直接投资的知识溢出是有条件、有限度的。因此，不能片面地依赖于外商在华直接投资的知识溢出，而应该充分利用自身的科技研发力量，大力培养高素质人才，积极研发新产品、新工艺、新技术，创立自主品牌，提升中国企业的出口竞争力。

（4）加强东、中、西部地区的联动与合作，缓解地区间外商在华直接投资与对外贸易的非均衡发展。改革开放以来，中国采取由东向西渐进的梯次开放战略，导致了外商在华直接投资和中国对外贸易在地区间的非均衡分布，严重制约着中国经济的协调、持续、健康发展。因此，我们需要贯彻落实科学发展观，结合东部地区开放度较高、容易吸引外资，和中、西部地区劳动力资源丰富的优势，通过东部地区企业参股、购买、兼并等多种方式，将东部地区劳动力密集型、技术含量相对较低的外商在华直接投资转移到中西部地区，形成东部地区专业化生产技术和资本密集型的产品而中西部地区专业化生产劳动力密集型产品的新格局。这样，既可以保持中国在劳动力密集型产品上的出口竞争力，又可以实现中国技术与产业的升级，缓解和弱化中国区域经济的非均衡发展。

◎ 注释

①②⑤⑥⑦根据历年《中国对外贸易年鉴》整理。

③根据《中国对外贸易年鉴》统计，2001—2007 年，在加工出口贸易的累计总额 24417.7 亿美元中，来料加工与进料加工的出口累计分别为 5071.1 亿美元和 19346.2 亿美元，各占加工贸易出口的 20.8%和79.2%；在加工进口贸易的累计总额 15648.4 亿美元中，来料加工与进料加工的进口累计分别是 3859.2亿美元和 11788.7 亿美元，各占加工贸易进口的 24.7%和 75.5%。

④根据历年《国际贸易》有关资料整理。

◎ 参考文献

［1］A. Patrie. The Regional Clusting of Foreign Direct Investment and Trade. Transnational Corporation，DED（1994）.

［2］Bedassa Tadesse and Michael Ryan. Host Market Charateris-tics FDI and the FDI Relationship. International Trade and E-conomic Development，June，2004.

［3］Belderbos R & Sleuwaegen. L. Tariff jumping DFI and export substitution：Japanese electronics firm in Europe. International-al Journal of industrial Organization，1998，16：601-638.

［4］Blomstrom，M.，Lipsey，R. E.，& Kulchycky，K. US and Swedish direct investment and exports. In：R. E. 1988.

［5］Eaton. J&Tamura. A. Bilateralism and regionalism in Japa-nese and US trade and direct foreign investment patterns. Journal of the Japanese and International Economies，1994（8）：478-510.

［6］Head，K and Ries，J. Overseas Investment and Firm Exports. Review of International Economics，2001（9）.

［7］ Helpman . Ehanan, Marc J. Melitz and Stephen R. Yeaple. Export versus FDI with heterogeneous firms. American Econo-mies Reviews, 2004, 94（1）: 305-323.

［8］ Markusen, J. R, &Venables, A. J. Multinational firms and the newtrade theory. NBER Working Paper5036, 1995.

［9］ Markusen, J. R., &Venables, A. J. The increased impor-tance of direct investment in North Atlantic economic relation-ships: a convergence hypothesis. Cambridge Univ. Press, 1996: 169-189.

［10］ Markusen, J. R, &Venables, A. J. Multinational firms and the newtrade theory. Journal of International Economics, 1998, 46: 183-203.

［11］ Mariam Camarero and Cecilio Tamarit. Estimating the Export and Import Demand for Manufactured Goods-The Role of FDl. Review of World Economics, 2004, 140（3）.

［12］ Mundell, R. A. International Trade and Factor Mobility. A-merican Economic Review, June, 1957.

［13］ Oscar Bajo-Rubio. Foreign Direct Investment and Trade: A Causality Analysis. Open Economies Review, 2001, 12（3）: 305-323.

［14］ Pfafermyr. M. Foreign direct investment and exports: a time series approach. Applied Economics, 1994, 26: 337-351.

［15］ Robert E. Lipsey&Eric D. Ramsteter. Japanese exports, MNC affiliates, and rivalry for export markets. Journal of the Japanese and International Economies, 2003, 17（2）: 101-117.

［16］ Vernon, R. International Investment and International Trade in the Product Cycle. Quarterly Journal of Economics, 1966, 182.

［17］ 蔡锐、刘泉. 中国的国际直接投资与贸易是互补的吗？——基于小岛清"边际产业理论"的实证分析,《世界经济研究》, 2004（8）.

［18］ 陈继勇、秦臻. 外商直接投资对中国商品进出口影响的实证分析,《国际贸易问题》, 2006（5）.

［19］ 龚晓莺. 中国对外贸易与国际直接投资关系的实证分析,《经济理论与经济管理》, 2007（1）.

［20］ 龚晓莺、杨小勇、王朝科. 国际贸易与国际直接投资的三种关系——芒德尔贸易与投资替代模型引发的思考,《国际商务》, 2006（4）.

［21］ 凌冬梅. 外商直接投资提升江苏出口竞争力的实证分析,《南京财经大学学报》, 2004（3）.

［22］ 林文. 国际贸易与国际直接投资互动关系的实证分析——基于中国数据的研究,《湖北经济学院学报》, 2007（6）.

［23］ 刘杰、俞会新. 外商直接投资对河北省进出口贸易影响的实证分析,《河北工业大学成人教育学院学报》, 2001（4）.

［24］ 史小龙. 外商直接投资对我国进出口贸易影响的协整分析,《世界经济研究》, 2004（4）.

［25］ 王学东、刘占军、程传海. 明显的驱动源——广东首与全国外商直接投资贸易效应对比,《国际贸易》, 2001（5）.

［26］ 小岛清. 对外贸易论, 南开大学出版社, 1978.

［27］ 冼国明、严兵、张岸元. 中国出口与外商在华直接投资,《南开经济研究》, 2003（1）.

［28］ 熊涓、官建成. 中国外商投资企业的贸易效应分析,《求是学刊》, 2005（4）.

［29］ 项本武. 对外直接投资的贸易效应研究——基于中国经验的实证分析,《中国财经政法大学学报》, 2006（3）.

［30］ 杨丹辉. 外商投资对中国出口竞争力的影响：实证分析,《改革》, 2004（3）.

［31］ 杨来科、廖春. 美国对华直接投资的贸易效应研究。《财贸经济》, 2006（12）.

本文原载于《世界经济研究》2008 年第 9 期

外商直接投资的知识溢出与中国区域经济增长[*]

陈继勇　盛杨怿

随着经济全球化和知识经济的迅猛发展，外商直接投资（FDI）已成为世界各国特别是发展中国家获取国外先进技术的重要渠道。引进 FDI，发展中国家除了可以增加资本存量、提高投资效率和提供就业机会之外，更为重要的是还能以较低成本、较快速度获得国外先进技术，促进本国的技术进步和经济增长。

改革开放以来，中国以 FDI 为主要形式的外资利用持续增长。截至 2007 年底，中国已连续 15 年成为吸收外商直接投资最多的发展中国家，实际利用外商直接投资总额 7602.19 亿美元。[①]然而，在外资带来中国经济繁荣的同时，中国技术水平的提升速度却偏慢。因此，如何科学引导 FDI，提升 FDI 国际知识溢出对中国区域技术进步、经济发展的贡献度，积极吸收国外先进技术为我所用，成为中国引进 FDI 必须认真思考的重要问题。

一、理 论 回 顾

自内生增长理论产生以来，知识创新与溢出就被认为对区域经济增长有着极其显著的影响。知识溢出的机制既包括一国国内的知识溢出，也包括国家之间（即国际）的知识溢出。这是因为在开放经济条件下，一国的技术进步、经济增长不仅取决于国内 R&D 投入，而且其他国家的行为也通过各种传递渠道直接或间接地影响了本国的技术进步。国际知识的传导渠道包括国际商品贸易、FDI、劳务输出、国际专利、人口迁移以及信息交流等（Keller，2004），其中以国际贸易与外商直接投资为国际知识溢出的主要媒介。

新增长理论强调国际贸易的技术扩散效应。特别是进口贸易的技术扩散效应为大量实证研究所证实。Coe 和 Helpman（1995）使用进口份额作为权重来构造国外 R&D 存量，首次从实证角度考察了贸易伙伴的研发如何通过国际贸易传导机制而影响本国的技术进步。Park（1995）运用 10 个 OECD 国家（包括 7 国集团）的加总数据，估计国外的 R&D 占总 R&D 对生产率影响的 2/3。Keller（2000）从微观厂商的角度研究，发现国际贸易促进了技术进步，并且认为中间产品之间的国际贸易导致技术扩散效应更大，发达国家之间也能通过国际贸易促进自己的技术进步。总之，大量的实证研究结果都一致指出，国外的技术活动通过国际贸易对国内生产率具有重要的贡献。

尽管国际贸易作为技术扩散的一个渠道得到了一定的认可，但是发展中国家通过国际贸易提升生产率还是受到一定的限制。这是因为非熟练劳动力禀赋较高的发展中国家的比较优势大多集中在技术增长不快的传统生产部门，发展中国家可能因为自由贸易而专门从事传统产品生产，因此，国际贸易并不一定导致发展中国家的技术进步和生产率增长。所以，发展中国家和转型经济体，都期望能通过积极引进外资提高

　* 本文于 2011 年获湖北省第七届哲学社会科学优秀成果一等奖；于 2011 年获武汉市第十二次哲学社会科学优秀成果一等奖；于 2010 年获 2008—2009 年度全国商务发展研究奖论文二等奖；于 2013 年获教育部第六届高等学校科学研究优秀成果三等奖。英文发表在：Chen Jiyong et al，"An Empirical Study on FDI International Knowledge Spillovers and Regional Economic Development in China"，Frontiers of Economics in China，Vol. 5，2010，pp. 489-508.

　① 数据来源：《中国统计年鉴（2008）》。

国内经济部门的生产率和竞争能力，希望外资的溢出效应能带动国内企业的技术进步和效率提高。

FDI 能将知识从一个国家转移到另外的国家，使它成为国际技术扩散的潜在的重要运输工具。在 FDI 技术扩散效应研究方面，Findlay（1978）构建了一个 FDI 从发达国家流向发展中国家的动态技术转移模型，检验了技术差距、外资份额等因素对技术扩散的影响。Lichtenberg 和 Pottelsberghe（1996）采用与 Coe 和 Helpman（1995）相同的 R&D 加权的方法，分析了 FDI 的国际技术扩散在 13 个 OECD 国家的重要性。他们发现一国的外向型 FDI 能获得国外的技术，同时，没有发现来自内向型 FDI 的显著影响。

一般理论认为 FDI 对东道国存在正向的溢出效应，可以促进东道国生产效率和技术水平的提高，如 Globerman（1979）对加拿大的研究，Blomstrom 和 Persson（1983）、Blomstrom（1986）对墨西哥的研究等。但很多对发展中国家的实证研究也得出了不一致的结论。如 Haddad 和 Harrison（1993）曾对摩洛哥制造业 1985—1989 年间的企业和行业面板数据进行了考察，没有发现存在明显的正溢出效应。Aitken 和 Harrison（1999）选用委内瑞拉制造业 1976—1989 年间的企业面板数据，发现在该国全国范围内存在普遍的负溢出效应。

改革开放以来，中国实施"以市场换技术""以市场换管理"的外资战略，吸引了大量的外资。外资大量流入对于实现中国经济增长、促进人力资源开发和利用、增加国际收支盈余等宏观经济目标具有重要的作用。国内学者对有关流入中国 FDI 的溢出效应问题也进行了大量的研究。

国内的 FDI 溢出效应的研究可以分为行业研究和区域研究。在行业分析上，潘文卿（2003）利用中国工业部门的行业统计数据，对外商投资的外溢效应进行系统分析，结果显示 1995—2000 年外商直接投资对工业部门的总体外溢效应为正，外商直接投资的资本积累每增加 1 个百分点，带动国内企业的产出增加 0.13 个百分点。陈涛涛（2003）引入了"内外资企业能力差距"的概念对 FDI 溢出效应进行了经验研究，结果表明，当内外资企业的能力差距较小时，有助于溢出效应的产生。关于 FDI 对于中国区域经济增长的影响，何洁（2000）用 1993—1997 年 28 个省市自治区的工业部门共 140 个相关数据进行分析，得出 FDI 在各省市工业部门中均存在明显的正向外溢效应。魏后凯（2002）利用 1985—1999 年时间序列和横断面数据，对 FDI 对中国区域经济增长的影响进行了实证分析，结果表明，改革开放以来，中国区域经济发展呈现出的典型的二元结构特征与 FDI 分布的不平衡密切相关。赵奇伟、张诚（2007）对中国 1997—2004 年 31 个省市的面板数据进行实证分析，结果表明随着外资大规模涌入，中国要素市场已难以为当地企业提供足够的资金和人才支持，从而造成 FDI 净溢出效应为负。

从目前的实证研究来看，其方法基本上是将东道国的全要素生产率（TFP）视为因变量，将 FDI 的流入程度视为解释变量，并通过考察 FDI 项回归系数的变化来确定 FDI 的技术溢出程度。而对 FDI 引致的国外 R&D 溢出的变量进行考察的研究较少，譬如李小平、朱钟棣（2006）对中国工业行业通过国际贸易渠道的国际 R&D 溢出进行的研究。有鉴于此，我们拟借鉴目前的研究结果，在此基础上利用中国 29 个省（直辖市、自治区）1992—2006 年的面板数据①分析 FDI 引致的国际知识溢出与中国地区技术进步、经济增长的关系。

二、模 型 说 明

（一）基本计量模型

我们以知识驱动的内生增长模型为基础，借鉴 Coe 和 Helpman（1995，简称 C-H）、Keller（1998）、Lichtenberg 和 Pottelsberghe（1998，简称 L-P）等分析国际 R&D 溢出的回归方法。该方法假定一个国家的全要素生产率不仅与本国的 R&D 资本有关，也与其他国家的 R&D 资本有关。

$$\text{定义全要素生产率 } TFP = AS^{\alpha} \tag{1}$$

---

① 其中，1996 年成为直辖市的重庆市数据并入四川省，西藏自治区、港澳台地区没有计入样本。

其中 A 是常数，代表外生的经济环境因素；S 是知识资本，对于一个开放经济系统而言，S 不仅依赖于国内的知识资本（S^d），而且取决于其他国家的知识溢出（S^f）：

$$S = (S^d)^{\delta} (S^f)^{\theta} \tag{2}$$

将（2）式代入（1）式并两边取对数，我们可以获得如下的基本回归方程：

$$\mathrm{Ln}(\mathrm{TFP}_t) = C_t + \alpha_t^d \mathrm{Ln}(S_t^d) + \alpha_t^f \mathrm{Ln}(S_t^f) + \varepsilon_t \tag{3}$$

其中，t 代表时间项，C_t 代表截距项，ε_t 随机误差项，α_t^d、α_t^f 分别代表了国内知识资本和国际知识溢出的弹性系数。

（二）扩展计量模型

如何确定国际知识溢出 S^f？

首先，我们按照国际通行的做法，用各国 R&D 存量代表国际知识资本，即依据 C-H 的方法，各国 R&D 存量按永续盘存法进行累计。

其次，本文主要讨论的是 FDI 引致的国际知识溢出，我们认为中国引进 FDI 带来的国际知识溢出效应体现在两个方面：

一是大多数学者已形成共识的 FDI 国际知识溢出的传递渠道，即 FDI 企业从事生产、经营活动为当地带来的技术外溢效应，其主要是通过示范效应、竞争效应以及跨国公司人员培训和流动等渠道发生作用。二是由 FDI 带来的通过国际贸易渠道传递的国际知识溢出，这体现在引入 FDI 增加了当地的进口贸易，从中国 FDI 企业进口贸易的统计数据来看，通过这一渠道传递的溢出效应是不能忽略的，如 2006 年外商投资企业进口总额达到 4724.9 亿美元，占中国当年进口总额的近 60%，因此，我们把它也归于 FDI 引致的国际知识溢出。

设定 FDI 引致的国际 R&D 溢出 $S_t^f = (S_t^{fm})^{\theta} (S_t^{ff})^{\gamma}$。

我们参考 L-P（1998）的分析国际知识溢出效应的权重方案来设定 S_t^{fm}、S_t^{ff}。

FDI 企业进口贸易带来的知识外溢效应 S_t^{fm}：

$$S_t^{fm} = \frac{M_{\mathrm{FDI}_t}}{M_t} \sum_{j=1}^{n} \frac{M_{jt}}{\mathrm{GDP}_{jt}} S_{jt}^d \tag{4}$$

FDI 企业在东道国从事生产、经营活动带来的知识外溢效应 S_t^{ff}：

$$S_t^{ff} = \sum_{j=1}^{n} \frac{\mathrm{FDI}_{jt}}{K_{jt}} S_{jt}^d \tag{5}$$

假定考虑 n 个国家，S_{jt}^d 是 t 期 j 国的 R&D 投入；M_{jt} 是 t 期中国从 j 国的进口量，FDI_{jt} 是 t 期 j 国投资到中国的 FDI；GDP_{jt} 是 t 期 j 国的国内生产总值，K_{jt} 是 t 期 j 国的固定资本形成（增量），两式权重之和均不等于 1；M_{FDI_t} 是 t 期中国 FDI 企业的进口总量，M_t 是 t 期中国总的进口量。

在国际技术从创新国家到模仿国家溢出的过程中，人力资本是一个重要的推动要素（Barro，1991；Barro and Lee，1993），只有当东道国人力资本存量足够丰裕时，东道国才能充分吸收 FDI 的知识溢出效应（Borensztein，1998）。因此，我们采用东道国人力资本存量 H_t 与 S_t^{ff} 的交叉项来衡量 FDI 企业在东道国从事生产活动带来的技术外溢效应。

最后，我们假定在样本区间内，TFP 的弹性不随时间的变化而变化（C-H，1995）。基于上述分析得到：

$$\mathrm{Ln}(\mathrm{TFP}_t) = \beta_0 + \beta_1 \mathrm{Ln}(S_t^d) + \beta_2 \mathrm{Ln}(S_t^{fm}) + \beta_3 \mathrm{Ln}(H_t S_t^{ff}) + \varepsilon_t \tag{6}$$

其中，β_0 是截距项，β_1、β_2、β_3 分别是解释变量系数，ε_t 是随机误差项。

（三）中国各省份 FDI 知识溢出的计量模型

为了衡量中国第 i 个省份 FDI 引致的国际知识溢出效应，我们加入该省份的权重，即：

$$S_{it}^{fm} = \frac{M_{\text{FDI}_{it}}}{M_t} \sum_{j=1}^{n} \frac{M_{jt}}{\text{GDP}_{jt}} S_{jt}^{d} \tag{7}$$

$$S_{it}^{ff} = H_{it} \frac{\text{FDI}_{it}}{\text{FDI}_t} \sum_{j=1}^{n} \frac{\text{FDI}_{jt}}{K_{jt}} S_{jt}^{d} \tag{8}$$

由（6）式可得到第 i 个省份的计量模型为：

$$\text{Ln}(\text{TFP}_{it}) = \gamma_i + \gamma_1 \text{Ln}(S_{it}^{d}) + \gamma_2 \text{Ln}(S_{it}^{fm}) + \gamma_3 \text{Ln}(S_{it}^{ff}) + \varepsilon_{it} \tag{9}$$

γ_i 代表各省的特殊要素，是截距项；ε_{it} 是误差项；TFP 代表第 i 个省份在时期 t 的全要素生产率；S_{it}^{d}、S_{it}^{fm}、S_{it}^{ff} 分别代表第 i 个省份在时期 t 的 R&D 资本、FDI 企业进口贸易带来的国际 R&D 溢出、FDI 企业在东道国从事生产、经营活动带来的 R&D 溢出；γ_1、γ_2、γ_3 为各项系数。

另外，本文利用 DEA 方法将全要素生产率分解为相对技术效率的变化（EC）与技术进步（TC），为了进一步测算 FDI 的知识溢出通过何种传导机制影响第 i 个省份全要素生产率的变动，构造以下计量方程：

$$\text{Ln}(\text{EC}_{it}) = \gamma_i + \gamma_1 \text{Ln}(S_{it}^{d}) + \gamma_2 \text{Ln}(S_{it}^{fm}) + \gamma_3 \text{Ln}(S_{it}^{ff}) + \varepsilon_{it} \tag{10}$$

$$\text{Ln}(\text{TC}_{it}) = \gamma_i + \gamma_1 \text{Ln}(S_{it}^{d}) + \gamma_2 \text{Ln}(S_{it}^{fm}) + \gamma_3 \text{Ln}(S_{it}^{ff}) + \varepsilon_{it} \tag{11}$$

三、实 证 分 析

（一）数据说明

考虑到统计数据的可获性和完整性，本文使用的样本数据为中国 29 个省（直辖市、自治区）1992—2006 年的数据。

1. 数据来源

（1）中国 29 个省（直辖市、自治区）1992—2006 年 TFP、EC、TC 的估计将在下文测算。

（2）中国各省 R&D 资本存量 S_{it}^{d}。

长期以来政府 R&D 支出是中国研发投入的主要形式，因此，本文采用国家财政科技支出作为国内 R&D 投入的替代变量。中国 29 个省（直辖市、自治区）1992—2006 年的 R&D 数据可以从各省历年的《中国统计年鉴》中查取。

借鉴 C-H 等的做法，我们以国内各省 R&D 累计的资本存量作为 R&D 资本（S_{it}^{d}），并采用如下的公式计算：

$$S_{it}^{d} = S_{i(t-1)}^{d} * (1 - \delta) + \text{RD}_{it} \tag{12}$$

其中，S_{it}^{d} 为第 i 个省份在 t 年的资本存量，RD 为第 i 个省份在 t 年的 R&D 支出，δ 为折旧率，在此假设折旧率为 5%。①

采用 Griliches（1979）的方法来计算各省份 1992 年的研发存量：

$$S_{i1992} = \text{RD}_{i1992}/(g_i + \delta) \tag{13}$$

其中，S_{i1992} 为 1992 年第 i 个省的 R&D 资本存量，RD_{i1992} 为 1992 年第 i 个省的 R&D 资本支出，g_i 为第 i 个省 1992—2006 年每年 R&D 投资支出增长率的平均数，δ 为折旧率 5%。

（3）各省以 FDI 为媒介的国际 R&D 溢出 S_{it}^{fm} 和 S_{it}^{ff}。

根据联合国教科文组织的资料以及 OECD、NSF 等机构的统计数据，OECD 国家占有全球 R&D 支出的大部分份额，而 OECD 国家的 R&D 活动又相对集中在 G7（西方七国）国家。而且 G7 国家也是中国内地主要的 FDI 的来源国家，同时考虑到对中国内地 FDI 影响比较大的中国香港地区、韩国、新加坡 3 个国家（地区），因此，本文在实证研究中主要选取 G7 以及中国香港地区、韩国、新加坡 10 个国家（地区）为

---

① 作者曾用 10% 的折旧率对回归方程进行检验，结果发现基本结论和用 5% 折旧率基本一致。

样本点，即 $n=10$。

G7 国家以及中国香港地区、韩国、新加坡 1992—2006 年的 R&D 投入（S_{it}^d）数据来源于 OECD《主要科学技术指标》；1992—2006 年的每年固定资本形成（K_{jt}）、国内生产总值（GDP_{jt}）数据来源于《EIU 各国宏观经济指标宝典》；G7 国家以及中国香港地区、韩国、新加坡 1992—2006 年对中国内地投资的 FDI 指标（FDI_{jt}）、对中国的出口总额（M_{jt}）数据来源于各年度的《对外经济贸易统计年鉴》。

中国 29 个省（直辖市、自治区）1992—2006 年吸引的外商直接投资（FDI_{it}）、外商投资企业进口总额（$M_{FDI_{it}}$）数据来源于各省历年的统计年鉴，中国 1992—2006 年外商直接投资总额（FDI_t）、进口总额（M_t）数据来源于历年的《中国统计年鉴》。

本文采用平均每万人口大学生所占比重来衡量人力资本存量 H_{it}，中国 29 个省（直辖市、自治区）的数据来源于历年的《中国统计年鉴》。

2. 各省全要素生产率的测算

我们假定每个省作为一个决策单位，根据 Fare et al.（1994）的方法，结合数据包络分析（DEA）和指数方法来测算全要素生产率的变动。以各省市历年的实际国内生产总值作为产出变量，实际固定资本存量、年末从业人员数量作为投入变量，在规模报酬非递增和投入要素弱可处置条件下，利用投入导向的 DEA 模型，估算各省的 Malmquist 生产率指数，即各省市的相对全要素生产率的增长率，以及相对技术效率变化（EC）与技术进步（TC）的增长率。Malmquist 指数的计算采用 DEAP2.1 软件完成，限于篇幅，表 1 只列出了样本期内各省的指数均值。

表 1　　　　　　　　　　　　各省（直辖市、自治区）Malmquist 指数的均值

	EFFCH	TECHCH	TFPCH		EFFCH	TECHCH	TFPCH
北京	1.007	1.081	1.088	河南	0.995	1.017	1.012
天津	1.034	1.081	1.118	湖北	0.992	1.017	1.009
河北	0.997	1.040	1.037	湖南	1.005	1.017	1.022
山西	1.008	1.017	1.026	广东	1.020	1.080	1.102
内蒙古	1.036	1.04	1.078	广西	0.995	1.017	1.012
辽宁	1.019	1.067	1.088	海南	1.000	1.073	1.073
吉林	1.002	1.039	1.041	四川	0.985	1.017	1.002
黑龙江	1.004	1.047	1.051	贵州	0.970	1.017	0.986
上海	1.028	1.081	1.112	云南	0.989	1.017	1.006
江苏	1.039	1.061	1.103	陕西	1.001	1.017	1.018
浙江	1.032	1.070	1.104	甘肃	1.005	1.017	1.022
安徽	0.999	1.017	1.017	青海	0.987	1.033	1.019
福建	1.011	1.060	1.072	宁夏	0.990	1.034	1.024
江西	0.982	1.017	0.999	新疆	0.993	1.077	1.069
山东	1.011	1.028	1.040				

整体而言，样本期间内各省 Malmquist 指数数值基本大于 1，说明普遍存在技术进步，不过技术进步（TECHCH）的平均增长率要高于技术效率（EFFCH）的平均增长率，这说明中国全要素生产率的提高主要是依靠技术进步推动的。

由于本文是估计 FDI 知识溢出对 TFP 的影响，因此，需要对 Malmquist 生产率指数进行相应变换。假定 1992 年 TFP 为 1，则 1993 年 TFP 为 1992 年的 TFP 乘以 1993 年 Malmquist 生产率指数，依此类推。EC

和 TC 计算方法同 TFP。

(二) 计量模型的选择

常用的面板数据模型有三种类型，即无个体影响的不变系数模型、变截距模型、含有个体影响的变系数模型。如果采用不恰当的模型形式，会影响模型估计结果对经济现实的解释力度。因此，首先要判断采用何种模型形式估计。本文采用常用协方差分析检验方法来判断，即构造协方差统计量：

$$F_2 = \frac{(S_3 - S_1)/[(N-1)(k+1)]}{S_1/[N(T-k-1)]} \sim F[(N-1)(K+1), N(T-k-1)] \tag{14}$$

$$F_1 = \frac{(S_2 - S_1)/[(N-1)k]}{S_1/[N(T-k-1)]} \sim F[(N-1)K, N(T-k-1)] \tag{15}$$

其中，S_3、S_2、S_1 分别为不变系数模型、变截距模型、变系数模型的残差平方和。K 为模型中解释变量的数目（不包括常数项），N 为在横截面上选取的个体数，T 为时间序列的期数。若计算所得到的统计量 F_2 的值不小于给定置信度（如 95%）下的相应临界值，则继续检验 F_1。反之，则认为样本数据符合不变系数模型。在已确定参数存在非齐次性的基础上，如果 F_1 的值不小于给定置信度（如 95%）下的同分布临界值，则应用变系数模型拟合样本；反之，用变截距模型拟合。

我们利用所选的全国 29 个省（直辖市、自治区）1992—2006 年的数据，分别通过不变系数模型、变截距模型、变系数模型进行回归，并将得到的 S_1、S_2、S_3 的值以及 $N=29$，$T=15$，$k=3$ 代入（14）式、（15）式，同时，为了比较分析各区域国内知识资本、国外 R&D 知识溢出对其技术发展水平的贡献度，我们分东部、中部、西部①三个区域进行讨论，模型检验结果见表 2。

表 2   **模型统计量计算表**

样本	因变量	协方差检验		应选取的模型类型	样本	因变量	协方差检验		应选取的模型类型
		F_1	F_2				F_1	F_2	
全国	Ln (TFP)	1.08	19.11	变截距	中部	Ln (TFP)	1.01	5.68	变截距
	Ln (EC)	1.21	6.78	变截距		Ln (EC)	1.90	7.27	变系数
	Ln (TC)	1.06	14.35	变截距		Ln (TC)	2.13	5.23	变系数
东部	Ln (TFP)	0.68	10.81	变截距	西部	Ln (TFP)	0.62	4.75	变截距
	Ln (EC)	1.07	5.88	变截距		Ln (EC)	2.48	12.13	变系数
	Ln (TC)	1.11	15.93	变截距		Ln (TC)	0.70	5.11	变截距

在对地区全要素生产率与国内知识资本、FDI 引致的国外 R&D 溢出的均衡关系进行检验之前，本文首先应用 LLC（2002）、ImPesaran 和 Shin（2003）及 Hadri（2000）三种检验方法对各变量分别进行单位根检验，结果表明全国及分区样本中 Ln（TFP_t）、Ln（EC_t）、Ln（TC_t）、Ln（S_t^d）、Ln（S_t^{fm}）和 Ln（S_t^{ff}）六个变量各种检验统计量均在 1% 的检验水平上具有显著性，均不存在单位根。② 因此，本模型所选择的样本数据是平稳的。

(三) 检验结果分析

我们把全国 29 个省（直辖市、自治区）1992—2006 年的面板数据进行检验，计量模型中各变量的估

---

① 东部地区包括的省（直辖市、自治区）为北京、天津、辽宁、上海、江苏、浙江、福建、山东、广东、海南 10 个；中部地区包括的省（直辖市、自治区）为河北、山西、吉林、黑龙江、安徽、江西、河南、湖北、湖南、内蒙古 10 个；西部地区包括的省（直辖市、自治区）为广西、四川、贵州、云南、陕西、甘肃、青海、宁夏、新疆 9 个。

② 因文章篇幅有限，此处未列出检验结果，备查。

计系数均至少通过了5%显著性检验，拟合效果比较理想（见表3）。

表3   全国样本回归结果

变量	Ln（TFP）	Ln（EC）	Ln（TC）
C	-3.8127^{***} （-13.0745）	-0.8763^{***} （-6.0521）	-2.9339^{***} （-13.3959）
$Ln(S_t^d)$	0.2853^{***} （12.5613）	0.0584^{***} （5.1803）	0.2268^{***} （13.2955）
$Ln(S_t^{fm})$	0.0361^{**} （2.5367）	0.0225^{***} （3.1808）	0.01340^{**} （2.2528）
$Ln(S_t^{ff})$	-0.0360^{***} （-3.0199）	-0.0174^{***} （-2.9449）	-0.018426^{**} （-2.057874）
R-squared	0.7784	0.7408	0.7464
Adjust R-squared	0.7613	0.7208	0.7269
F-statistic	45.6562	37.1456	38.2688
Durbin-Watsonstat	1.8530	1.6996	2.0411
样本总数	435	435	435

注：括号内数值为 t 检验值，$***$、$**$、$*$ 分别表示系数 t 统计值在1%、5%、10%的水平上通过显著性检验。

同时，为便于比较分析，我们参考东部、中部、西部地区模型回归结果（见表4）。

表4   东部、中部、西部地区样本回归结果

变量	东部			中部			西部		
	Ln（TFP）	Ln（EC）	Ln（TC）	Ln（TFP）	Ln（EC）	Ln（TC）	Ln（TFP）	Ln（EC）	Ln（TC）
C	-4.127^{***} （-16.47）	-0.516^{***} （-3.735）	-3.723^{***} （-24.51）	-1.636^{***} （-3.964）	-0.713^{***} （-3.265）	-1.265^{***} （-3.571）	-1.111^{***} （-3.853）	-0.158 （-1.330）	-0.804^{**} （-2.482）
$Ln(S_t^d)$	0.227^{***} （10.70）	0.0108 （0.882）	0.237^{***} （17.88）	0.166^{***} （4.929）	0.058^{***} （3.213）	0.141^{***} （4.937）	0.102^{***} （4.858）	0.009 （1.047）	0.028^{***} （3.399）
$Ln(S_t^{fm})$	0.146^{***} （5.979）	0.054^{***} （4.737）	0.081^{***} （4.919）	-0.067^{***} （-2.633）	-0.007 （-0.570）	-0.075^{***} （-3.818）	0.011^{**} （2.165）	0.0002 （0.0565）	0.011 （1.425）
$Ln(S_t^{ff})$	0.027^{**} （2.575）	0.016^{*} （1.798）	-0.009 （-0.857）	0.017 （1.110）	-0.008 （-0.963）	0.016 （1.385）	0.007 （0.981）	-0.021^{***} （-5.171）	0.028^{***} （3.399）
R-squared	0.968	0.821	0.982	0.779	0.791	0.754	0.734	0.731	0.702
Adjust R-squared	0.966	0.806	0.980	0.760	0.772	0.724	0.709	0.706	0.675
F-statistic	349.17	52.50	621.29	40.32	15.99	21.60	30.79	30.27	26.27
样本总数	150	150	150	150	150	150	135	135	135

注：为了便于比较分析，表中也列出了中部地区 Ln（EC）、Ln（TC）模型，以及西部地区 Ln（EC）模型变截距固定效应的估计结果。括号内数值为 t 检验值，$***$、$**$、$*$ 分别表示系数 t 统计值在1%、5%、10%的水平上通过显著性检验。

（1）从面板数据的处理结果可以看出，各省自身的科技投入对技术进步（TFP、EC、TC）的影响均表现出显著的正面作用，全国样本及分区域样本中 $Ln(S_t^d)$ 的系数均为正。分区域比较 $Ln(S_t^d)$ 的系数，从绝对数来看，东部地区自身科技投入对技术进步的影响较大，中部次之，西部较弱。我们认为这是因为东部地区经济基础雄厚，研发水平较高，研发资本的投入力度大，因此其本地研发投入对技术进步贡献较大；而中部、西部当前科技研发实力仍然有限，因此自身科技投入对技术进步的影响也有限。另外，将 $Ln(S_t^d)$ 系数与各区域 FDI 带来的国际知识溢出对本地技术进步的贡献率进行比较，中部、西部地区本地研发投入对其技术进步的贡献相对较大，这也说明当前欠发达地区的技术进步更多地依赖自身的科技投入，吸收的国外知识溢出有限。

（2）结合全国与分区域的面板数据分析结果，我们可以看出，FDI 对中国区域的技术进步、经济发展确实存在正向外部性，但 FDI 带来的国外 R&D 溢出大多是通过 FDI 引致的进口贸易的增加带来的，而在当地进行生产活动的知识溢出效应并不明显，甚至还产生逆向效应。即体现在回归结果中 $Ln(S_t^{fm})$ 系数大部分显著的为正，且明显大于 $Ln(S_t^{ff})$ 的系数；$Ln(S_t^{ff})$ 系数较小，相对不显著，甚至部分为负。

①回归结果中 $Ln(S_t^{fm})$ 的系数大部分显著的为正，即外资企业通过进口资本货物、中间投入品等方式提高了当地生产活动的技术含量和知识的积累水平，促进了生产率的提高和技术进步，另外，外资企业直接的技术进口也具有技术外溢效应，促进了当地同行业的技术进步。然而，中部地区 $Ln(S_t^{fm})$ 系数为负，对 Ln（TFP）、Ln（TC）回归模型中 $Ln(S_t^{ff})$ 系数为正，结合中部地区 FDI 企业的进口数据来看，我们认为 FDI 带来的进口贸易增长作用不明显，在这些省份 FDI 企业主要是通过当地的生产经营活动来传递国际知识溢出。

②在全国样本的回归结果中 $Ln(S_t^{ff})$ 系数为负值，而分区域的样本回归结果中，$Ln(S_t^{ff})$ 系数数值也较小，部分为负，相对不显著，FDI 企业的生产经营活动所传递国际知识溢出效应不明显，我们认为这与中国吸收 FDI 的类型有关。

中国吸收的 FDI 目前仍主要以劳动密集型为主，技术水平较低，与本地企业之间的技术差距较小，本地企业在通过 FDI 技术溢出提升自身生产率和技术水平方面效果不明显。而且由于跨国公司进入后造成部分内资企业的市场份额萎缩，使中国一些本已具有一定创新能力的产业面临着人才流失和技术主导权失控的困境，一定程度上抑制了内资企业的研发活动和创新能力的提高，这种现象在饮料、啤酒、洗涤用品、化妆品等行业比较突出。

即使在利用外资中获益匪浅的汽车、电子等行业，跨国公司从全球化经营战略出发，利用中国劳动力的总量和成本优势，在中国主要从事的是最终产品的加工组装，而关键零部件仍大量依靠进口。组装环节一般增值幅度小，技术含量低，各地区并没有能够通过大量引进外资而获得内含在外资中的先进技术。

一些外资进入的高科技行业，技术水平高，这对当地的吸收能力要求很高。由于本地内资企业与外资部门技术差距较大，缺乏大量的专有知识及人才与之匹配，因此，高科技行业内资企业没能吸收外资先进技术，反而可能产生逆向的技术扩散效应。

③分区域的检验结果表明，FDI 引致的国外 R&D 溢出效应对不同地区的技术进步所起到的作用存在很大差别。东部地区 FDI 对当地技术进步的影响较大，该地区样本回归结果中 $Ln(S_t^{fm})$、$Ln(S_t^{ff})$ 系数均显著为正，而中部、西部地区 FDI 技术外溢效应相对不明显。

我们认为这与中国分层次推进、逐渐扩大开放的对外开放政策造成的 FDI "东高西低" 的梯度分布特征有关，与中国区域经济发展的不平衡性有关。1992—2006 年间，东部 12 个省份吸收的 FDI 总额基本上占到全国的 90% 左右，其中利用外资最多的广东省占到 1/5 以上。对外开放较早的地区，当地企业无论是在技术水平上还是在管理手段的学习与创新上都有了相当程度的提高，同时，由于这些地区较高的福利待遇、优越的人才发展环境，吸引了大量人才流入，提高了其人力资本水平。因此，就技术吸收能力而言，东部明显高于中、西部，能较为充分地吸收 FDI 产生的国际知识溢出，扩大了 FDI 溢出的国外研发存量对技术进步的贡献度。

（3）分析 Ln（EC）、Ln（TC）回归方程中 $Ln(S_t^d)$、$Ln(S_t^{fm})$、$Ln(S_t^{ff})$ 的系数，从绝对值来看，本地研发投入、国际知识溢出对于技术进步（TC）的推动效应要明显得多，这与中国各省区全要素生产率的提高主要是依靠技术进步的结论是相对应的。

另外，从相对值来看，相对于本地研发投入，国际知识溢出对中国技术效率提高的贡献较大，即国际知识溢出渠道的传导机制大多是通过技术效率途径提高了全要素生产率。我们认为这是因为外资企业为了保持行业中技术领先的地位，往往刻意防止技术扩散，因此，内资企业较难通过技术溢出获得技术进步。同时，由于引进外资，市场化加强，开放度提高，FDI 国际知识溢出对增强本地的技术消化吸收能力，提高技术的利用效率和生产效率也具有积极的作用。

四、结论及政策建议

通过上文分析，我们可以得出以下结论：（1）地区自身科技投入和自主创新是推动地区技术进步的最主要因素。（2）受中国目前引资结构和质量的影响，FDI 引致的国际知识溢出效应特别是通过 FDI 企业在当地从事生产经营活动带来的知识溢出效应不明显。（3）FDI 渠道传递的外国 R&D 资本对技术进步的确能起到促进作用，但这种作用的大小和强弱与地区自身的经济、科技发展水平有着密切关系，这也是中国西部地区 FDI 知识溢出效应不明显的根本原因。对此，我们提出以下政策建议：

1. 充分重视自主创新，提高国内自主研发的能力

目前，中国传统的粗放型经济增长方式和外向技术依附型策略已经走到了极限。在经济增长方式的转换过程中，自主创新已成为了主要推动力和决定性的制约因素。中国在制定 R&D 投入政策时，应充分重视 R&D 收益率，在自主创新与技术吸收之间进行权衡。

自主创新是一国经济和科技发展到一定阶段的必然选择。跨国公司进入中国的目的是利用中国廉价劳动力，占领中国的市场，通过实施全球化经营战略来实现自身商业利益的最大化，而不是推动中国技术进步。中国要真正实现技术赶超，必须通过提高自主创新能力来实现。但是，自主创新的成本要远远高于技术模仿，而发展中国家经济发展面临的普遍问题是资源短缺约束，尤其是研发资源投入的短缺。况且，在一国技术整体水平较低的情况下，自主创新能力也必然受到限制。因此，自主创新能力不可能一蹴而就，需要通过不断的技术引进、消化、吸收，通过增强自身的技术能力来实现。

中国在充分重视自主创新的同时，要格外重视技术吸收。毋庸置疑，中国整体技术水平与发达国家还有相当的差距，要实现经济的"条件收敛"必须加强以提高技术吸收能力为目的的 R&D 投入，通过学习和模仿发达国家的先进技术，实现技术吸收和自主创新的均衡发展。因此，在制定有关政策时需要将自主创新与技术吸收、技术引进结合起来，既以较低成本引进、吸收外部先进技术从而避免重复研发导致的资源浪费，又能培育自身独立研发能力与创新体系。譬如在制定引资政策时，不仅要注意引资总量的增加，更要注重引资结构的调整和外资质量的提升，即通过优化产业结构、加强内外资企业产业关联度、鼓励外资企业研发中心转移来更为有效地促进外资对中国经济增长的推动作用。

2. 根据各地区经济水平和技术能力实施差异化的引资战略，扩大 FDI 引致的国际知识溢出效应

中国各省经济发展水平、技术创新能力的区域差异很大，东部沿海发达地区的经济已进入工业化第二阶段，也具有较强的技术创新能力，但在中、西部的欠发达地区，无论在经济水平还是技术创新能力上还相当落后，因此在吸引外资方面应按照科学发展观的要求，采取差别化战略，以扩大 FDI 的知识溢出效应。

首先，外资政策应重点鼓励外资投向高技术产业和先进制造业，支持外资继续投入技术密集型产业，促进产业结构的优化升级。其次，要进一步推进服务业对外开放，扩大外商直接投资在中国服务业的规模、深度和方式，促进中国服务业的发展。最后，东部地区要利用好新一轮国际产业转移机遇，全面提升参与全球分工和竞争的层次；从过去以生产成本（劳动力成本）优势发展劳动密集型产业，向技术密集

型产业方向发展。同时，中西部地区要继续扩大对外开放，积极承接东部地区产业转移。中部地区应利用其相对于西部更好的交通等基础设施条件和人力资本条件，积极吸收外资发展服装、食品、轻工、电子等劳动密集型产业，促进就业。西部地区应以改善投资环境为主，吸引外资发展基础设施建设、能源和矿产资源开发、特色农业发展、农畜产品深加工等特色产业。

3. 加强区域间投资合作，改善中西部地区的投资环境和产业条件等，提高其对 FDI 知识溢出的吸收能力

学习借鉴国外先进经验，在长三角、珠三角建立产业转移促进中心，在中西部地区建立承接产业转移示范园区，推动建立沿海城市与中西部城市间产业转移对口合作机制。中西部地区要充分发挥本地优势，主动加强与东部地区的对口衔接，同时，要考虑本地区的资源环境承载能力，严格控制耗能高、污染重的落后产业向本地区转移。中西部地区要通过深化经济体制改革、加快转变政府职能，改善其落后的地区投资环境；要加大基础教育投入，全面提高劳动力素质，从而提高资本要素的综合产出效率，提高 FDI 的利用效率。

◎ 参考文献

［1］ 陈涛涛，2003：《中国 FDI 行业内溢出效应的内在机制研究》，《世界经济》第 9 期。

［2］ 何洁，2000：《外国直接投资对中国工业部门外溢效应的进一步精确量化》，《世界经济》第 12 期。

［3］ 赖明勇、包群、彭水军、张新，2005：《外商直接投资与技术外溢：基于吸收能力的研究》，《经济研究》第 8 期。

［4］ 李小平、朱钟棣，2006：《国际贸易、R&D 溢出和生产率增长》，《经济研究》第 2 期。

［5］ 潘文卿，2003：《外商投资对中国工业部门的外溢效应：基于面板数据的分析》，《世界经济》第 6 期。

［6］ 王立平，2008：《知识溢出及其对我国区域经济增长作用的实证研究》，合肥工业大学出版社。

［7］ 魏后凯，2002：《外商直接投资对中国区域经济增长的影响》，《经济研究》第 4 期。

［8］ 许和连、魏颖绮、赖明勇、王晨刚，2007：《外商直接投资的后向链接溢出效应研究》，《管理世界》第 4 期。

［9］ 冼国明、严兵，2005：《FDI 对中国创新能力的溢出效应》，《世界经济》第 10 期。

［10］ 张海洋，2005：《中国工业部门 R&D 吸收能力与外资技术扩散》，《管理世界》第 6 期。

［11］ 赵奇伟、张诚，2007：《金融深化、FDI 溢出效应与区域经济增长：基于 1997—2004 年省际面板数据分析》，《数量经济技术经济研究》第 6 期。

［12］ Aitken, B. and Harrison, A., 1999, "Do Domestic Firms Benefit from Direct Foreign Investment? Evidence from Venezuela", American Economic Review, 89: 605-618.

［13］ Barro, R., 1991., "Economic Growth in a Cross-section of Countries", Quarterly Journal of Economics, 106 (2): 407-443.

［14］ Barro, R. and Lee, J-W., 1993, "International Comparisons of Educational Attainment", Journal of Monetary Economics, 32 (3): 363-394.

［15］ Blomstrom, M. and Persson, H., 1983, "Foreign Investment and Spillover Efficiency in an Underdeveloped Economy: Evidence from the Mexican Manufacturing Industry", World Development, 11: 493-501.

［16］ Blomstrom, M., 1986, "Foreign Investment and Productive Efficiency: The Case of Mexico", Journal of Industrial Economics, 15: 97-110.

［17］ Borensztein, E., De Gregorio, J. and Lee, J-W., 1998, "How Does Foreign Direct Investment Affect Economic Growth?", Journal of International Economics, 45: 115-135.

[18] Coe, D. and Helpman, E., 1995, "International R&D Spillovers", European Economic Review, 39: 859-887.

[19] Fare, R., Grosskopf, S., Norris, M., and Zhang, Z., 1994, "Productivity Growth, Technical Progress, and Efficiency Change in Industrialized Countries", American Economic Review, 84: 66-83.

[20] Findley, R., 1978, "Direct Foreign Investment and the Transfer of Technology: A Simple Dynamic Model", Quarterly Journal of Economics, 92: 1-16.

[21] Griliches, Z., 1979, "Issues in Assessing the Contribution of Research and Development to Productivity Growth", Bell Journal of Economics, 10: 92-116.

[22] Groberman, S., 1979, "Foreign Direct Investment and Spillovers Efficiency Benefits in Canadian M anufacturing Industries", Canadian Journal of Economics, 12: 42-56.

[23] Hadda, M. and Harri son, A., 1993, "Are There Positive Spillovers from FDI: Evidence from Panel Data for Morocoo". Journal of Development Economics, 42: 51-74.

[24] Keller, W., 1998, "Are International R&D Spillovers Trade-related? Analyzing Spillovers among Randomly Matched Trade Partners", European Economic Review, 42: 1469-1481.

[25] Keller, W., 2000, "Do Trade Patterns and Technology Flows Affect Productivity Growth?", World Bank Economic Review, 14: 17-47.

[26] Keller, W., 2004, "International Technology Diffusion", Journal of Economic Literature, 42 (3): 752-782.

[27] Lichtenberg, F. R. and van Pottelsberghe, de la Potterie B., 1998, "International R&D Spillovers: A Comment", European Economic Review, 42: 1483-1491.

[28] Park, 1995, "International R&D Spillovers and OECD Economic Growth", Economic Inquiry, 33: 571-591.

本文原载于《经济研究》2008 年第 12 期

外商直接投资区位选择行为及影响因素研究[*]

陈继勇　黄　蔚

一、问题的提出与文献回顾

从外商直接投资（FDI）区位选择的历史痕迹来看，外商直接投资在地理分布上具有明显的规律性，这主要表现在，发达国家一直是 FDI 主要的投资目的国，占全球投资总量的 3/4 以上；发展中国家 FDI 投资量差异悬殊，有些国家吸引了大量的投资（如中国），有些国家则非常少，最不发达国家在吸引 FDI 方面处于边缘地位。那么为什么不同区位吸引的外商直接投资不同呢？区位因素在其中扮演了什么角色呢？

在已有的文献中，Duning（1973，1992，1997）确立了国际生产折中理论中区位优势的概念，认为是不同地区区位优势的大小决定了外商直接投资的流向。Howells 等（1984）拓展了区位优势的内涵，指出区位优势应是对一国总体吸引力的评价。关于投资区位理论，一种常见的研究方法是，将区位变量和企业变量对 FDI 的决定作用放在同等位置，而事实上，更加强调了区位变量的重要性，如曲涛和 Green（1997）的 FL 模型，崔新健（2001）的 OL 理论。另一种比较流行的研究方法是，借助经济引力模型分析外商直接投资流量和区位选择（Anderson，1979；Bergstrand，1989；Matyas，1997；Evans，2003）。

成本最小化是外商投资区位选择的重要标准（Clickman，Wood，1988；黄蔚，2005）。除传统的生产和运输成本外，近年来研究进展主要表现在四个方面，一是将交易成本理论引入外商直接投资区位选择分析之中（Mariotti 和 Piscitello，1995）；二是将市场潜力及其大小引入分析之中（Friedmanetal，1992）；三是越来越强调不确定性和集聚经济的重要性（Caves，1974；Porter，1990）；四是将投资母国与东道国企业之间的竞争程度引入模型进行分析（Djankov 和 Bernard，2000；Barrio、Holger 和 Eric，2005）。

对于外商直接投资与区位选择相关因素的实证分析，国外许多学者进行了相关的研究（Aitken 和 Harrison，1999；Billington，1999；Leonard 和 Kwan，2000；Konings，2001）。国内学者对相关问题研究也得出一些不同的结论。例如，东道国企业与外商投资企业的技术差距是外商投资企业选择投资区域的重要因素（何洁，2000；潘文卿，2003；黄静，2007）；内外资企业的竞争程度是外商投资企业选择投资区域的主要因素（陈涛涛，2003）。

上述文献梳理可以看出，现有分析大多从某一方面对 FDI 区位选择进行了探讨，系统的研究并不多见。为此，本文将以跨国公司为例，探讨跨国公司在多个备选国中选择某一国家作为东道国的原因，以及影响跨国公司确定其投资规模的因素。我们将运用动态规划的方法，将外商直接投资多个备选目的国和母国的区位因素结合在一起，构建一个外商直接投资流量和流向选择的统一模型，来分析这些区位因素对外商直接投资流量和流向选择的各种影响。

* 本文是陈继勇教授主持的国家社会科学基金重点项目（07AJL016）、国家自然科学基金项目（70773082）、教育部人文社会科学重点研究基地重大项目（2007JJD790140）的阶段性成果。受第 43 批中国国家博士后基金（20080430989）资助。本文被人大报刊复印中心《世界经济导刊》2009 年第 9 期全文转载；2011 年获武汉市第十二次哲学社会科学优秀成果奖一等奖。

二、基本假设和描述

为集中分析外商直接投资的区位选择行为，以及方便模型构建，不妨做如下假定。

假设 1：本文中跨国公司仅指涉及对外直接投资的企业。我们研究的是一个代表性跨国公司如何进行对外直接投资国别选择和额度选择。

假设 2：跨国公司已经决定实施对外直接投资，面临的问题是有多个可供选择的投资目的国，即备选的东道国，但只选择其中的一个。

假设 3：相关东道国国内各具体区域被视为同质的，即我们只研究跨国公司的国别选择，不考虑国内区域选择行为。

假设 4：跨国公司是在不受其他厂商决策影响的情况下独立做出国别选择。

假设 5：跨国公司按年度做出投资决策。

假设 6：因区位因素引致的价格和产量变动，跨国公司能迅速并在当期恢复均衡。假定产品价格 p 为外生变量，由宏观经济因素决定：

$$P_t = a - b Y_t + U_t \qquad (1)$$

这里，系数 a 和 b 为正常数，U_t 是相对于需求的外生性冲击。产量 q 作为外生变量，并假定产量与资本存量间呈线形关系，则有：

$$q_t = A k_t \qquad (2)$$

进一步看，

$$Y_t = n q_t = An k_t \qquad (3)$$

这里，n 为市场上厂商数量。当期资本存量 k_t 是状态变量，取决于历史积累 k_{t-1} 和投资 I_t，且初始资本存量 $k_0 = 0$。

假设 7：FDI 投资成本分为两部分，一是由生产投资组成的直接性生产成本，记为 $r_t \cdot I_t$ 其中 r_t 为投资的购买成本，是外生变量；另外是由区位因素差异引起的非生产性生产成本，主要包括由于跨国投资引起的交通通信费用、区位因素差异引起的摩擦调整成本等，记为投资的间接成本 $C(I_t)$，它是控制变量 I_t 的函数，并假定它满足如下性质：

$$C(0) = C'(0) = 0, \quad C''(0) > 0 \qquad (4)$$

为简化起见，设定成二次成本函数形式：

$$C(I) = \frac{m}{2} I^2 \qquad (5)$$

假设 8：利润最大化是跨国公司作出 FDI 决策的根本目标。假设有 n 个可供选择的东道国，通过投资可获得的利润分别为 π_1，π_2，$\cdots$，π_i，$\cdots$，π_n，比较可获得最大利润的备选国，则该国就是被选择的东道国，直接投资便流向该国。我们构建如下动态规划模型，则代表性跨国公司同时考虑了个体决策问题，又考虑了宏观均衡两方面投资决策，可表示为如下优化模型：

$$\max_{I_t} E_0 \sum_{t=0}^{\infty} \beta^t \pi_t \qquad (6)$$
$$st \ k_{t+1} = k_t + I_t$$

这里，$\pi_t = P_t \cdot q_t - r_t \cdot I_t - C(I_t)$。$\beta$ 是折现系数，且 $\beta = \frac{1}{1+\theta}$，$\theta$ 表示投资决策者的时间偏好率，$\theta > 0$。

假设 9：跨国公司在进行国别选择时，注重由区位因素引起的差额利润 π_F。投资总利润即在东道国投资的总利润，记为 π。跨国公司进行 FDI 是为了获取比在本国生产所得的更多利润，则可将 FDI 的总利润看作由两部分组成，一是在本国生产即可获得的那部分利润，记作 π_D；二是区位条件差异引起的差额利润，记做 π_F。π 和 π_F 的增长或减少应是一致的，投资方看重投资利润最大化其实就是追求获得比在本国生产所能获得的更高利润部分，这部分利润就是东道国独特区位因素发挥作用引起的更多利润。于是三者间的关系可以表述为：

$$\pi = \pi - \pi_D + \pi_D = (\pi - \pi_D) + \pi_D = \pi_F + \pi_D$$

假设 10：跨国公司选择能同时满足总期望利润最大化的投资额 I 和投资区位差异差额利润期望最优投资额 I_F，使 $I = I_F = I_D$。由假设条件 $q_t = A k_t$，q_t 为状态变量 k_t 的函数，不妨设 $q = q_F = q_D$。由区位因素不同引起的产品价格和投资成本可能不同，将差价记为 $p_t' = p_F - p_D$，$r'_F = r_F = r_D$。在母国生产不会存在由于区位因素差异引致的成本，故 C_D 记为 0。

$$\pi_F = \pi - \pi_D = (p_F \cdot q_F - p_D \cdot q_D) - (r_F \cdot I_F + C_F - r_D \cdot I_D - C_D)$$
$$= [(p_F - p_D) \cdot q] - [(r_F - r_D) \cdot I_F + (C_F - C_D)] = \hat{p}_F \cdot q - \hat{r}_F \cdot I_F - C_F$$

由于价格是由区位因素决定的，分别表示东道国价格决定 $p_{F_t} = a_F - b_F Y_t + u_F$，本国生产价格决定 $p_{D_t} = a_D - b_D Y_t + u_t$，则利用差价公式和（1）式，可以得到：

$$p_{F_t} = p_{F_t} - p_{D_t} = (a_F - b_F Y_t + u_t) - (a_D - b_D Y_t + u_t) \qquad (7)$$
$$= (a_F - a_D) - (b_F - b_D) Y_t + u_t$$
$$= a_0 - b_0 Y_t + u_t$$

记常数 $a_0 = a_F - a_D$，$b_0 = b_F - b_D$。

三、模型设定与分析

根据上述假设，我们初步构建 FDI 国别选择的离散时间动态最优模型。由于对于投资利润最优和区位差异差额利润最优的分析是一致的，而且差额利润能更好地反映东道国特殊区位因素的作用，因此我们首先建立区位差异差额利润的动态最优模型，分析区位差异差额利润最大化时的投资最优，并找出影响投资额和投资流向的因素。可将区位差异投资决策模型表示如下：

$$\max_{I_{F_t}} E_0 \sum_{t=0}^{\infty} \beta^t \pi_{F_t} \qquad (8a)$$

其中，$\pi_{F_t} = \hat{p}_{F_t} \cdot q_{F_t} - \hat{r}_{F_t} \cdot I_{F_t} - C(I_{F_t})$

$$s.t. \ k_{F_{t+1}} = k_{F_t} + I_{F_t} \qquad (8b)$$

上式表示代表性跨国公司投资决策者在 $t=0$ 时做出 $t=0$ 到 ∞ 期间的对外直接投资安排，目的是实现折现的区位差异差额利润的期望值最大化，约束方程（8b）为投资增长方程，又称动态预算约束。

可以用 Wold 表示出上式中的 r_{F_t} 和 u_{F_t}：

$$A(L) \hat{r}_{F_t} = \varepsilon_t, \ B(L) \hat{u}_{F_t} = \eta_t \qquad (9)$$

这里，ε_t 和 η_t 均是白噪声，$A(z)$ 和 $B(z)$ 在 $|z| \leq 1$ 上解释且无零点，我们可取，

$$A(L) = 1 - \rho L, \ B(L) = 1, \ (|\rho| < 1) \qquad (10)$$

首先由含期望的差分方程 $0 = E_t \left(\dfrac{\partial \pi_{F_t}}{\partial k_{F_t}} - \beta \dfrac{\partial \pi_{F_{t+1}}}{\partial k_{F_t}} \right)$ 得到我们需要的 Euler 方程：

$$E_t [(1 - \beta L^{-1})(\hat{r}_{F_t} + C'(I_{F_t}))] = \hat{p}_{F_t} q_{F_t} \qquad (11)$$

由此解出一个向前公式：

$$I_{F_t} = C'^{-1} \left[\sum_{j=0}^{\infty} \beta^j E_t [\hat{p}_{F_{t+j}} q_{F_{t+j}}'] - \hat{r}_{F_t} \right] \qquad (12)$$

可以看出，投资取决于对未来的边际产出预期，对未来价格预期。因为对未来值的预期具有不确定性，我们很难据此做出精确预测，利用 Wold 表示进一步得出一个向后公式：

$$I_{F_t} = \frac{A \hat{p}_{F_t}}{1 - \lambda} - \frac{1 - \beta\rho}{1 - \lambda\rho} \hat{r}_{F_t} - \frac{A \lambda_{ut}}{1 - \lambda} \qquad (13)$$

另设，λ 和 λ_1（λ 和 λ_1 为另外两个折现因子）满足如下约束，这样的设定仅仅是为了分段优化求解。

$$\begin{cases} \lambda + \dfrac{1}{\lambda_1} = 1 + \beta + \dfrac{A^2 b_0 n}{m} \\ \lambda / \lambda_1 = \beta \\ 0 < \lambda < \beta < 1 < 1/\lambda \end{cases}$$

从上式可以看出，代表性厂商区位差异差额利润最大化的投资决策主要取决于当期价格差额、当期投资的购买成本差额和相对于需求的外生冲击。

1. 最优投资额决定

显然，东道国和母国之间的资本投资成本不可能完全一致，直接成本差额 $\hat{r} = r_F - r_D$，反映了直接投资成本差额是由两国间区位因素决定的。

由于价格是由区位因素决定的，又由（7）式推导的 $\hat{p_{F_t}} = a_0 - b_0 Y_t + u_t$，即东道国与母国之间生产的价格差额是由于东道国区位因素造成的。

将（7）式移项，可以看到 $\hat{p_{F_t}} - u_t = a_0 - b_0 Y_t$，给定产品价格差额与需求外生冲击之间存在的关系，且被宏观经济因素决定。

模型中价格差额 $\hat{p_{F_t}}$、投资购买成本差额 $\hat{r_{F_t}}$ 均是外生变量，即非个体所能控制，又不受个体选择的影响，都是宏观经济因素函数，即决定最优投资的价格差额、资本购买成本差额和外生冲击因素均为区位因素的函数，则备选目的国的区位因素决定了最优投资额，从而使得差额利润最优化。

进一步分析各项因素对最优投资的影响作用，根据（13）式对最优投资求偏微分，得到：

$$\frac{\partial I_{Ft}}{\partial \hat{p_{F_t}}} = \frac{A}{1 - \lambda}$$

$$\frac{\partial I_{Ft}}{\partial \hat{p_{F_t}}} = \frac{1 - (1 - \beta\rho)}{1 - \lambda\rho}$$

由 $0<\lambda<1$，$A>0$，得到 $\dfrac{\partial I_{Ft}}{\partial \hat{p_{F_t}}} = \dfrac{A}{1 - \lambda} > 0$，随着东道国和母国的价格差额增加，即由双方区位因素不同所引起的、反映区位因素差异的不同价格之间的差额增加，差额利润最大化的最优投资额随之呈现增长趋势；由 $0 < \beta < 1$，$0 < \lambda < 1$ 和 $|\rho| < 1$ 可知，$\dfrac{\partial I_{Ft}}{\partial \hat{r_{F_t}}} = -\dfrac{1 - \beta\rho}{1 - \lambda\rho} < 0$，随着东道国和母国资本购买成本差额的增加，即由双方区位因素不同所引起的、反映区位差异的不同资本购买成本之间的差额增加，也就是说，随着东道国投资购买相对或绝对的增加，母国投资购买成本相对或绝对减少，会使厂商对外直接投资动力逐渐减少，从而使区位差异差额利润最大化的最优投资额呈现递减趋势。

在区位差异差额利润公式 $\pi_{F_t} = \hat{p_{F_t}} \cdot q_{F_t} - \hat{r_{F_t}} \cdot I_{F_t} - C(I_{F_t})$ 中，间接生产成本 $C(I_{F_t})$ 表示因跨国投资引起的交通和通信费用、区位因素差异引起的摩擦调整费用等，是作为区位差异差额利润最大化的最优投资函数确定，从而取决于当期价格差额、当期投资的购买成本差额和相对于需求的外生冲击。根据（5）式 $C(I) = \dfrac{m}{2} I^2$ 求导，$C'(I) = mI$，$C''(I) = m > 0$。由于二阶导数为正，可以知一阶导数为正且递增，即相对于投资额增加的间接生产成本是递增的，且这种递增呈上升趋势。也就是说，随着外商直接投资数额的增加，由区位因素差异所引起的间接生产成本也会增加，而且增加速度会越来越快。

以间接成本的主要组成部分分析，间接生产成本中重要的一部分——交通和通信费用，与母国和东道国之间的距离有直接关系，分析间接生产成本与最优投资及其变量的关系，也在一定程度上分析了母国和东道国距离和投资流量流向之间的关系。间接生产成本中另一重要部分——摩擦调整费用，是由于母国与东道国的区位因素差异引起的支出，分析间接生产成本与最优投资及其变量的关系，也在一定程度上分析了母国和东道国区位因素差异和投资流量流向之间的关系。

由（5）和（13）式，对复合函数间接投资成本求偏微分：

$$\frac{\partial C}{\partial \hat{p}_{F_t}} = \frac{\partial C}{\partial I_{F_t}} \cdot \frac{\partial I_{F_t}}{\partial \hat{p}_{F_t}} = \frac{mA}{1-\lambda} I_{F_t} > 0 \tag{14}$$

$$\frac{\partial C}{\partial \hat{r}_{F_t}} = \frac{\partial C}{\partial I_{F_t}} \cdot \frac{\partial I_{F_t}}{\partial \hat{r}_{F_t}} = -\frac{1-\beta\rho}{1-\lambda\rho} m \, I_{F_t} > 0 \tag{15}$$

对上式求二阶偏微分：

$$\frac{\partial^2 C}{\partial \hat{p}_{F_t}^2} = \frac{mA}{1-\lambda} \cdot \frac{\partial I_{F_t}}{\partial \hat{p}_{F_t}} = m\left(\frac{A}{1-\lambda}\right)^2 > 0 \tag{16}$$

$$\frac{\partial^2 C}{\partial \hat{r}_{F_t}^2} = -\frac{1-\beta\rho}{1-\lambda\rho} m \cdot \frac{\partial I_{F_t}}{\partial \hat{r}_{F_t}} = m\left(-\frac{1-\beta\rho}{1-\lambda\rho}\right)^2 > 0 \tag{17}$$

结合（14）和（16）式，随着东道国与母国之间价格差异增大，投资额会增大，作为投资函数的间接生产成本也会增加，并且是以递增的速度增加。正是由于两国间区位因素的差异性，产品价格出现差异并有拉大的趋势，也正是这种差异使得交通通信费用、摩擦调整费用等成本上升，而且差异越大，成本上升速度也越快。跨国公司在进行投资决策时必然很关注差异引起的间接生产成本，过大的间接生产成本不会对生产有利，而且会造成利润损失。若是间接生产成本包含寻租成本，则无论对整体经济还是跨国公司本身而言，都会带来福利的净损失。结合（15）和（17）式，随着东道国和母国之间投资成本差额越来越小，即东道国投资成本绝对或相对增加，母国投资成本绝对或相对减少，则东道国对外商国际直接投资的吸引力就会绝对或相对减少。绝对或相对较少的投资会使正的外部性减少，或不能发挥最优规模效益，故无论从绝对意义还是相对意义上来说，间接生产成本会逐渐增加，并且增加的速度会越来越快。

从模型分析可知，不同的投资备选目的国具有各自不同的区位因素，会形成不同或不完全相同的价格差额、投资购买成本差额，加之东道国特有的需求冲击，而这三者共同作用，确定获取差额利润的投资额。跨国公司在做出国别选择时会比较在各个备选目的国投资可能获得的差额利润，通过比较，选择差额利润最大的国家作为东道国，并确定在该国进行 FDI 的最优投资额。因此，可以得出结论，区位因素对最优投资额和流向选择问题有重大影响。

2. 最优投资流向决定

上面分析了差额利润最优的离散时间模型，注意到总利润最大值 π^* 可能与区位差异差额利润最大值 π_F^* 不一致，二者可能不是总是同时达到的，即存在使 $\max \pi^* = \max(\pi_F^* + \pi_D^*) \neq \max \pi_F^* + \max \pi_D^*$ 的可能性；即使二者分别达到最大值，二者达到最大利润的最优投资额也可能不一致，有 $I^* \neq I_F^*$ 的可能性。通过探讨两种最大化情况下的投资额关系，分析使总利润和区位差异差额利润同时达到最大化的条件，从而确定跨国公司对外直接投资国别选择和额度控制，即 FDI 流量流向选择问题。

如果最优投资额不同，当 $I^* > I_F^*$ 时，总利润最大的最优投资额超过区位差异差额利润最大的最优投资额跨国公司是追求总利润最大化目标，为获得最大总利润，必会选择 I^*，而非 I_F^*，也即，此时不会达到区位差异差额利润最大化。在多个备选目的国中，厂商必然选择能给自己带来最大总利润的目的国作为东道国，但因为发现东道国和母国区位因素差异的原因，减少投资额 $I^* - I_F^*$ 会使厂商的区位差异差额利润存在提升空间，厂商会减少投资额直至 I_F^*，而此时总利润会减少，故厂商不会选择 $I^* > I_F^*$ 的投资数量。

当 $I^* < I_F^*$ 时，总利润最优投资额 I^* 小于区位差异差额利润最优投资额 I_F^*，追求总利润最大化目标的 MNCs，为获取最大的总利润，应该选择 I^*，而非 I_F^*。若选择 I^* 进行投资，会认为加大投资，利用东道国有利的区位因素，追加投资直至 I_F^*，而此时投资总利润就会呈下降趋势，背离总利润最大化目标，故厂商不会选择 $I^* < I_F^*$ 的投资数量。

因此，只有 $I^* = I_F^*$ 时，总利润最大的最优投资额 I^* 等于区位差异差额利润最大的最优投资额 I_F^*，此时投资总利润最大与区位差异差额利润最大是一致的。厂商按此投资额进行投资，既不会扩大投资规模，也不会减少投资规模，获得最大总利润，这就确定了投资流量问题。厂商通过比较多个投资备选地的区位差异差额利润，找到与总利润相一致的备选地，这就确定了投资流向问题。

为确定投资流向流量问题，我们进一步比较总利润最大的最优投资额和区位差异差额利润最大的最优投资额。将跨国公司投资的总利润离散时间最优模型表示为（6），可以运用差额利润离散时间最优模型计算方法，同理可以解出：

$$I_t = \frac{Apt}{1-\omega} - \frac{1-\beta\varphi}{1-\omega\varphi} r_t - \frac{A\omega u_t}{1-\omega} \tag{18}$$

另设，ω 和 ω_1（ω 和 ω_1 是另外两个折现因子）满足：

$$\begin{cases} \omega + \dfrac{1}{\omega_1} = 1 + \beta + \dfrac{A^2 bn}{m} \\ \omega/\omega_1 = \beta \\ 0 < \omega < \beta < 1 < 1/\omega \end{cases}$$

类似地，从上式可以看出，代表性厂商利润最大化的投资决策主要取决于当期价格、当期投资的购买成本和相对于需求的外生冲击。这三个变量均由宏观经济因素决定。而此处所指的宏观因素即为投资所在地的区位因素。同样可以推出结论，不同的投资目的地具有不同的区位因素，对最优投资额和流向选择问题有重大影响。

进一步分析各项因素对最优投资的影响作用，根据（18）式对最优投资求偏微分，得到：

$$\frac{\partial I_t}{\partial p_t} = \frac{A}{1-\omega}, \quad \frac{\partial I_t}{\partial r_t} = -\frac{1-\beta\varphi}{1-\omega\varphi} \tag{19}$$

由 $0 < \omega < 1$，$A > 0$ 知 $\dfrac{\partial I_t}{\partial p_t} = \dfrac{A}{1-\lambda} > 0$，随着东道国产品价格的增加，投资总利润最大化的最优投资额呈递增趋势；由 $0<\beta<1$，$0 < \omega < 1$ 和 $|\varphi| < 1$ 可知，$\dfrac{\partial I_t}{\partial r_t} = -\dfrac{1-\beta\varphi}{1-\omega\varphi} < 0$，随着东道国购买成本降低，更多外商直接投资会被吸引，投资总利润最大化的最优投资额呈现递增趋势。

联立（12）和（16）式，得到：

$$\frac{A\hat{p_{F_t}}}{1-\lambda} - \frac{1-\beta\rho}{1-\lambda\rho} \hat{r_{F_t}} - \frac{A\lambda u_t}{1-\lambda} = \frac{Apt}{1-\omega} - \frac{1-\beta\varphi}{1-\omega\varphi} r_t - \frac{A\omega u_e}{1-\omega}$$

解出关于价格变量和资本购买成本变量的关系式：

$$\frac{A}{1-\omega} p_t - \frac{A}{1-\lambda} \hat{p_{F_t}} - \frac{(\lambda-\omega)}{(1-\lambda)(1-\omega)} u_t = \frac{1-\beta\varphi}{1-\omega\varphi} r_t - \frac{1-\beta\rho}{1-\lambda\rho} \hat{r_{F_t}} \tag{20}$$

又由 $\hat{p_F} = p_F - p_D$ 和 $\hat{r_F} = r_F - r_D$，得出 $r_D = r_F - \hat{r_F}$，$p_D = p_F - \hat{p_F}$，代入（20）式得：

$$\frac{A}{1-\omega} p_{Dt} - \frac{1-\beta\varphi}{1-\omega\varphi} r_{Dt} = -\left[\left(\frac{A}{1-\omega} - \frac{A}{1-\lambda}\right) \hat{p_{F_t}} - \left(\frac{1-\beta\varphi}{1-\omega\varphi} - \frac{1-\beta\rho}{1-\varphi\rho}\right) \hat{r_{F_t}} \right] + \frac{(\lambda-\omega)A}{(1-\lambda)(1-\omega)} u_t \tag{21}$$

由（21）式可知，母国的产品价格与资本购买成本、两国产品差额与资本购买成本差额存在制约关系，对需求冲击仍会发挥作用，决定了总利润最大的最优投资额 I^* 和区位差异差额利润最大的最优投资额 I_F^* 能否相等。

四、结论与含义

本文中，我们构建了一个关于FDI流量流向决定的一般性模型，希望能将影响投资决策的母国和东道国双方区位因素放在同一个分析框架中。模型同时分析了投资流向选择和流量选择，并证明这两种选择是一致的。第一，FDI投资流向和流量选择的决定因素相同，都是最优化的投资利润；第二，二者在时间上是同步的，跨国公司是在确定东道国的同时确定了投资额。

分析至此，我们可以得到以下含义：

（1）在本国国内，公司实施对外直接投资国别选择时，作为投资母国的政府应构建本国对外直接投资的区位核心竞争力，了解投资国区位因素及子因素特点，如通过构建多种类型、有较强针对性的专业研究机构，对国外投资环境进行全方位、多层次、多角度的分析、评价，以便充分发挥本国和东道国的区位优势，规避不利的区位条件。

（2）作为东道国，应为投资制定稳定开放的政策，创造宽松灵活的软环境。维持本国经济持续稳定发展，是增加投资者信心的最基础最重要的宏观条件。其次，国家开放政策对于推动一国经济对外开放，参与国际生产分工有着重要意义。积极适应经济全球化趋势，健全国内法制经济，努力与各种国际经济、技术标准和规则接轨。另外，通过媒体宣传和舆论引导，提高本国文化包容度，使各级政府部门、企业和民众以正确心态应对经济全球化，最大程度降低因区位因素差异摩擦造成的非生产性成本。

（3）繁荣东道国国内经济，首先形成适宜投资的基础设施和其他配套设施，形成连续、完整的产业链，培养良好的外部经济环境；此外，完善市场经济体制，形成健康的价格形成和传导机制，警惕经济中的炒作和泡沫现象。

◎ 参考文献

［1］陈涛涛. 中国 FDI 行业内溢出效应的内在机制研究. 世界经济，2003（9）.

［2］崔新建. FDI 微观理论：OL 模型. 管理世界，2001（3）.

［3］何洁. 外国直接投资对中国工业部门外溢效应的进一步精确量化. 世界经济，2000（12）.

［4］黄静. 吸收能力对 FDI 技术外溢的影响：基于工业层面及生产率非参数估计方法的研究. 财贸经济，2007（5）.

［5］潘文卿. 外商投资对中国工业部门的外溢效应：基于面板数据的分析. 世界经济，2003（6）.

［6］Aitken，BrianJ.，An E. Harison. Do Domestic Firms Benefit from Direct Foreign Investment? Evidence from Venezuela. American Economic Review，June 1999，89（3）：605-618.

［7］Anderson，J. E. The Theoretical Foundation for the Gravity Equation. American Economic Review，1979，69.

［8］Barrio，Salvador，HolgerGorg，EricStrobl. Foreign Direct Investment，Competition and Industrial Development in the Host Country. European Economic Review，2005，49：1761-1784.

［9］Bergstrand，J. The Gravity Equation in International Trade：Some Microeconomic Foundations and Empirical Evidence. The Review of Economic and Statistics，1985，20.

［10］Billington，Nicholas. The Location of Foreign Direct Investment：An Empirical Analysis. Applied Economics，1999，31：12-65.

［11］Caves，R. Multinational Firms，Competition and Productivity in Host-country Markets. Economica，1974，41：176-193.

［12］Clickman，Norman J.，DouglasP. Wood. The Location of Foreign Direct Investment in the U. S. Patterns and Determinants. International Regional Science Review，1988（11）.

［13］Djankov，Simeon Bernard Hoekman. Foreign Investment and Productivity Growth in Czech Enterprises. World Bank Economic Review，2000，14（1）：49-64.

［14］Dunning，J. H. The Determinants of International Production. Oxford Economic Papers，1973，25.

［15］Dunning，J. H. Multinational Enterprises and the Global Economy. UnwinHyman Published，1992.

［16］Dunning，J. H. Location and the Multinational Enterprise : A Neglected Factor? Journal of Business Studies，1997.

［17］Evans C L. The economic signfance of national border effects. American Economic Review，2003，93（4）：1291-1312.

［18］Friedman, Joseph, Daniel. A, Genowski, JonathanSibeman. What Attracts Foreign Multinational Corporations? Evidence from Branch Plant Location in the United States. Journal of Regional Science, 1992, 32（9）：403-418.

［19］Howells, J. The Location of Research and Development: Some Observations and Evidence from Britain. Applied Econonmics, 1984（3）.

［20］Konings, Jozef. The Effects of Foreign Direct Investment on Domestic Firms. Economics of Transition, 2001, 9（3）：619-33.

［21］Leonard. K. Cheng, Yum K. Kwan. What are Determinants of the Location of Foreign Investment? The Chinese Experience. Journal of International Economics, 2000, 51：379-400.

［22］Marioti, Piscitelb. Information Costs and Location of FDI within the Host Country: Empirical Evidence from Italy. Journal of International Business Studies, 1995, 26（4）：815-838.

［23］MatyasL., Proper econometric specification of the Gravity Model. The World Economy, 1997, 20（2）：363-368.

［24］Porter. The Competitive Advantage of Nations. NewYork: The Free Prees, 1990.

［25］QuT., M. B. Green. Chinese Foreign Direct Investment: A Subnational Perspective on Location. Brookfield, 1997.

本文原载于《世界经济研究》，2009 年第 6 期

外国直接投资与我国产业结构调整的实证研究[*]

——基于资本供给和知识溢出的视角

陈继勇　　盛杨怿

一、引　言

现代经济增长本质上是以产业结构变动为核心的。经济增长速度的快慢和是否可持续在一定程度上取决于产业结构的转变和优化。我国产业结构的转变是与对外开放同步进行的，引进外资在我国产业结构调整和优化的进程中发挥着重要的作用。

早在 20 世纪 60 年代，钱纳里就提出了著名的"双缺口模型"。他认为东道国经济发展会受国内资源不足的制约，因此，引进和利用外资有助于弥补储蓄和外汇缺口，进而推动东道国的经济增长和结构转换。此后，赫尔希曼、维农、小岛清等人分别从技术缺口、产品生命周期、边际产业扩张等角度讨论了利用外国直接投资对于东道国调整产业结构和实现经济增长的重要意义。

国外学者还分别从外国直接投资通过资本供给、技术溢出、对外贸易等渠道对产业结构变动的影响进行了实证研究。Markusen 和 Venables（1999）指出，跨国公司通过关联效应能够促进发展中国家的产业发展，成为发展中国家产业发展的催化剂，从长期来看，FDI 的流入对于行业结构调整具有重大的积极意义；Caves（1974）通过研究加拿大和澳大利亚两个国家 1966 年制造业的行业横截面数据，发现在加拿大制造业中，当地企业的利润率与行业内的外资份额呈正相关，而在澳大利亚制造业中劳动生产率与行业内的外资份额也呈现正相关，这表明外国直接投资促进了这两个国家的产业结构调整；Camilla（2000）选用 1989—1996 年波兰的出口数据为研究样本，发现外国直接投资对波兰技术密集型产品的出口有显著的促进作用。然而，部分学者的研究也表明外国直接投资对于东道国产业结构调整的正向效应不明显。Grima（2001）运用英国制造业 1991—1996 年的行业面板数据研究发现，从整体上看没有证据表明 FDI 有技术溢出效应的发生，但在竞争程度较高的行业中存在正向溢出效应，促进了这些产业的技术进步和生产率的提高；Hunya（2002）在对罗马尼亚制造业吸引 FDI 进行研究后发现，外资公司频繁投资的行业与出口行业相一致，外资的进入并未改变该国的传统优势产业；Akbar 和 Bride（2004）以匈牙利银行业为例研究了外资公司的投资意图、FDI 和经济发展国家之间的关系后指出，以市场为导向的 FDI 有利于经济转轨国家的长期发展，而以资源为导向的 FDI 不利于东道国企业的技术进步和国民福利的增长。在相当长一段时间内，国内学者对利用外资与我国产业结构调整之间的分析大多处于定性描述的状态。如郭克莎（2000）采用结构比较分析方法研究了外资对我国产业结构的影响，他提出外国直接投资的结构性倾斜加大了我国三次产业的结构偏差，拉大了我国三次产业的发展水平与国际竞争力的差距；卢荻（2003）将我国 FDI 模式分别归纳为广东模式和上海模式，即广东模式以出口导向和劳动密集型为特征，上海模式以

---

* 国家自然科学基金项目"知识溢出对我国外国直接投资地区非均衡增长的影响算途径与数量测度"（批准号 70773082）；国家社会科学基金重点项目"经济全球化背景下中国互利共赢对外经济开放战略研究"（批准号 07AJL016）的资助。本文 2009 年获商务部"扩大对外开放与提升产业国际竞争力"征文三等奖；于 2011 年获武汉市第十二次哲学社会科学优秀成果奖一等奖。

进口替代和资本深化为特征。研究指出，从产业发展的层面看，广东模式优于上海模式，但从区域经济发展的角度看，上海模式优于广东模式；宋京（2005）从对外贸易的视角分析了外国直接投资对我国产业结构升级的影响。

近年来，一部分国内学者就外国直接投资对我国产业结构的影响进行了大量的实证研究。江锦凡（2004）用第一产业产值占国内生产总值的比重来衡量产业结构的变化，构建了关于外国直接投资与产业结构的因果关系模型，利用我国1978—1999年的统计数据进行了参数估计，检验结果表明外国直接投资是引起我国产业结构变动的重要因素之一，外国直接投资在我国经济增长中存在产业结构效应；傅强、周克红（2005）对我国利用外资和产业结构调整进行了相关分析及实证检验，研究结果表明我国产业结构调整与引进外资有很强的相关性，外资引进在促进我国产业结构优化、改善产业技术有机构成的同时，也提高了各个产业的素质；赵果庆（2006）通过建立FDI产业对先导工业、主导工业、支柱工业和劣势工业部门的贡献指标体系，分析了FDI企业对我国近期工业结构的影响。结果表明，FDI企业主要是通过进入我国主导工业群以提升工业结构的竞争力；但也应看到，跨国公司控制了我国高技术型主导工业，从而导致我国工业结构竞争力存在空心化的潜在危险；刘宇（2007）运用面板数据模型对1984—2003年我国合同利用外资额和三次产业工业增加值之间的关系进行了研究，发现外国直接投资对三次产业工业增加值的提高具有正效应。

从国内目前的研究成果来看，对于外国直接投资与我国产业结构变动关系的分析主要是从传统的"双缺口模型"出发，讨论了由于外国直接投资弥补了我国在经济发展特别是在产业结构调整过程中的资本供给不足，从而对我国经济增长和产业结构转变产生影响。而对于促进产业结构优化升级的其他影响因素，特别是随着技术进步内生化的新增长理论影响的日益加深，作为生产要素的知识资本在世界经济发展中的作用日益凸显，国内对于FDI带来的国际知识溢出对我国产业结构变动的影响缺乏相关研究。笔者拟在目前研究成果的基础上，利用我国1984—2007年的时间序列数据对外国直接投资通过资本供给和知识溢出两种渠道影响产业结构变动的效应进行实证研究。

二、变量选取与模型构建

（一）变量选取

（1）考虑到数据的可获性，笔者把三次产业结构比例作为反映产业结构变化的指标，即把第二产业或第三产业产值占GDP比重的提高看成是产业结构的升级或逐渐优化。当一国经济发展水平较低时，从产值来看，第一产业比重最大，第三产业比重最小；随着一国经济发展及人均生产率水平的提高，第二产业的比重逐渐上升并成为最大的产业；当经济进一步发展时第三产业成为比重最大的产业。

本文用ISit表示第t期第i个产业（$i=1$，2，3）的总产值占国内生产总值的比例。

（2）笔者认为，引进外国直接投资能从以下两种途径推动我国产业结构的调整和优化。

①FDI通过资本供给效应促进产业结构升级。

根据新古典经济增长模型，经济增长的源泉是技术进步和资本增加，同样，产业结构的升级也需要资金的有效供给。一般而言，发展中国家在经济发展过程中的主要矛盾是积累能力不足，即资本供给不足，特别是在产业结构调整的过程中，往往需要大量的固定资产投资。在开放环境下，外国资本的流入能弥补发展中国家的"外汇缺口"和"储蓄缺口"，从而可以提高国内投资水平，进而提高经济增长率，促进产业结构升级。本文用下式来衡量FDI的资本供给效应：

$$FDI_{ct} = FDI_t/K_t$$

其中，FDI_{ct}代表t期FDI带来的资本供给效应，FDI_t、K_t分别是第t期我国的实际利用外资额[①]、固定资产投资总额。

②FDI通过知识溢出效应促进产业结构升级。

内生经济增长理论认为，技术进步可以引起劳动对象、劳动工具以及生产率增长速度的差异，直接导致边界技术外移，并导致产业技术结构的改变。

早期关于外国直接投资对东道国经济影响的研究，忽视了 FDI 的技术外溢效应。随着技术进步内生化的新增长理论的影响日益加深，越来越多的研究者指出当发达国家对发展中国家进行直接投资时，其先进技术、经营哲学、管理经验等能够通过一定途径渗透到东道国的其他企业，进而影响东道国的产业结构变动和经济增长。

笔者借鉴 Coe 和 Helpman（1995，简称 C-H）、Lichtenberg 和 Pottelsberghe（1998，简称 L-P）等分析外国直接投资带来的国际知识溢出的方法来衡量 FDI 带来的技术进步对东道国产业结构变动的影响。

$$FDIrd_t = \sum_{j=1}^{n} \frac{FDI_{jt}}{K_{jt}} S_{jt}^{d}$$

其中，$FDIrd_t$ 代表第 t 期 FDI 的知识溢出效应。假定考虑 n 个国家，S_{jt}^{d} 是 t 期 j 国的 R&D 投入；FDI_{jt} 是 t 期 j 国对我国的国际直接投资；K_{jt} 是 t 期 j 国的固定资本形成（增量），两式权重之和均不等于 1。

由于我国多年来一直实行出口导向型的产业政策，出口对产业结构的变动产生了重要的影响，在设定模型时，不能忽略出口的作用，笔者用以下的控制变量来衡量出口对产业结构的影响。

$$EXPT_t = E_t / GDP_t$$

其中，E_t、GDP_t 分别表示第 t 期的出口总额、国内生产总值。

（二）模型设定及数据来源

1. 模型设定

根据上文的讨论，笔者采用如下实证模型来考察各变量对三次产业结构变动的影响：

$$Ln（ISi） = \alpha_i Ln（FDI_{ct}）+\beta_i Ln（FDIrd_t）+\gamma_i Ln（EXPT_t）+\varepsilon_{it}$$

其中，α_i、β_i、γ_i 分别是各解释变量的系数，ε_{it} 是误差项，$i = 1$、2、3。

2. 数据来源

考虑到模型中涉及各项数据的可获性，选取 1984—2007 年的时间序列数据。

1984—2007 年我国国内生产总值（GDP_t）、三次产业比例（$ISit$）、实际利用外国直接投资（FDI_t）、固定资产投资（K_t）、出口总额（E_t）的数据来源于历年的《中国统计年鉴》。

根据联合国教科文组织的资料以及 OECD、NSF 等机构的统计数据，OECD 国家占有全球 R&D 支出的大部分份额，而 OECD 国家的 R&D 活动又相对集中在 G-7（西方七国）国家。而且 G-7 国家也是中国内地主要的 FDI 来源国家，同时考虑到对中国内地 FDI 影响比较大的中国香港地区、韩国、新加坡 3 个国家（地区），因此，笔者在测度 FDI 的国际知识溢出时主要选取 G-7 以及中国香港地区、韩国、新加坡 10 个国家（地区）为样本，即 $n = 10$。

G-7 国家以及中国香港地区、韩国、新加坡 1984—2007 年的 R&D 投入（S_{jt}^{d}）数据来源于 OECD《主要科学技术指标》；1984—2007 年的每年固定资本形成（Kjt）数据来源于《EIU 各国宏观经济指标宝典》；G-7 国家以及中国香港地区、韩国、新加坡 1984—2007 年对中国内地的国际直接投资（$FDIjt$）数据来源于历年的《对外经济贸易统计年鉴》。

三、实 证 分 析

（一）单位根检验

笔者采用常用的 ADF 检验法分别对模型中各变量进行单位根检验，检验形式（C，T，L）分别代表常数项、时间趋势项和滞后项，如（C，0，0）表示有常数项，无时间趋势和无滞后项。检验结果如表 1 所示，变量 LnIS1、LnIS2、LnIS3、LnFDIc、LnFDIrd、LnEXPT 均满足 I（1）过程。

表1 单位根检验结果

变量	水平检验结果			一阶差分检验结果		
	检验形式	ADF 值	P 值	检验形式	ADF 值	P 值
LnIS1	(C, 0, 0)	−0.5092	0.8723	(C, 0, 3)	−3.4632	0.0213
LnIS2	(C, 0, 1)	−1.7152	0.4102	(C, 0, 0)	−3.2278	0.0318
LnIS3	(C, T, 3)	−3.1662	0.1190	(C, T, 0)	−5.2055	0.0020
LnFDIc	(C, 0, 1)	−1.4430	0.5427	(0, 0, 0)	−2.3382	0.0218
LnFDIrd	(C, 0, 1)	−1.0522	0.7153	(C, 0, 0)	−2.6924	0.0155
LnEXPT	(C, 0, 0)	−1.0548	0.7153	(C, 0, 0)	−5.3163	0.0003

(二) 协整检验

笔者采用 Johansen 协整检验来考察 3 个回归方程中变量间的长期动态均衡关系。

(1) 使用 Johansen-Juselius 方法建立的 VAR 模型对滞后期的选择比较敏感, 根据 AIC、SC 信息准则可确定第一产业、第二产业、第三产业的 VAR 模型的最优滞后阶数均为 2。

(2) 协整向量个数 r 的检验。使用 Johansen 的特征根协整检验, 检验时假设含截距项, 不含时间趋势项。三个回归方程的检验结果见表2。

表2 以第一产业比例作为被解释变量的 Johansen 协整检验结果

原假设	特征值	最大特征值统计量	最大特征值统计量临界值		P 值
			5%	1%	
$r=0^*$	0.980265	82.4329	32.11832	37.48696	0.0000
$r=1^*$	0.780469	31.84152	25.82321	30.83396	0.0071
$r=2$	0.526775	15.71187	19.38704	23.97534	0.1580
$r=3$	0.45117	12.59931	12.51798	16.55386	0.4840

注: 检验结果表明在 1% 显著水平上存在 2 个协整关系。

表3 以第二产业比例作为被解释变量的 Johansen 协整检验结果

原假设	特征值	最大特征值统计量	最大特征值统计量临界值		P 值
			5%	1%	
$r=0*$	0.876633	43.94434	30.81507	29.06028	0.0000
$r=1*$	0.752709	29.34094	24.25202	22.25172	0.0006
$r=2$	0.407352	10.98624	17.14769	15.09133	0.0550
$r=3$	0.106022	2.353549	3.841466	6.940559	0.1476

注: 检验结果表明在 1% 显著水平上存在 2 个协整关系。

表 4   以第三产业比例作为被解释变量的 **Johansen** 协整检验结果

原假设	特征值	最大特征值统计量	最大特征值统计量临界值		P 值
			5%	1%	
$r = 0 *$	0.967951	141.7368	63.8761	71.47921	0.0000
$r = 1 *$	0.869191	69.48654	42.91525	49.36275	0.0000
$r = 2$	0.488703	26.77218	25.87211	31.15385	0.0386
$r = 3$	0.453413	12.6853	12.51798	16.55386	0.0469

注：检验结果表明在 1% 显著水平上存在 2 个协整关系。

（3）协整方程。

本文主要讨论 FDI 对我国产业结构变动的影响，因此，以三次产业比例作为被解释变量的标准化协整方程为（括号内为标准差）：

$$LnIS1 = -0.4069LnFDIc + 0.3222LnFDIrd - 0.5082LnEXPT + c$$
$$(0.0232) \qquad (0.0319) \qquad (0.0421)$$

$$LnIS2 = 0.4482LnFDIc - 0.2879LnFDIrd + 0.4284LnEXPT + c$$
$$(0.0405) \qquad (0.0196) \qquad (0.0886)$$

$$LnIS3 = 0.0049LnFDIc + 0.1253LnFDIrd + 0.3368LnEXPT + c$$
$$(-0.0135) \qquad (-0.0172) \qquad (-0.0386)$$

从 3 个方程的整体回归结果来看，引进 FDI 对中国内地产业结构调整具有重要意义，FDI 的资本供给和知识溢出对于三个产业的作用机制基本符合产业结构优化升级的路径。

分别比较 FDI 资本供给效应和知识溢出效应对产业结构变动的影响，可以看出，FDI 提供的资本对中国内地三次产业结构变动的影响与中国内地目前的引资结构即外国直接投资集中于第二产业尤其是出口加工工业、对第一产业投资规模很小、对第三产业投资比重偏低的现状是相对应的。FDI 对于第二产业的发展有明显的正向作用，第一产业占国内生产总值比重的下降与 FDI 有明显的相关性，而 FDI 对于第三产业的发展影响有限。因此，从某种程度上说，FDI 加剧了中国内地三次产业的结构偏差，导致中国内地工业过度扩张而第三产业发展相对滞后。从 2000 年至 2007 年，中国内地国内生产总值中第二产业的比重从 45.9% 上升为 48.6%，而第三产业的比重仅从 39% 变动到 40.1%。[②]

FDI 引致的国际知识溢出对于第一、第三产业产值占国内生产总值比重的提高有正面效应，而对第二产业的影响为负。FDI 带来的技术溢出在一定程度上促进了产业结构的调整和优化，但整体效果并不明显。笔者认为这与中国内地目前的引资类型和质量有关。在第二产业中，外国直接投资主要集中在劳动密集型的出口加工工业，技术水平较低，妨碍了产业结构的优化升级。因此，需要引导外资更多地进入技术密集型产业和高新技术产业。值得一提的是，外国直接投资对我国第一、第三产业的技术溢出效应明显，引导外商加大对第一、第三产业的投资力度能更快地提高生产率和产业发展水平，从而促进中国内地产业结构的调整与升级。

（三）误差修正模型

在得到协整的长期均衡关系后，通过建立包括误差修正项（EC）在内的误差修正模型来研究模型的短期动态特征。通过估计，得到相对应的误差修正模型（见表 5）。

三组实证方程误差修正模型的误差修正项系数均为负，符合反向修正机制，而且调整速度较快。不同产业短期变化的决定因素不同。从短期来看，FDI 资本供给效应对产业结构调整的影响与长期的结论基本一致，但 FDI 知识溢出对产业结构调整的作用还存在一定的限制。笔者认为这与短期的吸收能力有关，因为知识外溢要求接受国具备一定的模仿、消化和吸收能力，中国内地企业的规模、技术基础、管理水平等都与跨国公司之间存在较大的差异，制约了对 FDI 溢出技术的吸收。同时，比较三个修正模型中 FDIrd 项的系数可以看出，正因为第二产业相对于第一、第三产业具有较好的经济技术装备和较高的产业发展水平，FDI 知识溢出对其产业发展在短期内具有较明显的促进作用。

表5　　　　　　　　　　　　　　　　误差修正模型估计结果

		dLnIS1		dLnIS2		dLnIS3
差分项	dLnFDIc（−1）	−0.361 （−2.843）	dLnFDIc（−1）	0.056 （1.432）	dLnFDIc	0.281 （4.622）
	dLnFDIrd	−0.201 （−3.013）	dLnFDIc（−2）	0.046 （1.345）	dLnFDIc（−2）	−0.382 （−5.384）
	dLnFDIrd（−1）	−0.217 （−2.172）	dLnFDIrd	0.141 （2.747）	dLnFDIc（−3）	0.173 （3.135）
	dLnFDIrd（−3）	0.094 （1.527）	dLnEXPT	−0.047 （−1.312）	dLnFDIrd	−0.292 （−4.943）
	dLnEXPT	0.201 （1.556）	dLnEXPT（−3）	0.067 （1.574）	dLnFDIrd（−1）	0.216 （4.885）
	dLnEXPT（−1）	−0.164 （−1.827）			dLnFDIrd（−3）	−0.096 （−2.918）
					dLnEXPT（−1）	0.125 （3.225）
修正项	EC	−0.591 （−1.638）	EC	−0.774 （−1.885）	EC	−0.504 （−2.448）

四、结论及政策含义

通过分析，可以得出以下结论：（1）中国内地的外国直接投资与产业结构变化之间存在着长期稳定的协同关系，引进 FDI 所带来的资本效应、技术溢出效应对于中国内地产业结构高级化、高效化的发展具有积极影响；（2）由于中国内地外国直接投资在三次产业之间的分布不均，即 FDI 集中于第二产业尤其是出口加工部门，导致中国内地工业过度扩张而第三产业发展滞后，加大了中国内地三次产业结构的不均衡发展；（3）当前 FDI 引致的国际知识溢出在一定程度上促进了中国内地产业结构的调整和优化，但整体效果不明显，因此，要继续提高引资质量并积极改善自身条件，充分利用 FDI 带来的国际知识资本的溢出效应。对此，提出以下政策建议。

（1）坚定不移地实施对外开放政策，积极、合理、有效地引进外资，促进中国内地产业结构的优化升级。

改革开放以来，外国直接投资对中国内地产业结构的调整和优化发挥了重要作用。"十一五"期间我国提出了更高的产业结构调整目标，产业结构调整的政策在不断完善、力度在不断加强。因此，中国内地应结合国际产业转移的新形势和本国产业发展的实际，制定具体措施，继续积极、合理、有效地利用外资，加快实现经济增长方式的转变和产业结构的优化升级，增强产业的国际竞争力和可持续发展能力。

（2）加大对外国直接投资的产业导向力度，优化引资结构，使之与中国内地产业结构调整与优化的目标相匹配。

引导外商加大对第一、三产业的投资力度，相对降低对工业的投资比重。目前中国内地第一产业和第三产业的外国直接投资比重偏低，第二产业尤其是出口加工业占了外商投资的绝大多数。因此，应当引导外商更多地进入第一产业，促进第一产业的快速发展和生产率水平的较快提高。

同时，引导外资更多地流向现代服务业，逐步放宽外资进入第三产业的限制。当前，外商对我国第三产业的直接投资主要集中在房地产业、社会服务业、商业和交通运输等行业，而在金融保险业、卫生体育、社会福利业、科研和综合技术服务业以及教育、文化艺术等产业，外国直接投资的比重仍很低。因此，应当有步骤地引导外商对这些行业的投资，以促进这些行业的发展和经营效率的提高。

（3）提高引进外资的质量，积极改善自身条件，更加有效地利用外国直接投资的知识溢出效应来提升产业的技术水平和竞争力。

首先，要加强对引进外资的技术要求，大力引进深加工业和技术密集型项目，努力实现向技术含量高、附加值大的项目转移，改变目前一般加工工业和劳动密集型企业占主导地位的局面；其次，要利用跨国公司在华投资业务重组之际，促进跨国公司对华核心技术及产品的转移。要鼓励跨国公司在中国内地设立研发中心、培训中心，鼓励外商投资企业和国内企业、科研院所合作，提高 FDI 知识溢出的效率。通过与跨国公司的竞争和合作，全面提升国内产品的技术含量和产业竞争力；最后，要积极改善自身条件，增强对 FDI 知识溢出的消化、吸收以及再创新的能力，努力实现在引进基础上的创新，促进中国内地产业结构的持久性优化升级。

◎ 注释

①这里关于实际利用外商直接投资的数据没有选取分三次产业的三组数据，是因为现有的统计资料只有 1997 年以后的数据，做时间序列分析时不具有统计学意义。同时，研究三次产业结构变化与我国引进 FDI 总量的关系，可以避免考虑产业间溢出效应带来的研究误差。

②数据来源：《中国统计年鉴（2008）》。

◎ 参考文献

[1] 傅强、周克红，（2005）"利用外资与我国产业结构调整的相关分析与实证检验，"《世界经济研究》第 8 期。

[2] 郭克莎，（2000）"外国直接投资对中国产业结构的影响研究，"《管理世界》第 2 期。

[3] 江锦凡，（2004）"外国直接投资在中国经济增长中的作用机制，"《世界经济》第 1 期。

[4] 刘宇，（2007）"外国直接投资对我国产业结构影响的实证分析，"《南开经济研究》第 1 期。

[5] 卢荻，（2003）"外国投资与中国经济发展"，《经济研究》第 9 期。

[6] 宋京，（2005）"外国直接投资对中国产业结构升级的影响——对外贸易视角的分析，"《国际贸易问题》第 4 期。

[7] 赵果庆，（2006）"跨国公司对我国工业结构竞争力的影响研究，"《财贸经济》第 6 期。

[8] Camilla, J., （2002）"Foreign Direct Investment, Industrial Restructuring and the Upgrading of Polish Exports," *Applied Economics* 34.

[9] Lichtenberg, F. R. andPottelsberghe de La Potterie, B., （1998）"International R&D Spillovers: A Comment," *European Economic Review* 42.

[10] Markusen James R., Anthony J., Venables,（1999）"Foreign Direct Investment as a Catalyst for Industrial Development," *European Economic Review* 43.

本文原载于《国际贸易问题》2009 年第 1 期

知识溢出、自主创新能力与外商直接投资[*]

陈继勇　雷　欣　黄开琢

一、引言与文献回顾

20 世纪 90 年代以来，中国吸引外资的规模和层次不断提高。外商直接投资的进入不仅扩大了地区进出口贸易的规模，推动了区域产业结构的转型，还创造了大量的就业机会，为促进地区经济社会的发展作出了极为重要的贡献。与此同时，外商在华直接投资也出现了严重的地区非均衡分布问题。外商在华直接投资大量涌入东部沿海地区，而较少流向中西部地区。1990—2007 年，广东省的累计外商直接投资实际利用额达 1777.88 亿美元，而同期四川省的累计额却仅为 92.60 亿美元，甘肃、宁夏和新疆等省或自治区的累计额甚至不足 5 亿美元。[①] 外商直接投资的非均衡分布在一定程度上制约了我国地区经济的协调发展，对区域统筹发展战略的实施以及和谐社会的构建产生了一定的负面影响。因此，我们有必要深入研究影响外商在华直接投资的区位选择因素，以寻找有效途径促进外商在华直接投资的地区均衡分布。

目前，学术界对外商直接投资的地区非均衡问题极为关注，大量研究致力于确认并识别影响外商直接投资区位选择的因素，以寻找引发外商直接投资地区非均衡分布的深层次原因，从而为外资吸引不足地区扩大引资规模、拓宽引资渠道提供可行的政策建议。在国外，基于 Dunning（1973）提出的国际生产折中理论，多数研究都是从市场规模、生产成本以及投资环境等角度入手，分析或检验了影响外商直接投资区位选择的因素。从市场规模看，Sun 等（2002）、Mucchielli 和 Puech（2003）、Ramirez 和 Miguel（2006）等的研究发现，较大的市场规模和快速增长的市场潜力意味着旺盛的市场需求，因而对外商直接投资具有较大的吸引力。从生产成本看，Mariotti 和 Piscitello（1995）、Christian 等（2008）的研究发现，低廉的生产与交通成本、交易成本和信息成本能帮助外商直接投资有效规避"外来身份"的劣势，提升盈利空间，因此是影响外商直接投资区位选择的重要因素。从投资环境看，Kumar（2007）、Manuel 和 Roberto（2007）等人的研究认为，开放的引资政策能有效吸引外商直接投资的进入；Dowies 和 Ellis（2000）、Coughlin 和 Segev（2000）的研究发现，优良的基础设施和服务环境能有效节省外商直接投资的成本，从而促进外资与本地资本的融合；而 Kinoshita 和 Campos（2003）、Cieslik（2005）等人的研究则证实，产业的空间集聚能帮助外商直接投资形成规模经济，因此，优良的产业结构和合意的产业规模是吸引外资进入的重要因素。此外，研究发现，地理位置、社会文化差异、金融发展程度等诸多因素对外商直接投资的区位选择也有着重要的影响（Crozet et al.，2003；Head and Sorensen，2005）。

在国内，大量研究致力于从实证层面检验和识别影响外商在华直接投资区位选择的因素。王立平等（2006）运用空间计量模型，确认了经济总量、劳动成本、市场化水平、累积 FDI 和对外开放度等是影响外商在华直接投资省际分布的重要因素；卜伟和孙通通（2007）、卜伟和丁士龙（2007）对影响外商在华

---

[*] 本文于 2013 年湖北省第八届哲学社会科学优秀成果奖一等奖；于 2012 年获武汉市第十三次社会科学优秀成果一等奖；2011 年获武汉大学第十二届人文社会科学研究优秀成果奖一等奖。

[①] 根据《中国经济统计年鉴》的数据整理得出。

直接投资的因素进行归类，并采用因子分析法对各个因素的重要性进行排序，发现商品销售额、FDI 累积额对外商直接投资的影响效应最高；何谦（2007）发现不同因素对不同来源的外商资本具有不同方向的影响；肖文和周明海（2008）基于面板数据模型的回归结果，发现对外开放程度、市场容量、市场化程度和优惠政策与外商直接投资呈显著正相关关系，而工资率水平与外商直接投资呈显著负相关关系；张天宝、陈柳钦（2008）分阶段探讨了外商直接投资的决定因素，发现外资集聚效应和市场规模的作用在逐步增强，基础设施的正效应在逐步降低，而税收优惠的作用发生了逆转；王立平、肖翔（2009）运用极值边界分析，发现劳动力成本、劳动力质量、对外开放度、FDI 存量、产业结构和集聚程度 6 个变量对外商直接投资的吸引效应具有稳健性。总体上看，国内研究基本上遵循的是国外研究的分析框架，在构建实证模型时尽可能涵盖上述国外研究中提到的因素，而最终得到的分析结论也与国外研究比较类似。

然而，随着经济全球化的深入，各地区吸引外商直接投资的竞争日趋激烈，相继出台各种优惠政策，将各自的劳动力成本优势、自然资源优势和地理优势发挥到了极致。到目前为止，尽管上述传统要素对外商直接投资的吸引效应依然存在，但其对新增外商直接投资的吸引效力实际上已经进入边际效应递减的阶段。而实现新增外商直接投资的均衡配置，是缓解和消除外商在华直接投资地区分布失衡的关键所在。由于传统因素的边际吸引力正在逐步下降，中国各地区通过调整和改变传统因素来吸引新增外商直接投资，不仅效果有限，而且代价高昂。有鉴于此，在知识经济时代，要促进新增外商直接投资的地区均衡分布，其政策设计应当围绕吸引外资的新兴因素展开，而目前对外资形成吸引的最重要的新兴因素之一，就是区域的自主创新能力。

越来越多的学者意识到本地自主创新能力对外商直接投资具有吸引效应。Cantwell（1989）发现，地区间在技术水平和生产能力上存在明显的差距，这促使现代企业借助于对外投资来获取新知识，从而对自身的现有技术进行补充。大量的实证研究证实了这一观点。Florida（1997）、Serapio 和 Dalton（1999）通过研究外商在美国直接投资的数据，发现企业开拓新市场的目的正逐步转向获取本地知识和创新能力。Branstetter（2006）利用日本企业对美国直接投资和创新活动的面板数据，证实了通过直接投资，日本企业实现了对美国本地知识和技术的吸收。然而，自主创新能力反映的是地区的知识存量和技术水平，它不仅与本地的知识生产行为密切相关，还在"外溢"属性作用下，受邻近地区知识生产行为的影响（Kogut and Zander，1992）。换言之，区域间知识溢出对地区自主创新能力具有不同程度的影响。另一方面，大量国内外研究还发现，外商直接投资在国家和区域间的流动，能够带来知识和技术溢出效应，从而有助于提升外资流入国家和地区的自主创新能力（Blomstrom and Persson，1983；Coe and Helpman，1995；亓朋等，2008；蒋殿春、张宇，2008；陈继勇、雷欣，2009）。

由此可见，知识溢出、自主创新能力和外商直接投资三者之间存在着错综复杂的交互关系。国内外研究虽然对三者各自的决定因素作了系统的分析和检验，但对三者之间存在的交互影响却缺乏深入的探讨。有鉴于此，本文致力于在知识溢出、自主创新能力和外商直接投资交互影响的框架下，厘清三者交互影响形成的机理和渠道，并通过实证分析估计交互影响的程度和方向，以期确认中国各地区能否以提升本地自主创新能力作为吸引外商直接投资的新增长点，提高外资利用的质量和效益，弱化外资地区分布的非均衡程度。与已有研究相比，本文工作的不同之处主要体现在如下 3 个方面：（1）从理论上梳理了知识溢出、自主创新能力和外商直接投资交互影响的机制和路径，以此为基础构建的实证分析框架，显得更为全面和可靠。（2）采用了更为合理的方法对各地区的知识溢出和自主创新能力进行测度。本文采用贝叶斯空间计量模型对各地区的知识溢出进行数量测度，不仅能够衡量每个地区的知识溢出水平，而且还能识别不同地区知识溢出的净流向。此外，与已有研究大多采用专利授权数来衡量自主创新能力不同，本文构建了一个区域自主创新能力的多维评价体系，能够更为全面和准确地评估地区的自主创新能力。（3）通过构建结构方程模型，实证检验知识溢出、自主创新能力和外商直接投资的相互关系。现有研究往往通过单方程回归模型来验证上述变量两两之间的关系，由于忽略了三者之间互为因果的"内生性"，其估计结果可能是有偏的。本文在考虑知识溢出和自主创新能力变量存在测量误差的情况下，通过建立结构方程模型，对三者的关系进行联立估计，由此获得的系数估计结果可能更为可靠和准确。

本文以下部分的结构安排如下：第二部分，梳理知识溢出、自主创新能力和外商直接投资交互影响的机理和渠道，并提出相应的理论假设；第三部分，构建知识溢出、自主创新能力和外商直接投资交互影响的结构方程模型，并阐述知识溢出的测度方法和自主创新能力的评价指标；第四部分，汇报实证结果并进行分析；最后是基本结论与政策建议。

二、理 论 背 景

众所周知，在知识经济时代，知识和高新技术是增进企业盈利水平，促进地区经济增长的重要因素。在其他条件相近的情况下，拥有丰富知识存量和技术积累的地区，无疑对逐利的外商资本具有更大的吸引力。而衡量地区知识和技术存量水平的核心评价指标就是地区的自主创新能力。Cantwell（1989）、Florida（1997）和 Branstetter（2006）等研究表明，区域自主创新能力的提升能够吸引更多外商直接投资的进入。其内在的机理是：第一，自主创新能力的提升意味着本地技术水平的提高，这将有助于本地资本和劳动在更高层次上实现与外商直接投资的匹配和衔接，从而增进外商投资企业的运营效率，提高外商企业的盈利水平；第二，自主创新能力的提升意味着本地拥有更为活跃的创新氛围，这不仅能够改善本地技术服务的质量，还有助于提升本地革新和开放的理念，从而促进外商直接投资与本地制度和文化的融合，改善外商企业的经营环境；第三，区域自主创新能力的提升，既是区域研发活动的结果，也为未来研发活动的深化奠定基础。外商直接投资进入自主创新能力强的地区，能获得研发活动所带来的人力资本提升和知识存量提高的收益，有助于外商企业在该地区形成投资长期稳定获利的预期，从而促进其投资的积极性。基于上述分析，本文提出如下假设。

假设1：其他条件不变，区域自主创新能力越高，越有利于吸引外商直接投资。

如果上述假设在中国成立，则提高本地自主创新能力将是吸引外资的关键举措。那么，各地区应从哪些方面入手提高本地的自主创新能力？一方面，区域自主创新能力具有独特的地方性，依赖于本地区的知识结构和知识存量，因此加大本地研发投入规模，提高本地研发活动的质量，将有助于提升本地自主创新能力；另一方面，区域创新能力又具有明显的开放性，这种开放性与知识生产所带来的"知识溢出"特性密切相关。知识生产者在开发新知识的过程中，能够无偿享有来自外部（特别是相邻地区）的知识，原因在于，相邻或相近的区域拥有紧凑的空间范围、相似的产业结构以及密切相关的社会网络，因此能提供更为便捷的条件，促进各创新主体的交流。各创新主体通过正式或非正式的交流，在不知不觉中学习对方的知识（尤其是隐性知识）与技能，再将其应用于本地的知识生产过程中，将会促进本地自主创新能力的提高。Verspagen（1997）和 Caniels 等（2003）的研究表明，分布集中、联系紧密以及交流便利是区域获得和吸收知识溢出的重要条件，而这些邻近或相似的区域，比其他区域更能保持持续的创新能力。因此，通过吸收邻近或相似地区的知识溢出，也有助于提升本地自主创新能力。

另一方面，正如 Parent 和 Riou（2005）所指出的，知识溢出是有方向的，某个地区吸收了知识溢出，必然有其他地区向其扩散了知识溢出。虽然知识溢出由各地区经济主体的双向交流行为构成，每个地区既向外扩散了知识溢出，也从外部吸收了知识溢出。但综合来看，有的地区吸收的知识溢出大于扩散的知识溢出，属于知识溢出的净流入地区；有的地区则恰好相反，属于知识溢出的净流出地区。由于知识溢出的净流入地区从相邻地区知识生产活动中获得的好处大于其向相邻地区提供的"正外部性"，因此，知识溢出的净流入量越大，越有助于提高本地自主创新能力；而知识溢出的净流出地区向相邻地区提供的"正外部性"大于其从相邻地区的知识生产活动中获得的好处，因此，知识溢出的净流出量越大，就相当于本地研发活动的收益向外"渗漏"得越多，就越有可能对本地自主创新能力的提高带来不利影响。基于上述分析，本文提出如下假设。

假设2：其他条件不变，知识溢出净流入量的扩大，有利于提升区域自主创新能力。

假说3：其他条件不变，知识溢出净流出量的扩大，不利于提升区域自主创新能力。

与此同时，Portelli（2006）、Jacob 和 Szirmai（2007）等研究发现，区域自主创新能力反过来也会影响知识溢出。原因在于，知识溢出（流出和流入）的实现依托于两个主体：知识的扩散者以及知识的接收者。就知识的扩散方而言，自主创新能力较高的地区更容易对外流出知识，因为知识存量和技术水平越高，才越有条件对相邻地区形成知识辐射和扩散；就知识的接受方而言，当外部知识流入时，只有在接收者能有效识别外部新知识或信息并加以利用的情况下，才能完成知识溢出的全过程。而影响接收者吸收知识溢出的一个关键因素就是本区域的自主创新能力。具体而言，自主创新能力对知识溢出（流入）的影响主要体现在如下两个方面：其一，具有较高自主创新能力的区域能够敏锐地察觉知识溢出的存在；其二，具有较高自主创新能力的区域能够有效地管理所获得的知识溢出，并实现外来知识与区域内部知识的有效整合，从而进一步提高本区域的创新绩效，形成知识溢出吸收与自主创新能力提升之间的良性互动。Jacob 和 Szirmai（2007）通过实证分析区域创新与知识溢出的关系，发现区域自主创新能力越强，能感知的知识溢出就越多，对知识溢出的利用效率也就越高。基于上述分析，本文提出如下假设。

假设 4：其他条件不变，区域创新能力的提升有助于促进区域间知识溢出（流入和流出）的发生。

如果上述自主创新能力与知识溢出的交互影响和双向互动关系存在，那么自主创新能力与外商直接投资的关系也会趋于复杂。因为，各地区可以通过提高创新能力来吸引更多知识溢出的流入，而这又会进一步增强本地的自主创新能力，也就是说，以知识溢出的流入为媒介，自主创新能力的提高对外商直接投资的吸引将具有倍增效应。但是，如果提高自主创新能力导致本地知识溢出的流出增加，这可能会反过来制约本地自主创新能力的提高，削弱自主创新能力对外商直接投资的吸引。

然而，大量研究发现，外商直接投资可以通过如下 3 个途径促进区域间知识溢出的发生：第一，外商投资企业的进入，会对本地企业产生示范和竞争效应，迫使本地企业通过研究和模仿外商企业的新技术、新产品和先进的管理经验，来提高自身的技术水平。第二，当外商投资企业在多个地区设立分公司时，会在各个地区聘用本地员工，企业对员工的集中培训为各地区的人力资源提供了天然的交流场所，而人才在不同地区企业之间的流动，则又为知识的溢出提供了有效的途径。第三，外商投资企业的进入，为本地企业与外商企业的交流和合作提供了机会。外商企业在本地生产需要采购原材料、中间产品、机器设备等，这会与本地企业形成后向联系；而其产品的销售、生产加工线的延长以及售后服务的提供则会与本地企业形成前向联系。此外，外商企业对本地上下游合作伙伴提出的更高技术标准也将促使本地企业提高技术水平。总之，外商直接投资会通过示范和竞争效应、人力资本流动和关联影响等方式来促进知识溢出的发生。据此，本文提出如下假设。

假设 5：其他条件不变，外商直接投资的进入为区域间的知识交流拓宽了渠道，有利于促进区域知识溢出（流入和流出）的发生。

根据上述 5 个假设，知识溢出、自主创新能力和外商直接投资三者之间存在交互影响的复杂关系（见图 1），通过构建单方程回归模型来验证其中任何两个变量间的因果关系，都将因为忽略了三者之间互为因果的"内生性"而导致估计结果出现偏误。本文力图构建一个结构方程模型反映 3 个变量的交互关系，并运用极大似然法估计三者之间的影响路径系数，以期识别知识溢出和自主创新能力对外商直接投资的吸引效应。

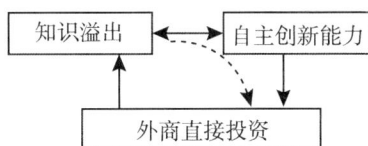

图 1　知识溢出、自主创新能力与外商直接投资交互关系图

三、实证模型的构建

本文在知识溢出、自主创新能力与外商直接投资交互影响的框架下，对假设 1 至假设 5 进行实证检

验。为此，需要事先解决 3 个问题：（1）知识溢出的测度问题。本文在借鉴 Parent 和 Riou（2005）研究成果的基础上，尝试采用贝叶斯抽样估计方法，对各地区的知识溢出进行测度。[①] 通过设定 3 种空间权重矩阵，最终测算出基于 3 种不同渠道的知识溢出规模。（2）区域自主创新能力的评价问题。区域自主创新能力是指各地区通过对资源进行配置生产出创新性技术，并使之产业化获取商业利益的能力。因此，自主创新能力是一个多维度的综合概念。国内研究多采用专利数作为自主创新能力的替代变量，回避了自主创新能力的多维特征，存在一定的片面性。我们根据自主创新能力的定义，以创新数量和创新价值为标准，筛选了 7 个指标来衡量地区的自主创新能力，以期更为全面地反映各地区的实际创新能力。（3）模型的设定问题。前文已述，知识溢出、自主创新能力与外商直接投资存在复杂的交互关系，通过单方程来两两估计三者的关系，得到的估计结果将是有偏的。因此，需要对三者的关系进行联立估计。然而，知识溢出和自主创新能力都无法用单一指标来直接衡量，其数量特征需由多个指标来综合反映，传统的联立方程组模型无法处理这种变量存在测量误差的情形。有鉴于此，我们通过构建结构方程模型来检验知识溢出、自主创新能力与外商直接投资的交互关系。结构方程模型不仅能够同时处理多个因变量的相互关系，还允许自变量和因变量含有测量误差，由此恰好可以解决模型设定时遇到的上述问题。正是由于结构方程模型的优势，近年来，这一技术在宏观问题研究中的应用也逐渐增多，比如 Cziraky 等（2006）运用结构方程模型评估地区发展水平；Raiser 等（2000）利用结构方程模型，衡量制度变迁并识别影响制度变迁的经济、社会因素；Buehn 和 Schneider（2009）构建结构方程模型，研究腐败与影子经济的关系等。因此，将结构方程模型用于本文的省际宏观数据分析是可行的。

（一）知识溢出的测度

由于知识的流动是无形的，因此对知识溢出的测度存在较大难度。尽管如此，随着计量经济分析工具的发展，许多学者将协整分析模型、空间计量模型、贝叶斯层级模型等应用于知识溢出的测度中。他们的有益探索使得知识溢出的衡量越来越科学、准确。其中，Parent 和 Riou（2005）、Parent 和 LeSage（2008）开发了以贝叶斯统计推断为基础的贝叶斯空间层级模型，并运用该方法测度了欧盟成员国之间的知识溢出程度。他们通过设定空间权重矩阵来确认知识溢出的传导机制，进而采用吉布斯抽样法对参数进行估计。这样不仅能够估计知识溢出效应的大小，还能识别知识溢出的方向。因此，这一方法是知识溢出实证研究中的一项重要创新。

我们采用贝叶斯空间层级模型对中国省际知识溢出进行测度，具体的模型设置请参看附录。在构建贝叶斯空间层级模型时，需要选择恰当的空间权重矩阵。设定不同的空间权重矩阵，意味着对知识溢出的传导机制和作用机理作了不同的假设。根据中国区域间知识溢出的特征，参考空间计量建模的惯常做法，我们选择如下 3 种权重矩阵，并对基于不同权重矩阵的贝叶斯层级模型分别进行估计，得到 3 个知识溢出的衡量指标。

1. 铁路里程倒数权重矩阵

$$w_{ij} = \begin{cases} 1/\,\mathrm{TT}_{ij}, & \text{如果 } i \text{ 和 } j \text{ 在空间上相邻} \\ 0, & \text{如果 } i \text{ 和 } j \text{ 在空间上不相邻} \end{cases}$$

其中，TT_{ij} 是地区 i 和地区 j 之间的铁路里程距离。铁路里程倒数权重矩阵假定，相邻地区对特定地区的知识生产行为具有影响，但每个"邻居"的影响程度是不同的，铁路里程距离越长，影响程度就越小。Keller（1998）的研究发现，知识溢出效应随着距离的增加而减少；Parent 和 Riou（2005）也认为，知识溢出更容易发生在交通便捷、思想交流更为方便的地区之间。宁军明（2008）指出，经济主体的流动是知识溢出的重要途径之一，而经济主体的流动在很大程度上受空间地理距离的影响，原因在于：（1）经济主体越是接近，则越有利于信息、知识的交流和合作关系的建立；（2）创新活动中的大部分知识具有

---

① 目前，主流的知识溢出测度方法包括：专利引用追踪法、指标法、全要素生产率法、知识生产函数法、空间计量模型法等。我们选用 Parent 和 Riou（2005）、LeSage 和 Parent（2008）的贝叶斯空间计量模型法来测算知识溢出，是因为该方法能够识别知识溢出的内在传导机制，从而可以对不同途径引致的知识溢出规模进行测度。更重要的是，该方法能够确定各地区知识溢出的方向（正负），因而可以区分知识溢出的净流入和净流出地区。

默会性，其传递的边际成本随距离的增加而增加。因此，我们用铁路里程倒数权重矩阵来反映经济主体跨地区流动所带来的知识溢出（交流型知识溢出）。

2. GDP 差距倒数权重矩阵

$$w_{ij} = \begin{cases} 1/|\text{人均GDP}_i - \text{人均GDP}_j|, & \text{如果 } i \text{ 和 } j \text{ 在空间上相邻} \\ 0, & \text{如果 } i \text{ 和 } j \text{ 在空间上不相邻} \end{cases}$$

其中，我们取的是两个地区人均 GDP 差距的绝对值。GDP 差距倒数权重矩阵假定，相邻地区对特定地区的知识生产行为具有影响，且两地的人均 GDP 差距越大，影响程度就越小。这一权重的合理性得到了许箫笛、王子龙和谭清美（2007）实证研究结果的支持，他们发现，经济差距与知识溢出呈显著负相关关系，地区间经济发展水平差距越大，知识溢出的程度就越低。事实上，两个地区的经济发展水平越是接近，发生横向技术合作的可能性就越大，相互之间对知识溢出的吸收能力也就更强，这将有助于推动两地之间知识溢出的扩展和深化。因此，我们用 GDP 差距倒数权重矩阵来反映由区域间经济、技术合作所形成的知识溢出（合作型知识溢出）。

3. 产业结构相关性权重矩阵

$$w_{ij} = \begin{cases} \text{地区 } i \text{ 和地区 } j \text{ 产业结构的相关系数}, & \text{如果 } i \text{ 和 } j \text{ 在空间上相邻} \\ 0, & \text{如果 } i \text{ 和 } j \text{ 在空间上不相邻} \end{cases}$$

其中，产业结构相关系数的计算方法是：首先，分别计算地区 i 和地区 j 各细分产业产值占 GDP 的比重并将其构建为两个向量；其次，计算地区 i 和地区 j 产业比重向量的相关系数。因此，这一系数反映的是两个地区产业结构的接近程度。产业结构相关性权重假定，两地产业结构的相似度越大，影响程度就越大。一般认为，区域间产业的前向和后向联系会促使知识溢出的发生。在后向联系过程中，供应商向企业提供的产品质量越高，越有利于促进企业自身生产工艺和产品质量的提高；在前向联系中，下游客户对企业生产产品的要求越高，越能迫使企业进行技术创新。因此，两个地区的产业结构越是接近，其企业的创新活动和研发行为的方向就越接近，相互之间发生知识溢出的可能性也就越大。因此，我们用产业结构相关性权重矩阵来反映区域间产业内和产业间贸易所带来知识溢出（贸易型知识溢出）。

（二）自主创新能力的评价

区域自主创新能力是一个多维度的综合概念，主要体现在两个方面：一是生产新知识和新技术的能力；二是将新知识和新技术转化为经济价值的能力。国内对自主创新能力的评价趋于两个极端。大量的实证研究仅以专利授权数来衡量地区的自主创新能力，而少数研究，如《中国区域创新能力报告》，则构建了非常庞大的评价指标体系，几乎将所有与创新行为有关的经济、社会因素都包含在内。为尽可能全面而准确地评价各地区的自主创新能力，同时考虑实证分析的简洁性和数据可获性限制，我们最终选取如下 7 个指标：专利申请授权数、科技论文数、高技术产业总产值、高技术产业增加值比重、技术市场成交合同数、技术市场成交合同金额、高技术产业进出口总额。前 2 个指标衡量的是地区的创新数量，反映地区知识生产的成果；后 5 个指标衡量的是地区的创新质量，反映地区将知识成果产业化所获得的经济价值。①

（三）结构方程模型的构建

在理论分析部分，我们提出了 5 个假设留待实证部分检验。这 5 个假设体现了知识溢出、自主创新能

---

① 应当注意的是，我们在对知识溢出进行测度时，是以专利申请授权数来衡量知识产出量。而在评价地区的自主创新能力时，却选择了 7 个指标，其中专利申请授权数和科技论文数 2 个指标反映的是地区知识生产的成果。对于这种前后不一致的处理方法，我们的解释是：第一，在衡量自主创新能力的 7 个指标中，后 5 个指标体现的是知识产出转化为经济价值的能力，并不是对知识产出本身的反映；第二，在网络时代，科技论文的获取方便快捷，成本不高，科技论文带来的价值可以由全社会共同分享，因此，科技论文所代表的知识产出更接近于"纯公共品"，也就不存在所谓的知识溢出问题；第三，专利权受法律的保护，其带来的收益大部分归专利权所有者享有，只有少部分的收益会通过知识溢出扩散至其他社会主体。因此，基于专利申请授权数来衡量知识溢出，才能与"外部性"的内涵保持一致。

力和外商直接投资之间可能存在的交互关系，其中还包括知识溢出和自主创新能力之间的互为因果关系。由于结构方程模型不仅能够揭示变量间的递归关系，而且还可以处理变量间存在互为因果关系的非递归情形。因此，我们将运用这一方法对三者之间的交互关系进行研究。

我们将知识溢出、自主创新能力和外商直接投资视为内生潜变量。其中，与自主创新能力对应的内生可测指标为：专利申请授权数、科技论文数、高技术产业总产值、高技术产业增加值比重、技术市场成交合同数、技术市场成交合同金额、高技术产业进出口总额；与知识溢出对应的内生可测指标为通过贝叶斯层级模型估计得到的 3 个知识溢出衡量指标，即交流型知识溢出指标、合作型知识溢出指标和贸易型知识溢出指标；由于外商直接投资不存在测量误差，因此设定它的内生可测指标就是其自身。

此外，根据已有研究的结果，知识溢出、自主创新能力和外商直接投资还受各地外生环境变量的影响。比如，各地区的经济发展水平、交通设施发达程度、产业结构、市场化率、人均受教育程度、政府科技投入政策、开放度等（李树培，2009），对区域自主创新能力存在影响；而各地区的经济发展水平、交通设施发达程度、以及电话、电脑、互联网等通信交流业务的发达程度对知识溢出存在影响（宁军明，2008）。影响外商直接投资的变量则更多，根据我们对国内代表性文献的梳理，选择如下影响外商直接投资的传统因素变量：GDP 增长率、人均 GDP、实际 GDP、累积 FDI、开放度、平均工资、交通设施发达程度、产业结构、市场化率（王立平等，2006；卜伟、孙通通，2007；肖文、周明海，2008；王立平、肖翔，2009）。其中，GDP 增长率和人均 GDP 衡量的是地区的经济发展水平和居民的富裕程度，体现了各个地区的市场活力和盈利潜力；实际 GDP 衡量的是各个地区的经济规模和市场规模；平均工资衡量的是各地区的劳动力成本；累积 FDI 体现了各地区外商直接投资可能存在的集聚效应；交通设施发达程度体现了各地区的交通成本和生产成本因素；产业结构、对外开放度、市场化率反映的是各地区的产业结构因素和市场经济的发达程度。我们也将上述外生变量引入结构方程模型，以控制外部环境变量对知识溢出、自主创新能力和外商直接投资的影响。表 1 为结构方程模型的变量及其在模型中的标志。基于上述变量，设定如下结构方程模型。

表1   **变量名称与标志**

内生潜变量	内生可测指标	外生变量
自主创新能力：η_1	高技术产业总产值：y_1 高技术产业增加值比重：y_2 高技术产业进出口总额：y_3 技术市场成交合同数：y_4 专利申请授权数：y_5 科技论文数：y_6 技术市场成交合同金额：y_7	经济发展水平（人均 GDP）：x_1 交通设施发达程度：$x_2^{(1)}$ 第二产业比重：x_3 GDP 增长率：x_4 上一期的 FDI 存量：$x_5^{(2)}$ 市场化率：$x_6^{(3)}$ 人均受教育程度：$x_7^{(4)}$ 研发投入占 GDP 的比重：x_8
知识溢出：η_2	合作型知识溢出指标：y_8 贸易型知识溢出指标：y_9 交流型知识溢出指标：y_{10}	职工平均工资：x_9 对外开放度：$x_{10}^{(5)}$ GDP 总量：x_{11} 城镇每百户拥有电脑台数：x_{12}
外商直接投资：η_3	外商直接投资：y_{11}	百人电话用户数：x_{13} 万人互联网用户数：x_{14}

注：（1）交通设施发达程度＝（铁路运营里程数+公路里程数+内河航道里程数）/地区总面积。（2）上一期 FDI 存量的数据根据"永续盘存法"，运用 1978 年以来的实际 FDI 数据计算得出。（3）市场化率＝1-国有化率；国有化率＝（国有大中型工业企业增加值/全社会工业企业增加值）×100%。（4）人均受教育程度的计算方法：令文盲人口的受教育年数为 0 年，小学程度人口的受教育年数为 6 年；初中程度人口的受教育年数为 9 年；高中程度人口的受教育年数为 12 年；大学及以上学历人口的受教育年数为 18 年。根据各学历程度人口占总人口的比重，将各教育年数进行加权平均，结果即为人口的平均受教育年数。（5）对外开放度＝进出口总额/GDP。进出口总额都按当年人民币兑换美元的外汇平价折算成人民币计值。

1. 测量模型

$$y = \Lambda\eta + \varepsilon \qquad (1)$$

其中，y 是内生指标向量，η 为内生潜变量向量（η_1、η_2 和 η_3 分别表示地区自主创新能力、知识溢出和外商直接投资），ε 是测量方程的干扰项向量。Λ 为待估参数矩阵，表示潜变量发生 1 个单位的变化，其所对应的内生指标预期会发生的变化。因此，模型（1）实际上是可测指标 y 的因子分析模型，它反映的是可测指标与潜变量的关系。

2. 结构模型

$$\eta = B\eta + \Gamma x + \xi \qquad (2)$$

其中，x 是影响内生潜变量的外生环境变量。ξ 是结构模型的干扰项向量。Γ 是反映潜变量与外生环境变量关系的待估参数矩阵。根据本文的设定，每个内生潜变量都受相应的外生变量集的影响。B 是反映内生潜变量 η 之间相互影响的待估参数矩阵。上文由假设 1 至假设 5 设定的影响路径就由 B 中对应的参数来反映，因此对 B 进行估计是本文的主要工作。

根据假设 1 至假设 5 对内生潜变量 η 之间相互影响路径的设定，以及现有研究对外生环境变量对内生潜变量影响路径的设定，我们确定 B 和 Γ 中哪些参数需要估计。最终得到的全模型如图 2 所示。

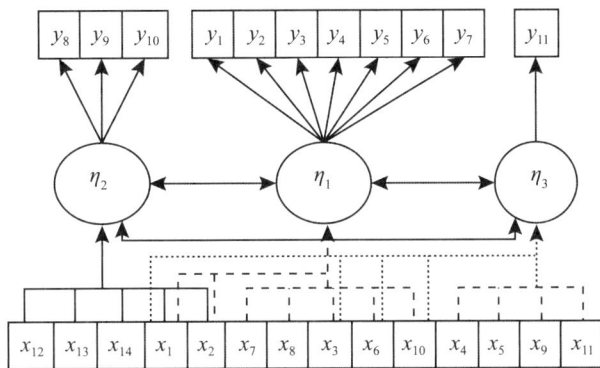

图 2　结构方程模型路径图（全模型）

四、实证结果与分析

（一）数据来源与说明

本文采用的是 1998—2007 年 29 个省级行政区的数据（海南和西藏除外）。① 其中，专利申请授权数、研发投入、研发人员数据来源于历年《中国科技统计年鉴》；FDI 及其余外生环境变量数据来源于历年《中国统计年鉴》（部分变量的数据由《中国统计年鉴》上的原始数据计算整理得到，计算方法参看表 1 注释）；科技论文数、高技术产业总产值、高技术产业增加值比重、技术市场成交合同数、技术市场成交合同金额、高技术产业进出口总额 6 个变量的数据来源于中国科技部网站。此外，所有以货币计值的变量都以 GDP 平减指数平减，剔除了价格波动的影响。

（二）知识溢出的测度结果

根据上文设定的 3 个空间权重矩阵，我们分别构建 3 个贝叶斯条件自回归空间层级模型，并运用吉布

---

①　由于 1998 年以前高技术产业进出口总额和城镇每百人拥有电脑台数、百人电话用户数和万人互联网用户数 4 个变量的数据存在严重的缺失问题，为确保各个变量省一级数据的可获性和一致性，我们不得不将样本数据的起始年设定为 1998 年。

斯抽样法对模型进行估计。根据 Parent 和 Riou（2005），知识溢出为负表明该地区为知识溢出的净流出地，反之则表明该地区为知识溢出的净流入地。为节省篇幅，本文只汇报 3 个模型测算得到的地区知识溢出效应年度均值（见图3）。根据知识溢出的测度结果，我们可以得到如下结论。

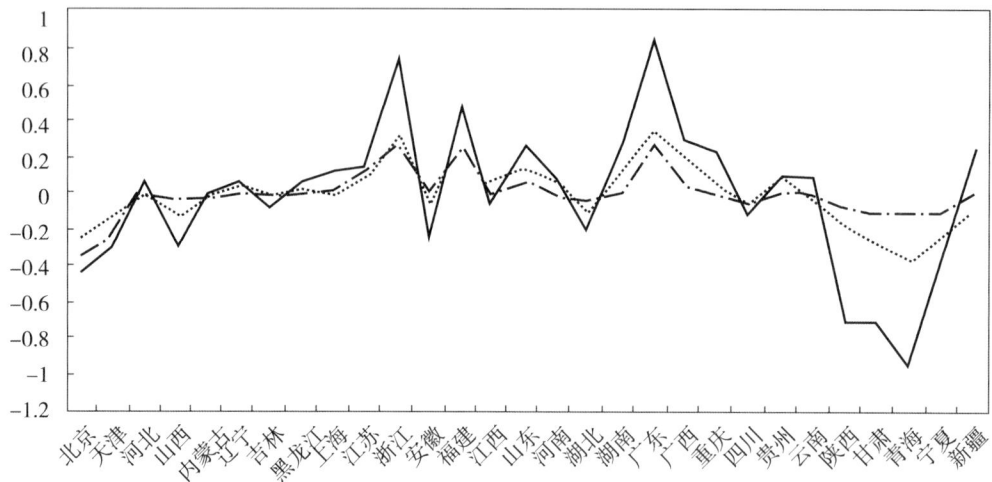

图3　各地区1998—2007年3类知识溢出测算结果的平均值

（1）北京、天津、山西、吉林、安徽、湖北、四川、陕西、甘肃、宁夏和青海11个省份1998—2007年3种途径的知识溢出均值全部为负，属于知识溢出的净流出地区。通过经济主体的跨区流动、企业间的技术合作和产业贸易活动，这些地区为相邻地区的知识生产作出的贡献大于它们从相邻地区知识生产中获得的溢出效应。其中，北京、天津、湖北（武汉）和陕西（西安）属于高等教育和技术水平相对发达的省（市），通过为周边地区培养高等教育人才、高校与周边地区企业的研发合作，以及向周边地区供给高科技产品，实现了知识向周边地区的溢出和扩散，为周边地区的知识生产作出了更大的贡献；山西、安徽、甘肃、青海和宁夏则可能是通过向周边发达或相对发达地区输送劳动力，从而促发了知识溢出的输出。需要强调的是，北京和天津等发达地区本身也从周边地区吸收了大量的知识溢出，其知识溢出净流入为负，可能是由于这些地区同时输出的知识溢出规模更大导致的；而对甘肃和宁夏这些欠发达地区而言，它们向周边地区输出的知识溢出规模可能并不大，但由于它们从其他地区吸收的知识溢出更少，由此导致知识溢出净流入为负。

（2）河北、辽宁、江苏、浙江、福建、山东、湖南、广东、广西、贵州和云南11个省份1998—2007年3种途径的知识溢出均值全部为正，表明这11个省份属于知识溢出的净流入地区。它们从相邻地区知识生产中所获得的溢出效应要大于它们为相邻地区知识生产作出的贡献。其中，辽宁、江苏、浙江、福建、山东、广东属于经济或技术发达地区，具有较强的技术吸收能力，它们通过吸引周边地区人才和商品的流入，能够从相邻地区的创新活动中获益，从而进一步增强自身的技术和发展优势。河北、湖南、广西、贵州和云南则属于经济或技术相对落后地区，它们通过人员交流和商品贸易向周边发达地区进行学习和模仿，由此获得技术和创新方面的"赶超效应"。

（3）内蒙古、黑龙江、上海、江西、河南、重庆和新疆7个省份1998—2007年3种途径的知识溢出均值存在正负差异。具体看来，黑龙江、河南和重庆的贸易型知识溢出和交流型知识溢出均值为正，而合作型知识溢出均值为负，表明这3个省份主要通过产品贸易和经济主体的流动吸收周边地区的知识，通过横向技术合作向周边地区输出知识溢出；上海和新疆的合作型知识溢出和交流型知识溢出均值为正，而贸易型知识溢出的均值为负，表明这2个地区主要通过经济主体的流动和横向技术合作吸收外来知识溢出，而通过与周边地区的商品贸易输出知识溢出；内蒙古的交流型知识溢出均值为正，而贸易型知识溢出和合作型知识溢出的均值为负，表明该地区经济主体的流动能够吸引外部知识溢出进入，而与周边地区的商品贸易和横向技术合作则使得本地知识向外扩散；与内蒙古相反，江西的交流型知识溢出均值为负，而贸易型知识溢出和合作型知识溢出的均值为正，表明该地区可以通过与周边地区的商品贸易和技术合作有效促进本地的知识生产，而经济主体的流动则导致本地知识向周边地区溢出。

(三) 结构方程模型的估计结果

根据图 2 的模型设定，我们采用极大似然估计法对参数进行估计，这就要求所有的指标变量近似服从正态分布。因此，我们首先对原始数据进行标准化处理，然后对标准化数据进行正态性检验，[①] 并采用正态得分转换技术，将不服从正态分布的变量，转换为正态变量。

此外，知识溢出的测度结果显示，知识溢出是有方向的。某个地区知识溢出指标正值越高，表明该地区流入的知识溢出越多，反之，某个地区知识溢出的负值越大，表明该地区流出的知识溢出越多。如果直接将存在方向的知识溢出指标引入结构方程模型，则估计得到的系数将难以解释。为此，必须将测算得到的知识溢出指标分解为知识溢出净流入和知识溢出净流出 2 个指标。具体的设定方法如下所示：

$$\text{知识溢出净流出指标}_{it} = \begin{cases} |(\text{初始知识溢出值})_{it}|, & \text{如果}(\text{初始知识溢出值})_{it} < 0 \\ 0, & \text{如果}(\text{初始知识溢出值})_{it} > 0 \end{cases}$$

$$\text{知识溢出净流入指标}_{it} = \begin{cases} (\text{初始知识溢出值})_{it}, & \text{如果}(\text{初始知识溢出值})_{it} > 0 \\ 0, & \text{如果}(\text{初始知识溢出值})_{it} < 0 \end{cases}$$

根据上面的设定，对 3 个知识溢出指标进行分解，并将知识溢出净流出指标和净流入指标分别引入结构方程模型，[②] 对图 2 所示的全模型分两次进行估计，[③] 检验知识溢出的净流入和净流出对自主创新能力和外商直接投资可能存在的不同影响。表 2 给出的是两个全模型的拟合指数。

表 2   结构方程模型 (全模型) 拟合指教

		知识溢出 (净流出) 模型	知识溢出 (净流入) 模型
绝对拟合指数	df	102	94
	χ^2	435.29	311.58
	RMSEA	0.09	0.08
	SRMR	0.05	0.06
	GFI	0.91	0.93
相对拟合指数	NFI	0.98	0.99
	NNFI	0.96	0.97
	CFI	0.99	0.99
	IFI	0.99	0.99
	RFI	0.95	0.96

首先看绝对拟合指数，两个模型的 χ^2/df 都接近于 4，近似误差指数 SRMR 都小于 0.08，SMEA 都小

[①] 正态性检验结果显示，除了第二产业占比之外，其余变量至少在 1% 的显著性水平上拒绝服从正态分布的原假设。

[②] 我们尝试将知识溢出的净流入和净流出指标同时包含在结构方程模型中，但由于我们在对两个指标进行分解时，相当于对原始知识溢出值分别乘以对应的虚拟变量。将二者同时引入模型，由于二者存在极高的共线性，使得方差协方差矩阵成为奇异矩阵，极大似然估计无法迭代至收敛。因此，我们最后放弃了将二者同时纳入模型的做法。

[③] 本文构建的结构方程模型为非递归模型，其结构方程部分由 3 个方程组成，其中，自主创新能力方程和外商直接投资方程满足模型可识别的秩条件 (充要条件)，而知识溢出方程满足模型可识别的阶条件 (必要条件)，最终全模型是可识别的。知识溢出净流入模型和净流出模型分别在迭代 265 和 243 次后收敛。

于 0.1，拟合优度指数 GFI 都介于 0.9 与 1 之间，表明模型拟合较好。再看相对拟合指数，NFI、NNFI、CFI、IFI 和 RFI 都接近于 1，也表明模型具有较好的拟合效果。综合来看，本文模型的各项拟合指标都显示模型对数据的拟合效果较好，可以接受模型。

1. 测量模型的估计结果

表 3 为测量模型的估计结果。可以看到，无论是知识溢出净流入模型，还是知识溢出净流出模型，各个内生潜变量的因子载荷都大于 0.6，且都在 1% 的水平上显著。这表明我们选择的内生可测指标能较好地反映内生潜变量，指标选取的有效性和可靠性都比较好。

表 3 测量模型估计结果

指标	知识溢出流出模型			知识溢出流入模型		
	自主创新能力	知识溢出（净流出）	外商直接投资	自主创新能力	知识溢出（净流入）	外商直接投资
高技术产业总产值	1	—	—	1	—	—
高技术产业增加值占比	0.64 (15.16)***	—	—	0.67 (16.36)***	—	—
高技术产业进出口总额	0.99 (42.75)***	—	—	0.99 (42.8)***	—	—
技术市场成交合同金额	0.86 (20.92)***	—	—	0.91 (22.05)***	—	—
专利申请授权数	0.99 (40.06)***	—	—	0.99 (39.16)***	—	—
科技论文数	0.86 (26.45)***	—	—	0.89 (29.69)***	—	—
技术市场成交合同数	0.81 (17.82)***	—	—	0.75 (17.64)***	—	—
合作型知识溢出	—	1	—	—	1	—
贸易型知识溢出	—	0.89 (13.76)***	—	—	0.62 (11.84)***	—
知识溢出	—	0.96 (12.27)***	—	—	0.85 (19.81)***	—
外商直接投资	—	—	1	—	—	1

注：(1) *、**、*** 分别表示在 10%、5% 和 1% 的水平上显著。(2) 测量模型采用的是固定载荷法，每个因子中选择一个载荷固定为 1（另外，由于其载荷也固定为 1），同时设定测量模型干扰项的方差协方差矩阵为对角矩阵，主对角线元素为待估参数。

2. 结构模型的估计结果

表 4 为结构模型的估计结果。可以看到，无论在结构方程中引入的是知识溢出净流入变量，还是知识溢出净流出变量，自主创新能力对外商直接投资的影响系数都为正，且至少都在 5% 的水平上显著，由此表明假设 1 成立，自主创新能力的提升能够显著地吸引外商直接投资进入。本地自主创新能力越高，意味着本地拥有更高的技术水平、更为优质的人力资本，以及更为活跃的创新氛围，这不仅能为外资企业的生

产经营提供先进的技术和高质量的人才支持，还能为外资企业的研发活动提供良好的服务保障，从而有助于提高外资企业的生产效率和盈利水平，吸引更多新增外商直接投资的进入。

表4　　　　　　　　　　　　　　　　结构模型估计结果

	指标	知识溢出流出模型			知识溢出流入模型		
		自主创新能力	知识溢出（净流出）	外商直接投资	自主创新能力	知识溢出（净流入）	外商直接投资
内生潜变量	自主创新能力	—	-0.7 (-6.47)***	1.73 (4.13)***	—	1.28 (3.32)***	1.47 (2.59)***
	知识溢出	-1.07 (-6.96)***	—	—	2.28 (5.49)***	—	—
	外商直接投资	—	0.47 (3.03)***	—	—	3 (3.13)***	—
外生变量	人均GDP	0.39 (5.87)***	0.42 (5.35)***	—	0.38 (1.88)*	0.71 (2.14)***	—
	交通设施发达程度	0.22 (3.25)***	0.26 (3.23)***	0.42 (3.63)***	1.06 (5.66)***	-0.37 (-1.19)	0.36 (2.87)***
	第二产业占比	0.03 (1.10)	—	0.02 (0.42)	0.33 (3.09)***	—	0.02 (0.45)
	GDP增长率	—	—	0.07 (1.81)*	—	—	0.08 (1.84)*
	上一期外商直接投资存量	—	—	-1 (-4.53)***	—	—	-0.51 (-3.09)***
	市场化率	0.07 (1.41)	0,2 (2.20)**	—	-0.64 (-1.17)	—	0.48 (3.29)***
	人均受教育程度	-0.06 (-2.05)	—	—	0.87 (4.52)***	—	—
	研发投入占比	0.18 (3.78)***	—	—	0.39 (2.96)**	—	—
	职工平均工资	-	—	-0.08 (-1.04)	-	—	-0.02 (-0.23)
	贸易依存度	-0.07 (-1.50)	—	-0.08 (-1.05)	-0.66 (-3.54)	—	-0.1 (-1.15)
	GDP	—	—	-0.61 (-4.32)***	—	—	-1.22 (-3.03)***
	城镇每百户拥有电脑台数	—	-0.02 (-0.37)	—	—	0.77 (2.22)**	—
	百人电话用户数	—	-0.23 (-2.65)**	—	—	-1.53 (-2.80)***	—
	万人互联网用户数	—	0.03 (-0.56)	—	—	-0.2 (-0.70)	—

注：（1）*、**、***分别表示在10%、5%和1%的水平上显著。（2）测量模型采用的是固定载荷法，每个因子中选择一个载荷固定为1（另外，由于，其载荷也固定为1），同时设定测量模型干扰项的方差协方差矩阵为对角矩阵，主对角线元素为待估参数。

当结构模型中引入的是知识溢出净流入变量时，知识溢出对自主创新能力的影响系数为正，且在1%的水平上显著，因此假设2成立。地理位置的相邻，以及产业结构和社会文化关系上的相似性，使得本地可以通过与周边地区的交流、合作以及贸易往来，无偿地吸收由周边地区扩散的知识溢出，并将其用于本地知识的生产，由此便能够提升本地的自主创新能力。

当结构模型中引入的是知识溢出净流出变量时，知识溢出对自主创新能力的影响系数为负，且在1%的水平上显著，因此假设3成立。本地知识溢出的净流出量越大，表明更多的研发收益被周边地区无偿获得，这会进一步抑制本地开展研发活动的积极性，对本地知识生产产生不利影响，由此降低本地的自主创新能力。

从相反方向来看，自主创新能力对知识溢出的净流入和净流出也存在影响，且影响系数都在1%的水平上显著，这说明自主创新能力和知识溢出之间存在着互为因果的关系。但是，自主创新能力对知识溢出的流入和流出的影响方向是不同的。自主创新能力的提升，会带来知识溢出的净流出减少，但会导致知识溢出净流入的增加。而假说4认为，无论知识溢出表现为净流出还是净流入，自主创新能力的提升都有助于促进知识溢出的发生，因此这一假说只部分得到数据的支持。对此，可能的解释有两个：（1）自主创新能力越高的地区，可能越重视对知识产权进行保护，由此会抑制一些显性知识溢出流出的发生；（2）目前中国各地区的自主创新能力可能更多表现为吸收和模仿能力，因此，自主创新能力越高，越有能力和条件吸引相邻地区知识溢出的流入，但自身对其他地区的知识扩散效应却并不会提高。当然，上述两个解释是否成立还需要进一步的实证证据的支持。

最后，在两个模型中，外商直接投资对知识溢出都具有显著的正向影响（显著性水平为1%），假设5成立。外商直接投资的进入将改变地区内部固有的市场结构，在地区内通过示范效应和竞争效应，迫使本地企业通过各种渠道提高自身的技术水平；更为重要的是，外商直接投资在地区间的流动，不仅为区域间的人才流动提供了平台，而且还为企业间的交流与合作提供了机会。由此表明，外商直接投资为地区间知识溢出的发生提供了多种有效途径，是加速地区间知识吸收和扩散的重要因素。

表5总结了知识溢出、自主创新能力和外商直接投资相互影响路径系数的估计结果以及各个系数与理论假设的对应情况。

表5　　　　　　　　　　　内生潜变量交互关系路径系数

模型	影响路径	路径系数	t 统计量	对应假设	检验结果
全模型一	自主创新能力→知识溢出（净流出）	-0.7***	-6.47	假设4	不支持
	自主创新能力→外商直接投资	1.73***	4.13	假设1	支持
	知识溢出（净流出）→自主创新能力	-1.07***	-6.96	假设3	支持
	外商直接投资→知识溢出（净流出）	0.47***	3.03	假设5	支持
全模型二	自主创新能力→知识溢出（净流入）	1.28***	3.32	假设4	支持
	自主创新能力→外商直接投资	1.47**	2.59	假设1	支持
	知识溢出（净流入）→自主创新能力	2.28***	5.49	假设2	支持
	外商直接投资→知识溢出（净流入）	3.0***	3.13	假设5	支持

注：（1）*、**、***分别表示在10%、5%和1%的水平上显著。本表根据表4整理得到。

此外，从结果中还可以看到，通过影响区域自主创新能力，知识溢出可以对外商直接投资产生间接影响（图1中虚线所反映的关系）。知识溢出的净流入能通过提升区域自主创新能力来增强本地区对外商直接投资的吸引力（间接效应系数为0.35，在1%的水平上显著），知识溢出的净流出则会抑制区域自主创新能力的提升，从而降低本地区对外商直接投资的吸引（间接效应系数为-1.06，在1%的水平上显著）。

表4还显示，在考虑知识溢出、自主创新能力与外商直接投资交互影响的情况下，外生变量对外商直

接投资、知识溢出以及自主创新能力的影响效应发生了变化。具体表现如下：

（1）外生变量对外商直接投资的影响。在两个全模型中，外商直接投资方程中的外生变量系数的符号是相同的。除了 GDP 增长率、交通设施发达程度和市场化率的系数为正，与通常的研究保持一致之外，其余大部分变量的系数都未通过显著性检验，实际 GDP 总量和上一期外商直接投资存量两个变量的系数甚至显著为负。这表明，在控制自主创新能力这一新兴因素后，外商直接投资更看重地区的市场潜力而非市场规模，同时也倾向于减少对已投资地区的追加投资，而是将更多的新增投资投向自主创新能力高的地区。因此，通过提升外资利用不足地区的自主创新能力可以为缓解外商在华直接投资地区分布非均衡的现状提供有效的解决途径。

（2）外生变量对知识溢出的影响。无论知识溢出表现为净流出还是净流入，人均 GDP 越高，越能显著促进知识溢出的发生；而交通设施发达程度对知识溢出净流出和净流入的影响是不同的，交通设施发达程度越高，越有助于促进知识溢出的净流出，但它对知识溢出净流入的影响却不显著。此外，居民拥有的通信和电子设备数（电脑、电话、互联网）对知识溢出的影响在很大程度上与通常的直觉相悖，除了居民拥有的电脑台数能显著促进知识溢出净流入的发生之外，其余变量对知识溢出的影响要么为负（电话用户数的系数在两个模型中都显著为负），要么不显著。可能的解释是，知识溢出强调的是通过面对面的交流与合作，实现默会知识的传递，而电话交流越发达，面对面的交流可能就越少，从而影响到知识传递和扩散的效果。

（3）外生变量对自主创新能力的影响。在控制知识溢出净流出对自主创新能力的影响后，人均 GDP、交通设施发达程度和研发投入占比能显著促进自主创新能力的提高，这与已有研究的结论是一致的。而当模型中控制知识溢出净流入的影响时，上述变量的正向影响依然显著，但人均受教育程度也变得显著，且系数为正，这表明在知识溢出净流入的背景下，劳动力的教育水平有助于提升本地的自主创新能力。

五、基本结论与政策建议

本文从理论上梳理了知识溢出、自主创新能力与外商直接投资三者的交互关系；并在测度知识溢出和地区自主创新能力的基础上，通过构建结构方程模型，对三者的交互关系进行实证检验。结果显示如下：

（1）自主创新能力对外商直接投资具有正向影响。体现了在知识经济时代，自主创新能力等新兴因素对外商直接投资区位选择的影响越来越重要。

（2）知识溢出的净流向不同，对区域自主创新能力的影响也不同。知识溢出的净流出不利于本地自主创新能力的提高，而知识溢出的净流入却能显著提升本地的自主创新能力。

（3）自主创新能力对知识溢出的净流出和净流入的影响不同。自主创新能力越高越有助于促进知识溢出净流入的发生，但不利于知识溢出净流出的发生。

（4）外商直接投资对知识溢出净流出和净流入都有显著的正向影响。

综合来看，知识溢出净流入地区通过加大研发投入，提升本地自主创新能力，可以吸引更多的知识溢出净流入和外商直接投资，由此促进自主创新能力的进一步提高，最终实现了吸引外资和提高自主创新能力的"良性互动"。因此，本地的研发活动将带来"倍增效应"。而知识溢出净流出地区提高本地自主创新能力，会导致知识溢出净流出减少，从而推动自主创新能力进一步提高，但另一方面，自主创新能力提高会吸引更多外商直接投资进入，这又会引发知识溢出净流出的增加，从而对本地自主创新能力产生不利影响，反过来制约外商直接投资的进一步增加。此时，本地自主创新能力对外商直接投资的吸引效应是不确定的。基于上述研究结论，本文提出如下政策建议：

（1）构建区域内部的自主创新体系，提升本地自主创新能力。在知识经济时代，提升本地自主创新能力，是吸引新增外商资本进入的有效措施。地方政府应加大科技投入的力度，并通过财政补贴、融资优惠等政策安排，扶持本地高技术产业的发展，引导各创新主体加大研发投入力度，提高研发活动的效益。最终形成政府、企业、高校、研究机构优势互补，知识生产与技术交易齐头并进，"产学研"一体化的区域创新体系，为推进本地自主创新能力的持续提升奠定坚实的基础。

（2）打造区域间知识生产的合作平台，实现知识生产收益的内部化。知识溢出的存在，既有可能引发净流入地区的"搭便车"行为，又有可能降低净流出地区研发活动的积极性，其共同的结果都是抑制地方的自主创新行为。应在政府的引导和协调下，在有条件的地区构建区域间知识生产的合作机制和平台，将各地区潜在的知识溢出转化为显性的知识生产合作，实现知识生产收益的内部化，从而在提升各地区自主创新能力的同时，消除知识溢出净流出对外商直接投资的不利影响。

（3）建立跨区域的知识溢出补贴机制，弱化知识溢出的不利影响。对于不具备条件开展知识生产合作的地区，应在上级政府的宏观协调下，构建跨省份的知识溢出补贴机制。通过对知识溢出净流出省份进行适度合理补贴，提高当地进行自主创新活动的积极性，减小知识溢出净流出对外商直接投资的不利影响。

◎ 参考文献

［1］卜伟、丁士龙：《中国省级行政区域吸引 FDI 的影响因素研究》，《北京交通大学学报》，2007 年第 2 期。

［2］卜伟、孙通通：《北京市吸引 FDI 经济影响因素的实证分析》，《中央财经大学学报》，2007 年第 3 期。

［3］陈继勇、雷欣：《基于知识溢出的外商直接投资在中国地区非均衡分布研究》，《经济管理》，2009 年第 6 期。

［4］何谦：《基于博弈模型的东道国利用外资均衡分析》，《西安电子科技大学学报》，2007 年第 6 期。

［5］蒋殿春、张宇：《经济转型与外商直接投资技术溢出效应》，《经济研究》，2008 年第 7 期。

［6］李树培：《我国企业技术自主创新动力不足：原因与对策的博弈分析》，《南开经济研究》，2009 年第 4 期。

［7］宁军明：《知识溢出的机理分析》，《科技管理》，2008 年第 6 期。

［8］亓朋、许和连、艾洪山：《外商直接投资企业对那种企业的溢出效应：对中国制造业企业的实证研究》，《管理世界》，2008 年第 4 期。

［9］王立平、彭继年、任志安：《我国 FDI 区域分布的区位条件及其地理溢出程度的经验研究》，《经济地理》，2006 年第 2 期。

［10］王立平、肖翔：《基于 EBA 模型的 FDI 区位分布条件因素实证分析》，《合肥工业大学学报》，2009 年第 12 期。

［11］肖文、周明海：《中国 FDI 的区域选择及其影响因子分析》，《江南大学学报》，2008 年第 2 期。

［12］许箫迪、王子龙、谭清美：《知识溢出效应测度的实证研究》，《科研管理》，2007 年第 9 期。

［13］张天宝、陈柳钦：《外商在华直接投资决定因素的阶段性差异研究——基于面板数据的 GMM 估计》，《当代经济科学》，2008 年第 2 期。

［14］Agosin, Manuel R. and Roberto Machado, 2007, "Openness and the International Allocation of Foreign Direct Investment", *Journal of Development Studies*, Vol. 43（7）, pp. 1234-1247.

［15］AndreasBuehn and Friedrich Schneider, 2009, "Corruption and Shadow Economy: A Structural Equation Model Approach", IZA Discussion Paper No. 4182.

［16］B. Kogut and U. Zander, 1992, "Knowledge of the Firm, Combinative Capabilities and the Replication of Technology", *Organization Science*, Vol. 3, pp. 383-397.

［17］B. Portelli, 2006, "FDI, Multinational Enterprises and Industrial Development: Backward Linkages and Knowledge Transfer in Tanzania", *PhD Thesis*, *Centre for Technology*, *Innovation and Culture*, University of Oslo.

［18］ Bart Verspagen, 1997, "Estimating International Technology Spillovers Using Technology Flow Matrices", *Review of World Economics*, Vol. 133 (2), pp. 226-248.

［19］ Blomstrom, M. and H. Persson, 1983, "Foreign Investment and Spillover Efficiency in an Underdeveloped Economy: Evidence from the Mexican Manufacturing Industry", *World Development*, 11, pp. 493-501.

［20］ Cantwell, 1989, "Technological Innovation and Multinational Corporations", *Basil Blackwell*, Oxford, pp. 119 -144.

［21］ C. C. Coughlin and E. Segev, 2000, "Foreign Direct Investment in China: A Spatial Econometric Study", *The World Economy*, Vol. 23, pp. 1-23.

［22］ Christian Beliak, Markus Leibrecht and Alecksandra Ried, 2008, "Labor Costs and FDI Flows into Central and Eastern European Countries: A Survey of the Literature and Empirical Evidence", *Structure Change and Economic Dynamics*, Vol. 19, pp. 17-37.

［23］ Cieslik, Andrzej, 2005, "Regional Characteristics and the Location of Foreign Firms within Poland", *Applied Economics*, Vol. 37 (8), pp. 863-874.

［24］ D. Cziraky, J. Sambt, J. Rovan and J. Puljiz, 2006, "Regional Development Assessment: A Structural Equation Approach", *European Journal of Operational Research*, Vol. 174, pp. 427-442.

［25］ Davies, H. and P. D. Ellis, 2000, "Porter's Competitive Advantage of Nations: Time for the Final Judgment", *Journal of Management Studies*, Vol. 37, pp. 112-130.

［26］ D. T. Coe and E. Helpman, 1995, "International R&D Spillovers", *European Economic Review*, Vol. 39, pp. 859-887.

［27］ J. H. Dunning, 1973, "The Determinants of International Production", *Oxford Economic Papers*, Vol. 25, pp. 289-336.

［28］ J. L. Mucchielli and F. Puech, 2003, "Internationalization and Localization of Multinational Firms: An Example from French Enterprises in Europe", Economy and Statistics, Vol. 1, pp. 129-144.

［29］ Jojo Jacob and Adam Szirmai, 2007, "International Knowledge Spillovers to Developing Countries: The Case of Indonesia", *Review of Development Economics*, Vol. 11, pp. 550-565.

［30］ J. P. O. Parent and LeSage, 2008, "Using the Variance Structure of the Conditional autoregressive Spatial Specification to Model Knowledge Spillovers", *Journal of Applied Economics*, Vol. 23, pp. 235-256.

［31］ Lee Branstetter, 2006, "Is Foreign Direct Investment A Channel of Knowledge Spillover? Evidence from Japan's FDI in the United States", *Journal of International Economics*, Vol. 68, pp. 325-344.

［32］ M. Crozet, T. Mayer and J. L. Mucchielli, 2003, "How do Firms Agglomerate? A Study of FDI in France", CEPR Discussion Papers, No. 3873.

［33］ Martin Raiser, Maria L Di Tommaso and Melvyn Weeks, 2000, "The Measurement and Determinants of Institutional Change: Evidence from Transition Economies", EBRD Working Paper.

［34］ M. C. J. Caniels and H. A. Romijn, 2003, "Finn-level Knowledge Accumulation and Regional Dynamics", *Industrial and Corporate Change*, Vol. 12, pp. 1253-1278.

［35］ M. G. Serapio and D. H. Dalton, 1999, "Globalization of Industrial R&D: An Examination of Foreign Direct Investment in R&D in the United States", *Research Policy*, Vol. 28, pp. 303-316.

［36］ N. Kumar, 2007, "Emerging TNCs: Trends, Patterns and Determinants of outward FDI by Indian Enterprises", *Transnational Corporations*, Vol. 16, pp. l-26.

［37］ Parent and S. Riou, 2005, "Bayesian Analysis of Knowledge Spillovers in European Regions", *Journal of Regional Science*, Vol. 45, pp. 747-775.

［38］ R. Florida, 1997, "The Globalization of R&D: Results of A Survey of Foreign-affiliated R&D Laboratories in the USA", *Research Policy*, Vol. 26, pp. 85-103.

[39] Ramirez, Miguel D., 2006, "Economic and Institutional Determinants of Foreign Direct Investment in Chile: a Time-Series Analysis, 1960-2001", *Contemporary Economic Policy*, Vol. 24, pp. 459-471.

[40] S. Mariotti and L. Piscitello, 1995, "Information Costs and Location of Foreign Direct Investment within the Host Country: Empirical Evidence from Italy", *Journal of International Business Studies*, Vol. 4, pp. 815-836.

[41] Sun Qian, Tong Wilson and Yu Qiao, 2002, "Determinants of Foreign Direct Investment across China", *Journal of International Money and Finance*, Vol. 21, pp. 79-113.

[42] T. C. Head and P. F. Sorensen, 2005, "Attracting Foreign Direct Investment: The Potential Role of National Culture", *The Journal of American Academy of Business*, March, pp. 305-309.

[43] W. Keller, 1998, "Are International R&D Spillovers Traded-Related? Analyzing Spillovers among Randomly Matched Trade Partners", *European Economic Review*, Vol. 42, pp. 1469-1481.

[44] Y. Kinoshita and N. F. Campos, 2003, "Why does FDI Go Where It Goes? New Evidence from the Transition Economies", IMF Working Paper 228.

[45] Zvi Grilliches, 1979, "Issues in Assessing the Contribution of R&D to Productivity Growth", *The Bell Journal of Economics*, Vol. 10, pp. 92-116.

附录　知识溢出的测度——贝叶斯空间层级模型的应用

根据 Griliches (1979) 提出的 C-D 知识生产函数,构建如下回归模型:

$$y = X\beta + u \tag{1}$$

其中,y 为各个地区的专利申请授权数,是知识产出的替代变量;β 为待估系数向量;X 是包含常数项的解释变量矩阵。在本文的模型设定中,我们选取了两个解释变量:一是人员投入,即各地区的科技活动人员数;二是资金投入,即各地区的研发投入。u 为干扰项向量。由于是 C-D 生产函数,模型中被解释变量和解释变量都取对数值。

遵循 LeSage 和 Parent (2008) 的做法,我们将 (1) 式中的干扰项分解为两个部分:

$$y = X\beta + \varphi + v \tag{2}$$

其中,φ 是代表空间结构部分的随机效应向量,v 是代表非结构部分的误差项向量。在模型中引入 φ 的目的是为了控制地区间知识生产的空间交互性或依赖性。(2) 式中 $X\beta$ 为可测投入的效应,称为"固定效应";φ 则反映出不可测因素(比如人力资本流动的外部性、投资的带动效应、区域间贸易的竞争和模仿效应、企业的网络外部性、集聚经济等)对本地知识生产的影响,称为"随机效应"。由于本文采用的是地区截面数据,因此,各地区的随机效应项 ϕ_i 实际上是一种空间随机效应。Parent 和 Riou (2005) 将 ϕ_i 解释为空间知识溢出效应的衡量指标,ϕ_i 为负表明第 i 个地区为知识溢出的净流出地,反之则表明该地区为知识溢出的净流入地。因此,如果能够估计出 ϕ_i,便能够获得对地区知识溢出(净流入和净流出)程度的衡量。以 (2) 式为基础,我们构建一个贝叶斯层级模型来估计 ϕ_i。

(1) 第一层级:设定专利申请授权数服从独立的正态分布,其均值为 μ_i,方差为 σ^2。

$$f_i(y_i \mid \mu_i, \sigma^2) \sim N(\mu_i, \sigma^2) \tag{3}$$

(2) 第二层级:设定 y_i 的均值 μ_i 的分布和回归函数。

$$\mu_i = x_i\beta + \phi_i + v_i \tag{4}$$

同时,假定服从一个高斯条件自回归设定(CAR),则联合先验分布表达式为:

$$f(\phi \mid \sigma_\phi^2) \propto \frac{1}{\sigma_\phi^2}\exp\left[-\frac{1}{2\sigma_\phi^2}\sum_{i=1}^{n}\sum_{j<i} w_{ij}(\phi_i - \phi_j)^2\right] \tag{5}$$

其中,σ_ϕ^2 是空间结构部分的总体方差。w_{ij} 是空间权重矩阵 W 的第 (i, j) 个元素,反映地区 i 对地区 j

的影响程度。因此，为估计 CAR 模型，必须事先确定空间权重矩阵 W。

（3）第三层级：设定参数 σ^2、σ_ϕ^2、σ_v^2（非结构干扰项的总体方差）和 β 的前先验分布。遵循惯例，假定 σ^2、σ_ϕ^2 和 σ_v^2 服从逆伽马分布，β 服从正态分布。

最后，我们根据第三级的前先验分布、第二级的先验分布和第一级的似然函数，在给定样本数据 y 的情况下，得到参数的后验分布：

$$
\begin{aligned}
f(\mu,\ \beta,\ \phi,\ \sigma^2,\ \sigma_\phi^2,\ \sigma_v^2 \mid y) \propto\ & \frac{1}{\sigma^{2n}}\exp\left[-\frac{1}{2\sigma^2}\sum_{i=1}^{n}(y_i-u_j)^2\right] \times \frac{1}{\sigma_v^{2n}}\exp\left[-\frac{1}{2\sigma_v^2}\sum_{i=1}^{n}(y_i-u_j)^2\right] \\
& \times \frac{1}{\sigma_\phi^{2n}}\exp\left[-\frac{1}{2\sigma_\phi^2}\sum_{i=1}^{n}\sum_{j<i}w_{ij}(\phi_i-\phi_j)^2\right] \times \exp\left(-\frac{1}{2}\frac{a}{\sigma^2}\right)\left(\frac{1}{\sigma^2}\right)^{\frac{1}{2}b-1} \\
& \times \exp\left(-\frac{1}{2}\frac{c}{\sigma_\phi^2}\right)\left(\frac{1}{\sigma_\phi^2}\right)^{\frac{1}{2}d-1} \times \exp\left(-\frac{1}{2}\frac{e}{\sigma_v^2}\right)\left(\frac{1}{\sigma_v^2}\right)^{\frac{1}{2}g-1} \quad (6)
\end{aligned}
$$

然而，对（6）式给出的联合后验分布进行直接计算是不可行的，在实证分析中我们可以采用马尔可夫链蒙特卡罗模拟和吉布斯抽样法，对所有参数的条件后验分布进行大样本抽样，以获得连续的数值样本，并根据样本计算参数的后验均值以及 95% 的置信区间。

本文原载于《管理世界》2010 年第 7 期

货币外部性、技术外部性与 FDI 区域分布非均衡[*]

陈继勇　梁　柱

一、引　言

改革开放以来至 2009 年底，按存量计算，中国已累计实际利用外商直接投资（FDI）9426.2 亿美元。虽然中国吸引了大量的 FDI，但 FDI 在中国地区间的分布是极不均衡的。截至 2009 年底，东部累计吸引的 FDI 占中国吸收总额的 82.39%，而中部和西部的比率分别仅为 10.99% 和 6.62%，即绝大部分的 FDI 落户在东部。[①]

外商直接投资加速了中国的工业化进程，推动了产业结构的优化升级，创造了大量就业机会，同时也促进了国内企业的技术进步和经济增长。外商直接投资带来的资本及其知识溢出显著地促进了中国区域经济增长（陈继勇、盛杨怿，2008）。因此，深入探讨影响 FDI 在中国区位选择的主要因素有着极其重要的意义。

国内外关于 FDI 在中国的区位选择问题的研究，大体上可分为两类：一类是运用省际宏观数据分析 FDI 在各省区的分布；一类是运用企业层面的微观数据，考察企业在各省区的区位决策。很多研究都发现，FDI 在中国的分布呈现出集聚的特征，如王剑、徐康宁（2005，2006），冯涛、赵会玉和杜苗苗（2008）。然而集聚又是如何产生的呢？集聚的思想最早可追溯至马歇尔（Marshall，1920），他指出企业追求内部和外部规模经济是导致集聚的重要原因。专业化的劳动力、稳定的中间产品投入和最终产品需求、技术外溢是集聚产生的最主要利益。集聚带来的三个利益中，有两个是与技术外部性（Technological Externalities）有关，即有行业所需技能的熟练劳动力，技术和信息外溢；一个是与货币外部性（Pecuniary Externalities）有关，即获得稳定的中间产品投入和最终产品需求。技术外部性，即技术外溢或知识外溢，主要表现为不同产业或企业的企业家、设计者和工程师之间有用技术信息的交流。货币外部性是指与需求相联系的一种效应，它通过产业的前后向关联和市场（价格）机制能够降低企业的成本。[②]

随着企业集聚的增加，企业间通过人与人之间的交流、交换信息而产生的技术外部性会更大。但是，知识溢出存在距离衰减，只有当企业相互靠近时，它们之间的交流才是最有效的（李君华，2009）。并且企业所使用的知识大部分是隐性（Tacit）知识，对于这种知识而言，人与人之间近距离的交流是至关重要的。因此，如果知识和技术外溢效应只存在于一定的较小的空间范围内，外商投资企业的位置就可能作为公司获得竞争优势的手段，这些竞争优势可以通过企业间的相互模仿、竞争和人才流动来实现。鉴于技

*　国家自科基金项目《知识溢出对我国外商直接投资地区非均衡增长的影响途径与数量测度》（70773082）、国家社科基金项目《基于"知识粘性"的我国利用外商直接投资地区集中研究》（07BJL044）、国家软科学项目《国家创新体系中政府的作用与影响绩效评价研究》（2009GX3K040）、中央高校基本科研业务费专项资金资助（20101050102000055）。本文于 2012 年获武汉市第十三次社会科学优秀成果奖一等奖。

①　资料来源：《中国统计年鉴 2009》和 2009 年国民经济和社会发展统计公告。根据各省历年实际利用外资作者计算得出。

②　货币外部性最早是由 T. Scitovsky（1954）提出的，但 Scitovsky 只是通过公式来表达货币外部性和技术外部性的意义，并没有给出具体的定义。

术外溢在空间传播的范围有限，那么技术外部性导致的集聚对于 FDI 在中国省区的区位选择有着显著影响。陈继勇等（2010）研究发现自主创新能力对外商直接投资具有正向影响。

与货币外部性有关的出口开放度和国内省区的潜在市场规模（潜在市场潜力）都是吸引 FDI 的重要因素，两者表现为货币外部性的需求方面。很多研究表明开放度提高能够引到更多的 FDI，这与改革开放以来中国的现实情况一致。东部地区的开放度平均来说远远高于中部和西部省区。Redding 和 Venables（2004）认为地理区位会影响商品、要素和信息的流动，因此，地理区位自然会影响外商直接投资的区位选择。地理区位的不同，很容易造成各省区的出口开放度不同。市场规模也是吸引 FDI 的另一个重要因素。王徐广和范红忠（2008）发现，在吸引 FDI 方面，国外市场（出口开放度）与国内地区市场规模存在一定的替代性。但是上述很多文献都没有关注和控制开放度这个变量的内生性问题。

本文将在已有文献的基础上，第一，从货币外部性和技术外部性两个来源方面考察 FDI 在中国地理区间上的集聚即由此导致的 FDI 区域分布非均衡，并且在黄肖琦和柴敏（2006）的基础上进一步考察了技术外部性的另一个指标——创新效率——对 FDI 吸引的作用；第二，细化了王徐广和范红忠（2008）的研究，对出口开放度和国内省区的潜在市场规模的替代性在三大区域内做了实证考察，并且实证结果更接近现实。

二、变量构造、计量模型和数据来源

（一）变量构造

1. 货币外部性

Krugman（1991）表明，厂商倾向于选址在具有较好的市场可进入性和工业品获得性的地区，货币外部性导致了厂商在某地区的集聚。本文选取国内省区的潜在市场规模和出口开放度作为货币外部性的代理变量，前者反映了国内某省区的市场规模，后者反映了国外市场对该省区的需求。在对 FDI 的吸引方面，理论上，两者具有一定的替代性。

（1）潜在地区市场规模。

某一特定省区的地区市场规模既反映本省区的需求，也包括来自其他省区的需求。本文用新经济地理学的市场潜力（Market Potential）这个指标来表示地区市场规模（Harris，1954）。第 i 个省区在 t 时期的地区市场规模 RMS_{it} 可表示为：

$$RMS_{it} = (y_{jt}/d_{ij} + y_{it}/d_{ii}) \tag{1}$$

其中，y_{jt} 为 t 时期 j 省的地区生产总值；d_{ij} 为 i、j 两省会城市间的距离；d_{ii} 为 i 省区的内部距离。①

（2）出口开放度。

出口开放度用某省区的出口额占其当年的地区生产总值的比重来衡量。如第一部分所述，很多文献都没有关注和控制开放度这个变量的内生性问题，如财政分权以后，越富裕的省区，越有条件通过改善本地的基础设施来扩大本地企业的出口，也越有利于吸引 FDI 发展加工贸易（黄玖立和李坤望，2006）。本文参考 Wei 和 Wu（2001），黄玖立和李坤望（2006）的方法来构造出口开放度的工具变量——海外市场可达性（Foreign Market Access），以此来控制出口开放度对 FDI 区位选择的内生性影响，从而消除 OLS 估计的有偏性。国外市场可达性 FMA 的构造为取各省区省会城市到海岸线距离的倒数（乘以 100）。其中沿海省份到海岸线的距离为该省区的内部距离 d_{ii}；内地省份则取省会城市到中国最大的五个港口（上海港、深圳港、广州港、宁波—舟山港、天津港）的最近距离 D_{ij}。

由于地理距离是不随时间变化的，因此，固定效应是无法估计出 FMA 的系数。因此，同时为了反映

---

① 各省区的内部距离取其省区地理半径的 2/3，即 $d_{ii} = 2/3 (s_i/\pi)^{1/2}$，其中，$s_i$ 为 i 省的陆地面积。本文的实证分析是使用 30 个省的数据，这里 $j = 29$。

动态特征，我们用官方名义汇率对国外市场可达性进行调整，即用 1999—2007 年的人民币对美元的名义汇率乘以各省的海外市场可达性。[1]

2. 技术外部性

技术外部性选取创新能力和创新效率作为代理变量。

（1）创新能力（Innocapa）。

一个地区的创新能力越强，发明专利越多，由这些创新导致的潜在的知识和技术溢出的可能性也越大。陈继勇等（2010）的实证结果表明，自主创新能力对外商直接投资具有正向影响。与使用新型和外观设计两种形式的专利相比，发明专利的技术含量高，是衡量创新产出的较好指标，更能客观地反映出一个地区原始创新能力与科技综合实力（白俊红、江可申和李靖，2009）。因此，本文采用各省区平均每万人拥有的发明专利数量来衡量该省的创新能力。

（2）创新效率（Innoeff）。

创新技术的研发需要科技研发人员和研发资本的投入，而创新效率是对创新生产过程的一种整体评估。创新效率高的地方，在相同数量投入的情况下，能够得到较高的产出，从而节约了研发成本。因此，我们认为创新效率高的地方，FDI 的数量也将较多。

目前，文献中衡量效率的方法主要有随机前沿分析（SFA）和数据包络分析（DEA）。本文采用数据包络分析的方法来测算创新效率。关于创新过程，本文选取科技研发人员和研发资本作为投入，发明专利授权量作为产出。[2]

测算创新效率，首先应测算 R&D 资本存量。本文采用永续盘存法来核算 R&D 资本存量。为了减少基年资本存量估算误差对后续年份影响，因此，在考虑数据可得性的情况下，本文使用 1995—2007 年各地区研究与开发机构经费内部支出统计，来计算各省区的研发资本存量。折旧率 $\delta = 15\%$；参考白俊红等（2009）的做法，R&D 支出的价格指数的计算公式为：

$$R\&D \text{ 支出价格指数} = 0.55 \times \text{消费价格指数} + 0.45 \times \text{固定资产投资价格指数} \tag{2}$$

薄文广、马先标和冼国明（2005）等发现 FDI 对中国的技术创新具有正向的促进作用，因此，创新能力和创新效率也可能具有内生性（Simultaneity）。由于专利从授权到运用于生产过程有一定的时滞，并且也可以认为外商是观察到各省区不同的创新能力和效率之后，才做出区位选择的决策，因此，在计量模型中，我们取创新能力和创新效率的滞后一期作为解释变量，这样回归方程可以有效地减少创新能力和创新效率的内生性。即如果滞后一期的创新能力和创新效率能有效地吸引 FDI 的进入，则说明技术外部性是吸引 FDI 进入的一个重要因素。

（二）计量模型

结合已有的关于 FDI 区位选择的因素的研究，我们设定如下计量回归方程：

$$\begin{aligned}
\ln fdi &= \beta_0 + \beta_1 \ln rms_{it} + \beta_2 \, exo_{it} + \beta_3 \, exo_{it} * \ln rms_{it} + \beta_4 \, innocapa_{i,\,t-1} + \beta_5 \, innoeff_{i,\,t-1} \\
&\quad + \beta_6 \, humcap_{it} + \beta_7 \, effsal_{it} + u_{it}
\end{aligned} \tag{3}$$

其中，下标 i 和 t 分别表示第 i 个省份和第 t 年。β_0 是常数，表示个体非观测效应；μ_{it} 为随机误差项。$\ln fdi$：是回归分析中的被解释变量，为各省区的年度外商直接投资实际利用额。它是 FDI 区位选择的衡量指标，反映了各地区对 FDI 吸引力的大小。$exo * \ln rms$：出口开放度与潜在市场规模的交互项，用来考察二者之间的替代性，预期 β_3 为负。$humcap$：各省区的人力资本存量作为劳动力素质的代理变量。当外资厂商的生产过程中的技术水平越高、产品中的科技含量越高时，外资厂商就会对劳动力素质有较高的要求。本文用全部 6 岁及 6 岁以上人口的平均受教育年限来代理劳动力素质。$effsal$：各省区工人的有效工资

---

① 这里的海外市场可达性主要是指出口货物对欧美等主要发达国家和地区市场的可达性，因此这里就排除了从广西和云南等地的陆路出口。黄玖立和李坤望（2006）采取了这种调整方法。

② 这里使用的软件是 DEAP2.0 版本；关于用发明专利授权量作为创新产出指标的可行性的讨论请详见白俊红、江可申和李靖（2009）。

率，将各省各年实际工资除以实际人均国内生产总值所得的比率来衡量有效工资率。

（三）数据来源

由于西藏的数据不全，本文样本中包括 30 个省、自治区和直辖市从 1999—2007 年的共 270 个观测点。

各省的地区生产总值、地区生产总值指数、人均地区生产总值、在岗职工平均工资、消费者价格指数、固定资产投资价格指数均来源于中经网统计数据库；1999—2004 年各省实际利用 FDI 数据来源于中经网统计数据库，2005—2007 年数据来源于商务部的统计公报和各省的统计年鉴；6 岁及以上人口受教育程度的数据来源于历年《中国统计年鉴》。1995—2007 年各地区研究与开发机构经费内部支出统计、各地区科技活动人员数和各地区专利授予权数量来源于历年《中国科技统计年鉴》。文中各名义变量全部都折算成以 1999 年为基期的实际量。

三、实 证 结 果

我们认为考虑外商在中国的区位选择情况时，各省区间的差异大于时期间的差异，因此，这里选择个体固定效应模型，并对估计系数进行了 White 跨截面方差—协方差调整。在各回归模型中，需对残差项做序列相关调整。① exo、exo*lnrms、innocapa（-1）和 innoeff（-1）Hausman 联合外生性检验的 F 值为 5.98（$p=0.0002$），因此，拒绝 exo、exo*lnrms、innocapa（-1）和 innoeff（-1）全都是外生变量的原假设。因此，用 fma 作为出口开放度 exo 的工具变量，fma*lnrms 作为 exo*lnrms 的工具变量，创新能力的二阶滞后 innocapa（-2）作为其一阶滞后 innocapa（-1）的工具变量，创新效率的二阶滞后 innoeff（-2）作为其一阶滞后 innoeff（-1）的工具变量。②

（一）全国样本的实证结果

表 1 报告了回归方程（3）的全国样本的估计结果，模型（1）、（2）和（3）是选择横截面加权（CSW）的广义最小二乘（GLS）估计结果，这里没有考虑相关解释变量可能的内生性。模型（4）、（5）和（6）是运用工具变量的二阶段最小二乘（TSLS）的估计结果。

表 1　　　　　　　　　　　　　1999—2007 年全国样本回归结果

	GLS			TSLS		
	（1）	（2）	（3）	（4）	（5）	（6）
lnrms	0.920*** (11.79)	0.973*** (16.09)	0.930*** (13.01)	0.774*** (5.03)	0.891*** (6.32)	0.779*** (6.20)

---

① 在做东、中、西部的分地区回归时，自变量是 8 个，而中部一共是 8 个省，而随机效应模型要求横截面的个数大于估计参数的个数，否则无法估计出来。因此，这里就没有报告模型设定的 Hausman 检验。并且，随机效应模型假设个体非观测效应与解释变量无关，而这是一个很强的假定，因此，大多数情况下都是拒绝随即效应更有效的原假设。FDI 的投资区域选择有较强的路径依赖和区域偏好，随着时间的积累也就表现出集聚的特征，因此，模型中残差项的序列相关现象很明显。

② Hausman 外生性检验分两步：第一步是用可疑的内生变量对工具变量和外生变量回归，得到残差序列；第二步是对初始的解释变量（包括外生变量和可疑的内生变量）和第一步得到的残差序列回归。如果可疑解释变量是外生的，则残差项的系数应该不显著。对于多个可疑变量的外生性检验则运用有约束的联合 F 检验（Wald 检验）。innocapa（-2）和 innocapa（-1）的相关系数为 0.961，innoeff（-2）和 innoeff（-1）的相关系数为 0.695。

续表

	GLS			TSLS		
	(1)	(2)	(3)	(4)	(5)	(6)
exo	0.48 (0.80)	0.410 (0.62)	0.41 (0.69)	3.853*** (2.50)	3.527** (2.30)	3.754** (2.44)
exo * lnrm	−0.905*** (−4.01)	−0.830*** (−3.78)	−0.900*** (−4.17)	−2.115*** (−3.81)	−1.846*** (−3.38)	−2.057*** (−3.59)
Innocapa (−1)	0.092 (1.45)		0.088 (1.28)	0.201* (1.85)		0.195* (1.87)
innocapa2 (−1)		0.045 (0.68)	0.035 (0.49)		0.0024 (0.016)	−0.040 (−0.28)
innoeff (−1)	−0.060 (−0.86)	−0.050 (−0.86)	−0.056 (−0.81)	−0.046 (−0.66)	−0.030 (−0.44)	−0.05 (−0.67)
humcap	−0.250* (−1.68)	−0.212 (−1.54)	−0.23 (−1.64)	−0.383* (−1.86)	−0.294 (−1.50)	−0.37** (−2.14)
effsal	22.96*** (44.85)	22.81*** (52.20)	22.89*** (47.66)	22.62*** (34.33)	22.38*** (33.59)	22.66*** (32.74)
AR (1)	0.50*** (4.78)	0.50*** (4.86)	0.50*** (4.70)	0.47*** (8.27)	0.48*** (8.32)	0.47*** (8.16)
调整的 R^2	0.984	0.984	0.984	0.986	0.986	0.985
F	371.2	361.0	349.5	412.5	410.9	399.1
DW	2.14	2.11	2.10	2.07	2.09	2.16
观测点	30 * 9	30 * 9	30 * 9	30 * 9	30 * 9	30 * 9

注：被解释变量是 lnfdi；括号中的数值是回归系数的 t 值；***、**、* 分布表示显著性水平 1%、5%、10%。工具变量有：fma、fma * lnrms、innocapa (−2) 和 innoeff (−2)。AR (1) 表示对残差项进行一阶序列自相关调整。

相比模型 (1)、(2)、(3) 的结果，在考虑了出口开放度的内生性之后，出口开放度的估计系数值大幅度提高，并且由不显著变为现在的 5% 及以上水平显著，这说明出口开放度的内生性使得 GLS 估计明显大幅度下偏，从而严重地低估了海外市场在吸引 FDI 方面的重要作用。地区潜在市场规模的估计系数仍然在 1% 水平上显著，说明潜在地区市场规模越大的省份吸引的 FDI 越多；但是该系数值与之前相比，平均下降了 13% 左右，这表明由于出口开放度的内生性导致了国内市场规模在吸引 FDI 作用方面的高估。出口开放度与潜在市场规模的交叉项的估计系数的绝对值也普遍增大一倍以上，并也都在 1% 的水平上显著；这说明在吸引 FDI 进入方面，地区市场和国外市场具有相互替代性，如广东、福建、江苏和上海等省市吸引的大量 FDI 主要是看重国外市场规模，大量的外资企业在当地完成生产、加工或组装等然后出口，而进入湖北、河南和陕西等省份的 FDI 则主要是看重当地较大的市场规模。依照表 1 中的模型 (6)，我们可以求出各省区最适宜的出口开放度和潜在市场规模对吸引 FDI 的边际影响：

$$\partial\, lnfdiit/\partial\, lnrmsit = 0.779 - 2.057 exoit \qquad (4)$$

$$\partial\, lnfdiit/\partial\, exoit = 3.754 - 2.057 lnrmsit \qquad (5)$$

通过令 (4) 式和 (5) 式等于零，可以求出就全国平均而言，各省区在吸引 FDI 方面最适宜的平均出口开放度和地区市场规模。随着出口开放度的提高，当潜在市场规模达到 620.28 亿元人民币/公里时，或者随着国内市场规模的扩大，出口开放度达到 0.379 时，一个地区的出口开放度和地区市场规模就可能达到了其适宜性水平。与王徐广和范红忠（2008）相比，本文的实证结果更接近现实。①

在模型（4）和（6）中，创新水平的估计系数为正，并在10%的水平上显著，这说明一个地区历史上的技术创新水平能较显著地吸引 FDI 的进入。而模型（5）和（6）中创新效率的估计系数值很小，并且不显著，这可能是由于创新效率和经济发展水平没有很直接的联系，如新疆的创新效率较高，1999—2007年平均达到了0.8251，而东部的江苏和广东等省份虽然每年投入大量的研发人员和资金，但是研发效率较低，九年间平均分别为0.3947和0.5541。②

另外，人力资本存量的系数都为负但不显著，这与孙俊（2002）的结果一致。这里可能的原因有两个：一是，外商考虑在某地区投资时，主要看重的是当地的市场成熟性、开放度及优惠政策等，而将当地的劳动力的受教育状况放在一个相对较低的地位；其次，在中国，目前劳动力的受教育程度和劳动技能的高低没有必然联系，受教育的年限是反映人力资本的一个指标。如中西部很多省份的初中和高中毕业的年轻人去江浙和广东等地打工，在工作过程中接受了劳动技能的锻炼，在老员工、师傅或公司集体培训下，工人技能和人力资本都会得到提高，这是一种隐性的人力资本的积累，但是，这里的人力资本代理变量并不能考虑到工人在工作后工作技能及由此导致的人力资本的积累和提高。除模型（5）外，有效工资率高的省区都显著地不利于 FDI 的进入，这可能与目前很多外商在中国的投资对劳动力成本仍然较敏感有关。

（二）东、中、西部分区域检验结果

为了比较分析各区域在吸引外商直接投资的具体特征，我们分东部、中部和西部三个区域进行讨论，实证结果见表2。③

1. 东部区域实证分析结果

从表2对东部样本回归的模型（1）、（2）中可以看出，衡量技术外部性的解释变量创新能力和创新效率的估计系数都为负，并且都不显著，因此，我们尝试在回归方程中加入创新能力的平方项（innocapa2）。结果，如模型（3）、（4）所示，此时创新能力的一次项和二次项都至少在5%水平显著，同时创新效率的估计系数也变得显著，这可能是说明加入创新能力的平方项后，模型得到了正确的设定。通过模型（4），我们可以得到，当每万人拥有的发明专利数量达到3.356件④之后，东部各省的创新能力越高就越能有力地、不可逆转地吸引更多的 FDI。而在达到每万人拥有发明专利3.356件之前，其他因素如国内外市场规模、市场化程度和优惠政策等都可能是主要的吸引 FDI 的因素。2007年创新能力水平较高的北京和上海平均每万人拥有的发明专利数分别为2.954件和1.754件，离3.356的拐点水平相差不少。在模型得到正确设定之后，（4）中创新效率的估计系数显著为正，说明在东部沿海各省创新能力水平都较高的情况下，外商会选择投资于研发效率较高的省区，以此降低研发成本。

模型（3）、（4）中地区市场规模的系数平均提高10%左右，而出口开放度和交叉项的估计系数则变小。

2. 中部区域实证分析结果

从表2对中部样本的回归模型（5）、（6）、（7）、（8）中可以看出，需要在回归方程（3）式中加入创新能力的平方项（innocapa2）后，模型可能得到正确的设定。一旦模型得到了正确的设定，如东部省

---

① 王徐广和范红忠（2008）的实证结果显示，就全国平均而言，在一定的出口开放度之下，一个省区适宜的潜在市场规模是582.058百亿元人民币/公里，即58205.8亿元/公里，这显然是极大的高估。

② 新疆的创新效率如此之高，大大超出我们的预期。使用发明专利的总量数据无法区分其创新性的大小以及对社会的贡献度，而无论其创新性大小，一件发明从数量上都被计为1，因此，导致这里的相对效率估计难以反映真实的情况。

③ 东部地区包括的省（自治区、直辖市）为：北京、天津、河北、辽宁、山东、上海、江苏、浙江、广东、福建；中部地区包括的省（自治区、直辖市）为：吉林、黑龙江、河南、山西、湖北、湖南、安徽、江西；西部地区包括的省（自治区、直辖市）为：云南、贵州、四川、广西、重庆、内蒙古、陕西、甘肃、青海、宁夏、新疆。海南省2007年的出口开放度为0.085，同重庆市和宁夏差不多，仅为新疆的三分之一左右，因此，把海南划分到西部省份。

④ ⑪ 计算公式为 $-1.027+0.306innocapa(-1)=0$，可以求得 $innocapa(-1)=3.356$。下文对中部的求解同理。

表2　中、东、西部分区域工具变量法（TSLS）回归结果

	东部				中部				西部			
	(1)	(2)	(3)	(4)	(5)	(6)	(7)	(8)	(9)	(10)	(11)	(12)
lnrms	0.943*** (11.32)	0.885** (2.07)	1.030*** (5.47)	1.186*** (4.05)	2.635*** (3.25)	2.158*** (3.44)	3.660*** (13.51)	4.041*** (10.39)	1.007*** (3.28)	0.840*** (3.63)	0.949*** (3.85)	0.944*** (4.10)
exo	1.686** (2.12)	1.650 (1.15)	1.319** (2.51)	1.484** (1.97)	-2.530 (-0.73)	1.040 (0.49)	1.720 (0.87)	2.699 (1.32)	5.211 (1.24)	2.717* (1.72)	2.493 (1.61)	2.73* (1.82)
exo * lnrm	-1.588** (-2.66)	-1.562 (-1.29)	-1.280*** (-3.98)	-1.380*** (-3.06)	-18.47*** (-2.94)	-24.31*** (-3.17)	-27.31*** (-3.99)	-26.86*** (-3.92)	2.182 (0.68)			
innocapa (-1)	-0.029 (-0.19)		-0.664** (-2.32)	-1.027** (-2.79)	-7.800 (-1.23)		-28.16*** (-7.13)	-34.98*** (-5.17)	0.029 (0.27)	0.016 (0.25)		0.015 (0.12)
innocapa2 (-1)			0.206** (2.14)	0.306*** (2.96)			103.5*** (4.98)	125.8*** (4.47)				
innoeff (-1)	-0.261 (-1.29)	-0.250 (-1.12)		0.284* (1.90)	0.577 (1.15)	0.403 (1.03)		0.335** (2.17)	-0.328 (-1.17)		-0.212 (-1.01)	-0.26 (-0.87)
humcap	0.07 (0.45)	0.060 (0.42)	-0.011 (-0.07)	-0.047 (-0.31)	-0.252 (-1.20)	-0.225 (-1.01)	-0.143 (-0.84)	-0.135 (-0.72)	-0.196* (-1.95)	-0.17** (-2.09)	-0.155* (-1.94)	-0.172** (-2.16)
effsal	-0.08 (-0.37)	-0.139 (-0.27)	0.100 (0.41)	0.457 (1.20)	0.139 (0.28)	0.587 (1.10)	-0.063** (-2.27)	-0.514 (-1.48)	-0.390 (-1.33)	-0.536** (-2.23)	-0.404 (-1.50)	-0.440 (-1.51)
常数项	22.77***	22.97***	23.30***	23.06***	23.63***	22.64***	24.13***	23.77***	23.56***	23.42***	23.20***	23.41***
AR (1)	0.50*** (5.66)	0.50*** (4.68)	0.50*** (5.67)	0.52*** (7.11)	0.26* (1.72)	0.47*** (3.14)	0.24** (2.26)	0.252** (2.57)				
调整的 R^2	0.950	0.952	0.953	0.950	0.844	0.844	0.905	0.894	0.951	0.963	0.955	0.953
F	78.5	86.49	89.4	85.2	19.9	22.4	30.0	29.2	89.2	124.5	104.3	96.2
DW	2.23	2.23	2.22	2.23	1.90	1.81	2.44	2.40	2.20	2.22	2.14	2.18
观测点	10 * 9	10 * 9	10 * 9	10 * 9	8 * 9	8 * 9	8 * 9	8 * 9	12 * 9	12 * 9	12 * 9	12 * 9

注：被解释变量是 lnfdi；括号中的数值是回归系数的 t 值；***、**、* 分布表示显著性水平 1%、5%、10%。工具变量有：fma, fma * lnrms, innocapa（-2）和 innoeff（-2）。AR（1）表示对残差项进行一阶序列自相关调整。

区所示，中部省区的创新能力的一次项、二次项和创新效率的估计系数都在 1% 水平显著。通过模型 (8)，我们可以得到，当每万人拥有的发明专利数量达到 0.278 件之后，中部各省的创新能力越高就越能有力地、不可逆转地吸引更多的 FDI。而中部省份中，2007 年创新能力水平较高的黑龙江、吉林和湖北平均每万人拥有的发明专利数分别只为 0.175 件、0.166 件和 0.155 件，这和 0.278 的拐点水平相差不少。

同时，从回归模型 (5)、(6)、(7)、(8) 中可以发现，对于中部省份来说，出口开放度即国外市场规模对吸引 FDI 没有显著的作用，这可能和中部省份的出口开放度相对较低，服务于国外市场的运输成本和交易成本较大有关。而地区市场规模和二者的交叉项都是在 1% 的水平上高度显著，这说明对于中部省份来说，在吸引 FDI 方面，国内地区市场和国外市场仍然具有一定的相互替代性，但此时，地区市场规模起主要作用。中部省区由于较优越的地理位置，地区市场规模较大，落户于中部省份的 FDI 主要看重的是较大的市场地区规模。

3. 西部区域实证分析结果

从表 2 的模型 (9)、(10) 和 (11)、(12) 可以看出，在西部省份，国内地区市场和国外市场不再具有相互替代性。西部省区的市场规模仍然能够有力的吸引 FDI 的进入，同时，西部省区如果能够提高其出口开放度，则依然可以显著的吸引更多 FDI 的进入（模型 (11) 中出口开放度的 t 值也快接近显著性水平 10% 的边缘）。衡量技术外部性的解释变量创新能力和创新效率的估计系数都较小并且不显著，这可能和西部各省区较低的创新能力水平有关。在创新能力水平较低时，由创新所导致的知识溢出较少，从而外商进入西部省区时也较少地由于技术外部性而聚集在一起。而当创新能力水平较低时，创新效率也就不那么重要了。

在东、中、西分区域的实证分析中，人力资本存量和有效工资率的估计系数要么为负，要么不显著。主要原因可能在于：目前，外商在中国的区域选择仍然对劳动力成本比较敏感，并且，人均受教育年限只是人力资本的指标之一，工人在工作过程中接受了大量的劳动技能锻炼等，这些都是隐性的人力资本的积累。

(三) 全国及东中西部样本实证分析的结果比较

和 (4)、(5) 式类似，根据表 2 中的模型 (4) 和 (8) 可以分别求出东部和中部各省区在吸引 FDI 方面最适宜的出口开放度和地区市场规模。结合全国样本和东中部样本的回归分析来看，随着出口开放度的提高，当全国、东部和中部的潜在市场规模分别达到 620.28、293.11、110.57 亿元人民币/公里时，或者随着国内地区市场规模的扩大，出口开放度分别达到 0.379、0.859、0.15 时，全国平均、东部省区和中部省区的出口开放度和地区市场规模就可能达到了其适宜性水平。而在西部省份，国内地区市场和国外市场不再具有替代性。

中部省区的出口开放度较低，2007 年开放度最高的黑龙江和湖北的出口开放度分别为 0.132 和 0.091，都未达到 0.15 的最优水平，但是中部省份的地区市场规模都已超过 110.57 亿元人民币/公里的适宜性水平。究其原因，我们认为，这可能和本文的潜在地区市场规模指标（rms）的设计有关。①

东部和中部省区吸引 FDI 的正确模型设定需要加入创新能力的二次项，并且，FDI 的吸引量与当地的创新能力呈 "U" 字形曲线，而在西部省区，创新能力和创新效率未能显著地吸引 FDI 的进入。

---

① 徐康宁，王剑（2006）研究江苏省地级市的 FDI 集聚的来源国效应时，计算地级市的市场规模的方法为：$Mark_i = GDP_{is} + 100 \times \sum_{k=29}^{i} GDP_k / d_{ik}$，主要变量和本文类似，只是作者加了一个距离的调整系数。而本文只直接用地理距离为权重，这里明显低估了地区市场规模。Harris（1954）指出，一个城市一定量的零售额提供的市场规模是 1960 英里之外一个村庄对该城市提供的市场规模的 10 倍。设该函数为一个指数函数，则 $j^0 = 1$，$j^{1960} = 0.1$，由此可得 1400 公里之外一个城市对某中心城市提供的市场规模为该城市市场规模的 0.631。而本文的权重则为 1/400 = 0.0025，因此，本文对地区市场规模的估算方法是偏小的。

四、结论与政策建议

货币外部性和技术外部性是集聚产生的重要原因，本文分别从全国和东、中、西部区域来考察货币外部性和技术外部性对于 FDI 区位选择的影响。本文的实证研究得出如下几点结论：

（1）全国样本、东部和中部省区在吸引 FDI 方面，国内地区市场和国外市场具有一定的相互替代性，而在西部省区则没有发现这种替代性。

（2）对于全国样本而言，创新能力可以显著地吸引 FDI 的进入，而东部和中部省区吸引 FDI 的数量则与当地的创新能力呈 U 字形曲线，并且一旦模型得到了正确的设定，创新效率也能显著地吸引 FDI；而西部省区的创新能力和创新效率对于吸引 FDI 则没有显著的作用。提高自主创新能力和创新效率，可以增加外商在东部和中部省区的落户。对于东部地区来说，潜在地区市场规模和出口开放度均快接近其适宜值，由于集聚导致的要素成本上升和拥塞而产生离心力，因此，未来东部地区应主要以提高创新能力和创新效率来吸引 FDI 的进入；而中部地区未来随着出口开放度的提高，可以吸引更多 FDI 的进入，但是中部省区出口的交易成本较高，未来也应考虑以提高创新能力和创新效率来吸引 FDI 的进入。提高自主创新能力，有利于保证中国经济的可持续发展，各省区创新能力的加强和创新效率的提高，也有利于 FDI 的进入；与此同时，在提高自主创新能力的过程中，随着人力资本的积累，各省区将更有效率的吸收 FDI 产生的技术外溢来促进地区经济发展。

结合本文的分析，我们提出以下政策建议：

（1）各省区应充分重视自主创新，提高国内自主研发能力，在建设创新型社会的同时又能够吸引更多的 FDI 的进入。（2）将技术引进与自主创新相结合，充分使用适宜的创新和研发技术，提高各省区的创新效率。（3）重视引资质量，努力吸引跨国公司研发中心落户中国，通过技术的外溢和扩散，来提高当地的创新能力水平。

◎ 参考文献

［1］白俊红、江可申、李婧，（2009）"中国地区研发创新的相对效率与全要素生产率增长分解，"《数量经济技术经济研究》第 3 期。

［2］薄文广、马先标、冼国明，（2005）"外国直接投资对于中国技术创新作用的影响分析，"《中国软科学》第 11 期。

［3］陈继勇、盛杨怿，（2008）"外商直接投资的知识溢出与中国区域经济增长，"《经济研究》第 12 期。

［4］陈继勇、雷欣、黄开琢，（2010）"知识溢出、自主创新能力与外商直接投资，"《管理世界》第 7 期。

［5］冯涛、赵会玉、杜苗苗，（2008）"外商直接投资区域聚集非均衡性的实证研究，"《经济学（季刊）》第 2 期。

［6］黄肖琦、柴敏，（2006）"新经济地理学视角下的 FDI 区位选择——基于中国省际面板数据的实证分析，"《管理世界》第 10 期。

［7］黄玖立、李坤望，（2006）"出口开放、地区市场规模和经济增长，"《经济研究》第 6 期。

［8］李君华，（2009）"学习效应、拥挤性、地区的分工和集聚，"《经济学（季刊）》第 3 期。

［9］刘海燕、刘敬远，（2009）"FDI 与区域经济增长的实证研究——基于天津经济技术开发区数据的计量检验，"《国际商务——对外经济贸易大学学报》第 6 期。

［10］王剑、徐康宁，（2005）"FDI 区位选择、产业聚集与产业异质——以江苏为例的研究，"《经济科学》第 4 期。

［11］ 王徐广、范红忠（2008）"潜在市场规模、出口开放和各地区对 FDI 的吸引力，"《南方经济》第 12 期。

［12］ 徐康宁、王剑（2006）"外商直接投资地理性聚集的国（地区）别效应：江苏例证．，"《经济学（季刊）》第 3 期。

［13］ Krugman，P.，（1991）"Increasing Returns and Economic Geography，" *Journal of Political Economy* 99（3），483-499.

［14］ Scitovsky，T.，（1954）"Two Concepts of External Economies，" *Journal of Political Economy* 62（2），143-151.

［15］ Redding，S. and Venables，A. J.，（2004）"Economic Geography and International Inequality，" *Journal of International Economics* 62（1），53-82.

本文原载于《国际贸易问题》2011 年第 4 期

经济总量、经济结构及其空间协调

——外资研发嵌入提升视角[*]

陈继勇　杨旭丹　吉生保

引　言

在"新常态"背景下，中国实现经济增长由要素驱动向创新驱动的转型，关键在于掌握边际报酬高的高级要素，主要有两种途径：一是主要依赖本土研发投资，"培育"高级要素；二是通过吸引外商直接投资（FDI），特别是研发类外商直接投资（简称研发类 FDI），"嫁接"高级要素。相较于 FDI，研发类 FDI 与东道国知识溢出及技术创新的相关性更大；相较于国内研发资本，研发类 FDI 能更好地促进技术创新效率（陈继勇和盛杨怿，2008）。如何积极营造本土投资环境，充分利用第二种途径，在有效抑制研发类 FDI "水土不服"症状的基础上，帮助中国更有效地"嫁接"高级要素，意义重大。

首先，就本土投资环境建设的最终目标来看，单一维度的研发类 FDI 流量、存量抑或人（劳）均研发类 FDI 流量（存量）概念，都无法直观和全面地反映研发类 FDI 对东道国"研发"生产活动的介入和影响程度。鉴于此，崔新健于 2011 年首次提出"外资研发嵌入"概念，将外资研发嵌入看作是东道国利用研发类 FDI 而产生的一种经济社会现象（崔新健，2011）。随后，围绕外资研发嵌入产生了一系列相关研究成果（吉生保和王晓珍，2016；卢潇潇等，2016；吉生保等，2017），证实了外资研发嵌入不仅是市场创新绩效提升的一剂"良药"，还是刻画投资环境建设质量的理想"指示剂"。其次，就本土投资环境建设的现实条件来看，引资政策正逐渐让位于改革红利，而目前中国最大的改革红利当属中国的经济总量与经济结构。经济总量反映了一个地区的要素使用状况与未来发展潜力，是高级要素得以发挥作用的基础，也是研发类 FDI 能否顺利嵌入东道国的重要影响因素（Arun and Yildirim，2017；卢潇潇等，2017）。对于研发类 FDI 而言，相比经济总量，经济结构更接近"制度安排"。不难想象，两者协调比两者掣肘更能促进优质研发类 FDI 流入东道国。进一步，这也是中国经济由以往强调规模和投入的"总量红利"转变为未来看重制度和创新的"结构红利"的必然要求。显然，在建设创新驱动国家发展战略的要求下，研究经济总量和经济结构的协调问题对于实现"总量红利"向"结构红利"的过渡和衔接，至关重要。

本文的创新与贡献主要体现在以下三方面：第一，本文从外资研发嵌入角度探讨经济总量与经济结构的协调性，中国当前面临经济增速放缓、产能过剩以及外汇储备过高等问题，促进外资研发嵌入对于中国提高全要素生产率、推动经济向高质量发展阶段迈进具有重要意义，以此为切入点分析经济总量和经济结构的协调性有利于更加清晰地判别地区要素充裕度和要素配置合理度对中国利用外资能力的影响，对各级政府有的放矢地提高地区创新能力具有重要启示；第二，研究经济总量和经济结构的协调性，有利于各地

* 国家社会科学基金重大项目"'一带一路'相关国家贸易竞争与互补关系研究"（16ZDA039）；教育部社会科学重大项目"中美经贸合作重大问题研究"（18JZA034）；复旦大学中美友好互信合作计划项目"转型时期中美经贸关系发展前景研究"（FDZMHX1801）；国家自然科学基金青年项目"行业与地域比较视域下的外资研发嵌入水平对我国市场创新绩效的影响研究"（71403269）；教育部人文社会科学基金规划项目"基于外资研发嵌入的中国国际直接投资发展路径内在机制研究"（18YJA630042）。

区判别本地区是否在有序、有效地由高速度向高质量发展过渡，从而在中央政府"促进经济高质量发展"的要求下，为探寻顺利实现经济转型升级路径提供新思路；第三，鉴于投资环境建设，特别是经济总量和经济结构可能产生的空间外溢性，本文在考虑传统空间邻接权重矩阵、地理距离权重矩阵、经济距离权重矩阵的基础上，根据研究对象首次建立了研发资本存量权重矩阵，使用多种方法全面考察了经济总量和经济结构在地区层面的协调性。

一、理 论 分 析

借鉴开放式创新理论，创新的一个基本特征是"创造新的关联关系"（Schumpeter，1934；Nelson and Winter，1982；Cohen and Levinthal，1990），Foss 等（2013）发现当企业意识到要超越自身边界、获取外部有益的知识时，其创新绩效往往能得到提升。同样，想要获得外资研发嵌入提升，增强研发效率和创新绩效，重视和强化投资环境建设，特别是在考察经济总量和经济结构协调性的基础上关注两者各自空间溢出的协调性，使更多的本土企业能够"共享"外资研发嵌入带来的利好，很有必要。

首先，一个地区的经济总量（Economic Aggregate，EA）决定了该地区的市场潜力与投资前景，是反映地区经济实力和综合竞争能力的重要指标。一方面，基于区位优势理论，经济总量的提升意味着该地区对各类产品与服务的需求强烈，构成了跨国公司在当地进行研发投资、促进高级要素跨国流动乃至集聚当地的原动力；另一方面，从构成来看，经济总量蕴含在"国"和"民"两部分当中（Smith，1972），考虑到国家较少地直接参与经济活动、而较多地发挥指挥和协调的作用，"国"的部分以政府对科技和创新活动的支持情况进行衡量，同时，基于国民兼有"投入要素"和"发展目的"的特征，"民"的部分分别以人力资本的丰裕度和人均收入水平进行衡量，以刻画上述特征。

其次，经济结构（Economic Structure，ES）是一个地区生产关系和经济活动的综合反映，是社会经济和技术水平发展的重要影响因素（吉生保等，2015）。一方面，国家竞争优势理论认为，一国竞争优势的形成和发展很大程度上取决于一国的产业创新和产业升级能力，是一个经济体内部要素配置的结果，构成了评价经济结构合理性的重要指标；另一方面，鉴于产业结构与研发结构的高度相关及其对国家创新体系的重要性（Park and Park，2003），本文用产业结构刻画产业创新能力，同时，考虑到内部通达性和对外开放性对于经济结构优化和竞争优势培育的重要性，本文分别以铁路和公路总里程为代表的基础设施建设情况以及外贸依存度刻画国内层面和国际层面的经济结构情况。

在此基础上，经济总量、经济结构及其空间溢出是否协调可以分为两种类型进行研究：第一类是自我协调关系，即分析经济总量（EA）和周边地区经济总量（W·EA）、经济结构（ES）和周边地区经济结构（W·ES）之间的关系，主要考察本地区和周边地区在经济总量和经济结构上是"零和博弈"还是"互利共赢"。对本地区而言，经济总量和经济结构与其对应的周边地区相协调有利于形成与巩固区位优势，促进本地区外资研发嵌入水平提升；对于周边地区而言，自我协调意味着能够获取和承接来自其他地区的要素和资源，对其经济发展和产业升级大有裨益。第二类是彼此协调关系，即分析经济总量（EA）与经济结构（ES）、经济总量（EA）与周边地区经济结构（W·ES）、经济结构（ES）与周边地区经济总量（W·EA）、周边地区经济总量（W·EA）与周边地区经济结构（W·ES）的关系，从空间角度全面考察要素流动和资源配置的合理性。这样，本文从外资研发嵌入角度入手，以经济总量、经济结构及其空间协调为研究对象，将研究结论分为四类：积极协调型，即自我协调和彼此协调模式对应的研究对象均能促进外资研发嵌入水平提升，且效果显著；问题协调型，虽然两种模式对应的研究对象有利于提升外资研发嵌入水平，但至少有一个作用效果不显著；消极协调型，两种模式对应的研究对象负向影响外资研发嵌入水平提升，无论显著与否；不协调型，两种模式对应的研究对象对外资研发嵌入水平提升一个是有利的，而另一个是有弊的，无论显著与否。

依据上述逻辑思路，笔者绘制了基于外资研发嵌入水平提升的经济总量、经济结构及其空间协调的理论逻辑框架（见图1）。不难发现，图1中实线展示了经济总量、经济结构及其空间协调的分析过程和检验结果，虚线展示了经济总量和经济结构对外资研发嵌入水平产生影响的理论依据及作用方式。

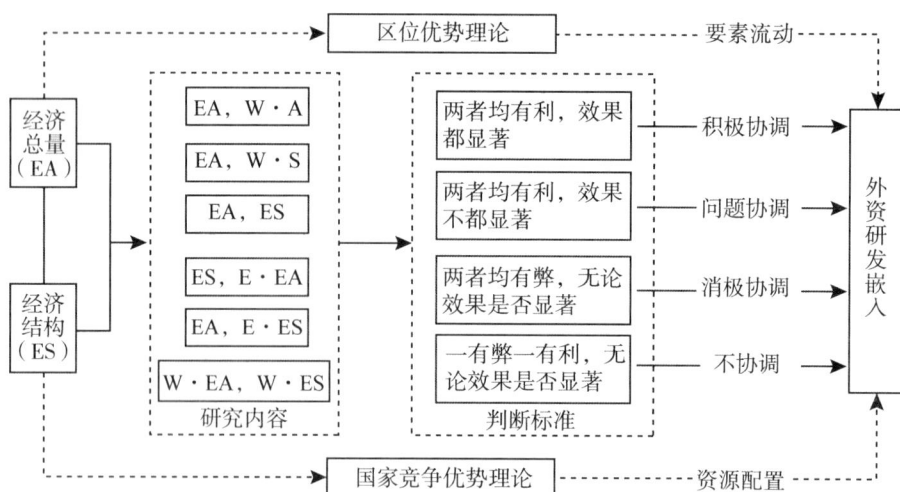

图1 经济总量、经济结构及其空间协调的理论框架

二、外资研发嵌入、经济总量和经济结构

（一）外资研发嵌入

1. 测度外资研发嵌入指数

跨国公司以研发机构为载体，投入研发资金、研发人员嵌入中国的市场创新体系。其中，研发资金投入可以衡量跨国公司对东道国市场关系的维护与重视程度；研发人员投入是保障研发资金合理使用以及与东道国相互往来、建立信用不可或缺的环节；开发改造资本投入能有效促进跨国公司在东道国技术开发的进程，保持创新活力；设立研发机构是跨国公司与东道国大学或企业研发互动的过程，深化了跨国公司分支机构利用当地知识系统和研发人力资源的能力（Yang and Hayakawa，2015）；跨国公司在华申请专利数和授权专利数是外商研发投资嵌入中国国家创新体系的有效表现形式；产品创新包括改进现有产品和向市场推出新产品，本文选取新产品开发项目、新产品销售收入、新产品产值3个指标进行衡量。

总体来看，外资研发嵌入由外资研发人员嵌入、外资研发资本嵌入、外资开发改造资本嵌入、外资研发机构嵌入、外资专利申请嵌入、外资专利授权嵌入、外资新产品项目嵌入、外资新产品销售嵌入和外资新产品产值嵌入组成，可以通过主成分分析法以外资研发嵌入指数的形式直观地表现出来。[①] 在数据选择上，选用1998—2014年全国30个省、直辖市、自治区共17年的面板数据，研究所采用的数据主要来自《工业企业科技活动统计年鉴》（2006—2015），《中国科技统计年鉴》（1999—2015）、《中国统计年鉴》（1999—2015）。

显然，外资研发嵌入指数的取值范围为［0，1］，数值越大表明嵌入程度越高。观察表1的外资研发嵌入指标均值，外资在人员、资本、专利等方面的嵌入程度保持在0.2以下，但是在新产品销售和新产品产值这两项反映研发产出的指标上嵌入指数分别为0.230和0.229，明显高于研发投入阶段，表明在华外资研发嵌入更加关注产出环节。此外，各细分指标的极差和变异系数波动较大，表明各地区/年份之间的外资研发嵌入水平存在较大的时空差异。进一步，各嵌入指数之间存在显著的线性相关关系，适合用主成

---

① 以外资研发人员嵌入指标为例，用规模以上外资工业企业研发人员与全国规模以上工业企业研发人员之比表示，其他指标构建类似，详见吉生保和王晓珍（2016）、吉生保等（2017）的研究。

分分析法。第一主成分对应的特征值为 7.105，可以解释所有嵌入信息的 79%，其余特征值均不超过 1，且解释力有限。据此，本文提取 9 个外资研发嵌入指标的第一主成分，将其单位化之后命名为外资研发嵌入指数（FIRD）。

表1   **外资研发嵌入（细分）指标说明和主成分统计检验结果**

外资研发嵌入指标	说明（规模以上工业企业）	观测值	均值	极差	变异系数	KMO	SMC
外资研发人员嵌入	外资/全国研发人员	510	0.125	0.768	1.156	0.917	0.888
外资研发资本嵌入	外资/全国研发经费	510	0.161	0.825	1.091	0.918	0.883
外资开发改造资本嵌入	外资/全国技术改造经费	510	0.091	0.619	1.257	0.975	0.540
外资研发机构嵌入	外资/全国研发机构	510	0.138	0.722	0.958	0.951	0.850
外资专利申请嵌入	外资/全国专利申请	510	0.158	0.895	1.125	0.921	0.745
外资专利授权嵌入	外资/全国专利授权	510	0.140	0.788	1.166	0.946	0.818
外资新产品项目嵌入	外资/全国新产品开发项目	510	0.136	0.731	1.020	0.862	0.936
外资新产品销售嵌入	外资/全国新产品销售收入	510	0.230	0.889	1.039	0.866	0.938
外资新产品产值嵌入	外资/全国新产品产值	510	0.229	0.866	1.033	0.935	0.737

注：2005—2014 年为有研发机构企业个数，1998—2004 年为有科技机构企业个数。

2. 中国外资研发嵌入的时空格局演进情况

根据资料的完整性和代表性，本文首先列出 1998 年、2004 年、2009 年和 2014 年全国 30 个省、直辖市、自治区的外资研发嵌入指数（见表2）。从表2可知，1998 年以来外资研发嵌入在空间上经历了"分散→集中→分散"的过程，地区差距明显。初期分散是因 20 世纪 90 年代处于外资研发投资起步阶段，整体水平都不高，地区差距较小，只有广东、福建和上海等少数东部沿海省、市外资研发嵌入指数较高；随着中国对外开放格局的不断推进，特别是在中国加入 WTO 后吸引外资的能力迅速增强，东部沿海省、市凭借其独特的区位优势使得外商研发投资快速聚集，地区差异开始变大；到了 2014 年，由于外商研发投资开始向湖北和重庆等中西部省、市转移，地区差异有所减小，但是东部沿海地区集聚度依然较高。

表2   **中国外资研发嵌入时空格局**

行政区	1998 年	2004 年	2009 年	2014 年	行政区	1998 年	2004 年	2009 年	2014 年	行政区	1998 年	2004 年	2009 年	2014 年
北京	0.137	0.333	0.333	0.299	浙江	0.081	0.318	0.305	0.245	海南	0.067	0.132	0.320	0.144
天津	0.245	0.513	0.345	0.250	安徽	0.028	0.115	0.156	0.105	重庆	0.047	0.155	0.191	0.216
河北	0.045	0.119	0.174	0.155	福建	0.426	0.636	0.644	0.455	四川	0.049	0.070	0.056	0.053
山西	0.012	0.043	0.041	0.036	江西	0.117	0.084	0.226	0.110	贵州	0.059	0.084	0.014	0.027
内蒙古	0.020	0.270	0.243	0.097	山东	0.027	0.096	0.136	0.111	云南	0.029	0.079	0.092	0.062
辽宁	0.025	0.131	0.167	0.147	河南	0.081	0.139	0.108	0.168	陕西	0.007	0.061	0.039	0.049
吉林	0.015	0.039	0.033	0.111	湖北	0.055	0.227	0.196	0.155	甘肃	0.012	0.017	0.017	0.009
黑龙江	0.045	0.145	0.113	0.080	湖南	0.008	0.118	0.055	0.076	青海	0.000	0.101	0.385	0.027
上海	0.446	0.594	0.557	0.500	广东	0.360	0.456	0.414	0.354	宁夏	0.061	0.165	0.103	0.090
江苏	0.130	0.313	0.394	0.317	广西	0.069	0.242	0.349	0.270	新疆	0.000	0.011	0.008	0.018

（二）经济总量和经济结构

1. 指标构建

在理论分析经济总量和经济结构的基础上，本文借鉴 Sylvie 和 Mina（2016）有关研发活动的决定因素，设立了两者的具体指标与定义（见表3）。其中，1998—2014 年人力资本指标根据《中国劳动统计年鉴》中"各地区就业人员受教育程度构成"按照陈钊等（2004）的方法计算得到。本文所用美元单位数据，均根据当年平均汇率换算为人民币单位，并用相应的价格指数进行平减。进一步，KMO 和 SMC 结果显示，经济总量和经济结构都可以分别使用主成分分析法进行降维，并进行标准化处理，相关原理同外资研发嵌入，备索。

表3   经济总量、经济结构指标说明和主成分统计检验结果

维度	指标内容	变量定义	变量代码	KMO	SMC
经济总量	人均 GDP	人均 GDP（元）自然对数	lnPCI	0.598	0.804
	人力资本	从业人员平均受教育年限（年）自然对数	lnHUMA	0.692	0.668
	政府支持	政府科技投资（亿元）自然对数	lnGOV	0.708	0.638
经济结构	产业结构	第三产业增加值占 GDP 比重	PRS	0.581	0.835
	外贸依存度	进出口额占 GDP 比重	OPEN	0.613	0.755
	基础设施	公路铁路总里程（万公里）自然对数	lnH&R	0.730	0.698

2. 地区经济竞争力分析

为明确各省、直辖市、自治区经济总量和经济结构的相对竞争力，有效针对自身情况和所处位置制定发展方针，本文将利用主成分分析法得到的经济总量和经济结构进行标准化，绘制了图2。可以发现，1998 年除北京、天津、上海和宁夏，其他省、直辖市、自治区的经济结构和经济总量集中分布均在 0.6 以下，表明多数地区的经济总量和经济结构竞争力较弱，尤其以经济总量为短板；在 2004—2014 年间，上海、北京和天津的经济总量和经济结构竞争力均处于 0.6 以上，依次领先全国；到 2014 年，所有省、直辖市、自治区的经济结构竞争力均低于经济总量竞争力，表明随着时间的推移，各省、直辖市、自治区经济总量基数低的短板得到了明显改善。现在各省、直辖市、自治区的当务之急是，在继续提升经济总量的同时，合理调整经济结构，努力使经济总量和经济结构齐头并进，经济发展红利得以充分发挥。

三、实 证 分 析

（一）模型设定

根据前述理论框架特征，本文构建如下基本回归模型：

$$\text{FIRD}_{it} = \alpha_0 + \alpha_1 \text{EA}_{it} + \alpha_2 \text{ES}_{it} + \varepsilon_{it} \tag{1}$$

其中，被解释变量外资研发嵌入指数记为 FIRD，α_0 为截距项，α_1 和 α_2 分别代表经济总量和经济结构的回归系数，i 为省级地区数（$i = 1, 2, \cdots, n$；$n = 30$），t 代表时期（$t = 1, 2, \cdots, m$；$m = 16$），ε_{it} 为随机误差项。

公式（1）对经济总量和经济结构的研究是建立在省、直辖市、自治区相互独立基础上的，忽略了关键变量可能产生的空间效应，易使估计结果有偏且不一致。有必要将上述基准模型扩展到空间面板计量模型的形式，该类模型主要包括空间滞后模型（SAR）和空间误差模型（SEM），以及由此发展的空间面板 Durbin 模型（SDM）。同时，由于被解释变量的取值范围为 [0，1]，为了防止有偏和不一致的估计结果，

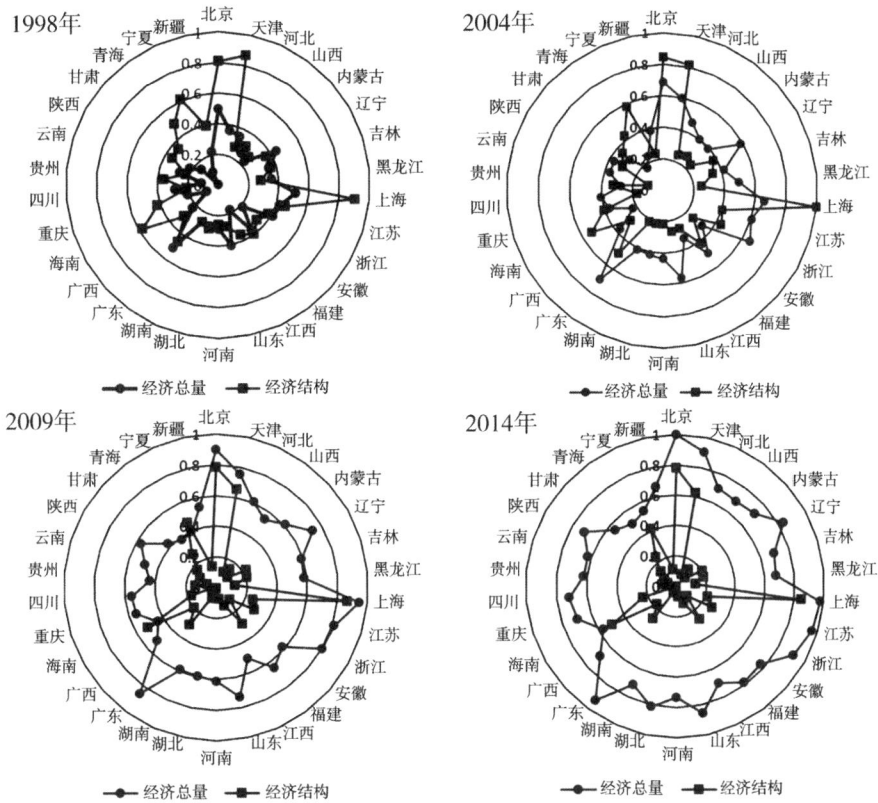

图 2　各省、直辖市、自治区经济结构与经济总量竞争力

本文将 Tobit 模型引入 SDM 模型中，形成 SDM-Tobit 模型进行稳健性检验。具体如下。

（1）空间滞后模型（SAR）。在公式（1）的基础上引入空间滞后变量的空间滞后模型回归方程如下：

$$\text{FIRD}_{it} = \alpha_0 + \alpha_1 \text{EA}_{it} + \alpha_2 \text{ES}_{it} + \rho \cdot W \cdot \text{FIRD}_{it} + \varepsilon_{it} \tag{2}$$

其中，ρ 为待估计空间滞后系数，用于测度临近地区外资研发嵌入水平对该地区外资研发嵌入变化的影响程度，其值位于（-1，1）之间；ε_{it} 为随机误差项，W 是被赋予不同"空间邻接关系"定义的（$N \times N$）空间加权矩阵。

（2）空间误差模型（SEM）。在公式（1）的基础上引入空间误差变量的空间误差模型回归方程如下：

$$\text{FIRD}_{it} = \alpha_0 + \alpha_1 \text{EA}_{it} + \alpha_2 \text{ES}_{it} + \varepsilon_{it}$$
$$\varepsilon_{it} = \lambda W \varepsilon_{it} + \theta_{it} \tag{3}$$

其中，ε_{it} 和 W 的含义同上；λ 为（$N \times 1$）阶截面量因变量向量的空间误差系数，其值位于（-1，1）之间，反映了空间依赖作用的大小；θ_{it} 为服从正态分布的随机误差向量。

（3）空间 Durbin 模型（SDM）。空间 Durbin 模型在式（1）的基础上加入了空间滞后变量和空间相关变量，同时具备 SAR 模型和 SEM 模型的优点。回归方程如下：

$$\text{FIRD}_{it} = \alpha + \alpha_1 \text{EA}_{it} + \alpha_2 \text{ES}_{it} + \alpha_3 W \cdot \text{EA}_{it} + \alpha_4 W \cdot \text{ES}_{it} + \rho \cdot W \cdot \text{FRD}_{it} + \mu_i + \gamma_t + \varepsilon_{it} \tag{4}$$

其中，α_3 和 α_4 反映了被解释变量的空间相关性，μ_i 和 γ_t 分别表示观测不到的空间和时间固定效应，ε_{it} 为随机误差项。相应地，SDM-Tobit 模型如下：

$$\text{FIRD}_{it}^* = \alpha + \alpha_1 \text{EA}_{it} + \alpha_2 \text{ES}_{it} + \alpha_3 W \cdot \text{EA}_{it} + \alpha_4 W \cdot \text{ES}_{it} + \rho \cdot W \cdot \text{FRD}_{it} + \mu_i + \gamma_t + \varepsilon_{it} \tag{5}$$

式（5）可视为 SDM 的变形，当 $\text{FIRD}_{it}^* \leqslant 0$ 时，则 $\text{FIRD}_{it} = 0$；当 $0 < \text{FIRD}_{it}^* < 1$ 时，则有 $\text{FIRD}_{it} = \text{FIRD}_{it}$；当 $\text{FIRD}_{it}^* \geqslant 1$ 时，则 $\text{FIRD}_{it} = 1$。

（二）构建空间权重矩阵

空间邻接权重矩阵 W^O。本文基于 ROOK 临近指标构建权重矩阵，考虑到各省、直辖市、自治区面积大小不同，用简单的邻接标准不利于客观测度经济总量和经济结构对外资研发嵌入的影响。

地理距离权重矩阵 W^G。本文借鉴 Madariaga 和 Poncet（2007）以及 Garretsen 和 Peeters（2009）对于地理距离权重矩阵的处理方法，选取各省、直辖市、自治区省会城市之间的地理距离倒数作为地理距离权重矩阵赋值，将其进行标准化处理，记为 W^G。

经济距离权重矩阵 W^E。考虑到经济因素在关键变量溢出中的作用，本文以 GDP 为代表刻画经济表现，按照余泳泽和刘大勇（2013）的方法对其进行标准化处理，记为 W^E。

研发资本存量权重矩阵 W^R。考虑到研发基础和研发能力在关键变量溢出中的作用，本文以研发资本存量为代表刻画研发基础和研发能力，按照 W^E 的方法构建研发资本存量空间权重矩阵，记为 W^R。本文采用永续盘存法，以 1998 年为基年，以 1995 年研发经费支出除以 10% 作为该行业的初始研发资本存量，并采用 15% 的年折旧率；本文同时利用朱有为和徐康宁（2006）设计的"研发价格指数"对开发改造经费进行平减。公式如下：

$$W'^R_{ij} = W^G_{ij}\text{diag}(\overline{R}_1/\overline{R}, \ \overline{R}_2/\overline{R}, \ \cdots, \ \overline{R}_n/\overline{R})$$

$$W^R_{ij} = \frac{W'^R_{ij}}{\sum_j W'^R_{ij}}, \ i \neq j \tag{6}$$

其中，R 表示研发资本存量，W^G_{ij} 为地理距离权重矩阵，$\overline{R}_i$ 为 i 省研发资本存量，$\overline{R}$ 为研发资本存量均值，公式如下：

$$\overline{R}_i = 1/(t_1 - t_0 + 1) \sum_{t_1}^{t_0} R_{ij}$$

$$\overline{R} = 1/(t_1 - t_0 + 1) \sum_{t=1}^{n} \sum_{t_1}^{t_0} R_{ij} \tag{7}$$

（三）基准研究

Moran I 检验表明 4 种权重矩阵下的检验结果均为正，均在 1% 的水平上通过显著性检验，表明各省、直辖市、自治区包含外资研发嵌入在内的关键变量空间相关，不仅表现在经济总量上的辐射作用，还表现在经济结构调整行为上的相互模仿。回归结果见表 4。进一步，LM Error 和 LM Lag 的结果显示，SEM 模型在分析效果上优于 SAR 模型；换言之，SAR 模型普遍低估了经济总量对中国外资研发嵌入的影响，而高估了经济结构对中国外资研发嵌入的提升作用，并且，相比外资研发嵌入的空间溢出，回归式右边所反映的投资环境建设的空间溢出更加明显。

表 4　　　　　基于外资研发嵌入的经济总量与经济结构协调性研究——基准情况

变量	W^O		W^G		W^E		W^R	
	SAR	SEM	SAR	SEM	SAR	SEM	SAR	SEM
EA	0.081*** (12.46)	0.095*** (14.04)	0.082*** (11.52)	0.100*** (11.36)	0.078*** (11.58)	0.098*** (11.26)	0.079*** (11.98)	0.101*** (11.43)
ES	0.206*** (17.70)	0.205*** (14.73)	0.197*** (16.87)	0.192*** (15.37)	0.204*** (17.55)	0.194*** (15.44)	0.207*** (17.67)	0.194*** (15.70)
W_{δ}/W_{ρ}	0.053*** (5.17)	0.020*** (2.77)	0.322*** (3.17)	0.486*** (5.41)	0.439*** (5.04)	0.516*** (5.84)	0.427*** (5.19)	0.540*** (6.43)

变量	W^O		W^G		W^E		W^R	
	SAR	SEM	SAR	SEM	SAR	SEM	SAR	SEM
R^2 Adj	0.849	0.851	0.846	0.848	0.843	0.849	0.846	0.848
LogL	204.273	195.694	196.293	203.197	202.443	204.934	203.400	207.336
Moran's I	0.184***	0.151***	0.245***	0.226***	0.241***	0.204***	0.232***	0.213***
LM Error (Robust)	30.834***	20.131***	302.038***	239.188***	313.089***	151.404***	236.801***	134.474***
LM Lag (Robust)	2.368	1.100	90.685***	52.106***	128.829***	28.552***	98.906***	26.597***

注：*** 表示在 1% 的水平上显著；括号内为 Z 检验值。

表 4 显示，无论以捕捉外资研发嵌入空间外溢为目的的 SAR 还是以捕捉投资环境空间外溢为目的的 SER，经济总量和经济结构的增加和改善都能显著改善中国的投资环境（在 1% 的水平上），提升中国的外资研发嵌入水平。具体地，经济总量每提高 1%，外资研发嵌入水平大约提升 0.1%，而经济结构每改善 1%，外资研发嵌入水平大约提升 0.2%，上述结论对于不同的空间权重矩阵设置具有高度稳健性。表明至少就吸引外资研发嵌入和改善国内投资环境而言，改革红利已经开始由经济总量红利向经济结构红利倾斜和过渡。

（四）稳健性检验

基准模型验证了投资环境建设存在明显的空间溢出现象，而且经济结构相比经济总量在投资环境建设和吸引外资研发嵌入中作用突出。考虑到目前正处于两者的过渡和衔接时期，经济总量仍在吸引外资研发嵌入乃至投资环境建设上发挥作用，有必要进一步考察两者的空间协调性。按照图 1 的逻辑思路，本文使用 SDM 模型在投资环境建设存在空间外溢的基础上考察经济总量与经济结构的空间协调性；同时，考虑到因变量受限的情况，为保证结果的可靠性，将 Greene（1981）建议采用的 Tobit 模型与空间 Durbin 模型相结合（SDM-Tobit），对上述空间协调性做进一步考察。考虑到 SDM 模型和 SDM-Tobit 模型的回归结果并不能完全捕捉经济总量和经济结构对于外资研发嵌入提升的贡献，需要重点考察模型回归中的总效应、直接效应和间接效应，相应结果见表 5。限于篇幅，相关回归系数及统计量备索。

表 5　　　　　　　基于外资研发嵌入的经济总量与经济结构协调性研究——稳健性检验

变量		W^O		W^G		W^E		W^R	
		SDM	SDM-Tobit	SDM	SDM-Tobit	SDM	SDM-Tobit	SDM	SDM-Tobit
$W \cdot EA$		0.004 (1.28)	0.003 (1.10)	−0.117*** (−5.00)	−0.100*** (−4.04)	−0.046* (−1.94)	−0.033 (−1.37)	−0.065*** (−2.78)	−0.054** (−2.27)
$W \cdot ES$		0.007 (1.58)	0.005 (1.20)	−0.252*** (−3.83)	−0.197*** (−2.88)	0.006 (0.08)	0.05 (0.71)	−0.072 (−1.12)	−0.031 (−0.45)
总效应	EA	0.071*** (9.02)	0.087*** (12.93)	0.123*** (11.65)	0.128*** (10.83)	0.101*** (12.13)	0.110*** (11.43)	0.104*** (11.92)	0.114*** (10.17)
	ES	0.190*** (11.23)	0.197*** (14.07)	0.187*** (15.04)	0.189*** (11.91)	0.181*** (16.27)	0.182*** (12.85)	0.184*** (16.32)	0.186*** (13.58)

续表

变量		W^O		W^G		W^E		W^R	
		SDM	SDM-Tobit	SDM	SDM-Tobit	SDM	SDM-Tobit	SDM	SDM-Tobit
直接效应	EA	0.055*** (2.86)	0.069*** (3.49)	0.073** (2.14)	0.074* (1.76)	0.049*** (3.38)	0.054*** (5.07)	0.049*** (3.44)	0.056 (0.70)
	ES	0.147 (1.27)	0.156*** (3.22)	0.111* (1.92)	0.108*** (3.78)	0.088*** (2.95)	0.090*** (4.96)	0.087*** (3.01)	0.091 (1.37)
间接效应	EA	0.016*** (10.88)	0.018*** (12.43)	0.050*** (7.84)	0.055*** (4.01)	0.052*** (8.78)	0.055*** (9.29)	0.055*** (8.20)	0.058*** (3.36)
	ES	0.044*** (7.42)	0.041*** (11.59)	0.076*** (5.67)	0.080*** (2.34)	0.093*** (6.49)	0.092*** (9.74)	0.097*** (6.38)	0.095** (2.54)

注：*、** 和 *** 分别表示在 10%、5% 和 1% 的水平上显著；括号内为 Z 检验值。

首先，无论从总效应、直接效应还是间接效应来看，经济总量对于外资研发嵌入提升的贡献逐步让位于经济结构，这与表 4 的结论基本一致，特别是从经济距离和研发资本存量这两种更加现实和可能的空间溢出渠道来看，经济结构对于外资研发嵌入提升的贡献已经明显超过经济总量；其次，无论从经济总量还是经济结构来看，间接效应不仅显著，而且在总效应中的比重已经占到半数以上，特别是对于经济距离和研发资本存量这两种更加现实和可能的空间溢出渠道而言，更加明显；最后，就投资环境整体建设来看（经济总量+经济结构），基于空间溢出的间接效应不仅显著，而且开始逐步取代直接效应，成为投资环境建设总效应的主体部分，特别是对于经济距离和研发资本存量这两种更加现实和可能的空间溢出渠道而言，上述趋势更加明显。

（五）经济总量、经济结构及其空间协调关系研究

在表 5 基础上结合图 1 的理论框架，从自我协调和彼此协调的角度将经济总量与经济结构的空间协调性情况进行汇总分析，详见表 6。

表 6 经济总量与经济结构空间协调性汇总情况

研究内容	W^O		W^G		W^E		W^R	
	SDM	SDM-Tobit	SDM	SDM-Tobit	SDM	SDM-Tobit	SDM	SDM-Tobit
EA，$W\cdot$EA	问题协调	问题协调	不协调	不协调	不协调	不协调	不协调	不协调
ES，$W\cdot$ES	问题协调	问题协调	不协调	不协调	问题协调	问题协调	不协调	不协调
EA，ES	积极协调	积极协调	积极协调	积极协调	积极协调	积极协调	积极协调	积极协调
ES，$W\cdot$EA	问题协调	问题协调	不协调	不协调	不协调	不协调	不协调	不协调
EA，$W\cdot$ES	问题协调	问题协调	不协调	不协调	问题协调	问题协调	不协调	不协调
$W\cdot$EA，$W\cdot$ES	问题协调	问题协调	消极协调	消极协调	不协调	不协调	消极协调	消极协调

基于协调效果理想与否的"积极协调>问题协调>不协调>消极协调"排序逻辑，可以发现：第一，就各类具体的协调表现情况而言，无论从何种空间溢出渠道来看，区域自身在营造投资环境上较为努力，经济总量与经济结构协调情况较为理想，均为积极协调；第二，无论对于何种空间溢出渠道，经济总量与经济结构在跨区域层面的协调情况明显较差，成为中国投资环境建设的短板，特别是对于双重空间维度的彼此协调而言，更呈现消极协调态势，掣肘和阻碍了中国投资环境建设整体效果的发挥；第三，无论对于何种空间溢出渠道，相比自我协调与彼此协调，彼此协调的短板主要体现在双重空间维度上彼此的消极协

调，换言之，消除投资环境建设在区域之间溢出的"逐底效应"、强化和放大其在区域之间的良性公共品属性成为投资环境建设的当务之急；第四，无论自我协调还是彼此协调，协调结果不甚理想的短板和症结在于经济结构及其空间溢出的外资研发嵌入提升效应不稳定，而且对于经济距离和研发资本存量这两种更加现实和可能的空间溢出渠道而言，这种不稳定状况更加明显。

四、研究结论与政策建议

（一）研究结论

本文围绕投资环境建设和吸引优质研发类外资，在构建经济总量、经济结构及其空间协调理论框架的基础上，选 1998—2014 年 30 个省、直辖市、自治区的面板统计资料，在以主成分分析法测度中国各省、直辖市、自治区外资研发嵌入水平的基础上，利用空间计量经济模型量化研究了经济总量、经济结构及其空间协调对外资研发嵌入的影响，考察了经济总量和经济结构的空间协调关系。

第一，东部地区外资研发嵌入水平普遍高于中西部地区，且随着时间推移这种空间非均衡性呈现"固化"态势；而且东部地区无论在经济总量竞争力还是在经济结构竞争力上都比中西部地区更具优势。

第二，经济总量和经济结构显著促进了外资研发嵌入水平的提升，经济结构的促进作用尤为明显，约为经济总量作用的 2 倍；经济结构和经济总量的空间溢出效应明显，特别是从经济距离和研发资本存量这两种更加现实和可能的空间溢出渠道来看，基于空间溢出的间接效应已经开始占优直接效应。虽然经济总量和经济结构在区域内部表现出了积极协调，但是两者的空间溢出不仅对外资研发嵌入提升的影响不显著，而且协调性较差。

第三，经济总量、经济结构及其空间溢出在自我协调与彼此协调上表现高度一致，相比自我协调，彼此协调的短板主要集中在双重空间维度下的彼此协调上——具体表现为 W·EA 与 W·ES 的消极协调，也即相互掣肘。

（二）政策建议

第一，进一步深化理论界和实务界对外资研发嵌入重要性的认识。如何构建引资质量指标，使得研究人员能够从理论上直观把握外资作为一种特殊资本所代表的生产力水平至关重要。相应地，要想营造投资环境，必须首先明确和选择合适的引资目标。相比传统的引资质量，外资研发嵌入更加能反映中国的综合实力和国际话语权，是中国"软实力"的代表，不仅在理论上满足构建指标的需要，更能作为"指示剂"在实务中合理地体现引资目标。

第二，进一步强化各省、直辖市、自治区对于经济结构优化升级的认识。长期以来，东部地区在经济总量上领先全国，中西部地区难以望其项背。基于发展理念由政策供给向环境建设转向的时代背景，本文建议中西部地区应该充分抓住机遇，改变将工作思路集中在经济总量上以及局限于向东部地区取经和亦步亦趋的做法，在经济结构上做文章。相比东部地区，中西部地区在经济结构上没有类似经济总量的"先天不足"，完全有望在新一轮的竞争中实现"弯道超车"。

第三，进一步明确各级政府在投资环境建设中的作用定位。投资环境建设需要中央政府和地方政府共同努力，但是前提是两者的逻辑分工要清晰。本文建议，地方政府将工作重心放在经济总量和经济结构的直接效应上，关注两者的自我协调；而中央政府将工作重心放在经济总量和经济结构的间接效应上，关注两者的彼此协调。相比直接效应和自我协调，鉴于间接效应的重要性和彼此协调的短板，中央政府应该从空间外部性入手，积极规划和引导投资环境建设。

◎ **参考文献**

[1] 陈继勇，盛杨怿. 外商直接投资的知识溢出与中国区域经济增长 [J]. 经济研究，2008（12）：39-49.

[2] 陈钊, 陆铭, 金煜. 中国人力资本和教育发展的区域差异: 对于面板数据的估算 [J]. 世界经济, 2004 (12): 25-31.

[3] 崔新健. 外资研发中心的现状及政策建议: 基于国家创新体系框架的研究 [M]. 北京: 人民出版社, 2011.

[4] 吉生保, 王晓珍. 外资研发嵌入与国企研发效率——价值链视角的高技术产业为例 [J]. 国际贸易问题, 2016 (1): 93-108.

[5] 吉生保, 杨旭丹, 周小柯, 等. 中国 IFDI 的时空格局演进及影响因素研究: 三维驱动视角 [J]. 世界经济研究, 2015 (12): 100-111.

[6] 吉生保, 卢潇潇, 马淑娟, 等. 外资研发嵌入是苦口良药还是糖衣炮弹——中国市场创新绩效提升视角 [J]. 南方经济, 2017 (6): 74-91.

[7] 卢潇潇, 吉生保, 王晓珍. 外资研发嵌入的内外因辨析: 市场化进程还是国际贸易竞争力 [J]. 国际贸易问题, 2016 (8): 119-130.

[8] 余泳泽, 刘大勇. 我国区域创新效率的空间外溢效应与价值链外溢效应——创新价值链视角下的多维空间面板模型研究 [J]. 管理世界, 2013 (7): 6-20.

[9] 朱有为, 徐康宁. 中国高技术产业研发效率的实证研究 [J]. 中国工业经济, 2006 (11): 38-45.

[10] ARUN K, YILDIRIM D C. Effects of Foreign Direct Investment on Intellectual Property, Patents and R&D [J]. Queen Mary Journal of Intellectual Property, 2017, 7 (2): 226-241.

[11] COHEN W M, LEVINTHAL D A. Absorptive-Capacity—A New Perspective on Learning and Innovation [J]. Administrative Science Quarterly, 1990, 35 (1): 128-152.

[12] FOSS N J, LYNGSIE J, ZAHRA S A. The Role of External Knowledge Sources and Organizational Design in the Process of Opportunity Exploitation [J]. Strategic Management Journal, 2013, 34 (12): 1453-1471.

[13] GARRETSEN H, PEETERS J. FDI and the Relevance of Spatial Linkages: Do Third-Country Effects Matter for Dutch FDI? [J]. Review of World Economics, 2009, 145 (2): 319-338.

[14] GREENE W H. On the Asymptotic Bias of the Ordinary Least Squares Estimator of the Tobit Model [J]. Econometrica, 1981 (49): 505-513.

[15] MADARIAGA N, PONCET S. FDI in Chinese Cities: Spillovers and Impact On Growth [J]. World Economy, 2007, 30 (5): 837-862.

[16] PENG M W. 全球商务 (第三版) [M]. 北京: 中国人民大学出版社, 2016.

[17] NELSON R R, WINTER S G. An Evolutionary Theory of Economic Change [M]. Cambridge, MA: Belknap Press, 1982.

[18] PARK Y, PARK G. When Does a National Innovation System Start to Exhibit Systematic Behavior? [J]. Industry and Innovation, 2003, 104): 403-414.

[19] SCHUMPETER J A. The Theory of Economic Development: An Inquiry into Profits, Capital, Credit, Interest, and the Business Cycle [M]. Transaction Publishers, 1934.

[20] SMITH A. An Inquiry into Nature and Causes of the Wealth of Nations [M]. 北京: 商务印书馆, 1972.

[21] SYLVIE M, MINA S. Determinants for Locating Research and Development Activity in Europe [J]. International Economics, 2016, 145 (7): 7-20.

[22] YANG C, HAYAKAWA K. Localization and Overseas R&D Activity: The Case of Taiwanese Multinational Enterprises in China [J]. R&D Management, 2015, 45 (2): 181-195.

本文原载于《国际贸易问题》2019 年第 2 期

三、国际金融与贸易

中美贸易的现状及其前景

陈继勇

1979 年中美两国建立外交关系以来，中美双边贸易迅猛增长，在国内外引起了重视。本文试图大体上依据美方的贸易统计资料，就中美贸易的现状及其前景作一初步探讨。

一

中美双边贸易是两国间的经济往来，它们在不同的历史阶段具有不同的性质和特点，起着不同的作用。中华人民共和国成立前的美中贸易是美帝国主义对中国实行经济侵略和掠夺的重要手段，中华人民共和国成立后的中美贸易应是中美两国本着平等互利、互通有无的精神，扩大经济交往、发展经济的一个有力措施。

早在 1784 年，中美两国之间就有了贸易往来，但直到第一次世界大战前夕，由于英国控制了中国对外贸易的大部分，中美双边贸易额很小。1900—1913 年，中美双边贸易额每年只有 5186 万美元。[1]第一次世界大战以后，美帝国主义加紧了对中国的经济渗透和商品输出，中美双边贸易有了明显的发展。1920—1929 年，中美双边贸易额平均每年超过 2.6 亿美元。[2]但在美国 30 年代的大危机和特种萧条期间中美贸易锐减，1929—1938 年，中美双边贸易额由 2.9 亿美元剧降至 8200 万美元。以后，中美贸易又有较快的恢复和发展，到 1946 年，中美贸易额创中华人民共和国成立前中美贸易的最高纪录，高达 5.58 亿美元，[3]占当年中国对外贸易总额的 53%。美帝国主义通过对中国的贸易，廉价掠夺了中国的原料，并向中国高价销售了大量的剩余商品。

中华人民共和国成立初期，中国政府本着平等互利、互通有无的精神，继续同美贸易。1950 年，中美双边贸易额为 1.91 亿美元，其中中国向美出口 1.46 亿美元，中国自美进口 4500 万美元。[4]随着美国发动侵朝战争和对中国实行经济封锁和禁运，中美双边贸易关系急剧恶化。1951 年，美国禁止向中国出口商品。1954 年以后，中美双边贸易往来完全停止。

美国的经济封锁和贸易禁运没能阻止中国经济建设的发展，随着中国经济的较快增长和中国在国际上的威望日益提高，影响不断扩大，以及美国陷入印度支那战争的泥潭，美国在国际上的政治经济地位不断下降，国内经济状况恶化和与苏联争霸，美国政府认识到，对中国实行贸易禁运是自食其恶果，因此，非改弦易辙不可。从 60 年代末期起，美国政府开始采取一些措施，放宽对中国的贸易管制，从而使中美贸易关系逐步解冻。

1972 年是中美贸易关系发生根本转变的一年。当年，美国总统尼克松访问中国，中美双方发表了《上海公报》，该公报指出："双方把双边贸易看作另一个可以带来互利的领域，并一致认为平等互利的经济关系是符合两国人民的利益的。"在公报精神的影响下，中美贸易长期中断的状态结束了，两国的贸易往来得到了恢复和发展。情况如表 1 所示。

由表 1 可以看出，1972—1978 年间，中美贸易额由不到 1 亿美元迅速增长到 11.5 亿美元，7 年间增长将近 11 倍。但是，这一时期的中美贸易在迅速发展的同时，发展趋势却极不稳定，贸易额的增长不是逐步上升，而是大起大落，波动剧烈。中美贸易额由 1971 年的 490 万美元猛增到 1974 年的 9.3 亿美元，到 1976 年又剧降为 3.4 亿美元，1978 年则迅速回升到高达 11.5 亿美元。

表1　　　　　　　　　　　　　1972—1978 年中美贸易额　　　　　　　　　　　　　单位：亿美元

年份＼种类	总额	出口	进口	差额
1972	0.959	0.324	0.635	−0.311
1973	8.051	0.649	7.402	−6.753
1974	9.338	1.147	8.191	−7.044
1975	4.619	1.584	3.036	−1.452
1976	3.364	2.010	1.354	+0.656
1977	3.740	2.027	1.713	+0.314
1978	11.477	3.241	8.236	−4.995

资料来源：美中贸易全国委员会：《1978 年中美贸易统计》。

1972—1978 年间，中美贸易的发展之所以起伏不定，主要是由于中美两国关系还未正常化，发展双边贸易的一系列具体问题尚未得到解决。这些问题是：

（1）中美两国的债权问题。1950 年 12 月 17 日，美国政府下令封存了中国在美国的财产，在同年 12 月 29 日，中国政府也宣布没收了美国在中国的公私财产。中美两国的这个债权问题一直没有解决，以致中美两国不能直接通航，不能建立直接的银行业务，尤其是双方不能通过信贷关系来扩大和促进贸易。

（2）美国对中国的出口实行管制。1972 年以来，美国政府虽然放宽了一些对中国出口的管制，但对向中国出口高、精、尖的产品，美国政府仍进行严格限制，由于美国政府不发给出口许可证，使部分合同不能履行和签约。

（3）最惠国待遇问题。在此期间，美国没有给予中国以最惠国待遇，中国向美出口的商品是按普通税率征收关税的。以地毯为例，中国向美出口的手工地毯的关税率为货物价值的 45%，而享受最惠国待遇的只有 12% 的关税。这样高的关税削弱了中国商品在美国市场上的竞争力，直接影响了中国向美国的出口。由于美国对中国贸易实行歧视性待遇，从而使中国对美出口贸易大大落后于中国自美进口贸易。

（4）中国在发展对美贸易中也存在着若干困难。在对美出口贸易中缺少"拳头"商品，能供应的商品在美国市场上多不适销，适销的商品又货源不足，这些都严重影响了中国向美出口贸易，并使中美双边贸易的发展极不平衡。1972—1978 年间，中国 5 年处于逆差状态，逆差总额高达 19.6 亿美元。

二

1979 年是中美贸易获得急剧发展和中美贸易关系正常化的一年。当年，中美贸易总额在 1978 年的基础上翻一番有余，达 23.8 亿美元，为 1975—1978 年中美贸易额的总和。此后，中美贸易继续迅猛增长。到 1981 年，中美贸易总额、中国自美进口贸易额和中国对美出口贸易额分别高达 55 亿美元、36 亿美元和 19 亿美元。⑤与 1978 年相比，分别增长了 3.7 倍、3.4 倍和 4.3 倍。1978 年，美国在中国贸易中的比重为 5.4%，位于联邦德国之后，到 1981 年，美国在中国贸易中的比重迅速提高到 12.8%，超过联邦德国而仅次于日本，成为中国的第二大贸易对象国。1979—1981 年，中美贸易总额、中国自美进口贸易额和中国对美出口贸易额的年平均增长速度分别为 67.0%、63.5% 和 74.8%，大大超过了同一时期中国的对外贸易总额、进口贸易额和出口贸易额的年平均增长速度。

1979 年以来，中美贸易能获得如此迅速的发展，是由多种因素促成的，具体说来，有如下几个方面：

首先，是中美两国国民经济发展的客观要求。第二次世界大战后，随着社会生产力的日益增长，科学技术的巨大进步，国际分工、生产专业化和协作的进一步加强，国际经济联系在深度和广度上都得到了空前未有的发展，日益密切和扩大国际经济联系已经成为世界经济发展中的必然趋势。作为世界上的两个大国，中国和美国当然需要通过对外贸易来加强他们之间的经济联系。特别是 70 年代末期以来，美国经济滞胀严重并陷入新的危机，国外甚至国内市场又遭遇日本和西欧的激烈竞争，从而引起美国的国际经济地位急剧下降，外贸逆差不断扩大，国际收支日益恶化，资本和商品大量过剩，失业人数激增。美国迫切需要扩大商品输出和资本输出，以减少失业，平衡贸易。因此，发展中美贸易对美国经济的发展来说，起着相当重要的作用。正如美国商务部长鲍德里奇在谈到中美农产品贸易时所指出的，目前，美国有 1100 多万英亩（折合约 6700 万市亩左右）的耕地为中国市场而种植，美国生产的棉花，每七包中有一包是中国购买的，中国已成为美国在世界上的第三大农产品出口市场。美国可以有 15 万~20 万从事同中国开展新的贸易的职位。⑥与此同时，发展中美贸易也对我国经济建设有利。1976 年"四人帮"被粉碎后，特别是 1978 年党的十一届三中全会以来，随着党的工作中心的转移，我国十分重视和强调在自力更生的基础上，大力发展对外贸易，引进外国的先进技术和管理经验，以加速实现社会主义的四个现代化。因此，通过发展对外贸易，其中包括发展对美贸易，可以引进技术和外资，从而促进我国国民经济的恢复、调整和发展。

其次，是由于中美两国采取了一系列促进双边贸易的措施。这些措施包括：

（1）中美两国于 1979 年 1 月 1 日建立了正式外交关系，结束了美国侵朝以来两国间的长期敌对状态，从而为中美贸易的迅速发展提供了必要的政治前提。

（2）中美两国于 1979 年 5 月签订了《中华人民共和国和美利坚合众国政府关于解决资产要求的协议》。这一协定的签订为中美两国贸易的顺利发展扫除了一大障碍。

（3）中美两国于 1979 年 7 月签署了《中美贸易协定》（该协定于 1980 年 2 月 1 日生效），该协定规定，在平等互利和非歧视性待遇原则（即最惠国待遇）的基础上，进一步发展两国间的经济贸易关系。这一协定的签订对中美双边贸易的迅速发展起了积极的推动作用。1978 年，中国对美出口贸易额只有 3.2 亿美元，自获得最惠国待遇后，中国对美出口贸易猛增，到 1981 年，高达 19 亿美元，三年之间增长了将近 5 倍。据西方报刊报道，自从中美双方相互提供最惠国待遇之后，中美贸易随之显著上升。从波特兰大港的数字显示，1980 年中国对美出口达 3 万吨，比 1979 年大约增加 2000 吨，美国同期从该港输往中国的货物则从 1979 年的 7 万吨增至 50 万吨。⑦

（4）1980 年 10 月，中美就粮食贸易达成协议，协议规定，从 1981 年开始，美国每年向中国提供多达 900 万吨谷物，连续提供 4 年。⑧协议的签订推动了中美农产品贸易的发展。当年，中国自美进口粮食（小麦、玉米、大豆）1100 万吨，价值 14 亿美元，⑨比 1979 年增加了 1.9 倍。

（5）美国向中国贷款。1979 年 8 月，美国副总统蒙代尔访问我国时，主动提出将对中国提供 20 亿美元的贸易贷款，并于必要时增加其贷款额。1981 年 5 月，美国进出口银行代表团在北京同中国银行商谈了贷款的原则协议。1981 年 9 月 23 日，美国进出口银行批准向中国提供 5710 万美元的一揽子贷款。1981 年 12 月 21 日，美国进出口银行和大通曼哈顿银行向中国银行提供了 3251 万美元的出口信贷。这些贷款的提供无疑会促进中美贸易的发展。

（6）美国向中国提供一般技术援助。1978 年 12 月，中国粮油食品进出口总公司和美国可口可乐总公司签署了一项协议，根据协议，美国向中国提供一套生产瓶装可口可乐的设备（包括从原料处理到装出成品的全套设备），并帮助中国在北京西郊建成了一座现代化的瓶装可口可乐工厂。1981 年 8 月 27 日，美国约翰·迪尔公司与中国签订了第一个转让制造农业机械技术的合同，合同包括出售三种型号的联合收割机的许可证和技术知识，该公司将提供图纸、质量控制和其他方面的资料，培训中国技术人员和管理人员，该公司有义务在 10 年内回购一定数量中国造的部件和农业工具，甚至可能是完整的收割机。⑩这些技术援助和合作也在一定程度上带动了中美贸易的发展。

此外，中美双方为了发展双边贸易，还采取了其他一些办法：如补偿贸易、来料和来样加工、举办展览会、双方相互设立各种贸易办事处、派贸易代表团互访等。毫无疑问，这些办法和措施在一定程度上也促进了中美贸易的发展。

最近几年来，中美双边贸易在迅速发展的同时，还具有如下三个方面较为突出的特点。

第一，发展趋势稳定。

1979 年以来，中美双边贸易额没有出现大起大落、起伏不定的现象，而是以前所未有的速度稳步增长。

表2 　　　　　　　　　　　　　　　　中美贸易额及发展速度　　　　　　　　　　　　　　　　单位：亿美元

年份 项目 种类	1979		1980		1981	
	贸易额	比上年增长%	贸易额	比上年增长%	贸易额	比上年增长%
总额	23.78	101.5	49.16	106.7	55.00	11.9
出口	6.54	83.7	11.61	78.4	19.00	62.8
进口	17.24	109.2	37.55	117.8	36.00	-4.1

资料来源：①国际货币基金组织：《贸易方向》1981 年。

②美国商务部《美国商业》1982 年 2 月 8 日。

第二，中美进出口贸易的商品结构有显著差别。情况如下：

在我国自美进口贸易中，既有大宗的农产品，又有先进的机器设备等，以 1979 年为例（见表 3）：

表3 　　　　　　　　　　　　　　　1979 年中国自美进口的 15 种主要商品

类别	进口值（美元）	占中国自美进口额的%
棉花	356763016	20.8
玉米	268547073	15.6
小麦	214105583	12.5
大豆	106722343	6.2
聚酯纤维	56777062	3.3
无缝井筒	56536766	3.3
钻机部件	54157663	3.2
标准无缝管	36521461	2.1
豆油	35894335	2.1
尿素	29937468	1.7
无缝钻杆	27179233	1.6
聚酯树脂	22565155	1.3
抽气田用聚酯结均钞	22416073	1.3
油气田用旋转钻井机	17800320	1.0
电动勘探仪及零件	17698320	1.0

资料来源：美国：《中国贸易评论》1980 年第 3、4 月刊。

可见，在中国的自美进口贸易中，农产品是大宗商品，而且居于支配地位。1978 年，中国自美进口农产品 5.4 亿美元，占当年中国自美进口的 67.5%。[11]1979 年自美进口农产品贸易额迅速增加到 10 亿美元，占当年中国自美进口的 58.2%。1980 年，中国自美进口农产品贸易额继续扶摇直上，高达 22 亿美元，占当年中国自美进口贸易的 58.6%。[12]三年均超过了中国自美进口贸易额的一半。在中国自美进口农产品贸易中，小麦和棉花的进口又占据主要地位，并且发展速度很快。1978—1981 年，中国自美进口小麦额由 2.5 亿美元急剧增长到 13 亿美元，[13] 在中国自美进口额中的比重也由 30.4% 上升到 36.1%。1978—1980 年，中国自美进口的棉花额由 1.6 亿美元迅速增长到 7 亿美元，[14] 在中国自美进口贸易额中的比重均超过了 18%。

此外，在自美进口贸易中，机器设备和运输工具的进口也占有相当重要的地位，并且增长迅速。1978 年中国自美进口机器设备和运输工具 1.07 亿美元，1979 年就增加到 2.3 亿美元，1980 年继续增长到 4.6 亿美元，在自美进口贸易中，机器设备和运输工具所占比重三年均超过 12%。在自美进口机器设备中，主要有飞机、石油勘探和钻井设备、计算机和其他运输设备等。在 1980 年中国自美进口的机器设备和运输工具中，飞机的进口额为 1.62 亿美元，石油和天然气钻探机械 2300 万美元，包括资料处理机和部件的计算机类 2900 万美元，其他运输设备和部件 2300 万美元等。

然而，在我国对美出口贸易中，大宗商品少，商品品种多，各种商品所占比重一般都小。以 1979 年为例（见表 4）：

表 4 　　　　　　　　　　　　**1979 年中国对美出口的 15 种主要商品**

类别	出口值（美元）	占中国对美出口额的%
原油	71788895	12.1
汽油	21614894	3.7
焰火	15623799	2.6
素色印花细布	15153376	2.6
铵钼	13136891	2.2
古玩	12275794	2.1
男式棉或法兰绒运动衫	10551356	1.8
绒毛地毯	10253620	1.7
美式牛津浅口女鞋	9948416	1.7
虾	9731628	1.6
猪鬃	9570709	1.6
钨砂	9314857	1.6
棉手套	9119163	1.5
竹篮及竹袋	8908688	1.5
灯芯绒女子西装裤	8166679	1.4

资料来源：美国：《中国贸易评论》1980 年第 3、4 月刊。

由表 4 可以看出，1979 年中国对美出口的 15 种主要商品只占当年中国对美出口额的 39.7%，其中，只有一种商品（原油）所占比重达到了两位数（12.1%），而 1979 年中国自美进口的 15 种主要商品占当年中国自美进口额的 77%。其中，有三种商品（棉花、玉米、小麦）所占的比重均达到了两位数（分别为 20.8%、15.6% 和 12.5%）。

第三，中美双边贸易极不平衡。

1979—1981 年，中国连续三年处于逆差状态，其总额高达 53.6 亿美元，平均每年为 17.9 亿美元，其中最多的是 1980 年，逆差额为 25.9 亿美元。我国经常处于逆差状态的主要原因是，我国一方面自美大量进口农产品和机器设备，另一方面对美出口又不能大幅度增加。我国对美出口贸易不能大幅度增加的根本原因在于美国对中国出口的商品（如纺织品）进行限制。

三

中美贸易今后的发展趋势如何？这是一个许多人都很关心的问题，特别是 1981 年底里根政府违反《上海公报》，决定向台湾出售武器以来，中美关系出现了一些阴影和云雾，[15]美国许多人士把这一新的情况与中国国内的经济调整联系起来，对中美贸易的发展前景作了种种预测。概括起来，主要有两种：

一种意见认为中美贸易的发展将会停滞或者倒退。其主要理由是：（1）中美贸易是与中美政治外交关系紧密相连、相互制约、相互影响的。美国政府向我国台湾地区出售武器，损害了中国的主权，干涉了中国的内政，极大地激起了中国人民的强烈不满，导致了中美政治外交关系的恶化。[16]这势必严重影响中美贸易的发展。（2）中国现在正处于经济调整时期，而且对美贸易总是处于逆差状态，加上美国对中国向美出口的一些商品限制较严以及美国对中国的一些歧视性法令的存在，这都使中美贸易的发展前景不可乐观。[17]

另一种意见认为，中美贸易将会继续获得较大的发展。其主要理由是：（1）虽然中美贸易由于里根政府向我国台湾地区出售武器这一严重事件受到一定影响，但美国方面正在采取一些办法和措施来缓和中美关系，因而不会对中美贸易产生决定性的重大影响。（2）1972 年以来，中美贸易的迅速发展对中美两国经济的发展都在不同程度上产生了积极影响，特别是美国从中获利不少。美国为了自身的经济利益，必然继续同中国发展贸易关系。（3）从最近几年中美贸易的发展情况看，中国的经济调整并没有影响中美贸易的迅速发展，而恰恰是在中国经济调整时期，中美贸易得以迅速增长。[18]（4）美国方面正在研究修改有关同中国贸易方面的法律，研究放松对中国进出口贸易的限制。美国副国务卿沃尔特·斯托塞尔在今年 6 月举行的美中贸易全国委员会会议上指出，1981 年 12 月，美国已解除了不得向中国出售军火的历史性禁令，而且美国政府对有关美国与中国的关系的法律进行了彻底的回顾，并找出了已经过时的对中国实行法律歧视的三个方面：享受美国对外援助的资格，480 号公法，七种以前禁止的毛皮进口。[19]一旦这些歧视性的法令被废除，这将会对中美贸易的发展产生积极影响。美中贸易全国委员会主席克里斯托弗·菲利普斯的报告说，1981 年 7 月至 1982 年 3 月，美国已批准 1203 项向中国出口的许可证，这比先前的 9 个月期间增加了将近 40%。[20]根据美中贸易全国委员会的估计，1982 年中美双边贸易将比 1981 年增长 10%~20%，贸易额将高达 65 亿美元。[21]

上述的两种预测，我们认为都带有一定的片面性。我们认为，在今后一段时期内，中美贸易关系的发展不会很快，但也不会大幅度倒退，而可能是缓慢发展，并且不排除一定程度的起伏。

不可否认，里根政府向我国台湾地区出售武器这一严重事件的发生，在一定时期内和在一定程度上将对中美贸易产生消极影响，但是，它不可能导致中美贸易的长期停滞和大幅度下降，这是因为：（1）发展中美贸易符合美国的长远利益。中美贸易是中美经济关系的一个重要组成部分，又与中美政治外交关系紧密相连。美国从长期战略考虑，不能不进一步发展中美关系，包括发展中美之间的贸易关系。（2）在中美贸易中美国有利可图。1972—1981 年间。美国在对华贸易中获得的贸易顺差高达 73.2 亿美元，并向我国销售了大量的剩余农产品和机器设备。美国不会放弃这种有利的事，因此，就不会不与我国发展贸易关系。（3）我们也愿意继续同美贸易。在目前的经济调整中，我国一方面需要继续从美国进口部分粮食和棉花。截至 1982 年 8 月，我国在 1982 年度已从美国购买了 610 万吨小麦、100 万吨玉米以及一定数量的大豆和棉花。为了发展中美农产品贸易，美国的小麦、大豆和饲料生产商去年在北京开设了三个办事处。[22]另一方面，为了加速我国的四个现代化建设，我们在农业、交通运输、能源、轻工业方面也愿意与美国合作。1982 年初，美国一些大公司的代表与我国进行了深入谈判，洽谈在农业、交通运输、能源、轻工业方面的工程项目合作问题。例如，发展平朔煤矿、北京汽车制造厂的生产设备现代化以及在广州建立一个核发电站等。[23]有的现已达成了协议，如，我国与美国西方石油公司签订的联合开发露天煤矿的协议，我国与美国大西洋里奇菲尔德公司和圣菲国际公司签订的在南海勘探和开发石油和天然气的协议。[24] 据估计，美国约有20家大公司将参加我国的近海石油勘探投标，等等。（4）中美之间的贸易协定以及中美经济关系其他方面的作用。自中美关系正常化以来，中美在经济贸易方面签订了一系列的协议和合同，如贸易协定、长期粮食贸易协定、合资经营的协议等，这些协议和合同的执行也会在一定程度上促进中美贸易关系的发展。

但是，1981年，中美贸易总额、中国自美进口贸易额和中国对美出口贸易额已分别高达55亿美元、36亿美元和19亿美元，在这种情况下，中美贸易的发展要想继续保持1978年以来的成倍增长是根本不可能的。其原因有四：（1）我国自美进口的主要项目是农产品，1980年已高达22亿美元，因此不会继续大幅度增加。（2）我国对美出口贸易的扩大也不会很快。从我国对美出口商品结构看，主要是石油、纺织品，虽然石油的出口在美国不存在限制问题，但我们每年的产量只有1亿吨，其中出口只1200万吨，货源有限，不可能大幅度增加。纺织品的出口虽不存在货源不足的问题，是我国向美出口中的"拳头"商品，但是，纺织品的出口又遇到了美国政府的种种限制，也不能大幅度增加。（3）我国在对美贸易中经常处于逆差状态，往往靠用发展同第三世界国家的贸易盈余来弥补对美贸易中的巨额逆差，这种状况不改变，我国的支付能力会受到很大限制，也很难指望中美贸易会有较快的发展。（4）从美国方面看，它至今未给予我国以发展中国家普遍优惠制待遇，至今未宣布修改同中国发展经济关系的一些歧视性法令，同时，美国政府对同中国进行经济交往的美国公司和商人支持不够，使美国公司和商人在与西德、法国、日本的竞争中处于不利地位。这些因素无疑会在一定程度上影响中美贸易关系的发展速度。

尽管如此，但我们相信，中美双方将会继续采取措施，逐步解决一些妨碍中美贸易顺利发展的实际问题（如1982年3月5日中美签订了关于互免海运、空运企业运输收入税收的协定，1982年8月17日中美发表了关于解决美国向台湾出售武器问题的联合公报，等等），使中美贸易能够在平等互利互通有无的基础上得到进一步的发展。

◎ 注释

①②③④ 美国商务部：《美国的历史统计，殖民地时期至1937年》及补编，华盛顿、政府印刷局，1960年版。

⑤㉓ 美国商务部：《美国商业》1982年2月8日。

⑥北京对外贸易学院：《国际贸易译丛》1981年第4期。

⑦美国：《华侨日报》1981年3月30日。

⑧合众国际社华盛顿1980年10月17日电。

⑨⑱ 美国：《洛杉矶时报》1981年2月25日。

⑩路透社北京1981年8月28日电。

⑪美中贸易全国委员会：《1978年中美贸易统计》。

⑫美国：《华盛顿邮报》1981年7月28日。

⑬《美国1981日历年度农牧产品出口超过430亿美元》，载美国《美国农牧产品对外贸易》1982年1—2月号。

⑭美国：《国务院公报》，1981年12月号，第22页。

⑮《人民日报》1982年5月9日。

⑯美国《华尔街日报》1982年1月13日。

⑰美国《商业周刊》1981年1月19日。

⑲⑳ 国际交流署华盛顿1982年6月1日英文电。

㉑国际交流署华盛顿1982年6月2日英文电。

㉒美联社北京 1982 年 8 月 21 日英文电。

㉔合众国际社洛杉矶 1982 年 8 月 20 日英文电。

本文原载于《武汉大学学报（社会科学版）》1983 年第 1 期

抓住香港回归机遇促进湖北经济发展[*]

陈继勇　肖　德

中华人民共和国成立以来，尤其是改革开放以来，鄂港经济贸易规模逐渐扩大，联系日益紧密。鄂港经济关系的快速发展，无论是对我国香港地区的繁荣稳定，还是对湖北的改革开放，乃至整个中西部的经济发展都具有重要的战略意义。香港回归后，鄂港经济发展面临新的机遇与挑战，如何抓住这一机遇，迎接新的挑战，以促进鄂港经济关系的健康稳定发展，这就要求我们审时度势，制定正确的战略选择。

一、中华人民共和国成立以来鄂港经济关系发展的轨迹

中华人民共和国成立后，鄂港经济关系的发展变化可分为四个阶段：

第一阶段：中华人民共和国成立至 20 世纪 50 年代末期，鄂港经济关系处于低谷状态。当时，以美国为首的一些西方国家对我国实行外交上孤立、军事上包围、经济上封锁的政策，对中国内地实行禁运，鄂港经济往来不多，处于低潮。

第二阶段：1960—1977 年，鄂港经济关系开始恢复和发展。60 年代以来，国际形势开始缓和，1962 年中央出于对香港地区同胞的关心，批准向港澳出口鲜活商品、日常用品、工业原料等物品。同年 3 月，湖北开出第一列 751 号快运列车，承担两湖供港物品的出口运输，鄂港经贸关系因而得到发展。但商品进出口总额不大，出口的主要是初级产品和日用品，进口的多是制成品，鄂港的资本往来有限，投资活动几乎没有。

第三阶段：1978—1991 年，随着中国改革开放政策的推行，鄂港经济交往范围进一步扩大，相互依赖程度有所加强。1980 年武汉海关恢复，湖北省直接通过武汉海关进行进出口贸易，鄂港之间的进出口贸易规模不断扩大。1988 年，鄂对港出口额为 37497 万美元，占出口总额的 42.2%，自港进口额为 5561 万美元，占进口总额的 13.5%；而在 1991 年鄂对港出口额为 57302 万美元，占出口总额的 54.6%；自港进口额达 3752 万美元，占进口总额的 10.6%，鄂对港的出口依赖逐渐增强，从 1988 年到 1991 年对港出口比重提高了 12.4 个百分点，而从港进口的依赖却在下降；且进出口商品结构比较单一。

在资本流动方面，引进港资以间接融资（借款）为主，港对鄂的直接投资也开始启动、发展。1991 年，鄂港双方企业签订直接投资合同 166 个，占全省引进外商投资合同总数的 72.8%；协议金额 8865 万美元，占协议总金额的 77%；实际利用外资 3308 万美元，占省实际利用外资总额的 71.2%；港在鄂累计投资企业有 354 家，占外资企业总数的 72.2%。尽管直接投资迅速增长，但投资结构不尽合理，投资的行业集中在商业、娱乐、轻纺、服装、食品和电子等行业。

第四阶段：1992 年邓小平同志南方谈话以来，鄂港经济关系呈良性发展阶段。主要有以下几个特点：第一，在贸易方面，鄂港之间的贸易总额继续增加。1996 年鄂港贸易总额高达 11.6 亿美元，占当年湖北外贸总额的 36%。其中，对港出口额为 8.36 亿美元，占湖北外贸出口 37.5%；自港进口额为 3.2 亿美元，占湖北进口 33%。香港是湖北最大的贸易伙伴。与此同时，湖北对港出口商品结构有所改善，出口

---

[*] 本文所引用数据主要来自《湖北统计年鉴》《武汉市统计年鉴》等资料，并参考了郑德良、吴大琨、王才楠、陈元、曾令良、威廉·奥弗霍尔特（美国）、朱孟楠、尤安山、潘忠、孙同全等先生的论著。

商品品种不断增加，仅大宗商品就增加到 20 多项。鄂港贸易良性发展的主要原因是湖北省近年经济增长很快，产品质量有所提高，在国际市场上竞争能力有所增强。第二，在投资方面，香港对湖北投资规模继续扩大。1993 年湖北吸收的外商直接投资超过了对外借款，外商直接投资成为主要的利用外资形式。1992 年港在鄂的实际直接投资总额为 14580 万美元。1995 年为 42255 万美元，港在鄂注册企业 453 家。截至 1996 年，港在鄂直接投资项目 3823 个，占全省吸引外商直接投资项目的 61%；协议投资金额达 37 亿美元，占全省 35.8%；实际利用资金额 18 亿美元，占全省实际利用外资金额的 62%；港商在鄂开工的企业达 1700 家，占已开工外资企业总数的 66%，居外资来源地的第一位。港在鄂投资行业的结构有所改善。仅香港在武汉的投资总项目中，生产型项目累计有 1102 个，投资累计总额为 16.47 亿美元，分别占在汉外商投资总数的 58.6% 和 31%。在基础设施方面的投资也有所加强，如香港的新世纪、新鸿基、恒基兆业三大财团承担沿江老城区改造项目等。同时湖北的宜丰有限公司准备在港上市，将为鄂利用港资开辟新的渠道。

此外，鄂港在经济技术合作方面也有较大的发展，仅 1994 年到 1996 年，汉港的劳务合作营业额就超过了 100 万美元，劳务合作的门类也日益广泛。

二、香港回归后鄂港经济关系发展面临的新机遇

今年 7 月 1 日，中国恢复对香港行使主权，香港地区与内地的经济关系将迈入一个新阶段。香港回归使鄂港经济关系的发展面临新的机遇。

第一是国际机遇。90 年代以来，随着亚太经济的快速增长和世界经济重心的东移，加之中国改革不断深入和对外开放的扩大，中国成为外商投资的热点。世界上不少国家把香港作为拓展中国内地广大市场的重要桥梁，许多跨国公司把总部设在香港，把资金投入香港，对香港经济发展持乐观态度。香港回归后乐观的经济发展前景为鄂港经济关系的发展创造了一个有利的国际经济环境。

第二，香港经济发展战略的第二次转型为鄂港经济关系的发展将提供新的机遇。二战后，香港经济经历了两次大的转变：一次是在 50 年代末到 60 年代初由转口贸易港向出口加工贸易港转变，实现了工业的多元化；第二次是 80 年代以来，中国实行改革开放，香港同内地联系进一步加强，香港把劳动密集型工业向内地转移，在本地则着重发展金融、贸易、信息咨询等第三产业，香港的经济战略的第二次转型给鄂港经济关系的发展提供了新的机遇。

第三，90 年代中国中西部发展战略的制定和实施为鄂港经济发展提供了国内机遇。改革开放以来，中国经济发展尤其是沿海地区经济发展取得了巨大成就。为了促进东西部经济的平衡发展，中央提出了中西部发展战略。而湖北地处中西部开放开发的前沿，中西部发展战略将促进鄂港经济的发展。可以预计，香港回归以后，鄂港经济关系将发展得更快。

第四，鄂港各自拥有的比较优势为双方经济发展提供了有利条件。从湖北方面看：

（1）湖北具有区位、要素禀赋优势。湖北地处中原和长江中游，其中武汉处在两大"金三角"即北京、上海、武汉和武汉、上海、香港的重要一角，自然资源丰富，是全国重点粮、棉、淡水养殖基地之一。1995 年末，湖北淡水养殖占全国第二位，油料产量占全国第四位，粮食产量占全国第九位，此外铁、石油产量在全国也占重要地位。

（2）湖北具有工业、科技优势。湖北工业体系健全，以武汉市为龙头形成了以冶金、建筑、机电、化工、轻纺为骨干，以电子、交通、通讯为依托的门类齐全的工业基地，其中汽车、机电、冶金、化工、轻纺、建筑和建材是湖北的六大经济支柱产业；且湖北高校、研究机构云集，科研力量雄厚，科技力量位居全国前列。

（3）湖北在中西部地区具有改革开放的优势。湖北拥有 3 个国家级开发区，22 个省级开发区，1 个开放机场，已经形成了全方位、多渠道、多层次的开放体系。

（4）湖北具有交通优势。湖北水陆交通空前发达，素有"九省通衢"之称。此外湖北正在实施三峡

工程，这些优势为鄂港经济的发展提供了有利条件。

第五，香港在鄂港经济关系发展中也具有得天独厚的优势。

（1）香港是国际交通中心。香港地处亚太地区要冲，凡是由欧洲、非洲、澳洲往来于东南亚的航运必须经过香港，香港与100多个国家和地区的460多个港口建立了贸易航运往来。维多利亚港是世界上三个最优良的天然深水港之一，香港是世界第四大船东所在地，第三大集装箱码头，也是世界各国与中国内地联系的桥梁。

（2）香港是世界贸易中心。它与全世界200多个国家和地区有贸易关系，90年代前四年贸易平均增长速度为17%，远远超过世界平均增长速度，1993年香港转口贸易总额居世界第一位，进口贸易总额居世界第七位，出口贸易总额居世界第八位。

（3）香港是世界金融中心。1995年末，香港银行总数达384家，其中持牌银行185家，外资银行154家，居世界第三位。世界最大的100家银行有85家在香港营业，国际银团和欧洲票据贷款居世界第四位、亚洲第一位，是世界第四大黄金市场，第五大外汇市场，股票交易量居世界第八位。

（4）香港是国际信息集散中心。全世界有90多个国际新闻机构在香港设立了亚太地区总部、分社和办事处，有400多家跨国公司把香港作为其在亚太地区和世界各地的信息集散中心，香港人均图文传真及移动电话使用率居世界第二位。目前香港是亚太地区的国际航运、贸易、金融、信息、购物、旅游中心。鄂港各自具有要素禀赋优势和区位比较优势，在经济发展与合作方面有很强的互补性。

三、进一步发展鄂港经济关系的战略选择

鄂港经济关系的发展曾为两地的经济稳定繁荣作出了重要贡献。香港回归后，如何抓住机遇，促进鄂港经济关系的进一步健康发展，特提出以下几点战略选择。

（1）要认真学习香港基本法，了解香港回归后的政治经济运作方式。基本法既是香港特别行政区的法律，也是一部全国性的法律，全国人民都要学习和遵守。学习香港基本法，可使我们了解香港的政治、经济、文化、贸易、金融和通信等方面的现行制度，这对发展鄂港经济关系有指导性作用。

（2）进一步加大改革开放的力度，改善湖北的投资环境。要加快湖北的发展，一方面要进一步加大改革开放的力度，另一方面必须完善湖北的投资环境，对外商逐步实行国民待遇原则。要建立和完善鄂港经济合作协会等区域性协调咨询机构，以协调政策，调解纠纷，沟通信息，促进区域经济的整合和发展，相关的政府职能部门要完善管理服务工作，提高办事效率，为投资者做好服务工作，力求创造一个宽松的、公平的政策环境；同时要加强湖北基础设施的建设，改善条件，为港商和外商提供一个良好的投资环境。

（3）要积极开展鄂港两地的多层次、多形式的金融合作。采取各种政策措施，积极引导香港在鄂设立更多的金融机构，大幅度拓宽港商在湖北的投资方式与渠道。在合作的过程中，一方面内地要向香港的金融界学习先进的管理经验和金融操作的程序方法，加快我国专业银行的商业化进程，加快与国际金融惯例接轨；另一方面，适当地运用一些金融工具如股票和债券，既可为湖北企业筹集长期资金，也可以扩大湖北企业在国际金融市场的知名度。

（4）努力提高鄂港两地工业合作的层次与水平，拓宽新的经济合作领域。湖北可以充分利用自然资源和科技力量雄厚的优势，与港商的丰裕资金、市场化管理和灵敏的信息资源相结合，合作进行劳动密集型、资本密集型和技术密集型产品的生产，提高国际竞争力和企业盈利水平。

（5）要采取多种形式大力加强鄂港两地的科技合作。下个世纪的国际竞争主要是经济和科技的竞争。香港现在的产品主要是模仿欧美日，新产品的研究与开发能力相对较弱。湖北科研院校多，队伍庞大，实力雄厚，门类齐全，但也存在科研体制不够活、科研成果转化慢等不足。香港的高技术工业的发展需要内地科技力量的支持，内地的科技开发需要香港的丰裕资金和市场信息的结合，建议组建鄂港科技工业园，促进两地的科技合作和产业结构的升级转型。

（6）加强鄂港的信息联系，充分发挥香港作为国际信息集散中心的作用。香港回归后，应拓展鄂港经济联系的渠道，加强鄂港官方、半官方和民间组织间的交流，如加强同香港贸易发展局、香港中华总商会的联系，为鄂港商业界提供市场研究和贸易咨询服务，帮助制造商与出口商打开海外市场；还应该定期、不定期举办鄂港商品交易会、展览会和研讨会，为双方提供信息资料，加强湖北企业在港的宣传，让世界各国更多地了解湖北，吸引更多的海外企业来鄂投资。

（7）要充分利用香港的国际贸易中心地位，发挥其在湖北经济与世界经济接轨中的桥梁、窗口作用。一方面，要加强同港商的联系，了解国际市场行情，增加与外商的直接联系，减少贸易的中间环节，通过香港的商业联系大力发展外贸代理制，适当发展融资融物结合的国际租赁业务，积极开拓海外市场。另一方面，湖北的大型企业要加大改革力度，切实转换经营机制，实行集团化跨国化经营战略；中小企业也可通过有限责任公司、股份有限公司、经营权转让、兼并联合、嫁接改造、破产等方式增强企业灵活性和适应性，提高湖北企业的国际竞争能力。

本文原载于《理论月刊》1997 年第 8 期

世界贸易组织的创立与中国

陈继勇　谭红平

一、世界贸易组织的创立及其特征

1994 年 4 月 15 日，关贸总协定（GATT）各成员方代表在马拉喀什部长会议上通过了《建立世界贸易组织协定》。根据该协定，世界贸易组织（WTO）于 1995 年 1 月 1 日创立，在与 GATT 并存一年后，于 1996 年 1 月 1 日起完全取代 GATT，成为规范和协调当代全球经济贸易关系的最权威性组织。

WTO 的宗旨与 GATT 一脉相承，即不断促进国际贸易自由化。其主要职能是：组织实施多边和复数边贸易协定，为各成员方提供多边贸易谈判场所，解决各成员间发生的贸易争端，定期审议各成员方的贸易政策，与国际货币基金组织和世界银行等国际经济机构一起共同协调国际经济政策，以保障各国经济决策的一致性。①

WTO 的诞生是国际经济贸易发展中的一件大事，它标志着国际社会从 40 年代开始酝酿的管理全球贸易活动的国际性经济组织终于从梦想走向现实，它与国际货币基金组织（IMF）和世界银行一起，构成了支撑当今国际经济社会的三大支柱。WTO 从其诞生来看有以下几个显著特征：

（1）广泛性。《建立世界贸易组织协定》实际上是一个"微型宪章"，它主要规定了为加强和有效实施乌拉圭回合谈判达成的实质性规则而须具备的制度和程序构架。该协定文本本身并不包含实质性规则，但却把乌拉圭回合谈判所达成的所有实质性协定以"附件"的形式全部纳入自身的管辖范围，因而其管辖范围具有广泛性。

（2）权威性。WTO 在继承 GATT 制度性思想和惯例的基础上，采取了更易为公众、媒体和政府官员所能理解的形式表现出来。例如，协定第 14 条第 1 款表明，WTO 将尽可能地遵从 GATT 过去的决策、程序和习惯做法。但是 WTO 在很大程度上克服了 GATT 的许多"先天性缺陷"，强化了该组织对各成员方的约束力。例如 WTO 对 GATT 体制下"意见一致"（Consensus）的做法作出了更明确的规定，并首次使其在某些重要决策中成为一项法律程序，而并非仅仅是一项惯例。WTO 首次为秘书处、总干事及其职员规定了基本的、明确的法律权威，禁止各成员方干涉该组织官员的正常工作。

（3）正式性。WTO 不仅将 GATT 的临时性适用改为正式适用，而且还以《建立世界贸易组织协定》为基础，建立起一整套组织机构，包括 WTO 本身、下设的权力机构、行政执行机构、司法机构和政策评审与监督机构等。作为正式的国际经济组织，WTO 成为国际法主体，享有联合国大会于 1947 年通过的《联合国专门机构之特权与豁免公约》所规定的各种特权与豁免，因而在法律制度上具有正式性。

（4）便利性。WTO 的构架为有效实施乌拉圭回合所达成的各主要协定提供了许多便利。第一，采用新的"GATT1994"来取代"GATT1947"的做法免去了过去 GATT 修正条款的烦琐限制（这些限制将使新达成的成果难以进入法律实施阶段）。第二，WTO 将乌拉圭回合中达成的不同协定绑在一起，强化了谈判者"一揽子接受"观念，避免了"东京回合"中的"选择加入"做法。

（5）开放性。WTO 构架有利于 WTO 的制度性框架延伸至服务贸易、知识产权、与贸易有关的投资措施、环境保护与社会条款等新的谈判领域，而过去的 GATT 原则上仅适用于商品贸易，不具有 WTO 的这种开放性法律框架。

（6）灵活性。《建立世界贸易组织协定》为未来国际贸易制度性框架的演化和发展提供了更好的机遇，为国际贸易的发展开辟了广阔的前景。该协定尽管篇幅不长，但却为 WTO 提供了明确的法律地位和系统的组织框架，为将来纳入新的规则与议题提供了灵活性，从而有助于各国解决世界经济中不断涌现出来的新情况和新问题。

二、WTO 各主要协定的全球经济福利效应

WTO 各主要协定的达成、贯彻和实施将对世界经济与贸易产生多大的影响？早在乌拉圭回合谈判中期，许多学者通过计量经济模型对此进行了研究。这些早期的研究与预测通常比较乐观，他们把乌拉圭回合协议的签订和履行对全球产生的福利收益设定为世界总产出的 1.0%~1.5%。然而从实际来看，这些估计值都过于偏高。TrienNguyen 等人于 1995 年进行的一项研究认为，乌拉圭回合达成的各主要协定（即 WTO 管辖的各主要协定）对全球的福利收益仅为世界总产出的 0.4%，对贸易与特定部门的影响也比过去预期的少。

为了确切了解乌拉圭回合对全球各地区和各部门的影响，我们下面介绍一下 TrienNguyen 等人对此进行的研究成果。②他们把乌拉圭回合《最后文本》的主要内容设计成以下模型：（1）农业（不含加工食品）：所有 PSEs 在日本减少 15%，在除中央计划经济和未作出变化国家外的其他地区减少 10%；高收入地区的所有边境措施减少 20%；低收入地区的所有边境措施减少 10%；中央计划经济的所有边境措施没有变化。（2）纺织品与服装：不存在如东京回合后那样高的非歧视性措施，除适用于农业地区的进口双边配额只增加 60% 外，所有其他的双边轻工业品配额增加 430%。（3）工业制造：除中央计划经济和其他一些国家外，世界其他地区的基础中间产品和高技术产品的关税与非关税壁垒都削减 50%；世界其他地区将关税削减 30%，将非关税壁垒削减 40%。（4）其他商品：除中央计划经济外，其他地区所有其他商品的关税壁垒削减 30%，非关税壁垒削减 40%。（5）服务业。除中央计划经济外，其他所有地区的非关税壁垒削减 20%（美国、加拿大和墨西哥因 NAFTA 有类似规定，因此三国彼此间的贸易不受此义务限制）。

根据以上模型，TrienNguyen 等人将乌拉圭回合对全球和各地区的福利收益进行了评估，并将结果与其于 1991 年所作的早期评估进行了比较，如表 1 所示。

表 1   **乌拉圭回合的福利影响**

	事后评估		早期评估	
	亿美元	占 GDP%	亿美元	占 GDP%
农业出口国	28	0.2	121	2.3
农业进口国	23	0.6	76	2.9
中央计划经济	109	0.3	236	0.6
西欧其他地区	30	0.8	93	1.6
美国	96	0.2	735	1.7
加拿大	12	0.3	93	2.5
EC	190	0.5	604	1.7
日本	178	1.3	501	2.5
澳大利亚与新西兰	6	0.3	32	1.6

	事后评估		早期评估	
	亿美元	占 GDP%	亿美元	占 GDP%
世界其他地区	27	0.1	133	0.7
合计	699	0.4	2625	1.5

资料来源：根据 1995 年度 *World Economy* 有关资料整理。

从表 1 可见，乌拉圭回合对全球经济总的福利收益不到 700 亿美元，仅占世界总产出的 0.4%，大大低于乌拉圭回合谈判中期时的估计值（分别为 2625 亿美元和世界 GDP 的 1.5%）。这是因为，《邓克尔文本》对谈判结果的预期比《最终文本》的结果更为乐观。例如，早期的研究一般认为纺织品与服装领域的所有贸易壁垒都将削除，而实际上《最终文本》只是规定，与《多种纤维协定》有关的双边配额到 2000 年底取消，这并不意味该领域的所有贸易壁垒到 2000 年底将彻底取消。为了更深入地了解 WTO 各主要协定对世界经济的影响，Trien Nguyen 等人分别考察了农业、纺织与服装和服务业等部门，其结果如表 2。

表 2　　　　　　　　　　　**WTO 几个主要协定的福利影响分解**（单位：亿美元）

地区	总计	农业	纺织与服装	服务
农业出口国	28	12	9	3
农业进口国	23	15	4	2
中央计划经济	109	9	24	27
西欧其他地区	30	18	3	2
美国	96	41	30	5
加拿大	12	6	2	1
EC	190	127	18	15
日本	178	145	−2	2
澳大利亚与新西兰	6	4	1	1
世界其他地区	27	−6	11	1
合计	699	369	101	59

资料来源：根据 1995 年度 *Worlde Economy* 有关资料整理。

从表 2 可知，对于一些地区而言，纺织与服装自由化可能是 WTO 各主要协定中最为重要的，而就全球福利来说，农产品自由化似乎显得更为重要。尽管服务业自由化的福利影响相对较小，但其分配也较为广泛。总的来看，发达国家或地区从 WTO 各主要协定的受益最多，而发展中国家或地区的受益则相对较小，有些国家或地区在某些部门（如农业）甚至出现福利净损失。

三、WTO 各主要协定对发展中国家经济发展的影响

早在 1986 年 9 月埃斯特角部长大会之前和期间，在乌拉圭回合谈判议题的选择上，以印度和巴西为首的一批综合发展中的大国强烈呼吁那些限制发展中国家市场准入的农业、纺织品和灰色区域措施等长期游离于 GATT 之外的遗留问题应先于服务业等发达国家希望讨论的问题而予优先解决。发展中国家自始至终都全面而积极地参与了乌拉圭回合多边贸易谈判，谈判所达成的各项协定对它们的经济发展将产生深远

影响，具体表现在以下七个方面：

（1）农业。《农业协定》将使一部分发展中成员受益，但也使另一部分成员遭受净福利损失。《农业协定》涉及三个方面，即出口补贴、国内资助与边境措施。在每一方面，农业政策的运用都将受到限制。从短期来看，由于出口补贴受到削减与限制，世界农产品价格将会上升10~30%，因此不同类型发展中国家在农业领域受到的影响将各有不同。那些从事农业出口活动的发展中成员，如阿根廷、巴西、泰国、马来西亚和菲律宾等国家显然将会由此获益，而那些农产品净进口国，特别是一些非洲国家，将因农产品价格上升而遭受巨大损失。例如，韩国自1993年12月初宣布开放大米市场以后，由于农产品进口增加，农业收入将年均减少约4亿美元，到2001年，韩国农户将减少27.1万至42.6万户（即总农户数的18.9%~29.7%），大部分农产品的自给率将下降20%~50%。整个非洲每年将损失近30亿美元的贸易收入。同时，食品价格的上涨将使非、加、太广大发展中国家的食品进口将净增27亿美元。③一些国家还认为，农产品协定在涉及的产品类别上存在着明显的不平衡，例如，白糖与肉类的自由化极为有限，这样，一些在上述产品具有比较优势的国家，如阿根廷、加勒比海国家等，就失去了一些潜在利益。

（2）纺织品与服装。纺织品与服装对发展中国家的贸易具有特别重要的意义，这是因为它们在发展中国家制成品出口贸易中所占的比重相当大，同时，作为传统的劳动密集型制成品项目，其出口的增长被看作是工业化的关键性一步。正因为如此，纺织品与服装领域的自由化被公认为是发展中国家将显著受益的领域。然而，一些西方学者通过模型得出的结果表明，这些限制的取消导致的全球福利大部分将通过消费者价格的降低而流向发达国家。此外，发展中国家还存在以下许多担忧：一是一部分发展中国家担心，在《多种纤维协定》的配额取消后，其竞争力将敌不过其他发展中国家，从而失去部分市场份额；二是由于分阶段削除的规定使工业化国家应作出的调整可能将主要集中在各阶段的最后期限才进行，从而使发展中国家获利甚少；三是在十年期限后，该领域有可能出现如同发达国家经常所采用的反倾销措施等更具保护性的体制。

（3）关税减让与灰色区域措施。在关税减让方面，乌拉圭回合谈判取得了如下成果：①发达国家在医药、建筑设备、钢材、医疗设备、啤酒、家具、农场设备、烈酒、木材、纸张、玩具等11个部门完全取消关税；②按贸易量加权计算，工业制成品进口最惠国待遇关税税率平均下降38%左右，使工业发达国家的贸易加权平均关税从6.4%下降为4%；③大幅度增加受约束关税的比重，发达国家工业制成品关税受约束的比率从78%增加到97%，发展中国家进口关税的约束比重也从21%提高到72%；④关税减让实行关税税率越高降幅越大的原则。以上这些措施无疑将会为发展中国家促进其商品出口提供机会。尽管如此，但由于发达国家关税水平除服装领域外已经很低，且其关税减让将主要集中于对发展中国家不太重要的领域，因此，发展中国家从关税减让中的受益将是十分有限的。GATT的一份报告显示，④约一半的发展中国家在自然资源产品出口中有较大利益，其中有半数国家的出口创收大部分来自于这些产品。然而总的来说，自然资源产品所面临的贸易壁垒相当少，其主要障碍在于世界价格的下降。因此，这类国家从关税减让和贸易壁垒削除中的受益至多只是潜在的，即世界经济由此取得的增长将扩大自然资源产品的需求。在对1/3的发展中国家有着重要出口意义的纺织与服装领域，发达国家的关税减幅大大小于其平均关税减幅。一些非洲国家还担心，WTO关税减让和其他有关规定有可能损害它们在《洛美协定》等地区安排中所享受的相对优惠待遇。

（4）与贸易相关的知识产权。《与贸易相关的知识产权协定》对专利、商标和版权等三个关键领域规定了国际最低保护标准，目的是保护知识产权所有者的利益，防止国际上的"免费搭车"现象。但是，较不发达的、低收入国家在制造业中通常只具有比较成本优势，他们在劳动密集型行业中通过借用别国的技术就能使其在全球市场中进行颇有成效的竞争。实施严格知识产权保护协定后，发展中国家将会失去过去传统的技术来源，如果不能及时获得新的技术补偿途径或优惠的技术援助合作，这些国家将会蒙受相当大的福利损失。赫尔普曼通过动态均衡模型得出，在发展中国家有能力参与前沿的R&D之前，他们不可能从严格的知识产权体制中受益。⑤而且，一个国家技术基础越薄弱，离尖端的R&D越远，则实施严格的知识产权保护所遭受的损失越大，这一点我们可以从日本与韩国相继对其医药业实行产品专利化的实践比较中明确得出。

1975 年以前，日本和韩国都只对药品生产的程序而不是对药品本身给予专利保护（一个竞争者如能创造出有稍许改动的生产程序，就能合法地生产某种其他竞争者研制出的药品）。日本与韩国分别在 1975 年和 1987 年实行了产品专利制度，但结果却全然不同。日本实行产品专利制度后的一年时间里，医药股票上升了 25%，而韩国实行产品专利制度后的 14 个月里，韩国医药公司的股票市值下降了 61%。这主要是因为，日本是在没有太多的国际压力情况下实行产品专利化的，很多公司本来就倾向于进行 R&D，变革恰好是在日本政府和大多数医药公司的总经理们都相信日本医药公司能以新药品在世界市场争得一席之地的时候进行的。而韩国医药公司过去都严重依赖于模仿性的 R&D，几乎没有一家韩国公司曾生产出一种在国际市场上成功的新药品，韩国是在面对美国实行贸易制裁的威胁下才实行产品专利制度的。由于韩国公司不处在先进技术的前列，更严格的知识产权保护制度实施后，它们被迫向外国医药公司支付大笔专利费用，以维持其生产。

（5）服务贸易。近年来，世界服务贸易的迅速发展、服务贸易在发达国家贸易中的地位日益上升以及各国在服务贸易领域的激烈竞争使得许多国家，尤其是一些主要发达国家迫切感受到有必要在世界范围内建立一个促进服务贸易自由化的多边框架，以推动其服务业更便利地开拓国际市场。服务贸易总协定对各成员规定的义务可归结为以下两种：其一是一般性义务，包括最惠国待遇原则、透明度原则和发展中国家更多参与等条款，它们适用于各服务业部门；其二是具体承诺，指必须经双边或多边谈判达成协议后才承担的义务，这些义务包括市场准入和国民待遇等，它们只适用于缔约方承诺开放的服务部门。发达国家凭借其国内高度发达的服务产业和雄厚的科技实力与人力资源而必然将在世界服务贸易自由化中捞取丰厚的实惠，而广大发展中国家的国内服务业基础仍十分脆弱，它们除在旅游、劳务和经营服务等项目上具有比较优势外，在运输、保险、金融和信息服务等其他项目上都居于劣势，有些行业甚至仍处于萌芽与蛰伏状态，在国际市场上几乎毫无竞争力可言。因此，服务贸易领域的自由化在很大程度上将冲击发展中国家总体上仍处于十分脆弱阶段的服务业领域，抑制其迅速增长。

一些发展中国家认为，服务贸易与货物贸易不同，它不仅包括了金融、通信等国民经济的中枢部门，而且也和一国特定的社会风俗与文化传统息息相关，不存在政府干预的所谓自由化的"理想境界"在服务贸易领域中是绝对不可能的。各国在该领域中制定的规章制度因国而异，如果要强行用一种"国际标准"来统一，则极有可能为某些大国干涉别国内政提供借口，使发展中国家丧失经济自主权。

（6）与贸易相关的投资措施。许多发展中国家担心外国直接投资的过快增长将冲击民族工业的发展，阻碍本国经济政策目标的实现，导致一系列的政治和经济风险。因此，这些国家一般对其境内从事经营的外国企业实施各种行为标准，以规范和限定外国企业的经营活动。而根据《与贸易相关的投资措施协定》即 TRIMs 规定，世界贸易组织各成员应取消对其境内的外国企业施加的行为标准，提供国民待遇，并逐步减少外国投资准入壁垒。这样，发展中国家将会失去许多直接监督、管理境内外资企业的手段和工具，使得外资企业的存在和发展与东道国的经济目标出现较大偏差。然而从长远看，TRIMs 协议将有助于发展中国家的经济发展。自 80 年代以来，随着越来越多的发展中国家推行开放的、外向型经济发展战略，发展中国家政府对外国直接投资（FDI）的态度也由过去的谨慎与敌视向友好与鼓励方向转变。这些国家日益认识到 FDI 在引进外国先进的技术与管理经验、刺激国内竞争活力、开发国际市场等方面所具有的战略意义，因而竞相推出一系列优惠政策来吸引 FDI。一些国家已逐步对 FDI 实施国民待遇，以改善 FDI 的准入条件，吸引更多的外资来服务于本国经济建设。然而，发展中国家在 TRIMs 中却受到了实质上的歧视，因为在当今的世界，绝大多数 FDI 是发达国家跨国公司进行的，发展中国家几乎都属于 FDI 净输入国，而该协定主要是约束东道国对待外资的政策，对母国应尽的职责几乎只字不提。

（7）争端解决机制。WTO 争端解决机制强化了 GATT 体制下的争端解决程序，其中最重要的是，新机制采用了"自动化"原则，即专家委员会的组成、其报告的采纳和有关成员在专家委员会的裁决未得到遵从时依法进行的报复等都是自动成立的。争端解决制度的强化具体还表现在：WTO 建立了统一的争端解决机制来处理各种争端，取代了"东京回合"中各种不同的争端解决程序，提高了争端的解决效率；

WTO 严格限定了争端解决程序中各个阶段的时间。例如,争端解决机构(DSB)任命的专家委员会通常必须在 6 个月内提交报告,最多不能超过 9 个月;专家委员会报告只有在"意见一致"的情况下才能被否决(在 GATT 体制下,专家委员会报告只有在"意见一致"情况下才能被接受)。WTO 争端解决机制的强化被认为有利于发展中国家对某些大国进行上诉,然而,新机制也还存在着许多对发展中国家不利的制度安排。例如,新机制并未规定专家委员会的裁决必须自动得到执行,只是规定,若一国不愿修改其法律、法规来贯彻裁决,那么该国的贸易伙伴就可依法在其他领域对该国采取报复措施。实际上,若某一大国执意不履行对其不利的裁决时,即使因此而遭受进一步损害的发展中国家有权对该国进行报复,但由于经济实力相差过于悬殊,这种"交叉报复"一般很难奏效,有时甚至会使报复方招致更大经济与政治风险。

四、中国的对策与措施

我国是关贸总协定 23 个创始国之一,后来由于种种原因,我国一度中断了与它的联系。80 年代开始,我国即以观察员身份参与 GATT 的若干活动。1986 年 7 月 14 日,我国正式提出申请恢复在 GATT 的创始缔约国席位。WTO 成立后,我国继续申请加入 WTO。我国重返 GATT 和加入 WTO 既是 GATT/WTO 这一组织的影响力日益扩大,国际经济、贸易形势不断变化等外因决定的,也是我国进一步深化经济体制改革、扩大对外开放的内在要求。

参加 GATT/WTO 领导下的多边贸易体制是我国发展社会主义市场经济、全面参与国际经济事务、改善外部经济环境、自立于世界民族之林的一个重大步骤。从进一步扩大对外开放的角度看,传统的以双边贸易协定为主的贸易形式已远远不能满足我国日益增长的对外经贸事业发展的需要。中国只有进入 GATT/WTO 这一开放、稳定、互惠的多边贸易体制,才能有效地加强我国同各缔约方的经贸关系,才能赢得一个保障我国对外贸易持续、健康发展的良好外部环境;而"复关"和"入世"后的中国也才能为建立一个更加开放的、持久的、富有活力的多边贸易体制作出自己应有的贡献。更为重要的是,通过加入世贸组织,我们就能更好地将国际贸易中通行的准则和规范应用于我国经济和贸易实践中,引入更高标准的国际竞争压力和动力,从而促进我国外贸和与之相配套的经济体制全面改革,建立一种开放型的市场机制和一整套与之相适应的规范和宏观调控体系与手段,促进(1)我国经济高质量发展,增强经济实力和国际竞争力。因此,我国提出的"复关"和"入世"要求是我国实行改革开放政策的必然结果和重要组成部分,是高瞻远瞩的长期战略抉择,是我国的富国强民之路。

自 1986 年我国正式提出申请"复关"以来已历时 12 年。在此期间,我国政府为顺应 GATT/WTO 的要求,在国民经济和对外贸易的各个领域都进行了一系列重大改革,初步确立了社会主义市场经济体制,国内市场也进一步开放,市场准入条件已大大改善,我国"复关"和"入世"的基本条件早已成熟。但是,我国至今仍被排斥在国际多边贸易体制之外,究其原因主要有以下几点:

(1)我国经济、贸易的高速发展引起了某些国家的担忧。改革开放以来,尤其是 1992 年邓小平同志南方谈话以来,我国经济的持续高速增长导致美国和西欧一些国家对中国经济实力估计过高,从而引发中国作为发展中国家的地位争执问题。近年来,在全球经济普遍不景气的情况下,东亚经济一枝独秀,而中国经济的发展又独领风骚。1978—1996 年间,我国经济年均增长率约为 10%,外贸发展更快,年均增长率同期保持在 15% 左右,进出口总额占世界外贸总额的比重已达 3%,成为世界第 11 大出口贸易国,1997 年我国进一步跻身世界贸易十强之列。

中国经济贸易实力的增强引起了某些国家的担忧,他们担心中国的崛起会威胁其在全球经济事务中的统治地位,于是便大张旗鼓地鼓吹"中国威胁论"。一些国家也在中国近年来贸易出超问题上大做文章,压迫中国进一步开放国内市场。在此背景下,一些国家开始别有用心地对中国作为发展中国家的地位提出质疑。⑥他们指出,在人均国民收入问题上,中国的人均国内生产总值(GDP)若按官方统计数字折算,1992 年仅为 590 美元,而按世界银行的统计,中国人均国民收入在 1976 年已达 410 美元,经过 18 年的快速经济发展，中国人均 GDP 应早已突破 1000 美元大关。从人均寿命这一反映一国政治、经济、社会实力的重要指标来看，由于中国现在的人均寿命已接近 70 岁。根据世界银行的一般算法，中国的人均国民收入应已达到 2500 美元左右的水平。从经济总量来看，中国的经济潜力被认为仅次于美国和日本。这些国家认为，既然中国的经济实力已大为增强，那么简单地把中国作为发展中国家对待的话，将体现不出权利与义务平衡的原则，从而将阻碍国际多边贸易体制的顺利发展。随着中国的经贸实力日益增强，GATT 和 WTO 各缔约方对中国遵守国际规则的要求也越来越苛刻，对我国开放国内市场的要求也越来越高。

（2）美国的阻挠。美国对我国加入 GATT/WTO 表面上表示欢迎，而实际上是想通过中国参加多边贸易体制的进程来对中国施加压力，从而在双边谈判中获取更大的经济和政治利益。美国一方面试图在世界上最具活力的中国市场分享更大的份额，一方面又害怕中国在世界经济贸易中的迅速崛起会对其霸主地位构成威胁。美国方面认为，如果让中国"入世"而不让中国在开放市场和遵守国际贸易规则上作出足够的承诺，那么美国今后就将难以影响中国经济贸易的发展。根据美国官方统计资料显示，80 年代以来，美国在对华贸易上接连出现逆差，且数额不断扩大，大有赶超日本之势。从贸易的角度讲，权利和义务的平衡就反映在贸易收支状况上，即出口反映了权利，进口反映了义务。美国方面看来，在中国不能采取措施消除中美间存在的所谓巨额贸易不平衡之前，中国就需履行更大的义务，即进一步开放国内市场，这就是美国在中国"复关"和"入世"谈判中索取高价的基本出发点。

（3）政治因素的干扰。我国"复关"谈判本来是可以在 80 年代末结束的，因为我国的改革开放进行得比较早，美国当时从其全球战略出发，积极鼓励和支持我国的改革开放，对我国的复关采取一种宽松的政策。然而，1989 年后，美国对我国的复关态度来了个 180 度的大转变，与我国的谈判中断了两三年之久。1995 年 10 月中美之间的谈判进行得十分艰难，其原因也主要是受当时两国间经济和政治关系的影响。匈牙利、罗马尼亚的市场开放程度绝对赶不上中国，但美国破格地让它们进入了，其真正的原因在于当时苏联还未解体，美国想以此来削弱苏联的影响力。

（4）我国外贸体制上仍存在一些问题。改革开放以来，我国的外贸体制改革不断深化和发展，特别是自 1994 年以来我国对进出口体制进行自主改革后，GATT 中国工作组第 10 次会议结束对我国外贸制度审议时所提出的 12 个方面的要求已基本得到解决。然而，从目前各缔约方的反映来看，我国进口体制方面仍存在以下较为集中的问题：一是我国关税水平仍然偏高，不受关税上约束的范围太大；二是外贸经营权仍受限制，外商不能与中国用户直接签订进口协议，而需通过外贸公司进行代理，外商投资企业进出口经营范围仍然受到限制；三是实行配额许可证管理的进口商品范围仍然过宽，国营贸易（含指定公司经营）还在一定范围存在；四是进口管理透明度仍有待提高，进口政策统一性仍未最终解决。⑦

中国的发展需要世贸组织，而世贸组织的顺利运作也需要中国，这已成为我国和国际社会的共识。我国加入 WTO 的谈判目前正处于最后冲刺阶段，我国应积极作好准备，为使我国经济更好地融入世界多边贸易体制、促进我国经济的发展而创造条件。依笔者之见，我国在加入 WTO 问题上应采取以下一些对策与措施：

第一，尽量争取早日加入世贸组织。我国加入世贸组织的原则立场是：以乌拉圭回合谈判所达成的协议为基础，承担与自己经济发展水平相适应的义务和享受相应的权利。我们在这一原则性问题上丝毫动摇不得，但在一些细节性和技术性问题上则可作适当的融通和变更，以便我国能早日加入这一国际经济组织。当前西方舆论认为，中国正在试图利用宽松的国际政治空间并打着加入多边贸易体制的旗号，以规避"社会达尔文铁律"和国际贸易纪律的束缚，中国无异于一头游离于"丛林竞争法则"之外的野狮。一些发展中国家也对我国"入世"久拖不决的现象给予消极评价，认为中国既想加入又不想承担基本义务的设想是旨在把"人治"的观念纳入"以规则为基础"的多边贸易体制，强迫国际经济社会接受中国远非"起码的"市场经济模式。⑧因此，在"入世"问题上采取灵活姿态，尽早加入世贸组织，这是符合我国根本利益的。

第二，进一步深化外经贸体制改革，实现本国经济与世界经济的逐步对接，迎接"入世"后面临的挑战。为此，我国经贸事业面临着以下重任：（1）继续深化国有外贸企业改革，促使外贸出口由数量增长型向质量效益型转变。要培育一批以外贸为龙头、贸工农技银商相结合的综合商社和以生产企业为核心的产业跨国集团，实行效益规模经营，改善出口结构；（2）进一步完善外经贸间接调控体系，实现主要运用关税、汇率、利率、信贷、税收和其他符合国际经济通行规则的政策措施来调节外贸，搞好外经贸运行的监测、预测和调控；（3）抓紧进口体制改革，促进进出口贸易平衡发展，按照国际通行做法保护幼稚工业发展；（4）积极、合理、有效地利用外资，加强产业和地区导向，改善投资环境，逐步对外商企业实行"国民待遇"；（5）加强外贸法制建设，在《外贸法》基础上加紧制定《反倾销法》《反补贴条例》《出口管制条例》《技术进出口条例》等配套法规，规范外经贸行业的政府行为与企业行为，维护经营秩序。

第三，增强贸易政策透明度。透明度原则是 WTO 的基本原则之一，根据该原则规定：（1）各缔约方应将其有效实施的关于海关对进出口商品的分类或估价，关于税捐和其他费用的征收率，关于对进出口货物及其支付转账的规定、限制和禁止，以及关于影响进出口商品的销售、分配、运输、保险、存仓、检验、展览、加工和使用的法令、条例与一般援用的司法判决及行政决定等，都应该迅速对外公布，以便其他缔约方政府及贸易商熟悉和了解；（2）缔约方政府或政府机构与另一些缔约方政府或其机构签署的国际贸易政策的现行协定、条约也必须公布；（3）各缔约方应该在全国统一、公正和合理的基础上实施与贸易有关的政策、法规、判决和决定，并应维持或尽快建立司法、仲裁或行政法庭或程序；（4）缔约方采取的按既定统一的办法提高进口商品关税或其他费用的征收率、对进口商品及其支付转账实施新的或更严格的规定、限制或禁止的普通措施等，若未经正式公布则都不能实施。我国要实现国内经济与国际经济的接轨，就必须努力按照 WTO 的要求，进一步清理、整顿各种内部法规、条例，加强执行力度，提高与贸易有关政策的透明度，从而减少和消除我国与其他国家或地区在贸易政策透明度方面的摩擦，增强它们及其贸易商对我国经济、贸易制度的信任。

第四，积极参与亚太经济合作组织（APEC）和次区域经济集团的建设。当今世界经济发展的一个最显著特征之一就是，在全球经济日益一体化的同时，区域集团化趋势不断加强。在美洲，继《美加自由贸易协定》于 1989 年元旦正式生效以后，《美、加、墨自由贸易协定》又于 1994 年元旦开始实施，其中心内容是，经过 15 年的过渡期，最终建成包括北美三国在内的"北美自由贸易区"。1994 年 12 月，美洲34 国首脑在美国迈阿密举行首次美洲国家首脑会议，会议提出争取在 2005 年前完成关于建立美洲自由贸易区的谈判。在西欧，欧共体于 1992 年底基本建成"欧洲统一大市场"，在共同体范围内实现商品、劳务、资本和人员的无国界自由流动。1994 年 1 月 1 日，西欧 17 国组成的"欧洲经济区"正式启动，1995年 1 月 1 日，奥地利、瑞典和芬兰正式加入刚成立的欧洲联盟，使其成员国扩大到 15 个。⑨在亚洲，东南亚国家联盟的经济一体化也在不断扩大和深化，继 1995 年 7 月将越南接受为第 7 个成员国后，该组织1997 年又将缅甸和老挝吸收为正式成员国。在其他地区，区域集团化也蓬勃兴起。

区域集团化的发展无疑对仍基本上置身于集团化之外的中国来说构成了严峻的挑战，因为区域集团在建成后虽然没有提高对非成员国的关税与其他壁垒，但成员国与非成员国间存在着的差别待遇实际上就是对非成员国的歧视。为适应这一形势的发展，我国在努力争取加入世贸组织的同时，还应积极参与区域经济合作。在这一方面，我国的重点应在于推动 APEC 的建设上，并增强我国在该组织内的发言权。与此同时，我国还应积极推动"东北亚经济合作圈""湄公河流域经济合作圈""华南经济圈"等次区域经济合作安排的发展。我国参与区域经济合作的目的不在于将自己的经贸活动局限于区域经济合作组织内部，而是要借区域经济合作来加快我国国际分工与合作的发展，逐步推进我国贸易和投资自由化，增强我国经济抵御外来风险的能力，为我国经济更好地融入 WTO 领导下的国际多边贸易体制创造条件。

◎ 注释

①李岚清主编：《中国利用外资基础知识》，360 页，北京，中共中央党校出版社，1995。

②Trien Nguyen，A Uiuguay Round Success. The World Economy，pp. 25-29，Basl Blackwell ltd.，USA.，1995.

③曾智华：《乌拉圭回合谈判对世界农业的影响》，载《世界经济》，1994（11）.

④GATT，An Analysis of the Proposed Vruguay Round Agreement，with Particalar Emphasis on Aspects of Interest to Developing Countries，Document MIN，TNC/W/123，MTN，GNC/w/30，GATT Secretariat，29 November，1993.

⑤Denise Eby Knan，etc.，Intellectual Property Rights in Asian Region Issues，Pattern and Policy，Asian-Pacific Ecomomic Literature，Vol. 9，No. 2，Nov. 1995.

⑥陈继勇：《世界贸易组织与中国》，调研报告，1997年。

⑦王子先：《世界贸易组织与中国进口体制改革》，载《国际贸易问题》，1997（2）.

⑧刘光溪：《中国加入经济联合国与改善国内外政治经济环境的关系问题》，载《国际贸易问题》，1992（2）

⑨陈继勇，谭红平：《论日本的产业空间化及其影响》，载《武汉大学学校》，1997（1）.

本文原载于《经济评论》1998年第4期

论世贸组织争端解决机制及其特点

陈继勇　肖　德

一、世界贸易组织争端解决机制

世界贸易组织的争端解决机制包括世贸组织解决有关争端的基本原则、管辖范围、规则、程序、效力等内容，其核心内容是争端解决程序，它体现了争端解决机制的主要内容。

世贸组织争端解决机制适用有关世界贸易组织协议、多边货物贸易协议、服务贸易协议、与贸易有关的知识产权协议和其他多边贸易协议的一切争端，同时也适用于其他协议规定适用本机制的有关争端问题，随着国际经济形势的发展与变化，经成员方同意，争端解决机制的适用范围，可以拓展到更广的新领域。实质上，它是关贸总协定第二十二条和第二十三条的具体化和拓展。根据"关于争端解决的规则与程序的谅解"，世贸组织争端解决程序包括磋商、斡旋、成立专家组、上诉审议、裁决和建议的执行等内容。

（1）磋商。世界贸易组织争端解决机制的根本宗旨在于保证使争端得到积极的解决。因此，当贸易争端产生后，世贸组织首先提倡争端成员方能通过双边协商的方式来和睦解决彼此间的争端，谅解规定，磋商是争端解决的最新和必经程序，有关当事方在收到磋商请求后 10 日内应对磋商请求作出答复，并且应于自磋商请求提出后 30 日内开始进行磋商，如果有关当事方未及时作出答复或进行磋商，则争端请求方可以直接请求争端解决机构设立专家组。

（2）斡旋和调解。有关争端当事方可以在充分自愿的基础上，随时将其争端提交第三方斡旋、调解解决斡旋调解程序可以随时开始，也可以随时终止，但是，该程序一旦被终止，起诉方则有权提出成立专家组的请求。

（3）成立专家组。如果磋商、调解不成功，有关当事方可以直接向争端解决机构提出成立专家组的请求，专家组的成立几乎是自动的，程序要求争端解决机构应在不迟于第二次讨论成立专家组请求的会议时成立专家组，除非成立专家组的决定遭到争端解决机构全体一致的反对，这意味着，只有争端解决机构全体一致的反对时，才能撤销成立专家组的决定。被起诉方政府不得抵制或阻挠专家组的成立。专家组应于有关成立专家组的决定作出后 30 日内成立，由秘书处向有关争端方提供专家组候选人名单，必要时应当注明各候选人的资历简介。在通常情况下，专家组应当根据所引用的协议对争端进行客观的调查，提出调查结果和建议，提交专家组报告，以便协助争端解决机构对争端做出裁决或建议。

（4）上诉审议。世贸组织争端解决程序允许对专家组报告持有异议的有关当事方提起上诉，但上诉的内容仅限于针对专家组报告中所涉及的法律问题以及专家组作出的有关法律解释，所有的上诉均由争端解决机构中设立的常设上诉机构审理，该上诉机构应由 7 人组成，他们应能广泛地代表世界贸易组织的成员方，任期四年。他们应当由在法律和国际贸易领域内公认的专家来担任，并且不从属于任何成员的政府；上诉机构的报告自作出并发送各成员方之后 30 日内应由争端解决机构通过，除非此项报告遭到争端解决机构全体一致反对。上诉报告一经通过，争端各方应无条件地接受。

（5）裁决和建议的执行。世贸组织强调，争端解决机构所通过的建议和裁决的迅速执行是保障卓有成效地解决争端和使全体成员方受益的关键。因此，程序规定，在专家组报告或上诉审议报告被通过后的

30 日内，有关当事方必须就其是否执行建议或裁决的意向作出声明，如果有关当事方认为立即履行建议是不切实际的，争端解决机构将给予当事方以一段合理期限，允许该当事方在合理期限内执行。如果该当事方在合理期限内仍然未能执行建议或裁决，则必须于合理期限届满前与上诉方进行磋商，以商定出一个为各方所接受的向上诉方进行赔偿的方案。如果在合理期限届满之后 20 日内，双方未能就赔偿方案达成协议，上诉方可以请求争端解决机构授权其中止实施对被起诉方所作的减让或其他义务。争端解决机构应于合理期限届满后 30 日内作出此项授权，除非此项授权遭到争端解决机构成员的全体一致反对。在裁决和建议执行的程序中，程序还规定，如果有关当事方对中止实施减让义务的程度持有反对意见，则应提交仲裁解决。在可能的情况下，仲裁应由最初的专家组进行仲裁应于合理期限届满后 60 日内完成，在仲裁过程中有关当事方不得开始实施中止减让义务、仲裁裁决为终局裁决，有关当事方不得再向其他仲裁机构提出仲裁申请。

二、世界贸易组织争端解决机制的特点

与 1947 年关贸总协定比较，世贸组织的争端解决机制有如下一些特点。

（1）建立了统一的争端解决程序，使争端解决机制趋于一体化。在关贸总协定中，东京回合以后除了基本争端解决程序以外，在各协议下又形成了一系列相对独立的争端解决特别程序和争端解决机构，有关争端的解决是在理事会和东京回合各委员会之间分开进行的，世贸组织成立的争端解决机构（DSB），则是专门负责处理世贸组织成员间的各项争端，它是世贸组织中唯一有权决定成立专家组、通过专家组报告或上诉审议报告、负责监督裁决和建议的执行，且有权在有关当事方不执行裁决和建议的情况下，授权起诉方采取报复措施的机构；该机构的设立有利于克服关贸总协定各争端解决机构之间不协调的缺点，使争端解决机制趋于一体化，避免在适用法律问题上出现前后不一或标准不一的缺陷。

（2）扩大了适用范围。关贸总协定的争端解决程序在适用范围方面存在较大缺陷，它只适用于国际贸易中的货物贸易，而货物贸易中的纺织品、农产品并不包括在内；至于服务贸易、知识产权等方面更不涉及，这种管辖范围狭窄的争端解决机制使关贸总协定在许多争端面前无能为力。世贸组织的争端解决机制几乎把所有领域的争端都纳入其管辖范围之内，不仅包括货物贸易的争端（包括回归一体化的纺织品和农产品），而且包括服务贸易、与贸易有关的知识产权、与贸易有关的投资措施等领域的争端，新的争端解决机制为及时有效地解决各方面的争端创造了条件。

（3）在设立专家组时引入自动程序。关贸总协定在解决贸易争端时，往往出现某些缔约方阻挠专家组的成立或者阻挠专家通过报告，影响争端的解决，在世贸组织争端解决机制中，规定设立专家组或通过专家组报告是一个自动程序，它的含义是除非遭到争端解决机构全体成员一致反对，否则，争端解决机构应当在规定的期限内做出成立。专家组的决定或通过专家组报告的决定，实质上，这一规定制约了有关成员方阻挠或抵制专家组的成立或通过专家组的报告，为顺利解决争端打下了基础。

（4）明确争端解决各阶段的工作时限，提高工作效率。关贸总协定争端解决机制由于没有对每一程序的工作时限作出严格限定，而成为缔约方意见最集中的问题之一，严重影响了工作效率。世贸组织则强调迅速解决争端对于世贸组织有效发挥作用的重要性，因此，世贸组织争端解决机制对争端解决的各个程序的时间作出了详细严格的限定，包括磋商的期限、成立专家组的期限、通过专家组报告的期限、上诉的期限，以及争端从成立专家组到专家组报告通过的最长期限等都作出了规定，这有利于提高工作效率，有利于争端的快速解决。

（5）增加了上诉程序。世贸组织争端解决机制中增设了上诉程序，这是关贸总协定所没有的。在有关成员方对专家组报告有异议的情况下，允许该成员方向争端解决机构中的常设上诉机构（Standing Appellate Body，SAB）提起上诉；上诉机构可维持、修改或推翻专家组的裁决和建议，尽量使争端得到较好解决。

（6）改"一致同意"为"一致否定"。关贸总协定中"协商一致"原则是尽量能使贸易争端得到圆

满的解决，但容易被某些缔约方滥用，成为阻拦争端解决的借口或砝码。"协商一致"原则实质上是授予每一个争端方的否决权，即只要有一方持否定态度，争端就无法解决，世贸组织争端解决机构中的"一致否定"原则就是对"协商一致"原则的改进，"一致否定"是指只要有一成员同意，就无法形成"一致否定"局面，就必须进行争端解决的下一程序，排除了可能败诉的争端方滥用否决权阻挠争端程序的进行或报告的通过。

（7）加大了裁决的执行力度。关贸总协定的裁决执行力度有限，主要是靠"道德力量"来维系，对超级大国的约束力有限。世贸组织争端解决机制规定，在专家组报告或上诉机构报告通过的 30 日内的争端解决机构会议上，有关争端方必须表明其执行裁决的意向，如果不能立即执行，可在一"合理时间"内执行；如果仍做不到，则须与起诉方谈判，确定可相互接受的补偿办法；如果在 20 日后谈判仍达不成协议，则起诉方可要求争端解决机构授权其对另一方中止减让或其他义务，若有关争端方对中止减让或中止其他义务持有异议，则可提出仲裁的请求。仲裁的决定是终局的，有关方必须接受，除非"一致意见"反对接受。

（8）允许实施"交叉报复"措施。世贸组织争端解决机制规定，在一般情况下，被中止的减让与专家组所审理的问题应在同一个部门。但是，在必要情况下，可实施"交叉报复"。如果在同一部门很难中止减让，或者虽中止减让但作用不大，则可在同一协议下的不同部门中止减让；若这样做仍效果不大，则可要求在其他协议项下中止减让或中止其他义务。这种"交叉报复"的措施可使当事方选择更为有效的方式对违反协议的行为进行报复，促使败诉方认真考虑执行裁决，增加争端解决机制的威信。

（9）增加了对发展中成员的特殊规定。在关贸总协定的历史上，发展中缔约方运用其机制解决贸易争端时不够积极，这主要是因为发展中缔约方经济实力太弱，即使专家组判定其胜诉，如果发达国家不理睬专家组的意见，或阻挠专家组报告的通过，发展中缔约方也没有办法对付。即使关贸总协定授权其进行报复，因其经济实力弱，对大国也难以造成有影响的损伤，反而很可能只会损害自己的利益。为了使那些经济实力弱小的最不发达成员能够利用这一机制保护自己的利益，谅解特别规定：在涉及最不发达成员的争端案件和争端解决的所有阶段，应特别考虑这些最不发达成员所处的特殊环境，并应在处理涉及某个最不发达成员引起的事件中适当施加限制。如果认定最不发达成员所采取的措施导致其利益的丧失和损害，则起诉当事方按照这些程序请求赔偿或寻求中止减让或其他义务的授权时，应施加适当的限制。

当然，世界贸易组织（WTO）争端解决机制也不是十分完善的，它仍存在不少问题，有些问题是在关贸总协定（GATT）争端解决机制下就存在，但 WTO 没有很好解决的。概括起来，主要问题有：

（1）DSB 的裁决能否得到有效执行问题。这是 WTO 争端解决机制的最根本问题，也是各成员方最关心的问题。裁决的执行似乎游离于 WTO 争端解决机制之外，尽管 DSB 允许起诉方采取"交叉报复"措施，DSB 毕竟不是国际执法机构，也不是国际警察，WTO 也没有类似联合国安全理事会那样，对那些不执行 DSB 裁决的，可允许国际社会采取任何一种共同和一致形式的有效制裁，其根本原因在于 WTO 本身，那就是各成员方让渡给 WTO 的权力十分有限，从 DSB 鼓励解决争端的办法（即更多地依靠双方友好磋商，而不是裁决）就可以看到这一点。

（2）"交叉报复"措施存在缺陷。主要表现在两个方面：一是"交叉报复"会导致新的保护主义，成为少数发达成员推行保护主义的借口；二是有实力进行报复的成员总是那些大国，诸如美国、欧盟和日本等，当大国与小国发生争端时，小国的报复对大国不会造成大的影响。例如 GATT 历史上尼加拉瓜与美国关于禁止贸易的纠纷案中，尼加拉瓜就自动放弃了 GATT 授予的报复权利，而大国对小国的报复却是致命的。可见"交叉报复"是强国采取制裁措施时的一项强有力的工具，对发展中成员方实质上没有很大的现实作用，不利于发展中的成员方。在货物贸易方面，发展中成员方几乎没有报复能力，在服务贸易和知识产权方面情况更是如此。

（3）自动机制有利于争端程序的进行，但也存在阻挠问题。大国仍会采取其他方式阻止程序的正常进行。

（4）上诉机构的权限十分有限。上诉机构仅能对争端的法律部分进行审核，不利于争端的更圆满解决。

（5）成员方对争端解决机制的依赖性问题。根据"讨价还价能力理论"，磋商停止，争端解决开始。在磋商中，讨价还价能力是主导因素，实力强者，磋商解决对其有利；实力弱者通过争端程序解决对其也不利，随之，争端解决变得无关紧要。这使得许多贸易争端在WTO框架之外解决，WTO运行以来至少有3件纠纷是这样解决的，它们是新加坡与马来西亚的纠纷、美国与韩国关于使用大陆架生物规定限制包装粮食进口的纠纷和美国与日本的汽车纠纷等。可见，WTO成员对其依赖程度与WTO的目标宗旨不协调。

由于WTO争端解决机制运行时间不长，还有不少问题尚未暴露出来，各成员有理由希望WTO能不断完善其争端解决机制，以促进世界经济贸易的发展。

本文原载于《江汉论坛》1998年第10期

解读美国金融危机——基于实体经济的视角*

陈继勇　盛杨怿　周　琪

　　2007 年由美国次贷危机引发的金融危机被视为 20 世纪 30 年代以来最为严重的金融危机。美国大批与次级住房抵押贷款有关的金融机构纷纷破产倒闭，并迅速向次级贷款债券持有者蔓延。危机快速扩散到整个美国金融市场，如美国第五大投资银行贝尔斯登被收购，房利美和房地美陷入困境，股市剧烈震荡。特别是进入 2008 年 9 月以来，随着雷曼兄弟公司破产，美林被收购，高盛、摩根士丹利转型，大批中小商业银行以及保险公司陷入岌岌可危的境地，次贷危机进入高潮。美国的次贷危机通过各种途径在国际上传导，已引起了全球范围的金融市场动荡，形成了一场影响全球的金融危机，世界各国的实体经济面临着衰退的风险。目前，在美国历史上和世界经济史上正上演着前所未有的全球金融救助行动。因此，深入、细致地分析这场危机，特别是从实体经济的角度剖析危机产生的原因、影响、传导机制与发展趋势，对于中国积极应对此次全球性的金融危机，主动参与国际经济协调与协作，勇于承担作为发展中大国在世界经济发展中的责任和义务，具有重要的理论和现实意义。

一、美国金融危机产生的原因

　　关于美国金融危机爆发的原因，目前理论与实务界已形成了三点共识：（1）过度的金融创新与金融自由化是导致次贷危机的主要原因，Keys（2008）、Laeven 等（2008）、Yuliya Demyanyk 和 Hemert（2008）等分别从金融自由化进程中过度债券化、信贷标准和信贷质量下降等方面进行了探讨。（2）美国现有的分散的金融监管架构和过度放松的金融监管与各类金融市场之间日益联系紧密的发展趋势不匹配，加速了金融危机的爆发。美国的众多财政金融要员如 Paulson（2008）、Bernanke（2008）都支持这一观点，纷纷提出改革美国金融监管架构的短期、中期及长期建议。（3）美国金融市场上道德风险的上升、市场信心的下降加剧了金融危机的破坏程度。Mian 和 Sufi（2008）等人认为美国抵押信贷市场违约率的上升导致美国房地产市场萎缩，引发了次贷危机，随着市场上道德风险的上升、市场信心的下降，危机蔓延到整个金融体系，乃至成为全球性的金融危机。

　　以上三点均从金融系统的视角考察了此次金融危机产生的原因，但金融危机根源于实体经济，并作用于实体经济。因此，如果仅仅从金融系统的角度，单纯地依靠救助金融机构或注入流动性等举措，难以从根本上解决金融系统层面下实体经济的结构性矛盾与深层次风险，甚至可能催生下一次金融危机。为此，有必要深入探讨导致金融危机的实体经济的深层次原因。

（一）美国网络经济破灭激发的房地产经济泡沫是孕育金融危机的摇篮

　　20 世纪 90 年代以来美国经济乃至全球经济的平稳运行在很大程度上取决于产业的创新能力。但自 2001 年美国网络经济泡沫破灭至今，美国的科技创新还没有出现新的重大突破，没有找到新的经济增长驱动力。当实体经济领域中信息行业的高收益投资神话不复存在时，华尔街的金融投资家以及私人资本开始寻找新的投资目标。此时高收益低风险的房地产成为投资者的追逐目标，虚拟经济活动繁荣。2001 年

---

　　* 本文于 2011 年获武汉市第十二次哲学社会科学优秀成果奖一等奖。

以来，美国国内私人房地产投资在私人固定资产投资中的比重不断上升，至 2005 年第四季度达到 37.95%。大量资金流入以及与房地产相关的融资衍生工具的迅速发展，加快了房地产泡沫的形成。

（二）21 世纪初美联储先后采取的宽松货币政策和紧缩货币政策是金融危机的催化剂和导火索

2001 年，美国网络经济泡沫破灭，经济陷入衰退。美联储为了刺激经济增长，开始实施宽松的货币政策。从 2001 年 1 月至 2003 年 6 月，美国联邦基金利率连续 13 次下调，从 6.5% 下降到 1% 的历史最低水平，并维持了一年之久。这一轮降息为美国社会提供了大量的廉价资金，直接促成了 2001—2005 年美国房地产市场的繁荣，推动了房地产泡沫的持续膨胀。然而，随着全球原油等大宗商品价格的不断上涨，美国经济通胀压力日益增大。从 2004 年开始，在短短的一年半时间内，为了抑制通胀美联储连续 17 次加息，使得联邦基金利率提升至 5.25%。[①]骤然紧缩的货币政策极大地加重了贷款人的利息负担，使得房地产次级抵押贷款的违约率上升，从而直接引发了次贷危机。

（三）全球经济失衡支撑的美国过度消费是金融危机爆发的根本原因

长期以来，消费是美国经济增长的主要驱动力。特别是自 2001 年以来，随着资产价格膨胀，尤其是房价上升，美国银行业在住房按揭贷款上进行了各种创新，同时发行了大量的消费投资信贷，提高了美国居民的消费能力。最近 20 年里，美国实际消费需求增长率每年高达 3.5%，而平均实际可支配个人收入增长率仅为 3.2%。消费信贷领域的快速扩张使美国债台高筑，系统性风险不断增加。随着房地产泡沫的破灭，信贷消费模式所积累的风险便通过金融危机的形式释放出来。美国经济的这种过度消费是在以美国经常账户逆差和资本账户顺差为主要特征的全球经济失衡的背景下得以持续的。

一方面，美国凭借自己在全球产业分工格局中重点发展高新技术产业和金融服务业，外围国家发展制造业的有利地位，以及自身对技术创新范式、市场标准、知识产权、金融资产定价等权利的垄断，大量进口了来自东亚国家和新兴经济体的廉价商品，降低了国内生活和生产成本，提高了本国的消费水平，增加了居民财富。这体现在美国不断增长的经常账户逆差上，据统计，在 2000—2007 年 8 年间美国经常账户逆差平均增长率高达 5%。[②]

另一方面，随着美国国内投资环境的不断改善，大量国际资金流入美国，特别是来自石油输出国、东亚新兴经济体巨额贸易顺差所积累资金的回流，弥补了美国国内高消费和低储蓄的缺口，为美国国内市场提供了充足的流动性，为其长期实施低利率的货币政策提供了有利条件。

（四）全球金融体系中各国货币地位的不平等加速了金融危机在全球的蔓延

在当今国际金融体系中，美元在国际储备货币中处于主导地位，所占比重约为 63.9%。因此，美元以及美国的金融创新资产成为世界各国金融机构进行海外投资的必然选择。在这种情况下，美国的金融危机就极易通过国际贸易、国际投资与国际金融等渠道传导到世界各经济体的金融机构，并影响世界经济的健康发展。

二、美国金融危机对世界实体经济的影响

当前，美国金融危机的不断深化已通过各种途径向实体经济传导，并很可能演变为全面的经济危机，对世界经济产生重大影响。

（一）对美国实体经济的影响

美国金融危机的爆发反映了其金融创新与金融监管之间的失衡。这种金融体系的失衡一旦表现出来，其负面影响就迅速扩散到实体经济领域。金融动荡向实体经济传导的渠道是：随着金融危机深化，信贷收

缩笼罩市场，企业融资成本急剧攀升，导致新增投资来源枯竭；金融市场尤其是股票市场的大幅下滑带来强烈的逆向财富效应，抑制居民消费；最终，金融危机通过投资和消费两个渠道导致实体经济下滑。具体体现在：

（1）房地产泡沫破灭，房地产投资的不断萎缩严重拖累着美国经济。标准普尔公司 2008 年 5 月 27 日公布的数据显示，2008 年一季度美国房价跌幅达 20 年之最。美国哈佛大学联合房地产市场研究中心在 2008 年 6 月 23 日发表的年度报告中指出，目前美国房地产市场正在出现半个世纪以来最严重的衰退。当前住房投资占 GDP 的比重已经从 2005 年下半年的 5.5% 下降到 3.7%，达到 1991 年经济衰退以来的最低点，住房投资已经连续 7 个季度成为拖累经济增长的主要因素。③同时，美国与住房相关的投资占美国固定资产投资的 30% 左右，房地产市场衰退使消费者和投资者对与房屋相关的支出减少，投资持续低迷，直接影响经济增长。另外，由于房价持续下跌带来的财富负效应及对消费信心的影响将大大弱化美国经济增长中的消费动力。

（2）消费的下滑加快美国经济回落的速度。当前美国私人消费占美国 GDP 的 72%，在过去的 10 年里这一比重整整提高了 10 个百分点。然而，金融危机造成了美国房地产泡沫破灭，证券市场价格也经历了深度调整，居民财富大幅缩水，这直接导致了美国居民的消费意愿和消费能力显著下降，社会消费急剧下滑，宏观经济增长受到影响。2008 年 9 月美国汽车销售量剧减 28%，表明美国最大消费品市场急转直下。美国 2008 年第三季度 GDP 的增速为 -0.3%，明显低于第二季度 2.8% 的增速；而美国非农就业岗位在 2008 年 12 月削减 52.4 万个，失业率升至 7.2%，创下 1992 年以来的最高纪录。④

（3）信心和信任危机导致企业融资困难，实体经济投资锐减。金融市场动荡和金融机构的信心和信任危机造成市场流动性短缺、清偿能力受损，市场信贷紧缩。企业投资来源急剧减少，一些企业出现流动性困难。同时，企业自身股票价值的大幅下降，削弱了其投资的意愿和能力，从而加剧了投资的进一步萎缩，严重影响了经济的复苏。

（二）对世界实体经济的影响

当前，国际金融危机已从局部发展到全球，从发达国家传导到新兴市场国家，从金融领域扩散到实体经济领域，给世界各国经济发展带来严重影响。近期国际货币基金组织（IMF）已经将 2009 年世界经济增长预测由之前的 3.9% 调低至 2.2%。⑤从世界范围来看，此次美国的金融危机已经通过国际金融、国际贸易、国际投资等多种渠道在全球传导，侵蚀全球的实体经济，引起全球性的消费下降、投资放缓、出口跌落、经济下滑和失业上升。

（1）在全球金融体系联动性不断增强的背景下，美国金融危机在国际金融市场之间、金融市场与全球实体经济之间的传导效应大大增强。由于当前经济全球化和金融自由化已发展到相当高的程度，世界各国都不同程度地融入金融全球化的发展大潮中，巨额"热钱"在全球各地迅速移动，各种金融衍生品将全球金融机构紧密地联系在一起，这使得金融危机一旦发端于美国，便迅速扩散到其他各国，发展成为全球性金融危机。次贷危机带动全球金融产品价格调整幅度的加大、加快，造成全球短期资本流动的波动性加剧。2008 年美国股市与其他发达国家股市同步下跌。自 2008 年 9 月 15 日雷曼兄弟公司宣布破产以来，道琼斯工业平均指数最大跌幅达 24.61%，而英国 FTSE100 指数、日本日经 225 指数最大跌幅分别达 22.19% 和 31.8%，均创 5 年新低。⑥这种全球范围的股市波动在很大程度上是由于跨国机构在全球范围内调整风险资产比重的行为所致。此外，由于此次危机是资产价格泡沫破灭引起的，全球金融机构的资产损失巨大。在未来相当长的时期内，资产价格可能会继续下跌，金融机构也会继续紧缩信贷以改善自身的财务状况。世界各国尤其是西方发达国家经济中信贷紧缩、经济衰退现象的发生几乎无法避免。

（2）金融危机已通过国际贸易渠道从发达国家传导至发展中国家，重创对外依存度较高的发展中国家的实体经济。由全球资产价格下跌所造成的负向财富效应使得世界各国，尤其是发达国家居民消费意愿和消费能力显著下降，直接导致发达国家进口萎缩，全球贸易量锐减。据 IMF 估计，2008 年和 2009 年世界贸易量（货物和服务，剔除汇率和价格因素）增速将放缓，分别为 4.6% 和 2.1%。⑦以美国为代表的发达国家进口需求下降将对贸易伙伴国的出口行业构成严重冲击。尤其是那些金融市场上外资比重较大、经济增长高度依赖出口且出口结构单一、自身存在比较严重的资产价格泡沫的发展中国家将深受其害，譬如部分东欧国家和中亚国家，严重的情况下这些国家将会出现金融危机甚至经济衰退。

（3）市场信贷紧缩、信心下降导致跨国公司的国际投资纷纷撤资，使国际投资的东道国特别是发展中国家的经济增长滞缓。由于跨国公司原有的产能过剩，对经济增长的预期降低，加上融资成本增加，导致许多投资项目被搁置。据世界银行统计，金融危机爆发以来，发展中国家借债的平均利率与发达国家借债利率之差从2%攀升至8%，而且流向发展中国家的官方和私人资本出现了大幅下滑。资料表明，2007年流入发展中国家的私人资本达1.1万亿美元，而2008年该数字预计将降至8000亿美元，2009年将继续下降至5300亿美元左右，仅占发展中国家当年GDP的3%。⑧甚至原先流向发展中国家的国际资本如今也开始大规模地撤离。2008年4—9月印度全国已有大约175亿美元的投资项目被搁置，⑨进一步抑制了当地经济增长活力。

三、世界各国的救市方案与国际经济政策协调

（一）世界各国的救市方案

面对美国金融危机的严峻挑战，世界各国相继实施了一系列救市行动。目前来看，世界各国的救市举措大致可分为两个阶段。

第一阶段，金融危机发生初期，各国政府救市着眼于稳定金融市场，向市场注入流动性，以期迅速恢复金融市场信心，避免危机蔓延。期间，发达国家普遍采用"暂时国有化"的方法救市，即政府向金融机构注资，换取部分股权，以解决金融市场的流动性不足问题2008年10月美国出台7000亿美元的"问题资产救助计划"（Troubled Asset Relief Program，TARP），其目的在于通过购买银行不良资产以恢复信贷市场正常运转，注入资金以增加流动性来救活金融业。欧盟国家一开始也采取了向金融机构注资和确保储户不受损失的方式。此外，有的国家采取了向市场抛售美元以稳定本国货币的做法，还有的国家运用国家主权财富基金、投资本国股市等方式挽救金融企业。在确保金融机构流动性充足之后，各国政府又普遍采取了降息的做法。

虽然初期的救市行动在一定程度上对恢复市场信心和拓宽融资渠道产生了积极作用，但仍然无法阻止金融危机向实体经济蔓延，世界经济面临下行风险。这是因为上述救市行动只是针对金融市场功能在短时间极度萎缩、市场流动性枯竭等问题，注入的大量流动性也只停留在金融机构，并未进入实体经济。因而经济复苏并未受到强有力的刺激，经济的内在调整也尚未完成。因此，各国政府开始重新思考救市的重点。

第二阶段，各国政府纷纷出台了以刺激消费为主来刺激实体经济增长的救市政策。首先是美国财长保尔森2008年11月12日突然宣布将转变救助重点，不再动用7000亿美元救市基金收购"有毒资产"，而计划"以消费为主"；与此同时，美国联邦储备委员会和财政部11月25日共同宣布，将向美国民众追加总额达8000亿美元的信贷投入，创设新的信贷工具，支持消费信贷和抵押贷款担保证券市场。在欧洲，英国将实施以减税为核心包括额外公共支出在内，总额约为300亿英镑的经济激励方案帮助房屋市场，并鼓励银行恢复对小型企业的贷款，以提升消费者信心；法国12月4日也出台了一项260亿欧元的经济激励计划，旨在促进正处于衰退边缘的法国经济增长。日本中央银行为了促进金融机构扩大对企业的贷款，缓解企业因银行惜贷而面临的资金紧张问题，将放宽抵押担保条件，向金融机构提供3万亿日元特别融资，以阻止已经陷入衰退的日本经济进一步恶化。显然，各国政府行动的一致性和救市的力度都达到空前的程度。

（二）加强国际经济政策协调、重建全球实体经济

全球性的金融危机更需要全球性的应对。自美国金融危机爆发以来，各国领导人与国际金融机构频频

召开金融峰会，商讨如何应对金融危机。2008 年 11 月 15 日在美国首府华盛顿举行的 20 国集团（G20）金融峰会就促进经济增长达成共识，并为此制定了五项强有力的行动计划。在金融危机愈演愈烈的背景下，国际社会和各国政府应加强协调合作，综合运用有效可行的经济和金融手段，以达到重建全球实体经济基础、恢复市场信心、促进经济增长的目的。

（1）各国加强宏观经济的协调与合作，发达国家应重构与虚拟经济相匹配的实体经济，新兴经济体要积极实行扩张性的经济政策，以重建世界经济发展的驱动力。

美国金融危机爆发的根源之一，就在于其虚拟经济严重脱离实体经济并过度膨胀。当前，美国、欧洲、日本等主要发达国家从降息、向金融市场注资、债务担保等各方面，积极运用各种政策工具向市场注入流动性，试图为经济重新注入活力，但收效甚微。这是因为欧美等主要发达国家，长期过于注重服务业和金融业，而把工业等制造业转移到其他发展中国家。一旦消费和资本市场出现问题，严重依赖资本市场融资的实体经济将受到很大的冲击。当服务业和金融业对经济增长贡献下降，就会缺乏新的经济增长点，经济复苏困难重重。显然，发达国家实体经济与虚拟经济发展的失衡是长期积累而成的，短期内难以达到平衡。这就要求发达国家加强与其他实体经济相对强大的国家如中国进行合作，调整人们的生产生活方式和思想观念，使经济建立在坚实可靠的实体经济基础上，并制定实体经济与虚拟经济相协调的发展机制，使虚拟经济更好地为实体经济服务，找到新的经济增长点。

同时，从目前来看，发达国家通过利率等货币政策工具调节经济的空间有限，反而是中国等新兴经济体通过降息等扩张性的货币政策来刺激经济增长，对全球经济的贡献比较大。因此，新兴经济体应积极、广泛地参与到全球宏观经济政策的协调合作中来，采取审慎、主动的刺激经济增长的扩张性政策，促进全球经济复苏。与此同时，为避免短期相对宽松的货币政策未来可能给经济带来通货膨胀压力，东亚新兴经济体也需要采取相应的积极的财政政策应对金融危险，如扩大政府投资规模，着力加强民生工程和基础设施建设，增加国内需求；推进税制改革，实行减税政策等来带动居民的消费，以保持经济健康稳定的发展。

（2）建立各主要经济体之间的经济合作与政策协调机制，循序渐进地调整全球经济失衡。

在经济全球化深入发展的背景下，世界经济失衡影响着全球资源合理配置、加剧了全球经济结构性矛盾，它也是爆发美国金融危机的根源之一。各国应该根据自身情况，扩大国内需求，削减财政赤字，加快结构调整，深化体制改革，相互开放市场，加强战略对话和宏观政策协调，推动国际经济秩序朝着更加合理的方向发展，促进世界经济均衡发展。目前在 IMF 的协调下，美国、日本、欧元区国家、中国和沙特阿拉伯等已经开始为失衡的调整进行多边磋商。但这种协调尚处于初级阶段。各主要经济体需进一步加快建立双边或多边的协调机制，为调整失衡制定明确的政策方向与行动重心：如美国应逐步提高国内储蓄，降低财政赤字；东亚各新兴经济体应逐步调整贸易结构，提高汇率弹性；日本应加快产业结构调整，扩大内需；欧洲应帮助美国吸收世界其他经济体出口，力争成为带动全球经济增长的新的"发动机"。

（3）世界各国要积极参与、密切配合，建立有约束力、行之有效的国际金融管理体制，使虚拟经济的发展更好地与当前世界实体经济相匹配。

首先，要改革国际金融监管体系，建立一套科学、合理的金融危机预警系统。国际经济组织，特别是 IMF 和世界银行，应通过在财政、金融和货币领域制定国际通用的行为准则、改进国际会计标准、完善各国经济和金融形势的信息披露制度等措施，建立合理有效的国际金融监管标准、预警系统和风险防范体系。其次，世界各国应通过彼此的政策谈判和协调，循序渐进地改革国际金融组织体制。尤其是改革国际货币基金组织对待发达国家和发展中国家解决金融危机的双重标准，改革 IMF 的决策方式，提升发展中国家的知情权、参与权、话语权和规则制定权，使它们在国际金融组织体系改革过程中发挥更大的作用。最后，要推进多元化国际货币体系建设，即在未来要改变以美元为主导的货币体系，提高区域货币在国际货币体系中的地位，以对美元形成一定的约束。多元化的货币体系有利于形成货币之间的竞争，使货币反映其背后所代表的经济实力的变化，共同支撑国际货币体系的稳定。

四、美国金融危机与中国

中国的经济发展正在进入一个新的时期，一个向更深层次的经济改革、更高质量和水平的对外开放转变的关键时期。当前的美国金融危机及其造成的国际经济环境的变化为中国经济发展提供了新的机遇和挑战。

（一）美国金融危机对中国经济的影响

美国金融危机已使中国经济下行风险初现，2008年前三季度中国的GDP同比增长9.9%，比上年同期回落2.3个百分点；进入第四季度，规模以上工业增加值同比增速连创新低，世界银行、高盛、摩根大通等纷纷调低对中国2008年第四季度GDP增速的预期。[10]具体而言，美国金融危机已通过国际金融、国际贸易、国际投资渠道，对中国的消费、投资和出口部门产生负面影响。

（1）受美国金融危机和国内经济周期性调整的双重影响，国内居民实际购买力下降，消费热点不断降温。一方面由于大量外向型中小企业的倒闭，失业人口增加，必然导致这部分居民全面缩减消费支出。另一方面，由国内资本市场的全面下跌引发的财富负效应会进一步抑制国内消费增长，以中产阶级为消费主体的汽车、住房、建筑装潢、娱乐、旅游等新的消费热点持续降温。

（2）受美国金融危机的影响，大量国际资本抽逃，导致中国吸收国际投资锐减。作为新兴市场，中国长期以来吸引了大量的国际投资及投机资金。然而，金融危机引起全球短期资本的剧烈波动，导致大量国际资本从中国的资本市场如股市、房地产等市场撤离，造成资本市场市值下跌。在金融危机影响最严重的2008年10月，中国内地上证综指累计下跌了24.6%，创14年跌幅之最。[11]与此同时，自美国金融危机爆发以来，流入中国的外国直接投资锐减。商务部的统计数据显示，2008年1—12月，我国累计实际使用外资金额为923.95亿美元，较上年同期增长23.58%，增速低于1—10月的35.06%。自2008年7月份以来，中国外商直接投资金额已经连续5个月出现下降，[12]下降幅度远远超出了市场预期。

（3）由美国金融危机导致的全球经济增速减缓，以及贸易保护主义的抬头，使得海外市场需求大幅下降，中国出口贸易缩减，国内出口企业面临严峻的经营局面。商务部公布的数据显示，2008年中国累计实现贸易顺差2954.6亿美元，较上年同期仅增长12.7%；11月出口额较上年同期下滑2.2%，为2001年6月以来出口额首次出现下降；与10月份增长19.2%和2007年增长近26%的强劲势头构成了鲜明反差。这意味着需求萎缩已经影响到中国的出口，国内经济的疲软态势逐渐显现。另外，综合反映中国制造业生产情况的PMI指数中有关订单的分项指数自2008年第三季度以来全部大跌，11月份出口订单指数更是暴跌至29，创下自2005年来最低水平。未来中国企业的出口环境会更加恶劣。[13]

然而，美国金融危机的爆发也给中国带来了机遇：首先，金融危机的爆发削弱了外部需求，为中国政府调整出口导向的发展战略，改善国际收支失衡、实现宏观经济的软着陆提供了动力和契机。其次，美国金融危机削弱发达国家对世界经济增长的拉动力的作用，中国可以进一步发挥世界市场和资金提供者的作用，加快实现人民币和资本市场国际化进程。最后，金融危机为推进中国金融业发展的国际化提供了契机，为我们提供了反思和吸取教训的机会，提醒我们在中国推行金融创新和金融自由化进程中必须对风险保持高度警惕，使虚拟经济和实体经济协调发展。

（二）中国的应对措施

美国金融危机对中国经济运行产生了一些负面影响，使中国经济发展面临新的困难，但机遇与风险并存，中国应在进一步夯实实体经济基础、保证本国经济持续健康发展的基础上，积极参与国际经济政策协调，与世界各国一起共同抵御此次全球性的金融危机，并遏制危险进一步的蔓延。

（1）进一步夯实实体经济基础，调整经济结构，转变发展方式，扩大内需对国民经济发展的拉动和促进作用。

中国政府目前已出台了高达 4 万亿元投资规模的扩张性计划，主要用于加快民生工程、基础设施、生态环境建设和灾后重建等十个方面，以进一步拉动内需刺激经济增长，夯实实体经济基础。具体而言，中国经济政策应着眼于调整经济结构、扶持困境产业、扩大内需，保证经济健康发展。

首先，要将产业升级转型作为中国政府的一项长期举措。对于"三农"、节能环保、高科技领域的投资适度倾斜，而对于"两高一资"行业的投资要加大限制力度。要加大农村新改革，加快城乡一体化建设。同时，要通过加大对循环经济发展的资金支持，加速推进能源价格改革和完善产业政策等积极措施，加速推进节约型经济和循环经济发展。其次，应实行积极的财政政策和适度宽松的货币政策，着力拉动内需，保障对外贸易平稳运行，促进经济平稳较快增长。在当前国内外经济形势下，适度宽松的货币政策有利于调整和优化产业结构，提高经济增长的质量。通过适度扩大政府的投资性支出，增加对一些部门的转移性支出和政府补贴，支持一些急需发展的部门、行业、产业，财政可通过各种措施如补贴、减税、增加投资等支持其发展。

（2）积极、主动地参与世界经济新秩序的重建，刺激世界实体经济复苏。

在未来一段时期内，只要中国政府应对得当，中国很有可能率先摆脱金融危机的负面影响，继续保持高速稳定的经济增长，成为对世界经济增长贡献最大的国家之一。因此，我们要抓住世界经济格局发生重大转变的有利时机，充分发挥中国不断上升的国际影响力作用，积极、主动地参与世界经济新秩序的重建，为实现国家的和平发展创造出一个最有利的外部环境。

首先，坚决维护多边贸易体制，推动多哈回合贸易谈判进程，加快实施自由贸易区战略，与主要贸易伙伴加强合作抵御贸易保护主义，积极推动贸易与投资的自由化和便利化，促进世界经济的协调健康发展。

其次，适当参与各国针对金融危机的救市行动。参与国际救市行动应实施"三优先""一防范"原则：即优先扶持自己的企业，优先与周边国家和地区合作，优先帮助发展中国家和防范国际金融风险对中国经济的侵蚀和影响。

最后，积极推动国际货币体系的改革。中国应与广大发展中国家一道，努力改变国际货币基金组织份额和投票权基于经济规模的分配原则，重新审核基金份额、扩大基础投票权；力争在设计份额和投票权及其分配的过程中，既要反映已有经济规模的总量指标，还要前瞻性地考虑能够反映经济发展速度和质量的指标，从而保证制度设计的前瞻性和动态的公正性，体现发展中国家的经济增长潜力及相应的话语权；废止少数发达国家事实上的一国否定权，特别是要约束美国滥发美元的行为；实现国际货币体系多元化，从而带动地区间贸易和投资的多元化发展。

◎ **注释**

①相关数据来源：美国联邦储备系统相关数据，www. federalreserve. gov。

②数据来源：IMF Economic Outlook Database，www. imf. org。

③中全公司：《经济陷入衰退　通胀高位回归》，载《美国经济》，2008-04-17。

④相关数据来源：美国联邦储备系统相关数据，www. federahesere. gov。

⑤数据来源：IMF Economic Outlook Database，www. imf. org。

⑥数据来源：根据美国彭博社 www. bloomberg. com 每日股指数据测算得出。

⑦数据来源：IMF Economic Outlook Database，www. imf. org。

⑧数据来源：世界银行 www. worldbank. org。

⑨数据来源：IMF Economic Outlook Database，www. imf. org。

⑩数据来源：中国经济信息网，www. oei. gov. cn。

⑪数据来源：中证网，www. cs. com. cn。

⑫相关数据来源：中华人民共和国商务部，http：//www. mofcom. gov. cn/。

⑬数据来源：中国物流与采购联合会（CFLP）2008 年 12 月 1 日公布的数据。

本文原载于《经济评论》2009 年第 2 期

贸易开放与经济增长的内生性研究新进展[*]

陈继勇　梁　柱

关于贸易开放与经济增长的关系在经济学界一直存在分歧，特别是 Rodriguez 和 Rodrik（2000）在对一系列关于贸易政策与经济增长的文章评述后认为，大多数得到预期结论的文章要么来自于模型误设，要么是对开放度使用了错误的代理变量，而这些代理变量往往是衡量其他政策或制度的变量，这些变量本身也对经济增长具有独立的效应；并且很多模型的估计系数对控制变量敏感，即模型的估计系数并不稳健。同时，开放度的内生性问题也给贸易开放与经济增长的经验研究带来了较大的困难。

Rodriguez 和 Rodrik（2000）的评论文章到现在为止，已经过去十年了。在过去的十年中，数据的丰富和数据质量的提高，新的工具变量的发现以及新的计量方法的运用，使得该领域成为国际经济学的热点领域之一。

一、贸易开放的内生性表现

对外贸易能够促进一国的经济增长，其作用机理表现在：一方面，通过进口国外中间品，不仅可以增加国内中间品的数量，而且通过进口国外高质量的中间品，使得国内的最终产出增加（Romer，1990；Grossman and Helpman，1991）；另一方面，通过对外贸易，对进口产品实行反向工程（Reverse-Engineering），本国的研发部门能够获取国外的技术外溢，从而有助于培养本国的消化吸收再创新能力以及在此基础上形成的自主创新能力；与外部的交流还能够使本国的进出口企业学习到一些隐性的知识（Tacit Knowledge），从而提高本国的全要素生产率（Keller，2004）。在微观方面，出口部门的企业不仅面临着国内其他出口厂商的竞争，同时也不得不与世界其他地区的企业竞争，因此，在贸易开放过程中，这些企业经营质量得以改善，投资配置效率得到提高。另一方面，收入增加会使得家庭对深加工、质量好的商品种类需求增加，继而增加贸易量。因此，对外贸易与经济增长可能是相互促进的，即对外贸易可能是内生的，主要体现在以下三个方面：

（一）联立性（Simultaneity）

联立性也即反向因果关系（Reverse-Causality），贸易开放会促进经济增长，而经济增长也会提高贸易开放度。具体表现在：第一，一个国家由于贸易之外的因素导致其富裕，该国家可能具有良好的基础设施和交通系统等，从而获得较多的贸易量；第二，如果一个穷国的低收入是由于低贸易量之外的因素导致，该国可能缺乏良好的制度环境，较小的税基和对国内经济活动征税能力的缺乏还可能会导致其依赖关税来为政府支出融资；第三，除贸易之外其他因素导致的收入增加会使得家庭对商品种类需求的增加，并且需求结构将会从基本必需品转移到深加工、质量轻的产品上。

（二）遗漏变量

在跨国的增长回归方程中可能会遗漏制度或地理特征等与经济增长有关的变量，如一国的民族构成、

---

* 本文被人大报刊复印中心《国际贸易研究》2012 年第 3 期全文转载。

殖民地的经历以及地理特征，通常这些变量都是非时变的。典型的，如 Rodriguez 和 Rodrik（2000）对 Frankel 和 Romer（1999）的批评，认为在 Frankel 和 Romer 的回归模型中加入其他地理特征控制变量之后，估计结果将不再显著。同时，实行自由贸易政策的国家也可能采用其他自由市场经济政策来提高收入。

（三）测量误差

Frankel 和 Romer（1999）认为贸易依存度是衡量开放的一个较差的、噪音很大的代理变量。例如，贸易开放会导致生产率提高的技术外溢，这种外溢和贸易流量没有很强的关系，而只是由于在两个国家间存在贸易开放。类似地，国际贸易理论认为，贸易好处的一大来源在于企业市场势力的消融，这种效应也不依赖于真实的贸易流量，而依赖于一个可信的市场进入威胁。专业化分工、自然人流动、思想的交流等都是开放带来的好处。因此，使用贸易依存度作为开放的代理变量，存在较大的测量误差。

没有控制开放度的内生性问题，普通最小二乘估计将是有偏的和非一致的。下面分别介绍文献中关于解决开放度的内生性问题的新进展。

二、工具变量法

已有文献主要是从两个方面着手寻找工具变量来控制和解决开放度的内生性问题，即内部和外部工具变量。一个有效的工具变量需要满足两个条件：一是工具变量必须和内生变量相关，二是工具变量和误差项不相关。其中，第一个条件是外生性或正交性条件，第二个是相关性条件。工具变量法通过外生的变化能够甄别因果关系，并能够显示由因及果的作用渠道。

（一）内部工具变量法

内部工具变量法只能用于时间序列或面板数据中，使用可疑内生变量的滞后项作为工具变量。由于因变量的将来值不会影响内生变量的滞后值，通过这种时间上的交错能够解决反向因果问题，但不能解决遗漏变量和测量误差问题，通过差分不可以消除不随时间变化的个体特征变量和遗漏变量。如 Dollar 和 Kraay（2003，2004）在包括开放度的一般收入决定方程中，引入收入的滞后项使其成为一个动态模型，并对模型的左右两边取差分形式，考虑十年间一国内部的贸易流量的变化如何影响经济增长率的。根据 Arellano 和 Bond（1991）的思想（差分 GMM），原水平方程右边的解释变量（一定的滞后阶数）此时可以成为差分方程合适的工具变量，也即差分方程中贸易依存度差分值的工具变量是贸易依存度的滞后水平值。由于现在的贸易通过进口资本品可以影响未来的经济增长，因此，该工具变量是否有效值得怀疑。

Felbermayr（2005）引入类似于增长的经验研究中的动态计量模型设定，运用系统广义矩估计（系统 GMM）方法来研究开放度与经济增长的关系。动态面板 GMM 估计依赖于两个基本假设：（1）原估计方程的残差项没有序列相关；（2）内生解释变量具有弱外生性。于是，在系列矩条件下，就可以得到系数的一致估计量。运用动态面板 GMM 的好处：第一，差分后能够消除掉这些不随时间变化的变量和个体非观测效应，从而能够部分地解决遗漏变量问题。对于时变而且对各国都造成类似影响的事件，如世界需求的增加和运输成本的下降，可以通过加入时间虚拟变量来加以控制。第二，差分能够消除反向因果关系。第三，Bond 等（2001）表明，即使存在测量误差时，工具变量的使用会得到一致性的估计。但在动态面板 GMM 估计中，过多的工具变量会导致对内生变量的过度拟合、系数估计值偏向于 OLS 的估计结果以及工具变量的联合有效性检验过度接受原假设（即工具变量是外生的）（Bowsher，2002）。

Lee、Ricci 和 Rigobon（2004），Rigobon 和 Rodrik（2005）运用异方差识别法来控制贸易开放的内生性。该方法类似于动态面板的 GMM 估计，然而异方差识别法依赖于一个不可验证的前提假设，即系统中的方程面临的结构冲击是同期不相关的（Billmeier 和 Nannicini，2008）。黄新飞和舒元（2010）运用该方法研究中国省际贸易开放与经济增长的关系。

（二）外部工具变量法

这种方法是要寻找一个外生的、独立于系统之外的变量来解释跨国间贸易流量或贸易政策的变化。在文献中，依据工具变量是否为时变的，可以分为适用于横截面回归的非时变工具变量和适用于面板分析的时变工具变量。外部工具变量能够解决双向因果、遗漏变量和测量误差等问题。

1. 非时变工具变量

为贸易流量寻找的经典工具变量当数 Frankel 和 Romer（1999）构造的基于各国地理特征的工具变量。Frankel 和 Romer（1999）考虑到各国的地理特征会影响贸易流量，利用国际贸易的引力方程构造各国"理论上"的开放度作为实际贸易依存度的工具变量。由于地理特征会影响一国的贸易流量进而影响经济增长，但是经济增长并不会改变一国的地理特征，因此，基于地理特征构造的工具变量可能是一个有效的工具变量。Frankel 和 Romer（1999）的实证结果表明，贸易对收入存在一个数量上较大的正向影响，而这种正向影响只是在中等程度上统计显著。

Frankel 和 Romer（1999）的工具变量能够消除反向因果（即排除了从收入到贸易开放的可能性），但是，该工具变量和其他一些地理特征相关。例如，靠近赤道的国家平均来说具有较长的贸易航运里程，这会导致这些国家"理论上"的开放度较低；而实际上，这些国家的低收入很可能是来自于不利的自然环境、疾病（疟疾、登革热等）或者是不利于生产力发展的殖民地制度。具体来说，地理特征是影响收入的一个重要因素，除了会通过贸易影响国民收入之外，地理特征还会通过其他渠道来影响一国收入，如农业生产率、公共健康状况（人力资本）、自然资源的数量和质量以及由此而导致的制度质量等（Rodriguez and Rodrik, 2000）。如果地理特征影响一国的初期收入，则基于该地理特征的工具变量将不再是有效的。Rodriguez 和 Rodrik（2000）利用 Frankel 和 Romer 的数据，在第二阶段的回归中加入了一组地区虚拟变量和两个反映地理特征的变量，一国到赤道的距离和一国热带地区国土面积的比率。结果表明，当加入这些反映一国地理特征的变量之后，开放度的估计系数大幅度减小，而且也不再显著。

之后，一些学者利用 Frankel 和 Romer 的方法构造工具变量，利用不同的历史时期、更大的样本[①]量或者不同的模型设置来重新考察贸易开放与经济增长的关系，如 Irwin 和 Tervio（2002）对 20 世纪不同历史时期的样本考察。Noguer 和 Siscart（2005）用一个更大的样本去重新构造基于地理特征的工具变量，并重做 Frankel 和 Romer（1999）关于人均收入与贸易的回归，在加入一国到赤道的距离、一国热带地区国土面积的比率、地区虚拟变量以及包括制度在内的更多的控制变量之后，贸易对收入的影响会降低，点估计的系数值在 0.8 与 1.2 之间，回归结果具有稳健性。

在贸易政策方面，一方面，贸易政策的变化，如关税率的削减，可以影响一国的经济增长；另一方面，一国在经济增长过程中会调整其贸易政策，如发达国家的整体关税率会偏低。因此，贸易政策（关税率的削减）很可能是内生的。Estevadeordal 和 Taylor（2007）考察贸易政策的变化（关税率的削减）与经济增长率提高的关系，并为贸易政策构造了两个类似的工具变量，即：世界经济和贸易被两次世界大战之间的经济危机（大萧条）所打乱，世界各国都从 20 世纪初的自由贸易转向了贸易保护和贸易壁垒。然而，一个国家在多大程度上和持续多长时间的范围内施加贸易壁垒取决于该国在大萧条期间所受痛苦的严重程度。具体来说，如果一个国家在大萧条期间承受的痛苦越小，该国在第二次世界大战后对本国经济施加的贸易壁垒的强度就会越小，持续的时间越短；之后，该国在乌拉圭回合（1986—1994 年）中关税率的削减也越多，也因此导致该国在 1990—2005 年期间比 1975—1989 年期间增长得更快。

Estevadeordal 和 Taylor（2007）将这两个工具变量命名为"GATT 潜力"，该工具变量能够很好地预测一个国家在乌拉圭回合中是否具有降低关税率的能力和意愿。第一个工具变量"GATT 潜力 1"的构造为，在 1975 年是否为 GATT 成员的虚拟变量和乌拉圭回合之前 1985 年关税率的交叉项。如果能够将关税率削减一个较大的幅度，首先该国必须具有较高的初始关税率；其次，该国必须要进入乌拉圭回合并且具有很强的决心去削减关税。该工具变量的构造主要关注的是流程图 1 中的第二个箭头，以该国在乌拉圭回合之前是否已经有加入 GATT 的决定作为该国历史上就有贸易自由化倾向的指标。

一个国家在大萧条期间承受的痛苦越小	第二次世界大战后对本国经济施加的贸易壁垒的强度越小	乌拉圭回合中关税率的削减越多	1990—2005年期间比1975—1989年期间增长得更快

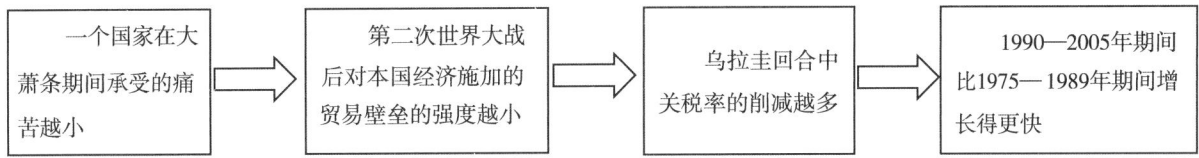

图1　工具变量"GATT潜力"的推理流程

资料来源：Estevadeordal A，. and A. Taylor. 2007. "Is the Washington Consensus Dead? Growth, Openness and the Great Liberalization, 1970s-2000s." NBER Working Paper 14264.

然而，如果一个国家在 1975 年之前已经加入 GATT 和在接下来的乌拉圭回合中削减关税这两个决定是相关的，那么，"GATT 潜力 1"就不是一个有效的工具变量。于是，Estevadeordal 和 Taylor（2007）考虑第二个工具变量"GATT 潜力 2"，该工具变量关注流程图 1 中的第一个箭头。它是一个交叉项，其中一项为乌拉圭回合之前 1985 年关税率，另一项为该国 1930—1935 年 GDP 偏离 1929 年 GDP 水平的平均值。由于 20 世纪 30 年代大萧条的经历对 20 世纪 80 到 90 年代的增长的影响很有限，因此，可以先验地认为该工具变量是一个有效的工具变量。

Estevadeordal 和 Taylor（2007）的实证结果表明，两个工具变量都是强工具变量。[②]增长率关于关税率的弹性值在 -0.05 左右，而且都在 5% 的水平上显著，结果也具有稳健性。并且，他们还发现降低关税率可通过降低资本品价格、鼓励投资和鼓励私人资本流入等途径提高该国的经济增长率。

Rodriguez 和 Rodrik（2000）对 Frankel 和 Romer（1999）的批评，实际上也是这一支文献面临的一个主要问题，即很难找到一个关于贸易流量和贸易政策的外生变化引致的工具变量。上述这些研究都是基于截面回归，然而，在截面回归模型中，遗漏变量偏误不可能避免。因此，如果能够寻找一个基于地理距离的时变的工具变量，则可以在面板回归模型中加入国家固定效应，从而可以有效地控制一些不随时间变化而又和收入有关的因素，如到赤道的距离、疾病环境和殖民历史等。基于时变工具变量的面板固定效应模型能够有效地解决上述三种偏误。

2. 时变的工具变量

Feyrer（2009a，2009b）分别从两个方面来构造时变的工具变量。[③]Feyrer（2009a）考虑到空运技术的进步，以及空运和海运在货物贸易中随时间变化的相对重要性的不同。Feyrer（2009b）直接着眼于运输成本的变化，即时间上外生距离的变化。

Feyrer（2009a）考虑到距离并不是一个静态的概念，物理意义上的地理方位和运输技术进步的交互作用才是决定有效距离的真正因素。在 1955—2004 年间，空运成本下降 90% 多（Hummels，2007）。并且在 2004 年，美国出口商品（不含对加拿大和墨西哥的出口）价值的一半是由空运来完成的。随着时间的推移，运输技术的发展和空运的重要性能够改变地理格局。只要运输技术的进步被所有国家所共享，则时间上有效地理距离的改变对某一个国家而言就是外生的。如果一个国家对其贸易伙伴的海运距离和空运距离相差不大，相对于其他那些跨大陆进行空运的国家而言，该国从空运的发展中受益较小。空运技术的进步和发展对不同国家的贸易有不同的影响，例如，日本到德国的海运里程是 12000 海里，而空运里程只有5000 海里。这种对贸易的影响来自于地理和运输技术进步的交互作用，因此，一个基于双边贸易流量的时变外生工具变量就能够被构造出来。

Feyrer（2009a）首先将地球划分成 1×1 的方格，将考察国家的主要港口在地图上表示出来，用 20 节的航速加减洋流的速度来计算任意两个港口间航行所需要的时间。任意两个国家间的海运里程用一个往返所需要的时间来表示，单位是天。这样，内陆国家被排除在外，另外，由于石油输出国具有相对机械的贸易和收入的关系也被排除在外。空运里程就是引力模型中常见的两个城市之间的劣弧距离（Great Circle Distance），单位是公里。这样计算得到的空运距离是完全非时变的，海运距离也几乎是不变的，于是Feyrer 将空运和海运距离都乘以一个时间虚拟变量（每 5 年一个间隔，如 1950—1954 年，1985—1989 年，时间处于这个间隔的则虚拟变量取 1，否则取 0）。运用 1950—1997 年的国家间双边贸易流量数据，在分别加入不同的控制变量的基础上，Feyrer（2009a）通过加入海运里程和空运里程的引力方程估计出各国"理论上"的贸易流量，④以此作为各国实际贸易流量的工具变量。⑤

通过区分空运和海运距离，Feyrer（2009a）解开了引力模型文献中的一个谜，即在引力模型文献中发现，贸易流量关于距离的弹性随着时间在增大（系数当然是负数，这里指的是系数的绝对值）（Brun, et al.，2005；Disdier and Head，2008）。随着海运技术的进步和海运费用的下降，按理来说，贸易流量关于距离的弹性随着时间应该是减小的。Feyrer（2009a）在不加入海运距离估计引力模型时，也得到了类似的结论，即贸易流量关于距离的弹性随着时间在增大；然而，在加入海运距离之后，贸易流量关于海运距离的弹性随着时间是减小的，而关于空运距离的弹性是增大的。也就是说，传统的引力模型中所采用的距离都是度量空运距离的，弹性随时间增大实际上衡量的是空运在贸易中的重要性在上升。

通过截面差分和面板固定效应模型的工具变量估计，Feyrer（2009a）发现，贸易对于人均收入具有显著地正效应，弹性系数大约在 0.5 左右；在第一阶段估计得到的贸易流量的估计值能够独自地解释国家间收入差异的 17%。

引力模型中距离对贸易的作用捕捉的不仅仅是运输成本的影响，如果偏好和文化特征随着距离增加而变化，那么即使运输成本非常小（或者为零），贸易流量也会随着距离的增加而减小。Blum 和 Goldfarb（2006）发现，通过互联网消费电子数码产品如音乐、软件、电影游戏等没有贸易成本的商品时，引力模型仍然起作用。因此，贸易成本不能完全解释距离对贸易流量的效应。

Feyrer（2009b）直接着眼于运输成本的变化，即时间上外生的距离的变化。苏伊士运河连接地中海与红海，提供从欧洲至印度洋和西太平洋附近土地的最近的航线，大大地缩短了东西方之间的距离。⑥1967 年 6 月 5 日，在没有任何征兆的情况下，埃及关闭了苏伊士运河，直到 1975 年才重新开放。苏伊士运河的关闭，直接影响了亚洲和欧洲国家之间的海运距离，对世界贸易产生了未预期到的不利冲击；运河的重新开放则起到一个反向效果。海运距离的变化会导致双边关系的变化，而在双边关系中受到最主要影响的还是海运贸易。⑦对世界上绝大多数国家而言，苏伊士运河的关闭与重开都可被看作一个外生事件。

因此，Feyrer（2009b）基于这种海运距离变化的估计能够很清晰明确地捕捉到运输成本对贸易流量的影响，而不是伴随贸易的其他因素的影响。基于此，Feyrer（2009b）构造了三个工具变量：（1）类似于 Frankel 和 Romer（1999），基于引力模型估计的各国"理论上"的贸易流量；（2）由于运河关闭和重开，国家间的贸易恢复到正常水平需要一个调整时间，于是可以构造出基于动态调整的各国"理论上"的贸易流量；（3）基于所有贸易伙伴加权的平均海运距离的变化。上述三个工具变量，前两个是时变的，最后一个只能用于截面估计。Feyrer（2009b）的经验研究表明，贸易关于海运距离的冲击需要大约 3 年的调整时间；贸易对于人均收入具有显著地正效应，弹性系数大约在 0.25 左右。

比较 Feyrer（2009a，2009b）两篇文章的估计系数的大小也是很有意思的。在 Feyrer（2009a）中，人均收入关于贸易的弹性系数大约在 0.5 左右，且衡量的是全球化对收入的总体影响。而在这其中，约有一半的效应（0.25）来自纯粹的货物贸易的影响，另一半则来自全球化的其他因素，如自然人的流动、FDI 等。

Romalis（2007）用进入美国的贸易壁垒作为发展中国家开放度的工具变量。然而，该工具变量只能影响发展中国家对美国的出口，而不能影响发展中国家的进口。对于发展中国家而言，贸易自由化带来的资本品和中间产品的进口，能够降低国内资本品的价格，促进投资等，这些渠道都能够显著的促进发展中国家的经济增长。

三、倍　差　法

工具变量提供的外生变化不仅可以甄别因果关系，还显示了作用途径。工具变量的寻找是一门艺术，并且有时是一件很困难的事情。在 Frankel 和 Romer（1999）的经典工具变量之后的十年，Feyrer 才寻找到了两个时变的工具变量。在自然实验的作用下，样本里存在受此自然实验影响的处理组和不受影响的对照组。自然实验提供了一种外生的变化或冲击，这种外生变化引起我们关注的自变量的变动，进而引起因变量的变动，这样就可以解决双向因果关系。在处理效应可忽略性假设条件下，[8]对每个个体在事件发生前后的两个时点上的差分可以消除掉非时变的个体特征变量，而且残差项不再存在，这可以解决可能存在的遗漏变量问题。

Wacziarg 和 Welch（2008），[9]Sachs 和 Warner（1995）使用开放度的二值虚拟变量（文献中简称 SWWW）的方法事实上是一次差分法。一次差分法是对同一观测个体进行事件发生前后的比较，该方法有效的前提假设是：如果没有该事件发生时，观测点在该事件发生前后是可比的（Meyer，1995，p. 154）。如果一个国家的贸易自由化是内生选择的结果，则可以说明，该国家在贸易自由化前后已经发生了很大的变化。而且这种一次差分的横截面回归不可避免会发生遗漏变量偏误。

一次差分法的弊端导致了倍差法的运用，倍差法首先是对每个个体在事件发生前后的两个时点上进行差分，这样可以消除掉非时变的国家特征变量；然后再将处理组和对照组进行差分。Slaughter（2001）使用倍差法（Difference-in-Difference）考察四次特定的贸易自由化事件对相关国家人均收入趋同的影响，没有发现贸易自由化和人均收入趋同的系统性联系。Estevadeordal 和 Taylor（2007）考察贸易政策对经济增长的影响，他们认为传统的截面回归中，包括所有的控制变量是不可能的，即容易导致遗漏变量偏误。因此，应该使用差分的方法来消除非时变的国家特征变量。差分法又分为两种：第一种，将开放视为二值变量，使用倍差法来考察处理组（在 1985 年之后可以并且降低了关税率的国家）与对照组（没有或不能再降低关税的国家）之间经济增长率的差异；[10]第二种，将开放看作连续变量，考察两个时期的差分并做一个截面回归分析。

然而，运用倍差法还有一个假设前提，即处理组和对照组在事件发生前后具有同样的趋势（Meyer，1995：155）。[11]而将开放看作连续变量的差分回归不能解决反向因果和测量误差等问题。

四、配 对 法

在运用倍差法时，该方法并不要求处理组和对照组的协变量（Covariate）有共同的定义域或定义域有重合部分，也就是说要求处理组和对照组有较大的相似性。如果一些国家的某些经济变量的分布差异性很大，则说明这些国家的可比性较差。配对法（Matching）和倍差法的相似之处在于都要求部分样本接受某种处理效应，并且两种方法适用的假设前提相同而不同之处在于，倍差法需要我们自己去寻找外生的自然实验，而配对法则假设我们已经先验地知道了事件的起因，继而在反事实的框架下考察处理效应的大小。工具变量和自然实验都是依靠外生的变化或冲击来解决联立性问题，本质上配对法不是考察"效应的原因"（Causes of Effects），而是转而获取某种"原因的效应"（Effects of Causes），即评估某种政策或冲击的影响大小。

Billmeier 和 Nannicini（2009）将以前常用于微观计量中的配对方法用于考察贸易开放和经济增长的关系，比较贸易开放国家和相对封闭国家的实际人均 GDP 增长率的差异，即得到贸易开放的平均处理效应（Average Treatment Effect）。[11]

为了得到贸易开放和不开放两种情况下一个国家经济增长绩效的差异，最理想的状况是我们能够获得这个国家在同样的时间段内，该国家分别处于贸易开放和不开放两种情况下的经济增长绩效的数据。然而，这是不可能的，一个国家在一个特定的时间内，我们只能观测到一种状态，贸易开放或不开放。由此，我们面临着数据缺失的问题。平均处理效应是一种基于反事实估计的方法，在控制一些可观测因素后，利用尽可能相似的处理对象和控制对象可以减小偏误。在通常情况下，比较具有多维特征的研究对象是不可能的，倾向得分的方法将这些特征总结成一个单一变量来进行比较，这时配对即成为可能。目前，常用的配对方法有基于倾向得分法（Propensity Score Matching）和基于范数的最小距离法。[13]

平均处理效应的识别依赖于一个前提假设，条件独立性假设（Conditional Independence Assumption）

或基于观测变量的筛选（Selection on Observables）假设，即在考虑到一组可观测变量的情况下，处理效应的分配独立于可能的结果，或者说，处理效应的分配是随机的。如果发生自选择（Self-selection）或者选择是基于非观测变量，则平均处理效应不能被估计出来。

Billmeier 和 Nannicini（2009）发现在 1970 年代之后，存在着贸易开放和经济增长的正向关系，然而这些估计结果并非都显著同时也是不稳健的；并且认为该估计的前提假设可能是不成立的，即条件独立性假设不成立。很显然，如果一个国家预期到贸易开放后，该国的经济绩效会变好，增长率会提高，则该国可能是预期到有这种结果而选择贸易开放，即贸易开放是一种自选择的结果。在这种情况下，条件独立性假设不成立。然而，这种自选择的情况在贸易开放和经济增长的框架下是很有可能的，这也是"华盛顿共识"所倡导的。

五、简　　评

在过去的十年中，数据的丰富和数据质量的提高，新的工具变量的发现以及新的计量方法的运用都有助于对贸易开放和经济增长关系的经验分析。由于贸易开放的内生性，近年来，经济学家们通过寻找内部和外部工具变量以及其他的方法来控制贸易开放的内生性，并且也取得了一些进展。然而，每种方法也有自己的不足。

寻找到一个好的外部工具变量能够解决双向因果、遗漏变量和测量误差等问题，然而寻找工具变量是一件非常困难的事情。在面板数据的情况下，现在大量的研究者青睐动态面板的 GMM 估计方法，该方法即是使用内生变量的滞后值作为工具变量。工具变量法通过外生的变化能够甄别因果关系，并能够显示由因及果的作用渠道。倍差法自然实验提供了一种外生的变化或冲击，这种外生的变动可以解决双向因果关系，但倍差法需要满足处理效应可忽略性的假设，以及处理组和对照组在事件发生前后具有相同的趋势。工具变量和自然实验都是依靠外生的变化或冲击来解决联立性问题，而配对法是忽略"效应的原因"而直接考察某种处理效应的结果大小。配对法常被用于微观计量，在研究宏观问题时，可能会面临样本量不够大的问题。

面板 GMM 方法的流行在某种程度上反映了寻找外部工具变量的困难。由于外生变量比滞后内生变量能够提供更多的外生信息，因此寻找贸易开放度的时变的工具变量是一件非常困难的事情，也是该领域未来研究的一个方向。Feyrer（2009a，2009b）的分析量化了运输成本和全球化的其他因素在贸易促进人均收入提高方面的作用，因此，量化分析贸易促进经济增长的各种渠道将是未来该领域研究的又一方向。

◎ **注释**

①在 Fronkel 和 Romer（1999）的 98 个国家的样本基础上，Noguev 和 Siscart（2005）总共得到了 97 个国家（博茨瓦纳除外）的 8906 个双边贸易数据，而 Frankel 和 Romer（1999）的文章只覆盖了 43 个国家的 3220 个样本点。

②根据作者主页的信息显示，这两篇文章分别处于 AER 和 QJE 的返修复审阶段。

③在考察贸易开放与收入之间关系时，Feyver（2009a）没有运用贸易开放度作为代理变量，而是直接使用贸易流量。在 IMF 的 Direction of Trade 数据库中，一般来说，双边国家会有进口和出口的 4 个值，贸易流量数据取其平均值。

④在选取主要港口时，加拿大和美国有些特殊，由于这两个国家都有东西海岸，根据 1975 年美国和加拿大东西海岸的人口分布，美国和加拿大同其贸易伙伴的贸易量 80% 是由东海岸完成的，20% 由西海岸完成。先将东西海岸当作两个独立的经济体，计算各自理论上的贸易流量，然后加权平均得到美国和加拿大各自整体的理论上的贸易流量。

⑥与绕道非洲好望角相比，从欧洲大西洋沿岸各国到印度洋缩短 5500～8000 公里；从地中海各国到

印度洋缩短 8000~10000 公里；对黑海沿岸来说，则缩短了 12000 公里，它是一条在国际航运中具有重要战略意义的国际海运航道，每年承担着全世界约 14% 的海运贸易。

⑦虽然空运的重要性在提高，但是空运只限于某些时效性强、重量轻、价值大的商品。近几十年来，国际贸易的主要运输方式还是海运。

⑧处理效应的可忽略性指残差项的条件均值不依赖于处理效应，这排除了选择的可能性。具体细节请详见 Meger（1995）。

⑨Wacziarg 和 Welch（2008）扩展了 Sachs 和 Warner（1995）关于贸易自由化的样本时间点至 1999年。

⑩处理组和对照组都是既包括发达国家也包括发展中国家，其中，对照组包括约旦和新加坡。约旦 1985 年的平均关税率是 13.8%，而 2000 年则达到了 20%；新加坡 1985 年的平均关税率只有 2.2%。处理组包括澳大利亚、新西兰和奥地利等国家。

⑪如果处理组和对照组在事件发生前后具有不一样的趋势，则需要运用三次差分法（Triple Difference），如 Chetty 等（2009）。

⑫在配对法中，对处理效应的衡量通常是虚拟变量，0 和 1，Billmeier 和 Nanniciui（2009）对贸易开放的度量使用的是 Wacziarg 和 Welch（2008）对 Sachs 和 Warner（1995）关于贸易开放的更新数据。

⑬这两种方法的本质都是对多维不可比的样本点转化成一维的，一维的数据就好进行比较了。

本文原载于《经济评论》2011 年第 6 期

欧洲债务危机与中国的对策

陈继勇

  欧洲债务危机从 2008 年爆发以来，到现在经过几年的演化，在世界经济动荡不安及其发展相当萧条的背景下愈演愈烈。法国总统萨科齐非常着急，积极在 G20 进行协调。胡锦涛同志访问奥地利之后，马不停蹄赶到戛纳，就建立公正合理的治理世界经济的机制发表了讲话。欧洲债务危机的问题经过这几年仍看不到光明的前景。欧洲债务危机发生前，对于欧元启动以后的规定有两条，一条在制度设计上，总债务不能超过 GDP 的 60%，财政支出不能超过 GDP 的 3%。大家现在看一看，欧元区这些国家绝大多数突破了这个界限，总债务占 GDP 的比重大大超过 60%，像意大利这样老牌的欧盟国家已经超过了一倍，其他的国家也超过了，甚至有的更多。财政赤字占 GDP 的比重也大大超过了所规定的 3%。这种状况就使得欧洲的经济发展在 2008 年美国金融危机之后，情况不妙，尤其是美国股权债务信用降低，这两个最主要的发达经济体的经济复苏停滞或者有二次探底的风险交织下，欧洲的债务危机就愈演愈烈。

  这是哪些问题造成的呢？欧洲的债务不管是希腊，还是原来已经破产的冰岛和欧洲几国都有一个共性，相关的政府没有实施审慎的财政预算制度，采取了过多的透支政策。

  全球金融危机的爆发是债务危机引发的。为了应对以后的衰退，扩大政府支出是必然选择。财政收入有限甚至负增长直接导致了这些国家的收支失衡。政府对债务提高的警惕性较差，缺乏明确合理的财政计划，使得债务不断深化，最后引发危机。

  根本的问题是福利过高，福利占到 GDP 的 30%，推高了财政赤字。劳动力市场僵化，创新增长缓慢，公共债务居高不下，实行了高福利政策。

  制度设计的缺陷，在欧元区里面超国家主义的权力统一的货币政策和拥有主权的财政政策并存，设计的缺陷导致可能在经济不景气的时候，遇到其他债务就发生危机。

  差异化的发展水平，由欧盟 6 个共同体到现在的 27 个国家，东欧这些国家纷纷加入欧盟，南欧的国家也加入欧盟，政治联盟与经济承受能力之间严重不匹配，再加上北方和南方之间经济发展严重失衡，内部经济发展不平衡也造成了债务危机。

  欧洲的债务危机爆发以后，对世界各国应该说产生了深远的影响，因为它是世界上最大的经济体之一。美国是一个国家，这里是 27 个国家，我觉得它对世界经济的影响，第一是投资者的信心下降和金融市场的振荡。国际市场的股权市场和中国的股票市场都是一样的，就像过山车一样，世界经济的发展前景非常不明确。第二是全球经济复苏乏力，尤其是今年以来第三季度以来非常明显。第三，世界经济衰退风险加大。中国也是如此。第三季度的增长率和第二季度和第一季度相比也在下滑。第四，欧洲和美国的主权信用降低，相互激荡造成了社会的冲突，美国爆发了占领华尔街，最后以清场结束。欧洲现在更为复杂，欧洲是 27 个国家，原来最稳定的北欧，由于欧洲债务危机，在德国、意大利也爆发出了占领欧洲央行的抗议活动，而且提出宁要马克不要欧元的呼声。直接导致欧洲债务危机的两个国家的政府，意大利的政府和希腊的政府不得不辞职下台，社会动荡急速加剧。

  欧洲债务爆发和影响对我们有什么样的启示呢？第一要看一看欧洲未来的发展方向。由于欧洲债务问题，财政政策和货币政策结构性的矛盾，关于债务危机的考虑，欧洲改革形成两个不同的道路，一是一体化进程加速，将财政政策也统一到欧元区，这不是一个简单的事情。也就是说要找一个超国家主权的货币政策，超国家主权的统一的财政政策，绝对不是一个很轻松的事情，达成这个协定路漫长。第二，欧元成员国的退出机制。一体化竞争将不符合欧元区成员国标准的国家退出去。希腊本想要公投，这是希腊政府总理搞了小儿科，一公投就是搅局了，不行就退出去，这是原则问题不存在什么公投不公投。

欧洲的债务危机，冰岛破产就破产了，冰岛不是欧元区的国家，是欧盟。但是希腊是欧元区的国家，希腊一旦倒下去，就发生多米诺骨牌效应。意大利有没有救？意大利的公共债务占到 GDP 的 120%，财政赤字也大大超标，它是否值得救呢？它已经是债务危机引爆点，它是老牌六个国家之一，德、法、意，他排在第三，在欧元区是第三，他有没有救？要看其他欧元区国家愿意不愿意救它。欧洲金融稳定基金，现在涨到了一万亿欧元，希望把这件事情处理好。我的观点是，希腊的问题处理不好，可能引发意大利的债务危机，一旦爆发债务危机，欧洲的情况不太好收拾了。我们不希望看到这种情况。

因为在经济全球化的时代，中国和欧盟，中国和美国经济关系是相当紧密的，按照传统统计口径来看，中国对欧盟、中国对美国具有巨额的顺差，绝对不能用"文化大革命"的观点来看问题。如果他们都下去了，中国必然好不起来。关于中国的对策，我认为：

第一，加强政府债务风险管理，稳定的债务结构，使国家更少受金融危机风险，维护其他经济部门稳定发展。一方面稳健债务管理政策和稳健宏观政策和经济刺激方案相一致，我们国家进行审计体制改革和调整。另一方面确定政府债务风险临界值是一项复杂的系统工程，不能够只在某一方面推行改革，单兵突击。在外汇投资方面，怎样化解风险提高我们的效益，这是值得研究的问题。

第二，调整结构，拉动内需。中国拉动内需关键是收入分配，现在差距太大，想消费没有钱，如何解决收入分配不均，地区收入差别扩大的问题，使个人消费从现在的 34.8% 能够涨到 55%，把我们的投资降到 25%~30%，我想这样是最好的，恐怕要通过深化改革实施。

第三，人民币汇率的问题，美国对我们要求升值 40%，1978 年我们是 1 美元兑换 1.3 元人民币，90 年代 1 美元兑换 7.8 元人民币，现在升值到 6.31 元人民币，按照中国的经济实力，提出人民币大幅度的升值，升值是必然的，但必须小步快走，每年 3%，最高不要超过 5%，如果说中国作为世界大国，提高中国的国际地位，中国的人民币不国际化是没有希望的，中国人民币不断升值，3%~5% 中国的企业接受得了，升值 40%，是不能接受的，中国在国际上可持续可协调地发展，人民币稳步升值，小步快走，即使升到 1990 年代的水平仍然是有竞争力的。

本文原载于《当代财经》2012 年第 1 期

流动性、资产价格波动的隐含信息和货币政策选择[*]

——基于中国股票市场与房地产市场的实证分析

陈继勇　袁　威　肖卫国

一、引　言

2008 年美国金融危机后，世界范围内的宽松货币政策在刺激各国经济复苏的同时，加剧了全球流动性过剩。在中国，充裕的流动性通过银行系统注入经济体系中。2009 年中国以股票和房地产价格为代表的资产价格出现了持续、大幅度的上涨，国内通货膨胀压力进一步加剧。充裕的流动性已成为中国资产价格大幅度上涨的决定性驱动力量（李健、邓瑛，2011）。与此同时，随着中国资本市场快速发展、金融资产总量与结构的变迁，资产价格与金融体系稳定、实体经济和货币政策的联系日益紧密，中国货币政策在进行宏观调控时，已有必要兼顾物价稳定目标和金融稳定目标（李强，2009）。资产价格作为中国重要的货币政策传导渠道会深刻影响到产出、通货膨胀等宏观经济变量，其隐含了许多货币政策决策所需信息（伍戈，2007）。2010 年至 2011 年中期，央行采取了紧缩性货币政策以调控房地产价格的过快上涨。然而在流动性紧缩的情形下，实体经济增长乏力，通货膨胀压力犹存，中国货币政策陷入了两难困境。2012 年年底召开的中央经济工作会议提出了积极财政政策和稳健货币政策的宏观调控总体规划，并强调坚持房地产市场的严厉调控政策不动摇和高度重视财政金融领域存在的风险隐患。因此，在货币与信贷总量仍是中国货币政策框架重要内容的情形下，关注资产价格周期中的流动性特征和资产价格波动的隐含信息是很有必要的。

基于此，本文将流动性、资产价格波动的隐含信息以及货币政策调控资产价格的效果纳入统一的分析框架以探讨应对资产价格波动的中国货币政策选择。本文的贡献在于：（1）使用 COBS 方法识别了资产价格的极度繁荣与极度萧条时期，通过监测资产价格周期中的流动性特征为货币政策是否有必要关注资产价格提供有用的预警信息；（2）实证检验了中国股票价格和房地产价格是否隐含了宏观经济信息和货币政策决策信息，有助于理解资产价格与实体经济之间的联系和过去货币政策对资产价格的反应，进而为当前货币政策是否应该干预，以及在何种程度上干预资产价格提供操作依据；（3）比较分析了不同货币工具调控资产价格的效果及其宏观经济影响，为应对资产价格波动的货币政策框架与工具选择提供政策参考。

二、文献回顾

（一）资产价格波动与流动性驱动

流动性大体可分为以下三个层次：货币流动性、银行体系流动性和金融市场流动性（北京大学中国

---

* 本文被人大报刊复印中心《投资与证券》2014 年第 4 期全文转载；于 2016 年获第十届湖北省社会科学优秀成果奖二等奖。

经济研究中心宏观组，2008）。①其中，货币流动性和银行体系流动性为宏观意义上的流动性。如果不予特别说明，本文所提及的"流动性"均为宏观意义上的流动性。

传统的货币主义观点认为货币供应量的增加会加大资产需求从而推动资产价格上涨，这种观点主要考虑货币流动性对资产价格的驱动作用。美国金融危机后这种观点得到了进一步地拓展，演变为扩张性货币政策导致资产价格泡沫，强调货币扩张和信用扩张对资产价格的推动作用（骆祚炎，2011）。在货币流动性方面，既有研究实证分析了货币总量、超额货币流动性对股票和房地产价格及收益率的影响，大多数研究基本认同货币流动性对资产价格存在显著影响（Baks & Kramer，1999；Congdon，2005；李建、邓瑛，2011；刘刚、尹涛，2011），另有少部分研究认为流动性与资产价格无关（Ferguson，2007）。在银行体系流动性方面，既有研究侧重于实证分析银行信贷扩张对资产价格泡沫的催生作用和在金融危机中的作用，研究结果均表明信贷扩张是资产价格膨胀的重要诱发因素（Bordo & Jeanne，2002；Gerdesmeier et al.，2010；郭伟，2010；王晓明，2010）。在流动性对资产价格的影响特征方面，部分研究认为，与货币流动性相比，银行信贷对资产价格的影响更加显著（Machado & Sousa，2006）；部分研究认为流动性对房地产价格的驱动作用明显，但对股票价格的影响有限；部分研究认为流动性与资产价格之间并不是简单的线性关系，即流动性扩张与资产价格繁荣时期存在紧密联系，而流动性紧缩与资产价格萧条时期的联系并不紧密（Adalid & Detken，2007；何静等，2011）。两者之间的关系取决于一系列条件，例如在低利率、较快的产出增长和较低的通货膨胀率环境下货币或信贷扩张可被视为资产价格膨胀风险加剧的指示器，但在其他环境下，货币或信贷扩张导致资产价格膨胀加剧的可能性较小（Bruhheman，2007）。既有研究的不足主要如下：（1）过于侧重流动性总量与资产价格的关系，忽略了流动性结构方面的信息；（2）在实证方法上多采用均值模型，忽略了资产价格极度繁荣与极度萧条时期流动性与资产价格可能存在的密切联系。

（二）资产价格波动的隐含信息与货币政策选择

货币政策应关注资产价格已成为理论界与各国中央银行政策实践的共识（肖卫国等，2012），但货币政策是否应该干预、在何种程度上干预以及以何种方式干预资产价格仍然是未解难题。货币政策是否应该干预资产价格的核心问题在于资产价格波动是否隐含了未来宏观经济活动的信息，以及它对未来产出和通货膨胀的预测有多精确（王虎等，2008；骆祚炎，2011）。然而，鉴于资产价格波动的复杂性，既有研究未能准确地回答这两个问题。对不同国家及不同时期的大量实证研究结果表明，资产价格、通货膨胀以及产出之间的关系存在多种组合（Stock & Watson，2003；韩雪红等，2008），它们之间的联系机理也缺乏强有力的理论支撑。

基于对资产价格波动隐含信息的不同认识，不同学者在如何应对资产价格波动上持不同货币政策主张。主要如下：（1）如果资产价格能够预测未来通货膨胀和产出的变化，货币政策的资产价格传导与物价传导存在自动平衡机制，那么货币政策只需要维持一个低且稳定的通货膨胀环境就能够附带地促进资产价格稳定（Schwartz，1995；Borio，2005）。当资产价格波动严重到影响通货膨胀预期时，货币政策才有必要将资产价格纳入货币政策决策中（Bernanke & Geltler，2001；Miskin，2007）。这种观点主张货币政策实行有弹性的通货膨胀目标制，在必要时事前"逆风向"干预资产价格，以减小资产价格大幅下跌时货币当局清理残局的成本（Ahearne，2005）。（2）历次金融危机表明资产价格泡沫大多出现在稳定的低通货膨胀环境下，资产价格波动相对独立于产出与通货膨胀的变化，这给传统政策主张带来了极大挑战。学术界和实践界研究了传统货币政策无法有效应对资产价格波动的原因，主要如下：（1）中央银行无法准

---

① 货币流动性指货币的充裕程度，银行体系流动性指商业银行整体资产的扩张状况，金融市场流动性是"狭义的流动性"，即金融市场上资产变现的难易程度。通常使用不同统计口径的货币总量或货币结构来度量货币流动性，使用商业银行信贷总额或结构来近似度量银行体系流动性。货币流动性的主要构成是中短期银行负债，它为商业银行的资产扩张和金融市场交易提供资金来源，是银行体系流动性和金融市场流动性的基础。商业银行的资产负债管理会影响货币乘数和货币总量，进而影响货币流动性和金融市场流动性。此外，金融市场流动性能够通过经济主体的宏观经济向好预期间接影响银行体系流动性和货币流动性。

确判断资产价格的合理价值及区分引起资产价格波动的基本面因素和非基本面因素（Kohn，2006）。（2）很难找到一个包含资产价格的稳定广义价格指数作为货币政策的名义锚。（3）货币政策是否干预资产价格取决于干预后的成本收益权衡，这要求货币当局能够非常精确地把握干预时机和干预力度（Trichet，2009）。（4）金融创新改变了金融环境，货币市场、资本市场以及信贷市场的融合打破了物价传导与资产价格传导的自动平衡机制。一方面，资产证券化使得商业银行的信贷决策丧失了约束机制；另一方面，异质偏好的投资者不得不面对同质资产，其合理预期风险收益的能力下降，从而投资行为趋于非理性（Assenmacher-Wesche & Gerlach，2008）。遗憾的是，既有研究未能在理论上提出一个普适的、应对资产价格波动的货币政策框架与工具选择，同时，未能在实证上有效地将特定国家、特定环境下资产价格波动的隐含信息与货币政策选择结合起来。

三、典型事实——中国资产价格极度繁荣与极度萧条时期的流动性特征

由于中国正处于经济转型时期，以成熟市场经济体的经济特征为基础的西方货币理论能否适用于中国有待于考证。目前，对成熟市场经济体"典型事实"① 研究已基本完成，而对新兴市场经济国家"典型事实"的研究还处于发展过程中。本文将首先识别中国资产价格的极度繁荣与极度萧条时期，然后对中国资产价格极度繁荣与极度萧条时期的流动性特征进行总结，从而为中国货币政策决策提供必要的事实依据。

（一）资产价格极度繁荣与极度萧条时期的识别

本文使用 Ng（2005）提出的 COBS 模型（Constrained Smoothing B-splines Algorithm）来识别中国 1998 年 1 月至 2011 年 12 月期间股票、房地产价格相对于宏观经济基本面的极度繁荣与极度萧条时期。使用 COBS 模型的优势在于考虑了宏观经济基本面因素对资产价格波动的影响和资产价格波动的极端情形，避免了将资产价格的极度繁荣与极度萧条时期界定为资产价格超过和低于 HP 趋势 10% 存在的不足。COBS 模型的构建及原理简要如下：

给定变量 $X = x$，Y 的第 τ 个条件分位数 $g_\tau(x)$ 是 x 的函数，可用式（1）表示。

$$P(Y \leqslant g_\tau(x) \mid X = x) = \tau \tag{1}$$

其中，X 表示产出增长率，Y 表示股票或房地产价格的收益率。$g_\tau(x)$ 为分位数平滑样条，Koenkeretal.（1994）引入了 $g_\tau(x)$ 的求解方程，如式（2）所示：

$$Min\{''fidelity'' + \lambda''roughness''\} \tag{2}$$

其中，λ 是用来控制拟合函数平滑度的参数，''fidelity'' 为线性部分，''roughness'' 为非线性部分，分别表示如下：

$$''fidelity'' = \sum_{i=1}^{n} \rho_\tau(y_i - g_\tau(x_i))$$

$(x_i, y_i)_{i=1}^{n}$ 为 n 维数组，并且 $a = x_0 < x_1 < \cdots < x_n < x_{n+1} = b$，$\rho_\tau$ 被定义为：

$$\rho_\tau(\mu) = \begin{cases} \tau\mu & \mu \geqslant 0 \\ (\tau - 1)\mu & \mu < 0 \end{cases}$$

当 $g_\tau(x)$ 足够平滑时，"roughness" 有两种形式，一种是 $g'_\tau(x)$ 变化量之和，$g_\tau(x)$ 为线性平滑样条；另一种是 $g''_\tau(x)$ 的上确界，$g_\tau(x)$ 为二次平滑样条。"roughness" 的两种形式分别表示为 "roughness" = $\int g'_\tau(x)dx$ 和 "roughness" = $maxg''_\tau(x) = \|g''_\tau(x)\|$。

假定股票、房地产收益率是产出增长率的增函数、$g_\tau(x)$ 为二次平滑样条以及 AIC 准则用来自动搜索

---

① 王诚（2007）对典型事实在经济理论中的地位和作用做了一般化探讨，认为典型事实指的是"一种能够反映经济运行真实基本特征的具有代表性的关键事实"。

控制参数 λ 的值，我们就可以在 R 软件中实现上述 COBS 模型的估计，估计结果如图 1 所示。其中，股票收益率（SR）选用上证收盘综合指数的同比增长率作为替代变量，房地产收益率（HR）选用全国房地产销售价格指数（同比）作为替代变量，产出增长率（GDPR）选用工业产出增加值的同比增长率作为替代变量。股票、房地产收益率和产出增长率均减去同比 CPI 后得到实际值。上述变量的数据均来源于 CEIC。为谨慎起见，我们将资产收益率超过 0.9 条件分位数界定为资产价格极度繁荣，将资产收益率低于 0.1 条件分位数界定为资产价格极度萧条。从图 1 可以看出，1998—2011 年期间中国股票、房地产价格在大多数时间里反映了宏观经济基本面。同时，图 1 所标注的股票、房地产价格极度繁荣时期（深灰色）与极度萧条时期（浅灰色）很好地吻合了决策部门与公众的直觉。

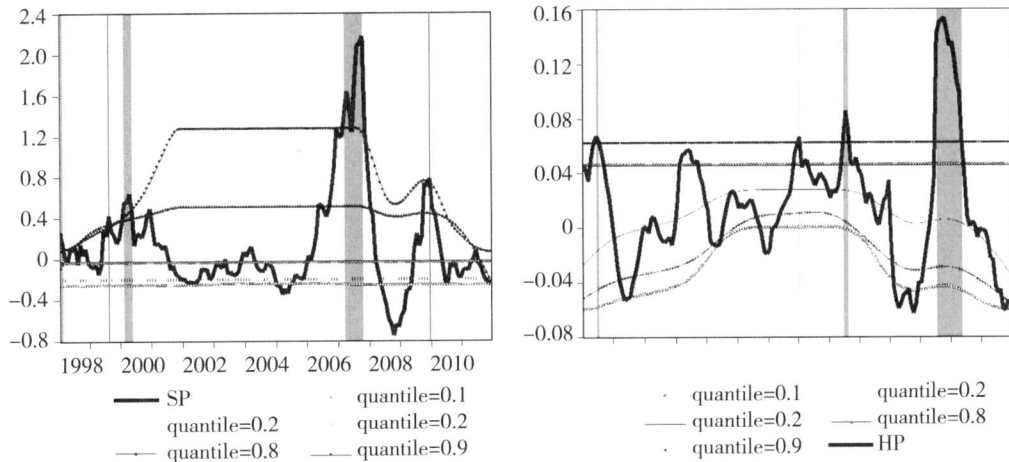

图 1　1998—2011 年期间股票价格（左）与房地产价格（右）极度繁荣时期与极度萧条时期

（二）流动性特征

图 2 和图 3 给出了 1998—2011 年期间中国股票、房地产价格极度繁荣与极度萧条时期的流动性变化状况。其中，货币流动性选用 M_2 增长率和 M_1/M_2 作为度量指标，金融体系流动性选用境内人民币信贷总量（TL）增长率和境内人民币中长期信贷（LL）占境内人民币信贷总量的比重（LL/TL）作为度量指标。M_1/M_2 反映了货币流动性结构，M_1/M_2 越高，货币流动性越强；LL/TL 反映了金融体系的流动性结构，LL/TL 越高，金融体系流动性越强。[①] M_2 和 TL 均经同比 CPI 调整后得到实际值 RM_2 和 RL。M_1，M_2，LL，TL 的数据均来自于 CECI。上述流动性指标之间有着密切联系。一方面，M_2 作为中央银行负债的重要组成部分为经济系统提供基础流动性，M_2 快速扩张会推动银行信贷扩张。银行体系的信贷资产是 M_2 的重要载体和向经济系统注入流动性的重要途径，银行信贷扩张又会带动货币扩张。另一方面，LL/TL 通过影响经济增长和价格水平来间接影响资产价格，进而影响 M_1/M_2。由于短期贷款和中长期贷款的传导机制存在差异，短期贷款对经济增长的促进作用在时效性上远小于长期贷款，并且短期贷款将带来通货膨胀而中长期贷款能够抑制价格总水平上涨（范从来等，2012）。因此，LL/TL 上升能够营造出有利于资产价格持续繁荣的宏观经济环境，而资产价格上涨和经济向好预期会使得经济主体承担风险的意愿增强，进而使得货币资产短期化，即 M_1/M_2 增大。[②] 由此可见，流动性结构指标包含了商业银行信贷行为、企业投资决策、家庭消费决策以及宏观经济政策预期等方面的信息，有效地补充了流动性总量指标对资产价格异常波动的监测能力。

---

　　①　"LL/TL 越高，金融体系流动性越强"并非针对商业银行的流动性管理。商业银行发放的中长期信贷越多，说明商业银行在作出信贷决策时的流动性状况越好，因为商业银行在流动性状况恶化时发放中长期信贷的可能性很小。

　　②　宋国青（2007）认为股市影响了 M_1/M_2 而非 M_1/M_2 影响了股市。

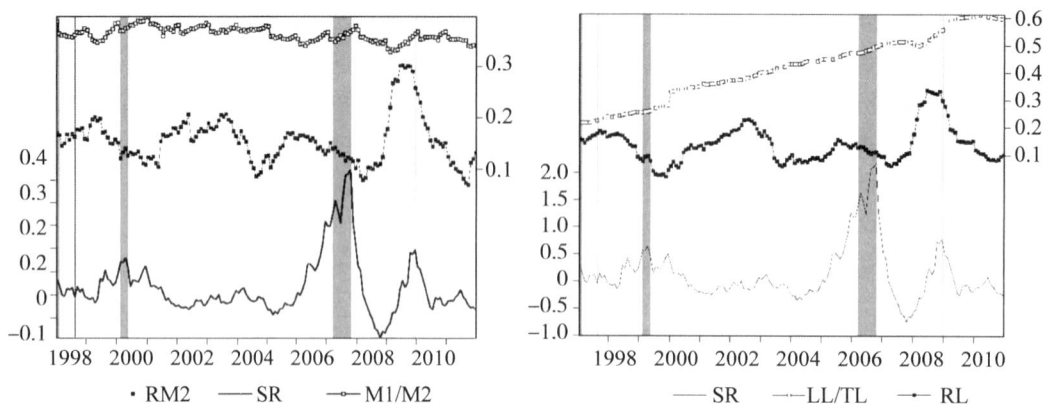

图 2 1998—2011 年期间股票价格极度繁荣与极度萧条时期的流动性特征

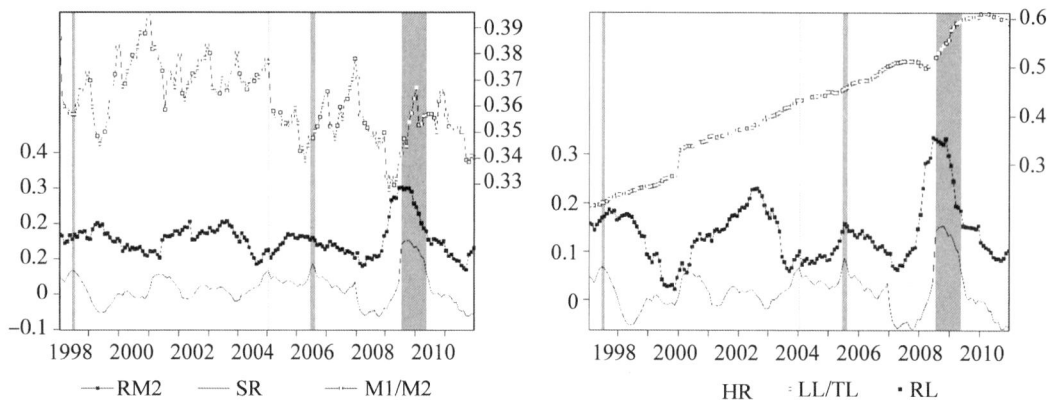

图 3 1998—2011 年期间房地产价格极度繁荣与极度萧条时期的流动性特征

从图 2 和图 3 中我们可以归结出以下三点流动性特征：（1）股票价格的极度繁荣与极度萧条时期和流动性总量的快速扩张与快速收缩时期并不完全一致，而是呈现出一定程度的滞后性。（2）房地产价格的极度繁荣时期与流动性总量的快速扩张时期高度一致，同时，在房地产价格的极度萧条时期流动性总量逆向扩张。这与成熟市场经济体的"典型事实"存在显著差异。在成熟市场经济体，资产价格极度萧条会恶化商业银行的资产负债表，商业银行"惜贷"行为盛行，进而使得信贷增长率快速下降。在中国，由于商业银行信贷决策并非完全市场化，信贷的扩张和收缩在很大程度上取决于政府宏观调控意愿，而且货币政策在一定程度上附属于财政政策，存在制度性软约束①，因而货币信贷支出在特殊时期逆资产价格周期变动（例如 1998 年亚洲金融危机和 2008 年美国金融危机）。此外美国金融危机后，资产价格极度萧条时期，各国中央银行向金融系统注入了大量流动性，在成熟市场经济体所注入的流动性并不会流向高风险高收益的资产领域，从而会在较长时间内出现资产价格下跌与流动性总量扩张并存的局面。然而在中国所注入的流动性通过各种途径流向了高风险高收益的资产领域，从而出现流动性总量扩张后资产价格迅速上涨。（3）货币流动性结构 M_1/M_2 对股票价格的极度繁荣与极度萧条具有非常强的解释力，货币流动性结构 M_1/M_2 和中长期信贷占信贷总量的比重（LL/TL）对房地产价格的极度繁荣时期都具有较强的解释力。这是因为在资产价格繁荣时期，货币结构趋于短期化和信贷资产结构趋于长期化。

上述典型事实表明，货币流动性结构 M_1/M_2 和中长期信贷占信贷总量的比重（LL/TL）的快速上升

---

① 钱小安（2007）指出，1994 年以来中国货币供应量目标的实际执行情况比目标值高的次数占 69.2%，实际执行情况比目标值低的次数占 30.7%，中国货币政策的确存在制度性软约束特征。

为中国央行关注资产价格泡沫及潜在的金融风险提供了有用的预警信息，同时，信贷总量的快速扩张是中国央行关注房地产潜在泡沫的重要指示器。

四、资产价格波动的隐含信息

从货币政策的角度来看，资产价格波动的隐含信息主要体现为资产价格对未来宏观经济变量的预测能力和过去货币政策对资产价格的反应两个方面。一方面，资产价格可以通过财富效应、托宾 q 效应、企业和家庭的资产负债表等途径作用于消费和投资，进而影响到产出和通货膨胀。大量发达国家的经验研究表明，股票和房地产等资产的价格隐含了未来产出和通货膨胀变化的特定信息。部分研究发现资产价格并不能稳定地预测未来产出和通货膨胀，资产价格与产出、通货膨胀的关联性非常不稳定，在不同国家和不同时期，这种联系不断变化。另一方面，货币政策调整会导致经济系统中的流动性发生变化进而直接或间接地影响到资产价格，因而资产价格波动还隐含了过去货币政策决策信息。基于此，下文首先实证分析资产价格对未来产出、通货膨胀的预测能力，以揭示资产价格波动隐含的宏观经济信息。然后实证分析各种货币政策工具对资产价格冲击的响应，以揭示资产价格波动隐含的过去货币政策决策信息。

(一) 资产价格对未来产出、通货膨胀的预测能力

借鉴 Stock & Watson（2003）的研究思路，本文使用模型（3）和模型（4）来实证分析资产价格对未来产出和通货膨胀的预测能力。

$$ygap_{t+h} = \mu_1 + \alpha_1(L)\,ygap_t + \beta_1(L)\,AP_t + \gamma_1(L)\,Z_{1t} + \xi_{1,\,t+h} \qquad (3)$$

$$Inflation_{t+h} = \mu_2 + \alpha_2(L)\,Inflation_t + \beta_2(L)\,AP_t + \gamma_2(L)\,Z_{2t} + \xi_{2,\,t+h} \qquad (4)$$

其中，$\alpha_1(L)$，$\beta_1(L)$，$\gamma_1(L)$，$\alpha_2(L)$，$\beta_2(L)$，$\gamma_2(L)$ 为滞后多项式；h 为被预测变量的领先阶数；μ_1，μ_2 为常数；$ygap_t$ 为产出缺口；$Inflation_t$ 为通货膨胀率；AP_t 为股票或房地产价格；Z_{1t}，Z_{2t} 分别表示未来产出缺口和通货膨胀的其他决定因素。（3）和（4）对应的基准模型如（5）和（6）所示。通过比较（3）和（5）、（4）和（6）的预测误差就可以考察资产价格对未来产出和通货膨胀的预测能力。预测误差用 Theil 不等系数来度量。

$$ygap_{t+h} = \mu_1 + \alpha_1(L)\,ygap_t + \gamma_1(L)\,Z_{1t} + \xi_{1,\,t+h} \qquad (5)$$

$$Inflation_{t+h} = \mu_2 + \alpha_2(L)\,Inflation_t + \gamma_2(L)\,Z_{2t} + \xi_{2,\,t+h} \qquad (6)$$

对中国产出缺口和通货膨胀影响因素的经验研究表明：从需求冲击与供给冲击两方面来考虑，股价、房价、消费者价格、生产者价格和货币增长率等是产出缺口的影响因素；股价、房价、过剩流动性、产出缺口、人民币汇率、利率等是通货膨胀的影响因素。例如，张成思（2009）研究了消费者价格与货币增长率对产出缺口的影响；段忠东（2012）研究了房价与通胀、产出之间的非线性关系；黄益平等（2010）研究了过剩流动性、产出缺口、房价和股价对通货膨胀的影响；王虎等（2008）研究了股票价格、利率、产出缺口对通货膨胀的影响；陈洁、李玉双（2009）研究了汇率变动对通货膨胀的影响。因此，Z_{1t} 包含的变量为消费者价格、生产者价格和货币增长率，Z_{2t} 包含的变量为过剩流动性、产出缺口、人民币汇率和利率。实证分析的样本期间为 1998 年 1 月至 2011 年 12 月。替代变量的选取如下：产出缺口选用（季节调整后的实际 GDP−潜在 GDP）/潜在 GDP，消费者价格选用 CPI 环比，生产者价格选用 PPI 环比，货币增长率选用 M2 环比增长率，通货膨胀率选用 CPI 环比，过剩流动性选用 M2 环比增长率与 GDP 环比增长率之差，人民币汇率选用人民币实际有效汇率，利率选用一年期存款基准利率，股票收益率选用上证收盘综合指数的环比增长率，房地产收益率选用全国房地产销售价格环比指数。月度 GDP 数据由全社会消费品零售总额、固定资产投资总额、净出口加总后得到。潜在 GDP 使用 HP 滤波方法得到。名义 GDP、名义利率经定基比 CPI（1997 年 12 月 = 100）调整后得到实际值，其余变量的环比增长率均经环比 CPI 调整后得到实际值。人民币实际有效汇率的数据来源于 BIS，全国房地产销售价格环比指数的数据来源于新浪财经统计数据库，PPI 环比数据来源于 Wind 数据库，其余数据均来源于 CECI。模型参数设定如下：h

分别设定为 3、6 和 9；$\alpha_1(L)$，$\beta_1(L)$，$\gamma_1(L)$，$\alpha_2(L)$，$\beta_2(L)$，$\gamma_2(L)$ 的最大滞后阶数设定为 3，并在回归分析过程中逐步删除系数不显著的变量。

实证结果如表 1 所示。从表 1 中可以看出：

表1　　　　　　　　　股票价格、房地产价格对未来产出缺口和通货膨胀的预测效力

	领先阶数	估计系数		相比基准模型（5），模型（3）预测效力的改善程度	相比基准模型（6），模型（4）预测效力的改善程度
		产出缺口	通货膨胀率		
股票价格	$h=3$	−0.0021	−0.0036	0.48%	0.21%
	$h=6$	0.0025	0.0046	0.49%	0.39%
	$h=9$	0.0029	0.0196	−4.6%	7.1%
房地产价格	$h=3$	0.0223	0.1297	1.3%	6.3%
	$h=6$	0.0189	0.0446	−2.5%	0.62%
	$h=9$	0.0568	0.0386	5.1%	0.49%

1. 与基准模型（5）相比，加入股票价格后模型（3）对未来第 3 个月和第 6 个月产出缺口的预测效力得到了一些改善，但对未来第 9 个月产出缺口的预测效力降低了。加入房地产价格后模型（3）对未来第 3 个月和第 9 个月产出缺口的预测效力得到了明显改善，但对未来第 6 个月产出缺口的预测效力降低了。

2. 股票价格与未来第 3 个月的产出缺口负相关，但与未来第 6 个月和第 9 个月产出缺口正相关。房地产价格与未来第 3 个月、第 6 个月和第 9 个月产出缺口均正相关。

3. 与基准模型（6）相比，加入股票价格后模型（4）对未来第 3 个月、第 6 个月和第 9 个月通货膨胀率的预测效力均得到了改善，但对未来第 9 个月通货膨胀率的预测效力的改善程度最高。加入房地产价格后模型（4）对未来第 3 个月、第 6 个月和第 9 个月通货膨胀率的预测效力均得到了改善，但对未来第 3 个月通货膨胀率的预测效力的改善程度最高。

4. 股票价格与未来第 3 个月通货膨胀率负相关，但与未来第 6 个月和第 9 个月通货膨胀率正相关。房地产价格与未来第 3 个月、第 6 个月和第 9 个月通货膨胀率均正相关。

上述结果表明，样本期间股票、房地产价格对中国未来某一时期的产出缺口和通货膨胀率具有一定程度的预测能力，但预测效力较弱。其中，股票价格对未来产出缺口的预测能力侧重于短期，房地产价格对未来产出缺口的预测能力侧重于较长时期；股票价格对未来通货膨胀率的预测能力侧重于较长时期，房地产价格对未来通货膨胀率的预测能力侧重于短期。这意味着样本期间中国股票价格、房地产价格波动均隐含了未来某一时期的产出和通货膨胀信息。同时，房地产价格与未来产出缺口或通货膨胀之间始终保持着正向联系，但股票价格与未来产出缺口或通货膨胀之间并不存在稳定联系。这种差异与中国房地产市场、股票市场的发展历程比较吻合。Stock & Watson（2003）指出，资产价格的预测效力取决于经济冲击的性质、金融市场的发达程度以及其他重要制度变革。在过去 20 年期间，房地产投资及其对上下游产业的拉动作用对中国经济快速增长有着巨大贡献，房地产价格波动对宏观经济的影响很大，因而房地产价格能够较好地预测产出或通货膨胀。相反，中国股票市场经历了多次制度变革并且制度仍然处于完善中，股票价格在很多时候没能真实地反映宏观经济状况，因而股票价格对产出和通货膨胀的预测效力相对较弱。吕江林（2005）的研究表明，中国股指与实体经济之间存在双重协整关系，但股票价格并不是实体经济增长的格兰杰原因。

（二）各种货币政策工具对资产价格冲击的响应

1996 年中国货币政策操作正式引入货币供应量目标，但从货币政策实践来看，信贷规模控制和存贷款基准利率调节仍然在货币政策宏观调控过程中起着重要作用。因此，货币供应量、信贷规模和存贷款基

准利率可作为中国货币政策的指示器。下文将使用SVAR模型来实证分析货币供应量增长率、利率与信贷增长率等货币政策工具对股票价格、房地产价格冲击的响应。SVAR模型中的变量包括货币政策工具（INS）、通货膨胀率（Inflation）、产出增长率（GDPR）、股票收益率（SR）、房地产收益率（HR）。SVAR模型I的短期约束矩阵设定如下A。其中，NA表示待估计参数，左边的列向量表示变量顺序，横向顺序与之相同。矩阵A的设定依据如下：（1）由于存在时滞效应，货币政策调整不会影响到当期产出和通货膨胀率。（2）根据韩雪红等（2008）的研究结果，中国通货膨胀率与资产价格之间的关系是不确定的，因此假定通货膨胀率与资产价格之间不存在当期关系。（3）由于短期价格黏性和股票价格、房地产价格能够提前反映产出增长信息，产出对通货膨胀率、股票价格和房地产价格均不存在当期影响。

$$A = \begin{array}{c} INS \\ Inflation \\ GDPR \\ SR \\ HR \end{array} \begin{bmatrix} 1 & 0 & 0 & NA & NA \\ NA & 1 & 0 & 0 & 0 \\ NA & 0 & 1 & 0 & 0 \\ NA & 0 & NA & 1 & NA \\ NA & 0 & NA & NA & 1 \end{bmatrix}$$

在实证分析中，除利率使用水平值外，其余变量均使用环比增长率数据，样本期间、替代变量的选取及数据来源均与上文相同。在估计SVAR模型的基础上，图4给出了各种货币政策工具对股票价格增长率和房地产价格增长率结构冲击的脉冲响应函数，横轴表示滞后期数（月度单位），纵轴表示利率、货币供应量增长率和信贷增长率的变化（百分比单位）。从图4可以看出：（1）利率变动对股票收益率、房地产收益率冲击的响应始终是负向的。（2）货币供应量增长率对股票收益率冲击的响应在前三期是正向的，对房地产收益率冲击的响应在前三期是负向的。（3）信贷增长率对股票收益率冲击的响应在前八期是正向的，对房地产收益率冲击的响应在前两期是负向的。上述结果表明：样本期间中国央行使用利率工具对股票价格和房地产价格作出了反应，但利率逆向调整的幅度不大。在货币供应量、信贷规模工具上，货币政策对股票价格和房地产价格的反应不一，即对股票价格没有作出反应但对房地产价格作出了反应。当股票价格上涨时，货币供应量增长率和信贷增长率并没有得到相应的控制反而是适应性的上升。当房地产价格上涨时，货币供应量和信贷的增长速度在随后的2~3个月明显放缓。

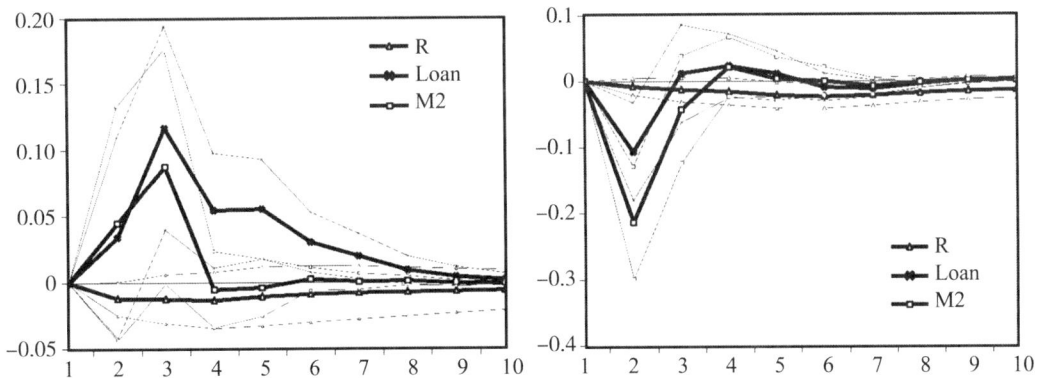

图4　各种货币政策工具对股票价格（左）和房地产价格（右）结构冲击的响应

五、应对资产价格波动的中国货币政策选择

在世界各国的资产价格调控历史上，短期利率调节被作为主要货币政策工具发挥着重要作用。然而美联储的经验表明，仅仅使用利率工具往往会忽略货币信贷大幅扩张或实体经济投资不足，进而导致实际产出和物价水平剧烈波动。货币政策调控资产价格的效果在很大程度上取决于资产价格波动的诱因，对于货币信贷快速扩张造成的资产价格泡沫，中央银行与其通过大幅上调利率来控制这种泡沫，还不如通过更加

严格的监管和检查措施来限制未来可能发生的信贷泡沫的规模。即使中央银行能够识别资产价格大幅波动的潜在危害，大幅上调利率可能会危及宏观经济和金融体系的稳定，因为阻止资产价格上涨所需的利率上调幅度可能会超过维持物价稳定和经济平稳增长的水平。为了探讨应对资产价格波动的货币政策选择，本文仍然在上述 SVAR 模型中分析利率、货币供应量增长率和信贷增长率对股票价格、房地产价格的调控效果及其宏观经济影响。

（一）不同货币政策工具调控资产价格的效果及其宏观经济影响

图 5 给出了股票价格增长率和房地产价格增长率对各种货币政策工具结构冲击的脉冲响应函数。从图5 可以看出：（1）利率正向冲击所导致的股票收益率和房地产收益率的下降幅度在前三期要明显小于信贷增长率、货币供应量增长率负向冲击。（2）信贷增长率负向冲击所导致的股票收益率下降幅度在前四期要小于货币供应量增长率负向冲击。（3）信贷增长率负向冲击所导致的房地产收益率下降幅度在前七期要大于货币供应量增长率负向冲击。上述结果表明，控制货币供应量增长率对股票价格的调控效果最好，控制信贷增长率对房地产价格的调控效果最好，利率调节难以在股票价格和房地产价格的调控过程中发挥重要作用。图 6 给出了中国央行使用各种货币政策工具调控股票价格和房地产价格时，通货膨胀率和产出增长率对各种货币政策工具结构冲击的脉冲响应函数。从图6 可以看出：（1）利率正向冲击所导致的通货膨胀率和产出增长率的下降幅度在前两期要明显小于信贷增长率、货币供应量增长率负向冲击。（2）信贷增长率负向冲击所导致的通货膨胀率下降幅度在前两期要大于货币供应量增长率负向冲击。（3）货币供应量增长率负向冲击所导致的产出增长率下降幅度要显著大于信贷增长率负向冲击。综合图 5 和图6，可以认为控制信贷增长率在成功降低资产价格的同时对宏观经济的负面冲击最小，可能的不足在于信贷增长率的快速下降会带来通货紧缩的风险，尤其是当货币供应量增长率也快速下降时，经济增长速度会大幅减缓。

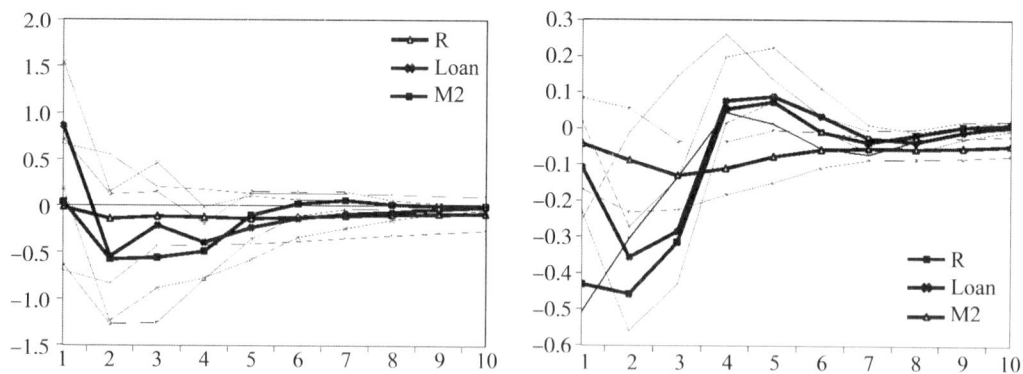

图 5　股票价格（左）和房地产价格（右）对各种货币政策工具结构冲击的响应

（二）应对资产价格波动的货币政策框架与工具选择

从资产价格波动隐含的宏观经济信息来看，样本期间股票、房地产价格对未来某一时期的产出和通货膨胀均具有一定程度的预测效力，但预测效力较弱。①同时，相比股票价格，房地产价格与未来产出、通

---

①　本文研究资产价格波动隐含信息的主要目的是考察资产价格是否具备预测未来产出和通货膨胀的能力，预测精度并不是决定性因素。很高的预测精度就足以让货币政策直接干预资产价格并取得成功，这与中国目前的实际情况不吻合。然而，预测精度过低也不能得出"资产价格影响到产出和通货膨胀预期，进而货币政策应该干预资产价格"的结论。遗憾的是，本文预测精度略微偏低（不排除更换或更新数据就能够改善实证结果），为谨慎起见，作者使用"在必要时应该干预"和"在条件完备时甚至可以"来表述结论。

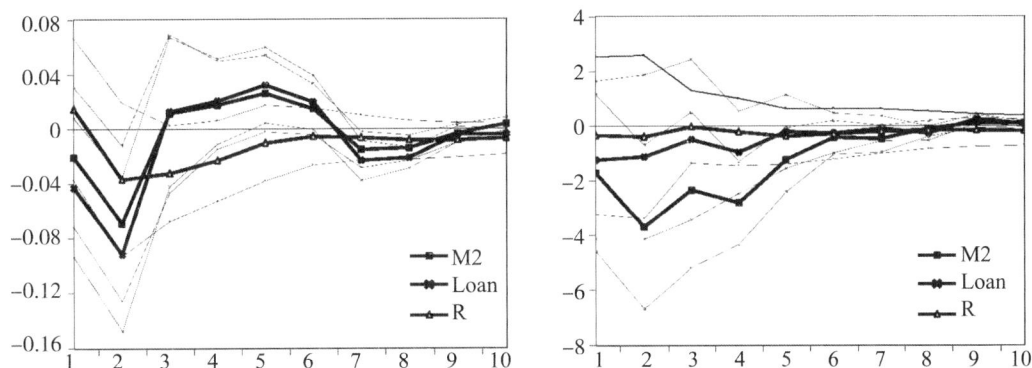

图6　通货膨胀率（左）和产出增长率（右）对各种货币政策工具结构冲击的响应

货膨胀的联系更加稳定。这意味着中国货币政策在必要时应该干预资产价格，在条件完备时甚至可以盯住房地产价格，然而，是否实施干预以及准确把握干预的力度和时机取决于股票、房地产价格对未来产出和通货膨胀的预测精度。换言之，在资产价格预测精度尚未明显提高的情形下，中国货币政策应谨慎干预资产价格，谨慎选择干预的力度和时机，否则会干预失败，导致产出和通货膨胀大幅波动。从中国资产价格波动隐含的货币政策决策信息来看，样本期间中国货币政策在事实上对股票、房地产价格作出了某种程度的逆向反应。然而由于影子银行体系的快速发展和利率调节存在较大局限，货币政策对股票、房地产价格的实际调控效果并不理想。

随着金融创新的快速发展和世界各国金融不平衡的累积，流动性推动资产价格上涨的观点在近期得到了强化。从上文的典型事实来看，在中国资产价格的极度繁荣与极度萧条时期，流动性扮演了非常重要的角色。需要注意的是，股票价格和房地产价格极度繁荣与极度萧条时期的流动性特征存在较大差异，股票价格仅与货币流动性结构密切相关，而房地产价格与货币流动性、银行信贷的总量和结构均密切相关。在利率尚未完全市场化的情形下，中国货币政策只能倚重总量调控。与发达国家不同的是，中国信贷规模相对独立于货币供应量并引导其变化（盛松成、吴培新，2008），因而在中国货币政策实践中货币总量调控和信贷总量调控并行。从货币总量和信贷总量对股票、房地产价格的调控效果来看，控制货币总量增长对股票价格的调控效果较好，而控制信贷总量增长对房地产价格的调控效果较好。这意味着中国货币政策可以对股票价格和房地产价格进行差异化调控。其根据在于：一方面，房地产具有资产和商品双重属性，是连接商品市场和资本市场、实体经济平衡和金融平衡的纽带，而股票仅具有资产属性，因而对股票价格和房地产价格进行差异化调控在理论上完全可行。Assenmcher-Wesche & Gerlach（2008）的研究表明，货币政策冲击对股票价格和住房价格的影响存在较大差异，紧缩货币政策实施后，股票价格会迅速下降，住房价格则需要较长时间恢复到原先水平，这种差异意味着单一货币政策难以同时稳定股票价格和住房价格；另一方面，中国现行金融制度安排和央行的信贷规模控制造成了信贷市场与金融市场的割裂，货币总量调控和信贷总量调控分别针对不同市场发挥作用，其中，货币总量调控通过影响货币市场利率的形成主要作用于金融市场，信贷总量调控则主要作用于实体经济。此外，从不同货币政策工具调控资产价格的宏观经济影响来看，相比货币总量和利率，信贷总量调控既能够成功地抑制资产价格上涨又能较好地维持宏观经济稳定，这表明中国货币政策在对股票、房地产价格进行差异化调控时需要侧重于信贷总量调控。考虑到不同工具在调控资产价格效果及其宏观经济影响上各具比较优势，协调使用多种工具是非常必要的。在实际运用中，总量调控与价格调控在不同时期各有侧重。一般情况下，货币市场流动性要强于信贷市场流动性，经风险调整后的贷款利率下限高于货币市场利率，贷款利率的下限管理抑制了部分贷款需求，此时应侧重于价格调控。当实体经济流动性匮乏或实体经济快速膨胀时，强劲的资金需求会使得货币市场利率高于经风险调整后的贷款利率下限，此时应侧重于总量调控。

随着中国经济结构调整和资本市场的进一步发展完善，总量调控缺乏透明度、容易导致时间不一致等弊端会逐渐显现，并且不同工具调控不同资产价格的针对性会逐步丧失，因而上述应对资产价格波动的货币政策框架和工具选择只能起到阶段性作用。

六、结　　论

本文对中国资产价格极度繁荣与极度萧条时期的流动性特征、资产价格波动的隐含信息和不同货币政策工具调控资产价格的效果及其宏观经济影响进行了实证分析，得出了如下主要结论：

（一）在股票、房地产价格的极度繁荣与极度萧条时期，流动性总量与结构的变化起到了重要作用。相比股票价格，房地产价格的极度繁荣时期和流动性总量的快速扩张更加一致。货币流动性结构和中长期信贷占信贷总量比重的快速上升为中国央行关注资产价格提供了有用的预警信息。信贷总量的快速扩张是中国央行关注房地产潜在泡沫的重要指示器。

（二）股票、房地产价格波动均隐含了一定程度的未来产出和通货膨胀信息。其中，股票价格对未来产出缺口的预测效力侧重于短期，对未来通货膨胀率的预测效力侧重于较长时期；房地产价格对未来产出缺口的预测效力侧重于较长时期，对未来通货膨胀率的预测效力侧重于短期。相比股票价格，房地产价格与未来产出缺口、通货膨胀之间的联系更为稳定。

（三）样本期间中国央行在事实上对股票、房地产价格作出了某种程度的反应。在货币总量和信贷总量方面，货币政策对股票价格没有作出反应但对房地产价格作出了反应。

（四）货币总量控制对股票价格的调控效果较好，信贷总量控制对房地产价格的调控效果较好，并且信贷总量调控在成功抑制资产价格的同时对宏观经济的负面冲击最小。

基于上述结论，本文认为中国货币政策在必要时应该干预资产价格，在条件完备时甚至可以盯住房地产价格，然而是否实施干预以及准确把握干预的力度和时机依赖于资产价格对未来产出、通货膨胀的预测精度，当预测精度较低时，货币政策应谨慎实施干预。中国货币政策应该对股票、房地产价格实施差异化调控，即货币总量调控股票价格，信贷总量调控房地产价格。在差异化调控过程中，应侧重于信贷总量调控。同时，考虑到不同工具在调控资产价格效果及宏观经济影响上各具比较优势，还需注意多种工具的协调使用以及总量调控与价格调控在不同时期各有侧重。

◎ **参考文献**

［1］北京大学中国经济研究中心宏观组，2008：《流动性的度量及其与资产价格的关系》，《金融研究》第9期。

［2］陈洁、李玉双，2009：《汇率变动对中国通货膨胀影响的实证研究》，《经济与管理》第11期。

［3］段忠东，2012：《房地产价格与通货膨胀、产出的非线性关系——基于门限模型的实证研究》，《金融研究》第8期。

［4］韩雪红、郑妍研、伍超明，2008：《通货膨胀与商品住宅价格关系的实证分析》，《清华大学学报》第3期。

［5］黄益平、王勋、华秀萍，2010：《中国通货膨胀的决定因素》，《金融研究》第6期。

［6］何静、李存璞、邱长溶，2011：《信贷规模与房地产价格的非线性动态关系研究》，《经济评论》第2期。

［7］李健、邓瑛，2011：《推动房价上涨的货币因素研究》，《金融研究》第6期。

［8］李强，2009：《资产价格波动的政策含义：经验检验与指数构建》，《世界经济》第10期。

［9］吕江林，2005：《我国的货币政策是否应对股价变动作出反应？》，《经济研究》第3期。

［10］卢宝梅，2008：《通货膨胀目标制、资产价格膨胀和货币政策反应》，《经济学动态》第3期。

［11］骆祚炎，2011：《资产价格波动、经济周期与货币政策调控进展》，《经济学动态》第3期。

［12］钱小安，2007：《流动性过剩与货币调控》，《金融研究》第 8 期。

［13］瞿强，2007：《资产价格波动与宏观经济困境》，《管理世界》第 10 期。

［14］盛松成、吴培新，2008：《中国货币政策的二元传导机制——"两中介目标，两调控对象"模式研究》，《经济研究》第 10 期。

［15］许桂华、余雪飞、周奋，2012：《资产价格泡沫背景下的货币政策新范式》，《经济学动态》第 3 期。

［16］张成思，2009：《基于多变量动态模型的产出缺口估计》，《统计研究》第 7 期。

［17］王虎等，2008：《股票价格具有货币政策指示器功能吗？——来自中国 1997—2006 年的经验证据》，《金融研究》第 6 期。

［18］伍戈，2007：《货币政策与资产价格：经典理论、美联储实践及现实思考》，《南开经济研究》第 4 期。

［19］Adalid, R., and C. Detken, 2007, "Liquidity Shocks and Asset Price Boom / Bust Cycles", European Central Bank, Working Paper, No. 732.

［20］Ahearne, Alan G., John Ammer, Brian M. Doyle, Linda S. Kole, and Robert F. Martin, 2005, "Housing Prices and Monetary Policy: A Cross-Country Study", FRB International Finance Discussion Paper, No. 841.

［21］Assenmacher-Wesche, K., and S. Gerlach, 2008, "Financial Structure and the Impact of Monetary Policy on Asset Prices", Swiss National Bank Working Paper 2008 /16.

［22］Baks, K., and C. Kramer, 1999, "Global Liquidity and Asset Prices: Measurement Implication and Spillover", IMF Working Paper 99 /168, 1-33.

［23］Bernanke, B. S., and M. Gertler, 2001, "Should Central Banks Respond to Movements in Asset Prices?", American Economic Review, 91 (2), 253-257.

［24］Bordo, M. D., and O. Jeanne, "Monetary Policy and Asset Prices: Does 'Benign Neglect' Make Sense?", International Finance, 5 (2), 139-164.

［25］Borio, C., 2005, "Monetary and Financial Stability: So Close and Yet So Far?", National Institute Economic Review, 192, 84-101.

［26］Bruhheman, A., 2007, "Can Excess Liquidity Signal an Asset Price Boom? National Bank of Belgium", Working Paper, No. 117.

［27］Congdon, T., 2005, "Money and Asset Prices in Boom and Bust, Institute of Economic Affairs", IEA Hobart Paper 153.

［28］Ferguson, N., and M. Schularick, 2007, "Chimerica and the Global Asset Market Boom", International Finance, 10 (3), 215-239.

［29］Gerdesmeier, D., H. E. Reimers, and B. Roffia, 2009, "Asset Price Misalignments and the Role of Money and Credit", International Fiance, 13 (3), 377-407.

［30］Kohn, D. L., 2006, "Monetary Policy and Asset Prices", Speech at a European Central Bank Colloquium Held in Honor of O. Issing, Frankfurt, March.

［31］Machado, J. A. F., and J. Sousa, 2006, "Identifying Asset Price Booms and Busts with Quantile Regressions", Banco de Portugal Working Papers No. 8.

［32］Miskin, F. S., 2007, "Housing and Monetary Transmission Mechanism", Paper Presented at the Fed of Kansas City 31st Economy Policy Symposium, August 31-Semptemper 1.

［33］Ng, P., 2005, "A Fast and Efficient Implementation of Qualitatively Constrained Smoothing Splines", Proceedings of the 2005 International Conference on Algorithmic Mathematics and Computer Science.

［34］Stock, J. H., and M. W. Watson, 2003, "Forecasting Output and Inflation: The Role of Asset Prices", NBER Working Paper Series, No. 8180.

［35］ Schwartz，A.，1995，"Why Financial Stability Depends on Price Stability"，Economic Affairs，Autumn.

［36］ Trichet，J-C.，2009，Systemic Risk，Clare Distinguished Lecture in Economics and Public Policy，Clare College，Cambridge University.

本文原载于《经济研究》2013 年第 11 期

加快构建中国特色"绿色金融"体系

陈继勇　刘卫平

　　"绿色金融"作为一种普遍应用的有效金融手段，早已在经济发达国家广泛推行。构建集财政、金融和税收等于一体的全方位"绿色金融"信贷体系，是建立吸引社会资本投入生态环境保护的市场化机制、打造中国经济升级版的有效手段和实现可持续发展战略的历史使命。

一、构建"绿色金融"体系的紧迫性

　　当前，我国生态形势严峻，构建"绿色金融"体系刻不容缓。中国作为世界第二大经济体和污染较重的国家，经济发展受到环境因素的严重制约。2014 年，我国 74 个主要城市中只有 8 个城市空气质量达标，75% 的饮用水源水质超标，19% 以上的耕种土地面积污染超标。中央经济工作会议指出，我国"环境承载能力已经达到或接近上限"。面对如此严峻的环境形势，我们亟须推动集财政、金融和税收等于一体的全方位"绿色金融"体系建设，释放市场力量。这是我国解决产业结构升级、经济结构调整过程中的重大问题。金融业作为信贷资源配置的行业，构建"绿色金融"体系，引导资金从高污染高耗能产业退出，可以实现釜底抽薪的效果。

　　生态环保资金缺口明显，需要"绿色金融"体系支撑。根据有关资料显示，我国"十三五"期间绿色产业每年将至少投入 2 万亿元以上，近 5 年内治理大气污染投资需求约为 1.7 万亿元，其中政府财政资金仅能提供 10%～15%，大量的资金缺口需要一个金融渠道给予支撑。同时，支持节能环保产业，也开启了我国经济新的增长点，为我国实现"双目标、双结合、双引擎"的宏观目标提供了有效途径。

　　在构建"绿色金融"体系过程中，还存在一些问题。一是政策尚未形成合力，政府主管部门的职责交叉与缺失同时存在，使得金融支持生态环保项目时难以形成政策合力；二是"绿色金融"缺少能力建设，政府对项目的环境影响监管不力和执法不严，不能支撑碳排放权交易、排污权交易等"绿色金融"产品创新；三是现行政策体系忽视环境外部性，价格信号扭曲，难以激活、引导民间资本向绿色产业流动；四是金融监管缺少激励机制，监管部门没有对"绿色金融"项目在资本占用、存款准备金和损失拨备、风险容忍度等方面给予优惠政策，财政税收政策也没有对生态环保项目提供贴息或税收减免优惠政策，不能很好地调动金融机构推进"绿色金融"的积极性；五是信息不对称，金融机构难以及时、准确掌握企业环保信息和环境执法结果；六是生态环保项目存在散、乱、小的特点，缺少成熟的商业模式，项目经济效益不突出，企业缺乏主动性，金融业支持较为困难。

二、"绿色金融"体系的基本架构

　　推动生态文明建设需要有一个体系完整、机制完善、政策配套、运转良性的"绿色金融"体系支撑。要做好顶层设计，推动构建机构、政策、金融基础设施、法律基础设施较为完善的"绿色金融"体系架构。

　　"绿色金融"机构组织建设。一是成立新的金融机构专司"绿色金融"业务，或在现有金融机构中的银行、保险、基金、券商、担保、贷款公司设立"绿色金融"业务部门。二是参照"赤道原则""全球契

397

约组织"，制定我国的"绿色金融"规则，引导金融机构提升绿色环保意识，履行社会责任，按照"绿色金融"规则要求开展金融业务。三是创新"绿色金融"服务产品，提供绿色信贷、绿色债券、绿色保险、绿色基金，创新投融资模式支持绿色产业发展。目前银行在社会融资中具有突出作用，可通过建立绿色银行体系，充分发挥绿色银行在绿色信贷和投资方面的专业能力、规模效益和风控优势。可尝试PPP模式推动绿色产业发展，以有限的政府资金撬动民间资本股权投资。四是加强与世界银行、亚洲开发银行等组织的协作，推动我国主导或参与的丝路基金、亚洲基础设施投资银行、金砖国家新开发银行等对外投资和开发性机构达到"绿色金融"准则要求，在国际金融业务中建立高标准的环境风险管理制度。

完善财政政策和金融政策。一是健全财政对绿色贷款的高效贴息机制；二是由主管部门发布绿色债券有关指引，允许和鼓励银行和企业发行绿色债券；三是强化股票市场支持绿色企业的机制。

绿色投资的金融基础设施建设。一是加快排污权和碳汇交易市场建设；二是建立绿色评级体系，建立公益性的环境成本核算体系和数据库，提高环境评估方法和数据的可获得性，引导地方政府建立绿色GDP测算体系，为第三方提供节能减排效益测算和环境评估咨询服务；三是建立绿色IPO保荐机制，推动绿色股票指数的开发和运用，引导资本市场更多地投入绿色产业；四是建立绿色投资网络，引导社会投资者投向绿色产业。

建设"绿色金融"的法律法规体系和保障机制。一是在更多领域实现强制性绿色保险，利用保险市场机制制约污染性投资并提供环境修复；二是明确银行环境法律责任，允许污染受害者起诉向污染项目提供资金的、附有连带责任的金融机构；三是证监会和证券交易所应建立上市公司环保信息强制披露机制，为上市公司环境风险评估和准确估值提供基础。

三、着力构建"绿色金融"体系

尽快出台推动"绿色金融"发展专项支持政策。这是地方政府和金融机构开展合作的政策依据，有利于调动地方政府和金融机构的积极性与主动性。为此，国家应尽快研究出台相关支持政策和专项发展规划，在年度政府投资预算中专门设立"绿色金融发展专项"，加大国家对"绿色金融"的投入力度，为地方政府和金融机构开展各类合作创造良好的政策环境。

探索设立政府和金融机构合作的"绿色金融"发展基金。一是由政府和大型金融机构合作设立具有政策导向性的"绿色金融"引导基金，这类基金作为母基金，以保本经营和适当获利为原则对各类商业性的"绿色金融"发展基金（公司）提供股权和债权融资支持。二是由政府和大型金融机构合资合作设立股份制、按商业化运作的政金合作基金，或由政府提供优惠政策支持，由国内银行、保险、投资公司等金融机构联合设立专业化、商业化的基金。通过政策性和商业性的各类"绿色金融"发展基金的设立和发展，努力缓解当前"绿色金融"建设资金短缺的瓶颈问题。

加快推动政府和金融机构双方的合作能力建设。一是鼓励有条件的地方政府加快设立促进"绿色金融"发展的政府投融资平台（公司），为地方政府与金融机构开展合作、承接金融机构贷款构建合法、合规的承贷主体，促进目前政府与金融机构信贷合作的规范化运作。二是要积极推动财政体制改革，为政府建立稳定的税收收入来源渠道，提高政府在现有"分税制"财税体系中的分享比重，从而增强政府对"绿色金融"发展的财政资金投入能力。三是整合目前政府"绿色金融"建设资金的来源渠道，把来自国家和各级政府的"绿色金融"发展资金、基础设施建设资金、产业化贷款和自身用于支持环境保护发展的相关资金整合起来，统一安排和集中使用，切实增强直接承贷金融机构的贷款能力，以及鼓励、引导金融机构向从事"绿色金融"发展的中小型环保企业发放贷款的补助、补贴、贷款贴息等政策性投入能力。

本文原载于《光明日报》2015年9月30日

企业异质性、出口国内附加值与企业工资水平*

——来自中国的经验证据

陈继勇　王保双　蒋艳萍

引　言

随着通信技术和物流产业的飞速发展，国际分工日益深化和细化，传统的国家制造已转变为"世界制造"，货物贸易也逐渐发展为"任务贸易"（Task Trade，Escaith 和 Inomata，2011）。新的生产和贸易方式使得国际贸易理论面临许多新的挑战，尤其是产业内分工和产品内贸易的快速扩张导致传统的国际贸易理论研究已不能准确地反映出各个国家（地区）在全球价值链（Global Value Chain，GVC）分工中的真实地位、利益分配和经济效应。因此，除了继续从宏观层面来分析国际贸易对各国经济发展的贡献外，还应更多地从微观层面来深入研究企业在全球价值链分工中的参与程度，尤其是从国内附加值（Domestic Value Added，DVA）的视角能较好地反映国际贸易失衡的本质、各国参与国际贸易的实际利益所得及世界贸易体系"再平衡"的路径选择。

改革开放以来，中国对外贸易发展取得了举世瞩目的成就。在过去 30 多年里，中国凭借巨大的劳动力优势和丰富的资源禀赋一举成为"世界工厂"，并于 2013 年成为全球最大的货物贸易国。然而，在对外贸易飞速发展的同时，中国也深受国际贸易制裁之害。中国巨额的贸易顺差已备受许多国家指责，他们认为中国的出口扩张对别国的经济增长、贸易平衡和就业增加极为不利。事实上，利益分配与贸易份额的不对等严重高估了中国在全球价值链分工中的利益所得，并使中国在国际贸易格局中面临极为被动的局面。例如，中国出口一台 iPhone 所获得的实际价值仅占出口价格的 1.8% 左右，而绝大部分的贸易利得则被处于产品设计和零部件制造环节的美国、德国、日本等国占有（Kraemer et al.，2011）。目前，中国出口二元结构仍十分明显，图 1 显示加工贸易在中国出口贸易中的占比虽逐年降低，但仍占据了出口总额的"半壁江山"，这一形势下从价值创造的角度无疑更能客观和准确地反映一国一般贸易和加工贸易的实际经济效应。

与传统的贸易统计方法相比，从出口国内附加值含量的角度来分析各国在国际贸易中的利益所得和经济效应更具客观性和准确性。一方面，传统的分析方法只关注于企业进出口总量，忽略了其在出口产品中的实际价值创造份额，尤其是在加工贸易占据了中国对外贸易总量近一半的情况下，传统分析方法无疑会严重夸大中国参与国际贸易的总量失衡（Gereffi et al.，2011）。另一方面，出口国内附加值分析法沿产业链纵向分解出口产品，有助于从多维角度考察出口产品技术含量、出口结构和企业生产效率的变化。此外，当前中国仍处于全球价值链分工的中低端，总量分析法还会忽略中国在国际贸易中的结构失衡。

近年来全球价值链嵌入已成为新贸易理论的热点话题，国内外学者在企业异质性理论框架下对各国参与全球价值链分工的研究主要集中于两个方面：一是基于微观企业数据对出口的全球价值链嵌入或国内附

＊　本文获得国家社科基金重大项目"全球产业链转移新趋势下的中国出口价值链提升举措研究"（15ZDA061）；国家社科基金重大项目"后金融危机时代中国参与全球经济再平衡的战略与路径研究"（11&ZD008）；中央高校基本科研业务费专项资金（2015632020201）的资助。

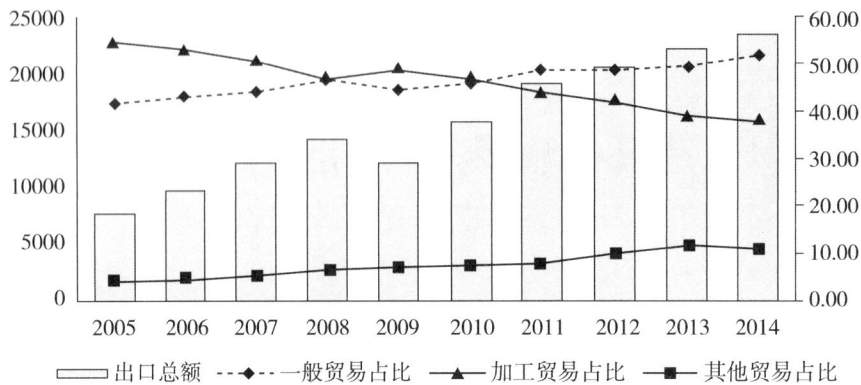

图 1   2005—2014 年中国出口贸易（按贸易方式分，单位：亿美元,%）
资料来源：根据中华人民共和国海关总署统计数据整理绘制。

加值率进行测算，二是对出口国内附加值含量的影响因素及其变化机制的研究。本文基于现有文献的测算方法对中国企业出口的国内附加值进行了测度，在此基础上对异质性出口企业国内附加值率与企业工资水平之间的变化机制进行了深入探讨。

本文结构安排如下：第一部分为文献综述；第二部分为实证分析框架的构建；第三部分为实证分析结果；第四部分为拓展性分析；第五部分为主要结论及政策启示。

一、文 献 综 述

21 世纪以来，企业异质性贸易理论逐渐成为国际贸易理论研究的学术前沿，国内外大批学者开始从微观企业层面来研究企业出口选择行为及其对企业生产率、生存概率、对外直接投资、产品技术结构等因素的影响，并涌现出了大量广受关注的研究成果。值得注意的是，近年来有关企业异质性的研究开始从出口选择行为（是否出口，以及出口多少）转向出口行为本身，如出口国内附加值率、出口二元边际结构、出口国内完全技术含量等。Upward 等（2013）与张杰等（2013）基于中国微观企业层面的数据对出口国内附加值率进行了测算，进一步的经验分析表明贸易方式、企业所有制类型、行业类别等因素是中国出口国内附加值率的重要影响因素。陈继勇等（2015）从出口二元边际的角度考察了双重信贷对企业出口行为的影响，其实证结果表明信贷融资对企业出口的影响主要表现为集约边际的扩张。齐俊妍等（2015）基于中国出口产品国内完全技术含量的视角，从贸易转型和技术升级两个维度对中国出口产品的国内技术含量演变路径进行了分解，进而对中国出口产品国内完全技术含量的制约因素进行了识别。

而有关贸易增加值的测算方法，目前主要包含两类：第一类方法主要基于非竞争型投入—产出表（即 I-O 表）从行业层面来测算出口的国内附加值（率）。第一类测算方法中最具代表性的是 Hummels 等（2001）提出的垂直专业化测算方法（HIY），他们将出口的国外附加值率定义为出口总额中进口中间产品所占的比例。此后，北京大学中国经济研究中心课题组（2006）、黄先海等（2007）、Timmer 等（2012）也都用到了该测算方法。然而，HIY 方法需假定进口的中间产品在一般贸易和加工贸易中的投入比例相同，且该方法往往会造成出口产品国内附加值的高估。鉴于此，Koopman 等（2008、2011、2012）先后对HIY 方法进行了改进并提出 KWW 和 KPWW 测算方法，他们将非竞争性的 I-O 表分解为加工贸易和一般贸易两类 I-O 表并分别设定不同的系数值。他们用该方法对中国出口的国内附加值率进行了测算，发现加入 WTO 后中国出口产品的国内附加值率上升了 10%左右。基于 I-O 表的宏观测算方法虽能克服微观方法无法测度间接进口的缺陷，但忽略了广泛存在的企业异质性问题（Melitz，2003），且 I-O 数据表的可得性也极大地限制了该方法的使用范围。第二类测算方法主要基于微观企业数据并结合产品分类代码来识别和测算中间产品进口在出口总额中的比例。这类方法使用最多的是对中国工业企业数据库和中国海关进出口贸易数据库进行匹配，并对贸易代理商、中间投入品的间接进口、资本品进口等问题分别加以区别对待。例如，Upward 等（2013）利用中国工业统计数据库和中国海关进出口贸易数据库的匹配数据对中国出口的国内附加值进行了测算，结果显示 2003 年至 2006 年间中国出口的国内附加值率从 53% 上升至了 60%。

随着全球垂直专业化分工的深化，衡量一国贸易的发展应从规模的视角转向价值创造的视角，尤其是对于加工贸易在国际贸易中占据重要地位的中国而言。近年来，国内外许多学者已开始从出口国内附加值的角度来重新审视一国在参与国际分工中的利益所得和"贸易再平衡"问题。目前，一些国际组织也已开始致力于构建基于全球价值链的数据库，如 WTO、联合国贸易和发展会议、OECD 等。张杰等（2013）基于中国工业企业数据库和中国海关贸易数据库对中国出口国内附加值进行了测算，并对其变化机制进行了实证分析，研究结果表明中国出口的国内附加值率从 2000 年的 49% 上升到了 2006 年的 57%，加工贸易的国内附加值率显著低于一般贸易，且进一步的经验分析显示 FDI 进入是导致加工贸易和外资企业国内附加值增长的主要推动者。吕越等（2015）采用 4 种方法对企业在全球价值链中的嵌入程度进行了测算，并对企业生产效率、融资约束与全球价值链嵌入之间的相互关系进行了检验，其研究结果表明高效率的企业更倾向于嵌入全球价值链，而融资约束会阻碍企业嵌入全球价值链。此外，部分学者还从出口产品的技术复杂度的维度考察了其与出口国内附加值之间的相互关系。如刘维林等（2014）利用 2001—2010 年中国 27 个制造业的面板数据对出口的国外附加值率与技术复杂度之间的相互关系进行了验证，研究结果表明从国外获取的中间品投入推动了中国制造业技术复杂度的提升，且服务投入对技术提升的贡献比原材料、零部件等产品投入更大。

总的来看，相对于传统的贸易统计方法，从出口国内附加值的视角能更好地反映一国的出口结构与价值加成。目前，国内外诸多学者已开始对出口国内附加值的测算及其变化机制、出口国内附加值与产品技术结构、出口国内附加值与企业生产效率等角度展开了一系列有意义的研究。然而，鲜有出口国内附加值对居民实际福利效应影响的相关文献。因此，本文在对中国微观企业出口国内附加值重新测算的基础上，对出口国内附加值与异质性企业工资水平的相互关系进行了实证研究。

二、实证分析框架的构建

（一）计量模型和变量说明

为考察企业异质性特征和出口国内附加值对企业工资水平的影响，在前述相关文献的基础上，我们构建如下计量模型：

$$\text{wage}_{it} = \beta_0 + \beta_1 \text{wage}_{it-1} + \beta_2 * \text{dva}_{it} + \beta_3 * \sum \text{company}_{it} + \varphi_i + \varphi_t + \mu_{it} \qquad (1)$$

其中，i 和 t 分别代表企业和年份，wage_{it} 为 i 企业在 t 年的平均工资水平，dva_{it} 为企业出口国内附加值，company_{it} 为企业的异质性特征变量集，主要包括劳动生产率、资本密集度、企业规模、企业年龄等指标，相应的参数 β_1 和 β_2 分别代表出口国内附加值和企业异质性特征对企业工资水平的影响。上述回归模型中同时加入了企业固定效应 φ_i 和时间固定效应 φ_t。

本文使用的样本数据为 2000—2007 年《中国海关进出口贸易数据库》和《中国工业企业数据库》的匹配数据。我们参照 Upward 等（2013）的数据匹配方法，对上述两个数据库进行如下处理：第一步，由于《中国海关进出口贸易数据库》为月度数据，而《中国工业企业数据库》为年度数据，因此，我们首先对月度数据进行了加总，得到每家企业每年进出口贸易的明细数据；第二步，对《中国海关进出口贸易数据库》和《中国工业企业数据库》进行匹配；第三步，对匹配后的样本数据删除多余变量，并剔除掉存在异常值的样本数据。最后，为了使我们的估计结果更加稳健，我们仅保留了样本期间内连续存活的企业样本，从而得到平衡的面板数据（balanced panel data）。这里需要注意的是，《中国工业企业数据库》统计的是全部国有与规模以上（中国内地销售额 500 万元/RMB 以上）非国有制造业企业，而《中国海关进出口贸易数据库》记录了全部具有通关记录的进出口企业，因而，我们的样本数据是具有通关记录的国有企业或规模以上的非国有企业数据。

（二）变量说明

1. 出口国内附加值（DVA）的测算

前述文献综述部分已对出口国内附加值的测算方法进行了归纳，本文基于微观企业数据测算方法，并借鉴 Upward（2013）和吕越等（2015）的做法，假定加工贸易进口全部用于加工贸易出口的中间投入，一般贸易进口等比例地用于国内销售和出口的中间投入。这样，企业出口的国内附加值计算公式为：

$$DVA = X - V_F = X - [M^P + M^O * (X/V)] \tag{2}$$

其中，V_F 表示企业出口的国外增加值；M、V 和 X 分别表示企业的进口额、工业总产值和出口额；上标 p 和 o 分别表示加工贸易和一般贸易。

2. 企业异质性的度量

本文从企业异质性贸易理论的视角，对出口企业工资水平的决定因素进行了实证研究。在已有相关文献的基础上，我们从劳动生产率、企业规模、资本密集度、企业年龄、企业所有制类别等维度对企业的异质性特征进行了度量。（1）企业工资水平（wage），原始数据库中提供了企业年应付工资和从业人数，两者比值即为企业平均工资水平。（2）劳动生产率（lp），用企业的人均工业增加值作为其代理变量，即企业的工业增加值除以从业人数。[①]（3）企业规模（scale），本文借鉴 Lipsey 等（2002）的做法，用企业的从业人数来表示，并对其取对数。（4）资本密集度（capital），采用企业的资产总额与从业人数之比。（5）企业年龄等于当年年份减企业开业年份。（6）企业所有制类别，根据企业注册资本的比例将全部样本企业分为国有、私有、港澳台和外商投资企业4种类型。样本数据中主要变量的描述性统计见表1。

表1　　　　　　　　　　　　样本数据中主要变量的描述性统计结果

变量	单位	均值	标准差	最大值	最小值	observations
企业人均工资	千元	18.4	189.07	28688	0.02	28952
出口国内附加值	千元	43411.1	146376.2	5912698	0.06	28952
从业人数	人	618.09	1457.72	77406	1	28952
资本密集度	千元/人	519.03	23605.15	2662193	0	28952
工业增加值	千元/人	41238.43	239401.4	1.84e+7	1	28952
企业年龄	年	11.27	15.11	141	0	28952

资料来源：运用 stata12 对样本数据计算得出。

三、实证分析结果

考虑到很多经济变量具有惯性，即当不存在外部环境冲击时，前期的经济变量会产生显著的滞后效应。在我们的实证分析中，由于长期劳动合同、效率工资、最低工资标准等原因，企业的工资水平往往存在一定的滞后效应，为此我们将被解释变量的滞后一期加入模型中。对于动态面板数据，残差自相关的存在会使得一般的组内估计量（FE）不一致，即存在动态面板偏差（dynamic panel bias）。因此，我们运用 Arellano 和 Bond（1991）的广义矩估计（GMM）方法对（1）式进行估计，表2同时报告了差分 GMM 和系统 GMM 的估计结果。

---

① 《中国工业企业数据库》中2004年工业增加值指标缺失，我们根据会计准则进行如下估计：工业增加值=工业总产值−工业中间投入+应交增值税。

表 2   实证分析结果

变量	DIF-GMM			SYS-GMM		
	[1]	[2]	[3]	[4]	[5]	[6]
ln（wage） （滞后一期）	0.104 ***	0.065 ***	0.067 ***	0.106 ***	0.078 ***	0.08 ***
	(0.015)	(0.013)	(0.014)	(0.014)	(0.014)	(0.014)
ln（dva）	0.023 ***		0.036 ***	0.024 ***		0.036 ***
	(0.005)		(0.005)	(0.005)		(0.005)
ln（scale）		-0.316 ***	-0.333 ***		-0.304 ***	-0.321 ***
		(0.023)	(0.023)		(0.023)	(0.023)
ln（lp）		0.091 ***	0.086 ***		0.091 ***	0.085 ***
		(0.007)	(0.008)		(0.007)	(0.007)
capital		0.147 ***	0.143 ***		0.151 ***	0.146 ***
		(0.017)	(0.017)		(0.017)	(0.017)
ln（age）		0.025	0.024		0.027	0.027 *
		(0.016)	(0.016)		(0.016)	(0.016)
constant	2.01 ***	2.973 ***	2.765 ***	2.002 ***	2.851 ***	2.647 ***
	(0.061)	(0.186)	(0.185)	(0.06)	(0.19)	(0.189)
year	yes	yes	yes	yes	yes	yes
observations	20680	20659	20659	24816	24802	24802
No. of groups	4136	4136	4136	4136	4136	4136
AR（1）	-18.47 ***	-15.812 ***	-15.816 ***	-18.209 ***	-15.778 ***	-15.752 ***
AR（2）	2.896 ***	1.384	1.405	2.934 ***	1.739 *	1.737 *
Sargan Test	4.986	6.445	6.465	31.462	35.602	35.81

注：*** 、** 和 * 分别表示在 1%、5% 和 10% 的显著性水平上统计显著，括号内的数值为标准误，下同。

实证结果表明，在考虑了企业异质性特征的情况下，估计模型均能通过 Arellano-Bond 检验，即扰动项存在一阶自相关，但不存在二阶自相关，且在 5% 的显著性水平上不拒绝"所有工具变量均有效"的原假设。而如果忽略企业的异质性特征来单纯研究出口国内附加值对企业工资水平的影响，则基于差分 GMM 和系统 GMM 的实证结果均不能通过 Arellano-Bond 检验，这表明在研究企业工资水平的决定因素时不能忽视了企业异质性特征的影响。该回归结果中的被解释变量为企业人均工资水平的对数，核心解释变量为出口国内附加值和企业异质性特征变量的对数，因此，回归结果中的系数值为相应变量对企业工资水平的弹性。

鉴于表 2 中一阶差分 GMM 和系统 GMM 的实证结果在系数符号、大小和显著性方面基本一致，我们主要对差分 GMM 的估计结果进行说明。表 2 中第 [1] 列单独考察了出口国内附加值对企业工资水平的影响。结果显示出口国内附加值在统计和经济意义上都可以显著促进中国企业工资水平的提高，但估计结果未能通过 Arellano-Bond 检验，表明企业异质性特征成为企业工资水平差异不可或缺的影响因素。第 [2] 列单独考察了企业异质性特征（企业规模、劳动生产率、资本密集度和企业年龄）对中国出口企业工资水平的影响。回归结果显示，劳动生产率和资本密集度变量对企业工资水平具有显著正向作用，企业规模对企业工资水平具有显著负向作用，而企业年龄对企业工资水平的促进作用不显著。第 [3] 列同时考察了企业异质性与出口国内附加值对企业工资水平的影响。结果显示出口国内附加值对企业工资水平具有显著的正向作用，且其弹性大小为 3.6%。劳动生产率系数为正表明技术、管理水平等的提高进而推动企业生产效率的提升能显著带来工人工资的增长，这与我们的理论预期相一致。同样地，资本密集度变量的系数显著为正，表明高资本密集度企业具有更高的工资水平，从劳动密集型产业向资本密集型产业转型成为提升企业工资水平和促进收入均等化的必要措施。而企业年龄并不显著地影响企业的工资水平。企业规模的系数为负，表明企业规模对样本企业的工资水平存在负向作用，其可能的原因在于我们的样本数据均为大型企业（工业企业数据库的样本数据，全部国有与中国内地销售额 500 万元以上的非国有制造企业），企业规模的过大造成了规模不经济的存在，进而抑制了企业工资水平的提升。

四、扩展性分析

（一）关于企业所有制类别的比较分析

不仅不同所有制类别企业的工资水平存在显著差异，且出口对不同所有制类别企业的工资溢出效应也存在较大差距。陈继勇等（2014）指出，外资企业的平均工资水平比内资企业约高 25.6%，且出口贸易对外资企业的工资溢出效应显著高于内资企业，进而会进一步拉大内外资企业间的工资差距。为深入研究出口国内附加值和企业异质性对不同所有制类别企业工资水平的影响，我们按照注册投资资本占比将所有出口企业划分为私有、国有、港澳台地区和外商投资 4 种类型（余淼杰，2010），并基于这 4 种所有制类别企业对出口国内附加值和企业异质性特征对企业工资水平的影响进行了实证检验。

限于篇幅，表 3 中仅报告了基于差分 GMM 方法的估计结果。① 实证结果表明，大部分变量的估计结果均在 1% 的显著性水平上统计显著，且四个分样本的估计模型均通过了 Arellano-Bond 检验，即扰动项存在一阶自相关，但不存在二阶自相关，且 Sargan Test 的检验结果显示，在 5% 的显著性水平上不拒绝"所有工具变量均有效"的原假设。因此，表 3 得出的差分 GMM 估计结果是稳健的。

表 3 关于企业所有制类别的比较分析

变量	[1] 私有企业	[2] 国有企业	[3] 港澳台企业	[4] 外资企业
ln（wage） （滞后一期）	0.133 *** (0.032)	−0.029 (0.042)	0.036 * (0.022)	0.071 *** (0.02)
ln（dva）	0.012 (0.01)	−0.008 (0.012)	0.06 *** (0.009)	0.041 *** (0.008)
ln（scale）	−0.207 *** (0.048)	−0.387 * (0.147)	−0.328 *** (0.035)	−0.409 *** (0.032)
ln（lp）	0.103 *** (0.023)	0.164 *** (0.037)	0.086 *** (0.011)	0.069 *** (0.01)
ln（capital）	0.163 *** (0.046)	0.136 (0.127)	0.125 *** (0.025)	0.145 *** (0.023)
ln（age）	−0.000 (0.021)	−0.035 (0.037)	0.033 (0.036)	0.054 (0.042)
constant	2.18 *** (0.436)	4.302 * (1.607)	2.644 *** (0.285)	3.494 *** (0.277)
year	yes	yes	yes	yes
observations	3984	606	7665	8404
No. of groups	1169	186	1920	2187

---

① 使用差分 GMM 和系统 GMM 的回归结果基本一致，关于系统 GMM 的回归结果，感兴趣的读者可向作者索取。

变量	[1] 私有企业	[2] 国有企业	[3] 港澳台企业	[4] 外资企业
AR (1)	−8.28***	−3.188***	−8.664***	−9.32***
AR (2)	1.164	−1.213	0.62	0.085
Sargan Test	8.148	7.955	3.706	3.483

表3中第[1]列的实证结果显示，出口国内附加值对私有企业工资水平的影响并不显著，劳动生产率和资本密集度变量对企业工资水平存在着显著的正向作用，企业年龄不会对企业平均工资水平产生显著影响，而企业规模则抑制了企业工资水平的提高。相比之下，国有企业与私有企业的区别主要体现在资本密集度并不显著影响企业的工资水平。第[3]列和第[4]列的实证结果显示，对港澳台企业与外资企业的回归结果基本一致，出口国内附加值对这两类企业工资水平具有正向促进作用，劳动生产率和资本密集度与企业工资水平也正相关，但企业规模会对工资水平的提高形成阻碍，而企业年龄对工资水平的影响并不显著。总的来看，出口国内附加值对企业工资水平的正向促进作用主要体现在港澳台和外资企业，劳动生产率对四类企业工资水平均具有正向促进作用，而企业规模对样本企业工资水平的提高形成了阻碍，资本密集度仅对非国有企业工资水平存在着显著的正向促进作用，而企业年龄对企业工资水平的影响不明显。这表明目前私企和国企的工资水平主要取决于企业的异质性特征，而与私企和国企相比，港澳台和外资企业的工资水平很大程度上还依赖于出口国内附加值等企业绩效因素。

(二) 关于工资增长的动态分析

前述部分对企业异质性、出口国内附加值与企业工资之间的水平效应进行了实证研究，为进一步探讨企业工资增长的动态决定因素，这里我们以工资增长率为被解释变量，并基于 FE 和 RE 估计分别考察了企业异质性和出口国内附加值对企业工资增长率的影响机制。

对面板数据固定效应和随机效应的豪斯曼检验结果显示，固定效应的回归结果优于随机效应的回归结果，因此，这里我们以固定效应的实证结果作为主要考察对象。表4中第[1]列的实证结果显示，在单独考察出口国内附加值对企业工资增长率的影响时，两者之间存在着显著的正向相关性，其弹性系数为2.7%，但该结果在统计上不显著。第[3]列单独给出了企业异质性特征对工资增长率的影响，实证结果表明企业规模阻碍了样本企业工资增长率的增加，劳动生产率和资本密集度对工资增长率存在正向促进作用，而企业年龄对工资增长率的影响不显著。第[5]列的结果同时考察了企业异质性和出口国内附加值对工资增长率的影响。实证结果与单独考察出口国内附加值和企业异质性特征对工资增长率的影响类似，出口国内附加值与工资增长率正相关，其弹性系数为5.9%，而样本企业规模过大抑制了工资增长率的提高依然十分明显，此外，劳动生产率和资本密集度是促进工资增长率增加的重要因素，而企业年龄对工资增长率的影响并不显著。

表4 关于工资增长的动态分析

变量	[1] FE	[2] RE	[3] FE	[4] RE	[5] FE	[6] RE
ln (dva)	0.027 (0.019)	0.007 (0.009)			0.059*** (0.02)	0.029*** (0.01)
ln (scale)			−0.34*** (0.05)	−0.089*** (0.012)	−0.38*** (0.052)	−0.109*** (0.014)

变量	[1] FE	[2] RE	[3] FE	[4] RE	[5] FE	[6] RE
ln（lp）			0.131*** （0.025）	0.027*** （0.015）	0.119*** （0.025）	0.106*** （0.017）
ln（capital）			0.238*** （0.046）	0.002 （0.017）	0.227*** （0.046）	0.001 （0.017）
ln（age）			−0.005 （0.056）	−0.107*** （0.025）	−0.004 （0.056）	−0.092*** （0.025）
constant	−2.034*** （0.186）	−1.685*** （0.091）	−1.428*** （0.115）	−1.299*** （0.117）	−1.683*** （0.489）	−1.47*** （0.13）
year	yes	yes	yes	yes	yes	yes
observations	15380	15380	15372	15372	15372	15372
No. of groups	4135	4135	4135	4135	4135	4135
Hausman Test	133.01***	1152.51***	181.96***			

五、主要结论与政策启示

生产全球化背景下，从价值创造的角度重新考察国际贸易失衡及其经济效应具有重要的理论与现实意义。我们基于《中国海关进出口贸易数据库》和《中国工业企业数据库》的匹配数据，在对中国微观企业出口的国内附加值进行测度的基础上，对企业异质性和出口国内附加值对企业工资水平的影响进行了实证研究。本文的主要结论如下：第一，出口国内附加值的提升在统计和经济意义上都可以显著促进中国企业工资水平的提高，其弹性系数为3.6%。这表明随着我国出口国内附加值的提升，出口产品中价值创造的增加部分已开始转化为劳动力要素报酬的提高。模型中同时加入出口国内附加值和企业异质性特征变量时，劳动生产率、资本密集度等对企业工资水平具有显著的正向作用，而企业规模则对样本企业工资水平的提高形成了阻碍。这表明当前出口国内附加值等绩效指标是企业工资水平的重要决定因素，同时，工资水平还部分取决于企业的劳动生产率、资本密集度等企业异质性特征，而对于我们的样本企业来说，企业规模过大已开始表现出规模不经济，并成为阻碍工资水平增长的重要因素。第二，基于不同企业所有制类别的实证结果表明，出口国内附加值对企业工资水平的正向促进作用主要体现在港澳台地区和外资企业，劳动生产率对全部所有制企业工资水平均具有显著正向促进作用，企业规模对样本企业工资水平的提升形成了阻碍，资本密集度仅对非国有企业工资水平存在着显著的正向促进作用，而企业年龄对企业工资水平的影响不明显。因此，私企和国企的工资水平主要取决于企业异质性特征，而港澳台地区和外资企业的工资不仅与企业的异质性特征相关，还取决于企业的出口国内附加值等绩效因素。此外，对于我们的样本企业而言，企业规模过于庞大已开始表现出规模不经济，并对企业工资水平的提高形成了阻碍。第三，关于企业工资增长的动态分析结果显示，出口国内附加值在统计上和经济上显著促进了企业工资增长率的提升。因此，在加工贸易占据我国出口贸易"半壁江山"的背景下，通过增加出口产品的国内附加值率已成为促进工资增长率提升的重要手段。而从企业异质性的角度来看，企业规模过大成为工资增长率提升的重要制约因素，而劳动生产率和资本密集度等企业异质性特征则对工资增长率具有正向促进作用。这表明，对于我们的样本企业而言，适度控制企业规模，增强企业资本密集度和促进企业生产率的提升对提高工资增长率具有重要的促进作用。

本文的政策意义主要表现在：第一，对于中国的出口导向型企业来说，出口国内附加值的提升比单纯的出口规模的扩张更有意义。由于中国的出口贸易具有典型的"两头在外"特征，出口规模并不能真实地反映企业的价值创造与员工的福利增加，中国的出口企业需通过强化知识产权保护、增强产品创新、提升企业资本密集度和优化产品设计来促进产品价值链的延长和出口国内附加值的提升，并最终实现员工收入效应的提升；第二，基于企业异质性的角度我们发现，劳动生产率、资本密集度、企业规模等异质性特征成为企业工资水平的重要决定因素，如何降低行业进入门槛，进而促进要素的合理流动，尤其是劳动力要素向更高生产率的部门流动对于提升员工的收入效应至关重要；第三，基于国企和私企的实证结果显示，这两类企业的工资水平并不取决于出口国内附加值等绩效指标，且企业规模对工资水平的提高已形成了阻碍，因此，一方面应通过增强国有企业的绩效考察力度来提升其整体竞争意识，另一方面，还需通过加强政府的宏观调控来引导国有企业保持适度规模，进而实现国有企业的效率提升和福利增长。

◎ 参考文献

[1] 北京大学中国经济研究中心课题组，（2006）"中国出口贸易中的垂直专门化与中美贸易"，《世界经济》第 5 期。

[2] 陈继勇、刘淇豪，（2015）"信贷融资对中国企业出口行为的影响——基于双重信贷和双重出口边际的研究"，《世界经济研究》第 4 期。

[3] 陈继勇、王保双，（2014）"中国出口贸易的工资溢出效应——基于不同企业类别与行业类别的实证研究"，《经济管理》第 8 期。

[4] 樊茂清、黄薇，（2014）"基于全球价值链分解的中国贸易产业结构演进研究"，《世界经济》第 2 期。

[5] 黄先海、韦畅，（2007）"中国制造业出口垂直专业化程度的测度与分析"，《管理世界》第 4 期。

[6] 李春顶、尹翔硕，（2009）"我国出口企业的'生产率悖论'及其解释"，《财贸经济》第 9 期。

[7] 刘维林，（2015）"中国式出口的价值创造之谜：基于全球价值链的解析"，《世界经济》第 3 期。

[8] 吕越、罗伟、刘斌，（2015）"异质性企业与全球价值链嵌入：基于效率和融资的视角"，《世界经济》第 8 期。

[9] 聂辉华、江艇、杨汝岱，（2012）"中国工业企业数据库的使用现状和潜在问题"，《世界经济》第 5 期。

[10] 齐俊妍、王岚，（2015）"贸易转型、技术升级和中国出口品国内完全技术含量演进"，《世界经济》第 3 期。

[11] 盛丹，（2013）"地区行政垄断与我国企业出口的'生产率悖论'"，《产业经济研究》第 4 期。

[12] 唐东波，（2013）"贸易开放、垂直专业化分工与产业升级"，《世界经济》第 4 期。

[13] 于娇、逯宇铎、刘海洋，（2015）"出口行为与企业生存概率：一个经验研究"，《世界经济》第 4 期。

[14] 余淼杰，（2010）"中国的贸易自由化与制造业企业生产率"，《经济研究》第 12 期。

[15] 张杰、陈志远、刘元春，（2013）"中国出口国内附加值的测算与变化机制"，《经济研究》第 10 期。

[16] Antras P.，（2003）"Firms，Contracts，and Trade Structure"，Quarterly Journal Economics 118：1375-1418.

[17] Bernard A. B.，Jensen J. B.，（1997）"Exceptional Exporter Performance：Cause，Effect，or Both？"，Journal of International Economics 47（1）：1-25.

[18] Daim M.，Yu M.，（2011）"Unexceptional Exporter Performance in China？The Role of Processing Trade"，Peking University CCER Working Paper.

[19] Escaith H.，Inomata S.，（2011）"Trade Patterns and Global Value Chains in East Asia：From Trade in

Goods to Trade in Tasks", Geneva: World Trade Organization.

[20] Gereffi G. , Karina F. S. , (2011) "Global Value Chain Analysis: A Primer", http: //www. cggc. Duke. Edu/pdfs/ 2011-05-31_GVC_analysis_a_primer. pdf.

[21] Girma S. , Greenaway A. , Richard K. , (2004) "Does Exporting Increase Productivity? A Microeconometric Analysis of Matched Firms", Review of International Economics 12 (5): 855-866.

[22] Hummels D. , Ishii J. , Yi K. , (2001) "The Nature and Growth of Vertical Specialization in World Trade", Journal of International Economics 54: 75-96.

[23] Kimura F. , Kiyota K. , (2006) "Exports, FDI and Productivity: Dynamic Evidence from Japanese Firms", Review of World Economics 142 (4): 695-719.

[24] Koopman R. , Powers W. , Wang Z. , Wei S. J. , (2011) "Give Credit Where Credit is Due: Tracing Value-added in Global Production Chains", NBER Working Paper, No. 16426.

[25] Koopman R. , Wang Z. , Wei S. J. , (2012) "Estimation Domestic Content in Exports When Processing Trade is Pervasive", Journal of Development Economics 99 (1): 178-189.

[26] ——, (2008) "How Much of Chinese Export is Really Made in China? Assessing Domestic Value- Added When Processing Trade is Pervasive", NBER Working Paper, No. 14019.

[27] Melitz M. J. , (2003) "The Impact of Trade on Intra-Industry Reallocations and Aggregate Industry Productivity", Econometrica 71 (6), 1695-1725.

[28] Timmer M. , Los B. , Stehrer R. , Vries G. , (2012) "New Measures of European Competitiveness: A Global Value Chain Perspective", WIOD Working Paper, No. 9.

[29] Upward R. , Wang Z. , Zheng J. , (2013) "Weighing China's Export Basket: The Domestic Content and Technology Intensity of Chinese Exports", Journal of Comparative Economics 2 (2): 527-543.

本文原载于《国际贸易问题》2016 年第 8 期

评论编

一、学术评论

《跨国公司海外直接投资研究——兼论加入WTO 新形势下我国利用外商直接投资的战略调整》

陈继勇

经济全球化是当今世界经济发展的重要趋势之一，跨国公司海外直接投资的迅猛发展是经济全球化的主要表现。以跨国公司为主要载体的大规模资金、技术、人才、管理方式的空前流动与迅速融合，加速了科学技术，特别是信息技术的国际传播，对世界各国的经济增长及其结构调整产生了深远的影响。武汉大学金融系肖卫国博士的新著《跨国公司海外直接投资研究——兼论加入WTO 新形势下我国利用外商直接投资的战略调整》，作为武汉大学学术丛书之一，已于 2002 年 2 月由武汉大学出版社出版。本书是作者基于经济全球化和中国加入 WTO 的大背景，经过数年潜心研究，在其博士论文的基础上结合教学实践修改而成的。

肖卫国博士的这部专著是当前国内学术界研究跨国公司海外直接投资问题的一部力作。它具有以下主要特点：

首先，本书合理吸收了当代经济学中有关跨国公司理论的有益分析，系统而深入地分析各个历史时期，尤其是第二次世界大战以后世界跨国公司海外直接投资的发展及变迁过程、主要特点、动力机制、协调机制和经济效应，从而做到立论得当，观点正确，论证清晰，体现了国内外跨国公司研究的最新成果和水平。

其次，本书结构合理，逻辑严密。全书共分六章。第一章在对"跨国公司"概念加以明确界定的基础上，重点分析了跨国公司的类型、特征以及跨国公司与对外直接投资的关系；第二章系统论述了各个不同历史时期，尤其是 20 世纪 80 年代以来跨国公司海外直接投资的发展状况及其主要特点；第三章充分吸收当代国际直接投资理论的合理成分，重点剖析了跨国公司海外直接投资的具体动机、主体条件和根本动力；第四章专门研究不同类型国家对跨国公司海外直接投资的宏观调控机制及各种层次的国际协调机制；第五章集中探讨了跨国公司海外直接投资对投资国经济、东道国经济及国际经济在各个方面的积极和消极影响；第六章则结合改革开放以来外商对华直接投资的具体实践，剖析了中国利用外商直接投资的主要成效与问题，并有的放矢地提出了中国在加入 WTO 新形势下吸收外商直接投资的战略调整与对策建议。这种分析构架体现了理论与实际相结合，历史与现实分析的统一，具有明显的系统性、逻辑性和完整性。

再次，本书对主题的研究与分析也颇有特色。一是既重视论述的系统性，又突出对重点问题的分析；二是注重历史与现实、理论与实际、定性与定量、个案分析与综合分析的有机结合；三是运用了系统、全面、长期的统计资料，以及大量外文书刊，具有资料翔实、论据充分和说服力强的特点。

最后，本书的不少观点颇具新意，且部分观点具有独到的见解。例如，在跨国公司海外直接投资动力机制的问题上，作者关于资本输出的理论及其现实意义的分析，澄清了长期在资本输出问题上的模糊认识，很有新意。又如，作者在跨国公司海外直接投资的经济效应一章里，强调跨国公司海外直接投资"打破了传统的以国际贸易为主的国际交往格局，使国际分工深入生产领域，进而渗透到产业内部和企业内部，将世界各国的经济紧密地联系在一起，形成高度一体化的生产体系，为发达国家和发展中国家的经济增长乃至整个世界经济的发展作出了积极而重要的贡献"。这种分析是客观的，并具有独到见解。

综合而言，肖卫国同志的这部著作是一部既有广度又有深度的探讨国际直接投资问题的佳作，具有一定的学术价值和很强的现实意义。据此，我非常乐意将此书推荐给大家。当然，跨国公司海外直接投资的实践是不断变化的，发展和完善国际直接投资理论更是一项长期而艰巨的任务。随着经济全球化进一步深入，跨国公司问题的诸多方面尚有待向更深层次探讨。不难预期，本书的出版必将促使更多的学者在跨国公司研究领域进行更广泛、更深入 的探索，不断涌现出更多、更新和更好的研究成果。

原文载于肖卫国著《跨国公司海外直接投资研究》，武汉大学出版社 2002 年版

《二十世纪九十年代全球企业并购研究》序言

陈继勇

经济增长的方式有两种,一种是外延型,另一种是内涵型。著名发展经济学家钱纳里认为,由于发展中国家要素市场的非均衡现象更为突出,因而认识资源在再配置方面的潜力,对于发展中国家比发达国家似乎更为重要。我国经济仍然是一种粗放外延型经济发展模式,要素市场呈非均衡格局。经济全球化的快速发展和我国加入 WTO 后所面临的巨大挑战,产业结构性矛盾日益凸显,加之企业国际竞争力较弱等,严重影响了我国国民经济的长期可持续发展。显然,以企业为载体,调整社会资源存量,优化产业结构,提高资源配置效率,加快与全球经济融合,使我国国民经济进入长期可持续发展的轨道是一个紧迫而又意义深远的时代命题。

企业并购是一种内涵型经济发展方式,利用市场机制调整资源存量,一直是国内外学者关注的热点、难点问题。国外关于并购的理论研究已有大半个世纪,也取得许多进展和重大突破,但国内相关研究正处于起步阶段。综观国内外企业并购理论,不难发现,其学科视野大多局限于对并购动机、并购方式、并购效应等方面的粗线条研究,理论的解释力和针对性明显不足,这无疑削弱了现有企业并购理论的生命力和活力。

《20 世纪 90 年代全球企业并购研究——兼论 WTO 框架下中国企业的跨国并购策略》是韩世坤同志在其优秀博士论文的基础上修改而成的。该书对 20 世纪 90 年代的全球企业并购浪潮的特征、动因、绩效、产业分布格局及其演变趋势、并购后的整合战略、并购双方企业的价值评估、跨国并购风险管理、由并购而引发的垄断与反垄断对弈等重大问题进行了探讨,并紧密联系我国企业并购特别是跨国并购的实际提出了有价值的对策建议。纵观全书,我认为韩世坤同志在以下几个方面作出了自己的努力,取得可喜成果。

(1) 在对现有企业并购理论进行综合和评判的基础上,整合形成了一定时空观下的动态化的全球企业并购的三维理论体系,即经济维、管理维和战略维,此理论较为完整地解释了 20 世纪 90 年代全球企业并购的动机。

(2) 在学术观点上,不人云亦云。到目前为止,学术界占主流地位的观点是第五次全球企业并购浪潮仍正当其时。针对 20 世纪末以网络经济为平台的并购现象,韩世坤博士大胆提出了 Internet 并购拉开了第六次并购浪潮序幕的观点,并对第六次并购浪潮的内涵进行了比较科学的界定,同时探讨了其特征及启示。显然,这一观点已经或正在被发生在 IT 产业五彩缤纷的并购活动所验证。

(3) 在研究方法上,聚众之长,精益求精。韩世坤博士从中观产业这一视角,以全球各行业企业跨国并购交易额为依据,运用经济计量预测模型,以 1991—1998 年全球跨国并购的产业分布格局为参照,旨在从产业分布的角度探究未来时期 (2000—2005 年) 全球跨国并购的产业分布演变规律,以便为中国企业跨国并购的产业选择提供决策依据。由于跨国并购受到并购方内部战略和全球经营环境等多种因素的协同作用,仅仅采用一种预测方法很难进行精确而可靠的预测,因此作者选用组合预测模型,即对跨国并购的交易额在各产业的分布采用多个不同的预测方法,并加以适当的有效组合,以达到提高预测精度与模拟评价效果的目的。

(4) 现有文献中对企业并购后的整合大多是从企业自身这一狭小的空间论述,而忽视了企业外部政策环境、全球经济形势以及企业所处行业的特殊性。因此,作者分别从宏观方面 (主要论述母国与东道国之间的政策法规适应、利用以及关系协调等)、中观方面 (主要从产业的角度论述由于全球并购引起的母国产业空心化危机以及东道国与母国之间的产业对接问题)、微观方面（主要从企业这一微观经济主体角度）的宽广视野论述了并购后企业的整合问题，颇有新意。

（5）为增强企业对跨国并购风险的管理能力，作者提出了应着力构建反应灵敏的并购信息预警系统的观点。指出此功能在于通过对并购案例全程跟踪，引导和帮助并购方发现并购过程中以及并购后"消极的"或"不可靠"的信息，及时发布风险预警和提示信号，以便将风险控制和处理于萌芽状况。

（6）提出了全球反垄断的新视角——"七位一体战略"，即"市场导向+契约牵制+区域联合+全球监管的预警+组织创新+垄断利润税+网络协同"七位一体战略，并建议 WTO 将此纳入谈判议题，倡导反垄断的全球协调，以维护发展中国家利益。

（7）以国外企业跨国并购经验和教训为参照系，以中国现实国情和国力为背景，尤其是以 WTO 规则为准绳，提出了中国企业跨国并购的政策框架和具体措施，有较强针对性和操作性。

现在，韩世坤同志在其博士论文的基础上修改、加工、提炼而成此书，交由人民出版社公开出版，请我为之作序，我感到由衷的高兴。跨国并购是企业并购的高级阶段，在中国还处于探索阶段，国内与此相关的理论和政策研究还处于初级阶段，我希望韩世坤同志能百尺竿头，更进一步，对此问题进行深入研究。同时，我也愿此书的出版能引起国内同仁的关注和厚爱。

全国美国经济学会会长、湖北省社会科学院院长
武汉大学美国加拿大经济研究所所长、教授、博导
陈继勇 博士
2002 年 6 月 24 日于武昌珞珈山

原文载于韩世坤著《二十世纪九十年代全球企业并购研究》，人民出版社，2002 年版。

IT 社会企业经营国际化战略的有益探索

——评《信息传播全球化与中国企业经营国际化战略》

陈继勇

随着世界信息技术革命的发展，信息传播的全球化问题已经不可回避。信息技术的产生和发展，使信息的生产和利用在全球范围内广泛展开。今后，人类生产力将加速度提升并形成又一次浪潮，这一切将源于信息技术的出现和发展。跨国企业在管理、组织、协调分布在世界各地的分公司时普遍利用了互联网。甚至许多小厂商也利用互联网获取市场信息。中国的企业要走向世界，制定国际经营战略，进行国际化经营，就必须把握信息传播全球化的规律。在信息技术社会，企业的生存已经与信息的传播息息相关，企业的国际化经营正面临信息传播全球化的挑战。

以信息技术为主要标志的新一轮科技革命已席卷全球，把我国企业经营国际化推向了新阶段。然而，中国对企业经营国际化战略研究的高潮在 20 世纪 90 年代后期，国内还很少有人把信息传播全球化与企业经营国际化战略作为一个整体进行全面系统的研究。山东社会科学院研究员卢新德先生的新著《信息传播全球化与中国企业经营国际化战略》（人民出版社 2002 年 6 月第一版）的出版正好满足了人们对该领域学习研究的需求。作者力图从分析信息技术产业化与信息传播全球化的内涵、特点和发展趋势等问题入手，在研究企业经营国际化理论和实践的基础上，全面系统地分析研究信息传播全球化与企业经营国际化战略问题，探索利用信息传播全球化促进中国企业经营国际化发展战略的最佳方案，为中国企业迎接信息传播全球化的挑战、促进企业经营国际化提供了理论依据，也极大丰富和发展了信息化理论。无论读者是从事企业管理还是理论研究，相信书中特立独行的思想会对您的思路有很大启发。

该书有以下特点和创新之处：

（1）宽阔的理论视野。依据信息产业技术含量高、附加值高，渗透力、关联性强，能够带动传统产业改造和促进产业结构高级化的事实，提出了信息产业优先增长的理论，丰富和发展了信息经济学和产业经济学。

（2）新颖的研究领域。从信息传播全球化打破了企业活动的空间限制，提供了企业经营的全新的物质技术基础，扩大了企业经营时间，促进了国际资本的快速流动，推动了网络营销，提高了企业经营国际化的质量和水平等方面，揭示了信息传播全球化是企业实施经营国际化战略的强大动力的客观规律性。

（3）突出了经营战略。提出了"政府调控与企业为主"这一以信息传播全球化促企业经营国际化的战略模式，指出在战略实施中要制定有中国特色的企业信息化、电子商务、信息安全等战略，具有前瞻性、开创性和战略指导意义。

（4）透析了跨国公司的经营。对跨国公司在企业经营国际化中的地位、作用及其在信息传播全球化条件下，在目标设置、组织结构、发展模式、运行机制等方面的创新发展进行了深刻和系统的研究论述，丰富发展了跨国公司理论。

作为中国社科基金项目的最终研究成果，该书曾受到国内专家和同行的高度评价，是对企业经营国际化战略的有益探索。

本文原载于《济南市社会主义学院学报》

世界经济研究的新成果

——评柳剑平著《当代国际经济关系政治化问题研究》

陈继勇

如果说在和平与发展成为时代主题，经济利益在整个国家利益中的地位越来越重要，各国都力图获取经济利益来提升本国在国际社会中的地位和影响的背景下，世界经济逐渐成为国际问题研究中的主要学科的话，那么，在经济全球化成为发展趋势，生产要素在全球范围内的流动越来越迅速，各国都力图利用国内外两个市场来发展本国经济的背景下，世界经济逐渐成为社会科学研究中的一门显学。与世界经济逐渐成为国际问题研究中的主要学科和社会科学研究中的一门显学相适应，世界经济研究的成果年年增加，一大批具有较高学术价值和现实意义的著述得到了社会各方面的认可。在这些研究成果中，柳剑平教授2002年12月在人民出版社出版的学术专著《当代国际经济关系政治化问题研究》，堪称国内世界经济研究中的一项新成果。

近年来，国内学术界对世界经济的研究，在继续使用传统的定性分析方法的基础上，定量分析方法也得到了广泛的运用。新的分析方法的运用使人们更能了解到世界经济变化的细节，更能掌握世界经济运动的规律，从而使世界经济的研究更加具有科学性。《当代国际经济关系政治化问题研究》一书，没有简单承袭国内世界经济学界现有的分析方法，而是用一种新的分析方法来审视世界经济问题，一方面把古典政治经济学的经济与政治相互影响的分析方法运用到世界经济的研究之中，在分析国际经济关系现象时，密切注视国际经济关系所依托的国际政治背景和国际经济关系要达到的国际政治目标；另一方面把理应属于古典政治经济学，但至今仍未引起人们重视的经济与政治相互转化的分析方法也运用到世界经济的研究之中，把国际经济关系政治化现象作为国际经济关系与国际政治关系在相互转化过程中形成的一种特殊现象加以研究。正因为运用了古典政治经济学的经济与政治相互影响和转化的分析方法，《当代国际经济关系政治化问题研究》一书分析的国际经济关系不再是一种纯粹的国际经济关系，而是与国际政治关系有密切联系，甚至在一定条件下直接转化为国际政治关系的国际经济关系，与其他世界经济研究的成果相比，该书明显地具有跨学科交叉研究的特点。

《当代国际经济关系政治化问题研究》一书，从一个新的视角对世界经济中许多有争论的问题进行了重新解释，观点的创新性是该书的另一个显著特点。第一，经济全球化到底是否有利于世界经济，特别是发展中国家经济的发展，这是近年来国内外世界经济学者众说纷纭的一个问题。《当代国际经济关系政治化问题研究》一书把经济全球化与发达国家的国家战略联系起来，认为发达国家之所以积极推行有利于经济全球化发展的政策，是因为它们力图通过经济全球化扩大自己所获得的经济利益的相对份额，经济全球化的结果必然是发展中国家获得的经济利益的份额减少，发达国家和发展中国家经济实力差距的扩大必然影响整个世界经济的发展。第二，国际金融制度的短缺，在金融危机频繁爆发后越来越明显，但供给滞后的关键原因何在，这也是近年来国内外世界经济学者没有深入探讨的一个问题。《当代国际经济关系政治化问题研究》一书在回顾金融霸权产生和发展的基础上，认为发达国家力图通过金融制度的供给，继续维护金融霸权，在发达国家控制的各种国际金融组织中，发达国家不可能提出有利于维护各国金融利益的方案，发展中国家提出的一些有利于维护各国金融利益的方案又难以通过，国际金融制度的供给必然出现滞后。第三，现存的国际政治对世界经济的整体发展到底起什么作用，这也是近年来国内外世界经济学者正在探讨的一个问题。《当代国际经济关系政治化问题研究》一书从国际政治的本质特性出发，认为国际社会没有一个超国家政府，也没有一个代表先进生产力的国家主导这种超国家政府，各国之间的博弈必然导致经济秩序的混乱，从而影响世界经济的整体发展，尽管当前以霸权为特征的国际秩序阻碍世界经济整体发展的程度比以往任何时候都要轻，但对世界经济整体发展的阻碍作用仍然是存在的。第四，主权国家应确立什么样的观念来面对全球经济利益与国家经济利益之间的矛盾，这也是近年来国内外世界经济学者逐渐关注的一个问题。《当代国际经济关系政治化问题研究》一书从全球主义和国家主义在当前都有存在的合理性出发，认为无论是强调全球主义，忽视国家经济利益，还是强调国家主义，忽视全球经济利益的做法都是不可取的，唯一理性的选择是在坚持全球主义和国家主义并存的前提下，确立全球主义关照下的国家发展的新观念。

本文原载于《湖北大学学报（哲学社会科学版）》

加强合作、积极参与、协调发展

——简评张彬教授等著《APEC 经济技术合作研究》

陈继勇

由武汉大学世界经济系主任、博士生导师张彬教授等撰写的新著《APEC 经济技术合作研究》一书，于 2005 年 2 月由南开大学出版社出版。作为国内第一本专门以亚太经合组织（APEC）经济技术合作为研究对象的著作，该书系统地研究了 APEC 经济技术合作发展历程、主要内容、运行机制、各主要成员参与 APEC 经济技术合作现状和 APEC 经济技术合作发展趋势，并针对我国参与 APEC 经济技术合作提出对策建议，是我国学术界对 APEC 问题研究取得的一项可喜的新成果。以下将从"加强合作、积极参与和协调发展"三个角度，对张彬教授等著的这本新作的主要观点做一简要评述。

一、积极开展经济技术合作是实现亚太地区共同持续繁荣的基础

APEC 是亚太地区一个重要的经济合作论坛。自 1989 年成立以来，为推动亚太区域贸易投资自由化和经济技术合作、促进地区经济发展和共同繁荣作出了突出贡献，已成为连接太平洋两岸国家和地区的一条重要纽带。APEC 的 21 个成员分别来自亚洲、大洋洲以及美洲，它们在政治制度、经济体制、历史文化、风俗习惯、要素禀赋以及经济技术水平等方面存在着非常显著的差异。一方面，这种差异阻碍了亚太地区的一体化进程，突出了在 APEC 各成员间开展经济技术合作的必要性；另一方面，这种差异使得各成员间存在着巨大的互补性，体现出 APEC 各成员间开展经济技术合作的可行性。该书作者紧紧抓住这一主线，详尽分析了 APEC 经济技术合作将各成员之间的差异性转化为互补性，缩小 APEC 各成员之间的经济差距，以实现亚太地区的共同繁荣的基础，并指出了随着亚太地区经济不断发展，人口膨胀、粮食短缺、能源紧张、环境恶化等问题日益显现，会逐渐威胁到亚太地区经济的持续增长。因为这些问题属于地区性问题，其解决需要地区所有的成员共同努力。因此，作为亚太地区唯一的经济合作组织，APEC 也希望以经济技术合作为平台，发挥每个成员的优势，最终实现亚太地区经济的持续繁荣。

虽然开展 APEC 经济技术合作意义明显，但是它的实施却历经波折。按照 APEC 经济技术合作在不同时期体现出来的特点划分，它的发展历程可以分为三个不同的发展阶段。第一阶段从 1989 年到 1994 年，为 APEC 经济技术合作的起步阶段。在此期间，APEC 开展了一些具有经济技术合作性质的项目，但是 APEC 官方文件从未正式提出"经济技术合作"这个概念。只是在 1994 年《茂物宣言》中，APEC 才首次提出了一个与经济技术合作相近的"发展合作"的概念。因此这一阶段的 APEC 经济技术合作实际上处于一个"有其实而无其名"的状态。第二阶段从 1995 年到 1996 年，为 APEC 经济技术合作的框架建设阶段。在这一阶段，APEC 分别发表了《执行茂物宣言的大阪行动议程》和《APEC 加强经济合作和发展框架宣言》等纲领性文件，并正式开始使用"经济技术合作"这一概念，构建出 APEC 经济技术合作的基本框架。第三阶段从 1997 年至今，为 APEC 经济技术合作的机制建设与具体实施阶段。在这一时期，东南亚爆发金融危机，对 APEC 部分成员的经济带来了巨大冲击，推动了 APEC 经济技术合作向更具体、更实际的方向发展。

纵观 APEC 经济技术合作的发展历程，我们不难发现，尽管 APEC 经济技术合作经历了一段曲折的发展过程，但是在各成员方的共同推动下，经过各相关工作组的不懈努力，APEC 在实现经济技术合作方面

仍取得了较大成就。例如，统一了各成员方对 APEC 经济技术合作重要性的认识；明确了经济技术合作的目标、基本原则和主要的合作领域，成功构造了 APEC 经济技术合作的总体框架；组织机制得到不断完善等。即便如此，经济技术合作仍有一些亟待解决的问题，其中包括资金问题、合作项目的实质效果问题以及经济技术合作的机制建设问题等。对此该书均作了详尽的论述。

二、协调利益并推进亚太经济技术合作的发展是各成员方的义务

APEC 经济技术合作是 APEC 的重要组成部分，它的良好发展离不开 APEC 各成员的大力支持和积极参与。APEC 发达成员拥有丰裕的资金、先进的技术和管理经验，无疑是 APEC 经济技术合作重要的参与方。APEC 发展中成员一直是经济技术合作最有力的支持者和倡导者，在 APEC 经济技术合作发展中占有重要地位。因此，只有深入了解 APEC 各成员实施经济技术合作的具体状况，才有可能全面地把握 APEC 经济技术合作。在《APEC 经济技术合作研究》一书中，作者根据 APEC 经济技术合作交流中心提供的数据，在全面把握 APEC 各主要成员参与经济技术合作现状的基础上，对 APEC 各成员在经济技术合作方面的价值取向做了如下有意义的分析：

第一，APEC 发达成员愿意在不增加额外义务的前提下支持经济技术合作的发展。APEC 发达成员侧重开展人力资源开发领域的合作项目，并且较多地采用调研报告以及会议等形式，反映发达成员的这个价值取向。因为人力资源开发项目大多数涉及的金额比较小，在合作开展形式、内容以及资金调度等方面各参与方也非常容易达成共识，所以开展此类合作项目不会给发达成员增加新的义务。

第二，为换取 APEC 发展中成员对贸易投资自由化的支持，发达成员也愿意支持经济技术合作的发展。为了实现 APEC 贸易投资自由化而支持经济技术合作是发达成员的基本价值取向，所以发达成员自筹资金完成大部分经济技术合作项目的目的在于谋求发展中成员对贸易投资自由化的支持。发达成员愿意在发展中成员支持贸易投资自由化的基础上，支持经济技术合作的发展。

第三，推动经济技术合作的发展可以从争议较少、简单易行的合作形式开始。APEC 经济技术合作是一种全新的合作模式，一方面由于没有先例可供借鉴，另一方面由于内容纷繁复杂，因此在经济技术合作的开展过程中存在许多有争议的地方。为了尽快开展经济技术合作，发达成员和发展中成员都认为可以从争议较少、简单易行的合作开始，例如人力资源开发领域的合作、以报告等形式开展的合作等。

第四，发展中成员愿意在推动经济技术合作发展的过程中承担一定义务。由于经济技术合作主张各参与方共同投入，因此发展中成员在敦促发达成员支持经济技术合作的同时，也愿意承担一部分义务，投入资源促进经济技术合作的发展。发展中成员的这个价值取向，体现在发展中成员积极以自筹资金方式主办的合作项目的资金投入上。

因此，APEC 经济技术合作的顺利开展需要各方能够统一立场。其中的重点在于参与合作的发达成员与发展中成员能够协调各自的利益，多强调整体利益，共同推动亚太经济合作的发展。

三、积极参与亚太经济技术合作是中国参与区域合作的重要策略

在《APEC 经济技术合作研究》一书中，作者就中国参与亚太经济技术合作给予了高度评价，在分析中国目前所处的国内外经济环境基础上提出了参与经济技术合作的对策建议，颇具参考价值。

中国是一个发展中国家，在加入 APEC 后与美国、日本等发达成员一起实施贸易投资自由化，面临极大的挑战。对于中国而言，采取一些措施适应 APEC 贸易投资自由化成为当务之急。应对 APEC 贸易投资自由化的挑战，中国可以选择的最好的一个方法就是积极与 APEC 其他成员开展经济技术合作，提高自身应对贸易投资自由化挑战的能力。此外，中国还是一个经济转轨国家，意味着中国不仅面临着一些经济发展的问题，而且还不得不面对一些经济转轨的问题。经济发展的问题包括环境污染、基础设施落后等，经济转轨的问题包括国有企业改革、完善市场经济体制等问题。要解决好以上经济发展和经济转轨的问题，

中国急需学习国外的先进技术、管理经验等等。与 APEC 其他成员，包括发达成员与发展中成员，开展经济技术合作，无疑是获取国外先进知识的最为有效的途径之一。因此，经济技术合作对积极参与 APEC 活动的中国意义重大。

具体而言，中国可以通过 APEC 经济技术合作进行"能力建设"，增强自身抵御贸易投资自由化冲击的能力，更好地利用贸易投资自由化的收益推动经济发展；APEC 经济技术合作涉及的许多领域，与中国今后中长期发展项目具有很大的一致性，无疑给中国各个部门参与合作提供了充分的选择余地；参加 APEC 经济技术合作，通过相互交流与资源共享，不仅有利于中国学习其他成员在经济技术方面的一些长处，而且有利于中国独立自主地推动本国经济技术发展；参与 APEC 经济技术合作对中国进一步利用外资、提高利用外资质量都有很大帮助。可以说，积极参与亚太经济技术合作是中国参与区域合作的重要策略。

中国是发展中成员，迫切需要加强同 APEC 其他成员之间的经济技术合作。但是无论是对于发达成员还是发展中成员，在合作中，中国必须坚持下列原则：第一，坚持平等自愿、互惠互利、共同繁荣的基本指导思想。在 APEC 经济技术合作中，各成员无论大小、强弱都是平等的主体，必须充分尊重各自的主权。经济技术合作应在协商一致的基础上进行，对于未取得一致的合作领域，应采取单边自愿原则，充分尊重各成员经济的自主性，不应带有任何强制色彩，应体现互利互助的精神。第二，提倡互补原则。它是一种建立在平等互利、优势互补基础上的双向合作，要求各成员根据自身的能力为缩小成员间的经济差距作出实质性贡献，而不是单纯追求高利润。第三，坚持市场推动、多方参与、公平竞争的原则。经济技术合作应该主要依靠市场的力量来推动，合作者范围并不局限于 APEC 成员之间，既鼓励在成员之间开展合作，又鼓励非 APEC 成员参加。第四，坚持合作内容多样化、层次化原则。开展经济技术合作的目的是为了缩小 APEC 成员之间的经济差距。这些差距主要表现在经济发展水平、技术、管理、行政措施等诸多方面。因此，经济技术合作的内容应该多样化，尽可能地涵盖资金、技术、人才等多方面的合作。

在推动和参与 APEC 经济技术合作的过程中，中国不仅需要坚持原则性，而且也需要采取一定的策略。中国在进一步参与 APEC 经济技术合作中可以采取以下措施：综观全局，把握重点，积极推动六个优先发展领域的合作；适应潮流，结合需要，高度重视技术与环保领域的合作；根据中国自身特点，积极开展自然资源开发与利用合作；结合中国经济发展需要，切实推动 APEC 金融合作的发展；努力寻求 APEC 中央基金的资助；坚持立场，据理力争，敦促建立 APEC 经济技术合作基金；积极参与 APEC 发达成员提出的经济技术合作项目；组建半官方、半民间性质的中国 APEC 经济技术合作协调机构，等等。

总的来看，该书较全面、系统地分析了 APEC 经济技术合作，建立了对 APEC 经济技术合作研究的框架体系，并深入 APEC 经济技术合作的微观层面进行分析。该书结合中国参与 APEC 经济技术合作的实际进行了实证研究，具有很强的理论意义和现实意义。作为目前我国国内公开出版的研究 APEC 经济技术合作的首部专著，它对丰富世界经济学理论体系，推动区域经济合作理论和实践的研究作出了积极贡献。

本文原载于《经济评论》2005 年第 4 期

评《贸易自由化与投资自由化互动关系研究》

陈继勇

贸易自由化与投资自由化的互动关系是当前世界经济前沿领域中的一个重大课题，由郭飞、李卓等撰写的《贸易自由化与投资自由化互动关系研究》一书，已由人民出版社于 2006 年出版。该书以经济全球化和中国加入世界贸易组织为背景，以贸易自由化和投资自由化的理论与实践为出发点，深入探讨了贸易自由化和投资自由化对世界经济的影响及中国的相应对策。在充分把握贸易自由化和投资自由化的重要理论的基础上，该书通过梳理国际贸易与国际投资互动发展的理论脉络，进一步界定了贸易自由化与投资自由化的互动关系，提出贸易自由化与投资自由化之间是一种相互替代、相互促进和相互融合的关系。该书以马克思主义为指导，吸收和借鉴了国内外相关领域的优秀研究成果，是当前国内唯一一部系统介绍贸易自由化与投资自由化互动关系的专著，对于贸易自由化和投资自由化的理论研究及中国等发展中国家的国际化战略实践具有一定的借鉴和指导意义。总的来说，该书主要具有以下特点：

第一，研究系统、挖掘深入。现有的著作往往是就贸易自由化或投资自由化问题进行专门研究，而尚未见到研究贸易自由化与投资自由化互动关系的专著问世。《贸易自由化与投资自由化互动关系研究》一书在对贸易自由化与投资自由化及相关问题进行了系统研究的基础上，对贸易自由化与投资自由化的互动关系进行了重点研究。这不仅拓展了国际贸易和国际投资的研究领域，而且有利于深刻认识贸易自由化与投资自由化之间互动关系的本质。在对国际贸易与国际投资的相关理论进行评述时，该书不仅论述了贸易自由化和投资自由化对世界经济的直接和间接影响，对西方经济学有关国际贸易与国际投资的理论进行了评析，而且还论述了贸易与投资自由化对发达国家和发展中国家的积极和消极影响。对于中国某些颇有争议的方针政策，如以市场换技术方针和外资超国民待遇政策，该书也力求做出客观中肯的评价。

第二，锐意攻坚、注重创新。《贸易自由化与投资自由化互动关系研究》一书在系统研究的基础上，构建了贸易自由化、投资自由化及其互动关系的理论研究框架；针对现有国际直接投资理论存在的缺陷，建立了发展中国家跨国公司的最优国际化战略选择模型；利用 CGE 模型分析了贸易自由化与投资自由化的效果，得出贸易自由化与投资自由化存在明显的相互促进关系的结论；通过阐述自主创新、引进先进技术和吸引外商直接投资的关系，提出了中国加强自主创新的一些政策建议。这些尝试和探索，无疑都具有一定的创新性。例如，该书提出中国应努力构建以自主创新为基点，以创新获技术、以竞争获技术、以引进获技术、以市场换技术和以优惠换技术五位一体的技术进步路径；提出中国应将"安全"作为吸收和利用外商直接投资的重要参考依据；提出中国应适度调控外商直接投资规模及对重要行业和关键领域中的外商直接投资进行合理的有效控制等观点，这些都具有创意。

第三，理论研究与对策建议相结合，实用性强。在构建了贸易自由化与投资自由化互动关系的理论框架之后，《贸易自由化与投资自由化互动关系研究》一书深入研究了贸易自由化和投资自由化对中国经济的双重影响，并提出了一些切实可行的对策建议。例如，该书提出中国应对贸易自由化的战略措施包括：发展加工贸易，引导加工贸易升级；大力实施科技兴贸战略，转变出口增长方式；重视和改善资源技术进口，提高进口宏观效益；妥善处理贸易摩擦，维护国家经济利益；构建灵活的外贸促进体系，增强对进出口的调控能力；发展区域经济合作和多边双边经贸关系，为外贸发展创造良好的外部环境。针对投资自由化对中国经济的双重影响，该书提出中国应实施以自主创新为基点的科技发展战略，积极合理安全有效地利用外商直接投资，大力培育和发展具有国际竞争力的中国跨国公司，努力构建"引进来"和"走出去"有机结合的双向开放新格局。这为中国在国际贸易自由化和国际投资自由化大趋势下如何趋利避害提供了一种新的思路。

本文原载于《世界经济》2007 年第 5 期

民营经济的"全景缩微图"

——《民营经济手册》述评

陈继勇

何谓社区所有制？孙大午事件有何故事？什么是战略机会？借壳上市指的又是什么？约瑟夫·熊彼特是何许人也？翻开由中国出版集团现代教育出版社新近出版的《民营经济手册》，您很快能找到准确、通俗的答案。

民营经济的发展是我国经济体制改革的丰硕成果。二十多年来，我国民营经济的勃兴和腾飞举世瞩目，她理应受到实业界和学术界的重点关注。据《2006中国民营经济发展蓝皮书》预测，未来5年，民营经济占全国GDP的比重将由目前的65%上升至75%，私营企业数量将占全国企业总数的70%以上，我国将有规模民企进入世界500强……

在这样的宏观语境下，《民营经济手册》的问世，不啻为民营经济的发展增添了一抹亮彩，她弥补了国内民营经济工具性读物匮乏滞后的缺陷，堪称民营经济的"全景缩微图"。

该书的两位主编晓亮先生和甘德安先生，皆为民营经济学界的著名学者。晓亮先生是中国社会科学院资深研究员、中国民（私）营经济研究会高级顾问，从20世纪50年代起即研究个体经济，后又着手研究合作制、集体经济、股份制和民营经济，被经济学界尊称为"中国研究民营经济第一人"。年近八十耄耋，仍秉笔于《民营经济手册》的编撰，孜孜以求让人肃然起敬。甘德安先生是当今经济学界最为活跃的中青年专家之一，身为中国民（私）营经济研究会理事、中国经济规律研究会常务理事、江汉大学文理学院院长的他，长年专注于民营经济、家族企业治理的教学科研一线，勤于笔耕，来往鸿儒。手册由这样的"黄金搭档"编纂，能更好地保证其学术品位。

全书共收集了751个词条，分别按民营经济理论与实践、民营企业经营管理、民营企业投融资、民营企业跨国经营等进行归类。编著者殚精竭虑，精心撰写了相关规则定义，全景式解说，简明通俗，一目了然，并附条目检索表，方便快速查询阅读，且便于理解、记忆和使用。

《民营经济手册》饱含着极为丰富的现实意义，她将知识性、专业性、科学性、时代性、政治性及公众性融为一体，对于民营经济学科的教学科研、理论宣传、知识普及与政策研究，都有所裨益。民营企业新锐不可不读，创业精英不可不读，政府智囊不可不读，对经济学感兴趣的人士亦不可不读。

其一，《民营经济手册》梳理了我国民营经济的发展概貌。手册从晋商、红色资本家、三大改造运动，到假集体、温州模式，这些词条能让你重新回到那些让国人记忆深刻却不复重来的历史空间。而中小企业划分标准、非公经济36条、私权入宪、个人独资企业法等词条，又能让你触摸到未来的经济脉搏。若把她当作"枕边书"，随意浏览，可加速身上"经济细胞"的分裂。

其二，《民营经济手册》具有全球化视野。在全球经济一体化的今天，不具备国际视野，不熟悉国际规则，民营企业就无法横向看齐，做大做强。同时，随着我国加入世贸组织过渡期的结束，国际竞争愈益加剧。民营企业更应主动了解最新的贸易政策、技术壁垒等信息，研究各国技术限制法规和技术标准，尽快提高自身的竞争力，规避国际贸易风险，谋求更广阔的发展舞台。基于此，《民营经济手册》专设"跨国经营"条目，各条目概念解读清晰，有助于企业家对跨国经营见微知著，为实战经营打好理论基础。

其三，《民营经济手册》是一部创业技巧大全。没有创业，就没有如今风风火火的民营企业。从上门推销法到连锁经营，从无声推销员到市场细分，从品牌安全到感性行销，该手册紧贴创业实践，把最新的创业技巧传达到位。仅仅阅读一下关于产品、促销、定价、创新、包装等众多策略，此中的营销哲学就能激活你的创业思维。

其四，《民营经济手册》尝试对前沿高科技进行"个性化"解读。一些新概念、新范畴，特别是已被学界和业界广泛接受和使用的，几乎全部收入。虚拟企业、蓝色革命、绿色能源以及最新潮的经营管理模式，如创业板、跨国经营、风险机制、电子营销战略等，内容新，具有现代气息，如风暴般在我们的脑海"抢滩登陆"。

其五，《民营经济手册》的原创性阐释也蔚为大观。例如，"妻妾原理"一词即是甘德安教授独特视角的观点提炼。他将整体不景气的国有经济比作"妻"，而将活力勃发、蒸蒸日上的民营经济喻为"妾"，实在是神来之笔。在中国封建社会中，妾虽能传宗接代且颇为得宠，但在宗族及世俗中的地位远不如明媒正娶的妻，也实在是委屈之至。两者的相似性在此词条上结合得天衣无缝，让人在啼笑间思辨明理。

其六，《民营经济手册》让许多老术语、老概念焕发了勃勃生机。例如，"家族企业"一词给出的解释就达 7 种之多，并且将最新的研究见解适时加入；而对于"家族企业的本质"，该手册不仅归纳了其六大突出特点，还用"六字歌"形象化地阐释了家族企业的内部文化特征。这样做，既是理论推进的需要，更有助于广大民众在参与市场经济和改革开放实践中学习和推广这些新词新语。

最后，《民营经济手册》具有很强的可读性。它运用了大量的民营经济实践案例，如傻子瓜子、牟其中事件、奥克斯汽车梦碎、百度上市、奥凯起飞等，生动地展示了中国民营经济的发展脉络。一个故事，代表了一个启示；一个故事，代表了民营经济的一个里程碑。比如"奥克斯汽车梦碎"，讲述的是奥克斯从做梦到梦碎的历程。在平实的描述中，她带给我们这样一个启示：我国的民营企业不仅要学会进入一个行业，而且也要学会适时退出。这何尝不是"蓝海战略"在中国的本土化实践呢？

实战型营销管理专家郑文斌博士曾说，理论是工具，工具没有好坏之分，有好坏之分的是我们对于工具是否恰当运用，世上更没有，也永远不会有一种可以包治百病的终极理论工具。对于集吸纳、整合、深化、发展为一体的实用型工具书——《民营经济手册》，其运用之妙，亦当存乎其心。

本文原载于《科技进步与对策》2007 年第 6 期

《美国对外经济制裁问题研究》评介

陈继勇

20世纪70年代初以来，在生产力不断发展和国际格局逐步变化的背景下，国际经济关系政治化的趋势日益明显。对国际关系领域中出现的经济政治化现象，国内外学者进行了深入的研究，并取得了许多有价值的成果。这些成果尽管从理论上较为详细地分析了当代国际经济关系政治化问题，但还是缺乏实证研究的具体案例和微观数据的支持。由柳剑平、刘威著，人民出版社2009年2月出版的《美国对外经济制裁问题研究——当代国际经济关系政治化的个案分析》一书以美国对外经济制裁为个案，在现有研究成果的基础上，进一步研究了当代国际经济关系政治化问题，该书堪称当代国际经济关系政治化问题研究的又一佳作。

作为一种对外经济政策和行为，对外经济制裁从第一次世界大战结束后大规模兴起之日起，就被深深地打上了政治的"烙印"。作为对外实施经济制裁最多的国家，美国更是赋予了对外经济制裁明确的政治目标，对外经济制裁不仅成为实现美国国际政治目标的手段，而且还具有调控美国与其他国家之间国家利益关系的国际政治功能。如果从经济与政治相互影响与相互转化的观点来看，发生在对外经济领域中的美国对外经济制裁政策和行为明显地被政治化了，这种政治化的经济政策和行为是当代国际经济关系政治化的一个有代表性的案例。政治化的美国对外经济制裁既不是一种纯粹的经济政策和行为，也不是一种纯粹的政治政策和行为，我们需要把它纳入国际政治经济学的范畴进行研究，通过分析美国对外经济制裁的本质和运行规律，进一步阐释当代国际经济关系政治化现象。正是由于从这样一个新的视角来研究美国对外经济制裁，《美国对外经济制裁问题研究》一书在现有研究成果的基础上提出了许多有创新性的理论观点，如经济制裁是一种以对外经济政策和行为为手段，最终实现政治目标的经济政治化行为；影响美国对外经济制裁合理性的根本原因不在于其缺乏国内法和国际法的基础，而在于它的强权性质以及给国际社会所带来的人道主义灾难；美国之所以长期不断地使用对外经济制裁，除了美国全球战略和国家利益的需要外，还有国内多种力量博弈使其存在的原因；经济制裁政策本身具有"工具特性"，不同的国家可以运用它来达到坚持强权或维护正义的目的。这些新的理论观点对于学术界进一步深化美国对外经济制裁以及当代国际经济关系政治化问题的研究具有启发意义。

长期以来，对外经济制裁一直与西方大国的强权政治联系在一起，以至于我们始终没有深入地分析经济制裁的本质特征，更没有探讨具有一定经济实力的热爱和平和维护正义的国家能否对外实施经济制裁的问题。这不能不说是学术界在经济制裁以及美国对外经济制裁研究方面存在的不足之处。《美国对外经济制裁问题研究》一书在论证经济政策和国际经济政策的"工具特性"的基础上，认为经济制裁政策也具有"工具特性"，经济制裁政策既可以成为维护正义的工具，也可以成为谋求强权的工具，在一些西方大国对我国实施经济制裁，并有可能对我国产生负面影响的情况下，我国应积极采取有效对策化解由此带给我们的风险；在我国已逐步具有一定经济实力的情况下，我们也有必要审慎地对其他一些破坏世界和平和损害我国国家利益的国家或地区实施经济制裁。尽管我国是否具备对其他国家或地区实施经济制裁的经济实力还可以进一步论证，但其他一些西方大国对我国实施经济制裁的可能性始终是存在的。因此，该书对经济制裁政策的"工具特性"、我国应对一些西方大国对我国实施经济制裁的措施以及我国对其他一些国家或地区实施经济制裁的可行性的探讨，具有非常明显的现实意义。

本文原载于《江汉论坛》2009年第6期

《创造性资产与中国企业国际化》书评

陈继勇

按照约翰·邓宁的观点，当一个国家或地区的人均 GDP 超过 2000 美元时，这个国家或地区就产生了对外投资的驱动力。2006 年我国人均 GDP 超过了 2000 美元，有些发达地区更是超过了 4000 美元。与此同时，我国对外投资也进入了快速发展的新时期。据商务部、国家外汇管理局统计，2006 年，我国非金融类对外直接投资 161.3 亿美元，同比增长 31.6%；2007 年，中国对外直接投资净额达 265.1 亿美元，较上年增长 25.3%；2008 年，我国对外直接投资突破 500 亿美元，达到 521.5 亿美元。作为引进外资最多的发展中大国，对外直接投资出现如此迅猛的增长，这是中国经济发展中从未有过的现象，它意味着一大批中国企业已经突破了传统的发展模式，正在向跨国公司的方向演进。

中国经济的后发特征和中国企业的相对竞争优势，决定了中国企业的国际化道路将不同于发达国家的跨国公司。产生于发达国家的跨国公司理论由于其垄断优势的前提假定限制了其对发展中国家跨国企业成长的指导性，现实的发展迫切要求理论界结合中国企业国际化的特点进行理论创新，为中国企业解决国际化进程中的重大问题提供支持。武汉大学经济与管理学院吴先明教授的新著《创造性资产与中国企业国际化》（人民出版社 2008 年 4 月版）正是在这样一个背景下推出的一部力作。该书是吴先明教授承担的国家自然科学基金项目"我国企业创造性资产寻求型对外直接投资研究"的最终研究成果。作者深入企业，在大量实地调查的基础上，将规范研究与实证研究相结合，辅之以案例研究和比较研究，从创造性资产的分析视角，对中国企业国际化的战略动因和发展模式进行了深入研究，系统地提出了具有实践指导意义的对策思路。

作者明确提出寻求创造性资产是跨国公司理论发展的新方向，这体现了作者理论创新的勇气。创建于 20 世纪 60 年代的跨国公司理论是以垄断优势为出发点的。随着跨国公司的发展，跨国公司理论也在不断丰富和完善，但垄断优势在跨国公司理论中的核心地位一直没有改变。直到 20 世纪 90 年代中期，面对跨国公司发展的新情况和新变化，跨国公司理论的重点开始发生转移，一股以寻求创造性资产为核心的跨国公司理论思想开始兴起。由于这种思潮抛弃了垄断优势的既有前提，更加关注从动态角度和国际生产的空间范围探索跨国公司演进的原因，因而对传统的跨国公司理论范式形成了严重冲击。作者敏锐地洞察到这一重大变化。作者指出，在过去的 10 多年时间里，对外直接投资已经由传统意义上利用公司已有的所有权优势或竞争优势的一种手段，转变为企业跨边界经济活动的一种日益重要的形式。这种跨边界的活动不仅能够获得公司在多个国家经营所形成的技术和市场的协同效应，更为重要的是可以利用和获取国外竞争者、供应商、顾客、国家教育和创新体系所提供的创造性资产。

正如作者所指出的，以寻求创造性资产为目标的 FDI 已经成为现代公司战略的重要组成部分。对于跨国公司在全球范围寻求创造性资产动机的研究，为 FDI 分析框架的合理化提供了新的维度，促进了对传统 OLI 范式中各相关变量的重新组合。虽然相对于现有的资产利用型对外直接投资理论而言，以寻求创造性资产为目标的资产扩展型对外直接投资理论还处于发展的早期阶段，但可以预言，在未来，对于创造性资产寻求型 FDI 的研究，必将提升跨国公司理论对现实的影响力，并对理论工作者提出新的挑战。

近年来，中国企业的国际化进程不断加快，许多行业的领先企业开始将目光瞄准发达国家市场，采取海外投资建厂、跨国并购、设立海外研发机构等方式开展跨国经营，例如海尔、联想、华为、TCL、中兴、三一重工、海信、万向等。中国企业对发达国家的逆向投资行为从一开始就广受争议，因为这种行为很难在传统的跨国公司理论中找到合理的解释，或者说，传统的跨国公司理论通常并不认为这种逆向投资行为具有合理性和可行性。面对传统跨国公司理论在解释中国企业逆向投资方面面临的困境，理论界需要寻求新的思想和新的概念，以推进跨国公司理论的创新。缺乏垄断优势的中国企业为什么要对发达国家进行逆向投资呢？作者认为，短期利润不是主要的推动因素。不管是在当地建厂，还是并购当地企业，中国企业进入发达国家市场均带有明显的战略动因。这些战略动因就是寻求创造性资产，建立全球竞争的资源和能力基础。作者认为，在经济全球化的新塑竞争条件下，对外直接投资不再以垄断优势为先决条件，拥有局部竞争优势的后发企业可以通过对外直接投资的方式获得创造性资产，形成新的竞争优势。

作者不仅从创造性资产的角度，逻辑一致地解释了中国企业国际化的战略动因，而且还系统地提出了中国企业创造性资产获取的国际化模式。作者认为，在全球经济一体化背景下，如果将视野局限于国内，单纯依靠企业现有的资源进行创新，只能使我国企业在知识、技术和管理能力等方面与发达国家企业的差距越拉越大。我国企业只有实施创造性资产获取的国际化战略，通过加快企业国际化经营的步伐，构建知识创新的外部联结网络，充分利用国内外两种资源，才能在全球竞争中建立自己的竞争优势。

作者指出，通过在发达国家当地建厂，中国企业可以在发达国家建立一体化的生产经营体系，并通过这个生产经营体系发展起与当地供应商和销售渠道的紧密联系。这种联系是企业之间知识和技能传播的重要途径。中国企业通过在美国、日本、欧洲等技术密集地区（包括少数发展中国家的先进技术集聚区，如印度的班加罗尔）设立技术监听机构，可以最大化地利用发达国家技术集聚地的溢出效应，及时跟踪和获取东道国和竞争对手的最新知识。并购发达国家的某些困难企业或某些企业中经营不善的业务部门，是中国企业获取创造性资产的又一重要方式。并购方式相对于新建方式在速度上可能更有优势，同时，并购不需要增加生产能力，可以避免加剧当地市场的竞争。由于中国企业研发能力较弱，品牌的知名度较低，跨国并购可以使中国企业迅速获得研发资源、技术诀窍、专利、商标以及供应与分销网络。

该书的整体立意具有明显的探索性，问题导向的思路往往能引起读者的共鸣。我认为，该书顺应了中国企业国际化蓬勃发展的时代要求，对于中国企业国际化进程中的一些重大问题的探索具有理论启发意义和现实指导性，值得向学术界、企业界和政府决策部门推荐。

本文原载于《经济管理》2009 年第 12 期

评《美国经济周期研究——历史、趋势及中美经济周期的协动性》

陈继勇

彭斯达的专著《美国经济周期研究——历史、趋势及中美经济周期的协动性》于 2009 年出版，该书具有以下三个方面的特点。

第一，选题的理论和现实意义重大。美国有着完善的市场经济体系、高效率的市场运行机制，美国经济的周期波动较为真实地反映了现代市场经济运行的内在规律。同时，作为世界经济的火车头，美国也是当代每一轮世界经济波动的"源头"，美国金融危机和经济衰退对中国经济增长稳定性的冲击有目共睹。在中国全面融入世界市场经济体系且美国又是最重要的经贸伙伴的条件下，从经济史的角度研究不同时期美国经济周期的运行背景、特征变化及其成因，进而探讨中美经济周期协动性的程度、性质、特征和趋势，不仅有助于我们把握市场经济条件下、工业化进程中国民经济繁荣与衰退的周期及其演变规律，也有助于中国完善宏观政策，缓和外部冲击，实现经济持续快速和稳定健康的发展。

第二，思路清晰，视野开阔。全书以美国经济周期研究为中心，通过阶段划分和背景描述，分析了工业化进程中不同时期美国经济周期的特征变化及其成因；通过研究美国国内外经济环境的变化，着重探索了 20 世纪 90 年代的新经济条件下美国经济周期的新特征和演变趋势；在讨论了美国经济周期的性质、特征以及在世界经济周期中的地位的基础上，以中美经济周期协动性的研究为切入点，检验并分析了美国经济周期波动对中国经济运行稳定性的影响。全书在逻辑上层层递进、环环相扣，体现出了作者清晰的研究思路。同时，该书对于美国经济周期影响因素等问题的探讨，一方面注重主导因素的分析，另一方面又根据史实将分析拓展到宏微观经济条件、经济体系内外因素、国内外经济环境和历史文化特征等更为宽泛的领域。尤其是对于中美经济周期协动性的研究，作者将检验的范围拓展到包括 GDP、三次产业产值、投资、就业和消费支出在内的 7 类共 9 组时间序列数据，从而将以往中美经济周期协动性的单一程度检验深化到了性质、特征和趋势的分析，体现出了作者开阔的研究视野。

第三，全书在研究方法的选用上贯彻了以适用为主、力求统一、兼顾多样的原则，根据不同内容的研究思路和目的，做到了定性与定量、统计分析与比较归纳等方法的综合互补。在对美国经济周期史的考察中，作者一方面运用经济发展史的阶段分析方法归纳、比较分析不同历史阶段美国经济周期产生的背景、特征，并总结其原因和影响；另一方面运用统一完整的时间序列数据进行阶段性统计分析，使理论分析的结论建立在规范的基础上。在对中美经济周期协动性的研究中，该书突破了以往仅对两国 GDP 的单纯考察，选用了 7 类共 9 组时间序列数据指标样本，并进行基于多宏观经济指标的 HP 滤波和 Pearson 积矩相关系数分析，从而将中美经济周期协动性及其程度、性质、特征和趋势的考证建立在经验研究基础上。

本文原载于《世界经济》2010 年第 1 期

立足中国　问题导向

——评《中国金融与投资发展报告》(2002—2010 年)

陈继勇

《中国金融与投资发展报告》是由中南财经政法大学新华金融保险学院依托金融学国家重点学科,组织全院精干力量撰写的系列年度报告。2002 年至今,该系列年度报告已经连续出版了 8 本,另外还有 1 本正在撰写之中。作为中南财经政法大学金融学国家重点学科的标志性成果之一,这一系列年度报告围绕资本市场与风险管理这一重要主题,长期坚持"立足中国,问题导向"的研究方针,从中国实际出发,一步一个脚印,扎实深入地展开了对中国重大实际问题和理论问题的不懈探索,逐渐发展成为相关领域研究的一个著名品牌。概括起来,其鲜明特色如下:

一、风格高度一致

每一年度报告均由中国金融出版社出版,每一年度报告的封面设计、章节体例的风格也是高度统一的。整个系列报告名称统一,均为《200 ×年中国金融与投资发展报告》,具体标题根据每年度报告的重点研究领域确定。2002—2009 年中国金融与投资发展报告均围绕资本市场展开,各年度的研究领域或标题分别为:货币政策与资本市场、资本市场与实体经济、保险业与资本市场、投资与资本市场、商业银行创新与资本市场、汇率与资本市场、房地产与资本市场、资本市场创新与风险管理。2010 年为金融机构创新与风险管理。正在组织撰写之中。

二、编撰队伍相对稳定

中国金融与投资发展报告主编和每一章的编写人员均为中南财经政法大学新华金融保险学院在编在岗教师。2002—2007 年中国金融与投资发展报告由我国著名金融专家周骏教授担任第一主编,由我国著名投资学专家、中南财经政法大学副校长张中华教授担任第二主编。从 2008 年开始,中国金融与投资发展报告第一主编由张中华教授担任,第二主编由我国知名金融专家朱新蓉教授担任。中国金融与投资发展报告每章的撰写者都是学院的科研骨干和青年教师,通过每年发展报告的撰写,锻炼了研究队伍,培养了学术梯队,凝练了学术方向。

每年中国金融与投资发展报告的重点研究领域由院学术委员会广泛征求国内外著名金融学家和学院科研骨干的意见,并举行多次会议经过反复讨论后加以确定。随后经历大纲起草与修订、初稿撰写、交叉审稿、内容修改和最终定稿等一系列程序,一般先后召开 5 次左右进度汇报与研究内容协调会议,对发展报告中的主要观点进行反复研讨和论证,对内容进行多次修改和充实,前后历时一般达 7 个月以上。

三、具有很强的思想性、学术性和很高的应用价值

报告以中国金融与投资领域重大理论问题、重要的现实问题为出发点,围绕资本市场这一现代金融体

系的核心，运用先进的研究方法，突出理论研究的前沿性，强调解决中国实际问题，具有很强的思想性、学术性，具有很高的应用价值。2004 年和 2005 年中国金融与投资发展报告还分别获得第五届湖北省社会科学优秀成果三等奖和第六届湖北省社会科学优秀成果二等奖，报告中的一些内容作为政策参考被湖北省等政府领导批阅和采纳，一些已经在国内外权威和核心期刊上发表。

四、为推动学科建设、服务经济社会发展发挥了重要作用

2002—2010 年中国金融与投资发展报告都是围绕资本市场选择与其密切相关的一个论题进行专题研究，在国内金融与投资界尤其是资本市场研究领域形成了独具特色的影响力。报告研究的特点之一就是与金融学院两年一度的学术会议"中国金融与投资论坛"密切相连，将该年度中国金融与投资发展报告主题篇的前期研究成果在论坛上交流，并在论坛上对相关热点问题进行深入交流和研讨的基础上，确定下一年度发展报告的主题。中国金融与投资发展报告在出版后会定期寄给全国金融与投资领域的理论与实践工作者做研究参考之用，目前已经成为国内相关研究领域的一面颇具影响的旗帜。

本文原载于《中南财经政法大学学报》2010 年第 4 期

马克·卡森：国际商务经济理论研究的集成者

陈继勇

马克·卡森教授是国际知名的跨国公司经济学家，也是跨国公司内部化经济理论的重要拓展者之一，他为国际商务经济学理论的建设和发展做出了杰出贡献。

1975 年夏，马克·卡森和彼特·巴克利一起参加里查德·科恩的公司聚会而受到启发，在返回雷丁和布拉德福德的路上，他们决定合作研究跨国公司内部化理论，在约翰·邓宁和鲍勃·皮尔斯教授的帮助下，1975 年 9 月，他们合作写出了《跨国公司的未来》一书的初稿，并分别在雷丁大学和布拉德福德大学做了交流，受到理论界的好评。著名的麦克米伦出版公司于 1976 年分别在伦敦、贝辛斯托克、德里、香港、东京、纽约、新加坡、墨尔本等地同时出版发行了《跨国公司的未来》（全书正文不足一百页）一书，该书随后于 1978 年重新印刷发行，此书现已成为跨国公司理论的经典之作。该书最大的理论贡献是把科斯在 1937 年提出的内部化概念应用到企业的国际化经营活动中，同时，他们对中间产品市场内部化和知识产品市场内部化做了详细的分析，并对传统企业经济理论的两大重要假设"利润最大化"和"完全竞争"做出了修正；把企业经济活动分为研发、初级生产、终级生产和市场营销四个阶段，中间产品和知识产品的特性使内部化分别发生在初级生产和终级生产阶段之间以及研发与生产阶段或市场营销阶段之间，从而把企业边界从国内扩展到国外，企业进而成长为跨国公司，并成为国际商务活动的主体。实际上，他们认为跨国公司就是企业经济活动在全球地理区位上的最优组合。

随后马克·卡森和彼特·巴克利开始了长达几十年的合作，共同致力于研究跨国公司一般经济理论。但是马克·卡森研究的领域更加广泛。1979 年，马克·卡森出版了《跨国公司的替代理论》一书。在这本书中，马克·卡森把企业理论、赫克歇尔-俄林（HO）贸易理论和资本流动进行了合成，提出 HO 垂直一体化理论和 HO 水平一体化理论，用这两个经济学模型解释企业对外直接投资、技术转让、国际贸易和资本流动等几种国际商务活动。这是马克·卡森对跨国公司经济理论进行的第一次综合，它有别于约翰·邓宁的生产折中理论。

从 20 世纪 80 年代开始，马克·卡森把跨国公司理论研究拓展到社会科学领域。1982 年，马克·卡森出版了专著《企业家：经济学理论》，他把熊彼特的创新理论和奥地利学派的企业家理论进行了合成，并把它们融入企业理论之中，用企业家精神来解释企业的商务行为；1987 年，马克·卡森出版了专著《企业与市场》，他把企业理论与市场理论进行了融合；1990 年，马克·卡森在《企业与竞争力》一书中用系统的观点正式把企业家精神理论融入国际商务活动之中，强调了企业文化和信用对国际商务活动的重大影响，开始把跨国公司理论研究由单纯的经济领域扩展到社会科学领域；1991 年，马克·卡森在专著《商业文化经济学》中分析了领导力、合作协调、工作团队和社会司法制度对国际商务活动的影响，开始了对一些社会活动的经济学分析，并把这些研究结论应用到国际商务领域之中；1995 年，马克·卡森在专著《企业家精神与商业文化》和《国际商务组织》中，分别对国际商务活动中的企业家精神、信用、信息成本和金融网络等进行了经济学建模，同时把它们与跨国公司理论进行了合成分析；1997 年，马克·卡森在《信息与组织》一书中把信息经济与国际商务理论结合在一起。总之，在这一阶段，马克·卡森教授用社会科学的一些理论对跨国公司理论进行了补充与合成，使跨国公司理论具有更全面、更深入的社会经济学解释。

2000 年，马克·卡森对跨国公司理论进行了回顾与展望，出版了《国际商务经济学：一个新研究议程》，这本书是他二十多年来研究跨国公司经济理论的集成与发展，是一部国际商务经济学理论研究的力作。这本书具有以下几个重要特点：一是归纳了跨国公司理论合成研究必须考虑的重要因素，例如，弹性需求与跨国公司地理边界、弹性需求与跨国公司内部结构以及企业弹性与区位弹性之间的互动关系等；同时，还指出了未来国际商务经济学理论研究的重点内容和研究方向。二是以内部化理论和全球系统的方法为基础，建立了国际商务活动的一般理论，这些理论解释了跨国公司的主要国际商务活动行为，如国际贸易、技术转让、国际投资、国际并购、跨国研发和跨国市场营销等行为，都是解释力很强的国际商务经济学理论。三是用其他社会科学的理论分析了跨国公司国际商务活动行为，例如，从有限理性、学习和记忆经济学、信息经济学、企业家精神等视角分析了跨国公司的国际商务行为，把国际商务经济理论研究扩展到社会科学领域。四是实现了跨国公司理论的动态化，使跨国公司的国际商务活动行为有可预见性，例如，把实物期权理论纳入国际商务活动决策，使跨国公司商务行为有可预见性；用企业家精神和具有企业家精神的网络来分析跨国公司国际商务活动，可以预测国际商务活动演化的一般规律。五是研究方法的多样化和综合化，使国际商务理论具有很强的兼容性和说服力。因此，本书是马克·卡森教授研究国际商务理论的集成之作，汇集了他几十年来研究国际商务理论的精华。

虽然这本著作在国外出版已经十年了，其中有些理论观点甚至发表在几十年之前，但它们对我国国际商务理论研究仍然具有重要意义。目前，我国理论界对开放经济理论的研究主要集中在国际贸易、国际金融和国际投资领域，而且这些领域的研究之间缺乏内在联系，即各自成为独立的理论体系；同时，这些领域的研究对象主要集中在国家层面和产业层面，即我国对外经济开放理论的构建主要以国家或产业为基础。尽管我国在国际商务经济理论研究方面取得了很大的成绩，但到目前为止，还没有出现以企业作为微观主体而且把企业研发、生产、市场分销或营销、对外直接投资等多种经济活动融合在一起的理论，也没有出现把企业家精神、信用、商业文化、领导力、信息经济学和认识理论等社会科学的知识与国际商务理论进行融合的理论。因此，有远见的北京大学出版社组织翻译出版这本著作，对我国国际商务理论研究将起到重要推动作用，有兴趣的中国学者、企业家、政策制定者和其他社会实践者肯定会从中受到启示。

陈继勇
2010 年 9 月于武汉大学枫园

本文原载于肖光恩译著《国际商务经济学：一个新的研究议程》，北京大学出版社 2011 年版

家族企业研究的新突破

——评《复杂性的家族企业演化理论》

陈继勇

　　家族企业的迅速兴起，是中国建立社会主义市场经济以来的一个突出现象。从复杂性科学与演化经济学的角度研究当代中国家族企业问题，是社会主义市场经济中的崭新课题，也是经济、管理前沿研究者义不容辞的使命。令人欣慰的是，甘德安教授新近出版的学术著作《复杂性的家族企业演化理论》（经济科学出版社出版 2010 年版），通过提出当代家族企业的研究缺乏统一范式问题为出发点，深入探究家族企业的各种理论，及各种科学分析方法，创造性地把复杂性科学及演化经济学引入家族企业研究中来，构建了一个家族企业的复杂性的演化理论，是在家族企业理论研究中具有相当理论深度的学术力作。

　　甘德安教授十几年来，一直在中国家族企业的理论研究领域励精图治，并创造了多项第一。申请到国家社会科学基金对"家族企业研究"资助的第一个课题；出版国内关于家族企业的第一本专著：《中国家族企业研究》（中国社会科学出版社 2002 年版）；举办国内的家族企业第一个国际会议并主编了《传承与创新——家族企业国际会议论文集》（国防科技大学出版社，2003）。《复杂性的家族企业演化理论》亦是第一个系统 借助复杂性科学构建家族企业演化理论体系的专著。《复杂性的家族企业演化理论》全书分七章，30 余万字，纵观全书，笔者认为该书的特点如下：

　　（1）跨学科性。我们清楚地看到，无论是国内，还是国外，家族企业研究一般都被局限于经济学、管理学、社会学、心理学等，而从自然科学的角度来研究家族企业还很少有人涉及。尽管随着家族企业潮的兴起，国内外的理论工作者从不同学科、同一学科不同领域，围绕着家族企业的有关问题展开研究和讨论，使家族企业成为理论界关注的一个热门话题。但是，在这些研究和讨论中，以自然科学为背景，对家族企业作跨学科、系统研究的还是一个相对薄弱的环节，而甘德安教授的这本专著全面运用了复杂性科学的各种分支理论，如涌现理论、自组织理论、熵理论、吸引子理论、分岔与分形理论，以及拓展演化经济学的隐喻，采用了种群生态学等跨学科理论与方法，实现了自然科学前沿的理论和方法与社会科学最热点的家族企业研究中的交叉和融合。

　　（2）原创性。他第一次对"富不过三代"做了科学的解释。甘教授借助复杂性科学，特别是借助混沌经济学中的分岔与分形理论探究家族企业代际传承的理论机理。明晰的证明迭代方程在控制变量 u 的不同状态下家族企业传承的各种可能性，并从复杂性科学对子承父业提出了对策建议。

　　甘德安教授首次运用混沌吸引子理论另辟蹊径研究企业家理论。构造了一个基于复杂性科学的混沌吸引子的企业家理论，并把混沌吸引子的企业家理论运用到企业家身上，指出他们所具有的特殊性及演化规律。他还指出家族企业文化系统是一个复杂的自组织演化系统并指出企业文化具备了系统演化特征，指出家族企业文化复杂性系统的熵变及企业文化改革的正负熵的二律背反。他站在复杂性的自组织理论、耗散结构理论、复杂适应系统等角度提出企业生命周期，特别是家族企业生命周期的特征。并且从复杂性的企业生命周期的角度提出家族企业应该如何保持可持续发展，克服企业的生命周期导致企业的衰败与死亡。他自创性的借助复杂性科学中的自组织理论的结构决定功能理论解释家族企业的功能特殊性，阐述家族企业治理结构与功能的关系。

　　特别需要指出的是，在最基本的企业、家族企业的生成问题上，甘德安教授借助复杂适应系统的涌现理论构建企业生成理论及家族企业的生成理论。特别指出企业要素聚集多寡是导致家族企业是否更容易生成的原因之一，家族企业非线性相互作用明显大于非家族企业之间的相互作用，差序结构的层次性是导致家族企业更容易生成的机理之一，家族企业内部更多的惯例是导致家族企业更容易生成另一机理，作为标识作用的企业家精神在家族企业生成中起到更为突出的作用及企业生成机制是自组织临界状态的产物。

正如李京文院士在序中所谈到的："……甘德安借助复杂性科学理论构建了一个中国家族企业理论框架，并借助复杂性科学深入研究了中国家族企业的生成机理、治理结构、生命周期、企业家、代际传承、企业文化复杂性等一系列的理论难题。我认为，本研究是从独特视角、独辟蹊径研究中国家族企业的原创性著作。"

（3）问题导向。甘教授明确提出当前的家族企业研究还缺乏统一的范式，以寻找"统一范式"为出发点，他明确提出了：家族企业虽然是一个值得研究的课题，但同时也是一个有待深入研究的课题，更是一个可以转换视角研究的课题，或者说是可以借助复杂性科学的理论、方法与工具研究的课题。

（4）构建体系。全书分析了家族企业特别是当代中国家族企业的各类热点问题，并构建了基于复杂性的家族企业研究体系。集中探讨了基于复杂性科学与演化经济学的家族企业生成理论、生命周期理论、治理结构理论、企业家理论、传承理论、企业文化理论等问题。

（5）借助种群动力学很好地解决了"国进民退"及"国退民进"的相互关系。书的作者还考察了改革开放以来"国退民进"与"国进民退"的关系问题，并借助两物种的种群动力学模型解释两者的进退关系。跳出了当前两派定性的对峙，从30年的国有企业与私营企业的数据、种群动力学的模型及计算机仿真定量等方面回答两者的关系问题。此外，在推导的结论上得出了全球家族企业理论的普适性与中国家族企业特殊性的相互印证。

通读全书，使人感受到唐代改革诗人刘禹锡名句"劝君莫奏前朝曲，听取新翻杨柳枝"。总之，该著作不仅在家族企业的理论研究上具有相当的学术创新价值，而且对于中国民营企业的健康、持续和稳定发展提供新的借鉴意义及政策指导，值得理论界、实业界、政府部门等方面的相关人员一读。

本文原载于《理论月刊》2010年第10期

加强合作、协调发展与互利共赢

——简评《东亚区域贸易安排：福利效应与中国的参与战略》

陈继勇

自20世纪80年代中期以来，区域经济一体化快速发展，已成为当今世界经济发展的主要趋势之一。中国参与区域经济合作的时间比较短，且自由贸易区战略的实施也处在刚刚起步的阶段，如何评价中国参与区域贸易安排和组建自由贸易区的福利效应问题成为学界关心的主要问题。余振同志的新著《东亚区域贸易安排：福利效应与中国的参与战略》已于2009年8月交由科学出版社出版。该书从研究区域贸易安排的经济性质、产生逻辑、福利来源、福利改进机制等内容着手，以东亚地区的区域贸易安排为具体研究对象，对东亚区域贸易安排的福利效应进行了实证分析，并对中国在东亚的自由贸易区战略进行了探讨。具体而言，该书具有以下几个特点。

第一，选题具有重要的现实意义。随着中国与东亚邻国的经贸往来日益密切，中国与东亚经济融为一体的趋势也将越来越明显。东亚是中国利益比较集中的地区，也是中国应对经济全球化挑战和推动多极化的重要地缘依托，研究东亚区域贸易安排以及中国的参与战略对于其互利共赢对外开放战略的实施以及利益实现，具有重要意义。

第二，理论研究视角独特，理论研究观点具有新意。问题以维纳的《关税同盟问题》为起点，维纳在其书中开创性地提出了贸易转移和贸易创造，并以此来衡量区域贸易安排的静态福利效应。其后米德、李普西等人发展了维纳的理论。该著从分工经济和协调成本的角度研究区域贸易安排的福利效应问题。应该说这个研究视角比较独特，具有新意。具体而言，该书将区域贸易安排解读为区域成员开展的一种集体行动。这个集体行动的目的就是为了追求分工经济，而行动本身也产生了相应的协调成本。因此，如果要增加区域贸易安排的整体福利，不仅需要深化区域内分工，促进分工经济的增加，为参与区域贸易安排国家的整体福利水平提高提供基础，而且也需要减少建立和运行区域贸易安排的协调成本，使得参与区域贸易安排的国家更好的分享由分工带来的福利增加。这个理论观点从更深层次上突出了区域贸易安排的非贸易特性，与新地区主义背景下区域贸易安排和自由贸易协定的发展现状拟合得更好，体现出该理论观点的新意。

第三，研究数据翔实，研究方法得当且有独到之处。为了测度东亚经济体之间建立区域贸易安排的分工经济和协调成本，该书利用联合国贸易统计数据库，对东亚经济体的贸易专业化指数、显示比较优势指数、贸易密集度指数、贸易互补性指数以及产业内贸易指数进行了测度。为了从实证的角度对分工深化与区域贸易安排的福利改进的关系进行检验，该书还以东盟自由贸易区及中国—东盟自由贸易区为例，对区域内分工深化之后贸易结构和经济增长之间因果关系进行了格兰杰检验。该书还利用世界银行、中国商务部、中国外管局发布的权威数据，对中国参与东亚区域贸易安排的经济背景进行了详细分析。这些实证分析使用的数据资料完整、详细，采用的方法科学合理，不仅有力地支撑了理论分析的结论，而且还使得整个研究论据充分、结论可靠。此外，该书为了对中国参与东亚区域贸易安排的战略分析，借鉴了管理学中的SWOT战略分析法，对中国参与东亚区域贸易安排的优势、劣势、机遇和挑战进行了分析，使其研究方法具有独到之处。

第四，研究结论对于制定相关政策具有重要参考价值。该书以新的理论基础诠释了分工经济和协调成本在区域贸易安排福利效应中的重要作用，认为需要同时从深化分工和减少协调成本两个层次做好政策安排。该书提出了"我国要同时依靠'贸易投资自由化'和'经济技术合作'两个轮子全面参与国际区域经济一体化"的政策建议。这一政策观点对于正在实施自由贸易区战略的中国而言无疑具有重要借鉴和参考价值。

　　本书是国内公开出版的从福利效应的视角对东亚区域贸易安排及中国 FTA 战略选择进行研究的一部最系统、篇幅较大的专著，是我国学术界对区域经济一体化研究所取得的一项可喜的新成果。希望作者以本书的出版作为新的起点，再接再厉，在学术研究上取得更大成绩。

本文原载于《湖北社会科学》2010 年第 10 期

对美中贸易失衡的结构及其是否可持续的再认识

——评《经济全球化背景下的美中贸易失衡研究》

陈继勇

由武汉大学经济与管理学院刘威博士撰写的专著《经济全球化背景下的美中贸易失衡研究》已由武汉大学出版社于 2009 年 6 月出版。该著以跨国公司全球生产网络形成及国际经贸交流的日益繁荣为背景，系统研究了经济全球化背景下美中贸易失衡的结构特点、原因、是否可持续及调整对策等。该著提出的以下观点值得我们关注：

（1）经济全球化的深化与美中贸易失衡的扩大有一定内在关联。经济全球化使美中贸易失衡的影响范围从美中两国扩大到全球，为美中贸易失衡的持续扩大提供了相应条件，但同时也增大了美中贸易失衡调整的难度与风险。

（2）美中贸易逆差的核心是美中货物贸易逆差，而美中货物贸易逆差结构则以美中制成品贸易逆差为主。造成这一贸易结构的主要原因是 FDI 增加导致的外资在华企业对美贸易顺差扩大及美国对中国的技术出口管制。

（3）经济全球化背景下美中贸易逆差的扩大是难以持续的，由于经济全球化背景下美国贸易逆差难以持续，外商对华加工制造业 FDI 难以持续，美国对中国技术出口管制难以持续及中国对美资本流入难以持续，使美中贸易逆差最终难以持续。

（4）"以我为主"的互利共赢开放战略是当前调整美中贸易逆差的主要指导思想。中国在保证自身贸易利益需求的基础上，应逐步建立兼顾美国、中国及东亚经济体三方利益的利益分配体系，合理展现各方实际贸易利益分配现状。并在这种利益统计的基础上，合理调整贸易各方的利益分配，找到有效措施调整美中贸易逆差。

（5）虽然从反映长期均衡关系的协整方程看，FDI 对美中贸易逆差的影响没有人民币汇率的影响明显，但从短期波动看，人民币对美中贸易逆差的影响在减弱，FDI 的影响则在加强。

上述观点与对策的提出对我们深入认识美中贸易逆差的实质，进而提出更具针对性的对策和措施无疑具有十分重要的理论与现实意义。同时，该专著还体现出以下三方面的特点：

第一，立论视角新颖。该著从经济全球化、跨国公司产业转移及双边贸易结构的视角，认为外商对华产业转移带来的外资在华企业对美加工贸易顺差扩大及美国对中国的技术出口管制是导致美中贸易逆差扩大的主要原因。这一立论的提出，体现了全著研究视角的独特性和论证基础的坚实性。

第二，主题鲜明与内容完整。该著紧紧围绕经济全球化背景下的美中贸易失衡这一主题展开，从美中贸易逆差的特点及形成原因入手，系统深入地研究了美中贸易逆差的原因及其是否可持续，最后对中国应如何应对美中贸易逆差的扩大提出了具体对策。

第三，论述方法多样化。全著始终贯彻规范分析与实证研究相结合的方法，既运用大量系统、翔实的统计数据进行了多种经验实证分析，又在具体问题的研究中如对美中贸易逆差是否可持续的研究上，采取类比分析和交叉方法进行具体的理论研究。

　　总的来说，该著的出版不仅有助于我们从理论层次探讨美中贸易逆差的实质，更有利于我们客观评价美中贸易逆差，找到调整美中贸易逆差的有效途径与方法，最终实现美中经贸关系的可持续发展与互利共赢。

本文原载于《湖北社会科学》2011 年第 8 期

互利共赢：中美需要有更积极的合作

陈继勇

后金融危机时代，全球经济失衡与再平衡是世界经济发展面临的首要问题，而全球经济的再平衡离不开中国和美国经济的再平衡。随着中国经济开放程度的不断深化，美国经济已经成为影响中国宏观经济发展的最主要的国际经济因素之一。

就美国次贷危机引发的国际金融危机来看，现行的货币政策框架存在诸多缺陷需要改善。2008 年引发的全球金融危机也提示我们应当注意，虚拟经济在现代社会经济中的分量越来越大，其地位也越来越重要，虚拟经济对经济社会发展的推动力和破坏力作用是一把双刃剑，这就要求各国在货币政策决策时，都应予以充分的关注。2008 年全球金融危机爆发后，美国基本进入"零利率时代"，以联邦基金利率为工具的常规货币政策无法继续发挥效力，事实证明 2008 年美国的量化宽松货币政策的调整在应对金融危机的周期中起着举足轻重的作用。

刘卫平博士的专著《美国货币政策调整及其影响研究》，以后金融危机时代的视角比较深入地研究了美国货币政策的调整、影响以及中国货币政策的战略选择，具有重要的理论意义与现实意义。该研究的创新之处在于，作者认为美国货币政策调整的溢出效应在不同国家地区间有显著异质性，因此有必要论证这种货币政策调整是如何影响不同类型国家的。为此该研究选取更多的国家和地区作为研究样本，基于统一的、可比的研究框架对该问题进行了深入研究。其次，该研究对美国货币政策调整的内涵进行了拓展，使其能够量化和对比分析。最后，以历史演变的视角总结了历次金融危机中，世界各国货币政策的操作及其成效，期望能够通过学术研究和政策研究优化当前的中国货币政策决策机制，使中国的货币政策决策和引导机制，在有效预防与化解金融危机、参与国际和区域金融合作、参与全球经济再平衡，参与国际货币体系改革，推进人民币国际化的过程中取得长足进步。

中国是一个发展中的大国，作为负责任的大国和世界第二大经济体，中国将会为克服世界经济增长的不确定性做出努力，在坚决反对贸易保护主义的基础上继续推动经济全球化和全球经济治理，推动世界经济可持续发展。在中美经济合作方面，第一，中国和美国是世界上两个最大的经济体，中美经贸关系中竞争与互补并存，互补大于竞争。2016 年美国是中国第二大贸易伙伴和最大的出口市场，未来在经贸合作方面有更广阔的前景。第二，中国应利用较充足的外汇储备、产业能力和基础设施建设经验积极参与美国基础设施投资，为新一轮美国基础设施建设提供支持。虽然中美关系面临种种挑战和问题，但面对当前美国基础设施建设领域的巨大机遇，加强中美在经贸和基础设施等领域合作具有重大意义。第三，中美之间需要有更积极的合作，特别是在"一带一路"倡议和亚太地区的战略合作，这将使世界上两个最大的经济体之间的联系更加紧密，带来经济利益的同时加强两国政治互信、贸易畅通、民间互通，促进全球经济的稳定与繁荣。

本文原载于刘卫平著《美国货币政策调整及其影响研究》，清华大学出版社 2017 年版

"一带一路"视域下中俄万里茶道的历史与现实
——评刘再起教授专著《湖北与中俄万里茶道》

陈继勇

万里茶道是继"丝绸之路"之后又一条连接中、蒙、俄横跨亚欧大陆的国际商贸通道,它与"丝绸之路经济带"规划的合作线路高度重合,因而有专家认为,万里茶道是"一带一路"的重要组成部分,甚至有人说万里茶道是"一带一路"的前世。它绵延 1.3 万多公里,覆盖沿线 200 多个城镇,见证了沿线各地因茶而交、因茶而兴的数百年历史。持续了多个世纪的中俄万里茶道是 17 世纪由晋商(后来的俄罗斯西伯利亚商人也有贡献)开辟、曾是全球最具经济效益的商贸大通道,不仅成为近代中国引进外资、对外开放的有益尝试,而且为沿线国家近代工业化的原始积累作出了贡献,极大地推动了中俄、中欧间的经济文化交流与社会发展。万里茶道是一条思想文明交流之路,作为中国近代对外贸易的杰作,万里茶道具有线路多样、超越时空的特点,它是连接中国江南农业文明、北方草原文明与西方工业文明的重要纽带,深刻改变着沿线人民的生活方式和社会习俗,成为东西方文明交融互鉴的渠道和平台,对推进近代经济全球化和构建人类经济文化利益共同体进行探索,是世界文明发展史上浓墨重彩的辉煌篇章。2013 年 4 月中国国家主席习近平在莫斯科国际关系学院发表主旨演讲时指出,始于 17 世纪的万里茶道是连接中俄两国的"世纪动脉",这将万里茶道的地位提升到新的时代高度。自习近平主席发表讲话后,以湖北省牵头的中、蒙、俄万里茶道联合申遗工作被提上日程,推动了沿线省份通过万里茶道对接"一带一路"倡议和"长江经济带"等国家发展战略,万里茶道沿线的各级政府纷纷成立万里茶道研究院、万里茶道申遗办等学术性和事务性机构,可以说,万里茶道的研究和申遗已经成为一门显学。

对万里茶道的研究,经过国内几代专家学者的努力,虽然形成了一批具有学术价值的研究成果,为万里茶道申遗和沿线遗存保护提供了有力的学理支撑。但由于中俄文化和语言差异,把中外史料结合起来进行深度研究的成果还不多。尤其是考虑到湖北省在万里茶道申遗工作中的特殊地位和湖北省在万里茶道中的历史厚度,着力探讨湖北省与中俄万里茶道的历史内在联系与角色定位的研究成果就更少。2018 年 10 月由人民出版社出版的《湖北与中俄万里茶道》一书是武汉大学经济与管理学院教授、武汉大学俄罗斯乌克兰研究中心主任刘再起同志参与的在研项目:国家社会科学基金重大招标项目《"一带一路"相关国家贸易竞争与互补关系研究》(项目号:16ZDA039)和 2018 年山西省重大招标课题《晋商在万里茶道和"一带一路"中的地位与作用研究》(具体由山西省文物局负责的课题)的阶段性成果。该专著立意高远,内容翔实,资料新颖丰厚,以湖北省在中俄万里茶道中的作用和地位为着力点,研究其在万里茶道的五个重要节点所包含的历史人文价值,在广泛采用中外史料基础上,利用历史与现实相融合的方法,提出万里茶道的当代价值及万里茶道与"一带一路"的历史和现实联系,升华湖北省在万里茶道中的历史贡献,进而指出,湖北省可借助万里茶道的研究与申遗,推动其成为连接"长江经济带"和"一带一路"国际经济文化合作的桥梁,带动湖北省社会经济在新时代的绿色发展和区域协调发展。全书既具有较高的学术价值,也具有较大的现实经济和社会文化意义。

全书开篇以"'世纪动脉'万里茶道"的视角切入,概述了中俄万里茶道的发展历程。作者从"东方刮来的饮茶之风"着手,阐述了中国茶叶向欧洲及俄国的传播过程。在中俄万里茶道持续发展的过程中,茶叶贸易的重心由中俄边境的恰克图小镇逐渐转移至中国内陆的湖北汉口,由于"九省通衢"的优越地理位置，汉口迅速成为万里茶道上重要的中心节点，从而带动作为传统产茶大省湖北的茶产业和茶文化的发展。在此基础上，作者大量引入俄国文献资料，讲述俄国史料中的湖北省与万里茶道。从书中我们可以了解到，俄国汉学家和经济学家在 19 世纪初就开始大量搜集中国茶叶生产的信息，并组织了中俄茶叶贸易的考察和研究。例如，1820 年俄国汉学家伊万·奥尔洛夫在其著作《最新详尽的中国历史、地理描写》中第一次向世界描述中国的茶叶，他也是首位向俄罗斯人民介绍武昌和湖北的俄国学者。1870 年在俄国出版的历史随笔《茶叶历史》中，其中有单独的一章"在汉口的俄国商人"。1874 年俄国统治者组织考察队到中国进行贸易考察，在湖北省研究茶叶生产时，考察队摄影师亚尔斯基拍下了 200 多幅反映茶叶生产的照片，这些珍贵的照片至今还陈列在圣彼得堡国家科学院历史档案馆中。此外，还有许多俄国学者对中国茶叶贸易进行了深入研究，包括茶叶贸易的历史数据、不同种类茶叶的制作工艺等内容，这些俄国学者的研究成果在本书中都有一定的涉及，为我们进一步研究万里茶道历史提供了宝贵的外国文献资料。

在着墨较重的国内部分，主要阐述了万里茶道湖北段的五个节点城市——汉口、赤壁、五峰、宜都和襄阳。以万里茶道上的"东方茶叶港"——汉口为例，作者概述了"茶到汉口盛，汉口因茶兴"的历史演变。汉口作为湖北省乃至长江中下游地区的交通要道，自 1861 年开埠后，便利的水陆交通位置使它迅速成长为茶叶等商品最大的集散地，"东方茶叶港"和世界茶叶贸易中心的美誉由此而来。当时发达的茶叶贸易推动了近代汉口工业化的进程，刺激了地区金融业的发展，促进了汉口城市建设的崛起，使得汉口以国际化都市的形象屹立于世界舞台。作者还用较大篇幅介绍了在汉口的俄国侨民的基本状况、俄国驻汉口领事馆设立始末，并用纪实图片反映了万里茶道在汉口的遗存。这些珍贵文献资料都有助于加深我们对近代汉口社会历史的了解。

万里茶道继往开来，商路不断壮大，从涓涓细流变成了滚滚洪流，其兴起和发展深刻影响着近代中俄政治和经济关系，对两国近代的睦邻友好发挥了重要作用，俄罗斯和蒙古国当时有个说法"宁可三日无食，不可一日无茶"。在专著的最后一章，作者讲述了"万里茶道的当代价值"，尝试研究万里茶道的当今回响：同新时代"一带一路"建设的内在逻辑关系，特别是万里茶道与"一带一路"倡议规划的"中蒙俄经济走廊"建设、万里茶道同中国与中亚地区的经济走廊建设等有着深刻的历史和现实联系。正如国务院发展研究中心研究员李泊溪指出，万里茶道主要是指陆上通道，它是"丝绸之路"的北亚通道，与"丝绸之路"的中亚、西亚和南亚通道相互连接形成网络，且与海上通道部分城市也有衔接，自古就是"丝绸之路"的重要组成部分。作为一条文明交融之路，万里茶道具有地域的连贯性、商道的传承性、经贸的外向性、人文的包容性，是东西方文明互动的典范。

湖北省处于中国的中心位置，作为万里茶道（中国段）不可或缺的一部分，推进万里茶道的研究与申遗工作，可以更好地促使湖北省融入国家提出的"长江经济带"和"一带一路"倡议，促进湖北省的改革和开放。在国家着力推进落实"一带一路"倡议的背景下，湖北省应抓住复兴万里茶道的历史机遇，作者提出可以从五个方面着手：第一，加大万里茶道历史文化遗存在湖北段的研究和保护，充当万里茶道申遗的牵头者；第二，振兴历史传统产业，打造湖北茶叶地域品牌，建设茶叶强省；第三，深入挖掘万里茶道的文化资源，打造茶文化产业链；第四，加强区域联动，推进"两圈两带"协调发展；第五，建设武汉内陆城市开放新高地，搞好湖北自贸区建设，打造湖北省对外开放新格局。

通读全书，我们可以深深感受到文化软实力也是万里茶道当代价值的重要组成部分，充分挖掘万里茶道的历史文化价值，对实现"一带一路"建设民心相通的目标有着重要的助推作用。万里茶道途经风光旖旎的南国水乡、山河壮美的中原腹地、气象雄浑的塞外大漠、银装素裹的雪域高原，辐射沿线 200 多座城镇，主要景点景区共 167 处，世界自然文化遗产和文化景观遗产多达 17 个，大量的古道遗迹、文化遗址散落于沿线各处，留下了丰富的文化遗产资源。开展万里茶道研究，就是以茶文化为纽带，凝聚沿线区域合作共识，积极调动多方力量，共同挖掘万里茶道沿线古迹遗址和人文风貌的深刻内涵，弘扬万里茶道文化精神，从而增进中、蒙、俄三国民众的互信共识，夯实"一带一路"建设的社会民意基础。2014 年10 月中俄城市联合签署《武汉共识》，以湖北省为牵头省份，积极推进万里茶道申遗工作，推动万里茶道文化长廊建设，着力对万里茶道上的历史遗迹保护、历史资料收集、知识产权保护等方面展开合作，这不仅有助于提升湖北省的世界知名度和国际影响力，而且有利于将具有包容开放性的中国茶文化精神与晋商吃苦耐劳、诚信合作的商业精神弘扬于世界，提升中国文化软实力的影响力和国际话语权，巩固同万里茶道沿线国家人民的传统友谊，增进民心相通，从而为地区经济文化交流注入新活力。

作为万里茶道重要节点省份，湖北在中俄交往历史中有不可磨灭的功绩，如今湖北省将继续作为"一带一路"和"长江经济带"的重要支点在中国和世界舞台发挥作用。《湖北与中俄万里茶道》立足于湖北省，论证了其在中俄万里茶道的特殊地位，厘清了湖北省与万里茶道同"一带一路"的历史嬗变与现实联系。因此，全书不但对深入了解万里茶道的历史具有启发作用，而且对新时代下推动湖北与"一带一路"倡议、"长江经济带"发展战略对接，推进区域协同开放发展具有一定的实践价值，是一部研究万里茶道历史比较好的学术参考书。通览全书，其独特价值体现在以下四个方面。

（一）研究视角独特，选题立意深远

以往对万里茶道的研究是从国内的某一方面展开，尤其是对晋商的研究居多，而立足于新时代，尤其在"一带一路"国际经济文化合作的背景下，以湖北省在万里茶道中的角色定位为研究对象则是独辟蹊径。因此，刘再起教授的这一专著在全球化的视野下探讨湖北省与中俄万里茶道和"一带一路"的关系定位开创了一个新的研究领域。毋庸置疑的是，晋商曾在这条持续繁荣数百年的国际商贸通道中扮演了重要角色，但湖北省在万里茶道（特别是汉口至圣彼得堡段）中也发挥着不可替代的作用。从该书中我们可以看到，有着"东方茶叶港"之誉的汉口曾是世界茶叶贸易的中心，赤壁羊楼洞（包括湖南省的羊楼司）是万里茶道上青砖茶和红茶的主要茶源地之一，现宜昌的五峰、宜都等地都是万里茶道中宜红茶的重要茶源地和核心产区，襄阳则是万里茶道水陆联运的中枢城市。基于湖北省在万里茶道上拥有如此众多的重要节点和湖北省在万里茶道申遗工作中所体现的历史担当，因此，在开展万里茶道的研究时，离不开对湖北省在万里茶道中的历史和地位的探讨。马克思在《俄国的对华贸易》一书中指出：来自汉口的茶叶贸易使得中俄边境小镇恰克图变成了"沙漠上的威尼斯"。从这个角度来说，刘再起教授的专著是紧扣时代背景，立足湖北省和中国当下，选题立意深远，对新时代下湖北省与中俄万里茶道，特别是在"一带一路"倡议的背景下对相关历史和现实问题作了较深刻的研究，赋予开展中俄万里茶道研究和推进万里茶道申遗工作以强烈的现实意义和时代价值，为全面探讨中国南方，尤其是湖北省在万里茶道中的历史地位提供了新的研究思路与探讨的新路径。

（二）研究价值独到，理论实践兼顾

该书研究价值较为独到，既具备理论价值的高度，又具有实践价值的深度。笔者认为，全书最大的特色在于上搭"天线"，即对上服务于国家战略，服务于中、蒙、俄共同倡导的万里茶道申遗，通过万里茶道的研究和申遗促进"一带一路"背景下的"中蒙俄经济走廊"建设，扩展中、蒙、俄的经济发展空间，实现新时代的共同繁荣。在中、蒙、俄经济依存度日益加深的基础上，唤起人们对中、蒙、俄乃至中欧历史上经济文化交往的美好回忆，加强民心相通工程建设，促进"一带一路"沿线的国际经济文化合作。特别是在当前世界个别主要经济体逆全球化趋势升温，单边主义、贸易保护主义和民粹主义思潮盛行的背景下，推进万里茶道研究有助于中国全面深化改革和扩大对外开放，对推动形成中、蒙、俄经济协同发展与合作共赢的新范式，提升中、蒙、俄三边贸易投资便利化水平，加快区域经济一体化进程等具有重要的现实价值。

该书下接"地气"，专门讲述湖北省在万里茶道中的地位与作用，对以湖北为牵头省份的万里茶道申遗工作提供历史事实和理据的支持，推动湖北省向经济文化强省迈进，形成强大的文化凝聚力和文化传播力，为湖北省经济发展提供精神动力和文化条件；对通过万里茶道研究和申遗工作促进湖北省融入"一带一路"国际经济合作，加强国内区域经济文化联系提供一个新的平台，以点带面推动长江流域、黄河流域、华北平原和蒙古高原的经济旅游文化产业发展，对接国内多个发展战略具有重要意义。同时，茶产业和茶文化是中国特有的经济文化软实力，既承载着我们的民族精神和价值观，又符合新时代绿色发展的新理念。开展湖北省与中俄万里茶道研究，可带动湖北省茶产业的可持续发展，为其产茶地区的精准扶贫提供有力抓手。特别是该书通过对湖北省宜红古茶道历史的挖掘，将地区历史文化资源与茶产业相关资源整合，打造集地方民族特色、历史遗迹与原生态自然环境于一体的生态文化旅游经济圈，形成完整的"茶旅融合"产业链，对推动相关区域产业升级和经济发展，促进五峰县、鹤峰县等贫困地区实现精准脱贫具有现实价值。因此，该书对湖北省和中俄万里茶道研究的实践价值既接地气，又扩大了万里茶道的研究视野。

（三）研究内容丰富，历史现实并举

全书紧密围绕湖北省与中俄万里茶道的研究主题，立足扎实的文献基础，从中俄万里茶道的兴衰、湖北省在万里茶道的特殊地位、俄国史料中的湖北省与中俄万里茶道、万里茶道湖北段的五个重要节点城市和万里茶道的当代价值等方面展开研究，将湖北省与万里茶道的历史遗存和当代价值融合，显示了湖北省历史厚重又与时俱进的魅力。

刘再起教授不辞辛苦，大量查阅俄文历史档案，实地考察、遍访专家，搜集大量国内外学者对万里茶道的研究成果，取得了中俄茶叶贸易的数据与事实、获得了许多相关遗迹与文物等图片，这些有说服力的研究资料为该书的论点提供了坚实的材料支撑。这种历史现实并举的归纳与演绎的研究手法，不仅把万里茶道的研究推向深入，而且也显示了作者治学态度的严谨和学术、学养的深厚。

（四）研究材料新颖，创新特色明显

全书创新之处在于使用了大量俄国学者对万里茶道的研究成果和俄罗斯国家馆藏的历史文献资料。一段时间中苏两国曾如履薄冰的外交关系，导致中苏间文化交流甚少，直接受到影响的是被翻译成中文的俄国历史书籍和文献数量过少。

刘再起教授于21世纪初在俄留学深造，获得俄罗斯国际关系学博士学位，出版过俄文专著，并且在俄罗斯的学术期刊上发表过多篇论文，他还在国立莫斯科大学亚非学院兼职，对俄罗斯政治、经济、文化等领域都比较熟悉，常年致力于万里茶道与中俄两国茶叶贸易研究，积累了丰富的研究资料和经验。精通俄语的刘再起教授在俄罗斯的历史博物馆、国家档案馆和图书馆广泛阅读相关文献资料，做了大量前期研究工作，并长期同万里茶道研究领域的俄罗斯学者保持密切的学术交流，对这个持续了多个世纪的万里茶道（俄国段）发展历程与研究现状等了然于胸，能够为当前开展万里茶道研究提供充分的俄语史料支撑。

该书安排有专门章节对俄国史料中湖北省与中俄万里茶道进行详细阐述，征引了大量俄文历史档案资料，获得了详细而真实的万里茶道俄国部分的珍贵史料，为今后国内学者研究万里茶道俄国部分提供了较多素材，拓宽了国内学者对中俄万里茶道研究的视域。

简而言之，刘再起教授的专著《湖北与中俄万里茶道》，通过极具说服力的中俄文史料，努力克服了以往研究的地域和史料的局限性，以全球化的视野重新审视湖北省、万里茶道与"一带一路"内在的历史和现实联系、理论实践兼顾、运用实地调研和文献研究相结合的方法，在新时代"一带一路"视域下研究湖北省与中俄万里茶道的历史嬗变和现实，为经济学、历史学、国际问题研究等领域开展中俄万里茶道研究提供了重要的学术借鉴和学理支撑。

本文原载于《欧亚经济》2019 年第 6 期

论世界贸易组织在国际经贸关系发展中的作用

陈继勇

肖德教授撰著的《论世界贸易组织在国际经贸关系发展中的作用》一书 2002 年由中国经济出版社出版。该书是其主持的国家社会科学基金项目《世界贸易组织在国际经贸关系发展中的作用》的最终成果。全书内容丰富，论述严谨，结构紧凑。尤为可喜的是，作者充分利用国外学者的研究方法和成果，对 WTO 的影响进行了综合性的经验分析，并运用当代经济学理论，对 WTO 在国际经贸关系发展中的作用及其机制进行了多视角的分析。综观全书，有以下特点：

第一，内容丰富。首先，作者从历史的角度，全方位分析和总结了 GATT 的作用与局限性，指出 WTO 是经济全球化的必然产物。其次，以乌拉圭回合谈判为切入点，从市场准入和紧急贸易措施等 8 个方面系统地分析了 WTO 相对于 GATT 所取得的成绩与进步，以及存在的不足与缺陷。作者站在发展中国家的立场，客观公正地做出了颇有见地的评价，对于我们正确把握 WTO 的性质、坚定融入多边贸易体制的信念和迎接"入世"后的挑战无疑具有深刻的意义。再次，作者对实施乌拉圭回合的影响，进而对 WTO 在国际经贸关系发展中的作用进行了系统分析和理论阐述。同时，作者还简要地介绍了多哈部长会议。最后，作者分析了 WTO 面临的挑战及应对挑战的能力，全面总结了 WTO 在国际经贸关系发展中的作用，并对发展前景做出初步的预测。

第二，特色鲜明。从逻辑思路上看，由于 WTO 创立时间不长，仅孤立地考察 WTO 短暂的运行状况是不可能得出充分且有说服力的结论的。作者敏锐地意识到，必须把 GATT 和 WTO 紧密地联系在一起，从历史的角度来分析"世界贸易组织在国际经贸关系发展中的作用"，才能构成对这一主题的坚实逻辑支撑。从论证方法上看，在以往有关 WTO 的著述中，国外学者注重用建立模型的方法对单一领域进行经验研究，中国学者则主要从 WTO 规则的法律含义出发，进行一般性的分析与对策研究。要对 WTO 所涉及的庞大内容体系进行综合分析，以上方法有明显的不足。为给论证提供广泛的分析基础，作者一方面运用比较分析法，对 GATT 和 WTO 的历史条件、运行机制和运行状况进行了较为全面的对比分析，令人信服地指出了 WTO 产生的客观原因，以及相对于 GATT 所取得的成绩与进步；另一方面，作者运用辩证唯物主义的分析方法，从作用与局限、进步与缺陷、成绩与问题以及利益与挑战等多个方面一分为二地论述了 GATT/WTO 的作用、WTO 新议题对发达国家和发展中国家的影响。这对于我们完整地认识 WTO 和正确制定中国在新一轮多边回合谈判中的应对策略具有较高的参考价值。从分析手段上看，作者首先借鉴了国外学者相关研究的 13 种模型及其预测结果，以此作为分析 WTO 实施乌拉圭回合谈判结果对世界贸易和福利的影响及其分配状况的基础，并通过对各模型的综合分析得出相应的结论。其次，作者分别运用经济学理论，从国际分工与自由贸易、贸易政策相互优化与福利的帕累托改进、政治最优关税与效率、博弈决策与合作、制度安排与成本，以及主权让渡与心理因素等多个视角，较为全面地分析了 WTO 存在和发展的合理性及其增进世界福利水平的原因机制，同时也较好地解释了 WTO 仍要保留大量保护主义措施的理由。应该说，用经济学理论来解释 WTO 存在的合理性及其增进福利的原因的确是一件十分不易的事。其困难不仅仅在于经济学理论源远流长、错综浩繁、取舍难定，更在于如何找到经典理论与分析对象之间的逻辑交汇点。作者对此不仅做出较好的选择，还进行了精当的演绎分析，实属难得。

第三，观点务实。如何看待 WTO 及其作用是 WTO 研究的一个重要方面。事实上，对 GATT/WTO 在推动国际经贸关系发展中所发挥的巨大作用及存在的局限性，国内外各界人士早有认识，对此，作者对

GATT/WTO 在实际运行中所取得的成绩和存在的不足进行了全面的考察分析，并做了客观评价。尤为具有新意的是，作者对 WTO 作用与局限性的务实分析并没有仅停留在现象和现实的水平上，而是做了更深入的前瞻性的探讨。借助经济学理论分析，作者指出：WTO 的作用和局限内在地体现为 WTO 既以贸易自由化为原则，又包含大量保护主义措施；既追求更高水平的贸易政策互惠优化，又承认让步不对称的现实这样一种"囚徒困境"，而这又是各成员方客观存在权力配置不均、博弈实力不等、主权让渡有限和影响贸易政策制定与实施的因素多样化等多种现实的必然结果。

本文原载于肖德著《论世界贸易组织在国际经贸关系发展中的作用》，中国经济出版社 2002 年版

根植荆楚大地构筑学术圣殿

陈继勇

孟春时节，我们迎来了《江汉论坛》创刊 40 周年的生日。作为该刊的忠实读者和作者，笔者不仅为它的成熟、发展感到欣喜，而且为它 40 年来繁荣学术研究、扶持理论新秀所作出的艰辛努力表示由衷的感谢。

作为一份综合性理论刊物，40 年前，《江汉论坛》由中国共产党的创始人之一、卓越的马克思主义理论家李达教授主持创办，属中华人民共和国成立后国内创办最早的综合性学术理论刊物之一。40 年来虽饱经风雨，历经坎坷，但始终以马列主义、毛泽东思想和邓小平理论为指导，贯彻"双百"方针，发扬创新精神，根植荆楚沃土，浸润于传统文化的内蕴，既立足于基础理论研究，又关注现实问题的探讨，更着力于荆楚历史文化的挖掘，极大地推动了我国，尤其是我省的学术研究。党的十一届三中全会后，该刊善于抓住理论研究中的难点和现实生活中的热点、荆楚历史文化中的重点，不断拓展新领域，大力倡导新学派，特别在初级阶段理论、所有制改革、史学理论、楚文化和湖北近现代史研究、《水浒》研究等方面形成了自己的优势和特色，并以其高转载率和引用率跻身于国内同类期刊的前列，成为展示华中地区理论研究成果的一方重镇，为湖北社会和经济的发展作出了重要贡献，在国内外赢得了较高的声誉，是读者、作者可亲可敬的良师益友。

我们正处在世纪之交的关键时刻，已进入科教兴国的实施阶段，《江汉论坛》肩负着重要的历史使命。作为本刊的作者和读者，我们将一如既往地关心和支持我们自己的刊物；更对《江汉论坛》寄予厚望；继续以邓小平理论为指针，坚持理论联系实际，积极探索建设中国特色社会主义经济、政治、文化的发展规律，努力营造百家争鸣的学术环境，倡导科学严谨的学风，继续坚持为读者着想、为作者服务的办刊思路，提高品位，办出特色，更好地服务于两个文明建设。让《江汉论坛》在编者、作者、读者的共同努力下，在高起点的基础上向新的目标迈进。

本文原载于《江汉论坛》1998 年第 8 期

二、学术评介

读陈继勇新著《美国对外直接投资研究》

傅殷才

陈继勇教授的新著《美国对外直接投资研究》，是在其博士学位论文的基础上修改而成的。它作为《当代美国经济研究丛书》之一，于 1993 年由武汉大学出版社出版。这部著作以马克思主义为指导，全面、系统地论述了美国对外直接投资的发展及其原因和特点，美国对外直接投资对本国、东道国和世界经济的影响，美国对华直接投资等问题，观点具有创见性，既有学术价值，又有现实意义，很值得一读。

一

该书以马克思主义经济理论包括列宁的帝国主义论为指导，来研究美国对外直接投资的各个方面。

陈继勇教授坚持马克思主义，确认"美国跨国公司是美国垄断资本主义高度发展的产物"，跨国公司是通过对外直接投资，在国外设立分支机构和子公司，从事世界规模的生产、销售或其他经营活动，以获取高额垄断利润的国际性垄断企业。这种观点是完全正确的，大家知道，现代资本主义最深厚的基础，它的经济实质，就是垄断组织占统治地位。列宁写道："帝国主义就其经济实质来说，是垄断资本主义。"正是这一点，决定着帝国主义所有的经济和政治特征。现代资本主义经济史表明，垄断组织的形式，它的统治方法，帝国主义基本特征的具体表现，都发生了相当大的变化。我们要看到这一点，并应当对其进行认真的分析。但是，决不能忘记，20 世纪的资本主义曾经是，现在仍然是垄断资本主义，它的根本实质，同列宁所处的时代是完全一样的。该书所以令人信服，所以有力量，就是由于坚持了马克思主义的这种科学的观点。例如，在论述美国对外直接投资对美国经济发展的影响时，该书作者是以列宁的资本输出理论为依据的，明确指出，"美国海外直接投资，对于美国来说，所获得的经济利益是主要的"，并引用了列宁的这样一段著名论断："输出资本的国家，几乎总有可能获得相当的'利益'，这种利益的性质也就说明了金融资本和垄断组织的现代特性。"

值得指出的是，该书并不拘泥于马克思主义的既有材料和具体结论，还利用了大量的外文资料，吸取了当代西方国际直接投资理论的一些成分，实事求是地说明了美国对外直接投资的新现象、新趋势。这样做是完全符合马克思主义的，因为在列宁看来，西方资产阶级经济学家在实际的专门研究方面是有成就的，"在研究新的经济现象时，如果不加以利用，就不能进一步"。在列宁的伟大著作《帝国主义是资本主义的最高阶段》中，表明生产集中产生垄断、金融寡头的形成与统治、资本输出的飞快发展、和资本家同盟、和列强分割世界等的统计数字和事实材料，无不是从资产阶级经济学者的著作中或西方政府的统计资料中引来的。我们可以看到，在《美国对外直接投资研究》这部著作中，正如作者的导师郭吴新教授在《序》中所说的，"运用了系统的、全面的、长期的统计资料，特别是美国的统计资料，以及大量外文书刊的分析资料和能说明有关问题的典型材料，具有资料丰富、论据充实、说服力强的特点"。

二

该书全面而系统地论述了美国对外直接投资，如系统考察了美国南北战争结束后 100 多年来对外直接投资的发展变迁，包括投资规模、增长速度、地区配置、部门结构、投资方式、资金来源和在国际直接投资中地位的变化等问题；深入剖析了第二次世界大战后美国对外直接投资空前发展的原因，以及美国政府从立法和有关政策方面为海外投资所创设的必要条件；依次论述了美国对发达国家和发展中国家（地区）直接投资的变化及其特点；详细研究了美国对外直接投资在各方面所起的作用，即分别论述对美国自身的经济、对投资对象国即东道国经济以及对整个国际经济的影响；专门探讨了美国对华投资的现状及存在的问题，并提出了加强引进美资工作的对策建议。十分明显，对这些问题的研究和了解，不仅对研究国际直接投资问题是重要的，而且对研究美国经 济和整个世界经济也是有裨益的。

该书的特点，还在于重点突出，概括得当，如把第二次世界大战后美国对外投资抽象概括为与战前不同的 8 个新特点与新趋势：（1）对外直接投资的规模成倍扩大，增长速度大大快于战前，并始终保持着世界第一大直接投资国地位；（2）对外直接投资的地区配置发生明显倾斜，投资的地区重点由以发展中国家为主转向以发达国家为主；（3）对外直接投资的部门结构日益高级化，由以农矿初级产品为主转向以制造业和服务业为主；（4）对外直接投资的股权参与方式日益多样化，在不同时期、不同行业、不同类型国家表现出不同的发展趋势；（5）在海外子公司的建立方式上，新建与收购两种投资方式在不同类型国家和不同行业也表现出不同的发展趋势；（6）对外直接投资的资金来源结构发生重大变化，从以汇款投资为主转向以子公司的利润再投资为主；（7）20 世纪 60 年代以来，在国际直接投资中所占比重开始大大下降；（8）80 年代以来，美国由世界上最大的直接投资净输出国变为直接投资净输入国。上述特点的概括，不仅使读者一目了然，而且较之目前一般的概括更为全面，从而可以加深我们对美国对外直接投资的认识。

三

该书用大量篇幅对美国对外直接投资的经济影响所作的分析，是比较成功的和具有特色的。

首先，分析了美国对外直接投资对美国经济发展的影响。从整体和长期角度看，美国对外直接投资的迅速发展对美国经济产生了重大影响。这表现在丰厚的利润加强了美国垄断资本的实力，表现在有利于美国跨国公司抢占国际市场，有利于促进美国产业结构的升级与调整，有利于促进美国就业结构的调整，有利于美国生产资源的优化配置和原材料的供应。无怪乎美国垄断资本热心于对外直接投资，积极向外经济扩张。

其次，分析了美国对外直接投资对东道国经济发展的影响。这种影响是二重性的，既有积极的作用，也有消极的作用，大致情况如下：

（1）一般来说，美国跨国公司的海外直接投资对东道国解决资金短缺和经济增长有着不可忽视的积极作用；但另一方面，在某种情况下，跨国公司凭借其优势，反会夺走当地有限的资金，从而加重当地企业资金的困难。

（2）第二次世界大战后，美国跨国公司海外直接投资的迅猛发展，在一定程度上促进了东道国的技术进步，但同时也引起了不少矛盾和问题，如美国为了摆脱经济停滞和获得较高的利润，为了转嫁环境污染和在国内发展新技术部门，还在推行一种"新的国际分工"即进入所谓"产品周期"学说的第四阶段，把它的一部分陈旧过时的或所谓"夕阳"工业转移到发展中国家。该书明确告诉我们，"美国跨国公司是决不会把最先进的高技术转让给东道国的（不管是发达国家，还是发展中国家）。在科学技术日新月异的情况下，美国跨国公司设备技术更新换代的周期缩短了。它们首先把那些耗能高、工效低的设备及污染严重的工厂，转移到发展中国家"。

（3）美国跨国公司对外直接投资对东道国的就业产生不可忽视的影响，在一定程度上增加了东道国的就业机会，缓解其高失业率。

（4）从短期看，美国跨国公司对外直接投资可以弥补东道国的外汇缺口，但从长期看，对东道国的国际收支将产生消极影响。至于对国民收入来说，则有着积极影响，它不仅使东道国增加税收，而且使其闲置的资源（如失业人口和其他资源）得到充分运用，促进其经济发展，增加其国民收入。

（5）美国跨国公司在东道国的大量投资，不能不在一定程度上损害东道国的某些经济自主，许多经济部门被美国垄断资本所控制，加剧其经济发展的不平衡性和不稳定性。

（6）美国跨国公司在东道国投资设厂，对东道国的社会政治亦有不可低估的影响，使其社会问题日益突出，环境污染严重，生态遭到破坏，等等。

最后，美国对外直接投资对国际经济产生深远影响，其主要表现为：（1）促进新的国际生产结构的建立，形成世界范围内较优化的要素组合，提高世界总效益；（2）扩大国际贸易的流量和领域；（3）加快国际资本的流动。

可以看出，该书关于美国对外直接投资对美国、东道国和世界经济的影响的分析是很深刻的。它启迪人们，一个国家在引进外国直接投资时必须全面考虑和权衡利弊。

四

该书在全面、系统分析了美国对外直接投资以后，把美国对外直接投资同我国的改革开放政策联系起来，考察了美国对华直接投资的迅速发展及其主要特点，分析了目前存在的主要问题。在此基础上，作者得出了一个重要结论："90年代美商对华直接投资能否有一个大发展，这除了要受国际经济发展的大环境和美国对华政策的制约外，关键在于我们能否在不断深化改革、扩大开放的前提下，审时度势，扬长避短，趋利避害，认真总结10多年来我们引进美资的经验教训，有的放矢地采取一些得力措施，以促进美商对华直接投资的快速发展。"为此，作者提出了以下建议：

（1）进一步提高对引进美国对华直接投资的重要性的认识。吸引美商对华直接投资，不仅仅是为了吸收经济建设资金，更重要的是为了吸收美国的先进的企业管理经验和先进技术，以提高我国国民经济整体素质。

（2）深化经济体制改革，完善投资环境，增强美商对华直接投资的区位优势。

（3）改善和加强"三资"企业的内部管理，尊重美商投资企业的经营自主权，保护投资者的合法权益。

（4）培育和发展金融市场，搞好金融配套服务和其他服务，具体协调解决美国在华"三资"企业经营中遇到的各种融资问题。

（5）加强对引进美商直接投资的宏观调控，合理引导投资流向。

我们认为，这种理论联系实际和有的放矢的方法是可取的，提出的政策建议是有根据的，可供有关部门参考。

通观全书，我们认为，该书体系完整，结构严密，材料详实，内容丰富，观点鲜明，是一部研究美国对外直接投资的佳作。但美国对外直接投资的理论与实际牵涉面广，内容复杂，该书并未穷竭一切问题，作者自己在《前言》中也指出，这只是一个阶段性的研究成果，在今后的教学和科研工作中，将继续对这一领域进行深入的研究。我们希望，作者同经济学界一道，在理论深度、研究方法、政策主张等方向取得更大的成就。

本文原载于《世界经济》1993年第11期

一部研究美国对外直接投资的力作

——评陈继勇教授《美国对外直接投资研究》一书

谢　康

最近，我有机会拜读了武汉大学经济学院副院长陈继勇教授的新作《美国对外直接投资研究》（以下简称《研究》），收获颇大。正像陈继勇博士导师郭吴新教授在该书序中所述："这本著作是国内世界经济界第一部篇幅较大的、系统而全面地研究美国对外直接投资的专著。"《研究》一书以马克思主义资本输出理论为指导，吸收当代西方国际直接投资理论的合理成分，在对大量实际材料分析的基础上系统地概括了一百多年以来美国对外直接投资的基本内容，特别是结合近十几年来美国对外直接投资出现的新现象、新动向和新趋势，作出了新的论述，给人一种耳目一新、受益匪浅的感觉，值得向学术界、经济界推荐。

一、该书全面论述了美国对外直接投资的基本框架和内容

第一，作者叙述了美国对外直接投资的发展及其主要特点，在简略回顾第一次世界大战以前和两次世界大战之间的美国对外直接投资概况之后，着重从八个方面论述了美国在第二次世界大战以来的对外直接投资情况。

第二，作者从生产力、生产关系和上层建筑三个角度分析了第二次世界大战后促进美国对外直接投资空前发展的原因。从生产力、生产关系方面来看，科技革命的蓬勃发展，国际分工的日益深化，为美国对外直接投资的迅速发展提供了可能性和重要的条件；相对过剩资本的存在是美国对外直接投资的物质基础和必要前提；追逐高额垄断利润是美国进行对外直接投资的根本动力；美国跨国公司对国际生产和销售市场实行控制和争夺成为美国进行对外直接投资的重要推动力量；跨国公司拥有的各种垄断优势是美国实行对外直接投资的经济基础。在上层建筑方面，书中特另辟一章阐述美国政府对海外直接投资的支持、保护和保证作用。

第三，作者论述了美国对发达资本主义国家和发展中国家和地区的直接投资，既概括了美国对这两类国家直接投资发展和变迁的一般特点，同时也从国家和地区角度阐述了美国对欧洲、加拿大、日本、澳大利亚、新西兰、南非、拉美、亚太和非洲等国家和地区的直接投资情况。材料详实，重点突出。

第四，作者论述了美国对外直接投资对投资国美国本身、东道国和国际经济发展的影响和作用。

第五，作者联系中国改革开放的实际，有针对性地剖析了美国对外直接投资的现状、特点、发展趋势、存在问题和对策建议。

二、该书从上层建筑角度重点论述了美国政府
对海外直接投资的支持、保护和保证作用

国内有关跨国公司的书籍一般从科技革命发展、高额垄断利润攫取和世界市场开拓等经济因素来阐述美国对外直接投资迅速发展的原因，《研究》一书则从"美国政府对海外直接投资的立法、鼓励政策与措

施"来论述美国对外直接投资，这在国内尚属不多，值得我们在研究世界各国对外直接投资时思考。

美国虽然是以私人资本为主的国家，但私人资本是与国家垄断资本交错在一起的，并且得到了国家垄断资本的支持和保证。由于私人海外直接投资比国内投资要遭受更多的风险（包括政治、自然灾害和商业风险），美国私人垄断公司越来越要借助国家的权力直接干预经济生活，以保证这些公司获取最大的利润。

美国政府为支持和扶持美国私人资本对外扩张，在法律、政策和渠道上采取了一系列措施。在法律方面，美国政府先后签订了美英贸易和金融协定、经济合同法、对外援助法、肯希卢泊修正案、冈扎勒斯修正案等文件，与100多个国家和地区签订有关投资保险、投资保护的双边协定；在政策方面，美国政府一贯提供包括所得税和关税内容的纳税优惠；在资金筹措渠道方面，美国政府支持开设美国进出口银行和美国海外私人投资公司，并以政府援助为先导，为美国私人资本输出大量涌入受援国打开通道。《研究》一书除了对以上情况作了全面介绍外，还对美国海外投资保证制度的演变、基本内容及特点积极作用等进行详细的阐述。

三、该书从比较角度论述了美国对发达国家和发展中国家直接投资发展的变迁过程和特点

第二次世界大战后，美国对发达资本主义国家直接投资速度大大快于战前，投资规模呈现成倍扩大的趋势。发达资本主义国家在美国对外直接投资中的地位已高于发展中国家。美国对发达国家直接投资的地区由20世纪50—60年代的加拿大转向70年代以后以西欧国家为主。美国对这些国家的投资行业以制造业为主，服务业投资呈上升趋势，第一产业的投资比例逐步下降。美国对发达国家的资金来源已由以汇款为主转向以利润再投资为主。

美国对发展中国家直接投资的速度虽然也明显加快，但呈现不稳定的状态，并在美国对外直接投资中的地位下降。拉丁美洲虽仍是美国对发展中国家直接投资的重点地区，但所占比重不断下降，亚太地区所占比重则迅速上升，日益成为美国对全球直接投资的"热点"。美国对发展中国家直接投资方式以独资为主，合资合作形式为辅；在企业进入方式上，以建立新企业方式为主，兼并与收购方式为辅。该书专门列出两章叙述美国对发达国家和发展中国家直接投资，有利于我们通过比较与对比，深入理解美国直接投资的全球战略动向及其在世界的区位格局。

四、该书正确阐述了美国对外直接投资对东道国和国际经济发展的影响

毫无疑问，美国对外直接投资对美国经济发展本身来说利大于弊，否则美国公司也不必背井离乡去国外闯荡冒险了。问题是如何看待美国对外直接投资对东道国和国际经济发展的影响。我认为，作者清晰和辩证地阐明了东道国接受美国直接投资后所受到的利益和损失之间的关系。在60年代，联合国曾多次批评跨国公司，并为控制跨国公司的活动制订出种种行为准则。现在，联合国改变了自己的看法，相反，用很多的时间和精力劝说一些国家正确对待跨国公司，并向这些国家提供接纳跨国公司的建议。对此，陈继勇教授从理论的高度剖析了跨国公司第二次世界大战后得以迅速发展的经济现象，深刻地阐述了跨国公司给各国经济发展和世界经济一体化所带来的积极作用。

《研究》一书列举大量事实说明美国对外直接投资有利于东道国资本形成和经济增长，有利于东道国产业结构调整和技术进步，有利于东道国的人民就业和政府税收。但是，事物发展总是具有两面性。美国直接投资对东道国的国际收支在短期内会有积极作用，但长期看，则会产生消极影响，同时也会对东道国的经济自主、环境保护，甚至政治稳定带来不可低估的影响。这就给东道国提出了一个严肃的课题：如何在吸引跨国公司投资的同时，避免和克服这些不利因素。从世界经济活动来看，美国全球直接投资的正面作用远远大于负面影响，因为它促进了新的国际生产结构的建立，扩大了国际贸易的流量和领域，加快了

国际资本的流动和世界经济一体化的发展进程，有利于各类资源在世界范围内的有效配置。

五、该书联系我国实际阐明了美国对华直接投资的现状及其发展趋势

虽然书中有关美国对华直接投资的篇幅不多，但作者对美国在中国的直接投资的特点、重要性及其存在的主要问题作了高度概括，同时，作者还就深化经济体制改革和完善投资环境、改善和加强"三资"企业宏观调控和内部管理等方面提出了引进美资的对策和建议。1993 年的西雅图会议的召开，是美国对亚太地区包括对华直接投资，在美国全球直接投资中的地位得到确认和增强一个重要标志。为此，我们要抓住这一机遇，加快吸引美国大型跨国公司和银行来沪，以引进先进技术和巨额资金。

近几年来，国家间直接投资和间接投资发展迅速。美国在对外直接投资的同时，又加快吸引国外资金来美国国内投资。正如作者所指出的那样："80 年代以来，美国由世界上最大的直接投资净输出国变为直接投资净输入国。"这种反向走势的经济现象如何加以解释？美国吸引外资的增加对美国国际直接投资地位变化究竟将起什么作用？美国如何在国内大量贸易赤字和财政赤字的情况下继续发展对外直接投资？我想，这也许可以成为作者下一个阶段研究美国对外直接投资的一个重点。我们期待陈继勇同志有更多的佳作出版问世，在学术界产生更多的影响。

本文原载于《世界经济研究》1994 年第 3 期

《美国对外直接投资研究》评介

学 晓 李 平

武汉大学经济学院副院长陈继勇教授的新著《美国对外直接投资研究》一书，日前已由武汉大学出版社正式出版发行，全书约有 28.3 万字。在国内世界经济学研究领域，尤其是有关当代美国对外直接投资方面，堪属较为翔实、系统的一部力作。该书是著者在其博士学位论文的基础上精心加工而成的。在完成论文到成书出版期间，著者对美国的对外直接投资做了较长时间细致、潜心的研究，部分研究成果已先后见诸各类经济学刊物。

第二次世界大战后，跨国公司的迅猛崛起早已成为世界经济一支异军突起的力量。随着世界经济的全球化、一体化，国际直接投资对战后世界经济的恢复和发展乃至持续增长都起到了不可磨灭的作用。战后，美国经济实力得到了进一步的充实。战后初期，美国曾拥有资本主义世界工业产值的 53.4%、出口贸易的 32.4%、黄金外汇储备的 74.5%，独享了世界第一资本输出大国的好处。随着第三次科学技术革命的到来，资本主义世界政治经济的发展有所失衡，生产和资本的国际化向纵深发展。在此过程中，由于美国国际经济地位的日益削弱，80 年代以来其对外直接投资的地位也骤然下降，由世界最大的直接投资净输出国转而成为直接投资的净输入国。著者对上述情况做了比较深入的剖析，从中揭示了美国对外直接投资的历史性变化趋势，具有深远意义。

全书共含前言、结束语和正文九章。

第一章著者运用历史比较的方法，分别就第一次世界大战以前、两次世界大战之间和第二次世界大战以后三个时期，系统考察了美国近 100 年以来对外直接投资的历史变迁，比较深刻地分析了其投资规模、增长速度、地区配置、部门结构、投资方式、资金来源和在国际直接投资中的地位等问题。

第二章著者重点就第二次世界大战后美国对外直接投资空前膨胀的原因进行了探讨并指出：科技革命的蓬勃发展、国际分工的日益深化为美国对外直接投资的迅速发展提供了可能性和重要条件；相对过剩资本的存在是美国对外直接投资的物质基础和必要前提；对高额垄断利润的追逐是美国对外直接投资的根本动力；美国跨国公司对国际生产和销售的控制、争夺是美国对外直接投资的重要推动力量；跨国公司拥有的各种垄断优势是对外直接投资的经济基础。

著者的研究并不拘泥于上述理论分析之上，在第三章著者对美国的对外直接投资进行跨学科的剖析，从美国海外直接投资保证制度的立法角度、美国政府对私人海外投资的鼓励政策和措施的政策角度，分别做了深层的说明，指出上述两方面也是其对外直接投资发展的必要条件和基本保障。

在第四、第五两章中，著者分别就美国对发达国家和发展中国家直接投资的历史沿革和特点做了比较全面的总结。对发达国家分析的结果表明：美国对发达国家直接投资的增长速度大大快于第二次世界大战前，并且具有明显的阶段性特征；投资规模急剧扩大并呈倍增趋势；发达国家在美国对外直接投资中的地位显著提高并占据主导地位；美国对发达国家的直接投资，20 世纪 50—60 年代主要以加拿大为主，70 年代以来其重心倾向于西欧各国；其对外直接投资主要以制造业为主、服务业为辅；70 年代以前其资金来源主要以汇款为主，70 年代以后主要依赖于利润再投资。美国对发展中国家和地区直接投资的速度虽明显快于第二次世界大战前，却大大低于对发达国家直接投资的速度，而且这种增长速度还呈现出明显的周期性；美国对发展中国家和地区直接投资的规模虽然有所扩大，但在美国对外直接投资中的地位却逐渐下降；拉美始终是美国对发展中国家和地区直接投资的重点对象，但所占比重却有所下降，亚太地区（包括中东）所占比重反而不断上升、日益成为美国对外直接投资的"热点"，非洲所占比重经历了一个由升到降的过程；制造业在美国对发展中国家和地区外直接投资中所占比重急剧提高，现已稳居首位，采矿业、石油业等初级生产部门的相应地位逐步下降，铁路、公共工程、农业等部门的比重急剧下降，服务业的比重呈上升趋势；同样地，美国对发展中国家和地区的直接投资，也经历了一个由汇款 投资为主逐渐转向以利润再投资为主的过程。

在以上基础上，著者在第六、第七章中，进一步阐述了美国对外直接投资的影响。其中，对美国自身经济发展的有利方面有：来自海外直接投资的丰厚利润增强了美国垄断资本的实力，其大规模的发展有利于本国的跨国公司抢占国际市场、促进国内产业结构的升级和调整等。继而，著者又辩证地从经济、政治、社会等诸方面对美国对外直接投资对东道国的影响做了比较全面的透视。最后，著者从全球的高度对此做了整体涵概，指出：美国的对外直接投资事实上促进了新的国际生产结构的建立，扩大了国际贸易的流量和领域，加快了国际资本的流动。

在最后一章，著者从中国的现实出发，在科学地考察了美国对华投资的现状和利弊分析的基础上，提出了相应的政策性建议。全书独到之处概括起来有以下几个方面：

其一，兼收并蓄，相映成辉。由于直接投资的有关理论散见于当代西方经济学的各个方面，而且不时地要涉及诸如国际贸易、国际金融等外延理论，由此可见著者宽广的知识面和灵活驾驭理论工具的高超水平。此外著者亦能将马克思主义经济学之经典理论与西方经济学相应理论巧妙地结合起来，穿插运用于立论和行文之中，既不失之于勉强，又不失之于偏颇，可见其学贯中西的大家风范。

其二，纵横交议，立意深远。马克思主义的经典理论除了对该领域的研究有直接的理论贡献外，还有无形的、间接的指导意义。著者在该书中已成功地将之融入行文之中，实现了史论比较完美的结合，即逻辑性和历史性的一致，从而使得著者在把握历史的基础上、比较充分地展现了现实、科学地展望了未来。此外，在本书中，著者在充分掌握有关史料的基础上，由点到面、层层剖析、步步演绎，既突出了纵向概括的重要性，同时也充分发挥了横向展开的有效性。正是在这种行文基础上，才使得著者能就现实问题，尤其是中国问题做出有的放矢的研究。

其三，资料翔实，系统全面。著者立著期间曾系统地研读了近百种中英文书刊，极大地丰富了该书的内涵和外延。除了融会贯通，著者经常推陈出新、另辟蹊径，表现出较强的创新意识。该书就典型性和全面性在系统论述中的处理而言，也是独具匠心的，特别是在第四、第五章，合理的行文结构大大加强了论证的清晰度。

总之陈继勇教授的这部新著可谓探讨美国对外直接投资的一部力作。该书的问世不仅有利于国内学术界对该领域的进一步研究，同时对我国也有现实的指导意义。我们衷心地期待该书能给更多的同仁发挥抛金引玉的作用。

本文原载于《国际经贸研究》1995 年第 2 期

探讨美国对外直接投资的一部力作

——评陈继勇新著《美国对外直接投资研究》

沈祖良

由武汉大学出版社出版的《美国对外直接投资研究》，是武汉大学经济学院副院长、博士生导师陈继勇教授在对美国海外直接投资问题作了较长时间的潜心探索的基础上推出的一部力作。通观全书，我认为有如下六大特点：

第一，高屋建瓴，立论科学。作为当代最发达的资本主义国家美国，作为世界上最大的对外直接投资国和对世界经济的发展具有重大影响的美国，其对外直接投资问题，可谓纷繁复杂。研究这一问题从何处着眼？如果不把握一个高屋建瓴、科学立论的透视点，容易导致要么如瞎子摸象，要么如雾里看花，甚至得出偏颇或错误的观点而误导读者。陈继勇教授坚持以马克思列宁主义的经济理论（如列宁的资本输出理论）为指导，汲取了当代西方国际直接投资理论（如垄断优势论和国际生产综合理论）的一些合理成分来分析美国对外直接投资的原因、历史、现状、特点及其前景，从而使全书观点正确、立论得当，使其论述显得有力量，有理论深度，使人信服。

第二，视野广阔，纵横结合。作者研究美国对外直接投资，不是就事论事，而是把它置于世界经济整体背景中，置于国际经济一体化的总趋势中，置于全球各种类型国家的错综复杂的关系中去探讨。该书从纵的方面，考察了美国南北战争结束后100多年来对外直接投资的发展与变迁；从横的方面，分别分析了美国对欧洲、加拿大、日本、澳大利亚、新西兰等发达资本主义国家的直接投资；美国对拉丁美洲、亚太和非洲发展中国家（或地区）的直接投资，这明显地体现了纵向考察与横向分析相结合的特点。

第三，体系合理，构架完整。全书包括前言和九章正文。第一章系统考察了美国对外直接投资的发展变迁；第二、三章从理论和立法、政策方面深入剖析了第二次世界大战后美国对外直接投资发展的原因和条件；第四、五章依次论述了美国对发达国家和发展中国家（地区）直接投资的变化及其特点；第六、七、八章详细研究了美国对外直接投资对其自身经济，对东道国经济及对整个国际经济的影响；最后一章即第九章专门探讨了美国对华投资的现状及存在的问题，并提出了加强引进美资工作的对策建议。这种多维分析，有序递进的严谨的体系结构，体现了由局部到整体、历史与逻辑的一致。

第四，重点突出，概括得当。该书把美国第二次世界大战后对外直接投资归纳为八个新特点与新趋势：（1）规模成倍扩大，增长速度加快，并始终保持世界第一大投资国地位；（2）投资的地区发生明显倾斜，由以发展中国家为主转向以发达国家为主；（3）投资的部门结构日益高级化，由以农矿初级产品为主转向以制造和服务业为主；（4）投资的股权参与方式日益多样化，在不同时期、不同行业、不同国家表现出不同的发展趋势；（5）在海外子公司的建立方式上，新建与收购两种投资方式在不同国家、不同行业亦呈不同的趋势；（6）投资资金来源，从以汇款投资为主转向以子公司的利润再投资为主；（7）60年代以来在国际直接投资中所占比重大大下降；（8）80年代以来美国已由世界上最大的直接投资净输出国变为净输入国。这种概括，既重点突出，又使读者一目了然。

第五，实事求是、一分为二的科学态度和辩证分析方法。作者以实事求是的科学态度，对美国对外直接投资的影响，尤其是对东道国经济二重影响作了精彩的辩证分析。（1）一般来说美国跨国公司的海外直接投资对东道国解决资金短缺，促进经济增长有积极作用；但在某种情况下也有吸收当地储蓄，夺走当地资金，加重东道国资金困难的消极作用。（2）美国海外直接投资在一定程度上促进东道国的技术进步和产业结构的升级调整，但同时也将其耗能高，工效低的陈旧过时或所谓"夕阳工业"转移到发展中国家（或地区）。（3）在一定程度上增加了东道国的就业机会，其创造的间接就业机会大于直接就业机会。（4）对东道国外汇收支，从短期看可以弥补其外汇缺口，但从长期看将起消极作用。（5）在一定程度上损害了东道国的经济自主，许多经济部门被美国垄断资本所控制，加剧了本国经济发展的不平衡性和不稳定性。（6）对东道国社会政治方面的负面影响，使其社会问题日益突出，环境污染严重，生态遭到破坏等等。

第六，理论联系实际，建议有的放矢。作者在对美国对外直接投资进行了全面系统的规范研究的基础上，落脚到美国对华投资的实证研究。在分析了美对华投资的现状、主要特点和存在的问题之后，得出了"90年代美商对华直接投资能否有一个大发展，这除了要受国际经济大环境和美国对华政策的制约外，关键在于我们能否不断深化改革，在扩大开放的前提下，审时度势，扬长避短，趋利避害，认真总结10多年来我们引进美资的经验教训，有的放矢地采取一些得力措施，以促进美商对华直接投资的快速发展"的重要结论，并为此提出了可供有关部门参考的五条对策建议：（1）必须进一步提高对引进美国对华直接投资的重要性的认识，这是促进美国对华直接投资迅速发展的重要前提；（2）深化经济体制改革，完善投资环境，增强美商对华直接投资的区位优势，这是吸引美国对华直接投资的基础；（3）改善和加强"三资"企业的内部管理，尊重美商投资企业的经营自主权，保护投资者的合法权益，这是吸引美国来华直接投资的根本措施；（4）培育和发展金融市场，搞好金融配套服务和其他服务，具体协调解决美国在华"三资"企业经营中遇到的各种融资问题，是办好现有美资企业的可靠保证；（5）加强对引进美商直接投资的宏观调控，合理引导投资流向，以促进我国的现代化建设。

总之，我认为这部著作是国内世界经济学界第一部篇幅较大的全面而系统地研究美国对外直接投资的专著。该书观点鲜明，内容丰富，结构严密，体系完整，资料翔实，论证充分，是一部研究美国对外直接投资的力作，具有相当高的学术价值和较大的现实意义，很值得一读。

本文原载于《武汉大学学报（哲学社会科学版）》1994年第6期

《国际直接投资的新发展与外商对华直接投资研究》简评

郭吴新

武汉大学博士生导师陈继勇教授等学者的新著《国际直接投资的新发展与外商对华直接投资研究》一书，由人民出版社于 2004 年 2 月出版。该书是陈继勇教授主持的国家社科基金项目《外商直接投资对我国经济的影响、经验总结、前景展望》和教育部哲学社会科学跨世纪优秀人才基金项目《外商对华直接投资研究》的最终成果。

全书以经济全球化为背景，以对国际直接投资发展历程的回顾为出发点，深入探讨了影响国际直接投资发展变化的主要因素、机理，以及 20 世纪 80 年代以来影响国际直接投资发展主要因素的变化，国际直接投资发展出现的新特点和新趋势，国际直接投资对投资国、东道国及世界经济的主要影响及影响的主要途径等。在充分把握 20 世纪 80 年代以来国际直接投资发展的一系列重大问题的基础上，结合中国改革开放以来经济发展的实际，重点分析了影响外商对华直接投资发展变化的主要因素、发展的主要特点以及外商对华直接投资对我国经济发展的影响，全面总结了我国利用外商直接投资的主要经验，为我国在新形势下努力提高对外开放水平提出了一系列有针对性的对策建议。

该书主要有如下显著特点：第一，分析视角开阔，研究重点明显。经济全球化的快速发展和中国对外开放的不断深化密不可分，因此 20 世纪 80 年代以来国际直接投资的新发展与外商对华直接投资的不断加强紧密相连。作者以这两点作为本书的研究对象。本书的研究内容主要分成两部分，一是国际直接投资的新发展。作者首先从回顾国际直接投资的发展历程入手，通过对比分析重点研究了 20 世纪 80 年代以来国际直接投资发展的五大新特点，然后分析了国际直接投资的主体跨国公司发展的新特点、动力机制和引力机制、跨国公司直接投资的宏观调控与国际协调机制以及跨国公司海外直接投资的经济效应。二是外商对华直接投资。作者首先分析了在国际直接投资大发展的背景下 20 世纪 80 年代以来外商对华直接投资的发展历程，重点分析了外商对华直接投资的主要特点、外商对华直接投资对中国经济发展的影响、中国利用外商直接投资的主要经验、问题和对策，最后分析了在新世纪新形势下中国坚持实施"引进来"与"走出去"相结合战略，全面提高我国对外开放水平的重要性和必要性、存在的困难和对策。

第二，研究注重历史，理论侧重前沿。国际直接投资和外商对华直接投资活动都是动态发展的，而且受国际经济环境变化的影响较大，具有很强的易变性。本书的作者对国际直接投资和外商对华直接投资的研究也采取动态分析方法，从国际直接投资和外商对华直接投资以及跨国公司的发展历史入手，在注重历史发展经验总结的同时，更注重它们发展的新特点和新趋势的探讨，以期对未来国际直接投资和外商对华直接投资的发展动态进行预测。所以，本书的作者在研究 20 世纪 80 年代以来国际直接投资和外商对华直接投资的发展、跨国公司的经营发展战略以及我国实施"引进来"与"走出去"相结合战略时，更注重对理论前沿问题的分析和探讨。

第三，研究方法科学，定量分析突出。国际直接投资和外商对华直接投资研究一般以传统的定性分析为主，多用逻辑推理的手段对国际直接投资现象进行解释或对国际直接投资的发展趋势做出预测。本书除了充分运用这种传统的定性分析方法的优势，更注重研究方法的多样性、现代性，特别是将现代运用较多的、具有说服力的计量经济学的分析方法，用于国际直接投资和外商对华直接投资研究之中。在分析 20

世纪 80 年代以来国际直接投资发展的新特点和外商对华直接投资发展的主要特点时，大量运用经济统计的分析方法和图表对比的分析方法；在分析跨国公司直接投资的动力机制和引力机制时，大量运用几何图形的分析方法；在分析国际直接投资对世界经济发展的影响和外商对华直接投资对中国经济发展的影响时，较多地运用计量经济模型进行分析。该书研究方法的科学性和多种方法灵活使用，使作者的研究观点具有很强的说服力，并在经验分析上得到了有力支持。

第四，理论联系实际，分析总结全面。国际直接投资和外商对华直接投资具有很强的实践性，所以本书的每个研究观点都注重实践对理论的支持。在分析 20 世纪 80 年代以来国际直接投资和外商对华直接投资的新特点时，作者以大量经济活动的实践数据为研究结论的得出提供了坚实的基础。分析总结全面也是本书的另一大特色，对于国际直接投资和外商对华直接投资已有的研究成果，该书更加注重理论总结的全面性。例如在研究 20 世纪 80 年代以前国际直接投资的发展、跨国公司的定义、类型与特征、西方学者对跨国公司直接投资动力机制和引力机制的分析以及国际直接投资政策的概述时，作者在充分吸收已有研究成果的基础上，采用了全新的分类方法进行全面总结。

本文原载于《世界经济》2004 年第 6 期

评《国际直接投资的新发展与外商对华直接投资研究》

夏振坤

武汉大学博士生导师陈继勇教授等学者的新著《国际直接投资的新发展与外商对华直接投资研究》于 2004 年 2 月由人民出版社出版了。近年来，陈继勇教授在国际投资领域做了大量的研究工作，成果颇丰，此书是其主持的国家社科基金项目《外商直接投资对我国经济的影响、经验总结、前景展望》和教育部哲学社会科学跨世纪优秀人才基金项目《外商对华直接投资研究》的主要成果之一，也是其近年对国际直接投资和外商对华直接投资问题研究的一个较全面的总结。

《国际直接投资的新发展与外商对华直接投资研究》一书正是在经济全球化迅速发展和我国全面建设小康社会的大背景下，研究国际直接投资和外商对华投资问题的一部力作。该书深入探讨了 20 世纪 80 年代以来国际直接投资发展的新特点、新趋势及其成因，并紧密结合我国改革开放的实际，重点分析了外商对华直接投资发展的主要特点及其对中国经济的深刻影响，全面总结了 20 多年来利用外商直接投资的经验、教训，并提出了今后进一步扩大利用外资规模，提高利用外资质量、水平和效益的对策建议。最后，作者还对我国实施"引进来与走出去"相结合的战略进行了深入分析，提出了自己的见解，具有很强的针对性和现实意义。

该书作为研究国际直接投资和外商对华直接投资问题的一部优秀著作，具有以下几个显著的特点：

（1）视野开阔、重点突出、逻辑性强。国际直接投资的新发展与外商对华直接投资是该书研究的主要对象。该书将国际直接投资问题的研究放在经济全球化快速发展这一大背景下进行，重点突出 20 世纪 80 年代以来国际直接投资发展的新特点和新趋势，这不仅紧紧抓住了时代发展的主旋律，而且为该书对我国利用外商直接投资诸多问题的研究以及对我国实施"引进来与走出去"相结合战略的分析打下了坚实的基础，使之具有很强的时代感和针对性。

（2）观点鲜明、立论有据、理论有创新。作者以马克思、列宁有关资本输出的理论为指导，在科学评述西方学者的跨国公司理论的基础上，紧密联系 20 世纪 80 年代以来国际直接投资发展的新特点和新趋势，从跨国公司对外直接投资的动力机制、引力机制、国际协调机制等层面对经济全球化背景下跨国公司直接投资决定因素的变化进行了深入分析，观点鲜明，立论有据，有一定的理论创新。

（3）综合运用多种分析方法，突出定量分析。该书在充分发挥传统定性分析方法优势的基础上，根据所研究不同问题的需要，采用了图表对比分析、数理统计分析、几何图形展示以及计量模型分析等多种分析方法。多种分析方法的灵活运用，特别是大量定量分析方法的运用，使作者的观点更直观、更有说明力。

（4）资料系统、数据完善、时效性强、研究具有前瞻性。《国际直接投资的新发展与外商对华直接投资研究》一书具有完整、全面的数据分析，多数定量分析都采用了可得的最新统计数据，这一方面增强了结论的可信度，另一方面也体现了作者治学态度的严谨与求实。作者除了对国际直接投资和外商对华直接投资发展进行了预测以外，还在书的最后一章探讨了引进外资和对外投资的关系，深入分析了我国实施"引进来"与"走出去"相结合战略的重要性、必要性和可行性，并提出了相应的对策和建议，对我国企业开展海外投资具有现实的指导意义。

总之，《国际直接投资的新发展与外商对华直接投资研究》一书从理论和实证的角度，全面、深入研究了 20 世纪 80 年代以来国际直接投资的新发展及外商对华直接投资问题，并提供了许多切实可行的对策与建议。我相信，这一著作的出版对于我们在经济全球化迅速发展和我国已加入世界贸易组织的背景下，进一步做好引进外资以及积极稳妥地开展对外投资工作具有重要参考价值和一定的指导意义。

本文原载于《经济学动态》2004 年第 6 期

评《国际直接投资的新发展与外商对华直接投资研究》

张中华

人民出版社于 2004 年 2 月出版的《国际直接投资的新发展与外商对华直接投资研究》一书，是湖北省社会科学院院长、武汉大学博士生导师陈继勇教授主持的国家社科基金项目"外商直接投资对我国经济的影响：经验总结、前景展望"和教育部哲学社会科学跨世纪优秀人才基金项目"外商对华直接投资研究"的最终成果之一。

该书以 20 世纪 80 年代以来国际直接投资发展的新特点、新趋势和外商对华直接投资问题作为研究对象，在回顾国际直接投资一百多年发展历程的基础上，通过对比分析，深入、系统研究了 20 世纪 80 年代以来国际直接投资出现的新特点和新趋势。从理论和实证两个方面，深入探讨了国际直接投资发展的新变化对投资国、东道国及世界经济的深刻影响，并紧密结合改革开放二十多年来我国经济发展的伟大实践和投资环境的深刻变化，重点分析了 20 世纪 80 年代以来外商对华直接投资发展变化的动因及其对我国经济发展的影响，全面总结了改革开放以来我国利用外商直接投资的基本经验及存在的主要问题。最后，作者根据 21 世纪初国际直接投资发展的新趋势、新特点和我国全面建设小康社会的宏伟目标，提出了许多有针对性的、切实可行的进一步更好地利用外商对华直接投资的对策建议。该书对我国在新的历史条件下进一步做好"引进来"工作和积极、稳妥地实施"走出去"战略具有重要的理论和现实意义。

该书是一部系统、深入研究国际直接投资和外商对华直接投资问题的力作。我认为它具有以下几个突出特点。

第一，选题立足于改革开放伟大实践和理论发展的前沿。该书在选题上十分注重世界经济发展的新趋势和我国经济发展的迫切需要，立足于理论发展的前沿。该书对 20 世纪 80 年代以来国际直接投资发展的新特点和新趋势、国际直接投资对东道国和投资国以及世界经济的影响、外商对华直接投资的特点及效应、改革开放二十多年来我国利用外商直接投资取得的主要经验和存在的问题以及在新形势下我国实施"引进来与走出去"相结合战略的对策等问题作了深入、细致的研究，每一个选题都是现实中非常值得关注的前沿问题。

第二，逻辑思路严密，内容体系完整。全书以经济全球化为背景，以对国际直接投资发展历程的回顾为出发点，深入探讨了影响国际直接投资发展变化的主要因素、机理，以及随着 20 世纪 80 年代以来影响国际直接投资发展的主要因素的变化，国际直接投资发展出现的新特点和新趋势，国际直接投资对投资国、东道国及世界经济的深刻影响及影响的主要途径。在充分把握 20 世纪 80 年代以来国际直接投资发展的一系列重大问题的基础上，紧密结合中国改革开放以来经济发展的伟大实践，重点分析了影响 20 世纪 80 年代以来外商对华直接投资发展变化的主要因素、发展的主要特点以及外商对华直接投资对我国经济发展的影响，全面总结了我国利用外商直接投资的主要经验，为我国在新世纪新形势下实施"引进来与走出去"相结合战略，努力提高对外开放水平，提出了一系列的对策建议。全书思路清晰，结构完整，逻辑十分严密。

第三，研究方法多样，分析问题深入透彻。本书的研究以唯物辩证法为指导，将马克思主义经济学与现代西方经济学理论有机结合起来，在充分吸收和总结前人研究成果的基础上，采用了规范分析与实证分析相结合、定性分析与定量分析相结合的研究方法，对 20 世纪 80 年代以来跨国公司与国际直接投资发展的新趋势、新特点，跨国公司国际直接投资的动力机制、引力机制，国际直接投资的宏观调控与国际协调机制及其经济效应进行了深入研究，同时对我国改革开放以来外商对华直接投资的特点、经济影响、存在的主要问题及对策进行了系统分析。全书多种分析方法的灵活运用，使作者论证的观点具有很强的说服力，并在经验分析上得到有力的支持。

第四，分析论证注重理论和方法的创新。该书在分析论证过程中，十分注重理论和方法的创新，主要表现在：一是将 20 世纪 80 年代以来国际直接投资的发展变化与经济全球化的迅速发展联系起来，从经济全球化的角度分析了跨国公司经营战略及其直接投资的新变化，并对其相互之间的关系进行了深入分析，具有一定的开拓性；二是将外商对华直接投资问题的研究放在 20 世纪 80 年代以来国际直接投资整体发展及整个世界经济发展的大环境中来探讨，具有科学性和很强的针对性；三是第六章对以跨国公司为主体的国际直接投资发展的经济效应和第九章外商对华直接投资对我国经济影响的研究，在进行定性分析的同时，较多地采用数理模型分析方法来证明作者的观点，从方法论的角度讲，具有一定新颖性；四是第七章对我国投资环境变化的系统研究、国际比较研究及对我国投资环境变化与外商对华直接投资发展变化之间关系的分析，具有一定的创新性。

本文原载于《经济评论》2004 年第 6 期

《国际直接投资的新发展与外商对华直接投资研究》评介

刘海云

  湖北省社会科学院院长、武汉大学博士生导师陈继勇教授等几位学者的新著《国际直接投资的新发展与外商对华直接投资研究》一书，已由人民出版社 2004 年 2 月付梓问世。读后深感这是一部立论好、视角新、信息量大、特点突出的新作，值得一读，特予推荐。

  （1）该书很好地实现了三个结合。首先，该书对国际直接投资问题的研究紧密结合 20 世纪 80 年代以来世界经济发展的一系列重大变化，特别是 90 年代以来经济全球化迅猛发展的实际情况，探讨了 80 年代以来国际直接投资发展中的一系列新现象和新问题，并对这些新现象和新问题出现的原因进行了深入分析，尤其是对 80 年代以来国际直接投资的迅速发展及其在产业结构、区位配置、投资方式等方面的发展变化与经济全球化迅速推进之间关系的分析具有一定的开创性。其次，该书将改革开放以来我国利用外商直接投资发展与 20 世纪 80 年代以来国际直接投资的新发展紧密结合起来进行研究，立论好，视角新。我国经济体制改革的逐步推进，对外开放的不断扩大固然是我国利用外商直接投资迅速发展的内因，但我国利用外商直接投资的不断扩大也与国际经济环境的不断演变，尤其是跨国公司对外直接投资快速发展密不可分。该书在深入研究 80 年代以来国际直接投资新发展的基础上，密切结合我国改革开放以来 20 多年的伟大实践，多角度地探讨了我国利用外商直接投资的诸多问题，这对于我们更深入理解 80 年代以来外商对华直接投资的发展变化及其成因，准确评价我国利用外资政策的效果，尤其是外商直接投资对我国经济发展的影响，进一步扩大利用外商直接投资规模，优化利用外商直接投资结构，提高利用外商直接投资的质量、水平与效益，具有重要参考价值。最后，该书把马克思主义经济学和现代西方经济学的相关理论很好地结合起来，分别就跨国公司对外直接投资的动力机制、引力机制进行了深入探讨，具有一定的创新性。如第三章以马克思、列宁关于资本输出的理论为指导，紧密结合西方经济学者关于跨国公司直接投资动力机制的有关理论，对跨国公司直接投资的主体条件和具体动机做了深入的理论分析。这不仅进一步丰富了现有的国际直接投资理论，也为我们更深入地研究国际直接投资发展的动因和机制提供了新的视角。

  （2）涉及面广，内容全面。该书的作者们在前人研究的基础上，分两部分对 20 世纪 80 年代以来国际直接投资及外商对华直接投资发展的特点、成因、影响等诸多方面进行了深入、细致的研究。第一部分着重探讨了 80 年代以来跨国公司与国际直接投资的新发展、新特点，国际直接投资发展的动力机制、引力机制、宏观调控与国际协调机制以及国际直接投资对投资国、东道国及国际经济的影响，这是对改革开放以来我国利用外商直接投资问题展开深入研究的基础和铺垫。第二部分紧密结合 80 年代以来我国改革开放的伟大实践，就外商对华直接投资发展的主要特点、成因及对我国经济的影响进行了深入分析，并在此基础上全面总结了改革开放以来我国利用外商直接投资的经验教训，进而提出了进一步做好引进外商直接投资工作的对策与建议。因此，该书涵盖了跨国公司与国际直接投资及外商对华直接投资的主要问题，立论准确，结构严谨，资料新而翔实，内容广泛、全面，且分析环环紧扣，层层深入。

  （3）突出定量分析，结论可信性强。该书在研究中始终以唯物辩证法为指导，在充分发挥传统定性分析方法优势的基础上，突出定量分析。作者根据所研究不同问题的需要，采用了图表对比分析、统计分析、几何图形展示以及计量模型分析等多种定量分析方法。例如，在分析 20 世纪 80 年代以来国际直接投资发展的新特点和外商对华直接投资发展的主要特点、我国投资环境的新变化及投资环境国际比较时，大量地运用了经济统计的分析方法和图表对比分析方法；在分析国际直接投资对世界经济发展的影响和外商对华直接投资对我国经济发展的影响时，较多地运用计量经济模型进行定量分析。定量分析方法的大量运用，使作者的观点更直观、更有说服力。

（4）时效性、针对性强。20 世纪 80 年代以来，经济全球化和区域经济一体化迅猛发展，投资自由化已成为国际直接投资发展的主流。许多国家一方面采取各种政策，积极吸引外资，另一方面又大力发展对外投资，以期获得最大的国家利益。改革开放以来，我国利用外商直接投资取得了巨大成就，但对外直接投资却仍处于起步阶段。面对经济全球化加速推进和我国已加入世贸组织的新形势，我国如何在进一步做好"引进来"工作的同时，不失时机地"走出去"，更广泛、积极地参与国际分工、国际交换和国际竞争，是当前面临的重大课题。本书正是以经济全球化为背景，紧扣我国已加入世贸组织的新形势来探讨如何更好地"引进来"和"走出去"的一部力作。这部洋洋四十余万言的新作触及、研究和回答了许多国际直接投资领域的重大或前沿性课题，具有很强的时效性和针对性。我们期待作者在这一领域继续深入研究下去，以期出版更多更好的新作品。

本文原载于《江汉论坛》2004 年第 11 期

世界贸易组织的建立　发展趋势与我国的对策

郭吴新

陈继勇、肖德等著的《世界贸易组织的建立发展趋势与我国的对策》一书由人民出版社 2000 年 12 月出版。该书作为教育部"九五"社会科学基金规划的重点项目，是课题组成员经过四年多潜心研究的最终成果。

这部近 40 万字的专著，是在充分吸收作者自"八五"期间承担国家教委博士点科研项目《关贸总协定对中国对外贸易发展的影响》以来相关研究成果的基础上，立足于我国改革开放实际的一部既有理论深度又有实践意义的学术著作。综观全书，有以下显著特点：

第一，内容丰富，重点突出。首先，作者在回顾关贸总协定的产生与发展、乌拉圭回合谈判及世界贸易组织创立历程的基础上，介绍了世贸组织的重要协议、管辖范围、基本原则、基本职能与运行机制，论述了世贸组织在国际经贸发展中的作用与发展趋势，并明确提出世界贸易组织作为"经济联合国"，在未来的国际经贸关系中将继续扮演极为重要的角色；其次，作者分析了世贸组织与发展中国家的关系，讨论了发展中国家在世贸组织中的地位与作用，着重研究了世贸组织重要协议对发展中国家经济发展的影响，从而为分析我国的"入世"问题提供了必要的理论依据；最后，作者对中国加入世贸组织的前景做出了分析预测和策略选择。在上述分析的基础上，本书全面、系统地论述了"入世"对中国的经济体制、市场体系、重要行业、企业组织、外汇管理等影响，这一部分是本书研究的重点。

第二，结构严谨，层次分明。本书在结构上从世贸组织入手，以分析世贸组织与发展中国家的关系为承接，再落实到世贸组织与中国的关系问题上，结构严谨。这一特点尤其体现在"入世"对中国经济的影响和对策研究部分。

近年来，国内已有不少著作和文章分析了"入世"对中国经济的影响，但主要侧重于对部门和行业的影响，而本书在此问题的研究上构建了更为全面、严谨的体系。本书作者凭借其对经济全球化背景下国际经济合作与协调新形势的敏锐思考，从宏观、中观和微观的不同层面探讨了"入世"对中国经济的影响与相应的对策。在宏观方面，作者分析了"入世"对中国经济体制、外贸体制改革的促进作用，通过比较中国经济体制与多边贸易体制之间的差距，提出了中国经济体制与国际经济体制接轨的具体对策。此外，本书还从国际收支和人民币资本项目可兑换等金融角度就加入世贸组织对我国重要的涉外经济管理——外汇管理的影响及对策进行了探讨。在中观方面，本书阐述了"入世"对中国主要行业的影响，针对不同行业发展的现状、面临的机遇与挑战，根据世贸组织的有关规则和理论，从战略和战术上提出了相应的对策与措施。同时，还结合我国市场体系发展的轨迹、现状、特点与世贸组织要求的差距，分析了"入世"对我国市场体系改革的影响与对策。在微观方面，该书深入细致地研究了加入世贸组织给我国企业的发展带来的机遇与挑战，分析了我国企业竞争力低下的原因，并提出了实用的对策。

本书成功之处就在于作者针对"入世"后中国经济的宏观、中观和微观方面会受到的影响，分别提出了具体的应对策略与措施。像这样深入细致的对策研究，在目前国内同类型的著作中尚不多见，应属难能可贵。

第三，观点鲜明，立意深远。本书作为一部学术著作，始终坚持马克思主义的认识论和辩证法，观点鲜明，立意深远。所提出的见解既从实际出发，又具有前瞻性。近年来，随着中国"入世"谈判步伐的加快，理论界和经济界对其影响一直是见仁见智，看法各异。本书从经济全球化背景下各国经济相互依存、相互需要的新视角，辩证地分析了中国"入世"后应享受的权利和承担的义务，进而说明了中国成为世贸组织的一员，更重要的是有利于我国与其他成员之间的交流、沟通与合作。这就有助于澄清人们认识上的误区，有利于清除人们思想上尚存的某些障碍。在阐述"入世"后中国经济会受到的影响时，作者十分明确地指出了中国争取"复关"和"入世"的进程也是我国改革开放不断深化发展的进程，这样就把"入世"的意义放在历史和现实的交汇点去考察，提升了中国融入国际经济大潮的时代意义。另外，在分析我国的市场体系以及金融业发展的现状时，作者也客观地指出了我国在这些方面与世贸组织要求的差距。

第四，方法正确，资料翔实。该书在研究方法上正确地将定性分析与定量分析、整体分析与个案分析、规范分析与实证分析较好地结合在一起。其中在探讨中国"入世"的主要障碍、可能前景、现实前景及策略选择和分析外国对华反倾销时，较好地运用了博弈论和实证分析的方法。这就使得论述和分析更为有力。在经济全球化的背景下，各国经济交往、企业发展外向型经济本身就是一种博弈，作者对博弈论工具的运用对各经济主体都有较大的启发意义。此外，本书提供了大量系统、翔实的资料和数据。

本文原载于《世界经济》2001 年第 8 期

《世界贸易组织的建立、发展趋势与我国的对策》评介

柳剑平

在"入世"的客观进程和现实影响迫切需要我们深入研究"入世"问题之时，陈继勇、肖德等著《世界贸易组织的建立、发展趋势与我国的对策》一书，日前由人民出版社出版。该书作为教育部"九五"重点社会科学基金规划项目，是课题组成员潜心研究而形成的最终成果。

全书分为三个部分，第一部分介绍世界贸易组织的创建历程、有关协议、管辖范围、基本原则和运行机制，并在充分肯定世界贸易组织不可替代的重要作用和客观分析世界贸易组织不可回避的现实问题的基础上，明确指出世界贸易组织在未来国际经贸关系中将继续扮演极其重要的角色；第二部分讨论发展中国家在世界贸易组织中的地位与作用，着重研究世界贸易组织主要协议对发展中国家经济发展的影响，为分析我国"入世"问题提供了必要的理论依据和基础；第三部分在回顾我国"复关"与"入世"的谈判历程的同时，进一步对我国"入世"的前景作出预测分析，并详细阐述"入世"对我国经济体制、主要行业、企业组织、法律等方面的影响及应采取的对策。

该书作为研究世界贸易组织与中国经济发展的又一学术佳作，与其他同类著作相比具有十分明显的特点：首先，它自觉地运用了科学的分析方法。作者在传统经济学的定性分析的基础上，特别注重对大量数据的处理和相关模型的应用，定性分析与定量分析相互结合，不仅提高了定性分析的可信程度，而且还降低了定量分析的理解难度。其次，它客观地分析了争论的各种观点。作者对"入世"的各种争论没有简单炒作，而是在对世界贸易组织的基本情况和中国经济发展的客观现实进行深入剖析的基础上，明确表示同意哪种观点，或是提出不同于已有观点的新见解。最后，它及时地把握了最新的研究动态。作者始终跟踪中国"入世"的历史进程，不仅通过查阅大量的中、英文资料，将有关"入世"问题的最新数据资料和理论观点呈现给读者，而且还把这些最新的数据资料和理论观点纳入分析的视野之中，使之成为整个体系结构中不可缺少的一部分。

本文原载于《光明日报》2001 年 7 月

《世界贸易组织的建立、发展趋势与我国的对策》简评

薛荣久

由陈继勇教授主编、肖德副教授副主编的《世界贸易组织的建立、发展趋势与我国的对策》一书，在众多学者共同努力下，经过 4 年的潜心研究和撰写，已由人民出版社出版。该书是教育部"九五"重点社科基金规划项目的最终研究成果。全书共 11 章，详细介绍了关贸总协定和世贸组织的相关内容，全面分析了中国加入世贸组织将对中国经济产生的影响。这部著作对于加入 WTO 的中国而言，具有十分重要的意义。

该书作为研究世界贸易组织和中国相关问题的又一部学术佳作，有如下特点：

（1）选题前沿。研究中国与世贸组织的相关问题，在中国加入世贸组织的关键时刻，正确认识中国所处的国际经济环境及入世带来的各种影响具有十分重要的意义，因为这不仅关系到国民经济的健康稳定发展，关系到人民日常生活中的点点滴滴，而且还关系到中国国际竞争力的培养，影响其在世界经济、政治舞台上的地位及作用。因此，本书选题的现实性和理论研究的超前性证明了其学术价值和实践意义。

（2）资料比较翔实。中国政府复关、入世谈判，前后历时近 15 年，其间各种经济信息日新月异，各种发展动态随时出现，各种学派的观点和理论也不断出新，面对这样一个不断更新的研究议题，该书作者通过各种途径查阅了大量中、英文资料，以求将最新的发展动态呈现给读者。

（3）论证客观。中国入世问题自始至终都受到普遍关注，由于涉及面广，历经时间长，所谓"仁者见仁""智者见智"，该书作者始终采取客观、公正的态度，以大量信息和逻辑推理来论证观点，避免走入研究极端，既不认为入世是场灾难，也不认为入世是种幸运，淡化入世带来的社会影响，不做一般性的炒作，使读者们保持着平淡的心态面对入世。

（4）结构清晰。该书的论述始终围绕着世贸组织和中国入世问题展开，整个体系严密，脉络明晰，逻辑性强，前后各章节联系紧密，相互呼应，并有相应部分起到承前启后的作用，使人一目了然。

（5）方法创新。该书作者也充分使用了传统的定性分析方法。值得注意的是该书对定量分析方法的使用，这种分析方法，注重对大量数据的处理和相关模型的应用。但一般难度较大，不易理解，该书第八章对此方法的使用，没有完全采取纯数理方面的推导，而是充分发挥数据与模型的作用，定量、定性分析相结合，不仅提高其论证的可信度，而且还降低其理解的难度。

（6）联系实际。该书所展现的研究成果绝不是从一种理论到另一种理论的逻辑推理，也不是单纯的各种书本知识的综合，而是对社会、经济及相关方面进行仔细观察后做出研究分析的成果，这些研究成果绝不仅仅停留在书本之上，而是具有充分的实践价值。因此，该书对于我们了解和研究 WTO 具有较大的参考价值和实际意义。

值得提出的是，该书仍存在以下不足：第一，一些有关世贸组织的论述滞后；第二，该书单纯使用静态分析，忽略动态分析（如供求分析）值得商榷。

本文原载于《经济学动态》2001 年第 12 期

学习世界贸易组织规则，发展中国外向型经济

——《世界贸易组织的建立、发展趋势与我国的对策》介评

夏振坤

1999 年 11 月 15 日，中美两国政府签署了关于中国加入世界贸易组织的双边协议。这一协议的签订，使中国在加入世界贸易组织的道路上迈出了决定性的一步。因此，了解、学习、研究世界贸易组织规则并普及世界贸易组织相关知识，已经成为我国社会经济发展的时代需求。

陈继勇教授、肖德副教授等著的《世界贸易组织的建立、发展趋势与我国的对策》一书，已由人民出版社于 2000 年 12 月出版。该书作为教育部"九五"社科基金规划重点项目，是在充分吸收作者自"八五"期间主持国家教委社科基金博士点项目《关贸总协定对中国对外贸易发展的影响》以来的一系列相关研究成果的基础上，经过课题组成员四年多的潜心研究，集体攻关的最终成果。这部近 40 万字的专著作为研究世界贸易组织和中国的又一部学术佳作，在研究主题的确定、研究内容的界定、研究体系的设计以及研究方法的选取上都有其独到之处。综观全书，有以下显著特点：

（1）观点鲜明，分析客观公正。一是对世界贸易组织的评价。1995 年 1 月 1 日创立的世界贸易组织继承、修订和完善了关贸总协定为维护全球正常经贸秩序所制定的国际经济游戏规则。作为具备国际法地位和规范、协调当代全球经贸关系最权威、正式的国际经济组织，世界贸易组织主要负责制定全球性的国际经济与贸易的游戏规则，组织实施多边贸易协定、提供多边贸易谈判场所、解决各成员间贸易争端、审议成员方的贸易政策等，其管辖范围涉及货物贸易、服务贸易，与贸易相关的知识产权、与贸易有关的投资措施以及政府采购等。世界贸易组织自创立以来，不仅推动了生产要素在全球范围内的自由流动和优化配置，而且进一步完善了贸易争端解决机制和政策评审机制，扩大了多边贸易体制的职能和协调范围，为实现全球贸易自由化作出了重要贡献。尽管如此，世界贸易组织运行中仍存在着不可忽视的问题。例如在管辖的主要协议实施过程中仍存在缺陷，在调整国际经贸关系上尚缺乏明确而坚实的法律基础；在多边贸易体制运行过程中仍存在大国操纵的现象。另外，地区主义与亚洲金融危机过后贸易保护主义的抬头都将威胁到世界贸易组织所倡导的多边贸易体制的健康发展。

对于世界贸易组织，作者始终采取科学、客观、公正的态度，既充分肯定了世界贸易组织在国际经贸关系协调中不可取代的重要作用，也深刻分析了世界组织发展面临的棘手问题。例如该书第四章首先肯定了世界贸易组织在当今全球经济关系协调中发挥着重要作用，而后又直接地指出世界贸易组织运行中仍存在的各种局限性，如大国操纵现象、发展中成员方实际从世界贸易组织中获利较少等，对上述这些问题的论述有利于读者全面而正确地了解、研究世界贸易组织。

二是对中国加入世界贸易组织的评价。中国"入世"问题自始至终都受到普遍关注，由于涉及面广，历经时间长，无论是学者、专家，还是干部、群众，甚至于每个平民百姓都会发表自己的意见，所谓"仁者见仁""智者见智"，各种争议和讨论就从未停止过，争论核心一度从"入世是利大于弊，还是弊大于利"，"是挑战大于机遇，还是机遇大于挑战"，转变为"入世对某某产业是利大于弊，还是弊大于利"等，在"入世"的利弊和挑战、机遇问题的分析上，作者始终采取客观、公正的态度和一分为二的辩证分析方法。本着以大量信息和逻辑推理来论证观点，避免走入研究极端，既不认为"入世"是场灾难，也不认为"入世"是种幸运。如在第八章中，作者对农业、纺织工业、机电工业、医药化工业、汽车工

业、信息产业和金融业分别作了论述。作者认为"入世"对我国纺织工业不是天上掉下的馅饼，而对其他诸如信息产业、金融业等也不是天大的灾难。其实，到目前为止，没有哪一个国家仅仅因为加入世界贸易组织，而使国民经济一夜之间陷入崩溃或迅速腾飞的。该书对上述问题的研究体现了其巨大的理论价值。该书难能可贵之处，还在于淡化了中国"入世"带来的社会影响，不做一般性的炒作，使人们保持平常的心态面对中国"入世"。

（2）结构严谨，研究力求前沿。该书结构严谨，体系完整，其内容可分为三部分：首先，作者在回顾关贸总协定的产生与发展、乌拉圭回合谈判和世界贸易组织创立历程的基础上，介绍了世界贸易组织的重要协议、管辖范围、基本原则、基本职能与运行机制，论述了世界贸易组织在国际经贸发展中的作用与发展趋势，并明确提出，世界贸易组织作为"经济联合国"，在未来的国际经贸关系中将继续扮演极其重要的角色。其次，作者分析了世界贸易组织和发展中国家的关系，讨论了发展中国家在世界贸易组织中的地位与作用，着重研究了世界贸易组织主要协议对发展中国家经济发展的影响，从而为分析我国"入世"问题提供了必要的理论依据。最后，作者对中国加入世界贸易组织的前景作出了分析预测和策略选择，在以上分析的基础上，全书系统地论述了中国加入世界贸易组织对我国经济体制、市场体系、重要行业、企业组织、外汇管理的影响及对策。该书作者本着以数据说明事实，以推理预测前景的态度，全面、深刻地分析了中国各主要行业将要面临的机遇与挑战，并有针对性地提出了相应对策。该书的论述始终围绕着世界贸易组织和中国"入世"问题展开，整个体系严密，脉络明晰，逻辑性强，前后各章联系紧密，相互呼应，并有相应部分起到承前启后的作用，使人一目了然。

同时，该书作者在研究过程中力求站在理论发展的前沿，捕捉最新发展动态，将其呈现在读者的面前。首先是借鉴国内外的最新研究成果，将动态比较优势理论、新制度经济学、信息经济学和国际经济博弈理论等运用到对世界贸易组织及其影响的研究中，在一定程度上填补了我国对世界贸易组织理论研究某些方面的空白；其次是对世界贸易组织发展趋势及其影响的研究，在国内有一定的超前性。例如第五章第四节论及了世界贸易组织"千年回合"中的南北之争问题，第六章第三节展现了美方公布中国市场准入和议定书承诺的内容，第九章第三节研究了20世纪90年代迅速崛起并蓬勃发展的电子商务问题等。总之，该书的研究紧跟经济发展的时代潮流，捕捉理论研究最新发展的动态。

（3）方法创新，分析深入浅出。该书最大的特点首先是分析方法的创新，特别是对定量分析方法的使用，该书没有完全采用纯数理方法的推导，而是充分发挥数据与模型的作用，通过定量、定性相结合，不仅提高其论证的可信度，而且还降低其理解的难度。同时，该书中所展现的大量的各种经济数据以及涉及每个细节的具体资料也成为该书的一大特色，它既避免了空说无凭的尴尬，也为本书的理论研究奠定了基础。

其次，该书对各个问题的研究有张有弛，有深有浅，重点突出。有关世界贸易组织与中国的议题极为广泛，若要面面俱到，似乎是不太可行，而且极有可能走入空谈的误区。该书则很好地做到这一点，即在议题的选取上力求有针对性和新颖性，例如对有关中国"入世"对我国市场体系、经济体制、外汇管理影响及对策的研究在同类著作中很少见到；同时重点介绍与中国密切相关的方面，包括世界贸易组织主要协议例如农产品、纺织与服装、服务业、知识产权等协议和中国企业面临对华反倾销问题。这样一来，不仅顾及面，也顾及点，做到点面结合，重点突出，整个分析深入浅出。

（4）结合国情，理论联系实际。"入世"实质上是中国与国际经济的进一步接轨和融入世界经济体系，也就是要求中国现行经济体制与以市场经济为基础的国际经济体制的接轨。这样，不仅会加快完善我国的社会主义市场经济体制，如市场机制、宏观调控体系、市场体系，而且还会推动国有企业转换经营机制，提高市场适应能力，增强国际竞争力。对于中国"入世"后各行各业面临机遇与挑战并存的问题，该书作者立足于我国改革开放的实际，采取定性分析与定量分析相结合、具体分析与抽象分析相结合，实证研究与规范分析相结合的方法，建立起多层面剖析和立体型考察的分析框架，分析了加入世界贸易组织对中国经济方方面面的影响及相应对策。

同时，该书还讨论了"入世"与中国企业发展问题。作为社会主义市场经济竞争主体的中国企业，其兴衰在很大程度上决定着我国国民经济的兴衰。该书第十章以全新的视角，分析了加入世界贸易组织以后我国企业面临的各种焦点问题，采用定性分析和定量分析的方法，并运用博弈理论重点研究了外国对华反倾销问题和中国企业国际竞争力问题。另外，涉及我国重要的涉外经济管理政策——外汇管理，该书主要分析了中国国际收支、人民币资本项目可兑换问题，认为必须积极地应对"入世"对我国外汇管理的挑战，通过稳妥地开放人民币资本项目，增强外汇管理与市场观念、法治观念、服务观念，加大监管力度，有效地运用相关保护条款维护国家经济安全，将"入世"带来的冲击降至最低程度。该书对上述问题的研究体现了其实用价值，大量的信息及令人信服的论证必将使理论界尤其是经济界的各位读者全面客观地了解加入世界贸易组织后中国经济即将发生的变化，并作出自己独立的判断。

《世界贸易组织的建立、发展趋势与我国的对策》一书的及时出版，对我国的改革开放具有重要的参考价值。自改革开放以来，我国外向型经济得到快速发展。目前，我国经济总体市场化程度在 45%~50%，"十五"末可望达到 66%~70%，进入相对成熟市场化的初级阶段，1999 年中国的外贸依存度达到 36.5%，主要商品市场对外开放程度不断提高。我国基本实现了全方位、多层次、宽领域的对外开放格局。《世界贸易组织的建立、发展趋势与我国的对策》一书的出版，对于我们了解、学习和研究世界贸易组织的规则，为我国加入世界贸易组织以后享受多边、无条件、稳定的最惠国待遇和普惠制待遇以及给予发展中国家的特殊待遇，享受在多边贸易体制中的"参政议政"权，以及全面推动我国外向型经济的发展，具有重要的参考价值和实践意义。

本文原载于《经济评论》2002 年第 2 期

加入世界贸易组织　融入世界经济发展大潮

——《世界贸易组织的建立、发展趋势与我国的对策》介评

谷克鉴

在已进入 21 世纪和中国即将加入世界贸易组织之际在"入世"的客观进程和现实影响迫切需要我们深入研究"入世"问题之时，陈继勇教授、肖德副教授等著的《世界贸易组织的建立、发展趋势与我国的对策》一书于 2000 年 12 月由人民出版社出版。本书作为教育部"九五"社科基金规划重点项目，是课题组成员经过四年多潜心研究的最终成果，是在充分吸收作者在"八五"期间承担的国家教委社科基金博士点项目《关贸总协定对中国对外贸易发展的影响》以来的一系列相关研究成果的基础上，立足于我国改革开放实际的一部既有理论深度，又有实践意义的学术佳作。

该书共十一章，约 40 万字，详细介绍了关贸总协定和世贸组织的相关内容，全面分析了中国加入世贸组织将对中国经济产生的复杂影响，并对中国加入世贸组织的前景作出预测分析和策略选择。该书的出版标志着陈继勇教授和他领导的课题组在中国应对"入世"机遇与挑战的研究方面达到了一个新的高度，也反映出我国经济学界在这一领域的研究工作正在进入一个新阶段。综观全书，有以下几个特点：

（1）选题前沿，意义重大。在中国即将加入世贸组织的关键时刻，该书的出版，对于正确认识中国所处的国际经济环境及"入世"带来的各种影响具有十分重要的意义。因为这不仅关系到我国"入世"后国民经济的健康稳定持续发展，关系到人民日常生活中的点点滴滴，而且还关系到我国国际竞争力的培养和提高，关系到我国在世界经济、国际政治舞台上的地位及作用。该书将中国"入世"后经济体制、市场体系、主要行业、企业和外汇管理诸方面可能出现的相应变化作为研究主题，选题前沿，意义重大。

（2）内容充实，重点突出。首先，作者在简明扼要地回顾关贸总协定的产生与发展，乌拉圭回合谈判及世界贸易组织创立历程的基础上，介绍了世贸组织的重要协议、管辖范图、基本原则、基本职能与运行机制，论述了世贸组织在国际经贸发展中的作用与发展趋势，并明确提出世界贸易组织作为"经济联合国"，在未来的国际经贸关系中将继续扮演极其重要的角色；其次，作者分析了世贸组织与发展中国家的关系，讨论了发展中国家在世贸组织中的地位与作用，着重研究了世贸组织重要协议对发展中国家经济发展的影响，从而为分析我国"入世"的谈判历程，并对中国加入世贸组织的前景做出了分析预测和战略选择。在上述分析的基础上，全书用一半以上的篇幅全面、系统地论述了"入世"对中国的经济体制、市场体系、重要行业、企业组织、外汇管理等全方位的影响，这一部分是本书研究的重点。全书较丰富的内容，尤其是"入世"对中国经济的影响及对策的深入研究，不仅能让读者充分了解世贸组织的基本情况、世贸组织与发展中国家的关系，更能进一步认识"入世"对中国经济的深远影响及我们的应对策略。这样就既增加了读者的信息量，又能启发读者的思考。

（3）研究方法灵活、多样，论证充分。传统的经济分析方法一般以定性分析为主，多用逻辑推理手段对经济现象作出解释或对经济前景作出预测，本书作者也充分使用了这种分析方法，例如第四章、第七章和第九章。在分析中国加入世界贸易组织后外国对华反倾销的影响时，作者还较好运用了博弈论和实证分析的方法，这就使得论述和分析更加充分和有力。此外，全书采取了具体分析与抽象分析相结合、实证研究与规范分析相结合的研究方法，建立起多层面剖析和立体型考察的分析框架，从而使本书的研究更为科学和全面。

（4）资料系统，数据准确新颖。我国政府自 1986 年开始申请"复关"，到 1995 年开始"入世"谈判，前后历时近 15 年，直到今天，"入世"仍是各界关注的热点问题。面对这样一个前沿性的研究课题，该书作者通过各种途径查阅了大量中、英文资料，以求将齐全、准确的资料和最新的发展动态呈现给读者。例如第五章第四节谈及的世贸组织"千年回合"谈判中的南北之争问题，是发生在 1999 年 11 月 30 日至 12 月 3 日的事情；第六章第三节展现的美方公布中国市场准入和议定书承诺的内容，是 1999 年 11 月 15 日中美双方就中国加入世界贸易组织达成双边协定的核心；第九章第三节讨论的电子商务问题，是一种 20 世纪 90 年代以来才兴起但尚未完善的一种交易媒体。特别是对中国加入世界贸易组织以后各行业所面临的机遇与挑战的分析，在进行纵向比较和横向比较时，所引用的统计数据系统、全面、新颖，并进行了必要的调整和校正，剔除了通货膨胀、汇率等因素的影响，使所作出的分析结果具有可靠性和可比性。

（5）对政策建议有的放矢，符合中国的实际。本书在详细介绍世界贸易组织的创立、发展趋势及其对发展中国家影响的基础之上，联系中国自改革开放之后的发展实际，从产业调整与升级的角度，全面地分析了中国加入世界贸易组织以后可能对中国的经济体制、市场体系、主要行业（如农业、纺织、机电、医药化工、汽车、信息和金融业、企业、外汇管理等）的影响及对策，并对中国加入世贸组织的前景作出预测分析和策略选择。这些对策建议联系实际，有的放矢，具有极强的针对性、可操作性和较强的说服力。

随着中国"入世"谈判临近尾声，中国加入世贸组织已成为历史的必然。如何顺应这一历史潮流，推进我国经济体制的深层次改革，进一步完善我国的市场体系，增强企业的竞争实力，是摆在我们面前的一项重大而艰巨的课题。这一课题关系到中国在经济全球化背景下的经济发展与经济安全。多年来，理论界和经济界一直在关注这一课题，也一直在努力争取较大的突破。《世界贸易组织的建立、发展趋势与我国的对策》一书可以看作在"入世"前夕，我国理论界在这方面所取得的新的成果之一。毫无疑问，世贸组织的发展及"入世"对中国经济的影响仍会是今后我们必须长久关注的一个课题。

总之，在这样一个承前启后、继往开来之际，《世界贸易组织的建立、发展趋势与我国的对策》一书的面世，其意义已超越了它所提出的应对策略本身，因为它所主张的是一种思想和观念，那就是：中国应当乘"入世"的"东风"，以开放促改革，以改革促发展，尽决融入世界经济的潮流，实现中国经济的早日腾飞！

本文原载于《江汉论坛》2001 年第 11 期

附　录

追 忆 恩 师

老师　我想您

——缅怀恩师陈继勇先生

肖卫国

今年十月二十五日，恩师陈继勇先生就将离开我们一周年了，但老师的音容笑貌依然历历在目，暖言絮语时常萦绕耳边。师恩难忘！永不能忘！

我清楚记得陈老师是湖北应城人，生于1953年3月15日。1973年毕业于孝感师专中文系，在应城高中任教两年，随后于1975—1981年进入武汉大学经济系学习，获经济学硕士学位并留校任教。老师情系珞珈四十五载（其间1996—2001年任湖北大学副校长，2001—2005年任湖北省社会科学院院长，但老师的人事关系一直在武汉大学），教书育人殚精竭虑，长期致力于世界经济、国际投资、国际金融与国际贸易研究，为我国应对中美经贸冲突、参与WTO决策和国际经贸人才培养做出了杰出贡献。我远算不上老师的优秀学生，然1984年我有幸与老师结下长达36年珍贵的珞珈师生情缘。从那时起，老师在我心中一直是，今后也永远是我最值得尊敬的、受教受益最多的恩师。

从大学本科到硕士研究生，再到博士研究生，我一直师从陈老师，老师首先是我的学业恩师。1984年9月我考进武汉大学经济系世界经济专业学习时，就了解到当时陈老师正在美国匹兹堡大学经济系做访问学者，敬佩之情油然而生。1985年10月老师回国后不久即参与筹建武汉大学世界经济系，担任系副主任并兼任世界经济专业1984级的班级业务导师，我得以时常聆听老师的谆谆教诲；1988年9月我有幸考取陈老师的第2届硕士研究生，并于1991年毕业后留校任教；1994年9月我更有幸在职考取陈老师的第1届博士研究生。因而我始终感恩老师在我接受大学教育的每一个阶段所付出的心血与汗水！老师治学之严谨、对学术之敬畏、对学生要求之严格，至今仍刻骨铭心。老师常对我说：卫国啊，在学习和科研方面要"坐得了冷板凳"，你基本上还"坐得住"，但关键还得"沉下来，悉心钻研"，而且必须多出去搞学术交流，切忌"关着门作揖啊"！我还清楚记得，在我提交的手写博士学位论文初稿上，老师逐字逐句乃至标点符号都是精心修改与批注，并且非常郑重地对我反复叮咛：学位论文"必须严格遵守学术规范，错别字包括标点不得超过十个字符……"老师的言传身教令我受益终身！

老师也是我的择业恩师。在我们投入师门时，陈老师就嘱咐我们要想清楚"将来要做什么"？在我们硕士研究生临实习择业时，陈老师语重心长地对我和同门简念强说：念强呢，"好动""能说会道"，适合"在外面的世界闯荡"，最好"做生意赚钱去"！卫国啊，你和他不一样，性格"沉稳偏内向"，适合在高校"当教书匠"。毕业后我先到一家经贸公司工作了不到两个月，然后毅然决然地回武汉大学国际金融系（现金融系）任教至今。而且我1999年开始带研究生后也一直要求学生必须首先思考毕业后职业取向问题，想清楚"把什么职业作为终生事业去做"？

老师更是我人生事业的恩师。不会忘记，我1998年博士毕业之后的两三年，曾经在学业科研方面有明显懈怠，陈老师及时发现并提醒我两件事是当务之急：一是修改、润色、完善博士学位论文出版，否则"将是一堆废纸"；二是考WSK出国留学，你"不出国搞什么国际金融啊"？正是老师的警醒与鞭策令我幡然醒悟。陈老师亲自为我的第一部专著作序并在《世界经济》杂志上发表推介书评；我还有幸作为子课题负责人承担了老师的"跨世纪人才基金研究项目"，合著的研究报告在人民出版社出版，并于2005年获得教育部高等学校人文社会科学研究优秀成果三等奖；合作一篇论文发表于《经济研究》，并获得

2016 年湖北省人文社会科学研究优秀成果二等奖。事实上，老师一直教导、帮助和关心着我事业成长的各个阶段，老师的鼓舞与批评是我人生永不懈怠的动力与源泉！

恩师周年祭日，千言万语也难于倾诉感恩深情！谨以老师百岁时的挽联"继道力行学贯中美经世济民达观一世，勇挑重担作育桃李厚德博识奋斗一生"寄托对恩师的无尽哀思与缅怀。陈老师，我想您！永远地想您！

学生：卫国

2021 年 10 月 18 日

纪念我的导师陈继勇先生

刘卫平

人生当自强，学习是一个人一生所应该不断追求的大事。人的一生只有在学习的道路不断前行，方能披荆斩棘勇往直前。回首有幸求学于武汉大学的时光岁月，东湖畔珞珈山水养育了论文雄浑的学术气息、绚烂的人文情怀。在我心中，她是彩色的、是充满活力和充满希望的寻梦园。

"古之学者必有师。师者，所以传道授业解惑也"。在人生成长的道路上是需要有人引领的，我很幸运，我的经济学博导陈继勇老师成为了我的引领人和推背人。

陈老师：为人师表的楷模

前些年，陈老师因病一直住院，我每年都去武汉看望重病中的恩师。2020 年 10 月 3 日，我们几个在北京工作的同学专程到医院看望陈老师，我问他：陈老师，我准备出一本 40 多万字的书，您觉得书名叫《中国经济与对外政策》好？还是《对外政策与中国经济》书名好？他说《中国经济与对外政策》这个书名好。没想到这次却成了最后的一次再见和陈老师最后一次的指导。我知道，在学术上我对陈老师已经形成了依赖。

2020 年 10 月 25 日上午，我接到噩耗，心头一阵一阵的揪痛，第二天便赶往武汉。一路上遥望长江，与陈老师在一起的往事在泪眼蒙胧中一幕幕地浮现出来。陈老师博学而严谨，如父般的慈爱，堪称为人师表的楷模。老师在重病时还叮嘱我好好修改论文。当年，我从美国麻省理工学院（MIT）做访问学者回国，选择陈老师作为我的经济学博士导师时，武汉大学的领导和教授们在推荐我时都问了我同一个问题：陈老师的论文可是不好过的！我说我就是要找一个学术水平高的对学生要求严格的老师指导。果然，撰写论文的过程中，无数次从考试、论文开题和预答辩，以及送教育部专家平台双盲评审和外审等，其中的指点、讨论、修正，恩师从来都是不厌其烦且要求极其严格。当我每每聆听陈老师的论文指导的录音教诲时，记录下的不仅仅只是学术笔记，亦如同一幅幅水墨画，时而高山流水时而跌宕起伏；每每聆听恩师一章一节苦口婆心的指导，我都感动不已。人间自有真情在，严谨治学有导师。我感到无比的幸福和自豪，恩师的谆谆教诲令我受益终生。

德国社会学家马克斯·韦伯在其著名的演说《以学术为志业》中指出：以学术作为物质意义上的职业，对于学者而言，不啻一段需要在不断的挫败和平庸感中斗争和煎熬的历练。学术生涯的第一道门槛，就是漫长的博士苦读。撰写博士论文，这一过程耗时三年到五年不等，这不仅是对多年学习思考的一次总结和提炼，而是如何重塑你的人生，从一个只会上课的学生转变为一个独立、积极、对学术有贡献的学者。这一过程是如此无情，却比撰写博士论文更加至关重要。你不应该转变成一位博士论文撰写者，而是应该转变为一名专业的学术人，和对国家发展战略与政策研究有所贡献的人。

陈老师：一生卓异为率

陈老师是一个治学严谨才华横溢的人。他的论文和著作成为了我经常学习的典范和学术精神的启迪。他经常来北京，我就成了老师的司机和随从，他作为院长，经常要来北京参加学术会议，每次聆听他的学术发言，都能感受到其才华的横溢，令人钦佩。陈老师作为首席专家的国家社会科学基金重大项目"后金融危机时代中国参与全球经济再平衡的战略与路径研究"获得了免于鉴定的优异成绩。我作为课题组成员参与撰写的学术论文《后金融危机时代美国货币政策调整对中国经济的影响》在《武汉大学学报（哲学社会科学版）》发表，撰写的《中美基建合作：中美经贸新的增长点》等多篇研究报告在国家社科基金《国家高端智库报告》和《成果要报》刊发，经济学著作《美国货币政策调整及其影响研究》也正式出版。

陈老师是一个极具战略思想引领学术的人。在他的指导下完成的《美国经济政策转向对全球经济的影响》《特朗普经济政策对全球经济可能的影响》《美国推进"跨太平洋战略伙伴关系协定"对中国的机遇与挑战》《美国经济政策转向对全球经济的影响》《中国经济应对当前挑战的四个支点》《加快构建中国特色"绿色金融"体系》等论文和评论文章在《光明日报·理论版》《学习时报》《人民日报·人民论坛》《学术前沿》等报刊发表。其研究成果受到中央办公厅、中宣部全国哲学社会科学工作办公室通报表彰。

陈老师是一个德高望重公德心强的人。他还要经常为了学院老师们申报的国家自然科学基金课题和国家社科基金的课题拜访各个部门，为老师们和学校申报成功赢得机会。无论是到各个部门拜访，陈老师都会受到领导们的热情接待，对他非常尊敬。在车上，他还常常牵挂着学生们的论文，念叨着老师们申报的课题和发表的论文。陈老师关心所有的人，却很少听到关心他自己。

陈老师是一个谦虚谨慎达观开朗的人。他在学术面前谦虚谨慎求真求实，我一直在陈老师的指导下研究中美问题，也取得了不俗的成绩，他从不轻易对事件做出判断，总是要沉下心来对其历史、现实和未来作充分的分析，才出文章的初稿。陈老师与编辑们的关系都很好，他发表论文都非常尊重编辑们的意见，陈老师的学术水平与谦和君子风格也受到了编辑们的尊敬。他在平时和蔼可亲，记得他在家养病时我会网购给他寄一些吃的东西，有一次我跟他说，陈老师，我给您寄了一些椰子和鸡蛋。过了几天我问他：收到了吗？他说：还没有，到哪里去了呢？我说，椰子可能还在树上，鸡蛋可能还在鸡窝里。哈哈哈，陈老师开朗地大笑了！我每次给他打电话，第一句话就是：陈老师，您还好吗？"好呀！"回答得底气十足。后来渐渐地随着陈老师的身体越来越弱说话的声音也越来越弱，再到后来就常常接不了电话了……

陈老师：武大精神的传承者

恩师与疾病斗争多年之后，于 2020 年 10 月 25 日辞世，学校的讣告：陈继勇先生是武大精神的传承者和实践者，他的逝世是武汉大学、理论经济学国家重点学科和我国世界经济学界的重大损失，我们深切怀念陈继勇先生！沉痛悼念陈继勇先生！

陈老师走了，我多有不舍，深情写下：
一代宗师，学贯中西。经纶震世，经典等身。
意气风发才华横溢经纶震世谦谨一生，卓异，珞珈风范继踵前修。
教书育人桃李天下德高望重达观一世，为率，注疏领作勇挈提纲。

陈老师走了一年了，
陈老师，我们送您远行……
陈老师，您永远活在我们心中！

——纪念陈继勇导师

刘卫平　国家开发银行
2020 年 10 月 25 日于北京金融街

忆 恩 师

朱小梅

转眼，陈继勇老师离开我们快一年了。一年来，陈老师的音容笑貌时常浮上脑海，陈老师的叮咛教诲时常回响耳旁，陈老师的关心爱护时常萦绕心间，无法忘怀。

犹记得，报考陈老师的博士研究生之前，他对我说"欢迎报考、公平竞争、择优录取"时的严肃认真；犹记得，陈老师做关于中国加入世界贸易组织的报告时，整整三个小时的演讲精彩纷呈；犹记得，陈老师给我们上课时，对许多重要问题的真知灼见；犹记得，在我申请国家公派出国访学时，陈老师的鼎力推荐；犹记得，我的博士论文完成后，陈老师在百忙之中帮我逐字逐句修改的严谨细致；犹记得，毕业之后，陈老师每每询问我工作、生活情况的殷殷关怀……

师恩难忘！20多年的时间长河，积淀着太多太多的珍贵记忆，这些记忆镌刻着陈老师为人的真、为学的勤、为政的能、为师的严，这些记忆汇集成一座陈老师精神的丰碑，将永远矗立在学生们的心上，指引我们前行的方向。

学生：朱小梅

2021 年 10 月 25 日

恩师引领我重构了学术人生

肖光恩

"落红不是无情物，化作春泥更护花。"值此恩师陈继勇教授仙逝一周年之际，回想在恩师的指导下在武汉大学学习与工作的经历，思绪万千，觉得最为重要并将持续影响我成长的，是恩师的学术引领和学术宽容重构了我的学术人生。陈老师永远是我成长的"护花"春泥。

恩师是我学术方向的引路人。在读研究生阶段，恩师经常叮嘱我，既要重视国际商务理论研究，又要结合我国对外经济发展的实际，在一个研究方向上持续发力。在硕士研究生阶段，结合中国加入世界贸易组织的实际，在恩师的指导下完成了硕士学位论文《世界贸易组织中的特殊与差别待遇研究》被评为校优秀硕士论文，为我后续参加撰写《世界贸易组织的建议发展趋势与我国对策》《武汉入世行动纲领》等科研成果奠定了重要基础，这些研究成果分别获得了湖北省第三届社科优秀成果一等奖和中国发展研究奖三等奖。在博士研究生阶段，结合我国"引进来""走出去"对外开放战略，恩师指导我重点研究外商直接投资聚集问题，我在完成博士学位论文《国际直接投资区位聚集与新经济地理理论研究》的基础上，同时结合在英国雷丁大学商学院做访问学者期间导师马克·卡森（Mark Casson，《国际商务经济学：一个新的研究议程》的作者）的指导，重点参与恩师主持的国家自然科学基金项目《知识溢出对我国外商直接投资地区非均衡增长的影响与数量测度》的申报，本人也获得了国家社会科学基金项目《基于"知识粘性"的我国外商直接投资地区集中研究》的资助，共同完成的科研成果获得了第七届高等学校科学研究优秀成果（人文社会科学）三等奖。在武汉大学经济与管理学院工作阶段，恩师强调要厚植经济学研究方法的基础，我便在博士毕业后毅然投入到《统计学》《计量经济学》的教学科研工作，用了五年多的时间先后出版了《空间计量经济学导论》《空间计量经济学——从横截面数据到空间面板》《空间计量经济学入门——在 R 中的应用》等 6 部空间计量经济学名著的翻译工作，同时编写了国内首部以 Matlab 为基础的空间计量经济学教材《空间计量经济学——基于 Matlab 的应用分析》，为空间计量经济学在国内的传播做了一点贡献，尽管这一"溢出性"很强的工作是"利他"多于"利己"的科研社会服务。总之，我每一次学术领域的拓展，都离不开恩师的全力支持。

恩师的学术宽容也使我的学术人生有了一定"自我"的自由度。在武汉大学崇尚学术研究的环境下，一般人均会在学术研究和科研社会服务方面做出最为有利的"利我选择"，而我又一次选择了"利他"的科研社会服务。近五年来我用了很多时间承担中宣部舆情信息局委托的研究课题，也曾经对这一科研社会服务工作有过动摇，很多友好的同事对我说，你是武汉大学教师队伍中的"另类"与"怪物"。我也曾多次向导师汇报我心里的"动摇"，但恩师不仅"带病"亲自撰写政策咨询报告来支持我的工作，还多次亲自参加武汉大学经济舆情研究基地的活动，并鼓励我说这项工作是武汉大学，特别是经济与管理学院科研服务社会的鲜明特色。当然，恩师亲自撰写的资政报告也多次获得了中央领导人的批示。恩师对我在学术追求上的"宽容"，使我在武汉大学崇尚学术研究氛围中因"自我选择"而付出了一些"应有代价"，但也丰富了我的学术人生与科研阅历。

恩师持续屹立在我心中的突出形象就是其对学术研究的孜孜追求。有很多纷至沓来的历史影像，一如我仍然清晰地记得恩师于 2017 年 10 月 22 日在武汉大学樱顶老图书馆主持珞珈讲坛第 203 讲的情景，他带病工作，邀请余永定先生做《中国国际收支结构和资本外逃解析》的讲座，他不仅全程参加了报告会，而且还做了精彩的发言。我当时就在堂下撰写了一首"长相思"的词为之记。

长相思

珞有山，珈有林。
一字老斋半壁生，楼高百尺深！
厅有人，堂有人。
几代学人皆聆听，珞珈唯此声。

肖光恩　经济学博士　武汉大学马克思主义学院教授
2021 年 10 月 15 日

怀念恩师陈继勇先生

谭红平

第一次见到陈老师是 1995 年，在他家里。他当时刚从美国访学归来。第 2 天，他把我叫到办公室，把他从美国带回来的两本书交到我手上，叮嘱我好好研读。

初 尝 科 研

由于我是跨专业报考世界经济专业，外语本科毕业后就留校任教，科研起步较晚。我初次接触到科研是在读研二的时候。当时我做了一篇论文，自我感觉良好，想请陈老师帮我提些修改意见。过了几天，陈老师把我叫到办公室，跟我讨论论文的修改。他拿出当时我手写的论文，我看到从标题开始到文章末尾，陈老师改得密密麻麻，几乎见不到丝毫空白。不仅文章结构有问题，还有好多的句法错误。我立马觉得无地自容，但老师非但没有批评我，还耐心地帮我逐字逐句进行讲解。我立刻从心底佩服老师的严谨治学和对学生的爱护。这几年我自己带了博士生之后，更加体会到了老师对学生的责任和良苦用心。

湖大激情燃烧的岁月

1996 年陈老师到湖北大学出任副校长兼经济学院院长。当时经济学科教师奇缺，陈老师对我和肖德说，你们两硕士从武大毕业后哪都不许去，都给我回湖北大学，好好发展那里的贸易和国际金融学科。这样我们就跟着陈老师都又回到了湖大。现在无论我走到哪里，都十分怀念在湖大激情燃烧的岁月。

导师的忠告

2001 年在我接到海外博士录取通知后，我特意去咨询了陈老师的意见。虽然他有些舍不得我离开，但他还是十分鼓励我来加拿大留学，肯定了我的再次转型和冲刺，并诚恳地指出了去海外留学可能会遇到的挑战和困难。五年的海外留学生涯确实很辛苦，期间一次都没有回国。是到了最后一年在去香港面试完之后，顺道回到了武汉，立即前去拜会了陈老师。陈老师对我在海外高校的发展提出了殷切希望，也鼓励我紧盯顶刊精品论文。现在回想起来，我万分感激老师当年对我醍醐灌顶般的指引。

聆 听 教 导

此后每年回国，我都是第一时间去向陈老师报道，聆听他的教导。他也总是会召集一帮年轻老师和在读博士生进行座谈交流。2009 年 4 月陈老师率团出访加拿大几所高校，在多伦多期间我全程作陪。当时在加拿大的陈老师弟子奔走相告，他一直接见到深更半夜。后来老师大病初愈后，虽然身体瘦弱，健康状况远不如以前那么刚毅，但谈及科研和教学，他仍神采奕奕，精神抖擞。聊起自己学生的科研成就时如数家珍。

导 师 语 录

　　虽然陈老师一直忙于行政，但他对学术的追求永远是进行时。他总是说，不论行政和其他事物有多忙，我的身份首先是一个教授，就是要做学问和教书育人。陈老师对学术前沿有惊人的洞察力和先知先觉。早几年他就说，每个人都要发挥自己的优势，狠抓外语，计量模型和大数据。

　　惊悉陈老师去世的噩耗，我痛心疾首。陈老师对我有知遇之恩。无奈身在海外，不能到现场祭拜。只能隔着千山万水，遥望东方，跪拜恩师，盼恩师一路走好！

　　陈老师，学生想你！

学生谭红平，初稿于 2020 年 10 月 28 日，
修订于 2021 年 10 月 20 日于加拿大麦吉尔大学

怀念敬爱的导师陈继勇先生

闫　炘

我心目中好老师的标准很简单，对你好的老师就是好老师！

陈继勇先生对他的学生都非常好，他是一个真正的好老师！

陈老师对学生的好，首先体现在学习、学术上的严格要求。陈老师的研究生难进难出是众所周知的，我 1998 年报考陈老师的博士，考前辅导，一向和蔼的陈老师忽然沉下脸告诫我"你是本校毕业的研究生，专业课应该没问题。这次报考，英语必须考到前几名，否则……"陈老师一席话，差一点让我临阵脱逃。幸亏英语是我的强项，那年考试成绩排在前三，才顺利拜入师门。

2003 年我把毕业论文初稿交给陈老师。年底陈老师来上海开世界经济学会年会，休会期间，陈老师通知我到他的房间，研究论文修改。来到陈老师房间，陈老师拿出我的论文初稿，我一眼瞟过去，满眼都是红字批改的内容：从论点、论据、数据、文献到篇章格式甚至标点符号，陈老师对我的论文看得非常认真、改得非常仔细。半天的时间，陈老师逐字逐句、不厌其烦地指导我对论文进行修改。出门的时候，站在冬天的寒风中，我才意识到自己已是汗流浃背。

陈老师对学生的好，还体现在对学生的关心、爱护上。有一位同学，读硕士研究生的时候，家庭经济非常困难，陈老师经常把他接到自己家里吃饭，改善生活，加强营养，一直持续到这位同学博士毕业。对于毕业学生的工作和生活，陈老师总是记挂心头，说起学生们的孩子，就像谈起自己的儿孙，说到弟子们的成绩，更是如数家珍。

每年回武汉去看望陈老师，他都要张罗着带我们去吃武汉的特色，汤逊湖的鱼丸、磨山的吊锅、汉口的……在陈老师眼中，学生就是他的孩子、他的家人！

陈老师对学生的好，更体现在平时的言传身教上。有人说人一辈子读两本书：一本有字、一本无字。陈老师指导我们读书，有字的是关于经济学研究的理论、方法，无字的是做人做事的人生道理。

2003 年，已退休的郭吴新老先生夫妻途经上海出国。陈老师当时担任湖北省社科院院长，他提前几天打电话给我，要求我一定安排好两位老先生在上海期间的行程。当天，他亲自把两位老先生送到武汉机场，然后打电话通知我两老已经登机。我在出站口刚看到两位老先生的身影，陈老师的电话就打了进来，问接到没有？叮嘱两位先生年纪大，伙食要清淡、软糯……陈老师是郭老的博士，他对自己导师发自内心的关爱，如父如兄，让我们这些学生自愧不如而又心向往之。

圣人云"老吾老以及人之老，幼吾幼以及人之幼"，陈老师的言行，让身边的人感受到传说中的谦谦君子之风，这是陈老师一生博览群书、严谨治学、努力修行、完善自我的必然结果。

天妒英才，敬爱的陈老师于 2020 年 10 月 25 日在武汉安然辞世。陈老师虽然离开了我们，但他的音容笑貌、谆谆教导却永远留在我们的脑海中，激励我们不断践行师训、荣耀师门！

永远怀念陈继勇先生，我一生的好老师！

不尽的思念

——怀念恩师陈继勇教授

马继宪

10月25日是恩师陈继勇教授离开我们一周年的日子。斯人已去，音容宛在，思念不尽，扑面而来。

我和陈继勇教授认识，实属偶然。2004年从清华经管学院MBA学习结束以后，我重回了正常的工作状态。有一天，一位MBA同学找到了我，说武汉大学北京研究院举办了一个博士进修班，办得不错，邀请我一起参加学习。我自认为天资愚笨，但还是比较喜欢学习，所以就毫不犹豫地参加了。这个博士班邀请了很多武汉大学的老师来讲课，拓宽了视野，增长了知识，很有收获。

2007年的一天，陈继勇教授来北京开会，武汉大学北京研究院组织我们博士班和陈继勇教授一行进行了交流，研究院的余院长向陈继勇教授介绍了我的情况，我在人民日报、经济日报发过文章，也给高层写过内参，并得到了肯定性批示。陈教授当即主动邀请我报考他的博士生，他大概觉得我还算是一个可造之才。

当时我对陈继勇教授并不熟悉，事后我了解到陈继勇教授的情况，肃然起敬。他是一位学术功底深厚、经历相当丰富的著名学者。当时他担任武汉大学经济管理学院院长，把武大经管学院的学术水平带到了很高的高度。他曾经担任过湖北大学副校长、湖北省社科院院长，是党的十六大代表。陈教授还兼任中国美国经济学会会长、中国亚太经济学会副会长、中国世界经济学会副会长，是国内研究美国经济的权威。

陈教授素以学术严谨著称，他撰写的文章大多是结合实际，提出政策建议，提供解决方案，不少文章获得过国家高层和湖北省委、省政府领导的重要批示，可以说是学以致用的典范，真正把论文写在了湖北的大地上，写在了中国的大地上。

在接到陈教授邀请后，我鼓足勇气，决定报考他的博士研究生。2009年，经过严格的入学考试，我取得了武汉大学博士生的入学资格，投在陈老师门下，学习世界经济，研究方向是国际贸易，这与我当时从事的工作紧密相关。

博士生的前两年，主要是学习专业课程，基本上每个月都要"打飞的"，从广西南宁到北京或者武汉上课。在此期间，陈老师带着隋晓锋、雷欣师妹和我等几个人写了一篇《中美农产品贸易相对国际竞争力研究》的论文，参加了商务部组织的全国征文比赛，并获得了部级一等奖。陈老师对这个结果很满意、很高兴。

进入博士论文写作以后，我遇到了困难。一是当时工作比较忙，在广西担任商务厅副厅长，分管外贸、外资、口岸、综合、政策法规等，很难有充足的时间专心写论文。二是陈老师对论文要求甚高，特别强调原创性，学术论文的"查重"制度是武大首创的，要求甚为严格。此外，也有读陈老师博士的同学，因为论文达不到要求，而没有获得通过。因此，我对博士论文通过并没有信心，当时准备知难而退。陈老师了解到这种情况以后，2014年利用参加亚太经济学会年会的机会，到南宁专门指导我的论文，对写作大纲、研究方向、研究模型和实证案例进行了详细的指导。陈老师在我起草的博士论文大纲上做了详细的修改，批注得密密麻麻，字体虽小但是清晰隽秀。我看到后深受感动，也增强了完成博士论文的信心。也是这次机会，安排陈老师到凭祥友谊关口岸参观、调研，原本我是要陪同一起参加的，但由于当时自治区有重要活动不能脱身，所以委托武大的师弟陪同。当时我觉得以后还有很多机会可以再陪陈老师，但是没想到这是陈老师一生中最后一次去南宁，现在想起来，深以为憾。

2015年，我终于完成了博士论文初稿。七月的一天，我带着博士论文，直飞武汉，冒着滂沱大雨，赶往陈老师的家里。一方面是看望慰问大病初愈的陈老师，另一方面请他对我的论文进行再指导。那次见面，陈老师因患重病刚做完手术，身体很虚弱，但精神尚好。他详细审阅了我的论文，并进一步提出了修改意见。陈老师思路清晰、语言精准，在那次修改后，我的论文基本上达到了博士毕业要求。

陈老师一直强调，作为在职博士生，论文要与实际结合。我的论文题目是《广西参与中国-东盟自贸区建设的实证研究》，论文大量使用了广西和东盟的贸易、投资原始数据和具体的实例，并提出了广西参与中国东盟自贸区建设，提升对外开放水平的重要建议，对广西对外开放的定位、战略、实施路径做了详细的研究。现在看来，论文对广西对外开放仍有借鉴意义。

在陈老师的精心指导下，我的博士论文顺利通过答辩，取得了武汉大学博士学位和研究生学历证书。这对于从山东农村走出的我来讲，是做梦都没想到的。我本科读了北大，圆了我的"大学梦"，MBA又在清华经管学院"镀了银"。对我这样一个天资并不聪颖的人来讲，已经是最高的回报了。如果没有陈老师的鼓励、支持和指导，我是不可能拿到博士学位的。

在读博七年与陈老师的接触中，我深刻感受到陈老师人格的魅力。陈老师是一个胸怀天下、忧国忧民的学术大家，是一个严格管理、领导有方的教育专家，是一个学富五车、著作等身的严谨学者，是一个关爱学生、为人师表的忠厚长者。陈老师虽然学术造诣深厚，但谦虚低调。他曾对我说，读研期间我们是师生，你们毕业以后我们就是朋友了。我立即答道，一日为师，终生为师！您永远是我的老师，永远是我学习的楷模！

陈老师不仅教我们学问，而且教我们做人。以其人格魅力潜移默化影响着他的学生们。他一生桃李满天下，培养了87名博士和100多位硕士，大多成为所在单位的业务骨干或学术带头人。有几位师兄继承了他的"衣钵"，担任大学校长或学院院长。

2020年新冠疫情期间，我深感担忧，尤其担心陈老师的身体健康。大年初一我打电话给他拜年，并询问是否需要帮助做点什么。他说一切尚好，只是口罩比较缺乏。我立即到附近的药店去购买口罩，但是已全部售罄，后来通过一个医疗界的朋友，买到了一批从日本进口的N95口罩。他收到后，高兴地打电话给我说，有了这些口罩，就安全方便多了。此后，我一直关注武汉的疫情，关注陈老师的健康，也经常通过微信交流。

2020年9月，我突然接到一位师兄的电话，说陈老师正在住院治疗，情况很不好。我们几位北京的校友商讨后决定利用国庆假期的时间，一起去武汉看望陈老师。10月3日一大早，我们乘坐飞机到达武汉，在见到陈老师前，协和医院的主治医生特意叮嘱我们只能见五分钟。陈老师由于化疗的原因，人已经形销骨立，看到这种情况，我们心里都非常难受。然而陈老师看到我们非常高兴，关心我们每个人的工作、学术还有家庭，他兴致很高，一谈就是半个小时。为了让陈老师更好地休息，我们还是结束了谈话，向陈老师依依不舍地告别，并祝愿他早日康复。走出病房的一瞬间，我们都已泪流满面，大家心照不宣，这也许是我们和陈老师有生之年的最后一次见面！

回到北京后，我们一直担心陈老师的安危，但也希望奇迹能够发生。10月25日凌晨，陈老师的女儿发来短信，说陈老师已经驾鹤西去。听到这个消息，我感到非常悲痛，面向武汉方向，深深地鞠了三躬，祝陈老师一路走好，愿天国没有病痛。

10月29日是最后告别的日子。28日我结束上海的公务后，向单位请假直飞武汉，参加陈老师的告别仪式。10月29日的告别仪式简朴、庄严而隆重，全国政协的有关领导、湖北省市级的领导、武大的主要领导和各个学术机构，都给陈老师送来挽联和花圈，前来告别的有五六百人之多，也足见陈老师的人格魅力。告别仪式后，作为陈老师的学生，我们护送陈老师的灵柩到选定的墓地，入土为安。

这一天，武汉晴空万里，风和日丽；这一天，陈老师永远离开了我们，魂归大地。人们常说，因为一个人，可能爱上一座城市。因为陈老师，因为武大，我和武汉结下了不解之缘，也喜欢上了这座美丽的城市。能成为陈老师的学生，是我的骄傲，能成为武大的博士，是我的自豪。

我会永远怀念陈老师，因为他是我最尊重的人。

怀念我的导师——陈继勇先生

胡　渊

恩师驾鹤西去，每每思及他对我言传身教的点点滴滴，不禁泪目。记得 2008 年首次给他打电话，表达想要报考他博士研究生的意愿，电话那头传来他爽朗的声音，"欢迎报考，公平竞争！"正是这八个字激励着我，认真备考，最终有幸能在陈老师门下攻读博士学位。

还记得他逐字逐句修改我在博士期间的第一篇习作。稿纸上密密麻麻写满红色批注，从遣词造句到标点符号，陈老师都一一修改。末了，陈老师对我说，"文字功底还需要好好打磨呀！"这让身为高校教员的我觉得惭愧，也激励我在以后的研究工作中注意字斟句酌、布局立意；同时对陈老师踏实的学风、行文的严谨细致，心生敬佩。虽因资质平庸，至今无所建树，远不及老师期望，但我很感谢老师对我的言传身教，将我引入科研之门。

陈老师是一个非常勤奋的人。在我攻读博士研究生期间，正逢陈老师担任武汉大学经济与管理学院院长。虽然承担异常繁重的行政职务，但陈老师对学生的指导却亲力亲为，事无巨细。如果你要找陈老师，或者陈老师要求学生去见他，在一个时间点你一定能找到他，那就是早上 8 点之前，在正式上班之前。只要陈老师在武汉，他一定早早到了办公室。在早上 8 点左右你一定能找到他，如果过了 9 点，他也许在参会、在主持其他行政工作。

陈老师对待学生严慈相济，谆谆如父语，殷殷似友亲。记得他发脾气的样子，记得他对学生的宽容。我属于在职攻读博士学位，学制为 3—4 年。由于当时我已年近三十，于是一心努力三年获取博士学位，以便开启人生的另外一个阶段。正是因为陈老师的严格要求和教诲，同时体恤学生的处境，我才得以三年完成博士学业。博士毕业后，每逢教师节去探望陈老师，他总是格外关心我的工作、职称问题。即使在陈老师生病后，陈老师仍不忘叮嘱我，"要开始写英文论文，投外刊。"

人生旅程上，有幸入师门，感恩老师的辛勤教导和悉心栽培。厚德常存魂梦里，师恩永志我心中。

寄托对恩师的哀思

计 飞

我与导师陈继勇教授初识于2014年博士入学考试期间，在正式确认入学后，陈老师便约我至学院办公室详聊。见面后，陈老师在简单询问过我的个人和家庭情况后就开始告诫我，读博期间需要大量阅读英文文献，保持多思考、多交流的习惯，在找准自己的研究方向后潜心科研，争取学有所成。

陈老师是知名美国问题专家，在三年博士学习期间，陈老师在科研上给予我积极指导，鼓励我在国内外开展学术交流活动。即使陈老师在入院治疗期间，也从未间断对学生的关心。在求学生涯中，我最期待的时刻就是同陈老师长谈，陈老师对于世界经济、国际关系方面的知识熟稔于心，让人惊叹不已，每次交谈都让我受益匪浅。

在入职工作后，陈老师也多次表示要抽空来广外看看我的工作环境。2019年9月上旬，中国世界经济学会国际贸易论坛在广外召开，陈老师如约来穗。不曾想，同陈老师短短2天的相聚竟会是最后一面！新年期间，因为疫情的原因未能回汉探望恩师，也是我人生当中最大的遗憾！2020年10月25日上午，在获悉恩师离世的消息后，一时间整个人泪如雨下、泣不成声。10月29日回汉参加陈老师的告别仪式也是自己以学生的身份送恩师最后一程，略微弥补心中的遗憾。

每当一人独处时，都会常常想起陈老师对我的指导和关爱。我一直以自己是陈继勇教授学生的身份而自豪，奈何师生缘分太浅，竟不足十载，让人唏嘘不已！未来在自己的工作岗位上，要时刻牢记恩师的教诲，以陈老师为榜样，努力教书育人，做好自己的本职工作！

在陈老师逝世临近周年之际，以此短文寄托对恩师的哀思！

计飞 经济学博士 广东外语外贸大学专职研究员

2021年10月17日 于广州

追忆恩师陈继勇教授

杨旭丹

　　还记得 2020 年 1 月正在读博三的我在放寒假前见了您一面，那时候的您还是谈锋甚健，神采飞扬，而当我 10 月再见您的时候，您已经躺在病床上几乎开不了口，我不想接受可是又不得不接受。现在，我还有很多话想对您说，可是却没有机会了。

　　最令我敬佩的是您心忧天下。您每天都会阅读大量与世界经济相关的时事新闻，并选取精华分享给我们。您的心忧天下不仅停留在阅读，更会用您专业的知识进行分析，为政府献计献策。甚至在您生病的五年期间，也没有停下学术步伐，不仅拿下了国家社科重大项目，还发表了多篇高水平论文，直到生命的最后，想的还是课题。对学术的追求，将会一直鞭策着我前行！

　　最令我感动的是您心怀学生。您能从学生角度为我们规划，平时一直鼓励我们要多多参加学术活动，多与其他学者交流，还为我们订了经济领域的权威杂志，您的办公室俨然成了我们的小型图书馆。而且您最善于发现不同学生的优点，不仅会在我们沮丧的时候鼓励我们，还会在别的老师面前夸我们，为我们建立自信心。在您病重的时候，您强打着精神，开口竟然是问我们的论文有没有发表，最后一刻还在担心着师弟师妹的毕业问题。不仅在学习上关心我们，更是在生活上照顾我们，时常请我们出去吃饭改善我们的生活，甚至会把家里的水果分给我们吃，生怕我们在学校冻着饿着。您对学生的关怀，将会一直温暖着我的心田！

　　最令我难忘的是您乐观开朗的精神，6 月份的时候听说您在住院，给您打电话，您还安慰我说在医院好，在医院更安全，让我不用担心，您一边笑着一边说着这些的时候，让我一度以为您的病快好了，可惜最后还是没有等来奇迹……

　　此生无悔入陈门，来世愿能报师恩。无尽缅怀继师魂，秉承遗志勇前行。

杨旭丹　博士　南京信息工程大学

永远的恩师

——追忆陈公继勇先生

李知睿

高山仰止，景行行止！育人千古，芳名永存！深切缅怀我的恩师——陈公继勇先生！

恩师离世已近一年，每每忆起那一幅幅他曾经谆谆教导我的永恒画面，心中的悲恸和追忆之情难以言表。珞珈山下，东湖之滨，四年博士求学生涯，有幸能拜在陈老师门下，深深感谢他对我们学生的严格要求、悉心指导、循循鼓励、持续鞭策。他因材施教，给每个学生充分发挥特长、提升自我能力的开放空间。恩师严谨求实的科研态度、治学理念与洞察思维，引领我们逐渐迈入经济科学的殿堂。

陈老师对我们学生非常爱护和关心。在指导我博士期间的论文发表时，他坚持一周 1~3 次亲自指导我论文修改。在初稿完成后，我将论文交给陈老师修改，他连标点符号都会修改好，一页页满满当当的红色批注，一条条发人深省的修改建议，这样的一丝不苟态度让我自觉惭愧，在后来的学术论文写作中，我已完全习得恩师教导我该如何做研究、做学问、写文章的"陈式定律"。

恩师经常给我讲他曾经入党和参加工作以来的人生经历，他说 1949 年以前中国的青年比较迷茫，不知道国家的未来在哪里，十月革命将马克思主义思潮传入中国，他们那一代人变得清醒和坚定，后来国家越来越好，他们对党也越来越信任，越来越忠诚。他说的时候很平和，就像在讲故事给孩子听一样，让我深受教育。

恩师在生活中非常简朴，对学生却关怀备至，给我留下了非常深刻的印象。他每个月从工资里拿出固定的钱给学生发补贴。陈老师自己非常谦虚低调，不愿意麻烦别人，他经常说，"取得的荣誉都是属于课题组、属于大家的，是团队一起努力得来"。他做人做事的风范为后辈们树立了楷模！

恩师虽已驾鹤西游，中国世界经济学界永远失去了这样一位德高望重、治学治人的大家！然而，不可磨灭的是，他精益求精的治学理念、敏锐灵活的学术视角、深邃宽广的学术洞察、坦诚率真的大家风范，留给后继学人的是一生取之不尽、用之不竭、勇往直前、开拓进取的宝贵财富！

李知睿　经济学博士

中国社会科学院拉丁美洲研究所助理研究员

2021 年 10 月 16 日　于北京

两年缘分，一生向导

单 航

记得第一次和陈老师产生交集，是在 2017 年 11 月 27 号，我给陈老师发邮件，表达了想跟着他读博的意向，陈老师当天回复我欢迎报考，第一次电话联系是在 2018 年 3 月份，陈老师询问了我的论文发表进展并告知了我的笔试排名。第一次和陈老师正式见面是在 2018 年 5 月 12 号，当时我参加了武大世经系的博士生面试。而入学前最重要的一次通话是在 2018 年 4 月 20 号，那时我正处于等待考博结果的焦虑期，刚从杭州灵隐寺出来，就接到了陈老师的电话，告知我成功上岸。所以我一直认为。和陈老师的缘分是上天注定，否则也不会有那么多机缘巧合。

入学以后，在陈老师的指导下，我从一个科研小白，到逐渐掌握学术论文的写作方法。陈老师的指导风格是严格又不失灵活，一方面，他让我根据自己的兴趣并结合他的课题自行选择研究方向，并就研究前景给出他的建议和意见；另一方面，陈老师对论文写作的要求非常高，无论是文章的具体内容。逻辑框架，抑或语言和行文方式，乃至每一个标点符号都要求准确无误。2019 年 5 月，我发表了人生中第一篇 C 刊论文，解锁这一成就离不开陈老师的精心指导。从初稿到最终录用，我一共改了七稿，而在此期间，陈老师几乎是手把手地教我改论文，大到文章结构、句子成分，小到用词和标点。这段宝贵的经历，令我在今后的科研道路上受益匪浅。

正当我以为背靠陈老师这棵大树，再加上自身努力，未来的发展会顺风顺水时，新冠疫情发生了。这一突如其来的变故，不仅让我荒废了八个月的学业，更是间接夺去了恩师的生命，也让我对未来感到惊慌和茫然。犹记得 2020 年 10 月 5 日，我和几位同门一起去探望病重的陈老师，他在身体十分虚弱的情况下，依然强打精神，询问我的资格论文和毕业论文的选题，并予以肯定和鼓励，还给我安排了后续的导师人选。最让我感动的是，在我走出病房之后，陈老师把师弟误认成我，问我有没有在找工作，进展如何。曾经我以为，我在陈老师眼中没什么存在感，但我万万没想到，他在弥留之际还在关心我，并对我未来的发展作了完美的安排。

2020 年 10 月 25 日，奇迹没有发生，陈老师终究还是走了。我一边发着好人不长命的感慨，一边手忙脚乱地应对毕业和就业。陈老师在的时候，他给了我十足的安全感，让我感觉这都不是问题。在他走后，所有的一切似乎都变了。没有大树遮风挡雨，我经受着风雨欲来的惶恐与不安。在无法与导师沟通的情况下，经过与旭丹师姐和知睿师兄的讨论，我磕磕绊绊地通过了开题答辩。后来，在刘威师兄的悉心指导下，我顺利毕业并拿到博士学位。

如今，陈老师已经去世一年，而这一年我经历了人生中的众多重要节点。历尽艰辛拿到博士学位，费尽周折拿到教职，给学生时代画上了一个尚属完整的句号，这一切，离不开陈老师的精心指导，也离不开陈门弟子的团结互助。遇见陈老师是一生的幸运，尽管只有两年的缘分，但足以影响我今后的人生走向。从 985 博士到 211 教师，不知天堂的您，满意与否。若是有幸，我愿在梦中，继续聆听您的教诲。

单航 博士 安徽大学

我心目中的好老师——陈继勇教授

张萌萌

作为陈老师指导的最后一届学生，与老师相处的时间不算长，但是陈老师对学术的严谨态度和对学生的悉心指导将让我铭记一辈子。当时得知自己研究生被武大录取之后，我怀着忐忑的心情联系了陈老师，希望能成为老师的学生。陈老师很快回复了我，并且语重心长地告诉我，今后要加强实证方法的学习，我谨记在心。

第一次见到陈老师，是在研究生开学时的班级双选会上。当时震惊于老师的满头银发，因为学院官网上陈老师的简介页面，照片仍是他几年前的样子，也是后来我才从师兄师姐那里得知老师在几年前生的那场大病，让老师的身体大不如从前。会议结束后，我去找陈老师介绍自己，当时的场景让我如今想起来仍忍不住鼻酸，老师认出了我，亲切地叫我："萌萌啊，来，我们去办公室聊一聊。"那时候我觉得，老师好慈祥啊，好像我的长辈一样和蔼可亲。老师告诉我，研究生一年级一定要好好上专业课，打好基础。

在我短暂的研究生阶段，陈老师因为精力问题，无法经常直接指导我，但是仍然定期关心我的学业和学术进展，每次见面都让我感受到老师对于治学的严谨态度，对于学生的论文常常是逐字逐句修改提意见，真正是我心目中好老师的样子。

在最后一次探望老师的时候，老师已经连讲话都很困难，但是依旧努力地打起精神，一一问过每一位同门的科研进展，我忍不住在病房里泣不成声。

何其幸运能够成为老师的学生，但是我也非常惭愧自己没能在学术上取得像师兄师姐们一样出色的成果。虽然老师已经离开，但是他的专业态度，他对知识的渴求与热爱，他对学生的认真负责，将会成为照耀我今后一生的光辉，成为让我受益一生的宝贵财富。

张萌萌　2021 届硕士研究生

2021 年 10 月 20 日

怀念陈老师

转眼陈老师离开我们已近一年半时间，但他的音容笑貌依然时常出现在眼前，让我总是感觉陈老师的离开不是真的。陈老师是我的博士后导师，虽然相识较晚，但依然像我其他学习阶段的导师一样，对我一生的学习、工作和生活产生深深的影响。

学术严谨的陈老师。我在站期间，陈老师除担任着武汉大学经管学院的院长外，还从事着繁重的教学任务，同时担负着培养研究生、博士生和博士后的重任。尽管如此，他也从来没有放松过对我的要求，提交他的学术文章，他都会认真审阅，并通篇提出修改意见。在博士后课题研究过程中，对于我碰到难题和困惑，陈老师也会在百忙之中抽出宝贵时间给予耐心的指导。陈老师对待学术的态度，让我一生敬佩。

和蔼可亲的陈老师。在学术研究上，陈老师是一位严师，一丝不苟。在生活中，陈老师对待学生又像一位慈父，和蔼可亲。进站时，我已是一个带着孩子的母亲，陈老师了解情况后，经常鼓励我在做好科研工作的同时，也要照顾好年幼的孩子，不要怕辛苦，困难总是暂时的，常常让我感到很温暖、很感动。

风趣幽默的陈老师。学术研究是枯燥的、繁重的，让人常常感到压力巨大。每每这个时候，陈老师便给我们讲一些轻松的学术笑话，一下就活跃了气氛，放松了心情，让我们释放了研究压力。至今，我在感到工作、学习压力大的时候，还会回想起陈老师风趣幽默和充满鼓励的话语，重新振奋起工作的动力。

陈老师，您的学生永远怀念您，一路走好！

王玉 博士 中国华融资产管理股份有限公司